U0921044

本书出版得到
广州英豪文化传播有限公司北京分公司资金支持
并获得世界文化与自然遗产基金会协助

《中国文化遗产年鉴2006》编辑委员会

中國文化遗产年鉴 2006

The Chinese Cultural Heritage Annal

《中国文化遗产年鉴》编辑委员会 编

文物出版社

策　　划：张大林
总体设计：李秋丽
版式设计：邢志强
责任编辑：姚敏苏　李　莉

图书在版编目（CIP）数据

中国文化遗产年鉴.2006/《中国文化遗产年鉴》编辑委员会编。—北京：文物出版社，2006，6
ISBN 7-5010-1940-1

Ⅰ.中...　Ⅱ.中...　Ⅲ.文化遗产—中国—2006—年鉴　Ⅳ.K203-54

中国版本图书馆 CIP 数据核字（2006）第 052321 号

中国文化遗产年鉴 2006

《中国文化遗产年鉴》编辑委员会　编

*

文 物 出 版 社 出 版 发 行

（北京五四大街 29 号）

http://www.wenwu.com

E-mail:wed@wenwu.com

北京画中画印刷有限公司印刷

新　华　书　店　经　销

889×1194　1/16　印张：32.25

2006 年 6 月第一版　2006 年 6 月第一次印刷

ISBN 7-5010-1940-1/K·1024　定价：320.00 元

凡　　例

一、《中国文化遗产年鉴 2006》为首部全面反映中国文化遗产事业的年鉴。

本《年鉴》主要内容为中国世界遗产事业和中国文化遗产事业介绍，文化遗产展示，中国文化遗产保护工作以及中国文化遗产大事记四大部分。介绍主要以文论形式，展示以条目为主。港澳台地区文化遗产是中国文化遗产的重要组成部分，为突出其特殊地位和影响，独立成篇。

二、本《年鉴》第一篇论述了中国文化遗产的总体情况。第二篇第一章“中国世界遗产”，作为篇章，“世界遗产”采用的是泛概念，包括“世界遗产”和“人类非物质文化遗产”，与第二章“中国文化遗产”相对应。为了突出我国非物质文化遗产工作，将 2005 年非物质文化遗产保护工作独立成为第三篇。

三、展示类（条目）收录的标准为：中国世界遗产条目全部收录了中国已经列入《世界文化遗产名录》和《人类口头和非物质遗产代表作》的事项。中国文化遗产条目：物质类主要从全国重点文物保护单位、珍贵文物及国家历史文化名城、中国历史文化名镇（村）、国家重点风景名胜区等选取；非物质文化遗产代表作主要从文化部公示的《第一批国家非物质文化遗产名录推荐项目名单》中选取。所有选取项目兼顾不同类别、考古年代、民族、宗教、地域等，以反映其普遍性。

四、中国文化遗产博大精深，包罗万象。本《年鉴》还尝试从不同角度收录了中国文化遗产有关事项，如文化人物及遗踪等，以求从更广泛的视野反映中国文化遗产。

五、《中国文化遗产年鉴 2006》收录资料的截止日期为 2005 年 12 月 31 日。对于有重大影响的事项，收录时间截止到 2006 年 3 月 31 日。联合国教科文组织于 1972 年订立《保护世界文化和自然遗产公约》，1985 年，我国参加《公约》，成为《公约》的缔约国之一。作为首部全面反映中国文化遗产事业的年鉴，本《年鉴》对 1972 年以来的重大事项也予以记录，并采取了 2005 年从详，以前年度从略的记录方法。

六、为使读者查找方便，本《年鉴》为所有章节及条目做了编码置于题目右方，并编制了：

1. 青少年读物索引；2. 分类索引；3. 关键词索引于书后。分类号采用《中国图书分类法》（第四版），关键词参考《中国分类主题词表》（第二版）进行编排。

中国文化遗产标志所采用的太阳神鸟图案，寓意深远、构图严谨、线条流畅、极富美感，是古代人民“天人合一”的哲学思想、丰富的想象力、非凡的艺术创造力和精湛的工艺水平的完美结合。其造型精练、简洁，具有较好的徽识特征。

太阳神鸟图案是中华先民崇拜太阳艺术表现形式的杰出代表之作，以此作为中国文化遗产的标志，体现了中华民族传统文化强烈的凝聚力和向心力，表现了中华民族自强不息、昂扬向上的精神风貌。

太阳神鸟金饰2001年出土于成都金沙遗址，是21世纪我国考古的重大发现，体现了中国文物保护工作的成果。太阳神鸟图案所表达的追求光明、团结奋进、和谐包容的精神寓意，彰显了中国政府和人民保护祖国文化遗产的强烈责任心和神圣使命感。

图案中向四周喷射出十二道光芒的太阳，呈现出强烈的动感，象征着光明、生命和永恒。十二道太阳光芒与四鸟的“十二”与“四”是中国文化经常使用的数字，诸如十二个月、十二生肖、四季、四方等等，表达了先民们对自然规律的深刻认识。环绕太阳飞翔的四只神鸟，反映了先民们对美好生活的向往，体现了自由、美好、团结向上的寓意。而整体完美的圆形图案寓意民族团结、和谐包容，圆形的围合也体现了保护的概念。

目 录 CONTENTS

中国文化遗产年鉴

中国文化遗产年鉴

国家主席胡锦涛致第28届世界遗产委员会会议的贺辞

2004年6月26日

值此第28届世界遗产委员会会议在中国苏州举行之际，我谨代表中国政府和中国人民，并以我个人的名义，向会议表示热烈的祝贺！向与会的各国代表团表示诚挚的欢迎！

在漫长的历史进程中，人类社会留下了丰富的文化遗产，大自然也造就了旖旎的风光。世界各国都有自己独特的文化和自然遗产，它们不仅是各国、各民族的宝贵财富，也是全人类的宝贵财富。由于历史的变迁和人类活动的影响，不少珍贵的文化和自然遗产受到岁月的侵蚀或遭到人为的破坏，有的已濒临危险。加强世界遗产保护已成为国际社会刻不容缓的任务。这是历史赋予我们的崇高责任，也是实现人类文明延续和可持续发展的必然要求。

保护世界遗产，是造福人类的千秋功业。1972年联合国教科文组织通过的《保护世界文化和自然遗产公约》，对保护世界遗产具有重要的指导作用。各国都应认真履行这一公约，在平等和相互尊重的基础上，相互借鉴，取长补短，更好地保护人类的共同遗产。

中国政府高度重视保护文化和自然遗产，将继续弘扬中华民族的优秀文化，保护生态环境，扩大国际合作，保证文化和自然遗产的充分保护和适度利用，进一步促进人与自然和谐发展。

多样性是世界文明的一个基本特征。人类历史发展的过程，就是各种文明不断交流、融合创新的过程。加强文明对话，有利于各国、各民族的相互了解和相互学习，有利于促进世界和平与发展的崇高事业。我们期待着联合国教科文组织在促进文明交流方面发挥更大作用。我相信，在各国代表团共同努力下，这次会议必将取得成功，为发展人类丰富多彩的文明作出积极贡献。

祝各位代表在中国过得愉快。

国务院关于加强文化遗产保护的通知(摘录)

国发[2005]42号
2005年12月22日

我国是历史悠久的文明古国。在漫长的岁月中，中华民族创造了丰富多彩、弥足珍贵的文化遗产。党中央、国务院历来高度重视文化遗产保护工作，在全社会的共同努力下，我国文化遗产保护取得了明显成效。与此同时，也应清醒地看到，当前我国文化遗产保护面临着许多问题，形势严峻，不容乐观。为了进一步加强我国文化遗产保护，继承和弘扬中华民族优秀传统文化，推动社会主义先进文化建设，国务院决定从2006年起，每年六月的第二个星期六为我国的“文化遗产日”。

文化遗产包括物质文化遗产和非物质文化遗产。物质文化遗产是具有历史、艺术和科学价值的文物，包括古遗址、古墓葬、古建筑、石窟寺、石刻、壁画、近代现代重要史迹及代表性建筑等不可移动文物，历史上各时代的重要实物、艺术品、文献、手稿、图书资料等可移动文物；以及在建筑式样、分布均匀或与环境景色结合方面具有突出普遍价值的历史文化名城(街区、村镇)。非物质文化遗产是指各种以非物质形态存在的与群众生活密切相关、世代相承的传统文化表现形式，包括口头传统、传统表演艺术、民俗活动和礼仪与节庆、有关自然界和宇宙的民间传统知识和实践、传统手工艺技能等以及与上述传统文化表现形式相关的文化空间。

我国文化遗产蕴含着中华民族特有的精神价值、思维方式、想象力，体现着中华民族的生命力和创造力，是各民族智慧的结晶，也是全人类文明的瑰宝。保护文化遗产，保持民族文化的传承，是连结民族情感纽带、增进民族团结和维护国家统一及社会稳定的重要文化基础，也是维护世界文化多样性和创造性，促进人类共同发展的前提。加强文化遗产保护，是建设社会主义先进文化，贯彻落实科学发展观和构建社会主义和谐社会的必然要求。

文化遗产是不可再生的珍贵资源。随着经济全球化趋势和现代化进程的加快，我国的文化生态正在发生巨大变化，文化遗产及其生存环境受到严重威胁。不少历史文化名城(街区、村镇)、古建筑、古遗址及风景名胜区整体风貌遭到破坏。文物非法交易、盗窃和盗掘古遗址古墓葬以及走私文物的违法犯罪活动在一些地区还没有得到有效遏制，大量珍贵文物流失境外。由于过度开发和不合理利用，许多重要文化遗产消亡或失传。在文化遗存相对丰富的少数民族聚居地区，由于人们生活环境和条件的变迁，民族或区域文化特色消失加快。因此，加强文化遗产保护刻不容缓。地方各级人民政府和有关部门要从对国家和历史负责的高度，从维护国家文化安全的高度，充分认识保护文化遗产的重要性，进一步增强责任感和紧迫感，切实做好文化遗产保护工作。

序

中华人民共和国文化部部长　孙家正

2006年6月10日是我国首个“文化遗产日”，《中国文化遗产年鉴2006》的及时出版，是一件很有意义的事情。

中国作为世界四大文明古国之一，曾经为人类文明的发展做出过巨大的贡献。在超过五千年的历史长河中，中华民族创造了光辉灿烂、丰富多彩的文化，为我们留下了宝贵的文化遗产，成为全人类的共同财富。在现代文明飞速发展的今天，历史文化遗产的保护问题，在全球范围内越来越受到人们的广泛关注。

近年来，我国政府进一步加大了中国文化遗产的保护力度。党的“十六大”报告提出了“扶持对重要文化遗产和优秀民间艺术的保护工作”。2004年6月28日，第28届世界遗产委员会会议在苏州召开，这是首次在我国召开的世界遗产委员会会议，国家主席胡锦涛发表了贺辞。我国于2004年8月正式加入了《保护非物质文化遗产公约》，成为较早加入公约的国家之一。近年来我国文化遗产保护工作的成果在《年鉴》中均有记录。2003年初，文化部、财政部联合国家民委、中国文联共同实施“中国民族民间文化保护工程”。2005年，国家首次开展了非物质文化遗产普查工作。为了抢救和保护珍贵和濒危非物质文化遗产，2005年7月，文化部下发了《关于申报第一批国家非物质文化遗产名录的通知》，确定501个推荐项目。这一切，标志着我国非物质文化遗产保护工作在党中央和国务院的重视下取得了突破性的进展。《非物质文化遗产保护法》、《历史文化名城和历史文化街区、村镇保护条例》等法律、行政法规也即将出台。2005年8月13日，中国文化遗产标志正式启用。2006年2月12日，由文化部、国家发展和改革委员会、教育部等九部委共同主办的“中国非物质文化遗产保护成果展”是新世纪新时代背景下的一次重要展览。非物质文化遗产优秀剧目、折子戏同期在北京民族文化宫大剧院公演更是检阅了我国已经获得和正在申报的人类口头和非物质文化遗产代表作。在此之前，国务院先后颁发了《关于加强我国非物质文化遗产保护工作的意见》（国办发〔2005〕18号）以及《关于加强文化遗产保护的通知》（国发〔2005〕42号）。至此，保护和弘扬中国文化遗产已经成为全民工程、国家特别行动。

为了进一步加强文化遗产保护工作，继承和弘扬中华民族优秀传统文化，推动社会主义先进文化建设，国务院决定从2006年起，每年6月的第二个星期六为我国的“文化遗产日”，并开展“文化遗产日”系列活动。《中国文化遗产年鉴2006》的出版，是对我国文化遗产现状和文化遗产保护

工作的一个阶段性的总结和宣传，广大读者可以从中获得有关文化遗产方面的知识，了解我国文化遗产保护的政策。因此，本《年鉴》的出版，必将在提高人民群众对文化遗产保护重要性的认识，增强全社会的文化遗产保护意识方面发挥积极的作用。

序

中华人民共和国国家文物局局长　　单霁翔

我国是历史悠久的文明古国，拥有十分丰富的文化遗产。珍视和保护好这些宝贵的文化遗产，是我们必须肩负的历史责任，也是建设社会主义先进文化，贯彻落实科学发展观和创建社会主义和谐社会的必然要求。

中国政府历来高度重视文化遗产的保护工作。近年来，在党中央、国务院和地方各级党委、政府的关心和支持下，文物部门坚持贯彻《文物保护法》和“保护为主，抢救第一，合理利用，加强管理”的文物工作方针，遵循文物保护的基本规律，各项文物工作成效显著。文化部门组织实施了对全国非物质文化遗产的普查；建设部门加大了历史文化名城、历史文化街区、村镇保护工作的力度；教育部门将文化遗产保护内容纳入教辅计划，在青少年中宣传和普及文化遗产保护知识和理念；三峡水利工程、南水北调工程等国家重大基本建设项目都把抢救和保护文物作为一项重要内容，相关文物保护工作成果累累；旅游部门也加强了对旅游景点线路的文化遗产保护教育和管理工作。

但是，随着经济全球化趋势和城市化进程的加快，我国文化遗产及其生存环境受到严重威胁，文化遗产保护形势依然严峻。为此，国务院于2005年底印发了《关于加强文化遗产保护的通知》，强调了保护文化遗产的重要性和紧迫性，明确了加强文化遗产保护的指导思想、基本方针和总体目标，对着力解决文化遗产保护中的突出问题提出了具体的措施和要求。《通知》作为指导新时期文化遗产保护工作的纲领性文件，将对我国文化遗产保护事业的全面、协调和可持续发展产生重要而深远的影响。

按照《通知》的要求，本世纪头二十年将是我国文物事业发展的重要战略机遇期，“十一五”时期尤为关键。2006年是“十一五”的开局之年，6月10日将迎来我国第一个“文化遗产日”，此前，国务院常务会议审议通过了第六批全国重点文物保护单位名单，一大批具有重要价值的文物保护单位在国家层面上得到了更好的保护，这充分体现了党中央、国务院对文化遗产保护工作的高度重视和支持，使全国文物工作者深受鼓舞。

由文物出版社组织编辑出版的《中国文化遗产年鉴2006》在庆祝首个“文化遗产日”的重要时刻适时推出，不仅是对我国文化遗产现状的一次系统地记录和展示，也比较全面地反映了我国政府和社会各界在文化遗产保护方面所做出的不懈努力，我们相信，该书的出版将在我国文化遗产保护事业的发展进程中发挥积极和重要的作用。

第一篇　总　论

莫高窟唐代菩萨像

第一章　综　述

世界遗产在中国　01.010150

国际古迹遗址理事会副主席　　郭　旃

当前，世界遗产事业方兴未艾，世界遗产事业在中国的发展则是这项事业在全球的缩影。因此，要了解世界遗产的概貌，把世界遗产在中国的相关情况作一个简要的回顾，是十分有益的。

一、文物和文化遗产概念在中国的演变

在中国，文化遗产长期被称作文物，甚至有物质的文物和“活文物”之称。而文物一词本身又有一个发展演变过程。概括地讲，文物是人类历史文明的遗存；文物是物化的历史；文物是艺术的创造；文物是传统的鉴赏与延续；文物是知识、智慧、哲理的源泉；文物是沟通先祖的灵与肉，是桥梁；文物是通向未来的动力与方向。

文化部部长孙家正说：“构建和谐社会，经济是基础，民主政治是保障，文化是灵魂。”这是个精辟的论断。而文物可以说是传统文化最真实、最生动而又不可更改的载体，弥足珍贵。因此，我还赞成一位领导人这样一番话：“一个地方党政领导对文物工作重视与否，是这个地方党政领导文化水准高低的反映。”

广义上说，一切历史遗存都成了文物。我们现在讲的文物——文化遗产则应当是那些值得受国家保护的文物。它们被区分为：

1．物质（有形TANGIBLE）文化遗产与非物质（无形INTANGIBLE）文化遗产。物质文化遗产，即那些有物质形态，可触可视或可探测到可预期形状的遗产；非物质文化遗产则是那些无形的艺术、技艺、口传历史、风俗、传统等。

2．同属物质文化遗产的可移动文化遗产与不可移动文化遗产。可移动文物，这当然是可以随意挪动，并且不会因改变原位置而损害其固有的信息和价值的物质文化遗产。不可移动文物，应当是不借助机械力，人工难以移动的；或者是不适于脱离其原在环境而不可移动的物质文化遗产。

3．看看与文物定义相关的部分外文词汇，会有助于进一步理解什么是文化遗产。

MONUMENT(S)

SITE(S)

RELIC(S)

RUIN(S)

PROPERTY

HISTORIC BUILDING OR CITY OR CENTER

HERITAGE (site)

登录建筑，等等。一些英文单词很难找到完全对应的中文词汇，需要我们不仅从翻译角度，而且要从理念上反复思考。这是特别要注意的。

在日本还有传统住区、风貌区、文化财等设置。对传承无形文化的匠师、艺术家，授有“国家传统技艺保存者”的头衔。

与中国文物保护法对比，国际社会对文化遗产的认定，关注历史、科学、艺术三大价值这是共同的。但中国文物保护法和相关规定涵盖的内容在这方面有两样特别之处。一是“具有科学价值的古脊椎动物化石

和人类化石同文物一样受国家保护”，二是有“革命文物”之说。

一般来说，中国传统的文物概念不包括非物质文化遗产。随着2005年《国务院关于加强我国文化遗产工作的通知》这一里程碑式的文件的颁布，全面的文化遗产理念和称谓已被完全接受和确立。

二、文化遗产的类别

在中国，博物馆、文物保管所收藏和保护可移动文物的绝大部分。对不可移动文物则有如下设置：

全国重点及省、市、县文物保护单位，指定保护单位与控保单位2352处国保，7000余处省保，约60000处市、县保，40万处普查结果。

国家历史文化名城103座和法定有省、直辖市、自治区划定的历史文化街区、村镇。

中国历史文化名村、名镇。这是由建设部和国家文物局组织的效果积极、广受重视的评选项目。

风景名胜区，国家级187处。

国家自然保护区265处。

国家地质公园138处，其中12处世界地质公园。

国家森林公园503处。

三、世界遗产

《保护世界文化和自然遗产公约》所称“遗产”界定在物质遗产中的不可移动遗产。不包含可移动遗产。其首要标准是要具有突出、普遍价值（OUV—Outstanding Universal Value）。评估结论来自全球范围内的对比分析研究 （Comparative study）。

1．世界遗产的类别

文化遗产与文化景观；

自然遗产；

混合遗产；

2．世界遗产必备的突出普遍价值被具体为如下十条标准

文化遗产的六条标准：

(1)人类创造性智慧的杰作；

(2)一段时间内或文化期内在建筑或技术、艺术、城镇规划或景观设计中代表人类价值的重要转变；

(3)反映一项独有或至少特别的现存或已消失的文化传统或文明；

(4)是描绘出人类历史上一个重大时期的建筑物、建筑风格、科技组合或景观范例；

(5)代表了一种（或多种）文化，特别是在其面临不可逆转的变迁时的传统人类居住或土地利用的突出范例；

(6)直接或明显地与具有突出普遍意义的事件、生活传统、信仰、文学艺术作品相关（通常该项标准不单独作为列入条件）。

作为文化遗产同时还必须满足：

(1)符合真实性的要求（包括：设计、材料、工艺和布局的真实性）；

(2)有足够的法律和（或）传统的保护和管理机制作为保障。

自然遗产四条标准：

(1)具有最显著的自然现象或具有特殊的天然美景，在美学方面有重要意义，具有突出的美学价值，并包括对维持美景至关重要的区域；

(2)是代表地球历史重要阶段，包括生命记录、地形演变过程中所进行的重要地质过程或具有地貌或地

形特征的突出范例，并应具有完整性；

(3)是代表进化过程中所进行的重要生态和生物过程，陆地、淡水、沿海及海内生态系统以及植物和动物种群发展的突出范例，并应具有足够的规模，包含必要的成分，以展示其所具备的、对长期保存生态系统和生物多样性而言十分重要的过程；

(4)包括有在保护生物多样性方面具有重要意义的栖息地，其中应生活着在科学和保护方面具突出普遍价值的濒危物种，并应包括代表该生物地区最大限度的多样性特点的动植物的栖息地及其生态系统和足够大的栖息范围。

结合中国的世界遗产，我们可以对照一下对上述标准的解读和应用。当然，未必完全周全。

中国的文化遗产：

长城（1987年，世界文化遗产标准1/2/3/4/6）；

周口店“北京人”遗址（1987年，世界文化遗产标准3/4）；

秦始皇陵及兵马俑（1987年，世界文化遗产标准1/3/4/6）；

明清故宫（1987—2004年，世界文化遗产标准1/2/3/4）；

敦煌莫高窟（1987年，世界文化遗产标准1/2/3/4/5/6）；

布达拉宫历史建筑群（1994—2000—2001年，世界文化遗产标准1/4/6）；

曲阜孔庙、孔林、孔府（1994年，世界文化遗产标准1/4/6）；

承德避暑山庄及周围寺庙（1994年，世界文化遗产标准2/4）；

苏州古典园林（1997—2000年，世界文化遗产标准1/2/3/4/5）；

武当山古建筑群（1994年，世界文化遗产标准1/2/6）；

平遥古城（1997年，世界文化遗产标准2/3/4）；

丽江古城（1997年，世界文化遗产标准2/4/5）；

天坛（1998年，世界文化遗产标准1/2/3）；

颐和园（1998年，世界文化遗产标准1/2/3）；

大足石刻（1999年，世界文化遗产标准1/2/3）；

青城山及都江堰（2000年，世界文化遗产标准2/4/6）；

庐山（1996年世界文化遗产标准2/3/4/6）；

龙门石窟（2000年，世界文化遗产标准1/2/3）；

明清皇家陵寝(2000年、2003年、2004年，世界文化遗产标准1/2/3/4/5)；

安徽古村落（2000年，世界文化遗产标准3/4/5）；

云冈石窟（2001年，世界文化遗产标准1/2/3/4）；

高句丽王城、王陵及贵族墓葬（2004年，世界文化遗产标准1/2/3/4/5）；

澳门历史城区（2005年，文化遗产，标准2/3/4/6）；

中国的自然遗产：

武陵源（张家界）（1992年，世界自然标准3，现在遗产标准7）；

九寨沟（1992年，世界自然遗产标准3，现在标准7）；

黄龙（1992年，世界自然遗产标准3，现在标准7）；

三江并流（2003年，世界自然遗产标准1/2/3/4，现在标准7/8/9/10）；

中国的文化与自然混合遗产：

泰山（1987年，世界文化遗产标准1/2/3/4/5/6和自然遗产标准3，现在标准7）；

黄山（1990年，世界文化遗产标准2和自然遗产标准3/4，现在标准7/10）；

峨眉山—乐山大佛（1996年，世界文化遗产标准4/6和自然遗产标准4）；

武夷山（1999年，世界文化遗产标准3/6和自然遗产标准3/4，现在标准3/6/7/10）。

人们在关注越来越多的新的文化遗产种类。比如文化线路中的丝绸之路、运河等；岩画遗址；20世纪近代建筑遗产；工业化遗产等。

历史名城及历史中心也备受关注。约300处世界遗产位于城市之中。

人与自然的和谐是世界遗产事业的又一永恒主题。世界遗产标志图案的寓意就是人的创造和大自然的和谐统一。

3．世界遗产的效应

世界遗产体现着它的拥有者对人类历史的贡献和成就，体现着当代综合国力、社会文明素质的高低，因而激发着家乡人的自信心、自豪感、凝聚力，宣示着爱家乡、爱祖国的美好情感；也体现着国际的认同与珍爱，体现着对文化多样性的尊重与捍卫，促进着国际交流、友谊与合作，是全人类共同发展与和平繁荣的事业，也是全球大环境保护与人类社会可持续发展的重要举措与保障。

在世界遗产领域，曾多次出现西方权威人士站在主席台或会场中为中国喝彩的局面。当有代表就中国“神山”类遗产是否过多提出疑问时，国际古迹遗址理事会世界遗产协调员亨利·克利尔博士（英国人）谆谆告诫：“你要知道，中国是一个很大很大的国家，她有辽阔的国土，众多的民族，悠久的历史，丰富的文化……”；当有代表就青城山作为道教名山是否具有特殊价值提出疑问时，匈牙利代表团团长亚诺什先生激动地代为陈辞：“中国的道教（家）那么早就提出‘天人合一’，我们今天才感到应该返璞归真，回归自然，这意义该有多大呀！”

从世界遗产事业在中国的发展历程中，我们能看到许许多多具体的生动效应实例。比如，史无前例地促进了环境整治与美化就是一个小亮点。

拉萨大昭寺申报世界遗产，老城区拆除不协调的文物建筑523处，其中包括法人单位17家。整治环境经费达5000多万元。

洛阳龙门石窟周围的环境，多年来是人人头疼的老大难问题。拥挤的违章建筑和脏乱的市场环境把石窟周围的景观破坏得杂乱无章。申报世界遗产过程中，当地政府一期工程投入经费6200万元妥善解决实际问题，二期工程再投入5100万元，一举拆除了南门外的中华龙宫、环幕影城、部队营房，北门外的违章厕所、商业用房等大型不协调建筑物和许多其他杂乱无章建筑，恢复了绿地，美化了环境，规范了市场秩序，使龙门石窟与周边环境景观实现了和谐统一。

重庆大足石刻申报世界遗产时，中央领导亲自在现场鼓励大家“争取申报成功，为国争光”，市委、市政府破例召开专门会议讨论申报方案，直接安排工作经费1200万元，拆迁机关和企事业单位18处，居民12户，拆迁总面积3.4万平方米，恢复绿化面积10.5万平方米。

安徽黟县西递和宏村两个小小的村落也为整治周边环境花费了600余万元，村民人人重保护，传统民居及相关设施已被视作共同的宝贵财富而备受呵护。

青城山山门外两侧的不协调建筑，甚至都江堰申报区域内的大规模学校楼房都拆了。还有集安的高句丽遗址环境整治工程，改变了全市的面貌。这一切，在过去都是不可想象的。再如，样板作用与全社会文明素质的提升是又一突出效应。

世界遗产的概念和保护准则体现了当今世界范围内关于遗产及遗产保护最高水平的共识。经过千辛万苦锤炼而出并且仍在不断发展的世界遗产理念和保护模式，无疑为整个遗产保护事业提供了更完整、更准确的认定和堪称楷模的样板。这一样板作用在遗产保护业内部是显而易见的。申报世界遗产成功后的龙门石窟现已成为全省乃至全国大型文化遗产的管理典型单位。

另一方面，世界遗产工作蓬勃开展的作用已远远不限于遗产工作本身。其成功不仅取决于少数决策者认识的提高和措施得力，而是每一个和遗产发生关系的个人和单位对环境观、审美观、大局观、历史文化和科学修养的增强，以及优良文明举止的养成。如何对待遗产，如何保护环境，已经细化到连垃圾箱的制作和设置都要尽力与环境相协调，其教化作用自然如雨润物。

在一些申报世界遗产的地方，申报过程实际上成了怎样做一个文明村民、文明市民的实际教育和修炼。洛阳市以申报龙门石窟世界遗产为核心，2000年带动全市相继获得“全国文明景区示范点”，“省级园林城市”，“国家四A景区”，“中国优秀旅游城市”等四顶桂冠。当一个无可非议的高尚事物以大多数人都可以理解和接受的方式出现的时候，人们精神境界和实际操守的净化和提升无形中使全社会的凝聚力、进取心、自尊感空前显现并大大增强，这是很值得欣喜和珍重的。

特别要提到的是，保护理念的沟通，这一点尤其重要。

首先是世界遗产工作所倡导的保护目的、目标、原则、做法。从科学、严谨的申报（表格、程序）、评估、审议、监测制度（与申报的呼应与贯彻始终）等具体做法，到事物的核心——真实性、完整性，一系列一丝不苟的理念，以及反复强调的基础工作——人才、技术与培训，周全的合作方式、途径，科学的、可持续的保护与利用、展示，前瞻的防灾，等等，无不给人们以启迪和保障。

当然，世界遗产事业还有效地促进了国际间的交流与合作，增进了各国同行和人民之间的沟通，也为包括中国人在内的各国人民提供了为共同的地球村做出应有贡献的大舞台。

世界遗产事业还有一项可能是始料不及的效应，是对经济的促进。如：

都江堰，申报世界遗产贷款2.2亿人民币，因成功后的巨大旅游效益而不愁还贷；

平遥古城、皖南古村落（西递、宏村）的旅游收入在列入世界遗产行列后都增长几十倍。遗产保护实力也因经济的发展而增强。

丽江古城维护费，按游客40元／人次收取，2005年公开数字4000余万元，实际数额达5300万元。

明十三陵，门票收入5、3、2分成，其中50%用于文物保护，2004年9月份门票收入1.1亿元，年底达到了1.4亿元。

北京颐和园，2004年门票收入1.6亿元，文物保护费用1.4亿元。

世界遗产，特别是文化遗产，是中国旅游业的主要资源，这是有目共睹的事实。当今天统计出长城2004年游客为1000万时，人们不会忘记文物保护工作者的贡献与苦衷，同时，又要牢记世界遗产工作的规则：旅游业必须以科学、严格、细致、周到的文化遗产保护为前提。

旅游业近年的统计中有所谓观光市场一枝独秀的说法，其实就是反映了遗产对旅游业生死攸关的作用。

世界遗产事业全面促进了文明的传承与弘扬，也凸现出文化多样性的全球意义，平衡着文化多样性与民族自尊、独立、主权、平等、民族与世界的关系。

在经济一体化、全球化的国际背景中，2001年11月，联合国教科文组织（UNESCO）发表了《文化多样性普遍宣言》："在不同的时间和空间，文化的表现方式也多种多样。这种多样性体现为组成人类社会的群体或团体标示的独特性和多元性。作为交换、创新与创造的源泉，人类需要文化多样性，这跟自然需要多样性一样。从这个意义上讲，文化多样性是人类共同的遗产。"

可以说，多样性丧失＝民族消亡＝人类社会停滞。

前人龚自珍告诫："灭人之国，必先去其史。灭人之材，败人之纲纪，必先去其史。绝人之材，湮塞人之教，必先去其史。夷人之祖宗，必先去其史。"

今人学者呼吁，不只乡村，还有城市："城市发展的关键在于其魅力，在于其特色，在于其文化。没有魅力，没有特色，城市就没有生命力和竞争力。丧失了个性，也就丧失了自己的文化，丧失了城市的根基。"

当人们不再能分辨得出各自亲切却风格迥异的家乡城市今日谁是谁时，哲人的警示正在变成不幸的现实。世界遗产事业却在有效地抵御这种不良趋势。

良好的家乡情与爱国主义永远是美好的，有崇高价值的。有如葡萄牙奥比道斯市旅游局长对自己家乡的"自豪观"，日本人在申报世界遗产时尊崇的原动力；又如四川阆中在申报国家历史文化名城时要为家乡父老乡亲寻回的自信与自尊……

知识、艺术、文化、习俗的相互交流，理解与融合，也伴随着世界遗产事业的发展而发展，甚至影响到公共意识、文明意识、饮食习惯、自重、重人、艺术的震撼力，等等。

世界遗产的具体效应举不胜举。从中，不难理解，世界遗产热为什么至今不仅在中国，而且在全球范围内方兴未艾。

4．世界遗产事业的历程

时间与数字

从1985年，中国签署加入了《保护世界文化和自然遗产公约》(1972年)，至今已经20年了。《保护世界文化和自然遗产公约》的缔约国现在已发展到182个，列入《世界遗产名录》的已达812处(2005年的数字，其中文化遗产628处，自然遗产160处，文化与自然双重遗产24处)。

中国从1987年拥有第一批世界遗产(含文化遗产5处：周口店“北京人”遗址、长城、北京故宫、敦煌莫高窟、秦始皇陵及兵马俑；文化与自然双重遗产1处：泰山)起，到现在发展到拥有31处世界遗产，位居世界第三，其中文化遗产23处(含1处文化景观)，自然遗产4处，文化与自然遗产4处。拥有世界遗产数目排列第一、二位的国家是意大利和西班牙。

5．相关的国际公约、宪章；地区性宪章、准则

和世界遗产相关的公约和国际文献主要有：

保护世界文化和自然遗产公约及其操作指南(1972，UNESCO；2005 2月2日)；

雅典宪章(1931，ICOMOS前身，第一届历史建筑建筑师与技师代表大会，历史建筑修复宪章)；

威尼斯宪章(1964，ICOMOS一年后成立)；

佛罗伦萨宪章(1982，历史园林)；

华盛顿宪章(1987，保护历史城镇与城区宪章)；

洛桑宪章(1990，考古遗产保护与管理宪章)；

奈良真实性文件(1994)；

水下文化遗产保护与管理宪章(1996)；

国际文化旅游宪章(1999)；

木构历史建筑保护准则(1999)；

壁画保存与保护修复准则(2003)，等等。

比较重要的还有：

武装冲突情况下保护文化财产公约(1954)；

关于适用于考古发掘的国际原则的建议(1956)；

关于保护景观和遗址的风貌与特性的建议(1962)；

关于历史地区的保护及其当代作用的建议(1976，内罗毕)；

最主要显然是世界遗产公约及其操作指南。其中，制定公约的出发点是：

文化和自然遗产越来越受到人类行为和自然破坏的威胁；

任何文化和自然遗产的损失都是对世界遗产总体的损害；

国家一级的保护水平不同，有些国家缺乏必要的保护条件；

保护文化和自然遗产对全世界人民而言都很重要；

需要以公约的形式确定作为人类的共同行为对文化和自然遗产进行保护。

而世界遗产公约操作指南进一步具体明确了遗产的定义；遗产的认定标准；申报遗产的程序，申报文件及过程；如何认识和掌握真实性与完整性；咨询制度，机构，权限，程序；关于世界遗产委员会；关于世界遗产中心；监测制度，等等。

威尼斯宪章则是至今仍然最为重要的关于文化遗产的专业文献。它规定了保护维修文化遗产的根本准则为少干预，可识别，相关文献又衍生出可逆的原则；强调环境与完整性；严格界定和限定了修复与重建。

奈良真实性文件，是1994年产生的继威尼斯宪章之后关于真实性的又一常用文献。它的主要特点是阐述、强调文化多样性及尊重多样的文化传统。

还有一些地区性或有较大影响的国家宪章或准则

巴拉宪章(1979，重修于1999)

里加宪章(关于重建工程)

中国准则

6．世界遗产相关组织

全世界现有193个国家，联合国教科文组织（UNESCO）有190个正式成员国，五个准成员国。

《保护世界文化和自然遗产公约》182个缔约国每两年召开一次大会，是公约的最高决策场所，议决相关重大问题。

世界遗产委员会（21个委员国，由两年一度的缔约国大会选举产生，任期六年，每两年改选三分之一）每年召开一次会议，审定每年的具体事务。

世界遗产工作规则有一条重要的规定是设立专业咨询制度，咨询制度的作用在于保障世界遗产工作的公正性、客观性、科学性。为此，选择认定了三家国际专业组织作为联合国教科文组织直接联系的咨询机构，即：

国际古迹遗址理事会（ICOMOS），负责文化遗产事务；

国际文物保护与修复研究中心（ICCROM），也是文化遗产专业组织，偏重于培训；

世界保护联盟（IUCN），负责自然遗产事务。

世界遗产中心——联合国教科文组织下常设机构，世界遗产委员会的秘书处，负责具体事务的运作，发挥服务、协调作用，被要求秉持严格的中立角色，保障委员会、咨询组织联系、活动顺畅。

联合国教科文组织地区办事处，从事地区性协调、服务活动，如亚太（曼谷），中、朝、韩、蒙、日（北京），印度，伊朗办事处等。

7．申报世界遗产的程序

首先是缔约国自己对相关不可移动的遗产的价值认定、保护管理状况的评估和决策选择。先列入本国的预备名单，然后酌情正式申报。正式申报要经过按时递交合格的申报文本（内容包括意义、价值、标准、客观描述、规划；机构、资金、设施、法规、专业人员及培训、防灾、监测等；国际专家实地考察与咨询机构总体评估；委员会全会最终审议等三个主要阶段。其间，要特别注意申报的周期与限制，文本技术审查的标准，现场考察的ABC、主与次，初审、终审阶段的多种可能性。也有一种特殊结果就是直接进入濒危名录。

关键在于能够被公认的、全球突出、普遍价值，真实性与完整性，完整的保护管理体系。

世界遗产事业排斥短期行为。它要求人们真正诚信地为全人类把那些具有突出、普遍价值的共同遗产可持续地永远保存下去。为此，它设有系统的监测制度，有《世界遗产濒危目录》，还有理论上的删除。监测包括日常监测、反应性监测和六年一度的地区定期监测报告制度。

《处于危险之中的世界遗产名录》（简称《世界遗产濒危目录》）的存在主要源于遗产地面临的以下威胁：

军事冲突及战争；

地震及其他自然灾害；

环境污染；

非法捕猎；

过度开发建设等等。

目前有35处文化和自然遗产地被列入《濒危名录》，但是没有中国的。

世界遗产监测制度的主旨不是惩罚，主要是督促改善遗产保存、保护状况，消除威胁。

理论上的删除至今还没有发生，但已经在被人们一再讨论。这里也有国家主权与《公约》条款之争和其他的政治因素影响。

四、保护非物质文化遗产公约

这一公约是新生事物，2006年刚刚生效。由于它也产自联合国教科文组织，人们开始把据此认定的文化遗产也称作世界遗产。但显然，这与前述世界遗产属于既密切相关，属性又完全不同的两种类别。

非物质文化遗产的类别主要是口传、表演艺术；社交仪式、习俗、祭祀、节庆活动；对自然界的认知与崇奉等。

在非物质文化遗产领域，关于真实性的争论是个很严重的课题，可能要长久讨论下去。这一形势在通过《大和宣言》(2004年，日本奈良，Yamato Declaration)时就已经显现出来了。

《保护非物质文化遗产公约》(THE CONVENTION FOR SAFEGUARDING INTANGIBLE CULTURAL HERITAGE)是联合国教科文组织(UNESCO)第32届大会 2003年11月3日通过的。根据规定，要有30个国家正式签署缔约后才生效。目前缔约国已超过30个。将于2006年6月举行第一届缔约国大会。此前每两年评选一次，自2001年第一次评选以来，已产生了三批世界非物质文化遗产。最初叫作《人类口述遗产与非物质遗产代表作》(2001年)，2003年改作《人类非物质文化遗产代表名录》。

是否延用物质文化遗产的“突出价值标准”，也是非物质文化遗产领域已经在争议的重大课题。

非物质文化遗产工作在中国的形势

中国第十届全国人大常委会第11次会议2004年8月28日通过批准加入《保护非物质文化遗产公约》，成为第七个正式签署该公约的国家。中国的昆曲(2001)、古琴(2003)，维吾尔族木卡姆(2005)(此前已有中亚四国)已先后被列为世界非物质文化遗产，并且与蒙古国成功地联合申报了蒙古长调(2005)。

2005年4月26日：国务院印发了《关于加强我国非物质文化遗产保护工作的意见》，提出国家级、省、市、县级“代表作名录体系”与中国特色保护制度；2006年，确认并公布了《第一批国家级非物质文化遗产名录推荐项目名单》。

五、当前中国国内世界遗产工作的形势、对策和任务

外有申报限额制的约束，有政治化倾向与科学事业的矛盾；内有重申报轻管理，重开发轻保护的不良倾向；管理体制政出多门，扯皮现象，协调机制的缺失；法制滞后，专项立法的急需健全；机构薄弱，人才缺乏，急需系统长期的培训(能力建设、国际热点)；专项资金问题的设置；申报工作中的误区等，都是突出问题。

为此，国家文物局拟设立国内的世界遗产专业咨询制度和监测制度。世界文化遗产专家委员会即将成立。文物部际联席会制度也将启动。根据变化了的形势和规则，已经开始修订重设《中国世界文化遗产预备清单》，也在加快制定《中国世界文化遗产保护管理办法》这一专项法规。系统培养人才，强化队伍的工作正在按计划加紧进行。

在国家九部委《关于加强我国世界文化遗产保护管理工作的意见的通知》和《国务院关于加强我国文化遗产工作的通知》(2005年)之后，各部门落实相关精神、规定、任务的工作全面展开。世界遗产事业在中国正迈向新的高峰。

六、文化遗产保护需要多学科合作

众多的实例已经一再证明了这一方面的合理性、必要性、紧迫性。在此，就不再赘笔。

中国文化遗产　01.010250

国家文物局政策法规司司长　彭常新

中华民族优秀的文化遗产以生动、直观的表现形态，记载和见证着中国五千年文明的悠悠岁月。由56个民族相融合的多民族的国家，在漫长的历史进程中留下了极为丰富多彩的历史文化遗产。它们是中国古老文明历史和中华民族生生不息的重要见证，也是维系中华民族团结统一的精神纽带。保护并利用好这笔珍贵的文化遗产，是我们义不容辞的责任和义务。

党中央、国务院历来高度重视我国文化遗产保护工作，为此作出了一系列重大决策和部署，在全社会的共同努力下，我国文化遗产的保护工作取得了明显成效。我国宪法规定："国家保护名胜古迹、珍贵文物和其他重要历史文化遗产。"新中国成立之初，中央人民政府政务院就即刻颁布了《禁止珍贵文物图书出口暂行办法》，采取措施防止我国珍贵文物流失境外。1950年以后，国家先后颁布了保护古迹、征集革命文物等一系列命令和办法，并从中央到地方分别设置了相应的文物保护管理机构，加强对文化遗产的保护工作。1961年，国务院颁布了《文物保护管理暂行条例》，我国文化遗产保护工作逐步走向成熟，改革开放以来，我国文化遗产保护工作呈现出一个崭新的发展局面。1982年，全国人大常委会根据文化遗产保护的新形势，制定并颁布了《中华人民共和国文物保护法》。这部法律的制定，吸收了国内外文化遗产保护实践的成熟理念和管理经验，确立了一系列涉及我国文化遗产保护各个方面的基本制度和原则，进一步科学、合理地调整了全社会与文物保护的关系，推动中国文化遗产保护工作逐步走向法制化、规范化。之后，国务院及其有关部门、地方各级人民政府相继制定颁布了一系列配套法规、规章，基本形成了中国特色的文化遗产保护法律体系。

为进一步加强我国文化遗产的保护和充分发挥文化遗产在社会主义现代化建设中的独特作用，国务院分别于1992年、1995年、2002年三次召开了全国文物工作会议，进一步明确了新形势下文物工作的基本方针和原则，并于1997年下发了《关于加强和改善文物工作的通知》，于2005年下发了《关于加强文化遗产保护的通知》。前一个通知强调了地方各级人民政府要将文物工作纳入地方和社会发展计划，纳入城乡建设规划，纳入财政预算，纳入体制改革，纳入各级领导责任制。后一个通知则明确：为进一步加强我国文化遗产保护，继承和弘扬中华民族优秀传统文化，推动社会主义先进文化建设，国务院决定从2006年起，每年6月的第二个星期六为我国的"文化遗产日"。党中央和国务院的这一系列重大举措，形成了我国文化遗产工作在今后一个相当长的历史阶段必须遵循的指导思想、基本方针和总体目标。

（一）指导思想：坚持以邓小平理论和"三个代表"重要思想为指导，全面贯彻和落实科学发展观，加大文化遗产保护力度，构建科学有效的文化遗产保护体系，提高全社会文化遗产保护意识，充分发挥文化遗产在传承中华文化，提高人民群众思想道德素质和科学文化素质，增强民族凝聚力，促进社会主义先进文化建设和构建社会主义和谐社会中的重要作用。

（二）基本方针：物质文化遗产保护要贯彻"保护为主，抢救第一，合理利用，加强管理"的方针。非物质文化遗产要贯彻"保护为主，抢救第一，合理利用，传承发展"的方针。坚持保护文化遗产的真实性和完整性，坚持依法和科学保护，正确处理经济社会发展与文化遗产保护的关系，统筹规划、分类指导、突出重点、分步实施。

（三）总体目标：通过采取有效措施，文化遗产得到全面加强。到2010年，初步建立比较完备的文化遗产保护制度，文化遗产保护状况得到明显改善。到2015年，基本形成较为完善的文化遗产保护体系，具有历史、文化和科学价值的文化遗产得到全面有效保护，保护文化遗产深入人心，成为全社会的自觉行动。

我国"文化遗产日"的设立和文化遗产保护指导思想、基本方针以及总体目标的形成，为中国文化遗产保护与发展勾画了一幅宏伟蓝图，指明了文化遗产工作在建设社会主义先进文化过程中的前进方向，具有重大的战略意义和现实意义。与此同时，于2002年10月28日第九届全国人大常委会审议通过新修订的

《中华人民共和国文物保护法》则为以上目标的实现提供了坚实的法律保障。于1982年颁布施行的文物保护法对于提高全民族的文物保护意识，加强文物保护工作起到了重要作用。但随着我国改革开放的进一步深化和扩大，随着社会主义市场经济体制的建立和逐步完善，文物工作面临的社会环境发生了很大变化，出现了新情况、新问题，法律的一些规定已不能完全适应发展的需要和文物工作的实际要求，管理制度上的缺失造成了文物在一定程度上受到损害和流失。特别是有法不依、执法不严、法人违法、以言代法的现象较为普遍；属于政府和法人违法的典型案件比例增加；文物行政管理机构和相关管理制度仍不健全；文物流通领域的各种行为不规范、秩序混乱；文物行政执法工作薄弱等，引起了社会的广泛关注，也受到国家有关部门和立法机构的高度重视。从1996年起，国家有关部门启动了对文物法修订的工作，经过6年的认真研究和反复修改，第九届全国人大常委会进行了四次审议后终于表决获得通过。

新修订的文物保护法总结了改革开放以来我国文化遗产保护工作的实践经验，对在社会主义市场经济条件下文物保护、利用、管理的诸多新情况、新问题作出了新的规范，对文化遗产工作所反映的热点、难点问题作出了正确回答，是我国文化遗产工作在法制化进程中的一个里程碑。法律修订的一个重要成果，是把文物工作“保护为主，抢救第一，合理利用，加强管理”的基本方针作为国家法律固定了下来。这个方针是贯穿文物保护法的一条主线，也是指导新时期文物工作的基本准则。“保护为主”是核心，就是要把保护始终作为文物工作的中心任务。“抢救第一”是在做好保护工作的前提下，把抢救放在一切工作的首要位置。“合理利用”就是在确保文物安全和永久保存的前提下，正确发挥文物在社会经济发展中的重要作用。而“加强管理”则是做好文物保护工作的关键，是实现文物有效保护和合理利用的基本保障。文物保护法确定的这个方针是一个相互关联，不可分割的有机整体，不可割裂、各取所用。

中国文化遗产是不可再生的文化资源，一旦被损坏就不可能恢复。这一特征决定了文化遗产保护必须始终把确保文化遗产的安全放在第一位。建国以来，国家进行了两次大规模的文物普查活动，初步摸清了我国文物资源的数量、分布区域和保存状况，建立了必要的文物保护制度。目前，全国已知地上、地下（内水、领海）不可移动文物约40余万处，在原全国重点文物保护单位1271处的基础上，2006年3月29日，国务院在核定公布前五批国保单位的基础上，又核准公布了1081处第六批全国重点文物保护单位。使我国全国重点文物保护单位的数量增加到2352处。加上由地方各级人民政府核定公布的省、市、县级文物保护单位，全国已有7万多处不可移动文物成为国家指定受保护的重点单位。全国有103个城市被列为国家历史文化名城。有31处自然和文化遗产被联合国教科文组织世界遗产委员会评审通过，列入世界自然与文化遗产名录。全国有馆藏可移动文物约2000万件，建立了2000多座博物馆对其进行收藏、研究和陈列展示，每年有8000多个文物展览向社会开放，年接待国内外观众近2亿人次。

中国文化遗产又具有精华和糟粕两重性。因此要正确认识保护与继承的关系。强调保护的一面，主要是保护文化遗产中的那些具有历史、艺术和科学价值的优秀部分。毛泽东同志指出：“中国的长期封建社会中，创造了灿烂的古代文化。清理古代文化，剔除其封建性的糟粕，吸收其民主性的精华，是发展民族新文化提高民族自信心的必要条件。但是决不能无批判地兼收并蓄。必须将古代封建统治阶级的一切腐朽的东西和古代优秀的人民文化即多少带有民主性和革命性的东西区别开来。”所以，对文化遗产的保护是继承的前提和基础，继承则是保护的目的和方向。文化遗产保护必须遵循与社会经济发展相协调的原则。既不能注重经济建设或社会发展而忽视了对文化遗产的保护，也不能一味强调保护而妨碍社会各项事业的发展。文化遗产保护还应当遵循原地保护的原则。文化遗产是构成国家文明与民族文化渊源的基本要素，要保持其完整性和原生性，才能准确掌握其内在的真正价值，这就要求在保护遗产本体的同时，还要保护好与其共生的环境及相互间的联系。另外，文化遗产保护还应当遵循国际社会关于文化遗产保护所通行的“保持原状”、“相对集中收藏”和适当“限定用途”等原则。

继承优秀历史文化遗产是当今世界维护文化多样化、坚持民族精神的必然要求。在经济全球化趋势下，文化遗产对一个民族、国家的重要性越来越明显，除了一般的文化意义，在政治、民族、社会和国家文化主权上都具有特殊的意义。继承优秀历史文化遗产，是发展社会主义先进文化的基础和源泉。我国优秀的

历史文化遗产具有丰富的内涵，包括了博大精深的中华文明、道德伦理和坚强不屈的民族精神。长城、故宫、敦煌、曲阜三孔、秦始皇兵马俑、布达拉宫等历史文化遗产，已成为中华文化的重要象征；而遵义、延安、井冈山等中国革命的圣地，代表了中国革命前赴后继、百折不挠的英勇气概和英雄气节，孕育了中国深厚的革命文化传统；同时各个少数民族特点鲜明、绚丽多彩的民族文化遗产，构成了中华文化遗产的重要组成部分，也是中华民族精神的直观体现。继承优秀历史文化遗产，其本质就是继承和弘扬中华民族的优秀文化和民族精神，增强民族自尊心和民族凝聚力。作为实物见证，各类优秀文化遗产的内在价值，直接体现了中华民族追求真理，维护统一，舍身取义，自强不息，励精图治，无私奉献，艰苦奋斗，奋发有为的伟大品格和情操，具有直观、形象、真实、可信的特点，是了解历史、认识国情、学习传统的重要途径和生动教材。随着社会主义建设的深入发展，文化遗产在坚持科学发展观，构建社会主义和谐社会，实现社会可持续发展方面将成为一支不可或缺的重要力量。

文化遗产的保护，体现了一个国家、一个民族的文化素质和文明程度，不重视这项工作，是没有文化、缺少文化素养的表现。文化遗产是人民创造的，是广大劳动人民勤劳智慧的结晶，必须紧紧依靠广大人民群众来共同保护，形成以国家保护为主，动员全社会共同参与保护的新局面。首先，必须认真做好文化遗产保护的各项基础性工作，深入调查全国文化遗产的存量和分布状况，建立科学档案，加强保护工作的针对性、有效性。其次，要加大各类博物馆的建设，建立健全各项规章制度，确保馆藏文物的安全。要鼓励社会各界兴办各种专题性博物馆，促进我国博物馆事业的全面协调发展。第三，要进一步完善各级文化遗产管理机构和工作制度，提高思想道德素质和业务工作水平。第四，要坚决依法打击各类文物犯罪活动，制止各种人为原因造成的文化遗产损毁和破坏。第五，要继续把普及文化遗产知识及法律宣传作为日常工作的有机部分常抓不懈，提高全民族的文化遗产保护意识，营造良好氛围，使“热爱祖国文化遗产，保护祖国文化遗产”成为社会全体公民的自觉行动。

我国幅员辽阔，文化遗产在全国各地的存量及分布状况有很大不同。因此，我国对文化遗产保护管理的体制一直采用“属地管理，分级负责”的原则。文化遗产的保护仅仅靠各级政府专门机构来做也是不够的，特别在市场经济体制条件下，文化遗产的保护涉及社会生活的各个方面，需要政府各有关部门统一认识，形成合力，才能建立起良好、规范的保护管理秩序。除了文物行政部门外，公安、司法部门和海关承担着依法打击文物盗掘、盗窃等犯罪活动和文物走私、贩私等违法行为的职责；工商部门要依法维护文物流通领域的正常活动，制止文物市场贩假和私自出售国家禁止出售的文物的违法行为，维护健康的市场经营；城乡建设部门则承担着城市规划建设及旧城改造中，保护历史文化名城、历史文化街区及名村、名镇不遭受严重破坏的行政管理职责；此外，环境保护、旅游、宗教、民族及军队等部门和单位，在其工作职责和范围内，也或多或少涉及文化遗产保护的工作。实现对我国优秀文化遗产的全面管理，只有各部门齐抓共管，才能起到实效，才能把文化遗产保护的国家职责真正落到实处。

2005年，国务院在《关于加强文化遗产保护的通知》中明确指出：随着经济全球化趋势和现代化进程的加快，我国的文化生态正在发生巨大变化，文化遗产及其生存环境受到严重威胁。不少历史文化名城（街区、村镇）、古建筑、古遗址及风景名胜区整体风貌遭到破坏。文物非法交易、盗窃和盗掘古遗址、古墓葬以及走私文物的违法犯罪活动在一些地区还没有得到有效遏制，大量珍贵文物流失境外。由于过度开发和不合理利用，许多重要文化遗产消亡或失传。在文化遗存相对丰富的少数民族聚居地区，由于人们生活环境和条件的变迁，民族或区域文化特色消失加快。因此，加强文化遗产保护刻不容缓。我们要从对国家和历史负责的高度，从维护国家文化安全的高度，充分认识保护文化遗产的重要性，进一步增强责任感和紧迫感，切实做好文化遗产保护工作。

中国非物质文化遗产 01.010350

中国民俗学会会长 刘魁立

民族文化是一个民族的根基，一个民族的灵魂。

“地球村”、“全球化”、“经济一体化”等，是近年来听得最多的一些字眼儿，这当然不是空泛的文字游戏，而确确实实是当今世界发展状况的真实写照。

在这种形势下，民族文化如何发展，就成为每个民族乃至整个人类必须关注的重要问题。

我们这里所说的民族文化，从其主体的角度说，包括两个层面：一个是指族群文化，就我们中国的具体情况而言，是56个民族大家庭中的每一个民族的文化传统与文化现实；另外一个更宽泛的具有国家意义的层面，是指包括56个民族的文化传统在内的多元一体的中华民族文化。

每种民族文化又大略地可以分为精英文化（或称雅文化、上层文化）和民间文化（或称底层文化）。而从时间的角度来说，又可约略地分为传统文化和当代文化。精英文化和民间文化、传统文化和当代文化，这两种划分都是相对的，它们中间没有不可逾越的鸿沟，而是彼此紧密联系、相互交融的。民间文化往往成为精英文化的基础，而精英文化的诸多成分又在许多情况下被民间文化所吸纳，成为自己的有机组成部分。传统文化虽然历史悠远，但并非是被现实所遗弃或否定的历史陈迹。传统文化也并非一成不变，任何传统都会随着时间的前进、社会的发展而渐渐有所变异。所谓当代文化也不是无本之木，无源之水，它总是从传统中汲取营养和灵感，应时代之召唤，而孕育、生成和发展。精英文化往往是主流社会中的主流声音，从某种意义上说也是一种强势文化。由此，它特别受到重视与呵护。另外，对这种文化的提倡与宣传常常是自上而下的，带有若干强制性。所以，在一定的时间里，社会影响相当大。这种文化在很多情况下是适应时代的需要而兴的，又往往是追逐潮流而动的，它的独创性和吸纳外来文化的包容性都更强烈。相对而言，民间文化植根最深，影响最广，虽然处在强势文化的边缘，但很像是一个建筑物埋在地下的基础部分，其功能是潜在的、持久的、稳固的。像空气弥漫于人的周围一样，人们自觉不自觉地生活在民间文化的氛围当中，习以为常，便往往不再对它特意地重视；由于其传承方式更多的是口耳相传，代代相承，所以在很多情况下它又是脆弱的。这种脆弱性在长期的、稳定的农耕社会里表现得并不突出，但在特定的历史条件下，就特别地彰显出来了。

在我们眼前发生的难以胜数的实例都说明，许多宝贵的民族民间传统文化事象，正面临着令人担忧的命运。对于文化遗产的保护问题，已经引起我国上上下下、乃至世界各国和有关国际组织的关注。

最近一个时期，我们常常提到“非物质遗产”这样一个术语，这是联合国教科文组织以及世界各国通用的一个新的称谓。称谓虽新，但实际上我国政府和人民以及广大文化工作者和科学工作者早就对这一部分文化遗产有所关注，而且针对它们的保护做过许多卓有成效的工作。而这项工作成为国际组织提到各国面前的世界性重大议题，时间并非很远。

1973年，有的发展中国家曾经提议，作为对前述公约的补充，应该对口头和非物质遗产给予特别关注。1989年10月，联合国教科文组织第25届大会通过了保护民间创作的建议案。1999年11月，第30届大会决定设立人类口头和非物质遗产代表作名录。2000年6月，在联合国教科文组织巴黎总部，首次召开口头和非物质文化遗产代表作评委会议，正式发起设立“代表作名录”项目，并为会员国申报工作制定了《申报条例指南》。2001年启动申报工作。同年公布了第一批19项代表作，其中亚洲占有4项。中国的传统文化瑰宝、古老剧种——昆曲艺术名列其中。2003年公布第二批代表作名录，我国古琴艺术榜上有名。2005年，我国申报的木卡姆艺术及与蒙古国联合申报的蒙古长调民歌入选第三批“人类口头和非物质遗产代表作”。

2003年，联合国教科文组织开始制定《保护非物质文化遗产国际公约》，2003年11月17日，联合国教科文组织第32届大会通过了这一公约，中国成为这一公约的首批签约国。

我国各民族在历史发展的长河中所创造的非物质文化遗产珍贵而丰富，应当受到保护的不仅仅是被宣

布为“人类口头和非物质遗产代表作”的昆曲艺术、古琴艺术、木卡姆和蒙古长调民歌等几项，保护项目也远远不止百项、千项，我们各民族的宝贵的文化遗产都应该得到抢救和保护，近年被列入名录的非物质文化遗产项目，仅仅是其中的优秀代表而已。

关于“非物质文化遗产”的定义，至今为止虽然说法很多，但没有一个令大家满意的权威文本。每一个人都会按着自己的理解来定义它，见仁见智。即使像联合国教科文组织这样的权威机构，向世界发布文件就这一对象的定名、定义等也做了多次的修改，不同时期曾经使用过“口头和非物质文化遗产”、“无形文化遗产”、“非物质文化遗产”等不同的定名。至于定义的变化就更加复杂了。关于它的定义，有关官员和学者还在不断地继续探索和完善。

非物质遗产系指在历史、艺术、民族学、社会学、人类学、语言学或文学方面具有特殊价值的传统和民间文化表现形式。现今，我们通常所使用的定义为：“非物质文化遗产是指各种以非物质形态存在的与群众生活密切相关、世代相承的传统文化表现形式，包括口头传统、传统表演艺术、民俗活动和礼仪与节庆、有关自然界和宇宙的民间传统知识和实践、传统手工艺技能等以及与上述传统文化表现形式相关的文化空间。”

非物质文化是广大民众生活当中须臾不可离开的一个有机组成部分，承载着生活制度和行为规范的内涵。例如，诸多民族的不成文法多是以口头传承的艺术作品形式表现出来的。

非物质文化是民族价值观的反映，是民族情感的寄托，是民族精神和民族性格的体现。眼泪和笑声是个人情感的体现；而神话、传说、故事和史诗则“记录”了整个一个民族的喜怒哀乐和爱憎好恶，像《格萨尔》、《玛纳斯》、《江格尔》等史诗巨著都被看成是藏族、柯尔克孜族、蒙古族等民族的最重要的文化象征。

正因为这些原因，口头及非物质文化就成为维系和巩固民族团结和谐、密切社会联系的黏合剂，是民族凝聚力的载体。无论一个人的政治态度如何，无论一个人的年龄、性格如何，无论一个人有着怎样不同于其他人的经历，也无论处在如何异样的生活环境中，总要感受这种传统文化所赋予的烙印。假设我们不注意培护我们民族文化的根基，不注意关爱我们的民族的灵魂，不保护我们的传统文化，我们将如何骄傲地自立于世界民族之林呢？

非物质文化遗产是一个民族的每一个成员文化认同的依据，是整个民族所有子民的情感的集中表现。

非物质文化是我们每个民族历代先辈奋斗和创造的历史实录，是民族历史这棵参天大树的“年轮”。联合国教科文组织前任总干事马约尔在《文化遗产与合作》的前言（联合国教科文组织《文化遗产与合作》专刊，1999 年）中说：“保存与传扬这些有历史性的见证，无论是有形文化遗产还是无形文化遗产，我们的目的是唤醒人们的记忆……事实上，我们要继续唤醒人们的记忆，因为没有记忆就没有创造，这也是我们对未来一代所肩负的责任。”我们常常会听到这样的比喻，说这一或那一优秀的口承文学作品是某个民族的“百科全书”。我以为，这不简单是一种比喻，更反映了历史的真谛。

非物质文化因此也是推进现代文化前进的基础之一。揪住头发，使自己离开地面是做不到的，不在自己传统文化的基础上建设和发展民族的现代文化是行不通的。《联合国教科文组织发展纲领》说：“记忆对创造力来说是极端重要的，对个人和各民族都极为重要。各民族在他们的遗产中发现了自然和文化的遗产，有形和无形的遗产，这是找到他们自身和灵感源泉的钥匙。”

关心和爱护民族文化的特异性，保护口头和非物质文化遗产不仅是整个人类共同的光荣任务，是繁荣和发展世界多元化文化的必经之路，而且是每个民族对世界和时代应承担的责任。只有最大限度地发展底蕴深厚、色彩绚丽的民族文化，才可能使人类文化的多样性和丰富性得到最好的体现。

我们的非物质文化大都是自然状态的民间文化，在长期的历史发展过程中，往往自生自灭。它在许多情况下，在很大程度上，也是一种不可再生的宝贵的文化资源。遗憾的是，进入现代社会，才在一定程度上引起人们的重视和有意识的抢救和保存。在社会急遽变革的今天，为了人类文化的健康发展、为了社会的稳步前进，那种任传统文化自生自灭的观念和做法必须彻底改变。保护和合理开发资源以完成可持续发展的战略任务，这一思想的基本精神，同样应该适用于非物质文化遗产。

党的十六大报告为保护宝贵的民间传统文化工作确定了总的指导思想，报告说："民族精神是一个民族赖以生存和发展的精神支撑。一个民族，没有振奋的精神和高尚的品格，不可能自立于世界民族之林。在五千多年的发展中，中华民族形成了以爱国主义为核心的团结统一、爱好和平、勤劳勇敢、自强不息的伟大民族精神。面对世界范围内的多种思想文化和相互激荡，必须把弘扬和培育民族精神作为文化建设极为重要的任务。""立足于改革开放和现代化建设的实践，着眼于世界文化发展的前沿，发扬民族文化的优秀传统，汲取世界各民族的长处，在内容与形式上积极创新，不断增强中国特色社会主义文化的吸引力和感召力。""要建立与社会主义市场经济相适应、与社会主义法律规范相协调，与中华民族传统美德相承接的社会主义思想道德体系。""扶持对重要文化遗产和优秀民间艺术的保护工作。"

当然，并非所有的历史都是值得我们留恋的，并非一切的历史文化现象都应该得到我们的尊敬和礼拜。比如吸鸦片和缠足便是应该鄙弃的历史文化现象。所以，对待口头和非物质文化遗产要有分析的态度，我们应当采取不同的方式对待，有的可以立此存照，有的应予关怀和保护，有的则应鼓励其发展。

应该说，提高全民珍视和关怀非物质文化遗产的意识，是最根本的和最重要的任务。保护传统的民间文化遗产，是一项繁复的系统工程，是一项长期的历史任务。在振兴民族文化的整个过程中，应该持之以恒地做下去。

对口头和非物质文化遗产的抢救和保护，不仅要重视静态的成果，尤其要关注这份遗产的各种事象的存在方式和存在过程。

任何一项口头和非物质文化事象，都是存在于整个民族文化系统当中的，抢救和保护这部分遗产，就不能割断和脱离开它同与它相关的环境和背景的联系。在一些情况下，由于忽略了它同它存在环境的血肉联系，我们保护这部分遗产的初衷有时不可能收到令人满意的效果，甚至可能适得其反。

非物质文化遗产往往是长期历史传承的结果，有着丰厚的历史积淀，是广大民众的集体创造的结晶。然而，我们同时看到这些成果是由具体的某位有突出才艺的个体作为传承的代表而保存、而展现的。所以我们对于个性的人、人的个性的技艺和个性的人同他所传承的历史文化之间的特殊情感关系，要给予特别的关注。

没有深入的研究就没有真正的保护。学术界和理论界在分析和研究、抢救和保护口头和非物质文化方面有不可推卸的责任。在提高全民保护民族文化遗产的意识方面可以发挥重要作用。学术机构和广大科学工作者同有关行政部门通力合作，将会在口头和非物质文化遗产的保护方面做很多有益的工作，将会在民族文化的发展建设方面做出优异的贡献。这也正是时代和人民对我们的殷切期望。

第二章　世界遗产组织与中国的世界遗产保护体制

联合国教科文组织与中国的文化遗产保护　01.020150

联合国教科文组织北京办事处文化遗产项目官员　杜晓帆

联合国教育、科学及文化组织属联合国专门机构，简称联合国教科文组织。1945年11月在英国伦敦会议上通过了联合国教科文组织法，1946年11月4日正式生效，同年12月成为联合国专门机构，总部设在巴黎。目前有成员190个国家和地区。联合国教科文组织的宗旨是：通过教育、科学及文化来促进各国之间的合作，以增进对正义、法治及联合国宪章所确认的世界人民不分种族、性别、语言、宗教均享有人权与自由的普遍尊重，对世界和平和安全做出贡献。

联合国教科文组织北京代表处成立于1984年，成立之初为联合国教科文组织科学及技术驻华办事处，自成立之日起，该办事处便在逐渐扩大它的项目范围及管辖领域。2002年1月，北京办事处发展成为东亚地区区域办事处，目前辖盖朝鲜民主主义人民共和国、日本国、蒙古国、中华人民共和国及大韩民国共五个国家。联合国教科文组织北京代表处对所辖区域内的成员国提供了良好的交流氛围，起着信息平台的作用。北京代表处覆盖了占世界百分之二十五的人口，包括五个历史文化上相互关联的国家。然而，各国又同时拥有着其显著的文化和社会差异，使用语言也大不相同。其中两个国家是高度工业化的国家，两个是发展相对平缓的国家，还有一个国家介于这两种情形之间并拥有丰富的人力资源。这些多元化元素奠定了该地区区域合作的契机。联合国教科文组织北京办事处的职责主要有两个方面，一是根据东亚分地区的利益与现实实施一系列的项目，二是综合东亚分地区成员国现实和未来的需求，将这些需求纳入到教科文组织的计划领域。

一、联合国教科文组织的文化遗产保护策略

20世纪60年代之前，人们普遍认为，在一个国家境内的文化遗产，完全是该国的内部事务，该国需对文化遗产的保护工作负责。1959年，埃及和苏丹联合向联合国教科文组织提交了一份紧急报告，请求帮助保护努比亚遗址和有关文物。因为修建阿斯旺水坝，从阿布辛拜勒至菲莱的努比亚遗迹将受到人工湖淹没的威胁。1960年3月8日，联合国教科文组织的总干事比托里诺·维罗内塞（Mr. Vittorino Veronese）呼吁各国政府、组织、公共和私立的基金会以及一切有美好愿望的个人为保护努比亚遗址提供技术和财政支持。保护努比亚遗址的行动从此展开，这也表明了联合国教科文组织在对待文化遗产方面有了一个全新的概念。即这些文化遗址应该被视为全人类的文化遗产，因此应当受到整个国际社会和联合国教科文组织的关注。整个工程从1962年开始，持续了18年，把阿布辛拜勒神庙切割成了1050块重达10～30吨的块体，运到山崖的高处重新组装，这些宏伟壮丽的建筑遗址从尼罗河的洪水中得以挽救。此项行动除了带来了很大的技术成就外，它也提供了一个激动人心的案例：成功地用国际资源来保护文化遗产。阿布辛拜勒神庙和菲莱这两处保护工作分两个阶段进行，所需总费用为7000万美元，它们得到了4000万美元的国际支援。在这项行动的成功的感召下，许多国家转向联合国教科文组织寻求国际社会的支持，来保护本国最为宝贵的遗址。

1962年，联合国教科文组织制定了《关于保护景观遗址的风貌和特性的建议》。该建议案对那些具有文化或美学意义的，或者形成典型的自然环境的自然、乡村、城市的景观遗址进行保护和恢复。1965年，在华盛顿特区召开了“白宫会议”，提出设立“世界遗产信托基金”，以促进国际合作的开展。

1972年，在瑞典斯德哥尔摩召开了联合国人类环境大会，包括“联合国教科文组织（UNESCO)”、“国

际自然与自然资源保护联盟（IUCN）”、“国际古迹遗址理事会（ICOMOS）”在内的几个工作小组提出建议，形成了《保护世界文化和自然遗产公约》，并经联合国教科文组织1972年11月16日召开的大会批准通过。联合国教科文组织在1976年成立了世界遗产委员会，这是政府间组织，由21个成员国组成，负责《保护世界文化和自然遗产公约》的实施。世界遗产委员会每年召开一次会议，主要决定哪些遗产可以录入《世界遗产名录》，对已列入名录的世界遗产的保护工作进行监督指导。委员会内由七名成员构成世界遗产委员会主席团，主席团每年举行两次会议，筹备委员会的工作。截至到2005年7月，全世界共有812处文化和自然遗产被列入《世界遗产名录》。中国于1985年成为《公约》的第89个缔约国，现有31处世界遗产。

保护世界文化和自然遗产，是多年来联合国教科文组织的优先活动领域之一。1972年联合国教科文组织大会通过的《保护世界文化和自然遗产公约》第一次提供了国际合作的永久性的法律、管理和财政框架，同时引进了世界遗产的概念，超越了任何政治和地理边界。公约的一个基本目标是使人们意识到文化遗产的不可替代性，它旨在完善增强和刺激国民的主动性，强调保护文化遗产的责任最终依赖于各个国家自身。在本民族文化血脉体系的反复追溯中，在对其历史与民族性形成的认识过程中，一个民族就能够与其他民族建立和平友好的关系，继续进行古老的对话，向未来稳步前进。重视文化遗产、保护祖先馈赠给我们的珍宝，将它们尽可能完整地传递给我们的子孙，是我们的责任，也是明智之举。同时，各缔约国也认识到国际社会有义务帮助本身资源不足的国家。然而，世界遗产委员会的资源难以满足所有申请技术合作的请求。对于保护文化遗产事业的支持，更多的是来自于各成员国的自愿的捐助，它们和联合国教科文组织共同组成了信托基金。

二、联合国教科文组织在中国的文化遗产保护工作

在过去的三十年里，为了推进城市改造、工业、农业综合经营以及旅游业的发展，采取了重点投资于基础设施建设和人力资源开发的策略，亚太地区的国家经历了前所未有的繁荣。然而，经济的迅速发展也让我们的国家在遗产资源方面付出了沉重的代价，不仅极度消耗了地区环境资源，而且大大地消耗了珍贵的文化资源，而这些都是我们的祖先历经数个世纪的积累并精心经营的结晶。在认识到地区经济的无限膨胀不能继续再以业已枯竭的资源为基础之后，政策制定者们终于开始将其注意力转移到有关资源的可持续性，以及公众参与和许可的议题上来。整个亚太地区已经逐渐认识到遗产保护不必要限制在一些有限的国际旅游胜地上。我们现在渐渐了解到文化遗产保护是国家政策普遍关注的问题，是可持续发展过程的一部分，并以此形成各个社会独特的文化及历史传统。联合国教科文组织坚决承诺，确保所有的社区继续过上高质量的生活，而不以牺牲有别于其他地方的传统特征以及人们居住的家园为代价。亚洲东北部是世界许多古老文明的发源地。占世界人口五分之一的中国，同时也是拥有文化遗产最多的国家。促进现代文明，保护文化遗产是联合国教科文组织北京办事处目前的首要任务。与中国、蒙古和朝鲜的当地政府及有关单位的密切合作加速了这一进程。

城市化、人口膨胀、环境恶化以及旅游业的无序发展，严重威胁了中国的文化遗产。中国政府已经意识到了问题的严重性，并且在法律、制度以及教育等领域开展了卓有成效的工作。20世纪80年代中期开始，为了协助中国提高在文化遗产保护领域的水平，并加强国际交流与合作，联合国教科文组织与中国政府合作，举办了多次有关文化遗产保护的专业会议。

1986年在中国北京举办的“亚洲地区文物保护科学技术研讨会”，受到了亚洲各国文物保护界的关注。20世纪90年代以后，这种合作更加活跃。1990年、1994年和1995年，在联合国教科文组织的支持下，国家文物局相继举办了壁画保护、古建筑保护理论、石窟保护以及木构建筑保护技术等培训班，聘请中外专家为来自全国各地从事文物保护的专业人员授课，介绍国际上文物保护的最新技术和信息。1991年，联合国教科文组织利用国际保护长城和威尼斯委员会的专项捐款，资助中国修复北京慕田峪长城西段。同年7月，利用世界遗产基金向遭受特大洪水袭击、部分古建筑收到严重破坏的黄山风景区提供紧急援助。1994年提供紧急援助加强周口店北京人遗址的保护。之外，还支持了河北省承德避暑山庄博物馆防盗系统、中国

世界遗产管理人员培训班、云南丽江大地震后的文物抢修，以及苏州、丽江、北京、拉萨等地传统街区保护等。

除了联合国教科文组织的常规项目外，北京办事处还积极协助中国政府申请预算外项目。中国作为联合国教科文组织文化遗产保护日本信托基金的受益国，已经得到了交河故城、大明宫含元殿遗址、库木吐喇千佛洞、龙门石窟共4个保护修复工程的资助。其中，交河故城保护修复工程于1996年完工，大明宫含元殿遗址保护修复工程于2003年完工，库木吐喇千佛洞、龙门石窟保护修复工程正在实施中。

三、世界遗产组织在中国

随着世界遗产逐渐被社会关注和重视，中国的遗产保护与国际组织的合作有了很大的发展。近年来，联合国教科文组织与中国有关单位合作，在北京、南京、丽江、苏州、深圳等地召开的有关会议或论坛，对世界文化遗产的保护和开发利用产生了重要影响。

2004年6月28日至7月7日，第28届世界遗产大会在苏州召开，这是第一次在中国召开的世界遗产大会，也是世界遗产委员会历史上时间最长、议题最多的一次会议。联合国教科文组织世界遗产中心主任巴达兰称本届会议达到了预期的目标，取得了战略性的成功，简直是创造了一个奇迹。在闭幕式上宣读的《苏州宣言》，呼吁国际社会和世界各国更加重视青年人在世界遗产保护中的作用，加强针对青年人的世界遗产保护教育。世界遗产大会在中国的召开，不仅对世界遗产保护运动产生了广泛而深入的影响，而且对提高中国全社会对于世界遗产的关注，以及增强公民对于世界遗产的保护意识起到极大的推动作用。

2005年10月17日到21日，联合国教科文组织的咨询机构——国际古迹遗址理事会(ICOMOS)第15届大会在中国西安召开。这是该组织成立以来第一次在中国举行大会，来自世界80多个国家的近千名代表参加了会议。这次大会围绕文化遗产与背景环境——不断变化的城镇景观中的文化遗产保护这个主题，针对当前世界尤其是亚洲城市高速发展的新形势，着重从古迹遗址的环境定义、古迹遗址的环境脆弱性、如何应对背景环境的动态变化、古迹遗址线性环境的挑战等四个方面进行科学研讨。最终通过的《西安宣言》为保护古迹遗址提供了世界通行的原则，对世界古迹遗址保护带来有普遍的适用性。《西安宣言》是国际文化遗产保护领域一个决议性文件，它以古建筑、古遗址和历史区域周边环境的保护为主，由文物自身的保护发展到了文物及其周边环境的保护，把文物保护提高到了文化保护的境界，第一次明确把环境保护作为主题提了出来。它将中国的哲学思想、文物保护理念以及古城西安“文物保护与文物周边环境保护同时并举”的成功经验，纳入文物保护的国际规则之中，第一次系统地确定了古迹遗址周边环境的含义，强调了文物古迹环境保护的意义。

《世界遗产公约》明确规定，作为一个公约缔约国，它的义不容辞的责任就是保护、保存、展示本国领土中的文化与自然遗产，并把它完整地传承给后代。因此，根据国际公认的文物保护准则，对各个世界遗产地的保护状况定期进行周密的专业检查、审议和评估，向世界遗产委员会提出详尽报告，也是联合国教科文组织及其咨询机构的重要工作。监测工作分系统监测和反映性监测两大类，系统监测是由世界遗产地主权国每年进行的检查和评估工作，缔约国每六年要向世界遗产委员会提交一份报告，就本国世界遗产保护状况做出详尽说明。反应性监测对缔约国来说实际上是一种被动检测，这项监测工作由联合国教科文组织、世界遗产中心以及咨询机构进行，由他们从各方面了解到的线索进行考察和评估，就某些特定的世界遗产保护状况向世界遗产委员会提出报告，再由委员会根据有关国际公约的条款作出相应的反应。

近几年来，随着世界遗产保护工作在中国的迅速开展，社会各界对于遗产地的保护状况日益关注，他们通过各种形式向联合国教科文组织反映情况或提出建议。联合国教科文组织北京办事处对于接收到的有关报告和建议均进行了认真的处理，并及时转交中国政府以及世界遗产中心。2005年10月，由世界遗产中心、国际古迹遗址理事会以及联合国教科文组织北京办事处组成的专家组对北京故宫、颐和园、天坛等遗产地进行了反应性监测，其报告已经提交世界遗产委员会，并于2006年在新西兰召开的第30届世界遗产大会上审议。

中国联合国教科文组织全国委员会与中国世界遗产事业

01.020250

中国联合国教科文组织全国委员会　沈　荣

一、教科文全委会职能

中国联合国教科文组织全国委员会于1978年10月经中央批准成立（简称教科文全委会），代表中国政府负责归口管理我国与联合国教科文组织的合作。教科文全委会现由28家政府、非政府及研究机构委员组成。教科文全委会主任由教育部副部长兼任，副主任由外交部、科技部、文化部、中国科学院、中国社会科学院等五部门主管副部长／副院长兼任。教科文全委会现任主任为章新胜。教科文全委会秘书处是教科文全委会的常设办事机构，设在教育部。

根据国务院确定的职能分工，教科文全委会负责为我国政府、有关部门和出席联合国教科文组织大会的代表团提供该组织的情况和咨询，负责协调我国有关部门参与教科文组织的工作，并负责与该组织秘书处和各会员国全国委员会的联络工作。教科文全委会在世界遗产领域的主要职责是牵头协调国内遗产主管业务部门参与教科文组织的相关国际合作活动：

1．协调业务主管部门遴选申报项目，负责国内报批和对外申报工作；

2．负责组织、协调国内人员出席遗产领域的缔约国大会和遗产委员会会议及相关研究活动；

3．组织、安排教科文组织官员、相关咨询机构专家的业务考察、监测活动；

4．负责实施青年世界遗产教育项目。

二、2005年遗产与文化领域主要工作

在2004年我国成功举办第28届世界遗产委员会会议的基础上，2005年教科文全委会与教科文组织在遗产和文化领域的合作进一步深化，合作活动范围更加扩展。可以说，2005年教科文全委会与教科文组织在遗产和文化领域的工作在深度和广度上都有了突破，主要表现在两点：一是在遗产保护领域，我国专家开始参与关于遗产保护核心问题的讨论，如我国专家应邀参加了关于世界遗产定义的研讨和关于物质遗产和非物质遗产之间的关系等。二是除传统的世界遗产项目外，我国开始积极参与教科文组织关于非物质遗产和文化政策的讨论。教科文全委会在文化领域的活动之所以能够开始走向深入和全面，是与我国综合国力提高、作为遗产和文化大国在国际上的重要作用得到认可密切相关。2005年遗产与文化领域重要活动如下：

1．组团出席在南非德班举行的第29届世界遗产委员会会议，澳门历史城区列入《世界遗产名录》。澳门历史建筑街区成为我国的第31处世界遗产地，凸现了一国两制政策的成功，为澳门的长期稳定和长远发展做出了贡献。澳门历史城区为来自我国特别行政区第一个世界遗产申报项目，得到了中央领导同志的高度重视。在听取国际专家考察的意见后，经有关单位补充资料，将该项目名称由原来的“澳门历史建筑群”修订为“澳门历史城区”。第29届会议还审议了我国遗产地三江并流、北京的文化遗产（故宫、天坛、颐和园）和布达拉宫的保护状况，并分别通过了决定。根据会议的决定，2005年下半年有关遗产地接待了国际专家对相关遗产地的监测考察。

2．积极参与制定《保护文化表现形式多样性公约》。由文化部牵头，外交部、商务部、广电总局、中宣部、国家知识产权局、新闻出版署、教科文全委会、中国社会科学院及中国艺术研究院等机构人员参加了《公约》的整个磋商过程，2005年2月、5月分别参加了两次政府专家会议的谈判，在会前制定切实可行的对案，在会上积极参与会议讨论。经过激烈的讨论，会议最终以投票方式通过了《公约》文本。

3．为澳门历史城区及去年批准的高句丽世界遗产项目、沈阳一宫三陵扩展项目举办了世界遗产证书颁发仪式。应教科文组织和澳门特区政府的建议，教科文全委会与国家文物局合作，2005 年 11 月在人民大会堂举办了隆重的世界遗产地证书颁发仪式，国务委员陈至立和教科文组织总干事分别为澳门历史建筑城区、高句丽王城王陵及贵族墓葬、沈阳一宫三陵颁发了证书。澳门特首何厚铧及吉林省、辽宁省和外交部、文化部、教育部、国家文物局、港澳办等领导出席。

4．世界遗产项目申报及评估。接待国际专家评估我新遗产项目是建设部和国家文物局这两个业务部门的重点工作。2005 年，我国接待了两组专家，分别考察了河南殷墟和四川大熊猫栖息地世界遗产申报项目。国际专家对我申报项目价值给予了基本肯定。

5．建立中国世界遗产研究与培训中心进行可行性研究。2004 年我国苏州举办的联合国教科文组织第 28 届世界遗产委员会会议通过决议，在我国建立“世界遗产研究与培训中心”。2005 年 7 月，世界遗产中心为可行性研究推荐了国际专家人选。12 月初，国际专家来华进行了第一次考察，与我国教科文全国委员会共同进行了实地考察。

6．与外国联合申报世界非物质文化遗产成功。2005 年 11 月 25 日，教科文组织公布了第三批人类口头和非物质遗产代表作中，由我国和蒙古国共同提出的蒙古长调被列入人类非物质文化遗产代表作。我国新疆维吾尔木卡姆艺术也顺利入选代表作，成为我国被列入人类非物质文化遗产代表作的第三和第四个。

7．其他重点工作。2005 年上半年，我们还积极推荐专家参加世界遗产定期报告研讨、出席俄罗斯喀山特别专家会议、东亚文化多样性论坛、丝绸之路文化间对话等一系列国际研讨会；对国内举办的一些文化领域的活动给予支持，如杭州文化多样性论坛、北京大学亚洲价值在文明间对话中的作用、清华大学获亚太遗产管理奖颁奖等活动。教科文全委会主任、教育部副部长章新胜出席了其中一些活动。

中国世界遗产保护体制概述 01.020350

闻　博

世界遗产是具有突出意义和普遍价值的文化和自然资源，是全人类共同的宝贵财富。中国自 1985 年11 月，全国人大常委会批准了中国参加联合国教科文组织《保护世界文化和自然遗产公约》后，各地发掘和整理民族及地方文化，开发自然资源申报世界遗产的积极性空前高涨，申报世界遗产的活动得到全社会的普遍关注和积极响应，“申遗”工作取得了巨大成功。目前，全国共有 31 处遗产地被列入《世界遗产目录》，另有 4 项被列为世界人类口头和非物质遗产代表作，中国世界遗产的事业呈现出飞速发展的态势。

《保护世界文化和自然遗产公约》第四条规定指出，每一世界遗产的保护主要是该遗产所在地的国家的责任。由于诸多因素的制约，《公约》仅对此作了原则性的规定，即需要建立一个或几个机构来履行世界遗产的保护管理职能及为实现这一目的而制定适当的法律、科学、技术、行政和财政措施。

在我国，建设部、国家文物局和文化部作为世界遗产的主要管理机构行使遗产的国家管理职能，履行国家责任。其中，建设部主管世界遗产中属于自然遗产的部分、自然和文化双重遗产、文化景观；国家文物局主管世界遗产中属于文化遗产的部分；文化部主管世界口头和非物质文化遗产。三部门对世界遗产分别管理，相互协调。

建设部、国家文物局、文化部的责任是对世界遗产工作的业务指导和工作监督，实际则由每一个遗产地的政府或政府主管机构管理。遗产地管理权可归地方政府行使，政府即是遗产保护、保存、展出、宣传工作的直接责任人和义务人；或由各专门的机构进行管理，此类机构一般设立在各级地方政府之下，由政府直接领导或间接指导监督。

《中华人民共和国文物保护法》中针对文化遗产和双重遗产中的文化部分，《风景名胜区管理暂行条例》中针对自然遗产和双重遗产中自然部分，确定了地方政府的责任、权利和义务。其中《文物保护法》确认了在事关世界文化遗产管理保护工作中，地方政府的确定不移的主体地位——充当着责任主体及财政支持的角色。从文物遗产单位的确定、公布，其保护范围、建设控制地带的划定，保护范围之内工程的批准，文物遗址原址拆除或异地保护，毁坏文物的重建问题，一直到文物单位改变用途等重大问题上，都是需要各级政府来积极参与、引导指挥的。《暂行条例》在全国的风景名胜管理问题上规定：风景区的审定公布，资源调查评价报告、规划审批权归地方政府所有，政府全面负责风景区的保护、利用、规划、建设和整个景区的人口、资源、资金等。

国家旅游局则通过拟定旅游业发展的方针、政策和规划，协调各项旅游相关政策措施的落实，保证各类文化遗产景区旅游活动的正常运行；指导重点旅游区域的规划开发建设与旅游对外交流合作，研究拟定国际旅游市场开发战略，组织国家旅游整体形象的对外宣传和推广活动，扩大文化遗产影响，促进交流；组织指导重要旅游产品的开发工作，引导文化遗产类景区开发与建设；为文化遗产类景区发展旅游提供人才保障。实现通过发展旅游业，合理利用各类文化遗产资源，以便促进继承和弘扬中华民族优秀传统文化，推动社会主义文化建设，加强爱国主义和革命传统教育，加强社会主义精神文明和物质文明建设。

二十多年来，中国的世界遗产地是在相关部委的指导下，依托地方区域且以地方为主而建立的。其管理体制也是以适应地方经济发展的格局和状况而设，以地方各自为政为主导，呈现出多元化和多层次，体现出了各自的特色。

世界遗产是我国历史文化和壮丽山河的杰出代表，堪称精品中的精品。加入《世界遗产名录》，不仅是对世界遗产地珍稀资源的价值确认，体现出一种崇高荣誉感，而且，世界遗产特殊的价值与品牌效应，还会为地方带来巨大的社会与经济效益。

第三章　政策法规

2005年国务院相关文件摘编　01.030150

2005年3月26日，为贯彻落实党的十六大和十六届三中、四中全会精神，进一步加强我国非物质文化遗产保护工作，国务院办公厅印发了《关于加强我国非物质文化遗产保护工作的意见》（国办发【2005】18号文，以下简称《意见》）。

《意见》明确了非物质文化遗产保护工作的目标是通过全社会的努力，逐步建立比较完备、有中国特色的非物质文化遗产保护制度，使我国珍贵、濒危并具有历史、文化和科学价值的非物质文化遗产得到有效保护，并得以传承和发展；指导方针是保护为主、抢救第一、合理利用、传承发展；基本原则是政府主导、社会参与，明确职责、形成合力；长远规划、分布实施，点面结合、讲求实效。

《意见》提出，要建立国家级和省、市、县级非物质文化遗产代表作名录体系，逐步形成有中国特色的非物质文化遗产保护制度。国家级非物质文化遗产代表作名录由国务院批准公布；省、市、县级非物质文化遗产代表作名录由同级政府批准公布，并报上一级政府备案。要将普查摸底作为非物质文化遗产保护的基础工作来抓，充分利用现代化手段对非物质文化遗产进行真实、系统和全面的记录，建立档案和数据库。2002年开始实施的中国民族民间文化保护工程是非物质文化遗产保护工作的重要组成部分，要有步骤、有重点地循序渐进，逐步实施，为创建中国特色的非物质文化遗产保护制度积累经验。

《意见》要求，地方各级政府要将保护工作列入重要工作议程，纳入经济和社会发展规划，纳入文化发展纲要；要发挥政府的主导作用，广泛吸纳社会各方面力量共同开展保护工作；要加大保护工作的经费投入，加强人才培养。《意见》决定，由文化部牵头建立中国非物质文化遗产保护工作部际联席会议制度，统一协调解决保护工作中的重大问题。强调发挥专家的作用，建立非物质文化遗产保护的专家咨询机制和检查监督制度。

《意见》强调，要充分发挥非物质文化遗产对广大未成年人进行传统文化教育和爱国主义教育的重要作用，广泛开展非物质文化遗产的宣传展示和普及教育活动。

2005年12月22日，国务院下发《关于加强文化遗产保护工作的通知》（国发【2005】42号文，以下简称《通知》），要求进一步加强文化遗产保护，决定从2006年起，每年六月的第二个星期六为我国的“文化遗产日”。

《通知》指出，要充分认识保护文化遗产的重要性和紧迫性。我国的文化遗产蕴含着中华民族特有的精神价值、思维方式、想象力，体现着中华民族的生命力和创造力，是各民族智慧的结晶，也是全人类文明的瑰宝。保护文化遗产，保持民族文化的传承，是连结民族情感纽带、增进民族团结和维护国家统一及社会稳定的重要文化基础，也是维护世界文化多样性和创造性，促进人类共同发展的前提。文化遗产是不可再生的珍贵资源。随着经济全球化趋势和现代化进程的加快，我国的文化生态正在发生巨大变化，文化遗产及其生存环境受到严重威胁。不少历史文化名城（街区、村镇）、古建筑、古遗址及风景名胜区整体风貌遭到破坏。文物非法交易、盗窃和盗掘古遗址古墓葬以及走私文物的违法犯罪活动在一些地区还没有得到有效遏制，大量珍贵文物流失境外。由于过度开发和不合理利用，许多重要文化遗产消亡或失传。在文化遗存相对丰富的少数民族聚居地区，由于人们生活环境和条件的变迁，民族或区域文化特色消失加快。因此，加强文化遗产保护刻不容缓。地方各级人民政府和有关部门要从对国家和历史负责的高度，从维护国家文化安全的高度，充分认识保护文化遗产的重要性，进一步增强责任感和紧迫感，切实做好文化遗产保护工作。

《通知》提出了加强文化遗产保护的指导思想、基本方针和总体目标。指导思想是：坚持以邓小平理论和“三个代表”重要思想为指导，全面贯彻和落实科学发展观，加大文化遗产保护力度，构建科学有效的文化遗产保护体系，提高全社会文化遗产保护意识，充分发挥文化遗产在传承中华文化，提高人民群众思想道德素质和科学文化素质，增强民族凝聚力，促进社会主义先进文化建设和构建社会主义和谐社会中的重要作用。基本方针是：物质文化遗产保护要贯彻“保护为主、抢救第一、合理利用、加强管理”的方针；非物质文化遗产保护要贯彻“保护为主、抢救第一、合理利用、传承发展”的方针。坚持保护文化遗产的真实性和完整性，坚持依法和科学保护，正确处理经济社会发展与文化遗产保护的关系，统筹规划、分类指导、突出重点、分步实施。总体目标是：到2010年，初步建立比较完备的文化遗产保护制度，文化遗产保护状况得到明显改善。到2015年，基本形成较为完善的文化遗产保护体系，具有历史、文化和科学价值的文化遗产得到全面有效保护；保护文化遗产深入人心，成为全社会的自觉行动。

《通知》强调，要切实加强对文化遗产保护工作的领导。一要认真落实领导责任。地方各级人民政府和有关部门要将文化遗产保护列入重要议事日程，并纳入经济和社会发展计划以及城乡规划。二要加快文化遗产保护法制建设，加大执法力度，推进文化遗产保护的法制化、制度化和规范化。抓紧制定和起草与文物保护法相配套的部门规章和地方性法规。抓紧研究制定保护文化遗产知识产权的有关规定。三要安排专项资金，加强专业人才队伍建设。各级人民政府要将文化遗产保护经费纳入本级财政预算，保障重点文化遗产经费投入。四要加大宣传力度，营造保护文化遗产的良好氛围。认真举办“文化遗产日”系列活动，提高人民群众对文化遗产保护重要性的认识，增强全社会的文化遗产保护意识。各级各类文化遗产保护机构要经常举办展示、论坛、讲座等活动，使公众更多地了解文化遗产的丰富内涵。

国家领导人讲话摘编　01.030250

2006年3月5日，第十届全国人民代表大会第四次会议开幕，国务院总理温家宝代表国务院作《政府工作报告》。

温总理指出，要加强社会主义文化建设。抓好理想信念教育，特别是青少年的思想道德教育。深入开展群众性精神文明创建活动。深化文化体制改革，发展文化事业和文化产业。加强文化基础设施建设尤其是农村基层文化建设，完善公共文化服务体系。繁荣文学艺术、广播影视、新闻出版事业。重视文化遗产和自然遗产保护。大力扶持民族文化艺术，扩大国际文化交流。

2006年2月13日，中共中央政治局常委李长春参观了在中国国家博物馆举行的中国非物质文化遗产保护成果展。

李长春指出，我国是具有5000年丰厚文化底蕴的文明古国，勤劳智慧的中华民族创造了光辉灿烂的历史文化，留下了举世闻名的文化遗产。这些文化遗产蕴含着中华民族特有的精神价值，体现着中华民族的生命力和创造力，既是中华民族的宝贵财富，也是全人类的文明瑰宝。李长春强调，保护非物质文化遗产，保持民族文化的传承，是凝聚民族情感、增进民族团结、振奋民族精神、维护国家统一的重要文化基础，对弘扬中华文化，维护世界文化多样性和创造性，促进人类共同发展具有重要意义。要从对国家和历史负责的高度，从维护国家文化安全的高度，切实做好非物质文化遗产的保护工作。要按照“保护为主、抢救第一、合理利用、传承发展”的方针，做好普查工作，制定保护规划，抢救珍贵遗产，注重人才培养，加强宣传教育，不断提高全社会的保护意识，努力发挥非物质文化遗产在社会主义先进文化建设中的重要作用。

政策法规 01.030350

相关法律

《中华人民共和国刑法》1979年7月1日第五届全国人民代表大会第二次会议通过，2005年2月28日第十届全国人民代表大会常务委员会第十四次会议修订。

《中华人民共和国文物保护法》（1982年版）1982年11月19日第五届全国人民代表大会常务委员会第二十五次会议通过，1982年11月19日全国人民代表大会常务委员会令第11号公布。

《中华人民共和国环境保护法》1989年12月26日第七届全国人民代表大会常务委员会第十一次会议通过。

《中华人民共和国城市规划法》1989年12月26日第七届全国人民代表大会常务委员会第十一次会议通过，中华人民共和国主席令第23号公布。

《关于修改〈中华人民共和国文物保护法〉第三十条第三十一条的决定》1991年6月29日第七届全国人民代表大会常务委员会第二十次会议通过，1991年6月29日中华人民共和国主席令第47号公布。

《关于兴建长江三峡工程的决议》1992年4月3日第七届全国人民代表大会第五次会议通过。

《中华人民共和国拍卖法》1996年7月5日第八届全国人民代表大会常务委员会第二十次会议通过，中华人民共和国主席令第70号公布。

《中华人民共和国建筑法》1997年11月1日第八届全国人民代表大会常务委员会第二十八次会议通过，中华人民共和国主席令第91号公布。

《中华人民共和国文物保护法》（2002年版）2002年10月28日第九界全国人民代表大会常务委员会第三十次会议通过，中华人民共和国主席令第76号公布。

行政法规

《文物行政处罚程序暂行规定》2004年12月16日文化部部务会议审议通过，中华人民共和国文化部令第33号发布，自发布之日起施行。

《中华人民共和国文物保护法实施条例》2003年5月13日国务院第8次常务会议通过，中华人民共和国国务院令第377号公布，自2003年7月1日起施行。

《中华人民共和国考古涉外工作管理办法》1990年12月31日国务院批准，1991年2月22日国家文物局令第1号发布，自发布之日起施行。

《中华人民共和国水下文物保护管理条例》1989年10月20日中华人民共和国国务院令第42号发布，自发布之日起施行。

《风景名胜区管理暂行条例》1985年6月7日，国发【1985】75号文。

中央规范性文件

《关于加强我国世纪文化遗产保护管理工作的意见》 2004年4月15日，国办发【2004】18号文。

《国务院办公厅关于贯彻落实〈全面推进依法行政实施纲要〉的实施意见》 2004年3月22日，国办发【2004】24号文。

《关于西部大开发中加强文物保护和管理工作的通知》 2000年8月31日，国办发【2000】60号文。

《中共中央办公厅、国务院办公厅关于转发〈中央宣传部、国家教委、民政部、文化部、国家文物局、共青团中央关于加强革命文物工作的意见〉的通知》1998年1月20日，中办发【1998】2号文。

《国务院关于加强和改善文物工作的通知》1997年4月1日，国发【1997】13号文。

《国务院关于进一步加强文物工作的通知》1987年11月24日，国发【1987】101号文。

部门规章

《文物保护工程施工资质管理办法》2005年8月22日，国家文物局文物保发【2005】18号文。

《文物保护工程勘察设计资质管理办法》2005年8月22日，国家文物局文物保发【2005】18号文。

《文物行政处罚程序暂行规定》2005年1月24日，文化部令第33号。

《关于发布文物保护工程勘察设计、施工单位资质的通知》2004年1月17日，国家文物局文物保发【2004】5号文。

《关于进一步加强文物行政执法工作的通知》2003年7月28日，国家文物局文物办发【2003】47号文。

《文物保护工程管理办法》2003年5月1日文化部令第26号。

《文物出国（境）展览管理规定》2002年6月10日，国家文物局文物办发【2002】13号文。

《关于加强和改善世界遗产保护管理工作的意见》2002年4月25日，文化部、国家文物局文物发【2002】16号文。

《关于禁止擅自改变文物保护单位管理体制的通知》2001年7月11日，文化部文物发【2001】24号文。

《文物拍摄管理暂行办法》2001年6月7日，国家文物局文物办发【2001】27号文。

《文物藏品定级标准文化部》2001年4月9日文化部令第19号。

《依法没收、追缴文物的移交办法》1999年4月5日，国家文物局文物保发【1999】17号文。

《关于加强少数民族文物工作的意见》1998年11月10日，国家民委、国家文物局文物博发【1998】54号文。

《文物复制暂行管理办法》1998年8月20日国家文物局令第3号。

《考古发掘管理办法》1998年7月15日国家文物局令第2号。

《文物、博物馆单位接受国外及港澳台同胞捐赠管理暂行规定》1998年6月3日，国家文物局文物外发【1998】21号文。

《关于加强馆藏文物管理防止国有资产流失的通知》1998年6月24日国家文物局文物博发【1998】33号文。

《中华人民共和国文物保护法实施细则》1992年5月5日，国家文物局令第2号。

《中华人民共和国考古涉外工作管理办法》1991年2月22日国家文物局令第1号。

《考古调查、勘探、发掘经费预算定额管理办法》1990年4月20日，国家文物局（90）文物字第248号文。

《文物出境鉴定管理办法》1989年2月27日，文化部文物发【1989】9号文。

《关于在地质找矿中注意保护文物古迹、风景名胜的通知》1982年9月24日，国家地质矿产部地办【1982】474号文。

《关于试行〈拓印古代石刻的暂行规定〉的通知》1979年9月4日，国家文物事业管理局（79）文物字第143号文。

相关国际公约 01.030450

1972年11月16日，联合国教育、科学及文化组织大会第十七届会议在巴黎通过《保护世界文化和自然遗产公约》。

1976年11月26日，联合国教育、科学及文化组织大会第十九届会议在内罗毕通过《关于文化财产国际交流的建议》。

1986年11月4日，国际博物馆协会第十五届全体大会在布宜诺斯艾利斯通过《国际博物馆协会职业道德准则》。

1987年10月，国际古迹遗址理事会全体大会第八届会议在华盛顿通过《保护历史城镇与城区宪章》。

1989年9月5日，国际博物馆协会第十六届全体大会在海牙通过《国际博物馆协会章程》。

1990年10月，国际古迹遗址理事会全体大会第九届会议在洛桑通过《考古遗产保护与管理宪章》。

2005年10月17日，国际古迹遗址理事会第15届大会在西安召开。10月21日，大会通过了旨在保护古建筑、古遗址和历史区域周边环境的《西安宣言》。《宣言》以古建筑、古遗址和历史区域周边环境的保护为主，由文物自身的保护发展到了文物及其周边环境的保护，把文物保护提高到了文化保护的境界，第一次明确把环境保护作为主题提了出来，这说明进入新时期以后文化受到了世界的普遍关注。

第四章　中国文化遗产事业发展回顾

文　发

2005年是我国文化遗产保护工作的重要转折年。在全社会的共同努力下，我国文化遗产保护与传承正在得到全社会的普遍关注与重视。2005年3月，国务院办公厅印发《关于加强我国非物质文化遗产保护工作的意见》；7月，文化部下发了《关于申报第一批国家级非物质文化遗产代表作的通知》，各地严格按照规定程序和标准，组织专家逐级评选；12月，颁发了《国务院关于加强文化遗产保护的通知》，同时公布了我国的文化遗产日。如此集中的发布中央文件，无疑是对我国文化遗产保护工作起到积极的推动作用。

一

按照学术界的一般看法，我国的文物保护工作始于1920年。1922年北京大学设立的考古学研究所，是我国最早的文物保护相关研究机构。1930年6月，颁布了《古物保存法》，明确规定以在考古学、历史学、古生物学等方面有价值的古物为保护对象。1931年7月，又颁布了《古物保存法细则》。1932年设立“中央古物保管委员会”，并制定了《中央古物保管委员会组织条例》。然而，早在清光绪三十四年（1908年）颁布的《城镇乡地方自治章程》中，就将“保存古迹”与“救贫事业、贫民工艺、救生会、救火会”一道作为“城镇乡之善举”，列为城镇乡的“自治事宜”。这也许才是我国最早涉及保护古迹的法律文件。由此可以判定，我国的古迹保护至今已有近百年的历程。

1985年3月，侯仁之等四位政协委员联名提交了关于我国加入联合国教科文组织《保护世界文化和自然遗产公约》的提案。同年11月22日，第六届全国人民代表大会常务委员会第十三次会议通过中国加入《保护世界文化和自然遗产公约》的决定，12月16日在巴黎联合国教科文总部签署了中国加入《世界遗产公约》的文件。1986年我国开始申报世界遗产项目。1987年至今，我国已有31处文化遗产和自然遗产列入《世界遗产名录》。

《世界遗产名录》上的遗产项目总数达812处，我国排世界第三位，占3.8%。从数量规模上看，我国已成为文化遗产大国。然而在世界遗产的保护状况、保护立法以及保护制度等方面，我们与发达国家和国际宪章的要求相比，还有很大的距离。而建设性破坏、旅游带来的破坏以及保护不力所发生的各类突发事件，媒体常有“世界遗产不应成为世界遗憾”的报道。

在中国世界遗产申报、保护工作的带动下，中国文化遗产保护亦开始在各领域重视起来，20年来有了长足进步。

2005年是中国最早的博物馆南通博物苑诞生100周年，同时也是中国近代博物馆事业诞生和发展的100周年。我国是一个具有悠久历史的国家，自古就有收藏、研究、欣赏、展示历史文物——金石之学的传统。20世纪初，清末著名实业家张謇于1905年创建南通博物苑，成为中国人自己创办的集自然、历史、艺术为一体的具有近代意义的第一个博物馆，在中国博物馆发展史上具有里程碑的意义。1912年在北京建立的历史博物馆，是中国近代建立的第一个国立博物馆。1925年10月故宫博物院成立。20世纪80年代以来，中国的博物馆建设具备了一定规模并形成了比较完整的体系。博物馆的数量大幅度增加，仅文物系统的博物馆就由1978年的349所发展到1999年的1356所；据不完全统计，截止2004年底，加上其他部门和民间兴办的博物馆，全国博物馆总数已达2200所左右，同时博物馆的类型非常丰富。中国博物馆藏品丰富，价值珍贵，举世瞩目，已成为中华文明可移动文物的宝库。目前仅大陆地区文物系统博物馆藏品即达930多万件，加上其他系统藏品合计约1200多万件。博物馆界涌现了一大批高水平的专业人才和学术研究成果，已成为各级各类博物馆持

续发展的骨干力量。同时博物馆的教育功能凸显，成为中国博物馆的显著特色之一。近十年来，全国博物馆每年举办各类陈列展览8000多个，接待国内外观众2亿人次左右。

二

《文物保护法》、《文物保护法实施条例》和一系列部门规章、规范性文件的颁布，为新时期文物事业的发展提供了坚实的法律保障，建立起文物法统领下的有中国特色的文化遗产法规体系。

2005年3月26日国务院办公厅印发了《关于加强我国非物质文化遗产保护工作的意见》(国办发〔2005〕18号)。《意见》指出，非物质文化遗产是中华民族智慧与文明的结晶，是连接民族情感的纽带和维系国家统一的重要基础。保护和利用好非物质文化遗产，对落实科学发展观，实现经济社会的全面、协调和可持续发展具有重要意义。《意见》明确了非物质文化遗产保护工作的目标、指导方针和基本原则。目标是通过全社会的努力，逐步建立比较完备、有中国特色的非物质文化遗产保护制度，使我国珍贵、濒危并具有历史、文化和科学价值的非物质文化遗产得到有效保护，并得以传承和发展。指导方针是保护为主、抢救第一、合理利用、传承发展。基本原则是政府主导、社会参与，明确职责、形成合力；长远规划、分布实施，点面结合、讲求实效。

2005年12月23日国务院颁发了《国务院关于加强文化遗产保护的通知》(国发〔2005〕42号)。《通知》提出，为了加强我国文化遗产保护，继承和弘扬中华民族优秀传统文化，推动社会主义先进文化建设，由国务院决定从2006年起，每年6月的第二个星期六为我国的“文化遗产日”。

《通知》指出，要从对国家和历史负责的高度，从维护国家文化安全的高度，充分认识保护文化遗产的重要性，进一步增强责任感和紧迫感，切实做好文化遗产保护工作。

《通知》明确了我国文化遗产工作在今后一个比较长的历史阶段必须遵循的指导思想、基本方针和总体目标。指导思想是坚持以邓小平理论和“三个代表”重要思想为指导，全面贯彻和落实科学发展观，加大文化遗产保护力度，构建科学有效的文化遗产保护体系，提高全社会文化遗产保护意识，充分发挥文化遗产在传承中华文化，提高人民群众思想道德素质和科学文化素质，增强民族凝聚力，促进社会主义先进文化建设和构建社会主义和谐社会中的重要作用。基本方针是物质文化遗产保护要贯彻“保护为主、抢救第一、合理利用、加强管理”的方针。非物质文化遗产工作要贯彻“保护为主、抢救第一、合理利用、传承发展”的方针。坚持保护文化遗产的真实性和完整性，坚持依法和科学保护，正确处理经济社会发展与文化遗产保护的关系，统筹规划、分类指导、突出重点、分步实施。总体目标是通过采取有效措施，文化遗产的保护得到全面加强。到2010年建立起比较完善的文化遗产保护制度，文化遗产保护状况得到明显改善。到2015年形成较为完善的文化遗产保护体系，具有历史、文化和科学价值的文化遗产得到全面有效保护，使文化遗产的保护深入人心，成为全社会的自觉行动。

三

我国的文化遗产保护工作已成为今后文化工作中的重中之重，国家先后实施了几项文化遗产保护领域关乎国计民生的的重大举措。

到2005年底由国务院公布的全国重点文物保护单位共五批1271处。其中，1961年公布的第一批全国重点文物保护单位180处，1982年公布的第二批全国重点文物保护单位62处，1988年公布的第三批全国重点文物保护单位258处，1996年公布的第四批全国重点文物保护单位250处，2001年公布的第五批全国重点文物保护单位518处。2002年和2003年增补第五批全国重点文物保护单位3处。

中央财政“十五”期间在文物古迹保护方面共投入资金22.37亿元，比“九五”期间增长了20.5%。2005

年，财政部和国家文物局启动了大遗址保护项目，每年将投入2.5亿元，用于对具有重大影响的大遗址进行重点保护。

1982年至今，国务院已先后公布了三批国家级历史文化名城共103座。1982年公布第一批24座、1986年公布第二批38座、1994年公布第三批37座，从2001年至今，又先后公布了4座国家级历史文化名城。同时还包括建设部、国家文物局评选的全国历史文化名镇、名村。全国历史文化名镇公布两批共44个、历史文化名村公布两批共36个。

历史文化名城、名镇还是非物质文化遗产传承的重要介质，千百年来起到了保护和流传的作用。

非物质文化遗产主要通过“口传心授”的方式传承下来、以非物质形态存在的文化遗产，包括口头传统、传统表演艺术、民俗活动、礼仪、节庆、传统手工艺技能等。非物质文化遗产充分展现中华民族的创造力，体现中华民族优秀的文化价值和审美情趣，是我国优秀传统文化的重要组成部分。从2000年联合国教科文组织正式启动“人类口头和非物质遗产代表作”项目以来，我国已有昆曲、古琴艺术、新疆维吾尔木卡姆艺术以及与蒙古人民共和国共同申请的蒙古族长调民歌等四个项目入选代表作名录。2005年文化部公示的国家非物质文化遗产名单共计501项，涉及音乐、舞蹈、美术、手工艺等十余个门类。非物质文化遗产保护得到空前的重视，人民群众对文化遗产的保护意识不断增强。

近年来随着国家各项重大工程的实施而开展的文化遗产保护工程也引起社会各界的广泛关注，其中尤其以下面几项工程最具影响。

南水北调工程连接着夏商文化、荆楚文化、燕赵文化、齐鲁文化等，是中国历史上重要的文化区域。文物部门对中、东两线的调查显示，工程涉及了中原文化重要遗存、文物共计919处。南水北调中、东线工程所经的河北、河南、湖北、山东等地是我国古代文化、文明的核心地区，也是文化遗存非常密集的地区。其中包括4处全国重点文物保护单位和1处世界遗产——湖北武当山遇真宫。南水北调工程中的文物级别甚高、价值巨大、数量众多，内容涉及华夏民族形成与发展的多方面问题。

全国51家具有考古发掘资质单位的代表于2005年11月17日齐聚郑州，他们将配合南水北调工程建设进行大规模、多学科、高层次的文物抢救会战，标志着全世界最大的水利基本建设工程文物考古与保护工作正式全面展开。

对长江三峡淹没区文物进行全面、及时、有效的抢救与保护是我国有史以来组织的最大规模的人类文化遗产抢救工程。在三峡工程蓄水至135米水位时，三峡库区共有1087项文物需要抢救与保护，其中地下文物723项；地面文物364项，其中就地保护87项、搬迁保护133项、留取资料144项。

三峡文物考古提出了以“楠木园文化”、“玉溪文化”、“哨棚嘴文化”、“老关庙文化”等命名的考古学文化，对于我国南北方旧石器文化研究，长江流域江汉平原、三峡以西至四川盆地的新石器时代文化研究，中原文化、楚文化和巴文化的发展融合研究等方面都提供了重要资料。

从2002年起，故宫开始百年大修，整个工程将历时18年，2020年是故宫建成600周年，故宫维修以后开放面积将从现在的20多万平方米，扩大到40多万平方米，届时会有更多的原状陈列展览。

2005年，故宫投资1亿余元启动对太和门、神武门、慈宁宫等维修，维修面积约达27000平方米。这是自1911年辛亥革命以来，对故宫进行的规模最大的一次维修。

自2002年6月，中央政府专门拨付3.3亿元，计划用5年左右的时间，对西藏布达拉宫、罗布林卡、萨迦寺等三大重点文物进行全面的保护和维修。

2005年的重点是由中国敦煌研究院承担的对西藏布达拉宫、罗布林卡、萨迦寺的壁画修复工程，目前已完成近2000平方米病害壁画的保护和维修，修复工程进展顺利。布达拉宫病害壁画总面积为1000多平方米，总投资569万元，目前已完成80%的壁画修复。罗布林卡壁画修复工程已全部完工，修复病害壁画总面积为690平方米，总投资290万元。萨迦寺壁画修复总投资为1200多万元，目前已完成400多平方米病害壁画的修复。截至目前，萨迦寺仍有近2000平方米的病害壁画需要修复。

四

在党中央、国务院的高度重视下，在世界文化遗产所在地的各级人民政府和有关部门积极努力下，我国世界文化遗产保护管理工作不断加强，世界文化遗产地及周边环境不断改善，社会效益和经济效益日益增强。但是，保护管理方面的形势仍十分严峻，有些地方对世界文化遗产保护意识淡薄；少数地方对世界文化遗产进行超负荷利用和破坏性开发；管理体制不顺；保护管理法制不健全；保护管理经费严重不足。但同时也有相当多的地区在文化遗产保护方面脱颖而出，成为文化遗产保护工作的先进典范并拥有自身独特的经验。

中国的世界遗产事业走过了近二十年的历程，无论在遗产管理体制、保护手段、还是在遗产经营、学科建设方面，我国都进行了有效的探索和研究。首先，在管理体制上，国家进行了明确的分工。世界文化遗产的管理、申报工作由国家文物局组织并会同有关部门进行，世界自然遗产的管理、申报工作由建设部会同有关部门进行，人类口头和非物质遗产整理、抢救、申报工作由文化部会同有关部门进行。这种体制的优点在于可以集中全国各部门的多学科人才参与世界遗产的保护及管理，发挥多部门的多学科人才参与世界遗产的保护及管理，发挥多部门的综合优势推动我国的世界遗产事业。

展望未来，中国的世界遗产工作将扎扎实实、一步一步向前走，迎来更灿烂的明天。

第五章　中国文化遗产工作地方报告

福建省泉州市文化遗产报告　01.050150

泉州市文化局　龚万全　余杰滨

一、概述

泉州，古称“刺桐”，是国务院首批公布的历史文化名城，古代海上丝绸之路的起点，全国著名侨乡和台湾汉族同胞主要祖籍地。泉州先民以船为车，以楫为马，履波蹈浪，梯航万国，至宋元而鼎盛，与100多个国家和地区有着经济文化往来，成为“东方第一大港”，呈现出“市井十洲人”、“涨海声中万国商”的繁华景象。在延绵流传的历史长河中，泉州继承和发扬中华民族优秀传统文化，融会古代闽越地方文化和从“海上丝绸之路”传播而来的域外多元文化，形成博大精深、风韵独具、多姿多彩的泉州文化。它活跃在闽南地区，不断传播蔓延到台湾、香港、澳门、东南亚及世界各地，对闽南籍同胞、华侨、华裔人群的文化认同和向心凝聚发挥了巨大作用。

面对丰富的历史文化积淀，泉州人倍加珍惜，把弘扬和继承优秀传统文化，建设文化强市作为泉州经济社会建设的重大战略部署，投入大量人力、物力、财力，为文化发展提供良好的环境。特别是改革开放以来，泉州人民高举邓小平理论伟大旗帜，以“三个有利于”为标准，以“三个代表”为指导，解放思想，大胆开拓，爱拼敢赢，在推动经济建设登上一个又一个台阶的同时，坚持文艺“二为”方向和“双百”方针，大力弘扬泉州文化，文化事业全面繁荣发展，泉州市被评为“全国文化模范市”。

（一）以贯彻落实《文物法》为重点，文博事业卓有发展。坚持“保护为主，抢救第一，合理利用，加强管理”的方针，认真贯彻《文物保护法》，落实文物保护“四有”、“五纳入”工作。各级财政投入及海外捐资数亿元，省级以上文物全部得到维修，周边环境整治一新。宋代古船的出土、明代锡兰王子在泉后裔世氏的发现等文物发掘和考古，丰富了泉州文化内涵。博物馆发展迅速，全球第一个“世界多元文化展示中心”定址泉州市博物馆新馆。

（二）抓紧“世界文化遗产”申报工作，民族民间文化保护方兴未艾。一是“海上丝绸之路”申报工作取得较大进展。2001年，泉州启动“海上丝绸之路：泉州史迹”申报世界文化遗产项目。现已列入国家文物局《世界文化遗产预备名单》。二是加强“南音”申报“世界人类口头和非物质文化遗产代表作”工作。2002年，泉州启动南音申报“世界文化遗产”工作。2004年，泉州南音被列为我国申报非物质文化遗产备选名录首位。在此推动下，南音艺术水平不断提高。举办15届全市中小学生南音演唱比赛。配合国际传统音乐学会第37届世界年会在泉州召开，组织南音专场晚会演出，并赴法国巴黎演出。2004年与中国音乐学院联办“中国南音年”活动。三是全面开展民族民间文化保护。对重要文化遗产和优秀民间艺术的保护和扶持不遗余力，政府在民族民间文化方面的投入仅“十五”期间就达1.1亿元，效果显著。编辑出版《泉州地方戏曲丛书》（16卷），建立世界多元文化展示中心和南音南戏陈列馆，晋江等7个地区被文化部评为“中国民间艺术之乡”。2004年，泉州被文化部确定为中国民族民间文化保护工程综合性试点。近期，在国家首批公布的非物质文化遗产名录推荐名录名单中，泉州有11项入选。

二、专文

（一）“海上丝绸之路：泉州史迹”申报世界文化遗产

泉州是国务院公布的首批历史文化名城。现有国家级重点文物保护单位14处、省级60处、县（市）级643处，省级历史文化名镇（村）2处，市级文物保护街区2处，登记在册的文物点2000多处。这些出自各个时代（尤其是10～14世纪）留存下来的丰富而独特的实物，其遗存之丰富、保存之完好、品类之多样、代表性与典型性之杰出，为古代港口城市所罕见。

2001年，泉州启动“海上丝绸之路：泉州史迹”申报世界文化遗产工作。列入遗产保护的16处考察点，有国家级文物保护单位8处、省级5处、市级3处，保存完好率100%。该项目已列入国家文物局《世界文化遗产预备清单》，国际古迹遗址理事会原总协调员亨利博士对申报工作给予充分肯定。连续举办五届“海上丝绸之路”文化节等大型活动，扩大影响。

（二）中国泉州南音申报“世界人类口头和非物质文化遗产代表作”

1．概况

南音又称“南管”、“弦管”、“南乐”等，源于晋唐，10纪从中原传入泉州，并延伸传播于厦门、漳州、潮汕、江浙等地，随着泉州人的足迹流播于东南亚各国以及港、澳、台等地，成为极具民族凝聚力的乡音，被海内外誉为“中国古代活的音乐史”、“东方音乐奇葩”。

南音名谱《八骏马》演奏

（1）泉州南音直接继承两千年“中原雅乐”精髓，千百年来在与泉州地区多元文化相互交织、融合中，逐渐发展成为自己独特的艺术风貌和个性特色，体现出一种深厚的历史文化积淀，以及包括艺术、社会、人类学、语言学、文学等方面的特殊价值。a、南音与战国时期“曾侯乙编钟”所代表的二千多年前汉民族传统音乐的乐律学原理一致；其演唱形制保留汉《相和歌》“丝竹更相和，执节者歌”的演唱形式；其乐器历史悠久，琵琶保留隋代曲项琵琶的遗制，洞箫与唐代“尺八”完全相同，二弦继承宋代奚琴的独特形制；工尺谱至少400多年前就已成熟并广泛运用。b、南音演唱必须用标准的泉州方言，两者关系异常密切。泉州方言源于古中原汉语，是闽南方言的代表之一。c、南音影响着泉州人生活的方方面面。以南音为代表的“泉腔”是名城众多古老地方剧种、民间音乐的基础音腔。南曲《三千两金》是泉州本土闽越舞蹈《拍胸舞》的音乐标识。d、南音成长、成熟于泉州地区，传播、滥觞于闽南和台湾等闽南语区域，远播港澳地区以及菲律宾、马来西亚、新加坡、印尼、泰国、缅甸等东南亚国家，是闽南籍华侨、华人联络乡情、团结乡谊的重要载体和手段。e、南音尺八唐代传入日本，成为日本民族音乐的主奏乐器之一。日本音乐艺术界多次来泉寻根，日本尺八研究集团“竹精会”因此改名为“泉州会”，是泉州南音包涵多民族文化的确证。

（2）南音是动态的文化遗产，是经长期积累而成的，是随着时代的发展而发展的。a、南音由“指”、“谱”、“曲”组成，有着一个不断吸纳新的养分充实自己的过程，留下日积月累、由少到多的痕迹。最明显的是散曲及其指套，现有传统散曲2000多首。b、南音随着闽南人的足迹，流播到港澳台和南洋群岛闽南华侨的聚居地，形成一个覆盖面很大的南音文化圈，拜馆唱和，习以为常。新加坡1977年首倡亚细亚南音大会唱，菲律宾、马来西亚也相继举办。泉州从1981年起举办八届国际南音大会唱，盛况空前。厦门也举行2次。c、南音传承，向由师徒口传心授。从20世纪80年代开始，由泉州艺校培养100多名南音学员，充实南音队伍。有的被聘到台湾、新加坡等地传艺、就业。实现南音进中小学课堂，举行十五届中小学生南音比赛。高校也逐步引进南音，培养高层次人才。d、南音传承还以抄曲簿传世。明代已有木版印刷曲词集问世；清代已有曲词连同工尺谱刊刻行世。20世纪60年代，已有简谱纪录的南音名曲出版。80年代，台湾铅印的南管指谱出版行世。90年代中后期，泉州利用现代计算机技术，将输入电脑的工尺谱同步直译为五线谱，这一开拓性工作，更有利于南音曲谱的传承和保存。

（3）南音在千百年来的发展中，其社会性、象征性和文化性功能，越来越明显地发挥出来。a、南音演唱属群众性自娱活动，向来是公开的，有极大的兼容性。在一届又一届的国际南音大会唱中，不同国家、不同民族、不同宗教信仰、不同政治观念、不同经济地位的男女老少，都可以走到一起，弹奏同一首“指套”，声调一致，亲善和睦，呈现一派动人的景象。b、南音已成为一批批外出人士与故乡亲友保持联系的精神纽带。在东南亚各地甚至欧美一些地方，闽南人侨居地几乎都有南音社团，世代传唱，以重温乡音，交流乡情，增进乡谊，并在事业上互相帮助，以求共同发展。有的老华侨，甚至用拼音方法，教育那些只懂英语和当地语言的下一代，通过学唱南音，不忘母语，不忘故乡，不忘祖国。在台湾，南音传唱了几百年，相当普及。早期南音团体近70个，现存20多个，与泉州、厦门等地保持密切关系。南音象征着故土，象征着亲情，越来越表现了它强大的认同感和凝聚力。c、南音最基本的功能是丰富人们的精神文化生活。泉州市区、县城乡社的休闲场所，几乎天天有南音演唱，听众来自四面八方。不少南音迷，风雨无阻，有唱必到。近年来，老年人多了，许多地方的“老年协会”组织南音社，在农村更为普遍。南音已成为泉州人特别是老年人不可或缺的精神文化生活的主要内容。

泉州南音的突出价值，不是一时一地的创作，而是千年历史长河中有生命的艺术因子的积淀，和在广阔空间包括中原、西域和蜀地同闽南乡土文化长期交流融会的结晶，然后向周边地区以至跨海向港、澳、台和东南亚一带扩展，形成一个跨地区、跨国界的南音文化圈。这无疑是人类的天才创作的杰出代表，其功能是世界上其他古老乐种所少见的。

2．传承的主要做法

泉州南音20世纪40年代末几近消亡。新中国成立以来，政府及其所属文化部门和基层组织，开始对南音等传统民族民间艺术进行抢救和保护。

（1）机构设置。20世纪50年代初，成立“泉州南音研究社”；60年代建立专业的“泉州南音乐团”，举办南音训练班、艺校南音班；1984年成立“中国南音学会”；90年代以来，举办南音师资培训班，电脑打印工尺谱及翻译五线谱取得重大突破；文化局、教育局联合在全市中小学开展南音教学活动，举办中小学生南音比赛，培养南音后备人才。2004年建成南音·戏剧艺术陈列馆。

（2）南音活动。泉州从1981年起连续举办八届“中国泉州国际南音大会唱”；1985年至2000年举办三届“南音学术研讨会”，海内外专家学者发表论文100多篇；海峡文艺出版社设立《中国泉州南音集成》编委会办公室，取得重要成绩。1997年，“泉州南音研究”被联合国教科文组织多元文化部列入“中亚——东西方文化间对话”项目计划，2001年泉州南音被亚太文化中心列入传统民间表演艺术数据库。2004年，市政府与中国音乐学院联办中国泉州南音年活动。

（3）南音社团。泉州各县（市、区）南音社团500多个，外地区包括港澳台和东南亚各国南音社区200多个。这些团体大多自发活动在农村和城市各社区，是南音艺术得以保存和繁衍的重要基础。20世纪80年代初及2002年两次对泉州地区开展群众性传承活动进行普查，将南音传承人、演唱（奏）队伍记录在案。

（4）曲谱的普查、整理和出版。南音指、谱、曲有二千首左右，在闽南语系区域内普遍流行的数百首。曲谱出版的，有工尺谱、简谱和五线谱等三种版本。泉州南音研究社、南音乐团汇编油印的《南音指谱大全》，为广大南音弦友提供了研究和演唱资料。吴世忠、李文胜二位教师首创研译的《南音名曲选》（五线谱与工尺谱对照版），为南音列入中小学、大专院校课程提供很好的教材。中国ISBN中心出版的《中国曲艺音乐集成·福建卷·南音分卷》，对南音学术探讨有一定价值。正拟出版《中国泉州南音集成》。

（5）曲目的录音录像。至20世纪90年代初已有南音盒带60余种；1995年后南曲录成VCD影碟（光盘）30余种，市场均有销售。正拟全面录制《泉州南音音像大系DVD》。

（6）乐器。德化发现明朝烧制瓷洞箫两件，现存北京故宫博物院。南音艺人陈鸿儒保存十代的三弦和琵琶各一把。目前，古老的南音民族乐器在中国闽南语系地区和港、澳、台地区以及东南亚等国家华人南音社团仍广泛使用。20世纪50年代末成立民族乐器社（厂）。80年代后民间乐器作坊纷纷恢复，形成市场，乐器质量不断提高。

（7）理论基础。南音具有悠久的音乐历史和多元的文化特征。汉代的相和歌、晋代的清商乐、唐代的大

曲、法曲和燕乐等中国古代音乐，在中国其他地方早已消失，却有一部分幸存在泉州南音中。南音独特的工尺谱、与众不同的乐器、古朴优雅的曲调和始终用泉腔方言（含大量古汉语）演唱等特点，都可以印证它之所以被称为“中国音乐历史的活化石”。因此，研究泉州南音，不能局限于泉州一时一地，而应放在整个中国音乐发展史中来考察；反之，研究中国古老的音乐，不能不研究泉州南音。从某种意义上说，保护和振兴泉州南音，就是保护和振兴中国古乐，具有着重大意义。

（8）申报世界文化遗产。2002年，泉州正式启动中国泉州南音申报“世界人类口头和非物质文化遗产代表作”工作。成立申报工作专家研究组，网上对“中国泉州南音”作英文域名和实名注册，开展普查。出版海内外孤本、南音文献资料《清刻本文焕堂指谱》、《明刊戏曲弦管选集》。南音申报工作得到文化部、文化部外联局、艺术司领导及中国艺术研究院、中国音乐学院领导和众多专家及文化界人士的支持。中国艺术研究院把中国泉州南音列入“中国人类口头及非物质遗产代表作丛书”。2004年，南音申报列为我国第三批报教科文组织备选项目首位。

（9）精品创作。藉国际传统音乐学会第37届世界年会在泉召开，精心编排“泉州南音专场晚会”，并赴法国参加“中国文化年”活动。组织南音精品先后晋京参加中国第4届曲艺节、第6届北京国际音乐节，在中国音乐学院、中央音乐学院举办南音专场晚会，召开记者座谈会和《南音的传承和发展》专家座谈会，获得众多专家和文化部门官员的极大关注、重视和支持，《人民日报》、新华社等十几家主要新闻媒体相继报道。

（三）泉州市民族民间文化保护工程情况

1．概况

泉州民间文化的源头可上溯到古中原文化与闽越文化交融史和泉州“海上丝绸之路”中外交流史，其发生、发展、规制、形态等，反映了历史文化内涵和科学价值，涉及移民史、海外交通史、宗教史、民俗史、音乐史、戏曲史、语言史、文学史等众多学科。主要有民间音乐（南音、北管、笼吹、十音等）、民间戏剧（梨园戏、木偶戏、高甲戏、打城戏）、民间舞蹈（拍胸舞、唴罗莲、掷铙钹、火鼎公婆、踢球舞等）、民间工艺（木偶雕刻、刻纸、花灯、惠安石雕与木雕、德化瓷工艺等）、民间服饰（惠安女服饰、　埔女服饰等）、民间体育（五祖拳和舞狮）、民间信仰（妈祖、清水祖师、郭圣王、吴真人、何氏九仙等）、民间节日（闹元宵、海上泼水节）等。

2003年7月，泉州启动中国民族民间文化保护工程综合性试点申报工作。2004年文化部确定泉州市为中国民族民间文化保护工程综合性试点，泉州与国家主管部门及福建省文化厅签订《任务书》，把保护工作纳入全国重点保护体系。2005年，泉州向上级推荐22个国家级、省级非物质文化遗产代表作名录。年底，省政府公布的省非物质文化遗产代表作名录，泉州有20项目入选；文化部公布的首批国家非物质文化遗产名录推荐名录名单中，泉州有11项入选。

2．泉州突出的民间文化品牌

（1）民间音乐。泉州南音被誉为“中国音乐历史的活化石”，扎根闽南，传承千年。因其保存着丰富的古代音乐文化遗产，成为极为珍贵的民族音乐瑰宝，引起国内外学者、专家的关注与重视，被亚太文化中心列入传统民间表演艺术数据库，目前现正在申报“世界文化遗产”。

（2）地方戏曲。泉州被艺术界称为“戏窝子”，拥有许多优秀的传统戏曲，梨园戏与南音、提线木偶戏被亚太文化中心列入传统民间表演艺术数据库。梨园戏被誉为“宋元南戏活化石”，是我国现存最古老的剧种之一，至今保留着醇厚的唐风遗韵。泉州木偶戏的提线木偶戏和掌中木偶戏，堪称偶坛并蒂花。提线木偶戏是中国最古老的一种偶戏形式，在国内外享有盛誉。泉州掌中木偶有着独特的南派艺术风格。高甲戏被誉为“南海明珠”，系福建五大地方剧种之一。高甲讽刺喜剧《连升三级》是中国戏剧经典之作，被评为“中国近代十大喜剧”。打城戏又名法事戏、和尚戏、道士戏，源于傩戏，是在僧道法事仪式基础上发展起来的戏曲剧种。

（3）民间舞蹈。拍胸舞历史源远流长，是泉州乃至闽南地区最普遍、最典型、最具代表性的民间舞蹈。

宋元南戏《郑元和》保留“乞丐拍胸”，证其应存在于宋元之前。火鼎公婆源于民间迎神赛会的“火鼎踩路”，是泉州地区节庆活动中常见的民间舞蹈品种。嗦罗莲是泉州地区端午节“采莲”所跳的一种民间舞蹈。泉州“采莲”活动至今保留历代宫廷“采莲舞”遗迹，所唱“嗦罗莲”褒歌与古代佛教、道教、戏神平安咒语同出一源。踢球舞源于我国古代球类运动“蹴鞠”，流传于泉州及东南亚一带华侨聚居地，是群众所喜闻乐见的民间舞蹈。

（4）民间手工技艺。江加走木偶雕刻，江加走是泉州历史上最著名的一代木偶雕刻巨匠。“加走头”是国内外木偶雕刻最响的品牌。李尧宝刻纸，李尧宝善作交枝缠草图案，他运用刻纸艺术与料丝相结合，制作刻纸料丝灯。泉州花灯可谓泉州一绝，唐时流传，宋代更盛，年年元宵闹花灯的习俗，延续至今。惠安是我国著名“石雕之乡”，惠安石雕历史悠久，形成南派雕刻艺术独特的风格。德化瓷工艺源远流长，唐宋元明清至现代的青瓷、青白瓷、影青瓷、黑釉瓷、白瓷等，是海上丝绸之路的重要外销品，闻名世界。“象牙白”、“猪油白”等被誉为“中国白”，特别是一代名师何朝宗的瓷塑观音等人物造型，轰动世界。

（5）民间服饰。惠安女服饰以黄斗笠、银腰带、蓝上衣、宽黑裤为主要特点，成为艺术创作的一个重要题材，是当今的一道亮丽风景线。蟳埔女服饰在头饰、耳饰、服装、织染工艺等方面有独特的风格与鲜明特点。

（6）民间信仰。泉州民间信仰已成为闽台地区、东南亚地区甚至所有闽南人流布区域的共同信仰。其中妈祖信仰影响最大。泉州天后宫至今八百多年，台湾等地很多妈祖宫是从中分香出去的。

三、大事记

1974 年，泉州湾后渚出土宋代古船。现陈列于开元寺内古船陈列馆，被世界著名科学史家李约瑟博士誉为“中国自然科学史上最重要的发现之一”。

1982 年，泉州入选国务院公布的首批 24 个历史文化名城。

1995 年，泉州市被国家人事部、文化部评为全国文化模范市。

泉州与金门最短距离沿海突出部仅几海里，但数十年来海峡两岸互不来往。2001 年泉州市高甲戏剧团应邀首次直航金门，引起轰动。

泉州启动“海上丝绸之路：泉州史迹”申报世界文化遗产项目。在文化遗产保护竞赛活动中，泉州市区中山路获得联合国教科文组织颁发的“亚太地区遗产保护优秀奖”。

2002 年，泉州南音、梨园戏、木偶戏被亚太文化中心列入民间表演艺术数据库，占全国 3/10。泉州启动南音申报“世界非物质文化遗产代表作”工作。

2003 年，泉州荣膺国际“花园城市”，并获“遗产管理”单项奖。

2004 年，泉州被文化部确定为中国民族民间文化保护工程综合性试点。泉州南音申报“世界人类口头和非物质文化遗产代表作”被列为我国申报非物质文化遗产备选名录首位。

四、附录：泉州市 14 处全国重点文物保护单位

名　称	简　　介
清净寺	位于泉州鲤城涂门街。又名圣友寺，音译艾苏哈卜大寺。始建于北宋大中祥符二年（1009），回历400年，是中国现存年代最早的伊斯兰教寺之一。
安平桥	俗称五里桥，有“天下无桥长此桥”之称，我国著名古长桥。位于晋江安海与南安水头交界海湾上。宋绍兴八年（1138）筑桥未就，二十一年继造，年后完成。明清多次重修。

开元寺	泉州佛教三大丛林之一，福建最大的佛教建筑群。位于泉州鲤城西街。始建于唐重拱二年（686），后多有发展，保持佛教密宗规仪，在全国也属罕见。大雄宝殿号称“百柱殿”。东西两侧的镇国、仁寿两塔是我国最高的孪偶相对的大石塔，是名城泉州的标志。
郑成功墓	位于南安水头康店村覆船山。1962年福建省政府拨款维修，1982年后国家文物局、地方政府连续拨款修建。
洛阳桥	原名万安桥。位于泉州洛江桥南村与惠安洛阳交界的洛阳江入海口处，是我国第一座海港梁式大石桥。皇祐五年（1053）始建。至和、嘉祐间继建，嘉祐四年十二月（1059年2月）竣工。桥南有南宋庆元年间建的蔡襄祠，现存系清康熙三十一年（1692）重修。其《万安桥记》碑刻因文章、书法、刻工之佳被誉为“三绝”。
天后宫	位于泉州鲤城天后路。始建于南宋庆元二年（1196）。初名“顺济”，明称天妃官。后朝多加扩建和重修，布局严整，规模宏大，年代久远居全国天妃宫之冠。
崇武城墙	位于惠安崇武东端海滨。明洪武二十年（1387）建城。后又经多次较大规模的整修。
清源山 石造像群	1.老君岩造像，位于泉州丰泽清源山西峰的罗山、武山之麓。旧载为宋时物，是我国现存最高大的老子石刻造像。2.瑞像岩，位于泉州丰泽清源山天柱峰。北宋元祐二年（1087）凿成。明成化十九年（1483）重修。3.弥陀岩，位于泉州清源山擎珠峰下。宋代凿成，元至正二十四年（1364）扩建。4.碧霄岩三佛像，位于泉州丰泽清源山碧霄岩，是我国现存时代最早、保存最完整、分布最东南的藏传佛教三世佛造像。元至元二十九年（1292）凿成，至正二十七年（1367）重修。5.赐恩岩石刻观音造像，位于泉州丰泽区清源山左峰。
九日山摩崖 石刻	位于南安丰州金鸡村后九日山上。“山中无石不刻字”，现存北宋至清代摩崖石刻77方、碑刻7方，内有祈风石刻10方，是研究宋代泉州港海外交通的珍贵史料，中亚非人民友好往来的历史见证。1991年联合国科教文组织“海上丝绸之路”考察团登山参观，留下登游纪事摩崖石刻一方。
屈斗宫 德化窑遗址	位于德化浔中宝美村破寨山西南坡。德化是我国古代三大瓷都之一，又是外销瓷重要产地，已发现历代古瓷窑址238处。屈斗宫窑址出土的有宋元时期碗、碟、壶、罐、盅等10余种，粉盒、执壶、盖壶、军持、莲瓣碗、高足杯、飞凤碗、弦纹洗等类瓷器，都曾分别发现于日本、菲律宾、马来西亚、印度尼西亚和斯里兰卡等国家。
伊斯兰教 圣墓	位于泉州丰泽圣茂村灵山南坡。唐武德中伊斯兰教始祖穆罕默德门徒三贤、四贤来泉传教，卒葬于此。元清曾重修。墓前有风动石，两侧拱绕有明清以来泉州穆斯林祖坟，是中阿人民友好相处的历史象征。
草庵石刻	位于晋江罗山华表山麓。始建于南宋绍兴年间，元至元五年（1339）改建，并雕摩尼光佛石像。佛像被首届国际摩尼教学术讨论会作为会标。
泉州府文庙	位于泉州鲤城中山路，为江南规模较大的文庙建筑群。宋太平兴国初（976—983）移建今址。后规制逐步完整。1998年政府拨资重修。主体建筑为典型的宋代重檐庑殿式结构，为全国现存孔庙中所罕见。
蔡氏古民居 建筑群	位于南安官桥湾里村漳州寮自然村，是闽南传统民居中的典型代表，又体现中外建筑艺术的交融。始建于清同治乙丑年（1865），至宣统辛亥年（1911）竣工。

北京市门头沟区民俗文化报告　01.050250

门头沟区文化委员会

一、门头沟区民俗文化介绍

戒台寺大雄宝殿

琉璃渠烧造九狮壁

门头沟区位于北京的西部，是京城的西部屏障，也是京城通过永定河西往山西、内蒙古的通道。门头沟区自辽代起就是京畿之地，区域内盛产的煤炭、石材、石灰、琉璃、砂锅，从元代开始就已是京城建筑和生活的经济支柱。经过历史的长河，作为永定河流域上的门头沟区，积淀了丰厚的文化底蕴，由于其特殊的地理位置和经济地位，形成了一个独具特色的地域文化。钟敬文先生在1988年来门头沟区博物馆考察时说："门头沟这地区，从先史时代起，就有人居住，他们在这里生产、生活和创造各种必需的文化，因为这里是个山区，后来又是一个矿区。他们所创造和沿袭的风俗、习尚必然要带上这些环境的特点。同时它地处历代都城近郊，又不断加入由山西、河南等地迁来的移民，这些事实，同样要对当地民俗产生这样那样的作用。因此门头沟地域虽然不算广阔，但文化、民俗的性质、成分以及呈现在形态上的色彩却是相当复杂的，也是值得民俗学者们注意和深入探讨的。"

一个地区民俗文化的特点，从本源上说不是被外人总结出来的，而是从这个地区特有的民俗文化事象中表现出来甚至是表达出来的。所谓民俗文化事象，就其丰富程度和规模来说可能不等，或者是传承、记忆下来的比较完整的有秩序的生活现象和生活环境；或者是比较零碎的语言、行为、器物、制品等个别事物和符号，但都曾经跟这个地区人们的生活方式有着紧密的联系。

（一）从语言习俗看门头沟区的民俗多样性

门头沟区98.5%的地方是山区，永定河作为北京连接山西、内蒙古的通道横穿区境，历来是兵家必争之地，人口流动性大，形成了其民俗活动的多样性。语言习俗表现得尤为突出，本区位于北京西部，语言以北京话为主体，特别是本区东部的门城地区，在语言、语法、语音和声调等方面都和北京话基本相同，但我区地处京西山区，特别是门城以西的广大深山区，由于独特的地理环境和历史条件，所以形成了语言上的一些自身特点。如斋堂话虽被划为北京官话范围，但在语音、声调、词汇上，既不同于京师，也不同于怀承、朝峰。甚至与周边的河北省怀来县、涿鹿县、涞水县、北京市房山区、昌平区以及本区的永定河北岸和大寒岭以东地区，也相差明显。其声调却与并不接壤的冀鲁官话之片的保(定)唐(山)话相近。从地理上说，斋堂话形成了一个典型的方言岛现象。斋堂话这一方言岛地域面积约八百多平方公里，占全区面积的60%。门头沟的西部一百多个自然村落、四万余人均使用这一方言，占全区农村人口的近50%，全区总人口的17.3%。其中，包括雁翅镇西部的青白口村、黄土贵村、碣石村、书字岭村、杨树地村、避静寺、塔儿上等村。就是居于永定河北岸的珠窝村，也属斋堂话区域。沿河城地区的35个自然村落，大至数百户人家的沿河城，小至三两户人家的泥皮、仙人洞。这些村落虽于清雍正五年才归属于京师宛平县管辖，但其语言也属斋堂话。奇怪的是，居于永定河北岸的向阳口村也讲斋堂话。现斋堂镇、清水镇，除清水镇的江水河村外，都在使用斋堂话。斋堂话之所以成为一个方言岛，主要是因为在北京话、北京官话、冀鲁官话、宣逐怀话的海洋中包围着一个孤立存在的语言小岛。由于它明显地区别于其他方言，听其音，析其辞，观其语序，便知是斋堂话。

“五里不同风，十里不同俗”，本区各地区在漫长的历史进程中，都各自产生了当地自己的一套地区性的风俗习惯，也形成了各自地区性的独特的地方语言，按照现在门头沟地区的语言状况，根据语言的语法、语音、词汇、声调等语言特征，大体上可以划分为三个语区，即门城地区、浅山区和深山区。即使是这样，仍然还有区别，如斋堂话虽仍属北方语言，但其紧邻的江水河村的语言，在语法、语音、词汇、声调上却有着明显的区别。因此门头沟地域虽然不算广阔，但文化、民俗的性质、成分以及呈现在形态上的色彩却是相当复杂的，也是值得民俗学者们注意和深入探讨的。

（二）从民俗信仰和秧歌戏看门头沟民俗文化的独特性

民俗信仰是各民族广泛流行的多神信仰，内容十分丰富，范围非常广泛。由于它是一个历史的沉积物，源远流长，古今掺杂，既包括史前时代的巫觋及其变异，也包括各种人为宗教如佛教、道教，及民间俗神。其信仰的重点也不是千篇一律的，而是依据本地区的特点，形成自己的信仰中心，形成了与其他地区绝然不同的习俗，而称之为独特性。如九龙山娘娘庙会，就具有其鲜明的独特性，因为民俗信仰的所有活动，都是从民众的现实生活需要出发的，具有相应的功利目的。因为人们最关心的是基本生存条件和正常的生活条件，上千年的开采史，形成了门头沟煤窑、窑工颇具特色的生产、生活和信仰民俗，这又具体地表现在采煤、运煤、用煤、语言、生活、祭神等各个方面。当然，随着官窑和民窑的不同、土窑和洋窑的不同，这些行业知识又有着差异。艰难的生产条件和对生命的珍爱，不但形成了窑工的喜酒豪爽的性格，粗狂的言语，同时也形成了窑工对窑神的虔诚。如门头沟一带盛产煤炭，小煤窑众多，当地百姓多为走窑的、运煤的、开煤厂的，他们除了信奉窑神，还信奉九天玄女，以求这位善于济贫解危的女神来保佑。圈门有专门的窑神庙，九龙山的娘娘同样保佑煤业的安全生产，九龙山娘娘庙会也被门头沟人视为“咱沟里的会”。因窑神，所有的窑儿乎成为一个整体，人们要经过相同的仪式、祭奠之后才会开窑、采煤，也形成了对窑神周期性的集体膜拜。窑主、煤商祈盼煤窑生产平安顺利，窑工祈盼在煤窑中生命平安，加之门头沟地区农历五至八月为雨季，对煤窑生产不利，于是在四月二十九送九天玄女回归本庙休养，煤窑也停止生产。雨季一过，开窑之前上山请回九天玄女至炉灰坡的九天娘娘行宫，以佑护煤窑的安全，窑工性命平安。另外，柏峪村秧歌戏是历史悠久的古老戏种，享有戏曲“活化石”之称的秧歌戏，也具有其鲜明的独特性。柏峪村秧歌戏，距今已有四百多年的历史了，因为柏峪村村民的祖先多为明代从南方迁居到此守卫天津关的军户，为了消除守关的寂寞，将秧歌戏从南方带来，并传了下来。因其唱腔苍凉古朴，风格独特，以“九腔十八调”而享誉。秧歌戏角色分生、旦、净、末、丑等行当，其唱腔的源流为明代以江西弋阳腔、安徽青阳腔为原始声腔的高腔戏，而弋阳腔又源于北宋末年在温州诞生的“南戏”。弋阳腔保存了古老“南戏”的部分传统，如多用打击乐器等。

80年代的柏峪秧歌戏

门头沟柏峪秧歌戏新照

秧歌戏是历史最悠久的古老戏种了，在城市的戏剧舞台上早已销声匿迹，退出戏曲舞台，而在深山老峪中的柏峪村扎了根，由于柏峪村地处深山，虽然在古代是交通要道，但随着社会的进步发展，昔时的古道失去了作用，柏峪村逐渐成为较为封闭的山村，秧歌戏由于村民的喜爱而得以流传。

（三）门头沟区民俗文化的自娱性特点

古幡会、古幡乐新照

由于门头沟区是山区，交通不便，比较闭塞，当地的百姓为了生计年复一年的辛勤劳作，只有利用春节期间歇冬，举行各种花会表演活动，以达到自娱自乐的目的。如千军台、庄户两村每年的正月十五、十六举行的古幡会活动就是一个鲜活的例子。千军台、庄户是相邻的两个山村，地处京西古道大寒岭南侧。这条古道东通京城，西经大寒岭到斋堂川，在往西通往怀来、涿鹿、蔚县，并可从怀来盆地抵达内蒙古草原。幡会这一古老的民间村社活动，在此已有几百年的历史了，按照两村的惯例，出门在外的人春节可以不回家过年，但正月十五以前，出嫁的女儿、离家在外的人，都要回到家乡参加幡会活动。到时共有三百多户人家的两个小山村，家家参与，人人上阵，幡会活动牵动着每户人家的心弦，轰轰烈烈的场面令人叹为观止。

二、门头沟区民俗文化的具体特点

着眼于门头沟主体居民村落生活和与外部交往的生活，可以观察出门头沟区民俗文化的具体特点：

第一，山里、山前的差异与相互衔接

门头沟区全境，山地广布，仅在东部边缘有很小一片山前平原。山里与山前居民在生活方式和语言上都有比较显著的差异，形成两种民俗文化的风貌。这种情况也反映出门头沟人在与外界交往关系上的衔接性结构——在过去的年代里，山里居民生活相对封闭，主要是在参与商贸运输的活动中与山前居民进行交往；而山前居民与北京城、近郊区的居民则多发生直接接触。随着山区里矿业生产的发展以及交通条件的日益改善，门头沟境内两种面貌的民俗文化之间界限有所模糊，但基本上还保持着差别。区内流传的一些俗语、口头传说就反映出两部分居民对于对方生活习惯的评价。

第二，与北京城区居民生活的紧密联系

长期以来，门头沟区一直是向京城百姓提供煤炭、建材等必需原材料的产地和供应地，这就大大拉近了门头沟居民与城区居民之间的情感距离，也使得门头沟成为北京整体民俗文化的源头之一。一些传统的民俗事象言说了此地人的生活与京城百姓的生活之间相互依存的紧密联系。“东有张家湾，西有三家店”，说的是京西的永定河与京东的大运河一样，都是北京人赖以生存的水上运输通道。“先有潭柘寺，后有北京城”的说法，更象征性地表达了北京人对门头沟历史地位的看重。“金顶妙峰山”闻名遐迩，而每年四月初一至十五来这里朝圣、设茶棚的人却多是来自北京的城区。

门头沟潭柘寺

第三，来自西北等地方文化的渗透

门头沟既是北京的西部屏障，又是北京联系山陕地区的最近通道，受此影响，民俗文化中包含了较多来自北方民族和其他地域文化的成分。山里至今还保留着许多边关要塞的遗址，现在的公路是建在古老“西山大道”的基础之上，发源于晋北的永定河依然在日夜流淌。古商道上的老年村民都还清晰地记得驼队往来的情景，记得张家口地区的人曾经称呼他们是“关南客人”。山村里尚存有古戏台，老年人还能演唱秧歌戏和山梆子戏，音调苍劲悲凉，让人感受到当年戍守边关的将士思念故乡的情怀。这些都印证了门头沟居民及其生活文化传统的多方根源。

明清古村落爨底下

第四，村落形态的多样性

由于在政治、经济和文化上与京城、国家政权有不同方面的联系，门头沟村落生活的面貌呈现出多样化的特点，可以称为村落形态的多样性。除了在民众当中保留着诸如军户、坟户、商户或瓷窑、码头等口头传说的记忆之外，还能够从民居特色、街道布局和某些历史性建筑上看出这些村落生活面貌的不同。比如军庄村的棋盘街、边墙和宅门等，都显示出曾是官军驻守之地的威严。陇驾庄村村民中近三分之一是满族，且聚居于村西，而村西北就有清代和硕显亲王丹臻墓的大型墓园。三家店村和琉璃渠村在东西两面扼守永定河出山的第一个渡口，两村均保留着古商业街的完整面貌，在北京地区已属罕见。石厂村在明清两代有青石料厂，所采石料供宫廷建筑所用，现在村东仍保留一处明代过街楼，东北有玄帝庙，村西有圆照寺，都是取精良石材，雕凿搭砌而成。爨底下村的四合院民居聚落，依山坡地势而建，高低错落呈扇面形状向下延展，印证了明代古驿道开辟以来的村落发展史。

第五，村落的开放性

村落形态的多样性，也表明了这里农村的生活方式不完全受自然条件限制而整齐划一。相反，由于与北京城区的特殊联系，村落生活拥有一定选择的可能性；村民在物质和精神生活上也容易打破自给自足的局面，开放性程度比较高。与此相一致，村落之间的日常互动得到一定程度的加强，联村的民俗文化活动比较多见，既体现地缘政治关系，也受到业缘和与外部世界特殊关系的影响。斋堂川里的五十八村龙王大会，是通过一种跨村落的大型仪式活动来一致的表达山区农民对于雨水的热切期盼，而“走窑的”人比较多的村落普遍敬奉窑神。千军台、庄户村（以及原有的板桥村）每年一度的元宵节“幡会”，主要是由请假回家的矿工们支撑起来的。

门头沟古幡会旧照

从开放性的角度上看，村落自我认同的民俗中还往往包含与国家政权相关联的历史信息，在一些节日仪式中折射出村民遵从正统秩序的观念。例如作为狭义地名的“门头沟”有自己沟里人的“十三会”，每次到九龙山过会时必须首先到琉璃渠村请“清茶（一说水茶）老会”并征得他们的同意，而值得注意的是琉璃渠村的得名是源于设在村南的烧制宫廷琉璃的官窑。

第六，非单一性与交流性

农业是门头沟人的主业，区内人口中农民占大多数，但是他们当中有很多人同时进行商业贩运或下井采煤等劳作，从而与外部世界有较多接触的机会，这样，许多村民的生活知识就不那么单一，同时也接受了其他职业群体的文化。他们按季节或经常地外出和回归，有利于使村落文化与外边的文化互相交流。在村落内部或者村落联合的集体仪式和表演活动中，他们是一支积极的力量。这种情况与一般华北地区的农村有所不同，华北大部分农村主要是通过各级集市活动与外界接触，接收外部的信息，但是在门头沟，这已经不是唯一的渠道。

门头沟区的民俗文化博大精深又特色鲜明，应深入挖掘其丰厚的文化底蕴，吸取其精华，重振门头沟地区优秀的传统民俗文化。

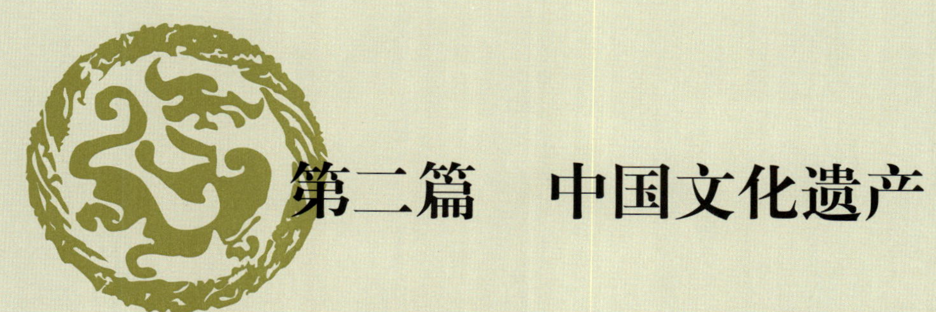

第二篇　中国文化遗产

故宫博

国子监辟雍

苏州拙政园

西递石牌坊

云冈石窟第 20 窟主佛

中国文化遗产（序）

国家文物局政策法规司司长　彭常新

中国是世界四大文明古国之一。在漫长的历史岁月中，我们的祖先用勤劳和智慧创造了辉煌灿烂的中华文明，给子孙后代留下了丰富多彩的文化遗产，它是特定民族、群体历史文明的物质载体，是绝对不可再生的文化资源。

中国文化遗产又包括物质文化遗产和非物质文化遗产两大类。物质文化遗产是具有历史、艺术和科学价值的文物；非物质文化遗产是指以各种非物质形态存在的，与人民群众生产、生活密切相关又世代相传的民族、民间传统文化表现形式。这些文化遗产蕴含着中华民族特有的精神价值，体现了中华民族艰苦奋斗、自强不息的生命力和创造精神，是中华民族的魂之所系，根之所在。

物质文化遗产又可表述为文物，它的表现形式区别于非物质文化遗产，是有形的。随着社会对文物研究理念的不断深化和保护文物实践活动的不断深入，对文物的时空概念已不再仅仅局限于古代的历史遗物和遗迹，近现代及至当代的一些人类活动的代表性物品也逐步被囊括到文物的范畴中来。文物再细分又可分为可移动文物和不可移动文物两类。不可移动文物一般包括古文化遗址、古墓葬、古建筑、石窟寺、石刻、壁画以及与重大历史事件、革命运动、著名人物有关的具有重要纪念意义、教育意义或者史料价值的近现代重要史迹、实物和代表性建筑。可移动文物则包括历史上各时代珍贵的艺术品、工艺美术品；重要文献资料、手稿、图书；以及各民族社会制度、社会生产、社会生活的代表性实物。在中国，具有科学研究价值的古脊椎动物和古人类化石也视同文物受到保护。

文物必须具有历史、艺术和科学价值，文物是人类历史上各个时期的社会制度、社会生产、社会生活的物质文化遗存，是反映历史的具体而真实的实物见证。它对历史文献具有证明、纠正或补充的功能。各类文物所反映的信息，记录了当时社会经济、政治、文化等方面的活动情况，对了解古代、近代社会的精神、物质生活及社会变革具有重要作用。文物的艺术价值体现在它可以具体地从各类文物中把人类从古至今产生的审美意识及其创作艺术形式形象地展示出来，是我们了解和研究中华民族优秀传统文化艺术创作的重要资料，也是当代社会继承文化精华进行艺术创作的不竭源泉。而文物的科学价值，又直接反映了古代人类活动中认识自然、利用自然的程度，以及古代社会生产力和科技发展的整体水平，从而为天文、地理、冶金、农业、医学、纺织等方面的历史研究提供了重要的学术资料，对启发当代人类科技创新具有一定的借鉴作用。

中国政府十分重视文化遗产保护工作。党的十六大确立了今后一个历史阶段全面建设小康社会的奋斗目标，也为文物保护事业的发展提出了新的要求。保护、管理、利用好文化遗产，对于维系中华民族的千年血脉，弘扬优秀文化传统，增进民族团结，振奋民族精神，推动人类文明进步和维护文化多样性具有特殊作用；也是我们当代社会承前启后，继往开来，发展社会主义先进文化，落实以人为本，构建社会主义和谐社会的科学发展观，以及建设高度发达的社会主义物质文明、精神文明和政治文明，实现社会可持续发展的必然要求。特别是文物工作的加强，将会有利于继承和弘扬民族优秀传统文化，增强民族凝聚力，扩大对外文化交流影响。许多历史文物是国家对文物所在地域、水域、海域拥有主权的铁证，对于反对民族分裂、巩固民族团结、捍卫国家主权和领土完整具有重大意义。其二，文物工作的加强，将会有利于推动科学研究，促进经济发展。我国古代先民在公元前二千五百年即开始了仰观天文、俯察地理的活动，产生了一批杰出的科学家和能工巧匠，在天文历法、地学、数学及医药学等领域拥有多项发明创造。造纸、火药、活字版印刷和指南针四大发明为世界文明作出了独特贡献。现代科学技术的进步将从对文物的研究过程中得到有益的启示和促进。文物作为发展旅游事业的宝贵资源，起到了重要的支撑作用。长城、故宫、兵马俑、莫高窟、丽江、曲阜等文物遗址、遗迹的开放，推动了当地交通、商贸和旅游业的繁荣，促进了当地经济、社会的协调发展。第三，文物工作的加强，将会有利于满足人民群众的精神文化需求，提高全民族科学文化素养。欣赏历史文物、游览名胜古迹已成为人们精神生活的基本需求。加强文物的宣传和利用，不但能使人民群众充分感受到中国传统文化的魅力，丰富精神文化生活，也可以使他们在参观游览中陶冶情操，增强艺术鉴赏力，提高思想道德素养。

2004 年，联合国教科文组织第 28 届世界遗产委员会大会在中国苏州召开。胡锦涛同志代表党中央、国务院在对大会的书面贺辞中指出："中国政府高度重视保护文化和自然遗产，将继续弘扬中华民族的优秀文化，保护生态环境，扩大国际合作，保证文化和自然遗产的充分保护和适度利用，进一步促进人与自然的和谐发展。"贺辞向世界昭示了中国政府致力于保护文化和自然遗产的基本理念，彰显了中国政府遵循国际社会保护文化遗产基本观念，促进社会和谐发展的信心与决心。中国于 1985 年 11 月 22 日加入了《保护世界文化和自然遗产公约》，目前已有 31 个文化与自然遗产项目列入世界遗产名录，位居世界第 3 位。世界遗产是一种超越国家、民族、人种及宗教，以国际合作的方式去保护、保存人类共同资产的概念，保护具有显著普遍价值的文化及自然遗产免受损害，推动国际合作，共同保护是公约的基本准则。随着我国世界遗产申报工作的加强，各类文化遗产和自然遗产项目将陆续通过评审进入名录，一方面表现了世界对中华文化与奇特自然景观所蕴涵的显著普遍价值的认同，另一方面也反映了中国保护世界遗产的责任日益加重。因此，必须坚决落实《中华人民共和国文物保护法》所确定的"保护为主、抢救第一、合理利用、加强管理"的基本方针，切实把思想统一到方针上来，全面提升我国文化遗产保护的整体水平，促进文化遗产保护的可持续发展。

第一章 中国世界遗产

世界遗产

“世界遗产”包括文化遗产、自然遗产、文化与自然双重遗产及文化景观。

1972年11月16日，联合国教科文组织第17届大会于巴黎正式通过《保护世界文化和自然遗产公约》（简称《公约》）。

《公约》规定，文化遗产为：从历史、艺术和科学观点来看具有突出的普遍价值的建筑物、碑雕和碑画，具有考古性质成分或结构、铭文、窟洞以及联合体；从历史、艺术和科学角度看在建筑式样、分布均匀或环境风景结合方面具有突出的普遍价值的单立或连接的建筑群；从历史、审美、人种学或人类学角度看具有突出的普遍价值的人类工程或自然与人联合工程及考古地址等。文化遗产保护区包括：历史建筑、历史名城、重要考古遗址和有永久纪念价值的巨型雕塑及绘画作品。

文化与自然双重遗产是指自然和文化价值相结合的遗产。

《公约》是目前加入缔约国最多的国际公约之一。自1975年《公约》正式生效后，在全球范围内迄今共有180个国家和地区加入《公约》，成为缔约成员。截至2005年7月，全世界共有812处世界遗产，分布在137个国家。

为有效实施《公约》，1976年，联合国教科文组织成立了一个政府间合作机构——世界遗产委员会，并建立《世界遗产名录》。世界遗产委员会由公约缔约国大会选举产生的21个国家组成，其主要任务之一是在缔约国提出建议的基础上，确定应在《公约》范围内加以保护的各国文化和自然遗产，将这些国际公认的具有突出意义和普遍价值的文物古迹和自然景观列入《世界遗产名录》，使国际社会将其作为人类的共同遗产加以保护。

文化景观这一概念则是1992年12月在美国圣菲召开的联合国教科文组织世界遗产委员会时提出并纳入《世界遗产名录》中的，代表《公约》第一条所表述的“自然与人类的共同作品”。

被“世界遗产委员会”列入《世界遗产名录》的地方，将成为世界级的名胜，可受到“世界遗产基金”提供的援助，还可由有关单位招徕和组织国际游客进行游览活动。根据《公约》，这些具有真实性和唯一性的文化遗产将受到教科文组织所有成员国的保护，即便在战争中也不能成为军事攻击的目标。

中国世界遗产标志

标志由蓝色线条勾勒出的代表大自然的圆形与代表人类创造的方形形状相系相连的图案及“世界遗产”的中英文字样构成。1998年5月25日，中国教科文组织、建设部、国家文物局在北京联合向被联合国授予

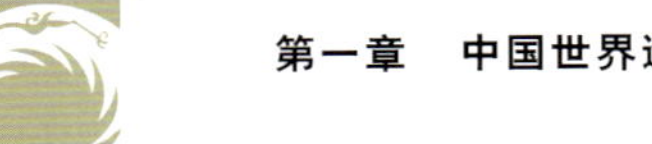

《世界自然和文化遗产》的遗产管理单位颁发世界遗产标志牌。“世界遗产”标志开始在中国被列入《世界遗产名录》的地方永久悬挂。

人类口头和非物质遗产代表作

1989年10月17日至11月16日，联合国教科文组织第二十五届会议通过《保护民间创作建议案》，建议世界各国尽快采取行动，保存、保护并传播民间创作这一全人类的共同遗产。民间创作（或传统的民间文化）是指来自某一个文化社区的全部创作，形式包括语言、文学、音乐、舞蹈、游戏、神话、礼仪、习惯、手工业、建筑术及其他艺术。

此后，联合国教科文组织宣布了“人类口述与非物质遗产代表作条例”，旨在奖励口头和非物质遗产的优秀代表作品。代表作的范围包括：口头传统，以及作为文化载体的语言；传统表演艺术（含戏曲、音乐、舞蹈、曲艺、杂技等）；民俗活动、礼仪、节庆；有关自然界和宇宙的民间传统知识和实践；传统手工艺技能；与上述表现形式相关的文化空间。

2003年10月17日，第32届联合国教科文组织大会通过了《保护非物质文化遗产公约》。中国常驻联合国教科文组织代表张学忠大使12月2日递交了中国国家主席胡锦涛签署的《保护非物质文化遗产公约》批准书。中国是提交公约批准书的第一批国家之一。

中国世界遗产

我国地域辽阔，河山壮丽，历史悠久，文化灿烂。在960万平方公里的领土上有着非常丰富的珍贵的自然和文化遗产。我国政府历来对这些遗产资源十分重视，1985年12月12日，我国加入《保护世界文化和自然遗产公约》，成为缔约国；1999年10月29日，中国当选为世界遗产委员会成员。从1986年开始，中国向联合国教科文组织申报世界遗产项目。自1987年至2006年3月，先后被批准列入《世界遗产名录》的世界遗产已达31处，名列世界第三（排列第一的国家是西班牙，第二的是意大利），其中文化遗产22项，自然遗产4项，文化和自然双重遗产4项，文化景观1项。包括了《世界遗产名录》的全部类别，这是其他国家所罕见的。另外中国还有4项入选“人类口头和非物质遗产代表作”（其中与蒙古国联合入选1项）成为世界遗产。

我们所拥有的文化和自然遗产是祖国壮丽河山的缩影、国土景观的精华，是中华民族精神文明的标志。保护好它，就是保存中华文化的特征。自加入《公约》以来，我国政府就认真履行为世界保护本国文化、自然遗产的神圣义务，认真、完全地履行申报世界遗产时的各项承诺，使我国的世界遗产保护工作有了很大的改善。但是，我们对世界遗产的保护在观念、法规、体制和实际工作上，与世界先进水平有较大的差距。随着法律法规的健全，我国未来的世界遗产保护、开发、利用的道路会越走越宽。

附：　　中国世界遗产清单

一、文化遗产

万里长城：1987年列入（扩展项目辽宁九门口水上长城　2002年11月列入）

明清故宫：1987年列入（扩展项目沈阳故宫　2004年7月列入）

敦煌莫高窟：1987年列入

秦始皇陵及兵马俑：1987年列入

周口店“北京人”遗址：1987年列入

承德避暑山庄和周围寺庙：1994年列入

曲阜孔庙、孔府、孔林：1994 年列入

武当山古建筑群： 1994 年列入

拉萨布达拉宫：1994 年列入（扩展项目大昭寺 2000 年 11 月列入；扩展项目罗布林卡 2001 年 12 月列入）

丽江古城： 1997 年列入

平遥古城： 1997 年列入

苏州古典园林：1997 年列入（扩展项目艺圃、藕园、沧浪亭、狮子林、退思园 2000 年 11 月列入）

颐和园：1998 年列入

天坛：1998 年列入

大足石刻： 1999 年列入

皖南古村落——西递、宏村： 1999 年 12 月列入

青城山与都江堰： 2000 年列入

龙门石窟：2000 年列入

明清皇家陵寝（明孝陵、明十三陵、明显陵、清东陵、清西陵）：2000 年列入（扩展项目永陵、福陵、昭陵 2004 年 7 月列入）

云冈石窟：2001 年列入

高句丽王城、王陵及贵族墓葬：2004 年列入

澳门历史城区：2005 年列入

二、自然遗产

九寨沟风景名胜区：1992 年列入

黄龙风景名胜区：1992 年列入

武陵源风景名胜区：1992 年列入

三江并流保护区：2003 年列入

三、自然与文化遗产

泰山：1987 年列入

黄山：1990 年列入

峨眉山—乐山大佛风景区：1996 年列入

武夷山：1999 年列入

四、文化景观

庐山风景名胜区：1995 年列入

五、人类口头和非物质遗产代表作

昆曲艺术：2001 年 5 月列入

古琴艺术：2003 年 11 月 7 日列入

蒙古族长调民歌：2005 年 11 月 25 日列入

新疆维吾尔族木卡姆艺术：2005 年 11 月 25 日列入

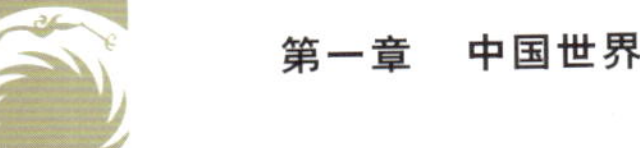

中国世界遗产

我国政府一贯对文化和自然遗产的保护十分重视，并积极参与联合国教科文组织和世界遗产委员会关于保护世界文化和自然遗产的活动。在有关专家学者、全国政协委员的提案建议下，1985 年 11 月，全国人大常委会批准了中国参加联合国教科文组织《保护世界文化和自然遗产公约》，使中国成为公约的缔约国之一。1986 年中国首批将万里长城、北京故宫、周口店“北京人”遗址、敦煌莫高窟、秦始皇陵及兵马俑和泰山等 6 处申报列为世界遗产，1987 年经过认真的评审，已得到遗产委员会的批准列入了《世界遗产名录》之中。在 1991 年 10 月第八届《保护世界遗产公约》缔约国大会上，中国当选为世界遗产委员会成员。在 1992、1993 年第 16、17 届世界遗产委员会上，中国连续两届当选为委员会副主席，使中国对世界遗产委员会的工作做出了更多的努力。

一、文化遗产

万里长城

长城 02.0101010150
(The Great Wall)

雄伟、壮丽的长城绵延在中国北方的美丽土地上

小档案：

获准日期： 1987年12月

遗产价值： 万里长城是世界上修建时间最长、工程量最大的冷兵器战争时代的国家军事防御工程，在历史上具有重要的战略意义，是世界建筑史上的一大奇迹，也是中国古代建筑的杰作，有深厚的文化内涵。

保护机构： 中华人民共和国国家文物局

世界遗产委员会评价： 约公元前220年，一统天下的秦始皇，将修建于早些时候的一些断续的防御工事连接成一个完整的防御系统，用以抵抗来自北方的侵略。在明代（1368～1644年）又继续加以修筑，使长城成为世界上最长的军事设施。它在文化艺术上的价值，足以与其在历史和战略上的重要性相媲美。

【概　述】

长城自公元前七八世纪开始延续不断修筑了2000多年，分布于中国北部和中部。

长城是由城墙、敌楼、关城、墩堡、营城、卫所、镇城烽火台等多种防御工事组成的一个完整的防御工程体系。自秦始皇以后，凡是统治中原地区的朝代几乎都要修筑长城。从汉到清有十多个朝代都不同规模地修筑过，其中以汉、金、明三个朝代的长城规模最大。现存长城主要为明长城，东起山海关，西到嘉峪关，全长约6700公里。如此浩大的工程在世界上也是绝无仅有的，因而长城以其工程之浩繁，气势之雄伟与古罗马斗兽场、比萨斜塔等列为中古世界七大奇迹之一。

【特色说明】

主体工程是绵延万里的高大城墙，大都建在山岭最高处，沿山脊蜿蜒而上，成为中华民族的象征。在长城上分布着百座雄关、隘口，成千上万座敌台、烽火台，使高低起伏的地形更显得雄奇险峻，充满巨大的艺术魅力。

【保护现状】

各地的长城景观中，北京八达岭长城是建筑得特别坚固，保存得最好的一段。它是观赏长城的最好去处，并建有中国长城博物馆。

此外还有著名古关城居庸关，其关北有阅武场遗址，附近青龙桥火车站有中国铁路工程师詹天佑墓园、纪念馆。此外，它的东面有慕田峪长城，其城楼多建于外侧陡峭崖边和奇险山峦之巅；再往东有修筑质量最高，构筑也最复杂、楼台最密集的金山岭长城，以及司马台、古北口、天津黄崖关、河北山海关、甘肃嘉峪关长城等。2006年，长城保护计划正式启动。

明清故宫　02.0101010250
(Imperial Palace of the Ming and Qing Dynasties)

小档案

获准日期：1987年12月

遗产价值：故宫的宫殿建筑，体现我国悠久的文化传统，显示着500余年前我国在建筑艺术上的卓越成就。也是世界著名的古代文化艺术博物馆。

保护机构：国家文物局、北京市文物局、故宫博物院

世界遗产委员会评价：紫禁城是中国五个多世纪以来的最高权力中心，它以园林景观和容纳了家具及工艺品的近9000个房间的庞大建筑群，成为明清时代中国文明无价的历史见证。

【概　述】

明清故宫位于北京市中心，也称“紫禁城”。这里曾居住过24个皇帝，是明清两代（1368～1911年）的皇宫，现辟为“故宫博物院”。

故宫的整个建筑金碧辉煌，庄严绚丽，被誉为世界五大宫之一（其余为法国凡尔赛宫、英国白金汉宫、美国白宫、俄罗斯克里姆林宫），是中国现存最大、最完整的古建筑群，总面积达72万多平方米。无论是平面布局，立体效果，还是建筑形式上的雄伟堂皇，故宫都堪称无与伦比的杰作。

故宫的宫殿沿一条南北向的中轴线排列，左右对称，贯穿整个紫禁城，三大殿、后三宫、御花园位于其上。中轴宫殿两旁还对称分布着许多宏伟华丽的殿宇，分为外朝和内廷两大部分。外朝以太和、中和、保和三大殿为中心，文华、武英殿为两翼。内廷以乾清宫、交泰殿、坤宁宫为中心，东西六宫为两翼。

乾清宫

故宫的四个城角都有精巧玲珑的角楼，周围环绕着高10米、长3400米的宫墙，墙外有52米宽的护城河。

【特色说明】

故宫是中国明清政治和文化中心，其最吸引人的建筑是三大殿：太和殿、中和殿和保和殿。

故宫藏有大量珍贵文物，是中国收藏品最好最丰富的文物博物院，也是世界著名的古代文化艺术博物馆。藏品达1052653件之多，占全国文物总数的1/6，其中有很多是绝无仅有的国宝，代表中国历史文化艺术的最高水准。

【保护现状】

故宫建筑物豪华壮观，别具一格，是中国古典皇家园林风格和东方格调的完美结合。1925年10月10日，故宫博物院成立；1948年，古物陈列所并入故宫博物院。1949年后，这座古代建筑得到了大规模修整，并整理展出大批文物，使其成为一座举世闻名的古文化艺术博物院。1961年，中华人民共和国国务院颁布故宫为全国第一批重点文物保护单位。

故宫午门

莫高窟　　02.0101010350
(Mogao Caves)

莫高窟外景

小档案

获准日期：1987 年 12 月

遗产价值：从石窟内建筑、彩塑、壁画形式风格的演变中可以看出，中国古代艺术家在继承中原汉民族和西域兄弟民族艺术优良传统的基础上，接受了外来的表现手法，并在不断的艺术实践中加以融化吸收，使它发展成为中华民族的艺术形式，发展成为具有敦煌地方特色的中国民族风俗的佛教艺术品。莫高窟为研究中国古代政治、经济、文化、宗教、民族关系、中外友好往来等提供了珍贵资料，是人类的文化宝藏和精神财富。敦煌藏经洞的发现，对我国古代文献的补遗和校勘也有着极其重要的意义。

保护机构：甘肃敦煌研究院

世界遗产委员会评价：莫高窟地处丝绸之路的战略要点。它不仅是东西方贸易的中转站，同时也是宗教、文化和知识的交汇处。莫高窟的 492 个石窟和洞穴庙宇，以其雕像和壁画闻名于世，展示了延续千年的佛教艺术。

【概　述】

莫高窟又名“千佛洞”，位于甘肃省敦煌市东南 25 公里处鸣沙山的崖壁上，接近河西走廊最西端，地处青藏高原北部边缘地带，是丝绸之路南北三路的分合点。

敦煌石窟包括莫高窟、西千佛洞和榆林窟。最初开凿于前秦建元二年（366 年），至元代（1271～1368 年）基本结束，历经近千年。其南北长 1600 余米，上下五层，最高处 50 米。现存壁画 45000 余平方米，彩塑 2415 身，飞天塑像 4000 余身，唐宋木结构建筑 5 座，莲花柱石和铺地花砖数千块。

【特色说明】

莫高窟的精华是壁画和彩塑。20 世纪初发现的藏经洞藏有 4～10 世纪的写经、文书和文物五六万件，以七种文字书写，内容包括宗教文书及世俗文书，著名的“敦煌学”由此而生。

【保护现状】

20 世纪 40 年代起，中国成立了莫高窟的学术研究和保护机构；60 年代对石窟进行了全面的加固；80 年代开始，莫高窟进入了现代科学保护时期。

佛楼为莫高窟最高的建筑物

莫高窟唐代菩萨像

秦始皇陵　02.0101010450
(Mausoleum of the First Qin Emperor)

小档案

获准日期：1987年12月

遗产价值：秦始皇陵是世界上规模最大、结构最奇特、内涵最丰富的帝王陵墓之一。秦兵马俑在数量、质量和考古发现上都是世界罕见。它以现实生活为题材，艺术手法细腻、明快，人物手势、表情具有鲜明的个性和强烈的时代特征，达到了泥塑艺术的顶峰。

保护机构：陕西省秦始皇兵马俑博物馆、秦始皇陵文管所

世界遗产委员会评价：毫无疑问，如果不是1974年被发现，这座考古遗址上的成千件陶俑将依旧沉睡于地下。秦始皇，这个第一个统一中国的皇帝，殁于公元前210年，葬于陵墓的中心。在他陵墓的周围环绕着那些著名的陶俑。结构复杂的秦始皇陵是仿照其生前的都城——咸阳的格局而设计建造的。那些略大于真人的陶俑形态各异，连同他们的战马、战车和武器，成为现实主义的完美杰作，同时也保留了极高的历史价值。

【概　述】

秦始皇陵是中国历史上第一个皇帝——嬴政（公元前259～前210年）的陵墓，位于陕西省临潼县城5公里处骊山北麓。建于公元前246～前208年，历时39年，是中国历史上第一个规模庞大，设计完善的帝王陵寝。

秦始皇陵兵马俑

秦始皇陵铜车马

秦始皇陵高120多米，底边周长2167米有余，形似小山。据《史记》记载，皇陵地宫极其深邃而坚固，它不但砌筑上“纹石”，堵绝了地下的泉流，而且还涂有“丹漆”，起到了防潮的作用。自秦以后，为死去的帝王举行祭祀，在墓旁建造寝庙，在庙内放置死者的衣冠、牌位，围绕陵墓建筑城垣，以备守护的“园寝”制度开始正式建立。

兵马俑坑是秦始皇陵的陪葬坑，位于秦陵陵园东侧1500米处。目前已发现三座，坐西向东呈品字形排列，出土仿真人真马大小的陶制兵马俑8000件。陶俑神情生动，形象准确，器宇轩昂；陶马造型逼真，刻画精致自然。兵马俑布局排列如军阵，气势凛然。

1980年12月，在秦始皇陵封土西侧出土的两组形体较大的彩绘铜质车马，是迄今为止中国所发现的年代最早、形体最大、结构最复杂、制作最精美的铜铸马车，被誉为中国古代的“青铜之冠”。

【特色说明】

秦始皇陵筑有内外两重夯土城垣，象征着都城的皇城和宫城。陵冢位于内城南部，呈覆斗形。秦陵四周分布着大量形制不同、内涵各异的陪葬坑和墓葬，现已探明的有400多个。

【保护现状】

秦陵地宫保存相当好，抗震性能很强，没有进水。2001年12月，秦始皇兵马俑坑被确定为秦始皇帝陵公园的重要组成部分，由陵外城延伸200米设立保护区，建设遗址公园。

周口店“北京人”遗址　02.0101010550
(Peking Man Site at Zhoukoudian)

小档案：

获准日期：1987 年 12 月

遗产价值：“北京人”的发现，为人类起源提供了大量的、富有说服力的证据。周口店遗址是世界同期古人类遗址中材料最丰富、最系统、最有价值的一个，是当之无愧的人类远古文化的宝库。

保护机构：北京市文物局、北京周口店“北京人”遗址管理处

世界遗产委员会评价：周口店“北京人”遗址位于北京西南 48 公里处，遗址的科学考察工作仍然在进行中。到目前为止，科学家已经发现了中国猿人属“北京人”的遗迹，他们大约生活在中更新世时代，同时发现的还有各种各样的生活物品，以及可以追溯到公元前 18000～前 11000 年的新人类的遗迹。周口店遗址不仅是有关远古时期亚洲大陆人类社会的一个罕见的历史证据，而且也阐明了人类进化的进程。

【概　述】

周口店“北京人”遗址位于北京房山区周口店村的龙骨山。山上有一东西长约 140 米的天然洞穴，俗称“猿人洞”。1929 年在此洞中首次发现古代人类遗存后被称“周口店第一地点”。

周口店第一地点用火遗迹的发现，把人类用火的历史提前了几十万年。遗址中有 5 个灰烬层、3 处灰堆遗存以及大量的烧骨，灰烬层最厚处 6 米。这些遗迹表明北京人懂得用火，会保存火种。遗址中还出土了数以万计的石制品，是“北京人”文化的主要代表。

猿人洞

山顶洞

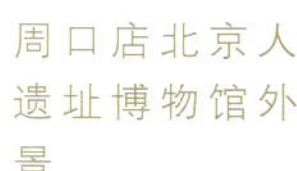

周口店北京人遗址博物馆外景

1929 年发现的北京猿人头盖骨化石

出土物证明，“北京人”属于从古猿进化到智人中间环节的原始人类，在距今大约 70～20 万年间居住在周口店地区，过着以采集为主，狩猎为辅的生活。其早期为距今 70～40 万年，中期为距今 40～30 万年，晚期为距今 30～20 万年。

【特色说明】

周口店北京人遗址出土的人类化石包括 6 件头盖骨、15 件下颌骨、157 枚牙齿及大量骨骼碎块，代表约 40 个北京猿人个体。遗址还发现 10 万件石器材料及用火的灰烬遗址和烧石、烧骨等。

【保护现状】

周口店“北京人”遗址面积 0.24 平方公里，核心区 1.2 平方公里，保护区 2 平方公里，环境影响区 6 平方公里。

新规划后的周口店“北京人”遗址范围扩大到 0.46 平方公里，建设控制地带由原来的 2 平方公里扩大到 8 平方公里。遗址群保护区将扩大到 4 个，其中包括：龙骨山保护区、鱼岭保护区、鸡骨山保护区和太平山保护区。

承德避暑山庄和周围寺庙　02.0101010650

(The Mountain Resort and its Outlying Temples, Chengde)

小档案

获准日期：1994年12月

遗产价值：避暑山庄及周围寺庙，是中国现存最大的古代帝王苑囿和皇家寺庙群。继承和发展了中国古典园林“以人为之美入自然，符合自然而又超越自然”的传统造园思想，按地形地貌特征选址和设计，完全借助自然地势，因山就水，顺其自然，融南北造园艺术的精华于一身。是中国园林史上一个辉煌的里程碑，是中国古典园林艺术的杰作。享有“中国地理形貌之缩影”和“中国古典园林之最高范例”的盛誉。

保护机构：国家文物局、河北省文物事业管理局、河北承德市文物园林管理局

世界遗产委员会评价：承德避暑山庄，是清王朝的夏季行宫，它是由众多的宫殿以及其他处理政务、举行仪式的建筑构成的一个庞大的建筑群。建筑风格各异的庙宇和皇家园林同周围的湖泊、牧场和森林巧妙地融为一体。避暑山庄不仅具有极高的美学研究价值，而且还保留着中国封建社会发展末期的罕见的历史遗迹。

【概　述】

承德避暑山庄位于河北省境内，修建于1703～1792年，占地面积584公顷。主要分为宫殿区和苑景区两部分。山庄午门上的“避暑山庄”门额为康熙帝亲笔题写。

宫殿区位于山庄南部，宫室建筑林立，布局严整，是紫禁城的缩影。包括正宫、松鹤斋、万壑松风和东宫四组建筑。

苑景区分湖泊区、平原区和山岳区。湖泊区在宫殿区以北，集南方园林之秀和北方园林之雄。区内湖泊总称“塞湖”，总面积57公顷；平原区在湖泊区以东，占地53公顷。区内的万树园不施土木，仅按蒙古族风俗习惯设蒙古包数座；平原区的西部和北部是山岳区，面积422公顷，占避暑山庄总面积的五分之四。高耸的山峰好似天然屏障，阻挡了西北寒风的侵袭，是调节山庄气候的重要因素。

避暑山庄周围12座建筑风格各异的寺庙，是当时清政府为团结蒙古、新疆、西藏等地区的少数民族，利用宗教作为笼络手段而修建的。庙宇建筑按有藏式、汉式和汉藏结合式寺庙三种风格，融和了汉、藏等民族建筑艺术的精华，气势宏伟，极具皇家风范。其中的八座由清政府直接管理，称“外八庙”。

【特色说明】

避暑山庄以朴素淡雅的山村野趣为格调，取自然山水之本色，吸收江南塞北之风光，是中国现存占地最大的古代帝王宫苑。

避暑山庄及周围寺庙是一个紧密关联的有机整体，同时又各具特色。避暑山庄朴素淡雅，周围寺庙金碧辉煌。山庄及周围寺庙集中国古代造园艺术和建筑艺术之大成，成为与“私园”并称的中国两大园林体系中帝王宫体系中的典范之作，实现了“宫”与“苑”形式上的完美结合和“理朝听政”与“游息娱乐”功能上的高度统一。同时，避暑山庄及周围寺庙把中国古典哲学、美学、文学等多方面文化的内涵融注其中，成为中国传统文化的缩影。

【保护现状】

1994年拆除了山庄内非文物建筑23处；2000年，山庄丽正门、德汇门间拆除现代房屋2.5万平方米；2003年拆迁山庄南部紧贴宫墙的民居，宫墙基本显露。

避暑山庄烟雨楼

曲阜孔庙、孔林、孔府　02.0101010750
(Temple and Cemetery of Confucius and the Kong Family Mansion in Qufu)

小档案

获准日期：1994年12月

遗产价值：孔庙、孔府、孔林是中国历代纪念孔子、推崇儒学的表征，它以丰厚的文化积淀、悠久的历史、宏大的规模、丰富的文物珍藏以及科学艺术价值而著称，在中国历史和世界东方文化中占据显著地位。

保护机构：山东曲阜市文物管理局、曲阜市孔子故里博物馆

世界遗产委员会评价：孔子是公元前6～前5世纪中国春秋时期伟大的哲学家、政治家和教育家。孔子的庙宇、墓地和府邸位于山东省的曲阜。孔庙是公元前478年为纪念孔夫子而兴建的，千百年来屡毁屡建，到今天已经发展成超过100座殿堂的建筑群。孔林里不仅容纳了孔子的坟墓，而且他的后裔中，有超过10万人也葬在这里。当初小小的孔宅如今已经扩建成一个庞大显赫的府邸，整个宅院包括了152座殿堂。曲阜的古建筑群之所以具有独特的艺术和历史特色，应归功于2000多年来中国历代帝王对孔夫子的大力推崇。

【概　述】

孔庙、孔府、孔林合称“三孔”， 是中国唯一规模最大的集孔子及其后裔的宗庙、墓地和宅邸于一起的建筑群，总占地面积约3500余亩，拥有建筑近千间。

孔子（公元前551～前419年）是中国儒家学派的创始人。汉代以后历代皇帝都提倡尊孔读经，对孔子也不断追谥加封，同时扩大其祠庙，孔庙规模越修越大。而“儒家文化”也逐渐成为中国的正统文化，并影响到东亚和东南亚各国，成为整个东方文化的基石。

孔庙、孔府、孔林保存有300多座、 1300多间金、元、明、清古建筑，1000多件汉画像石、孔子圣迹图、石仪、龙柱，5000多块西汉以来的历代碑刻，10余万座历代墓葬，17000余株古树名木，10余万件包括元明衣冠、孔子画像、衍圣公及夫人肖像等祭祀礼器的馆藏文物，30万件孔府明清文书档案，为研究中国的历史、文化、艺术提供了重要的实物。

孔庙

【特色说明】

孔庙：是中国使用时间最长的庙宇之一，也是中国现存最为著名的古建筑群之一，是中国现存规模仅次于故宫的古建筑群。

孔府：是中国仅次于明、清皇帝宫室的最大府第，也是中国现存规模最大、保存最好、最为典型的官衙与宅第合一的建筑群。

孔林：是孔子及其家族的专用墓地，内有古树达万余株，延续使用2400多年，是目前世界上延时最久、面积最大的氏族墓地。

【保护现状】

整个孔林延用2500年，内有坟冢十余万座。其延续时间之久，墓葬之多，保存之完好，举世罕见。

武当山古建筑群　02.0101010850
(Ancient Building Complex in Wudang Mountains)

南岩

小档案

获准日期： 1994 年 12 月 15 日

遗产价值： 武当山古建筑充分利用了高大雄伟的峰峦和奇峭幽邃的崖洞，每个宫观都建造在峰峦岩洞间恰到好处的位置，与周围林木、岩石、溪流和谐一体，相互辉映，体现了道教“崇尚自然”的思想。

保护机构： 湖北武当山风景区管理局、武当山特区管理委员会、武当山旅游经济特区管理委员会

世界遗产委员会评价： 武当山古建筑群中的宫阙庙宇集中体现了中国元、明、清三代世俗和宗教建筑的建筑学和艺术成就。古建筑群坐落在沟壑纵横、风景如画的湖北省武当山麓，在明代期间逐渐形成规模，其中的道教建筑可以追溯到 7 世纪，这些建筑代表了近千年的中国艺术和建筑的最高水平。

【概　述】

武当山又名“太和山”，位于湖北省丹江口市西南部。武当山古建筑群始建于唐代贞观年间（627～649 年），规模极其庞大，主要包括太和宫、南岩宫、紫霄宫、遇真宫四座宫殿，玉虚宫、五龙宫两座宫殿遗址以及各类庵堂祠庙等共 200 余处。建筑面积 5 万平方米，占地总面积达 100 余万平方米。

武当主峰天柱峰海拔 1612 米，周围又有“七十二峰”、“三十六岩”、“二十四涧”等胜景环绕，风光旖旎，气势宏伟，被世人赞为“万山来朝”。

武当山古代建筑中规模宏伟、工程浩大的道教宫观最负盛名，唐、宋、元、明、清各代在此均有构筑。现存的大量古建筑多为明代所建，其建筑规模之宏大、技艺之精湛、工程之艰巨，在中国名山开发史上绝无仅有，称得上是世界古代建筑史上的奇迹，具有较高的艺术价值和历史价值。武当山现存建筑是中国道教建筑中规模最大的，其规划严谨，装饰精美，神像供器之多，在道教建筑中也是绝无仅有的。

紫霄大殿

明世宗时，武当道教达到鼎盛时期，成为至高无上的皇室家庙、全国道教活动中心。同时，武当武术也非同小可，令武当山名扬天下的一代宗师张三丰创立的“武当派”与嵩山“少林派”齐名。其武术与道教渊源极深，以养身练功、防身保健为宗旨，以柔克刚，后发制人，自成一派，被称为“内家拳派”。

【特色说明】

武当山建筑群整个建筑体系按照政权和神权相结合的政治意图，每一建筑单元在峰、峦、坡、崖、涧上的位置都借自然风景的雄伟高大或奇峭幽壑，构成仙山琼阁的意境。既体现了皇权的威武庄严，又体现了神权的玄妙神奇，创造了自然美与人文美高度融合的名山景观。

【保护现状】

从唐代贞观年间开始，武当山上道教逐渐繁盛，到元朝末年，武当山上的古建筑大部分毁于兵乱。目前山上的宫殿多为明代所建，包括玉虚宫、紫霄宫、遇真宫、太和宫等 33 处大建筑群。

拉萨布达拉宫和大昭寺　　02.0101010950

(The Potala Palace and the Jokhang Temple Monastery, Lhasa)

小档案

获准日期：1994年12月15日

遗产价值：布达拉宫建筑气势雄伟、规模宏大，蕴藏了藏、汉、蒙等民族在文化、艺术、宗教等方面的卓越成就，是西藏建筑艺术的珍贵财富，也是独一无二的雪域高原上的人类文化遗产。

保护机构：拉萨市旅游局、拉萨布达拉宫管理处

世界遗产委员会评价：布达拉宫坐落在拉萨河谷中心海拔3700米的红色山峰之上，是集行政、宗教、政治事务于一体的综合性建筑。它由白宫和红宫及其附属建筑组成。布达拉宫自7世纪起就成为达赖喇嘛的冬宫，象征着西藏佛教和历代行政统治的中心。优美而又独具匠心的建筑、华美绚丽的装饰与天然美景间的和谐融洽，使布达拉宫在历史和宗教特色之外平添几分丰采。大昭寺是一组极具特色的佛教建筑群。建造于18世纪的罗布林卡，是达赖喇嘛的夏宫，也是西藏艺术的杰作。这三处地点风景优美，建筑创意新颖。加之它们在历史和宗教上的重要性，构成一幅和谐融入了装饰艺术之美的惊人胜景。

【概　述】

布达拉宫坐落于中国西藏自治区拉萨市市中心的红山上。占地面积13万多平方米，高110余米。从17世纪中叶到1959年以前，布达拉宫一直是历代达赖喇嘛生活起居和从事政教活动的重要场所，是西藏地方政教合一的统治中心。主体建筑包括白宫、红宫及山上的僧官学校、僧舍、东西庭院、山下的雪老城、西藏地方政府马基康、印经院、监狱、马厩、布达拉宫后园、龙王潭等附属建筑。

大昭寺位于拉萨市区东南部，始建于唐贞观二十一年（647年）。“大昭寺”意为“存放经书的大殿”，是西藏地区最古老的一座仿唐式汉藏结合木结构建筑，占地面积2.51万平方米。其主要建筑为经堂大殿，高4层，建筑构件为汉式风格，柱头和屋檐的装饰为典型的藏式风格。

罗布林卡位于布达拉宫西侧约2公里的拉萨河畔，藏语意为“宝贝园林”，占地面积约360万平方米，由格桑颇章、金色颇章、达旦明久颇章等几组宫殿建筑组成。园内有植物100余种，有拉萨地区常见花木、喜马拉雅山南北麓的奇花异草，还有从内地移植或从国外引进的名贵花卉，堪称“高原植物园”。

【特色说明】

布达拉宫依山垒砌，群楼重叠，殿宇嵯峨，气势雄伟，有横空出世，气贯苍穹之势，坚实墩厚的花岗石墙体，松茸平展的白玛草墙领，金碧辉煌的金顶，具有强烈装饰效果的巨大鎏金宝瓶、幢和经幡，交相映辉，红、白、黄三种色彩的鲜明对比，分部合筑、层层套接的建筑型体，都体现了藏族古建筑迷人的特色。布达拉宫是藏式建筑的杰出代表，也是中华民族古建筑的精华之作。

【保护现状】

1989～1994年间，国家先后拨出5500多万元及大量黄金、白银，组织一支以藏族工匠和管理人员为主、内地专业技术人员指导的工程技术队伍，对布达拉宫进行重点维修。2005年8月1日，布达拉宫重要组成部分——布达拉宫广场完工，总面积达到18万平方米。

布达拉宫

大昭寺

丽江古城 02.0101011050
(The Old Town of Lijiang)

小档案

获准日期：1997年12月

遗产价值：丽江古城是一座山水之城，它作为有悠久历史的少数民族城市，从城市总体布局到工程、建筑，都融和了汉、白、彝、藏各民族建筑的精华，又有纳西族的独特风采，是研究中国城市建设史、建筑史、文化史不可多得的重要遗产。古城建设崇尚自然、追求实效、率直兼容的可贵特质，更体现特定历史条件下的城镇建筑中所特有的人类创造精神和进步意义。

保护机构：建设部、国家文物局、云南省丽江纳西族自治县城乡建设环境保护局、云南省丽江纳西族自治县文化局

世界遗产委员会评价：古城丽江把经济和战略重地与崎岖的地势巧妙地融合在一起，真实、完美地保存和再现了古朴的风貌。古城的建筑历经无数朝代的洗礼，饱经沧桑，它融会了各个民族的文化特色而声名远扬。丽江还拥有古老的供水系统，这一系统纵横交错、精巧独特，至今仍在有效地发挥着作用。

【概　述】

丽江古城位于云南省丽江纳西族自治县，始建于宋末元初（13世纪后期）。古城地处云贵高原，海拔2400余米，全城面积达3.8平方公里，自古就是远近闻名的集镇。现有居民6200多户，25000余人，其中纳西族占总人口绝大多数，有30%的居民仍从事以铜银器制作、皮毛皮革、纺织、酿造业为主的传统手工业和商业活动。

丽江古城内的建筑依山傍水修建，以红色角砾岩铺就，雨季不会泥泞、旱季不会飞灰，石上花纹图案自然雅致，与整个城市环境相得益彰。位于古城中心的四方街是丽江古街的代表。

古城区内的玉河水系上建有桥梁354座，其密度为平均每平方公里93座。其中以位于四方街以东100米的大石桥最具特色。城内福国寺的五凤楼融合了汉、藏、纳西等民族的建筑艺术风格，是中国古代建筑中的稀世珍宝和典型范例。

【特色说明】

丽江古城兼有水乡之容、山城之貌，从城市总体布局到工程建筑融汉、纳西、白、彝、藏各民族建筑精华。城市布局以三山为屏、一川相连；家家流水、错落有致的设计艺术在中国现存古城中是极为罕见的。

丽江古城民居其鲜明之处就在于无一统的构成机体，明显显示出依山傍水、穷中出智、拙中藏巧、自然质朴的创造性。

【保护现状】

丽江古城从城镇的整体布局到民居的形式，以及建筑用材料、工艺装饰、施工工艺、环境等方面均完好地保存古代风貌，道路和水系维持原状，五花石路面、石拱桥、木板桥、四方街商贸广场一直得到保留。

俯瞰丽江古城

丽江古城一角

平遥古城 02.0101011150
(The Ancient City of Ping Yao)

小档案

获准日期：1997年12月

遗产价值：平遥古城是按照汉民族传统规划思想和建筑风格建设起来的城市。平遥古城众多的文化遗存，代表了中国古代城市在不同历史时期的建筑形式、施工方法和用材标准，也集中体现了明清时期汉民族的历史文化特色。平遥古城自明洪武三年(1370年)重建以来，基本保持了原有格局，平遥民居是迄今汉民族地区保存最完整的古代居民群落，具有较高的艺术价值和美学价值。

保护机构：国家文物局、山西省平遥县政府、山西省平遥县县文物局、山西省平遥古城保护管理委员会

世界遗产委员会评价：平遥古城是中国境内保存最为完整的一座古代县城，是中国汉民族城市在明清时期的杰出范例，在中国历史的发展中，为人们展示了一幅非同寻常的文化、社会、经济及宗教发展的完整画卷。

【概　述】

平遥旧称“古陶”，是一座具有2700多年历史的文化名城，也是中国目前保存最为完整的四座古城之一，较为完好地保留着明、清（1368～1911年）时期县城的基本风貌，素有“中国古建筑的荟萃和宝库”之称，保存的文物古迹众多、品位极高。

平遥古城墙周长约6公里，墙高约12米，有3000个垛口、72座敌楼，有600余年的历史，是山西也是中国现存历史较早、规模最大的一座县城城墙。

古城北门镇国寺的万佛殿建于五代（10世纪）时期，是中国排名第三位的古老木结构建筑，距今有1000多年的历史。殿内的五代彩塑更是不可多得的雕塑艺术珍品。

古城的双林寺位于城西南，重建于北齐武平二年（571年）。在该寺的10余座大殿内有元代至明代的彩色泥塑2000多尊，被誉为“彩塑艺术的宝库”。

平遥古城是一座完全按中国汉民族传统城市规划思想和布局程式修建的县城。封闭的城池里以市楼为中心有四条大街、八条小街及七十二条小巷经纬交织，它们功能分明，布局井然。城内古居民宅均为青砖灰瓦四合院，共3797处，其中，400余处保存相当完好。这些建筑轴线明确，左右对称，砖砌窑洞式极具乡土气息。此外，城池内还建有一些大小庙宇，老式铺面鳞次栉比，古色古香的建筑原汁原味地勾勒出明、清时期市井的繁华风貌。

平遥城墙

【特色说明】

平遥除有古城墙、镇国寺、双林寺“三宝”外，还有中国宋金时期文庙的罕见实物——文庙大成殿；有中国金融界的开山鼻祖，被誉为“天下第一号”、“汇通天下”的日升昌票号；有始建于唐显庆二年，国内古建筑中罕见的“悬梁吊柱”奇特结构的清虚观，观内20余尊木雕神像是研究中国古代木雕造像艺术和道教发展的稀有之物；有遍布古城内外1000通碑刻及年代不一、形式多样、色彩缤纷的各种琉璃实物。

【保护现状】

古城城墙、街道、民居、店铺、庙宇等建筑基本完好，原来的形式和格局大体未动。

苏州古典园林 02.0101011250
(The Classical Gardens of Suzhou)

小档案

获准日期：1997年12月

遗产价值：苏州古典园林历史绵延2000余年，在世界造园史上有其独特的历史地位和价值，以写意山水的高超艺术手法，蕴含浓厚的传统文化内涵，展示东方文明的造园艺术典范，实为中华民族的艺术瑰宝。

保护机构：苏州市园林和绿化管理局、苏州市园林管理局、苏州市世界遗产暨古典园林保护领导小组办公室

世界遗产委员会评价：没有哪些园林比历史名城苏州的四大园林更能体现出中国古典园林设计的理想品质。咫尺之内再造乾坤，苏州园林被公认是实现这一设计思想的典范。这些建造于16～18世纪的园林，以其精雕细琢的设计，折射出中国文化中取法自然而又超越自然的深邃意境。

【概　述】

苏州私家园林始建于公元前6世纪，至明代建园之风尤盛，清末时城内外有园林170多处，为苏州赢得了“园林之城”的称号。现存名园十余处，其中沧浪亭、狮子林、拙政园和留园分别代表着宋（960～1279年）、元（1271～1368年）、明（1368～1644年）、清（1644～1911年）四个朝代的艺术风格，被称为苏州“四大名园”。

沧浪亭位于苏州城南，是苏州最古老的一所园林，始建于北宋庆历年间（1041～1048年）。沧浪亭园内以山石为主景，沧浪石亭坐落于一座土山上。山下凿有水池，山水之间以一条曲折的复廊相连。明道堂是沧浪亭的主建筑，此外还有五百名贤祠、看山楼、翠玲珑馆、仰止亭和御碑亭等建筑。

狮子林位于苏州城内东北部，始建于元至正二年（1342年）。其平面呈长方形，面积约15亩，林内的湖石假山多而精美，建筑分布错落有致。主要建筑有燕誉堂、见山楼、飞瀑亭、问梅阁等。

留园坐落在苏州市阊门外，始建于明代，占地约50亩。园中中部以山水为主，是全园的精华。主要建筑有涵碧山房、明瑟楼、远翠阁曲溪楼、清风池馆等处。留园内建筑的数量在苏州诸园中居冠，其在空间上突出处理，充分体现了古代造园家的高超技艺和卓越智慧。

拙政园位于苏州娄门内，是苏州最大的一处园林，也是苏州园林的代表作，明正德年间（1506～1521年）修建。拙政园现存园貌多为清末时（20世纪初）所成，占地面积达62亩。布局主题以水为中心，池水面积约占总面积的五分之一，各种亭台轩榭多临水而筑。主要建筑有远香堂、雪香云蔚亭、待霜亭、留听阁、十八曼陀罗花馆、三十六鸳鸯馆等。拙政园建筑布局疏落相宜、构思巧妙，风格清新秀雅、朴素自然。

苏州园林有着极为丰富的文化底蕴。古代的造园者以画为本，以诗为题，通过凿池堆山、栽花种树，创造出具有诗情画意的景观，被称为是“无声的诗，立体的画”。这些充满着书卷气的诗文题刻与园内的建筑、山水、花木自然和谐地糅和在一起，使园林的一山一水、一草一木均能产生深远的意境。它所反映出的造园艺术、建筑特色及文人骚客们留下的诗画墨迹，无不折射出中国传统文化中的精髓和内涵。它是城市中充满自然意趣的“城市山林”，身居闹市的人们进入这个浓缩的“自然界”，便可享受园内四季晨昏变化和春秋草木枯荣及山水花木的季相变化，可“不出城郭而获山林之怡，身居闹市而有林泉之乐”。

【特色说明】

苏州园林在有限的空间范围内，利用独特的造园艺术，将湖光山色与亭台楼阁融为一体，把生意盎然的自然美和创造性的艺术美融为一体。园林占地面积小，艺术手法变换无穷、不拘一格，以中国山水花鸟的情趣，寓唐诗宋词的意境，在有限的空间内点缀假山、树木，安排亭台楼阁、池塘小桥，使苏州园林以景取胜，景因园异，给人以小中见大的艺术效果。

【保护现状】

20世纪50年代设立园林管理（修复）机构抢修一批重点园林名胜。90年代后，保护工作得到了较快的发展，取得了重大成果。

颐和园 02.0101011350
(Summer Palace)

小档案

获准日期：1998年11月

遗产价值：颐和园是北京清朝皇家园林——“三山五园”中唯一完整存留至今的一处。它集中了中国古典建筑的精华，容纳了北方四合院、江南水乡、西藏喇嘛庙等不同地区的园林风格，可谓园林建筑的博物馆。

保护机构：北京颐和园管理处

世界遗产委员会评价：北京的颐和园是对中国风景园林造园的一种杰出的展现，将人造景观与自然和谐地融为一体；颐和园是中国的造园思想和实践的集中体现，而这种思想和实践对整个东方园林艺术文化形式的发展起了关键性的作用；以颐和园为代表的中国皇家园林，是世界几大文明的有力象征。

【概　述】

颐和园是世界著名的皇家园林，在北京市海淀区。主要由万寿山和昆明湖组成。占地2.97平方公里，水面约占四分之三。万寿山原名瓮山，山前湖泊，称瓮山泊。1292年郭守敬主持开发了瓮山泊，明代被誉为“西湖景”。清乾隆十五年(1750年)始建为清漪园，历时15年竣工。咸丰十年(1860年)第二次鸦片战争被英法联军烧毁。光绪十二年(1886年)开始重建。光绪十四年(1888年)改名颐和园。光绪二十六年(1900年)八国联军侵入北京，颐和园被侵略军占驻，文物掠劫一空，建筑遭到严重破坏。光绪二十九年(1903年)再次修复，即为今日颐和园的规模。

德和园戏楼

颐和园佛香阁

颐和园在万寿山上下，昆明湖水中、岸畔，分布着形式多样的园林建筑，亭、台、楼、阁、塔、舫、桥、关、殿、堂、馆、廊共3000多间，建筑面积达55829.59平方米，是仅次于紫禁城的古建筑群。全园布局分为政治活动、生活居住、游览三个主要区域。政治活动区在东宫门内，以仁寿殿为中心，包括南北配殿和仁寿门外的南北九卿房，是慈禧和光绪帝从事内政、外交政治活动的主要场所；生活居住区包括乐寿堂、玉澜堂、宜芸馆三座大型院落，是慈禧和光绪帝及其后妃居住的地方；游览区包括万寿山前山、昆明湖、后山后湖三个部分。

【特色说明】

长廊，长728米，长廊和廊中的绘画具有很高的艺术价值，还起到了将园内各个景点有机地联系起来的作用，烘托出园林整体的美；西堤和堤上的桥，西堤本是一条不宽的堤岸，可是设计者在堤岸上建起“西堤六桥”，形成优美的“六桥烟柳”；后湖景区，依靠后湖使万寿山形成三面环水的格局，后湖起到了观赏、游览和防火的三个功能。

【保护现状】

1952年集资翻修佛香阁，1959年园内建筑得到较为全面的油饰，重绘了273间长廊。80年代以后山四大部洲的恢复为标志，开始后湖两岸买卖街的复建。

天坛 02.0101011450
(Temple of Heaven)

小档案

获准日期：1998 年 11 月

遗产价值：天坛从选位、规划、建筑的设计以及祭祀礼仪和祭祀乐舞，无不依据中国古代《周易》阴阳、五行等学说，成功的把古人对“天”的认识、“天人关系”以及对上苍的愿望表现得淋漓尽致。各朝各代均建坛祭天，天坛是完整保存下来的仅有一例。

保护机构：建设部、国家文物局、北京市文物局、北京市园林局

世界遗产委员会评价：天坛是建筑和景观设计之杰作，朴素而鲜明地体现出对世界伟大文明之一的发展产生过影响的一种极其重要的宇宙观。许多世纪以来，天坛所独具的象征布局和设计，对远东地区的建筑和规划产生了深刻影响。两千多年来，中国一直处于封建王朝统治之下，而天坛的设计和布局正是这些封建王朝合法性之象征。

【概　述】

天坛始建于明永乐十八年（1420 年），是明清时期皇帝祭天、求雨和祈祷丰年的专用祭坛。天坛坛域近方形，南侧两角为直角，北侧呈圆弧状，体现中国古代对天地的认识“天圆地方”。天坛坛域由两重坛墙环护，外坛墙南北相距 1650 米，东西相距 1725 米。内坛墙南北相距 1243 米，东西相距 1046 米。中心称“内坛”，两坛墙之间的地段，称“外坛”，主要入口设在外坛西侧。

天坛祈年殿

祭祀建筑集中于内坛，分为南北两部分，南部是“圜丘坛”，北部是“祈谷坛”。南北两坛由一条长 360 米高出地面的砖砌甬道——丹陛桥相连，组成长 1200 米的天坛建筑轴线。圜丘坛占地 44.66 公顷，由圜丘、棂星门、皇穹宇、神库神厨、宰牲亭组成，每年冬至日，在此举行“祭天大典”。祈谷坛占地 72.34 公顷，主体建筑有祈年殿、皇乾殿、神厨、宰牲亭、长廊，每年春季在这里举行“祈谷大典”，祈祷丰年。

【特色说明】

天坛建筑的艺术特色，主要表现在声、力、美学原理的巧妙运用和精心设计上：首先，是“亿兆景从”的天心石。站在圜丘坛上层中央的圆心石上祈祷上苍，竟会从四面八方传来悦耳的回音，使人的整个心灵都沉浸在声响幻境中。其次，是奇趣盎然的回音壁，名列中国四大回声建筑之首。再次，是“天闻若雷”的三音石。三音石就是皇穹宇殿前御路的第三块路面石。人站在第一块石板上拍手，可以听到一个回声，第二块石板上有二个回声，而站在三音石上拍手则可听到三个以上的回声，十分奇妙。最后，是建筑形成的“天圆”与“地方”。

祈年殿是三重檐的亭式圆殿，构架上无一砖一石，完全是木结构，里面也无长桁巨檩，只用内外各 12 根大柱，加 4 根龙井柱环转支架起来。这标志着 16 世纪中期，中国的建筑科学水平。

【保护现状】

天坛全面保护了古代建筑及大面积的古柏林，祈谷坛、圜丘坛、斋宫等主要祭祀建筑群保护完好。坛内林木繁盛，有古树 3566 棵，仍具盛期风貌。

大足石刻　02.0101011550
(The Dazu Rock Carvings)

小档案

获准日期：1999年12月1日

遗产价值：大足石刻集中反映了唐宋以来中国晚期石刻艺术的发展和变迁，通过大量的石刻生动体现了儒、道、佛三家共处共生的状况，以及民间宗教信仰的变化情况，这在国内石刻造像群中是极为罕见的。大足石刻以其规模宏大，雕刻精美，题材多样，内涵丰富，保存完整而著称于世。它集中国佛教、道教、儒家“三教”造像艺术的精华，对中国石刻艺术的创新与发展做出了重要贡献，具有前代石窟不可替代的历史、艺术和科学价值。

保护机构：重庆大足石刻艺术博物馆

世界遗产委员会评价：大足地区的险峻山崖上保存着绝无仅有的系列石刻，时间跨度从9～13世纪。这些石刻以其艺术品质极高、题材丰富多变而闻名遐迩，从世俗到宗教，鲜明地反映了中国这一时期的日常社会生活，并充分证明了这一时期佛教、道教和儒家思想的和谐相处局面。

大足石刻——千手观音像（宋）

【概　　述】

大足石刻是重庆市大足县境内所有石窟造像的总称。最初开凿于唐朝末期，经五代而盛于两宋，属于晚期石窟艺术之作。它以题材广泛，内容丰富，技艺精湛，规模宏大而著称，堪与我国的云冈、龙门石窟相媲美。大足石刻重在写实，想象丰富，具有独创性。

大足石窟的精华，以北山、宝顶山两处最为集中，保存完好。北山石刻多为供养窟，集唐、宋的作品于一处，从中可以看到时代风格的异同。宝顶山石刻全部建成于宋代，它是经过整体布局，精心设计的大型群雕。

宝顶山距大足县城15公里，从南宋淳熙至淳祐年间（1174～1249年），历70年余方告完成。至今有800多年的历史。佛徒朝山进香，有“上朝峨眉，下朝宝顶”之说。佛像石像达1.5万多尊。以大佛湾、小佛湾为中心，四周有统一安排的造像。最著名的有六道轮回、广大宝楼阁、华严三圣像、千手观音像、释迦涅槃圣迹图、九龙经太子等雕像。

北山又叫龙岗山，以佛湾为中心分布于山之四陬，计有营盘坡、观音坡、朴塔寺、佛耳岩等。其中普贤菩萨面部丰润、眉清目秀、体态健美修长，被誉为“东方的维那斯”。

【特色说明】

大足石刻鲜明的特色在于：一、古代工匠以其高超的技艺和坚实的生活基础塑造宗教题材的作品，把自己的理想和强烈的思想感情融合在作品中，表现出来的形象具有浓郁的生活气息；二、各个时期的作品有各自的风貌：唐代造型大都丰满而轻盈，技法上多用薄浮雕和阴纹线刻处理，效果活泼明快；五代大多风格朴素，属唐宋过渡风格；宋代则华丽繁缛，庄严厚重，普贤更显出东方健美女性的特征；三、在同一时期的作品中，采用不同的手法处理不同的主题内容，使能更加深化主题；四、作者从生活中提炼，用夸张和变形的手法塑造任务，使之更加突出，既是生活的再现，又不违背艺术的真实。

【保护现状】

北山、宝顶山、南山、石篆山、石门山摩崖造像2万多尊，在历史上未遭受人为和自然灾害的重大破坏。是中国石窟艺术群中保存最完好的处所之一。2005年8月，石篆山石刻长廊保护石刻工程投入使用。

皖南古村落——西递、宏村　02.0101011650
(Ancient Villages in Southern Anhui —— Xidi and Hongcun)

小档案

获准日期：1999年12月

遗产价值：西递、宏村作为皖南古村落的杰出代表，属于具有较高历史价值和艺术价值的建筑群。作为明清时期徽派民居的特色建筑，在设计、材料、工艺、所居环境以及精神感受各方面都具有独一无二的特性；作为明清时期徽派民居建筑特色的典范，不仅保持了自身村落的完整以及和周围环境的协调，而且很好地烘托了皖南古村落区这样一个概念，保持了其皖南徽派文化内涵的完整性。

保护机构：安徽省旅游局、黄山市旅游局等

世界遗产委员会评价：西递、宏村这两个传统的古村落在很大程度上仍然保持着那些在上个世纪已经消失或改变了的乡村的面貌。其街道的风格，古建筑和装饰物，以及供水系统完备的民居都是非常独特的文化遗存。

【概　　述】

西递、宏村古村落位于安徽省黟县境内的黄山风景区。

西递距黟县县城8公里，始建于北宋皇祐年间(1049～1054年)，距今有近千年的历史。整个村落呈船形，保存有完整的古民居122幢，现有居民300余户，人口1000余人，被誉为“中国传统文化的缩影”、“中国明清民居博物馆”。

宏村位于黟县县城东北10公里处，始建于南宋绍兴元年（1131年）。全村面积约19公顷，现存明清（1368～1911年）时期古建筑137幢。这里地势较高，因此常常被云雾笼罩，被誉为“中国画里的乡村”。

【特色说明】

西递、宏村具有强烈的徽州文化特色。它与地形、地貌、山水巧妙结合，以雅致脱俗的构思营建住宅，使得古村落的文化环境更为丰富，村落景观更为突出。而其独特的水系更是实用与美学相结合的水利工程典范，尤其是宏村的牛形村落和人工水系，深刻体现了人类利用自然，改造自然的卓越智慧，是当今“建筑史上一大奇观”。

【保护现状】

西递、宏村古村落保存完好，不仅保持了自身村落的完整以及和周围环境的协调，而且很好地烘托了皖南古村落区这样一个概念，保持了其皖南徽派文化内涵的完整性。

西递敬爱堂

西递石牌坊

宏村风貌

青城山与都江堰　02.0101011750
(Mt.Qingcheng and the Dujiangyan Irrigation System)

小档案

获准日期：2000 年

遗产价值：都江堰以不破坏自然资源，充分利用自然资源为人类服务为前提，变害为利，使人、地、水三者高度协调统一，这在世界水利工程史中极为罕见，体现了我国古代劳动人民伟大的智慧和高超的技艺，是全世界迄今为止仅存的一项伟大的生态工程。青城山做为我国道教的重要发源地，在历朝历代都受到重视，不论是在皇家还是在道家都居有重要地位，其山中道教宫观建筑群，不仅集中体现了历朝代以来的道教建筑特色，而且还保有西南地方建筑的独有风格，因此具有重要的历史意义、宗教意义和建筑内涵。

保护机构：四川省水利厅都江堰管理局、四川省都江堰管理局、青城山—都江堰风景名胜区管理局、青城山管理局

世界遗产委员会评价：兴建于公元前 2 世纪的都江堰灌溉系统是水资源管理和技术发展史上的一个重要里程碑，现在仍然很好的发挥着功能。都江堰灌溉系统形象地说明了古代中国在科学技术方面所取得的巨大成就。青城山的宫观与道教的创立密切相关，而道教是东亚地区历史悠久且最具影响力的宗教之一。

【概　述】

青城山位于四川省都江堰市西南 15 公里处，是中国道教的重要发祥地。全山的道教宫观以天师洞为核心，包括建福宫、上清宫、祖师殿、圆明宫、老君阁、玉清宫、朝阳洞等 10 余座，其中建福宫大殿内柱上的 394 字的对联被赞为“青城一绝”。青城山建筑充分体现了道家追求自然的思想，一般采用按中轴线对称展开的传统手法，并依据地形地貌，巧妙地构建各种建筑。建筑装饰上也反映了道教追求吉祥、长寿和升仙的思想。

都江堰含渠首工程和灌区两大部分。渠首工程由鱼嘴分水堤、宝瓶口引水口、飞沙堰溢洪道三大主体工程和百丈堤、人字堤等附属工程组成。科学地解决了江水的自动分流、自动排沙、自动排水和引水的难题，收到了行水灌田，防洪抗灾的功效，是世界水利工程史上的一大奇观。

【特色说明】

古人记述中，青城山有“三十六峰”、“八大洞、七十二小洞”、“一百八景”之说。自古以来，人们以“幽”字来概括青城山的特色。另外还有日出、云海、圣灯三大自然奇观。其中圣灯（又称神灯）尤为奇特。

都江堰渠道的分水堤引水口，泄洪堤设计之精巧至今仍令中外专家叹服。“玉垒山”、“离堆”、“水则”、“铁桩”、“漏”等古迹，可让游客了解古代工程的艰巨和古堰建成后所起的作用。宝瓶口自然景观瑰丽，有“离堆锁峡”之称，属历史上著名的“灌阳十景”之一。

【保护现状】

都江堰是“天府”富庶之源，多年来的引水灌溉使蜀地有“天府之国”的美誉。至今都江堰仍发挥着无可替代的巨大作用，灌溉良田 1000 多万亩。

都江堰宝瓶口

都江堰二王庙

龙门石窟 02.0101011850
(Longmen Grottoes)

小档案

获准日期： 2000年11月

遗产价值： 龙门石窟集中反映了我国北魏、唐代时期佛教的兴盛情况。其雕刻工艺精湛，内容题材丰富，反应了自云冈石窟以来我国雕刻造像技艺的变化情况。龙门石窟远承印度石窟艺术，近继云冈石窟风范，与魏晋洛阳和南朝先进深厚的汉族历史文化相融合开凿而成，堪称中国石窟艺术变革的里程碑，被誉为世界最伟大的古典艺术宝库之一。

保护机构： 河南洛阳龙门石窟管理局、龙门石窟文物保护区风景名胜区管理局、洛阳龙门石窟管理所、龙门石窟研究院

世界遗产委员会评价： 龙门石窟是人类艺术创造力的杰出代表。龙门石窟完美地展现了石雕这一古老的艺术形式的魅力，而石雕在亚洲地区的文化发展中处于重要地位。龙门石窟是中国唐朝高度发达的文化水平和社会形态的缩影。

【概 述】

龙门石窟位于河南省洛阳市南郊12.5公里处龙门峡谷东西两崖的峭壁间，始凿于北魏孝文帝时（471～477年），历经400余年建成，迄今已有1500年的历史。石窟南北长约1公里，1300多个石窟。现存窟龛2345个，题记和碑刻3600余品，佛塔80余座，造像10万余尊，佛像97000余尊。佛像中最大的高17.14米，最小的高2厘米。其中以宾阳中洞、奉先寺和古阳洞最具有代表性。

宾阳中洞是北魏时期（386～512年）的代表性作品，历经24年建成，是开凿时间最长的一个洞窟。洞内有大佛像11尊。主像释迦牟尼像面部清秀，神情自然，堪称北魏中期石雕艺术的杰作。主像座前刻有两只姿态雄健的石狮，左右侍立二弟子、二菩萨。菩萨像含笑凝眸，温柔敦厚。洞中还雕刻有众菩萨，弟子听法的浮雕像，窟顶飞天仙子十分传神。

龙门石窟与甘肃敦煌莫高窟、山西大同云冈石窟并称为“中国三大石刻艺术宝库”，保留有大量的宗教、美术、书法、音乐、服饰、医药、建筑和中外交通等方面的实物史料，是一座大型的石刻艺术博物馆。

龙门石窟佛像雕刻技艺精湛，造像题记也不乏精品，造像题记遍布许多洞窟，约有3600品，其中“龙门二十品”（龙门石窟中北魏时期的二十方造像题记）是中国优秀文化遗产的一部分，在国内外学术界、书法界有广泛影响。

【特色说明】

龙门石窟有着与其他石窟不同的一个特色，即它是历代皇家贵族发愿造像最集中的地方，“皇窟”使它的地位得天独厚。北魏孝文帝入主中原，迁都洛阳。除极力推行“汉化政策”，还尊崇佛教，发愿营造已初步开凿的古阳洞。继孝文帝之后，历代皇室纷纷效法，北魏隋唐长达400多年的连续大规模营建开始，“皇窟”遂成规模。

【保护现状】

龙门石窟1500多年来未遭到人为和自然灾害的重大破坏。时至今日，大部分窟龛造像及装饰艺术等保存尚好，基本保持原来的规模和风格面貌，是中国众多佛教石窟群中保存较完好和最具代表性的石窟之一。2005年10月22日，龙门石窟流失海外的7件文物回归。

奉先寺

明清皇陵 02.0101011950

(Mausoleum of the ming and Qing Emperor)

小档案

获准日期：2000年11月30日

遗产价值：明清皇陵集陵墓、宫殿、园囿于一体，融风水学、建筑学、美学于一炉，建筑格局保存完整，反映了皇家陵寝的原貌。在陵寝的选址和规划设计中，充分运用了中国传统的风水理论，着力体现“天人合一”的宇宙观，将人的精神融铸于大自然之中，造成一种崇高、伟大、永恒不朽的意象。在建筑规模和建筑质量上，则力求做到恢弘、壮观、精美，以体现皇权至上的思想，炫耀皇家的气派和威严，从而成为皇权物化的表征。

保护机构：南京明孝陵管理处、北京十三陵特区定陵管理处、湖北钟祥市明显陵管理处、明显陵文管所、河北遵化市人民政府清东陵文物管理处、河北清西陵文物管理处

世界遗产委员会评价：明清皇家陵寝依照风水理论，精心选址，将数量众多的建筑物巧妙地安置于地下。它是人类改变自然的产物，体现了传统的建筑和装饰思想，阐释了封建中国持续五百余年的世界观与权力观。

【概　述】

明清皇家陵寝是埋葬明清两代帝王、后妃的陵墓建筑群，是中国封建皇陵的集大成者。明清时代(1368～1911年)是中国陵寝建设史上的一个辉煌时期。明朝的开国皇帝朱元璋对陵寝制度作了重大改革，将地上的封土堆由以前的覆斗式方形改为圆形或长圆形，取消寝宫，扩大祭殿建筑。清代沿袭了明代制度，更加注重陵园与周围山川形胜的结合，注重按所葬人辈分排列顺序，形成了帝后妃陵寝的配套序列，在祭祀制度上也更加完善、合理。

明朝统治277年的时间，经历了16位皇帝。其中除惠帝朱允炆因“靖难之役”下落不明，没有营建陵园外，其余15帝都依帝制建造了陵园。

清朝共历经12帝，统治295年。其帝王陵寝从建陵年代和地理位置可分为清初关外三陵、清东陵和清西陵三个陵区。

【特色说明】

明孝陵坐落在南京茅山西侧，依山而建，坐北朝南，主体建筑分前后两部分。前为神道，后为陵寝，明朝开国皇帝朱元璋和皇后马氏合葬于此，是明朝第一陵。

明十三陵位于北京昌平天寿山下方圆40平方公里的小盆地上，以地面建筑宏伟的长陵和已发掘的地下宫殿——定陵最为著名。陵区面积约120平方公里。群山之内，各陵均依山面水而建，布局庄重和谐。

明显陵位于湖北省钟祥市，陵寝部分占地52公顷，是嘉靖皇帝朱厚熜的父亲恭睿献皇帝和母亲章圣皇太后的合葬墓。其产生于明中叶重大事件“大礼议”时期，关联着嘉靖初年的社会思想、信仰和一些政坛首脑人物的命运，具有重大历史意义。

清东陵位于河北省东北部燕山余脉，总共15座陵寝的营建活动延续了247年。东陵以中国传统的“风水学”理论为依据，刻意追求“龙穴砂水无美不收，形势理气诸吉咸备”的山川形势，以达到“天人合一”的意象。

清西陵坐落在河北省保定市易县境内，建造时间长达185年。陵区占地8300公顷，分布着14座陵寝和两座附属建筑（永福寺、行宫），是中国清朝前期、中期、晚期陵寝建筑艺术的代表作品，也是中国陵寝建筑群中保存最完整的陵寝之一。陵区内参天古树最为壮观，多达1.5万余株，是华北最大的古松林。

【保护现状】

明十三陵先后对长陵、定陵、永陵、景陵、昭陵、献陵、思陵的建筑进行修缮。德陵计划于2007年底前将残坏较严重的五座陵园修缮完毕。

明显陵陵区周围的自然环境基本保持原有风貌，松林山、天子岗、莫愁湖等自然山体和湖泊没有变化，植被保存完好。

清西陵较好地保持了历史的规模、原状和风貌。

清东陵经过近半个世纪的努力，周围陵山已松柏成荫，郁郁葱葱。从1997年起管理部门又在各陵神路两侧及一些重点地段恢复仪树带，以再现昔日风貌。

云冈石窟　　02.0101012050

(Yungang Grottoes)

小档案

获准日期：2001 年 12 月

遗产价值：云冈石窟形象地记录了印度及中亚佛教艺术向中国佛教艺术发展的历史轨迹，反映出佛教造像在中国逐渐世俗化、民族化的过程。多种佛教艺术造像风格在云冈石窟实现了前所未有的融会贯通，由此而形成的“云冈模式”是石窟艺术中国化的开始。

保护机构：山西大同云冈石窟文物研究所、云冈石窟管理处、云冈石窟旅游区管委会

世界遗产委员会评价：云冈石窟是在相对短时间内（460～525 年）雕刻完成的中国佛教石窟艺术第一个繁荣期的最杰出的作品；是南亚、中亚地区文化和中国文化有机结合的产物；是第一个由皇家主持开凿的石窟，反映了当时的政治背景。同时云冈石窟雕刻也具有鲜明的中国特色和地方特征，对中国后期佛教石窟艺术发展产生了深远的影响。

【概　　述】

云冈石窟是中国最大的石窟之一，与甘肃敦煌莫高窟、河南龙门石窟并称“中国三大石窟群”，始凿于北魏兴安二年（453 年），大部分完成于北魏迁都洛阳之前（494 年），延续到正光年间（520～525 年）结束。

石窟依山而凿，东西绵亘约 1 公里，现存主要洞窟 45 个，大小窟龛 252 个，石雕造像 51000 余躯。石窟内佛龛密布，大、中、小窟疏密有致，分东、中、西三部分。东部多以造塔为主，称“塔洞”；中部每个石窟分前后两室，主佛居中，洞壁及洞顶布满浮雕；西部以中小窟和补刻的小龛为多，修建时代略晚，大多为北魏迁都洛阳后的作品。

石窟按开凿时间分早、中、晚三期，早期的“昙曜五窟”气势磅礴，具浑厚、淳朴的西域情调；中期精雕细琢，装饰华丽，显示出复杂多变、富丽堂皇的北魏时期风格；晚期窟室规模较小，人物形象清瘦俊美，比例适中，是中国北方石窟艺术的榜样和“瘦骨清像”的源起。此外，石窟中留下的乐舞和百戏杂技雕刻，是当时佛教思想流行的体现和北魏社会生活的反映。

【特色说明】

云冈石窟气魄宏大，外观庄严，雕工细腻，主题突出。石窟雕塑中菩萨、力士、飞天形象生动活泼，塔柱上的雕刻精致细腻，上承秦汉（前 221 年～220 年）现实主义艺术的精华，下开隋唐（581～907 年）浪漫主义色彩之先河。在雕造技法上继承和发展了中国秦汉时期艺术的优良传统，又吸收了犍陀罗艺术的有益成分，创建出云冈独特的艺术风格，是研究雕刻、建筑、音乐及宗教极为珍贵的资料。

【保护现状】

20 世纪 60 年代初用“丙烯酸脂类”先后对云冈第 1 窟塔柱，第 10、11 窟前立壁的佛龛座、佛头部进行化学灌浆粘接试验，取得效果；20 世纪 70 年代对一些主要洞窟进行了大规模的抢险加固，抢救了一大批濒临坍塌的洞窟；2005 年 7 月 30 日，云冈石窟防水工程首个设计方案通过专家组评审。

云冈石窟第 20 窟主佛

高句丽王城、王陵及贵族墓葬　02.0101012150
(Capital Cities and Tombs of the Ancient Koguryo Kingdom)

小档案

获准日期：2004 年 7 月

遗产价值：高句丽曾创造了辉煌的历史，其主要的历史遗迹成为该段历史无可替代的实物见证，具有重要的文化价值。其中王城、王陵和贵族墓更弥足珍贵。

保护机构：辽宁省文物考古研究所、本溪市博物馆、桓仁县文管所、五女山山城管理处

世界遗产委员会评价：它是人类创造和智慧的杰作；作为历史早期建造的都城和墓葬，它反映了汉民族对其他民族文化的影响。风格独特的壁画艺术；它也体现了已经消失的高句丽文明；高句丽王朝利用石块、泥土等材料建筑的都城，对后来产生了影响；它展现了人类的创造与大自然的完美结合。

【概　　述】

高句丽王城、王陵及贵族墓葬距今 2000 多年，主要分布在吉林省集安市境内及辽宁省桓仁县境内。列入世界遗产名录的项目包括五女山山城、国内城、丸都山城、12 座王陵、26 座贵族墓葬、好太王碑和将军坟 1 号陪冢。

高句丽是中国古代边疆的少数民族政权，汉元帝建昭二年（公元前 37 年）由扶余人朱蒙在西汉玄菟郡高句丽县（今辽宁省新宾县境内）建国，668 年被唐与朝鲜半岛的新罗联军所灭。

五女山山城是高句丽创建的第一个都城，也是鸭绿江两岸现存 100 余座高句丽山城中建造最早的一座，规模宏大，体系完备，保存较完整。城内分布多处高句丽早期的重要建筑遗址及生活、军事遗迹，文化内涵十分丰富。

国内城、丸都山城是高句丽早中期（1～5 世纪）的都城，其特点是平原城与山城相互依附共为都城，是东北亚地区中世纪世代城址中的建筑杰作，也是高句丽政权延续使用时间最长的都城。

国内城与丸都山城城外群山环抱的通沟平原上现存近 7000 座高句丽时代的墓葬——洞沟古墓群，堪称东北亚地区古墓群之冠。从不同侧面反映了高句丽的历史发展进程，也是高句丽留给人类珍贵的文化、艺术宝库。古墓群中以将军坟、太王陵为代表的十几座大型高句丽王陵及大量王室贵族壁画墓，是高句丽建筑艺术成就的一个缩影。矗立于太王陵东侧的好太王碑，其汉字镌刻的碑文是高句丽保存至今最长的一篇文献资料。

【特色说明】

五女山山城承袭了中国北方民族构筑山城的传统，并在选址布局、城墙筑法、石料加工等方面具有很大的突破和创新，形成了一种独特的山城形式，是中国东北和东北亚地区山城建筑进入划时代阶段的标志，在中国古代东北民族建筑史上具有里程碑的意义。从这里开始，高句丽民族逐步扩大活动领域，历经 700 余年，创造了极具特色的文化。

国内城是为数不多的地表保存有石筑城墙的平原城类型都城址，保存下来的城墙坚实牢固而又不失美观庄严；丸都山城的布局因山形走势而巧妙构思、合理规划，完美地实现了自然风貌与人类创造的浑然一体。

【保护现状】

2002 年启动了《高句丽王城王陵与贵族墓葬地保护规划》。

高句丽遗址鸟瞰

好太王碑

澳门历史城区　02.0101012250
(The Historic Centre of Macao)

小档案

获准日期： 2005年7月15日

遗产价值： 澳门历史城区保存了澳门四百多年中西文化交流的历史精髓。它是中国境内现存年代最远、规模最大、保存最完整和最集中，以西式建筑为主、中西式建筑互相辉映的历史城区；是西方宗教文化在中国和远东地区传播历史的重要见证；更是四百多年来中西文化交流的结晶。

保护机构： 澳门特别行政区

世界遗产委员会评价： "澳门历史城区"中国现存最古老的西式建筑遗产，是东西方建筑艺术的综合体现；"澳门历史城区"见证了西方宗教文化在中国以至远东地区的发展，也见证向西方传播中国民间宗教的历史渊源；"澳门历史城区"是中西方文化多元共存的独特反映，是中国历史城中极具特色的组合；"澳门历史城区"是中西生活社区有序的组合，从历史到今天，都与居民的生活习俗、文化传统密不可分。

【概　述】

"澳门历史城区"以澳门旧城区为核心，通过相邻的广场和街道连为一体，有20多座古建筑，包括妈阁庙前地、亚婆井前地、岗顶前地、议事亭前地、大堂前地、板樟堂前地、耶稣会纪念广场、白鸽巢前地等多个广场空间，以及妈阁庙、港务局大楼、郑家大屋(郑观应故居)、圣老楞佐教堂、圣若瑟修道院及圣堂、岗顶剧院(伯多禄五世剧院)、何东图书馆、圣奥斯定教堂、民政总署大楼、三街会馆（关帝庙)、仁慈堂大楼、大堂（主教座堂)、卢家大屋、玫瑰堂、大三巴牌坊、哪咤庙、旧城墙遗址、大炮台、圣安多尼教堂、东方基金会会址、基督教坟场、东望洋炮台（含东望洋灯塔及圣母雪地殿圣堂）等，是中国境内现存年代最远、规模最大、保存最完整和最集中的，以西式建筑遗产为主、中西建筑共存的历史建筑群，是天主教和基督教在中国传教历史最重要的见证，更是四百年多来中西文化互相交流、多元共存的杰出例证。

16世纪中叶，明朝政府划出澳门半岛西南部地段供以葡萄牙人为主的外国商人居住及贸易，澳门由此发展成19世纪前中国主要的对外港口及亚洲地区重要的国际港口。贸易活动的兴盛吸引了世界各地的人前来，一个融合欧、亚、非、美四洲人民的"华洋杂居"的国际城市由此诞生。葡萄牙人将这个用城墙围起的城市命名为"天主圣名之城"，今天的澳门历史城区就是它的核心部分。

【特色说明】

澳门是中国境内接触近代西方文化最早、最多、最重要的地方，是当时中国接触西方文化的桥头堡，开创中国数个第一：第一所西式大学（圣保禄学院)、第一所西式医院（白马行医院)、第一所以西方金属制版和印刷拉丁文字的印刷厂（圣保禄学院附属印刷所)。

澳门的妈阁庙在中国众多的妈祖庙中别具特色，既有中国以至海外妈祖崇拜传播和组织的典型特征，又是最早向欧洲传播妈祖文化的地方。

【保护现状】

澳门历史城区保存完整。

东望洋灯塔及圣母雪地殿圣堂

议事亭前地

二、自然遗产

九寨沟风景名胜区　　02.0101020150
(Jiuzhaigou Valley Scenic and Historic Interest Area)

小档案

获准日期：1992年12月

遗产价值：九寨沟作为独特的地质过渡带和多种自然要素交汇的生态景观区，因其各具特色的丰富的水体景观资源以及各种发育良好的高原地貌和西南山地地貌景观而在国内风景区中具有独一无二的优势，还具有植物资源的水平分布的类型多样性以及垂直分布的地带变化性，另外还具有多种我国一类珍惜野生动植物资源。

保护机构：四川省旅游局九寨沟管理局、九寨沟国家级自然保护区管理局、九寨沟风景名胜区管理局

世界遗产委员会评价：九寨沟位于四川省北部，绵延超过72000公顷，曲折狭长的九寨沟山谷海拔超过4800米，因而形成了一系列形态不同的森林生态系。它壮丽的景色因一系列狭长的圆锥状喀斯特溶岩地貌和壮观的瀑布而更加充满生趣。沟中现存140多种鸟类，还有许多濒临灭绝的动植物物种，包括大熊猫和四川扭角羚。

【概　述】

九寨沟位于四川省阿坝藏族羌族自治州九寨沟县境内，因沟内有盘信、彭布、故洼、盘亚则查洼、黑角寨、树正、荷叶、扎如等九个藏族村寨而得名。九寨沟总面积约620平方公里。自然景色兼有湖泊、瀑布、雪山、森林之美。大多数景点集中于“Y”字形的三条主沟内，纵横50公里。

九寨沟山水形成于第四纪古冰川时期，保存着大量古冰川遗迹。其地下水富含大量碳酸钙质，湖底、湖堤、湖畔均可见乳白色碳酸钙形成的结晶体；来自雪山、森林的活水泉异常洁净，梯形湖泊层层过滤，水色透明，能见度达20米。九寨沟地僻人稀，景物特异，四季景色变幻无穷，有长海、剑岩、诺日朗、树正、扎如、黑海六大景区，翠海、叠瀑、彩林、雪峰、藏情为“五绝”。

水是九寨沟的灵魂，湖、泉、河、滩连缀一体，千颜万色，高低错落的群瀑，大大小小的湖泊，红叶、绿树、雪峰、蓝天交相辉映。树正景区是九寨风光的集中表现，河谷地带有大小湖泊100多处，沿沟叠延多个海子，晶莹剔透。由于每个海子深度、沉积物和临岸景物不同，各自在色度上有差异，使片片彩池各具特色。

原始森林覆盖了九寨沟一半以上的面积。林中植物种类繁多，有天然森林近3万公顷，植物2000余种。多种野生动物繁衍栖息于此，其中包括脊椎动物170种、鸟类141种，属国家保护的17种。举世闻名的大熊猫、金丝猴、白唇鹿等珍稀动物也在此繁衍生息。

【特色说明】

九寨沟以三沟一百一十八海为代表，包括五滩十二瀑，十流数十泉等水景为主景，与九寨十二峰联合组成高山河谷自然景观。九寨沟以原始的生态环境，一尘不染的清新空气和雪山、森林、湖泊组合成神妙、奇幻、幽美的自然风光，显现“自然的美，美的自然”，被誉为“童话世界”、“人间仙境”。

【保护现状】

1982年九寨沟成为国家首批重点风景名胜区；1987年被列为以保护自然生态环境为主的国家级自然保护区；1990年在全国40佳风景名胜区评比中名列新自然景区榜首。1997年被纳入世界“人与生物圈”保护网络，是迄今为止世界上唯一同时获得这两项殊荣的景区。

九寨沟风景名胜区

黄龙风景名胜区 02.0101020250
(Huanglong Scenic and Historic Interest Area)

小档案

获准日期：1992年12月

遗产价值：黄龙不仅分布有独一无二、举世无双的地表钙华景观，而且还具有我国最东部的现代冰川保存区，另外还分布有大熊猫等珍稀动物品种，这些都成为了黄龙风景名胜区独具特色之处。另外黄龙作为一个生态过渡带，各类资源交汇的地区，在地质、地貌、动植物各方面都具有典型性，形成了一个完整的自然生态区。

保护机构：四川黄龙国家级风景名胜区管理局、四川省阿坝藏族羌族自治州人民政府

世界遗产委员会评价：黄龙风景名胜区，位于四川省西北部，是由众多雪峰和中国最东部的冰川组成的山谷。在这里人们可以找到高山景观和各种不同的森林生态系，以及壮观的石灰岩构造、瀑布和温泉。这一地区还生存着许多濒临灭绝的动物，包括大熊猫和四川疣鼻金丝猴。

【概　述】

黄龙风景名胜区位于四川省阿坝藏族羌族自治州松潘县境内。面积700平方公里。主要景观集中于长约3.6公里的黄龙沟，沟内遍布碳酸钙华沉积，并呈梯田状排列，仿佛是一条金色巨龙，并伴有雪山、瀑布、原始森林、峡谷等景观。黄龙风景名胜区既以独特的岩溶景观著称于世，也以丰富的动植物资源享誉人间。从黄龙沟底部(海拔2000米)到山顶(海拔3800米)依次出现亚热带常绿与落叶阔叶混交林、针叶阔叶混交林、亚高山针叶林、高山灌丛草甸等。

整个风景区由黄龙沟、雪宝顶、牟泥沟、红星岩（火焰山）、丹云峡五部分组成。区内雪峰林立，海拔5000米以上的有7座。

【特色说明】

地表钙华是黄龙景观的最大特色。更以其雄、峻、奇、野风景特色，享有“世界奇观”、“人间瑶池”的美誉。

【保护现状】

2001年投入约3000万元，购置消防车、消防设备、景区全程监控设备、垃圾车等设施，兴建垃圾处理场、污水处理厂，改扩建景区栈道，完善标识标牌，架设排污管道，引进生态环保型厕所；对黄龙后寺和中寺进行抢救性的维护。

雪宝顶

黄龙风景名胜区

五彩池

武陵源风景名胜区 02.0101020350
(Wulingyuan Scenic and Historic Interest Area)

小档案

获准日期：1992年12月

遗产价值：武陵源作为一个生态状况良好，各类自然资源丰富的区域，不仅分布有成片的在国内首屈一指的石英砂岩峰林景观，而且在生物资源方面也具有独一无二的特性，而且这些特性集中整合在这样一个特殊的区域生态系统内部，具有高度的原始性和珍贵性，因而凸现出相当高的自然价值。

保护机构：湖南省武陵源风景区名胜区管理局、张家界市武陵源区人民政府

世界遗产委员会评价：武陵源景色奇丽壮观，位于中国中部湖南省境内，连绵26000多公顷，景区内最独特的景观是3000余座尖细的砂岩柱和砂岩峰，大部分都有200余米高。在峰峦之间，沟壑、峡谷纵横，溪流、池塘和瀑布随处可见，景区内还有40多个石洞和两座天然形成的巨大石桥。除了迷人的自然景观，该地区还因庇护着大量濒临灭绝的动植物物种而引人注目。

【概　述】

武陵源风景名胜区由张家界市的张家界森林公园、慈利县的索溪峪自然保护区和桑植县的天子山自然保护区组合而成，风景区面积369平方公里。这里遍地奇花异草，苍松翠柏、蔽日遮天；奇峰异石，突兀耸立；溪绕云谷，绝壁生烟。以奇峰、怪石、幽谷、秀水、溶洞“五绝”闻名。风景区有山峰3000多座，垂直400米以上的石峰有1000余座，独特的石英砂岩峰林在国内外罕见。

武陵源的溶洞数量多、规模大，有名可数的有黄龙洞、观音洞、响水洞、龟栖洞、飞云洞、金螺洞等，其中最为著名的是索溪峪的“黄龙洞”。

武陵源气候温和多雨，无酷暑严寒，常年平均气温在15度左右，拥有成片的原始次生林，珙桐、银杏、水杉、龙虾花等奇花异卉漫山遍野，猕猴、灵猫、角雉、锦鸡等珍禽异兽出没其间。古树这种自然遗产中的“活文物”在武陵源具有古、大、珍、奇、多的特点；张家界村一株银杏古树高达44米，胸径为1.59米，被称为自然遗产中的活化石；生长于腰子寨的珙桐是国家一级保护珍贵树木。

【特色说明】

景区内三千座岩峰拔地而起，耸立在原始旷野之上，八百条溪流蜿蜒曲折，穿行于莽荡峡谷之中，可谓融林、洞、湖、瀑于一身，集奇、秀、幽、野、险于一体，“五步一个景，十步一重天”。

【保护现状】

1988年国务院审定武陵源为国家重点风景名胜区，并批准设立省辖张家界市，建立武陵源区人民政府，加强风景名胜区的保护和管理。

武陵源云卿台

武陵源天下第一桥

三江并流　02.0101020450

Three Parallel Rivers of Yunnan Protected Areas

小档案

获准日期： 2003年7月2日

遗产价值： 三江并流具有举世奇特的自然地理景观和各种类型的地貌景观，它所独具的“江水并流而不交汇”的现象举世罕见，它所涵盖的地理要素和生态要素比较完整而且质量较高，具有黄金般的价值。另外，三江并流作为一个独立的自然保护区，涵盖了各种各样的地理要素和生态要素，在构成上比较完整，无论在质量上还是数量上都具有较高等级。

保护机构： 云南省三江并流国家重点风景名胜区管理办公室

世界遗产委员会评价： 三江并流保护区范围由八个地理保护区域组成。在中国云南省西北的多山地区中，亚洲三条大江的上游部分，即：长江（金沙江）、湄公河（澜沧江）以及萨尔温江（怒江）在这1.7万平方公里的土地上自北向南平行奔流，穿越高差3000米深的险峻峡谷，流经海拔超过6000米的冰峰高山。它不仅是中国生物多样性的中心，也是世界生物多样性最丰富的区域之一。

【概　述】

“三江并流”自然景观指发源于青藏高原的金沙江、澜沧江和怒江在云南省境内自北向南并行奔流170多公里，穿越担当力卡山、高黎贡山、怒山和云岭，形成“江水并流而不交汇”的奇特自然地理的景观。其间澜沧江与金沙江最短直线距离66公里，澜沧江与怒江最短直线距离不到19公里。

“三江并流”地处东亚、南亚和青藏高原三大地理区域的交汇处，位于青藏高原南部横断山脉的纵谷地区，由怒江、澜沧江、金沙江及流域内的山脉组成，整个区域面积4.1万平方公里，涵盖范围170万公顷，包括9个自然保护区和10个风景名胜区，是世界上蕴藏最丰富的地质地貌博物馆，罕见的高山地貌及反映其演化的代表地区，也是世界上生物物种最丰富的地区之一。

“三江并流”景区内高山雪峰横亘，海拔变化呈垂直分布，海拔5000米以上的雪山118座。冰川从峰顶一直延伸至海拔2700米的明永村森林地带，是目前世界上最为壮观且稀有的低纬度低海拔季风海洋性现代冰川。

“三江并流”地区还被誉为“世界生物基因库”，是欧亚大陆生物群落最富集的地区。地区拥有全国20%以上的高等植物和全国25%的动物种数，栖息着珍稀濒危动物滇金丝猴、羚羊、雪豹、孟加拉虎等77种国家级保护动物和秃杉、桫椤、红豆杉等34种国家级保护植物。植物学界称其为“天然高山花园”。

【特色说明】

“三江并流”跨丽江地区、迪庆藏族自治州、怒江傈僳族自治州，汇集了高山峡谷、雪峰冰川、高原湿地、森林草甸、淡水湖泊、稀有动物、珍贵植物等奇异景观。同时，该地区还是16个民族聚居地，是罕见的多民族、多语言、多种宗教信仰和风俗习惯并存的地区。

【保护现状】

投入数十亿资金在地区内展开了“天然林保护工程”、“水土保持工程”、“山区居民异地搬迁脱贫工程”、“珍稀野生动植物保护工程”等大型环保项目。

澜沧江第一湾

金沙江第一湾

怒江第一湾

三、自然与文化遗产

泰山　02.0101030150
(Mount Taishan)

小档案

获准日期：1987年12月

遗产价值：泰山作为自然和文化两个方面的资源状况都非常典型的区域，具有优美的自然风光和自然景观，还因其自古以来的被尊崇而留下了大量的能够反映泰山特色的各类人文景观。泰山不仅具有科学价值较高的地质构成，还具有多样的地貌景观，罕见的天象景观，丰富的生物资源，而且泰山自古以来即被誉为名山，受到皇家和百姓的顶礼膜拜，各朝各代几乎都进行过封禅行为，从而留下了深厚的历史文化遗存。

保护机构：山东泰山风景区管理委员会

世界遗产委员会评价：庄严神圣的泰山，两千年来一直是帝王朝拜的对象，其山中的人文杰作与自然景观完美和谐地融合在一起。泰山一直是中国艺术家和学者的精神源泉，是古代中国文明和信仰的象征。

【概　述】

泰山位于山东省中部的泰安市，主峰海拔1545米，气势雄伟磅礴，享有“五岳之首”、“天下第一山”的称号。

泰山风景区内有山峰156座，崖岭138座，名洞72处，奇石72块，溪谷130条，瀑潭64处，名泉72眼，古树名木万余株，寺庙58座，古遗址128处，碑碣1239块，摩崖刻石1277处。主要分布在岱阳、岱顶、岱阴及灵岩。

泰山风景以壮丽著称，名胜以泰山主峰为中心，呈放射状分布，由自然景观与人文景观融合而成。泰山山体高大，形象雄伟。南坡山势尤其陡峻，主峰突兀，山峦叠起，气势非凡，蕴藏着奇、险、秀、幽、奥、旷等自然景观特点。人文景观布局重点从泰城西南祭地的社首山、蒿里山至告天的玉皇顶，形成“地府”、“人间”、“天堂”　三重空间。岱庙是山下泰城中轴线上的主体建筑，前连通天街，后接盘道，形成山城一体。由此步步登高，渐入佳境，而由“人间”进入“天庭仙界”。

自古以来，中国人就崇拜泰山，历代不断在此封禅和祭祀、建庙塑神，刻石题字。泰山山体有古建筑群20余处。闻名天下的泰山众多石刻大都文辞优美，书体高雅，制作精巧，既是记载泰山历史的重要资料，又是精彩的人文景观。

泰山也是一座天然的历史、艺术博物馆，灵岩寺的40尊宋代罗汉塑像造型个性突出，中轴线上存有石刻，著名的《秦刻石》、大字鼻祖《经石峪金刚经》、《无字碑》、唐摩崖石刻《纪泰山铭》等。泰山岱庙天贶殿建筑宏伟，殿内著名的《泰山神启跸回銮图》是模拟封建帝王封禅巡狩的大型古代壁画。

【特色说明】

泰山是中国历史上唯一受过皇帝封禅的名山。同时泰山也是佛、道两教兴盛之地，是历代帝王朝拜之山。历代帝王所到之处，建庙塑像，刻石题字，留下了众多文物古迹。历代赞颂泰山的诗词、歌赋多达一千余首。从泰城西南祭地的社首山、蒿里山至告天的玉皇顶，数不胜数的名胜古迹、摩崖碑碣遍布山中。此外还有岱庙、普照寺、王母池、经石峪、碧霞祠、日观峰、南天门、玉皇顶等主要名胜古迹。泰山著名风景名胜有天柱峰、日观峰、百丈崖、仙人桥、五大夫松、望人松、龙潭飞瀑、云桥飞瀑、三潭飞瀑等。

泰山四个奇观：泰山日出、云海玉盘、晚霞夕照、黄河金带。

【保护现状】

增加了山丘荒地造林面积4万亩，完善了保护区体系。2003年完成泰山南界、东界的勘定工作，沿景区边界共埋设界桩452个。

泰山云海

黄山　02.0101030250

(Mount Huangshan)

小档案

获准年月：1990年12月

遗产价值：黄山不仅在自然方面具有相当高的景观价值、美学价值、生态价值和科学价值，而且其人文遗产也在艺术、宗教方面表现得相当丰富。

保护机构：安徽省黄山市人民政府、安徽省黄山管理委员会、安徽省黄山世界遗产管理办公室

世界遗产委员会评价：黄山，在中国历史上文学艺术的鼎盛时期（16世纪中叶的“山水”风格）曾受到广泛的赞誉，以“震旦国中第一奇山”而闻名。今天，黄山以其壮丽的景色——生长在花岗岩石上的奇松和浮现在云海中的怪石而著称。对于从四面八方来到这个风景胜地的游客、诗人、画家和摄影家而言，黄山具有永恒的魅力。

【概　述】

黄山位于安徽南部，有“三十六大峰”、“三十六小峰”。主峰莲花峰海拔1864米，周围千米以上的山峰有77座。群峰间怪石星罗棋布，难以计数，有名可数的120多处。

黄山松是黄山一大奇观，列“四绝”之首。全山百年以上的黄山松数以万计。它们形态奇异，或盘结于危岩，或挺立于峰巅，已命名的有近百株。其中“迎客松”已成为黄山的象征；石景有“金鸡叫天门”、“猴子观海”等；黄山云海分为南海、北海、东海、西海和天海。其浩瀚无际，峰尖浮海，时隐时现，瞬息万变，故有“黄海”之称；黄山温泉古称“朱砂泉”、“汤泉”，　可饮可浴，属黄山一绝。

黄山也是一座天然的动、植物园，名花古木、珍禽异兽，种类繁多，森林覆盖率达86.6%。自然分布的原生植物共有1450种，还有高山沼泽和高山草甸各一处，植物垂直分带明显，群落完整，生态系统稳定平衡，是中国华东地区的植物宝库和天然植物园。野生动物也及其丰富，其中脊椎动物300种，鸟类170　种。

迎客松

【特色说明】

黄山集中国各大名山美景于一身，尤其以奇松、怪石、云海、温泉“四绝”著称，历来有“五岳归来不看山，黄山归来不看岳”的美誉。

【保护现状】

黄山历史悠久，远在六七千年前，人类就已在这里劳动生息。在多年的建设历史中，留下的古观寺庙、险塞关隘、游道平台、亭阁、桥梁、门坊、摩崖石刻等200多处。

飞来石

峨眉山和乐山大佛　　02.0101030350
(Mt.Emei Scenic Area,Including Leshan Giant Buddha)

小档案

获准日期：1996年12月

遗产价值：峨眉山及乐山大佛有雄秀神奇的自然景观，典型的地质地貌，保护完好的生态环境，丰富的动植物资源以及以佛教文化为代表的各类人文资源，具有很高的历史、美学、科研、科普和游览观光价值。

保护机构：建设部、四川省峨眉山市峨眉山风景名胜区管理委员会、四川省乐山市乐山大佛管理处

世界遗产委员会评价：公元1世纪，在四川省峨眉山景色秀丽的山巅上，落成了中国第一座佛教寺院。随着四周其他寺庙的建立，该地成为佛教的主要圣地之一。许多世纪以来，文化财富大量积淀。其中最著名的要属乐山大佛，它是8世纪时人们在一座山岩上雕凿出来的，仿佛俯瞰着三江交汇之所。佛像身高71米，堪称世界之最。峨眉山还以其物种繁多、种类丰富的植物而闻名天下，从亚热带植物到亚高山针叶林可谓应有尽有，有些树木树龄已逾千年。

【概　述】

峨眉山又称“大光明山”，位于成都平原西部，与山西五台山、浙江普陀山、安徽九华山并称为“中国佛教四大名山”。佛教文化构成了峨眉山历史文化的主体，所有的建筑、造像、法器及礼仪、音乐、绘画等无不展示出这种文化的浓郁气息。峨眉山上寺庙林立，其中以报国寺、万年寺等“金顶八大寺庙”最为著名。

峨眉山植被垂直带谱明显，由山麓至顶可经历亚热带至寒带的气候，生物种类丰富，特有物种繁多，保存有完整的亚热带植被体系。森林覆盖率达87%，有高等植物242科、3200多种，约占中国植物总数的十分之一，其中仅产于峨眉山或在峨眉山发现并以峨眉定名的植物就达100余种。此外，峨眉山还有多种稀有动物栖居，已知动物2300多种，是研究世界生物区系的重要地点。

乐山大佛位于峨眉山东麓栖鸾峰，始凿于唐代开元初年（713年），历时90年完成。佛像依山临江，是世界现存最大的一尊摩崖石像。大佛为弥勒坐像，坐东向西，面相端庄，通高71米。佛像雕刻细致，线条流畅，身躯比例匀称，体现了盛唐文化的宏大气派。此外，大佛景区还有秦蜀守李冰开凿的离堆，汉代崖墓群，唐宋佛像、宝塔、寺庙、明清建筑群等。

【特色说明】

峨眉山有云海、日出、佛光、圣灯四大奇观，具“雄、秀、神、奇”的特色，有“植物王国”、“地质博物馆”之称，兼“峨眉天下秀”之赞誉。

【保护现状】

1982年，峨眉山成为首批国家重点风景名胜区。

峨眉山

武夷山　02.0101030450
(Mount Wuyi)

武夷山

小档案

获准日期：1999 年 12 月

遗产价值：武夷山以其典型的丹霞地貌和独特丰富的生物资源以及深厚的历史文化特色而具有较高的资源特色。是世界同纬度带现存的最典型、面积最大、保存最完整的亚热带原生性森林系统以及世界昆虫种类最丰富的地区。以其保存完好、特点鲜明的遗址体现了古代汉文化特色以及朱子理学的文化氛围。

保护机构：国家建设部、福建省武夷山市人民政府、福建省武夷山风景名胜区管理委员会、武夷山保护管理委员会、武夷山自然保护区管理局

世界遗产委员会评价：武夷山脉是中国东南部最负盛名的生物保护区，也是许多古代孑遗植物的避难所，其中许多生物为中国所特有。九曲溪两岸峡谷秀美，寺院庙宇众多，但其中也有不少早已成为废墟。该地区为唐宋理学的发展和传播提供了良好的地理环境。自 11 世纪以来，理教对中国东部地区的文化产生了相当深刻的影响。公元 1 世纪时，汉朝统治者在城村附近建立了一处较大的行政首府，厚重坚实的围墙环绕四周，极具考古价值。

【概　述】

武夷山位于福建省西北武夷山市境内，总面积约 70 平方公里。包括武夷山风景名胜区、武夷山自然保护区、武夷山古汉城遗址和九曲溪上游保护地带四部分。风景区内有 36 峰、72 洞、99 岩、景点 108 处，分西部生物多样性、中部九曲溪生态、东部自然与文化景观及城村闽越王城遗址等 4 个保护区。

武夷山保存着大量多种多样的林带，是中国亚热带森林和南中国雨林最大、最具有代表性的例证。它也是全球生物多样性保护的关键地区之一，是尚存的珍稀、濒危物种栖息地，物种资源极其丰富。武夷山现存已知植物 3728 种。种子植物类数量在中亚热带地区位居前列，有中国特有属种 27 属 31 种。已知动物种类 5110 种，两栖、爬行类和昆虫类分布众多，中国特有野生动物 49 种。在大量古老和珍稀的植物物种中，很多是中国独有的。因其丰富的种质资源，在武夷山已发现或采集的野生动植树物模式标本近 1000 种，许多模式标本保存在伦敦、纽约、柏林、夏威夷等地的著名博物馆内。

【特色说明】

武夷山主要景观有“三三秀水清如玉”的九曲溪，“六六奇峰翠插天”的三十六峰、九十九岩等。九曲溪源于三保山，溪水碧清，折复绕山，形成“曲曲山回转，峰峰水抱流”的九曲之胜，武夷山中最著名的一些山峰和高插于悬崖峭壁上的神秘悬棺都列在九曲溪边。九曲溪景观丰富多彩，变化无穷。

【保护现状】

景区内的 600 多处摩崖石刻得到了全面修复。2001 年 2 月建成全国第一个遗产监测中心。

四、文化景观

庐山国家公园 02.01010450
(Lushan National Park)

小档案

获准日期：2000年11月

遗产价值：庐山是一座集风景、文化、宗教、教育、政治为一体的千古名山，自然与文化积淀非常深厚。与中国第一大河长江、中国第一大淡水湖鄱阳湖山水相连、浑然一体，险峻与柔丽相济，素以“雄、奇、险、秀”闻名于世，富有独特的庐山文化，具有重要的科学价值与美学价值。

保护机构：江西省庐山风景名胜区管理局

世界遗产委员会评价：江西庐山是中华文明的发祥地之一。这里的佛教和道教庙观，代表理学观念的白鹿洞书院，以其独特的方式融会在具有突出价值的自然美之中，形成了具有极高美学价值的，与中华民族精神和文化生活紧密联系的文化景观。

【概　述】

庐山位于中国中部江西省九江市南，北濒长江，东接鄱阳湖，南靠南昌滕王阁，西邻京九铁路大通脉，是独特的地垒式断块山。庐山区长约25公里，宽约20公里，山体总面积302平方公里。全山共90多座山峰，最高峰为大汉阳峰，海拔1474米。群峰间散布有许多壑谷、岩洞、瀑布、溪涧，地形地貌复杂多样。

庐山具有独特的第四纪冰川遗迹，是中国第四纪冰川学说的诞生地，遗留着末次冰期时由古季风环流产生的独特的风沙丘群。

庐山风光以“奇、秀、险、雄”闻名于世，素有“匡庐奇秀甲天下”的美誉，众多的奇峰怪石壑谷瀑泉岩洞等，形成了奇特瑰丽的山岳景观。现主要有12个景区、37个景点、230个景物景观。其景点主要包括五老峰、三叠泉、含鄱口、芦林湖、大天池、花径、如琴湖、锦绣谷、仙人洞、小天池等。

庐山生物资源丰富，生态系统完整。它的森林覆盖率76.6%，有植物3000余种（包括引种部分），昆虫2000余种，鸟类171种，兽类33种。许多动植物模式标本产在这里。保护区内发现当代世界上最大的白鹤群以及白枕鹤、白头鹤等，总数达4000多只。

晋代高僧慧远(334～416年)在山中建立东林寺，开创了佛教中的“净土宗”，使庐山成为中国封建时代重要的宗教胜地。公元5世纪，南朝道士陆修静在庐山开创道教南天师派。唐代马祖道在山上开创佛教临济宗和沩仰宗，影响极大。到宋代，庐山有寺庙多达361座。明清以后，伊斯兰教、基督教、天主教也在庐山建堂传教。经过1600年的发展，庐山已形成一山兼聚五教的罕见现象。

创建于940年的庐山白鹿洞书院，曾被誉为“海内书院第一”，“天下书院之首”，是中国古代教育和理学的中心学府，是我国宋代最高学府之一。宋代著名的理学大师、教育大师朱熹，曾在此提出的教育思想成为中国古代的准则，在世界教育史上也有重要影响。白鹿洞书院经历了从唐末的兴建到南宋的兴盛以及明清时期的衰败和复苏，往日的辉煌已经一去不再，不过其深邃的思想内涵仍然在影响着后辈，而其浓厚的文化底蕴也使庐山成为一座举世闻名的文化名山、教育名山。

庐山上还荟萃了各种风格迥异的建筑杰作，包括罗马式与哥特式的教堂、融合东西方艺术形式的拜占庭式建筑，以及日本式建筑和伊斯兰教清真寺等，堪称庐山风景名胜区的精华部分。

【特色说明】

庐山以风景名山、文化名山、教育名山、宗教名山、政治名山著称于世。以瀑泉、云雾、峰石、摩崖等景观，构成奇、特、秀、丽的风景特色。

【保护现状】

投资500万元人民币建设了智能化安全系统。2004年投入700多万元用于地质公园内环境整治、地质遗迹的规划保护和建设。

庐山风景区

人类口头和非物质遗产代表作

第32届联合国教科文组织大会2003年10月17日通过了《保护非物质文化遗产公约》。中国常驻联合国教科文组织代表张学忠大使12月2日递交了中国国家主席胡锦涛签署的《保护非物质文化遗产公约》批准书。中国是提交公约批准书的第一批国家之一。

2001年5月，联合国教科文组织宣布的首批19个“人类口头和非物质文化遗产代表作”中，我国昆曲位列其中。2003年11月，联合国教科文组织宣布中国古琴艺术入选第二批“人类口头和非物质遗产代表作”。2005年11月25日，联合国教科文组织在巴黎宣布了第三批“人类口头和非物质遗产代表作”。中国申报的“中国新疆维吾尔木卡姆艺术”和中国、蒙古国联合申报的“蒙古族长调民歌”入选其中。

昆曲艺术　02.01020150

(China's Kunqu Opera)

小档案

获准日期：2001年5月

遗产价值：发源于江苏昆山至今已有600多年历史的昆曲被称为“百戏之祖，百戏之师”，许多地方剧种，像晋剧、蒲剧、上党戏、湘剧、川剧、赣剧、桂剧、邕剧、越剧和广东粤剧、闽剧、婺剧、滇剧等等，都受到过昆剧艺术多方面的哺育和滋养。

世界遗产委员会评价：中国最古老和最有影响力的戏曲剧种之一，被称为“百戏之祖，百戏之师”。从16世纪后期到18世纪末，曾在中国制造过长达两百余年的社会性痴迷。昆曲剧目丰富，剧本文词典雅华美，文学性很高；它拥有独特的声腔系统和一套完整的表演体系，是一门集歌唱、舞蹈、道白、动作为一体的综合性很高的艺术形式。

【概　述】

昆曲发源于元末明初的苏州昆山，至今已有600多年的历史，是中国各种古老戏曲中尚存的剧种，也是世界流传至今最古老的剧种之一。

昆曲又称昆（山）腔，相传是元末明初昆山人顾坚始创。明嘉靖年间（1552～1566年）经魏良辅改革，形成委婉、细腻的曲调，人称“水磨腔”。当时的剧作家梁辰鱼为昆曲奠定了牢固的文学基础。在伴奏方面，除弦索外，加上了笙、箫、管、笛等乐器，形成管弦并举，比当时流行的其他声腔有很大进步，明万历年初扩展到江、浙，成为压倒其他南戏声腔的剧种。此后，昆曲由士大夫带入北京，与“弋阳腔”并为宫中大戏，从此成为剧坛盟主。明万历至清嘉庆年间（1570～1800年），昆曲达到了鼎盛时期，《临川四梦》——《牡丹亭》、《南柯记》、《邯郸记》、《紫钗记》以及洪升的《长生殿》、孔尚任的《桃花扇》风靡天下。

昆曲的文化价值在于剧本、音乐和表演。其剧本采用宋、元杂剧传奇的结构方式，通常每出戏24折，每折自成单元，可以独立演出。在语言上，昆曲继承了古诗词及元曲的长短句文体，华丽典雅。昆曲唱腔婉转细腻，吐字讲究；表演载歌载舞，舞蹈化、程式化程度非常高。

昆曲的音乐属联曲体结构，所使用的曲牌大约有1000种以上，南北曲牌来源于唐宋大曲、词调，宋代唱赚、诸宫调等古代舞音乐，还有民歌和少数民族歌曲。它以南曲为基础，兼用北曲套数，并以“犯调”、“借宫”、“集曲”等手法进行创作。昆曲的伴奏乐器以曲笛为主，辅以笙、箫、唢呐、三弦、琵琶等（打击乐俱备）。表演最大的特点是抒情性强、动作细腻，歌唱与舞蹈的身段结合得巧妙而谐和。昆曲脚色行当分老生、小生、净、旦。各行脚色在表演上自成一套完整的表演程式。

【特色说明】

昆曲融诗、乐、歌、舞、戏于一炉，在中国文学史、戏曲史、音乐史、舞蹈史上都占有重要的地位，对京剧等众多戏曲品种都产生过深远而直接的影响。

【保护现状】

昆剧保留下了大量价值极高的剧本和乐谱，演出模式和表演艺术也得以流传，并仍活跃在当今的舞台上。

古琴艺术　02.01020250
(The Art of Chinese Guqin Zither)

小档案

获准日期： 2003年11月7日

遗产价值：古琴在中国拥有深厚的文化底蕴，在琴曲的标记性、音乐的结构性等方面集中体现了中国音乐体系的基本特征。古琴的意义与价值远远超出了一般的乐器，其音乐的文化内涵也远远超出了音乐的范畴。

世界遗产委员会评价：中国古琴是世界最古老的弹拨乐器之一，至今已有3000多年历史。古琴艺术在中国音乐史、美学史、社会文化史、思想史等方面具有广泛影响，是中国古代精神文化在音乐方面的主要代表之一。

【概　述】

古琴是中国唯一记载完整、传承不断的古代乐器，也是中国古代地位最崇高的乐器，被誉为哲学性的艺术或艺术性的哲学，被列为中国古代文人引以为傲的“琴棋书画”四艺之首，是古代每个文人必修之课，是中国人文化身份认同的标志。历史上著名的琴家有孔子、蔡邕、蔡文姬、嵇康、李白、杜甫、宋徽宗等。琴乐是中国历史上渊源最为久远而又持续不断的器乐形式，“高山流水”、“焚琴煮鹤”、“对牛弹琴”等妇孺皆知的成语都出自和琴有关的典故。

古琴长3.65尺，琴面为弧形，琴底平整。古琴最初有五根弦，周文王增加了一根弦，武王又增添了一根弦，所以古琴又称“文武七弦琴”。

古琴别名“瑶琴”、“玉琴”、“缘绮”、“丝桐”、“七弦琴”，演奏形式主要有琴歌、独奏。春秋战国时，古琴独奏已具一定的艺术表现能力，著名琴师有卫国的师涓、晋国的师旷、郑国的师文、鲁国的师囊等。著名琴曲有《高山》、《流水》、《雉朝飞》、《阳春》、《白雪》等。琴歌专用于以琴伴奏的声乐曲，作品有宋代的《古怨》、元代的《黄莺吟》、明代的《苏武思君》、《渔樵问答》、清代的《阳关三叠》等。有的还由琴歌发展为器乐曲，如《胡笳十八拍》、《渔问答》等。

古琴有100多个泛音，是世界上拥有泛音最多的乐器，有自己的记谱方法（简字谱）。古琴委婉缠绵、平和沉稳、细腻含蓄，适合独奏。在中国乐器中能与其相和的唯有幽怨迷离的箫，琴箫合奏的古雅通脱似林下之风般。

20世纪70年代，美国向全世界征集最能代表地球生命的各种声音收录在太空探测器“旅行者”号的金唱片上。中国提供的古琴曲《流水》就是由古琴家管平湖在“鸣凤”琴上弹奏。

【特色说明】

两千年来，古琴始终是作为活的、有生命力的乐器在使用着，而不是作为文物和工艺品而陈列着的，尽管有许多唐宋元明时的琴早已具备了很高的文物价值。应该说，古琴首先是因为它在音乐表现力方面展示了过人之处，它才可能被文人选中，从而也才可能积淀着丰富浓厚的文化内涵的。古人云：“八音之中，惟弦为最，而琴为之首”、“众器之中，琴德最优”、“是以动人心，感神明者，无以加于琴”。众所周知的伯牙弹琴，子期知音，雍门子周鼓琴令孟尝君泫然泣涕等流传至今的故事，以及瓠巴鼓琴，飞鸟翔集，渊鱼出听；师旷鼓琴，六马仰秣，玄鹤延颈之类的传说，都能说明这一点，而大量流传下来的、内容多样的琴曲则更直接地证明了这一点。

【保护现状】

建国后，古琴音乐得到政府的重视和抢救，调查、收集、整理了流失于民间中的各种传谱，现存传统古琴曲谱共3000余首，古琴谱150多部。

古琴表演

蒙古族长调民歌 02.01020350

(The Pastoral Song of the Mongolian Ethnic Group)

小档案

获准日期：2005年11月25日

遗产价值：长调民歌与蒙古民族游牧生活方式和草原息息相关，承载着蒙古民族的历史，其高亢悠远的风格宜于叙事而长于抒情，是蒙古民族生产生活和精神性格的标志性展示。

【概 述】

“蒙古族长调民歌”是蒙古族民歌的一种，相对于短调而言。长调主要分布在中国内蒙古自治区和蒙古国，是蒙古音乐草原风格的标志，在蒙古族形成时就已存在。它包括草原牧歌、赞歌、思乡曲、婚礼歌、情歌等不同歌种，特点为音调高亢，音域宽广，曲调优美流畅，旋律起伏较大，节奏自由而悠长，多采用复合式节拍。曲式结构以上、下句构成的乐段较为常见，也有复乐段或多乐段构成的联句体，以非方整性结构居多。

长调中特殊的发声技巧称作“诺古拉”， 意为皱褶，引申为包含不同装饰的歌唱技巧。即波折音，类似颤音，对形成蒙古族长调独特风格有重要作用。长调牧歌的典范之作《辽阔的草原》音乐语言、曲式结构简洁精练，全曲上下两个对偶乐句旋律热情奔放，达到形象和意境、人和自然的完美统一，给人以辽阔、豪放的阳刚之美。广泛流传于草原牧人之中的蒙古民歌有《都仁札纳》、《圆蹄子的枣红马》、《额布根少布》、《成吉思汗的两匹骏马》等。优秀的长调民歌有流行于阿拉善的《富饶辽阔的阿拉善》、《轮番酒之歌》、《查干套海》、《辞行》、《牡丹梁》等，流行于呼伦贝尔的《辽阔的草原》等，流行于锡林郭勒的《小黄马》、《走马》等，流行于科尔沁草原《威风矫健的马》、《思乡曲》等。

蒙古人有三件宝，那就是：草原、骏马和蒙古长调。长调民歌因地域之不同，而呈现不同的色彩：锡林郭勒草原长调华美、高亢而辽远；阿拉善戈壁草原长调舒缓；呼伦贝尔草原长调抒情似行云流水；科尔沁草原长调用歌声娓娓道来；鄂尔多斯高原长调苍凉而独特。

在长调艺术史上，长调艺术大师代代辈出。一代歌王哈扎布在20世纪五六十年代就以“草原抒情男高音”蜚声海内外，其《小黄马》高音区的演唱令人拍案叫绝。1955年，“长调歌王”宝音德力格尔以一曲《辽阔的草原》在世界青年联欢节上夺得金牌，倾倒世界级音乐大师与各国青年。

【特色说明】

长调的特点是字少腔长，歌词多以两行为一段，在不同的韵步上反复叠唱，演唱者根据生活积累和对自然的感悟发挥，常用甩腔和华彩性拖腔，以各种装饰音（诺古拉）点缀旋律。歌词大多描写草原、骏马、骆驼、牛羊、蓝天、白云、江河、湖泊，反映的内容多集中于一个侧面。除独唱外还有齐唱、对唱、伴唱，乃至“潮尔”合唱等演唱形式。

【保护现状】

1957年秋，内蒙古艺术学校宣告成立，不久即开设长调民歌专业。国家已把蒙古族长调民歌作为艺术科研重点项目，举办了两届全国范围的长调民歌专题研讨会，并组织专家对分布在内蒙古境内的长调民歌进行了普查、搜集、整理、录音、记谱和翻译工作，出版了《中国民间歌曲集成·内蒙古卷》。内蒙古自治区文化部门多次组织和举办了不同范围的专业和业余长调民歌演唱比赛，同时出版发行了《内蒙古长调民歌与马头琴》CD盘，收录了21首蒙古族长调民歌和18首马头琴音乐。

蒙古族歌手乌云在北京中山公园音乐堂演唱蒙古族长调

新疆维吾尔木卡姆艺术 02.01020450
(The Art of Chinese Uygur Muqam)

小档案

获准日期：2005年11月25日

遗产价值：作为东西方乐舞文化交流的结晶，分布于古代“丝绸之路”东段地区的维吾尔木卡姆记录和印证了不同人群乐舞文化间相互传播、交融的历史。被人们赞誉为“华夏瑰宝”、“丝路明珠”。

【概　述】

“新疆维吾尔木卡姆艺术”是流传于新疆各维吾尔族聚居区的各种木卡姆的总称，是集歌、舞、乐于一体的大型综合艺术形式。以“十二木卡姆”为代表，包括“刀郎木卡姆”、“吐鲁番木卡姆”和“哈密木卡姆”。木卡姆音乐现象分布在中亚、南亚、西亚、北非19个国家和地区，而源于西域土著民族文化，深受伊斯兰文化的影响，诞生于10～13世纪。1547年，酷爱音乐和诗歌的维吾尔族女孩阿曼尼莎成为以新疆莎车为国都的叶尔羌汗国的王后。她召集大量乐师和木卡姆演唱家大规模整理“木卡姆”，使之系统化和规范化，并改掉了原“木卡姆”歌词中难懂的外来语词汇、古维吾尔语词汇和陈旧的宫廷诗词，创作了“依西莱提安库孜”这一新木卡姆，整理出结构完整、体系严密、朗朗上口、易于理解的全新“木卡姆”。19世纪，这套“木卡姆”被逐步精缩为十二部套曲，曲拍170多首，每部套曲约演奏两个小时，定名为“十二木卡姆”。

经过整理和编辑的“十二木卡姆”包括古典叙诵歌曲、民间叙事组歌、舞曲、即兴乐曲340余首。分别是拉克、且比亚特、木夏吾莱克、恰尔尕、潘吉尕、乌孜哈勒、艾且、乌夏克、巴雅提、纳瓦、斯尕、依拉克。

今天，木卡姆分布地区很广，种类繁多。阿拉伯、波斯、土尔耳、印度及中亚等地均有木卡姆，但新疆的木卡姆种类最多，有一系列带有地域性特色的套曲，如《哈密木卡姆》、《和田木卡姆》、《刀朗木卡姆》、《伊犁木卡姆》等。

【特色说明】

“十二木卡姆”取材于维吾尔族民间“木卡姆”及民歌，其中的地方音乐包括库车、喀什、吐鲁番、哈密、和田音乐及刀郎音乐，其中较有名且具特色的是刀郎木卡姆和哈密木卡姆。

维吾尔族艺人演奏“十二木卡姆”

“十二木卡姆”的每个木卡姆均分为大乃格曼（大曲）、达斯坦（叙事诗）和麦西热甫（民间歌舞）三大部分；每一部分又由四个主旋律和若干变奏曲组成。其中每一首乐曲既是木卡姆主旋律的有机组成部分，又是具有和声特色的独立乐曲。为木卡姆伴奏的乐器有沙塔尔、弹拨尔、热瓦甫、手鼓、独他尔等。达斯坦部分的唱词由民间叙事诗组成，其中包括《艾里甫与赛乃木》、《赛诺拜尔》、《迪拉热姆》、《巴巴·茹仙》等民间叙事中的代表性片断。

【保护现状】

叶尔羌汗国灭亡后，艺人流散，“十二木卡姆”音乐也随之流入民间，得以存活。1950年，“十二木卡姆”的录音整理和传承工作正式铺开。20世纪80年代，新疆维吾尔自治区木卡姆研究室、新疆木卡姆艺术团成立，同时出版了《维吾尔十二木卡姆》、《哈密木卡姆》、《刀郎木卡姆》、《吐鲁番木卡姆》等书籍和光盘。1996年，新疆艺术学院成立木卡姆表演艺术班。

第二章　中国文化遗产

文化遗产包括物质文化遗产和非物质文化遗产。物质文化遗产是具有历史、艺术和科学价值的文物，包括古遗址、古墓葬、古建筑、石窟寺、石刻、壁画、近代现代重要史迹及代表性建筑等不可移动文物，历史上各时代的重要实物、艺术品、文献、手稿、图书资料等可移动文物；以及在建筑式样、分布均匀或与环境景色结合方面具有突出普遍价值的历史文化名城（街区、村镇）。本章遴选中国物质文化遗产部分代表项目加以介绍。

不可移动文物

目前，我国已知的地上地下不可移动文物近40余万处。其中县（市）级文物保护单位约60000处，省级文物保护单位约7000处，全国重点文物保护单位1271处。文物保护单位属于不可移动文物的范畴，它首先应当是不可移动文物。新修订的《文物保护法》总则中的第三条界定了不可移动文物的外延，包括古遗址、古墓葬、古建筑、石窟寺、石刻、壁画、近现代重要史迹和代表性建筑等。

一、古遗址

丁村遗址　02.0201010150

丁村遗址在山西省襄汾县丁村附近的汾河两岸。以发掘出我国历史上旧石器时代的化石而闻名中外。1961年被国务院评为第一批全国重点文物保护单位。1954年，发掘出三枚儿童牙齿化石、两千多件石器以及二十八种哺乳动物和多种鱼类化石；1976年又发现一块儿童头骨化石。“丁村人”形态介于现代人和猿人之间，其门齿具铲形特征，与现代蒙古人相近。

丁村人采用摔击法，制造了大石器和石球一类的石器。这种石器加工更趋精美，形状更加多样，说明人类在脑力和体质上都发展到一个新阶段，是北京猿人向现代人过渡的重要环节，也充分地反映了当时采集和渔猎的生活状态。由于丁村人发明的石器有显著的文化特征，因此称为“丁村文化”。

丁村遗址距今约有10万年之久，文化时代为旧石器时代中期，是我国旧石器时代文化的代表。出土的化石和石器为研究我国旧石器时代中期文化和古人类发展提供了极为重要的科学资料。

仰韶村遗址　02.0201010250

仰韶村遗址位于河南省渑池县城北9公里处的仰韶村。1961年被国务院评为第一批全国重点文物保护单位。1921瑞典地质学家安特生和我国考古学家袁复礼进行了首次发掘，根据出土文物，确认是我国远古文化遗存。

遗址总面积约30万平方米，文化土层堆积厚度2～4米。主要出土器物有石器、骨器、陶器、蚌器。用于农耕的石器有斧、铲、凿、锛等工具；用于狩猎的有石镞、弹丸、石饼等；用于纺织的有线坠、纺轮、骨针、骨锥等。特别引人注目的是红褐色陶器和陶器上的纹饰图案，有宽带纹、网纹、花瓣纹、鱼纹、弦纹和几何图形纹等。考古学以此种彩陶为代表的文化遗存称为“仰韶文化”，也称“彩陶文化”。

仰韶文化以农耕为主，属于母系氏族向父系氏族过渡的社会阶段。仰韶文化的发现，宣布了“中国无石器时代文化”论调的彻底破产，因而仰韶村遗址被中外考古界誉为“文化圣地”。

半坡遗址 02.0201010350

半坡遗址位于陕西省西安市东6公里的浐河台地上，发现于1953年。1954年至1957年，中国科学院考古研究所对遗址进行了大面积的发掘，这使人们首次看到了黄河流域新石器时代一个氏族聚落的全貌。1958年，西安半坡博物馆建成开放，使遗址得以就地保护及展出。1961年被国务院评为第一批全国重点文物保护单位。

西安半坡遗址的年代主要在距今6800年至6300年之间。由一个母系氏族的居住区、制陶区和墓葬区三部分组成，总面积约50000平方米，是当时浐河沿岸的一个大型聚落。遗址的发掘面积约10000平方米，共出土较完整的房屋遗迹40多处，储藏物品的窖穴100多个，墓葬200多座，生活用具近万件，另外还发现了丰富的动植物遗存。半坡遗址的发掘，第一次清晰而全面地揭示了一处新石器时代聚落文化的丰富内涵，如当时的建筑布局和规模，人们的生产活动、生活习俗，母系氏族的组织结构等等。

半坡母系氏族村遗址以珍贵的文化遗产和丰富的博物馆内涵，弘扬了华夏悠久文化历史，荟萃了黄河流域的史前文明。

半坡遗址出土人面鱼纹彩陶盆

良渚遗址 02.0201010450

良渚遗址位于浙江省杭州市余杭区良渚、瓶窑两镇境内，距今约4200～5300年。1996年被国务院评为第四批全国重点文物保护单位。

良渚遗址分布面积约30多平方公里，至今已发现墓地、祭坛、建筑基址、防护工程等各类遗址135处，分布密集、规模宏大，遗址丰富而有规律。遗址内出土了大量精美的玉器、石器、陶器、木器、漆器，尤其是玉器数量之众、种类之多、制作之精，为其他同期文化所未见，在中国乃至环太平洋拥有玉文化传统的部族中独占鳌头。

因良渚遗址而命名的良渚文化，分布在我国东南部地区，以发达的稻作农业、大型营建工程和精美陶器、玉器及刻划符号为特征。诸多文化现象说明良渚文化可能已经进入国家文明阶段，因而有“文明曙光”之誉。

城子崖遗址 02.0201010550

城子崖遗址是新石器时代龙山文化的代表遗址和命名地，兼有岳石文化和周至汉代的遗存。1961年被国务院评为第一批全国重点文物保护单位。

城子崖遗址位于山东省章丘市龙山镇以东武源河畔（古称关芦水）的台地上，当地称“鹅鸭城”，古名“城子崖”。东距平陵城（现龙山镇）2公里，北与孙家商周遗址连成一片，距济南市区30公里。遗址东西约430米，南北长530米，总面积近22万平方米。台地现存范围东西约200米，南北约350米，文化堆积厚约3米。

城子崖遗址是龙山文化的命名遗址，是中国的考古圣地。1928年我国第一代考古专家吴金鼎先生发现了该遗址。1930年11月进行了首次发掘，城子崖遗址是中国考古工作者发现和发掘的第一处原始社会遗址，具有开创性的意义，对认识和研究中国新石器时代文化起了重要推动作用。1931年10月的第二次发掘，揭露面积15600平方米。文化堆积层4至6米，分上下两层。上层为周至汉代几个不同时期的遗存；下层是以一种首次发现的磨光黑陶为特征的新石器时代遗存。出土文物有石器、骨器、蚌器和陶器。陶器以泥质加沙黑陶为主，其烧制温度高、坚硬、轻薄等特点与已知的仰韶彩陶文化有显著的区别，被称为“黑陶文化”。

1990年4月，山东省文物考古研究所又对该遗址进行深层次开发。新发现的古城遗址有龙山文化、夏代、周代三个城圈，填补了中国夏代城址考古的空白，引起海内外学术界的重视。1991年，在新发掘现场建成保护室，供人参观、研究。

郑州商代遗址 02.0201010650

郑州商代遗址位于河南省郑州市市区内。1961

年被国务院评为第一批全国重点文物保护单位。遗址中部有一座周长近7公里的商代城墙，距今有3500多年，是目前我国发现的规模最大、保存最好的商代前期都城遗址。

遗址是1950年发现的。经考古证明，这是一座早于商朝晚期都城——安阳殷墟的商代遗址。在遗址区内，发现有宫殿区、奴隶主居住区和平民居住区以及商代供水设施、祭祀遗址等。出土文物数以万计，有石器、玉器、货贝、陶器、青铜器、骨器等。其中的玉戈、玉铲、玉璋、象牙觚、夔龙纹金箔、大型铜方鼎、铜圆鼎、提梁卣、牛首尊、中柱盂、原始瓷尊等，都是罕见的文化瑰宝。

郑州商代遗址的考古发掘，对研究商代文化以及进一步探索夏文化打下了坚实的基础，并为夏商周断代工程研究提供了可靠的依据。

丰镐遗址 02.0201010750

丰镐遗址位于陕西省西安市长安区马王镇、斗门镇一带的沣河两岸。"丰镐"是西周文王所建"丰邑"和武王所建"镐京"的合称，1961年被国务院评为第一批全国重点文物保护单位。丰镐地区是西周政治、经济、文化的中心，也是西安地区第一次建立的规模宏大的都市。"丰镐"的建立，揭开了我国此后历史上十多个王朝在陕西建都的序幕，在中国古代城市发展史上占有重要地位。

西周王朝在丰镐地区建都约300年，周平王迁都洛阳后，丰镐逐渐湮没。丰邑有大规模建筑群遗址，且有一套完整的地下排水管道。镐京有大型宫室遗址，平面呈"工"字形，中央主体建筑南北长59米，东西宽23米，南北还有规模相当的两组对称分布附属建筑群。

在丰镐遗址区，还发现10000多座墓葬和陪葬的车马坑以及多处埋藏青铜礼器的窖藏。这些青铜器多为铸铭重器，其中"多友鼎"铭文278字，记载了周历王时期反击猃狁的战争。此外还发现各种手工作坊、工具、礼器、武器等遗存，是研究西周史的重要实物资料。在丰京遗址区内，1959年在张家坡墓地发掘了一处保存较好的车马坑，随后西安市人民政府对该处遗址征地保护，并修建了车马坑保护厅和丰镐遗址陈列室，现已对外开放。

戚城遗址 02.0201010850

戚城遗址位于河南省濮阳市市区。1996年被国务院评为第四批全国重点文物保护单位。

据《万姓统谱》记载："卫大夫孙林父食采于戚，其支庶以为氏。"由此看出，戚姓源自春秋时代的卫国。戚城遗址即在古卫国境内，这里是中国戚姓的发源地。后成为卫灵公外孙孔悝的采邑，故又称孔悝城。遗址现存东西北三面墙体，垣周长1520多米，最高处8.3米，最厚处16.5米，城内面积14.4万平方米。戚城是豫北地区保留的年代最久、延续时间最长的古代聚落城池。它地下依次叠压着裴李岗文化、仰韶文化、龙山文化以及商、西周、春秋、汉等文化堆积层。

春秋时期是戚城的辉煌时代，文献和考古资料都有所记载。《春秋经传》中共四十次提到戚。《左传》记载，从公元前626年到公元前531年这95年间，各国诸侯在戚会盟就有七次之多。戚城遗址东墙外80米处有一座高4.6米、长20米、宽16米的夯土台，是当年的会盟台基址。

戚城城内经过普探，地下遗存丰富，有待进一步发掘。

临淄齐国故城 02.0201010950

临淄齐国故城，位于山东省淄博市临淄区齐都镇，因东临淄河而得名。1961年被国务院评为第一批全国重点文物保护单位。

公元前 859年，齐国第七位国君献公由薄姑迁都于此，至公元前221年秦始皇克齐，临淄作为齐国都城达600多年，是战国时期规模最大的城市之一，是当时的"海内名都"。

故城由大、小两城组成。大城平面呈长方形，南北最长处4.5公里，东西最宽处近3.5公里，是官吏、平民及商人居住的廓城。小城南北长2.5公里，东西宽约1.5公里，筑在大城的西南方，是国君居住的宫城。城墙残垣一些部分尚存，是用泥土分层夯筑而成。城内有排水明渠，这些排水系统与护城壕紧密联系，既能排水又能御敌，为世界同期古城排水建筑所仅见。

城内遗迹丰富，文化堆积一般在2～3米之间，大量的手工业作坊遗址，就分布在这些文化堆积之中。已发现冶铁遗址六处、炼铜遗址两处、铸钱遗址两处，制骨遗址四处。

曲阜鲁国故城 02.0201011050

曲阜鲁国故城位于山东省曲阜市城区东北部。

1961年被国务院评为第一批全国重点文物保护单位。因“城中有阜，逶曲长七八里”，故名“曲阜”。

曲阜故城始建于公元前11世纪后半叶的西周时期，后一直为鲁国国都，至鲁顷公二十四年为楚所灭，传三十四代，历时900余年。城内有一片密集的大型建筑基址，发掘证实为鲁王宫城。宫城南有宽约15米的道路通向南墙东门，直指城南1.5公里外的夯筑台基。道路北段两侧各有三处大致对称的建筑基址，形成城内一条由最重要建筑物构成的中轴线。这些和《考工记·匠人》所载国都规划相类，而与东周都城不同，反映了西周都城独特的设计思想。宫城建筑区附近分布着制陶、制骨等手工业作坊遗址和居民遗址，城西有墓地数处，曾出土大量珍贵文物。

曲阜鲁国故城是我国发掘的第一座西周城址，遗址保存较为完整，是保存最好的先秦城址之一。

侯马晋国遗址　　02.0201011150

侯马晋国遗址位于山西省侯马市汾、浍两河的交汇处。1961年被国务院评为第一批全国重点文物保护单位。

西周初年，周成王分封其弟叔虞于唐，叔虞子燮父改国号为“晋”。春秋中叶，晋景公迁都新田(今侯马)。到战国早期三家分晋为止，新田一直是晋国政治、经济、商业、文化的中心。

古城早已毁弃，现仅存宫殿台基残迹。1956年进行大规模钻探发掘，发现两处古城遗址。遗址中有多处铸造青铜器、陶器、石器、骨器的手工业作坊遗迹和大量生产工具、陶范等文物出土。浍河南岸发现有上马和柳泉两处古墓群，上马13号墓出土一对铭文相同的“徐王庚儿自作鼎”，是研究徐国历史的重要资料。

1966年发掘城南盟誓遗址，出土盟书数千件，即著名的“侯马盟书”，主要记载了春秋战国之际晋国各派贵族集团之间的斗争，其书法精美、史料详细。2005年9月，侯马市举行了为期三天的“晋文化及侯马盟书出土40周年研讨会”。

楚纪南故城　　02.0201011250

春秋战国时期的楚国都城“郢”因在纪山之南，习惯称纪南城。遗址位于湖北省荆州市纪南镇，1961年被国务院评为第一批全国重点文物保护单位。

郢始建于楚文王元年（公元前689年），至楚顷襄王二十一年（公元前278年）秦将白起拔郢，传二十代，历时400余年，是楚国的政治、经济、文化中心，为当时南方第一大都会。

纪南古城池总面积约16平方公里、几近荆州城的三倍。故城遗留有土筑城墙、城门垛、宫殿建筑台基、古井、制陶窑址等。有城门七座，水门两座，其中一座为罕见木质结构。城内凤凰山，在楚都徙陈后，成为秦汉墓地。城外纪山上有很多楚墓，曾出土楚国金币“郢爰”、勾践青铜器和竹简。城南出土有战国石质编磬二十五具，经测试，大部分发音良好，音质优美。

从遗址的发掘看出，楚国在城建、冶炼、陶器的制作及音乐等方面都已达到相当高的水平，纪南故城已成为一处研究楚史的重要古迹。

郑韩故城　　02.0201011350

郑韩故城位于河南省新郑市区附近双洎河（古称洧水）与黄水交汇处。是春秋战国时郑国和韩国的都城所在地。1961年被国务院评为第一批全国重点文物保护单位。

故城周长约19公里，中有隔墙，分东西两城。大部分城墙尚存，最高处达18米。西城中部有一座小城，应当是宫城。东城内有各种手工业作坊遗址。铸铜作坊遗址面积达10万平方米，制骨作坊遗址面积7000平方米，铸铁作坊遗址面积4万平方米。

1949年后在此进行大面积的考古勘查，初步查清了故城概貌。在数十年的考古发掘中，出土大量有代表性文物。1997年发现了中国历史上第一块石碑，被称为“中华第一碑”；2001年发现大批车马坑，是我国目前最大最多的车马坑群；闻名于世的莲鹤方壶也出土于此。

作为国都，郑国在此传二十三世，公元前357年韩国亡郑后，韩侯把国都从阳翟迁到这里，传八世，公元前230年秦始皇灭韩，城遂遗弃，共历时536年。

邺城遗址　　02.0201011450

邺城遗址位于河北省临漳县。是曹魏、后赵、冉魏、前燕、东魏、北齐都城遗址。1988年被国务院评为第三批全国重点文物保护单位。

1957年经考古发现，邺城由南北二城构成。北城是建安九年（204年）曹操封魏王后营建的国都。后赵、东魏、北齐相继都邺，承光元年（577年）北齐亡，此城衰落。南城为东魏元象元年（538年）依北邺城南墙而建，毁于隋代。

城内由贯穿东西城门的大道分割成南北两部分。北部中央为宫殿区。西为禁苑铜爵园，内设马厩、武库，西城垣上筑有壮观的铜雀、金虎、冰井三台。城南部为居民区。北城规划整齐，交通便利，对北朝、隋唐都城的建设产生过深刻影响。南城实测东西2800米、南北3460米，城垣迂曲，墙外有护壕。正南门朱明门已被发掘，证实为三门道，门南侧有方形阙楼夯基。

因漳水泛滥与改道，邺城遗址遭到严重破坏，地面所存仅剩金虎台及铜雀台等部分残基以及瓦当、石螭首等遗物。

高昌故城 02.0201011550

高昌故城位于新疆维吾尔自治区吐鲁番市东南40公里的火焰山下，维吾尔人称“亦都护城”，意为“王城”。《北史·高昌传》中称它因“地势高敞，人庶昌盛”而得名高昌。1961年被国务院评为第一批全国重点文物保护单位。

公元前1世纪始建高昌，实用1300多年，13世纪末毁于蒙古铁骑。高昌故城规模宏大，十分壮观。城呈长方形，周长5公里，分外城、内城、宫城三部分。高昌城废弃后，大部分建筑物消失无存。保存较好的有外城、西南和东南两处寺院。内城北部正中有一座高达15米的土坯方塔，当地人称“可汗堡”，即王宫之意。

高昌城曾是我国古代西北地区政治、经济、文化中心之一，是丝绸之路上的重要门户，也是我国古代与西方世界进行经济文化交流的枢纽。吐鲁番盆地四面环山，干旱少雨，独特的自然环境为保存古代人类文化遗产创造了良好的自然条件，高昌故城是目前我国古代地面古城遗址中保存最完好的城址之一，也是世界古城遗址中难得的人类文化遗存。

渤海国上京龙泉府遗址 02.0201011650

渤海国上京龙泉府遗址位于黑龙江省宁安县。渤海国是我国满族先祖靺鞨族于唐朝武则天圣历元年（698年）建立的国家，隶属于唐朝的地方民族政权，历经229年。渤海国全盛时期，东至日本海，西接契丹，北至黑水，西南接唐；设五京、十五府、六十二州，被称为“海东盛国”。上京龙泉府为五京之首，曾两次为都，计160余年，是当时渤海国政治、经济、文化中心。该遗址是目前我国保存最完好的唐代都城遗址。1961年被国务院评为第一批全国重点文物保护单位。

上京城仿唐长安城所建，规模宏大，气势雄伟。城垣用玄武岩筑成，现残高平均3米左右。城池遗址基本完整，外城、内城、宫城层层环套，明显具有唐都长安城形制特征，宫城内五重殿址南北排列，高大台基和巨大的础石突出地表，廊庑、隔墙遗迹清晰规整，御花园内水池、假山、亭榭、殿宇各种遗迹至今犹存。

自20世纪30年代以来，中外考古工作者对遗址进行了多次考古发掘，出土了大量珍贵文物，这些文物是研究我国东北民族史、文化史乃至研究东北亚历史的宝贵资料，为中外考古界所关注。

米兰遗址 02.0201011750

米兰遗址位于新疆维吾尔自治区若羌县城东南。维吾尔语称其为“突布提城堡”，意为“种地人的城”，由唐代吐蕃古堡、周围魏晋古建筑群遗址，以及汉代水利工程设施和伊循城遗址所组成。2001年被国务院评为第五批全国重点文物保护单位。

1973年，考古工作者在这一地区发掘出一座唐代吐蕃的古戍堡遗址，临米兰河道。戍堡呈不规则长方形，南北宽56米，东西长70米，四角有望楼，西有城门。北部是阶梯大坡底，至坡顶依次盖屋。屋门门洞，下半截在土中，上半截土坯砌成，屋皆平顶，构造方法类似布达拉宫。

戍堡两侧有佛塔，东、南、西有三处规模庞大的寺院遗址。东大寺是米兰古城遗址中一座具有代表性的建筑物，高约6米，上下两层，寺内佛龛中尚存半浮塑的菩萨和天王像。南大寺是我国传统绘画建筑。西大寺侧重于犍陀罗艺术风格。这些寺院遗址，是西域早期佛教文化的典型。

湖田古瓷窑址 02.0201011850

湖田古瓷窑址位于江西省景德镇市郊外的湖田村。1982年被国务院评为第二批全国重点文物保护单位。

湖田窑业兴起于五代，历宋、元至明代隆庆、万历年间结束，延续烧造长达600余年，遗迹遗物堆积面积约为40万平方米。窑具与碎片堆积以刘家坞、琵琶山最丰富，中心处厚达数十米；大窑炉与作坊遗迹多聚集在天门沟两岸。

古窑出土遗物时代性明显。五代产品中白釉器最为精美，出土的蟹壳青小碗和白釉盘，器形规整多样，体薄透光，釉色淡青，花纹精细，完全达到了现代瓷器的水平。宋代产品以影青釉刻、印花器物为主，造型秀丽，纹饰精美。元代以黑、黄釉器为主，有少量青花生产。明代以民窑青花为主兼以纯白釉瓷，装饰风格粗率、奔放。

该窑址反映了景德镇近7个世纪的制瓷技术与艺术及生产规模的发展过程，是研究我国陶瓷发展史的重要珍贵资料。

辽中京遗址 02.0201011950

辽中京遗址位于内蒙古自治区赤峰市宁城县大明镇。1961年被国务院评为第一批全国重点文物保护单位。辽宋澶渊之盟后，契丹贵族为方便与中原交往，征集燕赵地区汉族工匠，于辽圣宗统和二十五年(1007年)兴建中京。

辽中京是辽政治、经济、文化的中心之一。原城依照北宋都城汴梁形制建造，城市布局为方形。城墙三重，设有外城、内城和皇城三部分，成“回”字形分布。当时，皇城内建有祖庙、景宗承天皇后御容殿、文华殿、武功殿、会安殿、昭庆殿等大型建筑。历时392年，焚毁于朱棣攻城战争。废墟中只留下三座古塔、两重土城墙和点将台。因毁于明朝，故称“大明城”。

1960年，内蒙古文物工作队对辽中京遗址进行了发掘，基本探明了辽、金、元、明各代在此城的规制和地下遗迹。辽中京遗址虽已废弃六百余年，但是在研究古契丹民族和其他民族历史等方面，仍然具有重要的考古和科学价值。

金上京会宁府遗址 02.0201012050

金上京会宁府遗址坐落在黑龙江省阿城市区南2公里处。1982年被国务院评为第二批全国重点文物保护单位。

会宁府是我国古代少数民族女真族政权金帝国的早期都城，历经太祖、太宗、熙宗、海陵王四代皇帝，共38年，是当时中国北方的政治、经济、文化的中心。

据史书记载，太祖完颜阿骨打晚年始筑宫殿。金太宗天会二年（1124年）建皇城。天眷元年（1138年），开始有上京之称。皇统六年（1146年），仿照北宋都城汴京进行了一次大规模的扩建，奠定了南北二城的雏形。上京会宁府的最终规模，是金帝国灭北宋和大辽后，以此两国财力建造，其宏大雄伟可见一斑。皇城内现存宫殿遗址五处，城墙、午门、马面、角楼、瓮城轮廓清晰。

据近年来发掘得知，围绕上京城分布着密集的宫殿、寺庙、城堡等遗址，南郊有祭坛遗址，北有地坛遗址。这种祭天拜地、祭祀祖先的形制是中华民族传统文化的显著特征。

古格王国遗址 02.0201012150

古格王国遗址曾经是古格王朝的宫堡，10世纪前后，由吐蕃王朝后裔建立起来的。遗址位于西藏自治区阿里地区札达县扎布让区象泉河畔的土山上。1961年被国务院评为第一批全国重点文物保护单位。

古格王朝自10世纪开始修建，此后700余年不断扩建，规模十分宏大。近十数年间在遗址周围不断发掘出造像、雕刻及壁画等艺术珍品。遗存最为完整、数量最多的是壁画。古格壁画风格独特、气势恢弘，全面地反映了当时社会生活各层面，在艺术表现风格上带有明显的克什米尔及犍陀罗艺术痕迹。古格王国到17世纪被拉达克人所灭，因史书记载不详，古城废弃后被世人遗忘，沉睡荒野三百多年。最早对古城遗址进行考察的是1912年的英国人麦克活斯·扬。真正的科学考察是从1985年西藏自治区文管会组织的考察队开始。

古格王国遗址是一座规模宏伟、面积浩大的高原古城，它不仅为研究西藏历史，而且为研究古代建筑提供了重要实物资料。

二、古墓葬

大伊山石棺墓　02.0201020150

大伊山石棺墓位于江苏省连云港市灌云县境内。是一处新石器时代的石棺葬墓地，距今6500年左右。1996年被国务院评为第四批全国重点文物保护单位。

大伊山石棺墓发现于1982年，遗址总面积约3000余平方米，现已揭露面积550平方米，共清理新石器时代早期石棺墓61座、汉代墓葬10座以及岳石文化和西周时期灰坑各1处。新石器时代的石棺葬均以大伊山上的自然石板镶砌而成，上加石片为盖。石棺墓内出土有陶器、石器、骨器及玉器等随葬品170余件。遗物的文化特征鲜明，在其中六件陶钵的底部还发现有刻划符号，这些符号可能是中国的文字萌芽。

大伊山石棺墓地处南北文化的交会区，既具有黄河下游新石器时代文化的特征，又具有长江下游新石器文化的因素，同时还有着自身独特的文化特点。经考证，大伊山石棺墓属于青莲岗文化类型，晚于北辛文化而早于大汶口文化，是中国最早的石棺墓。

虢国墓地　02.0201020250

虢国墓地位于河南省三门峡市区北上村岭。1996年被国务院评为第四批全国重点文物保护单位。该墓地是我国迄今为止发现的唯一一处规模宏大、等级齐全、排列有序、保存完好的西周、春秋时期大型邦国公墓。

墓地总面积58万平方米，在文物部门钻探的14万平方米内，共发现各种贵族墓葬142座，其中车马坑12座，祭祀坑50余座。共出土各类文物17000多件。铜器有大型青铜礼器200余件，多有铭文；玉器有缀玉面罩，被确认为春秋战国“瞑目”的祖型；由十二件黄金器组成的带饰为周代考古中所罕见；兵器有玉柄铜芯铁剑，被确认为我国最早的人工冶铁实物，将中国冶铁的年代上溯了一百多年。

虢国贵族墓地的发现，对研究古虢国和西周的历史、文化、宗教制度以及冶金、交通、纺织、古代战争等各个方面，都提供了难得的实物资料。其考古成果在1990年、1991年连续两年被国家文物局列为全国十大考古新发现之一。

田齐王陵　02.0201020350

田齐王陵位于山东省临淄市齐国故城南7.5公里处，是战国时期田齐君王墓地。1988年被国务院评为第三批全国重点文物保护单位。

在临淄城东南山岭间，田齐有六王葬于此，即“二王冢”和“四王冢”。二王冢，文献多记载为桓公小白与景公杵臼之墓，坐落在周围紫金山、牛首岗、菟头山三山之间，因此有“齐王埋在三山口，临淄永世不为京”传说。二墓东西并列，总长320米，宽约190米，高近30米，方基圆顶，犹如山上之山。

1984年，山东省考古研究所根据二王冢和四王冢的规模、形制和所处的地理位置，并联系田氏王族世系和古代帝王葬制进行了稽考，确认二王冢为田齐侯剡与田桓公午之墓。四王冢，是田齐威、宣、湣、襄齐国四代君主之墓。郦道元《水经注》载：“水南山下，有四冢方墓圆坟，咸高六丈，东西直列，是田氏四王冢也……所谓四王，则威、宣、湣、襄是矣。”四墓东西排列，如四峰并峙，十分壮观。

山普拉古墓群　02.0201020450

山普拉古墓群位于新疆维吾尔自治区和田地区洛浦县城西南14公里的戈壁台地上。2001年被国务院评为第五批全国重点文物保护单位。

墓葬分东西两部分，分布在方圆6平方公里的范围内。已发掘墓葬38座，马坑2座。墓群结构分为两种类型，一是长方形竖穴土坑墓，二是菜刀形棚架式墓。

“山普拉”，多数学者认为可能是古和田语而非维吾尔语。1983～1995年，国家文物局、新疆维吾尔自治区博物馆、和田地区文物管理所对此进行发掘和清理工作，证实山普拉古墓群是和田绿洲区域保存状况最好的一处战国至南北朝时期的古墓群。墓区出土文物丰富，除大量生活用具外，精美的丝织品、汉代铜镜和带有异域风格图案的毛织品俱为东西文化交流的典型例证。对出土人头骨的鉴定，证实为雅利安人种。

作为丝绸之路南道的重要墓地，这里特殊的墓葬建筑形式和葬俗，为研究古代于阗国的经济、政治和文化提供了珍贵的实物资料。

茂陵

02.0201020550

茂陵是西汉武帝刘彻的陵寝，位于陕西省兴平市南位乡茂陵村。陵园所在地原属汉代槐里县之茂乡，故称茂陵。1961 年被国务院评为第一批全国重点文物保护单位。

汉武帝建元二年（公元前 139 年），开始修建陵园，历时五十三年完成。两汉诸帝陵中，茂陵规模最大，修建时间最长，埋藏珍奇宝物最多。《汉书》载："金钱财物，鸟兽鱼鳖、牛马虎豹生禽，凡百九十物，尽瘗藏之"。茂陵外部用夯土筑成，陵体高大宏伟，形似方锥。

茂陵周围有卫青、霍去病等陪葬墓。霍去病是西汉时期杰出的青年军事家，为了纪念霍去病的战功，汉武帝为他修建了这座形式象征祁连山的墓冢，并雕刻巨型石人、石兽作为墓地装饰，以石雕"马踏匈奴"最为有名。这批石刻题材新颖、生动逼真，雕工简练、寓意厚重，高度体现了西汉雄沉博大的时代精神。

辽阳壁画墓群

02.0201020650

辽阳壁画墓群位于辽宁省辽阳市北部的棒台子、三道壕、北园一带。1961 年被国务院评为第一批全国重点文物保护单位。

这些墓葬是东汉末年和魏晋之际的石室壁画墓，墓主都是当时割据辽东的公孙氏政权的显贵。20 世纪 50 年代，辽宁省博物馆等单位对墓群进行发掘，清理了部分墓葬。各墓全都以石板构筑，随葬品已被盗掘。

墓内的壁画直接绘于墓室的石壁上，内容以表现墓主经历和生活的题材为主，分布情况为：墓门的两侧是门卒和门犬；前室多绘场面宏大的乐舞；后室和回廊绘有墓主的车骑出行图；后回廊一般绘乐舞百伎、门阙、宅院及属吏；耳室和小室绘墓主的宴饮和庖厨；各室的顶部绘有流云纹。壁画构图严谨，形象生动，色彩鲜艳，是了解当时辽东地区贵族豪门的经济、文化、生活等方面的珍贵实物材料。

曹植墓

02.0201020750

曹植墓位于山东省东阿县城东南 20 公里处的鱼山西麓。1996 年被国务院评为第四批全国重点文物保护单位。

曹植墓始建于魏太和七年（233 年）。墓室坐东朝西，为凿山而修的洞穴墓，以青砖筑成。从卷拱式的墓门内往下看，有一口深不见底的水井，曹植的棺椁就悬在此井中。墓冢右前方，有一座高约 3 米的古碑楼，门楣上刻"曹植隋碑"，内有隋开皇十三年（593 年）立的神道碑。东壁嵌有一方竖碑，年久风化，字迹不清，仅能辨认碑冠刻"魏陈思王传碑"。

1984 年，中国历史博物馆将珍藏的 132 件曹植墓出土文物运交当地政府，并于 1989 年在东阿县图书馆举办了"东阿王曹子建墓出土文物展览"。近年，当地政府对曹植墓进行全面修复，并修建"曹植纪念馆"。

大禹陵

02.0201020850

大禹陵位于浙江省绍兴市会稽山，1996 年被国务院评为第四批全国重点文物单位。《汉书 · 地理志》说："山阴，会稽山在南，上有禹冢、禹井。"所指位置即为今天禹陵的范围。

大禹是中国古代部落联盟首领，曾治洪水 13 年，三过家门不入，以疏导的办法治水成功。西周中期青铜器遂公盤有铭文"天命禹敷土，随山浚

大禹铜像

大禹陵守陵村

川，乃差地设征，降民监德……”记述了大禹治水的方法。

大禹陵区内古碑众多，建有碑廊，有《会稽刻石》、《往生碑》、《水利碑》等。其中《会稽刻石》又称《李斯》碑，公元前210年秦始皇东巡“上会稽、祭大禹”，命宰相李斯撰文立碑。

禹庙是祭祀大禹的庙堂，最早建于越王勾践时期，现存禹庙建于南朝梁。禹庙自南而北依次为照壁、岣嵝碑、午门、拜厅、大殿，顺山势逐渐升高，气势宏伟，甚为壮观。自宋以后会稽山禹庙已成为全国的祭禹中心，明代以后，历代君主不断修缮，而且常派重臣祭禹，形成了祭禹的制度化。大殿是禹的最高建筑，原殿于1929年倒塌，现存大殿为1933年重修，保持了明清的格局。大殿正中的大禹塑像端庄严肃，后以九斧作为背景。殿中有四副对联，分别为康熙、乾隆皇帝及赵朴初和启功撰写。

大禹陵内的陵庙、历代碑石题刻，是历史的见证也有重大的文物价值。大禹陵祭典是世代传承的礼俗。这种礼俗是中国非物质文化遗产的组成部分，也反映了华夏子孙对大禹的敬仰缅怀之情。

封氏墓群　02.0201020950

封氏墓群位于河北省景县县城东南。原有十八座墓，俗称“十八乱冢”，占地2000余亩，是北朝门阀士族封氏“集族而葬”的族系墓群。1961年被国务院评为第一批全国重点文物保护单位。

景县封氏是南北朝时期北方名望门阀之一。据《魏书》、《北齐书》、《北史》等史书记载，上自后汉、魏晋，下至北齐、隋唐，封氏家族为官者有六七十人，其官位之高、人数之多，在当时十分少有。

1948年墓群曾被挖掘，出土300多件文物。1955年中国历史博物馆对墓群进行了全面勘察，收集到陶器、瓷器、铜器、铜印等一百多件文物。其中有仰覆莲大系青瓷尊四件，纹饰异常精美、釉层厚而分布均匀，是北朝时期青瓷的代表作，现藏中国国家博物馆，并曾多次出国展出。这些瓷器的出土，成为北方青瓷的重要实证，补充了北方产青瓷的缺环，为北方瓷器发展史提供了宝贵资料。

昭陵　02.0201021050

昭陵是唐太宗李世民的陵墓，位于陕西省礼泉县城东北20多公里处。1961年被国务院评为第一批全国重点文物保护单位。昭陵是“唐十八陵”中规模最大的一座，陵园周长60多公里。

唐贞观十年（636年），唐代美术家阎立本仿唐长安城的建制，开始设计建造昭陵，贞观二十三年（649年）完工，持续十三年。昭陵靠山而建，开创了唐代帝王依山为陵的先例。据文献记载，昭陵凿山七十五丈为地宫，墓道有石门五重，墓室列置许多石函，内装随葬品。

昭陵地上地下遗存文物无数。大量唐代书法、雕刻、绘画作品，为我们研究中国古代书法、绘画艺术提供了珍贵的资料。昭陵墓志碑文，多出书法名家之手，为初唐书法艺术的典范。浮雕“昭陵六骏”，构图新颖、刻工精巧，鲁迅先生称其“前无古人”。昭陵陪葬墓壁画，多为唐代现实生活的写照，用笔奔放泼辣、遒劲有力，用色简洁明快、绚丽多彩，是唐墓壁画之上乘。

昭陵是初唐走向盛唐的实物见证，是研究唐代乃至中国封建社会政治、经济、文化难得的文物宝库。

乾陵

02.0201021150

乾陵在陕西省乾县城北5公里的梁山上，是唐高宗李治和大周女皇帝武则天的合葬墓。1961年被国务院评为第一批全国重点文物保护单位。

乾陵因位于长安西北方，依八卦乾位得名。乾陵规模十分宏大，总面积230万平方米。其神道之长，石像之多，陵丘宝顶之大，用地面积之广，是前朝所有帝陵所不及。墓前有石碑两通，东为无字碑，西为述圣记碑。无字碑上自宋金以来多有刻字。金天会十二年（1134年）的一段刻字堪称国宝，文字用绝迹已久的契丹小篆书写，是金代石刻文字中的珍贵绝品。陵前司马道两侧排列有雕刻精美、神态生动的石刻124件。中国历史上，陵前石刻的数目、种类和位置，从乾陵开始有了固定制度，一直延袭到清代。

高宗李治与女皇则天两个皇帝合葬在一起的乾陵，在中国历史乃至世界历史上都是绝无仅有的。乾陵至今未曾被盗。

藏王墓

02.0201021250

藏王墓是7～9世纪历代吐蕃赞普的陵墓群，位于西藏自治区琼结县木惹山下，是西藏地区保存下来规模最大的王陵。1961年被国务院评为第一批全国重点文物保护单位。

墓群背靠木惹山，前临雅砻河，背山面水。现在可见的墓区方圆约3公里。据文献及碑文记载，大致确定墓主的有松赞干布、芒松芒赞、赤德祖赞、赤德松赞、朗达玛等。墓葬形制大至相同，均以土石夯结而成，方形平顶，多数高达数十米，酷似山丘。

墓群中最大的一座是唐代金城公主之子赤德松赞墓，长约180米，残高14.7米。墓前竖有方柱形石碑一座，碑侧刻龙纹，碑身正面刻有歌颂赤德松赞的功德业绩的古藏文文字。碑座龟形，明显具有唐代风格，是当时汉藏文化交流的见证。

藏王墓不仅反映了一千多年前西藏的丧葬制度和墓葬水平，同时对于研究吐蕃王朝的兴起、衰落具有重要价值。

伊斯兰教圣墓

02.0201021350

伊斯兰教圣墓位于福建省泉州市郊灵山南坡，俗名灵山圣墓。1988年被国务院评为第三批全国重点文物保护单位。

据明代何乔远《闽记》载：唐武德年间（618～626年），穆罕默德遣四贤徒来华，其中两位传教泉州，卒葬灵山。现存并列两墓，墓盖用花岗岩雕刻，墓后倚山建马蹄形回廊，回廊中的几根石柱颇似梭子，具有典型的唐代建筑特色。廊内有历代石碑五通，正中为元至治二年（1322年）立的阿拉伯文碑刻，记述两位先贤在唐代时来到中国；右侧一通为明永乐十五年（1417年）郑和第五次下西洋途经泉州，来此墓祭告后下属为之立的记事碑。墓上有1962年重建的石亭，墓周围还有一些历代的伊斯兰教徒石棺墓，上刻伊斯兰教常用的“云月”图案或《古兰经》片断。

伊斯兰教圣墓是伊斯兰世界现存最古老、最完好的圣迹之一，是研究泉州海外交通史及伊斯兰教传播史的重要史迹。

伊斯兰教圣墓

王建墓

02.0201021450

王建墓位于四川省成都市西北。是五代前蜀皇帝王建的陵墓，史称“永陵”，是我国已发掘的唯一一座地上皇陵。1961年被国务院评为第一批全国重点文物保护单位。

王建，河南舞阳人，曾为唐朝将领，唐末随僖宗逃避战乱到四川。公元907年唐亡，王建在成都称帝，国号大蜀，史称前蜀。

王建墓封土为圆形，高15米，直径80余米，呈穹隆状，一直误传是司马相如的抚琴台。1942年，经著名考古学家冯汉骥先生鉴定，确认为王建墓。墓室由14道石券构成，石壁上刻有乐舞伎24人，人物造型优美、神态逼真，分别演奏琵琶、筝、鼓、笙、钹、箜篌等乐器。经考证，石刻所表现的是早已失传的唐代著名乐舞《霓裳羽衣曲舞》，这组石刻是目前我国考古发现唯一完整的唐朝宫廷乐队形象。

墓曾被盗，但仍有遗物出土，这些文物和石刻对研究唐及五代时期的建筑、音乐、舞蹈、服饰、朝廷礼制等提供了宝贵资料。

六顶山古墓群　02.0201021550

六顶山古墓群位于吉林省敦化县城南5公里牡丹江右岸六顶山南坡。1961年被国务院评为第一批全国重点文物保护单位。

六顶山古墓群是唐代渤海国前期王族的茔地。渤海国是粟末靺鞨于698年以牡丹江流域为中心建立的政权。渤海国和唐朝往来频繁，典章制度多仿效唐王朝，经济和文化发展水平较高。926年被契丹灭。

1949年后多次对墓区进行考古发掘，发现古墓共有90多座，分石室墓和石棺墓两种。这些墓葬中，以贞惠公主墓最为著名。该墓为大型石室封土墓，残高1.5米，发掘出陶器、玉器、鎏金铜饰件、墓碑、石狮等珍贵遗物。墓碑为圭形，阴刻汉字碑文，文体是唐代流行的骈体文，在书法和文辞方面都堪称稀世珍品。石雕狮子，造型雄浑生动，一派唐风，反映出灿烂的渤海文明曾深受汉族文化的影响。

六顶山古墓群及其出土的遗物，是渤海国前期的物质文化和社会面貌的见证，是研究其历史的重要资料。

宋陵　02.0201021650

宋陵，分布在河南省巩义市的西村、芝田、市区、回郭镇4个镇区，占地约30平方公里。1982年被国务院评为第二批全国重点文物保护单位。北宋皇帝除徽、钦二帝被虏去北方草原外，其余七位皇帝和宋太祖之父均葬于此，即“七帝八陵”，加上后妃、宗室及高怀德、蔡齐、寇准、包拯、杨六郎、赵普等功臣名将共有陵墓近千座。

963年，宋太祖赵匡胤开始营建宋陵，前后经营达160多年，形成了一个规模庞大、气势雄伟的陵墓群。位于巩义市中心的永昭陵是宋仁宗赵祯的寝陵。永昭陵与北宋其他陵寝建制大体相同，按照唐、宋“地形堪舆”和“山水风脉”观念选葬，坐北向南，东南穹隆，西北低垂；墓前两侧石刻群极为壮观。各陵中，以西村宋太宗赵光义的永熙陵石刻群保存最为完整，有石人、石马等五十件，接近原数五十八件。

宋陵石雕是我国现存最早最完整的古代陵墓造像群之一，是宋代雕塑艺术代表作，也是研究宋代典章制度和石刻艺术的珍贵资料。

宝山、罕苏木墓群　02.0201021750

宝山墓群位于内蒙古自治区阿鲁科尔沁旗。是辽代（916～1125年）贵族墓；罕苏木墓群位于内蒙古自治区阿鲁科尔沁旗，为辽代耶律羽之家族墓地。2001年被国务院评为第五批全国重点文物保护单位。

宝山墓群面积约3400平方米，筑夯土围墙，有十余座墓，其中1号墓壁画题记为天赞二年（923年），是已知最早的契丹贵族墓。1、2号墓室内饰有精美彩绘壁画，画面布局较好，用笔简练流畅。特别是画面中众多盛装女子，无论从神态还是服饰都可窥见唐和五代遗风，充分展现了辽初绘画艺术的成就，具有很高的艺术及学术价值。

罕苏木墓群中的耶律羽之墓结构精细考究，以琉璃砖作为建筑装饰材料，金碧辉煌。出土大量的金银器、瓷器等文物，总数达300余件。还出土一方近千字的楷书墓志，字口勾金，记述了耶律羽之的显耀世系及其生平事迹，极具文献价值，对研究辽代早期契丹族历史有重要意义。

西夏陵　02.0201021850

西夏陵，是西夏王朝的皇家陵园。位于宁夏回族自治区银川市西郊约35公里的贺兰山东麓中段。在方圆50平方公里的陵区内，九座帝陵置列有序，二百余座陪葬墓星罗棋布，是中国现存规模最大、地面遗迹保存最完整的帝王陵园之一。1988年被国务院评为第三批全国重点文物保护单位。

西夏是中国少数民族党项人于1038年建立起来的封建王朝，全盛时期幅员辽阔、经济繁荣，与宋、辽鼎足而立。1227年被蒙古人所灭。

西夏陵袭用唐、宋时代的墓葬制度，由南向北按左昭右穆葬制排列。每座帝陵都自成独立完整的建筑群体，四周建城垣，筑有角台、神墙和阙楼。

发现的残碑刻字有汉文和西夏文。西夏陵高大突兀的陵台在中国陵园建筑中是别具一格的，陵台残高二十余米，由黄土夯筑形似圆锥体，为八角五层或七层的楼阁式实心建筑。

在蒙古征服西夏的战争中，陵园地面建筑被摧毁殆尽，只剩下一座座金字塔般的夯土巨冢，成为西夏陵的象征。

僰人悬棺葬（墓） 02.0201021950

僰人是我国古代西南的少数民族，僰人悬棺是僰人的一种特殊葬式。僰人悬棺分布面较广，四川省珙县是悬棺葬最多和最集中的地方之一，现存棺木265具，棺桩棺孔数以万计，棺体头大尾小，材质系楠木整木剜成。1988年被国务院评为第三批全国重点文物保护单位。

悬葬方式主要为木桩式，少部分为人工凿穴式、天然洞穴式、岩墩式。置棺高度距地面一般为20～60米，最高者可达110米。悬棺年代下限为中国明代中期，上限尚无可考。棺体周围岩壁上，尚存岩画400余幅（组），画面系赤色、黑色或白色矿物颜料绘成，大致分为人物画、动物画、几何图形画三类，通过专家论证结论为悬棺葬民族遗存。

历史上对僰人悬棺开展了三次清理发掘，清理出大量随葬物品，如刻花竹筒、木漆、铁刀、串珠、瓷碗等，为研究僰人提供了重要的资料。至今悬棺族属、年代、升棺方式、为什么行此葬俗、行此葬俗的民族有无后裔、悬棺周围岩画的涵义等问题仍是一个个尚待研究的重要课题。

杨粲墓 02.0201022050

杨粲墓位于贵州省遵义县龙坪永安乡。1982年被国务院评为第二批全国重点文物保护单位。杨粲，山西太原人，宋宁宗嘉泰初年（1201～1204年）袭职播州安抚使。他当政40多年，对外反对金人入侵，坚决支持南宋王朝；对内采取适应社会发展的政策措施，使当时的经济文化有了显著发展。

杨粲墓始建于宋理宗淳祐年间（1241～1251年），占地约50平方米，平顶双室结构。墓以白砂岩条石砌筑，以子母扣层层套合固定。墓的平面布局是南北两室并列，每室包括墓门、前室和后室三个部分，中间有过道。1957年清理时，发现墓曾被盗。后发掘出土两面铜鼓，十分珍贵，已经被诸多学者定为中国南方铜鼓发展史上的八大类型标准器之一。

最具特色的是在墓内外分布着内容丰富雕工精湛的石刻装饰。雕刻技法以高、低浮雕为主，间或阴线刻，有的细部还彩绘贴金，虽然大部分已剥蚀，但仍可依稀辨出当年的豪华气派。

郑成功墓 02.0201022150

郑成功墓坐落在福建省南安县康店乡复船山麓。1982年被国务院评为第二批全国重点文物保护单位。郑成功生于明天启四年（1624年），是17世纪中国反抗荷兰侵略者、收复和开发台湾的民族英雄。1662年6月23日，郑成功在台湾病逝，葬台南洲仔尾。1699年，清康熙帝诏令归葬故里，并赐挽联："四镇多贰心，两岛屯师敢向东南争半壁；诸王无寸土，一隅抗志方知海外有孤忠。"

陵墓是三合土拌糖水灰构筑的土堆墓，墓碑、墓道用花岗石块砌成。墓分九室，列成三排，放置九具高大的朱红色的灵柩。墓室前另有一个小室，称"墓志铭厅"，内置郑经和郑克塽书写的《石井乐斋郑公暨妣郭氏墓志》、《郑延平王祔葬祖父墓志铭》。墓前立有一对华表。

1962年2月1日郑成功收复台湾三百周年的纪念日，福建人民政府重新修陵墓，并竖《重修民族英雄郑成功陵墓碑记》。

三、古建筑

太室阙 02.0201030150

太室阙位于河南省登封市嵩山南麓中岳庙。1961年被国务院评为第一批全国重点文物保护单位。

太室阙始建于东汉安帝元初五年（118年），与少室阙、启母阙并称为"中岳汉三阙"。

太室阙有东西两部分，凿石砌成，分列中岳庙门前500米处的中轴线两侧，间距6.75米。这是我国现在仅存的几座汉代建筑之一。东西两阙结构相同，高约4米，由阙基、阙身、阙顶三部分构成。每阙又分正阙和子阙，相互联成一体。阙身用长方石

块垒砌，阙的上部用巨石雕砌成仿木构建筑的四阿顶。西阙有隶篆参半的铭文，记述造阙的经过。阙身四壁以石块为单位，用减地平雕法刻出了人物、车马出行、马技、剑舞以及动物等画像五十余幅，再现了汉代贵族的生活场面，为研究两汉历史提供了珍贵的实物材料。

冯焕阙 02.0201030250

冯焕阙位于四川省渠县北赵家坪，距县城约29公里。1961年被国务院评为第一批全国重点文物保护单位。

阙的建造在我国已有三千多年历史，目前尚存仅二十余处，而渠县就有六七处，占全国现存汉阙总数的四分之一，因此渠县被誉为“汉阙之乡”。冯焕阙是其中最负盛名的一处。

冯焕阙约建于延光元年（121年）或延光二年，雕刻精致，造型优美。阙为双体，东西各一，现仅存东阙，高4.38米，是一座完整的仿木结构建筑。阙身由青砂石做成，楼由三层大石叠就：一层雕刻着纵横相交的枋子；二层为介石，四面平直，其上布满浅浮雕图案；三层石块向外斜飞，呈倒梯形，两侧为曲拱，富有强烈的装饰美。拱眼壁上，正面青龙、背面玄武，刻划细腻，刀法娴熟。顶部仿双层檐，庑殿式，筒瓦，瓦纹草叶。

冯焕阙风格稳重朴素，雕刻精致简练，造型生动优雅，显示了汉代高超的建筑艺术，是我国建筑艺术史上的珍品。

四门塔 02.0201030350

四门塔坐落在山东省济南市历城区柳埠镇神通寺遗址东南方向的青龙山南麓。1961年被国务院评为第一批全国重点文物保护单位。

四门塔建于隋大业七年（611年），我国现存最古老的一座亭阁式单层石塔，通高15.04米，平面作正方形，每边长7.4米。四面各辟一半圆形拱门，故称四门塔。塔檐下出挑叠涩5层，檐上叠筑23行石板，层层收缩至顶部，构成四角攒尖锥形塔顶；顶端由露盘、山华、蕉叶、相轮构成塔刹。塔墙厚0.8米，塔身墙壁由雕刻着简洁几何花纹的大块青石砌成。塔室内中心筑有石砌空心方形柱（1973年3月四门塔维修时，在塔心柱内发现舍利函及舍利），承托16根三角石梁，撑住塔顶。在塔心柱四面的石平台上，各雕高1.4米，东魏武定二年圆雕石佛一尊，皆螺髻，盘膝朝门而坐。南面谓保生佛，北面谓微妙声佛，东面谓阿门佛，西面谓无量寿佛。造像刻工精细，线条流畅，神态自若。四门塔整个建筑风格独特、简洁、浑厚、壮观。塔北有参天古柏，此树植于汉代，已有两千年的历史。树高15米，树身周长5.9米，长势旺盛，枝繁叶茂，主干上分九枝，称九顶松。古树郁郁葱葱，古塔巍然屹立，老树古塔交相辉映。

1997年3月，四门塔内一尊石佛头像被盗。2002年，台湾法鼓山文教基金会得会员捐赠一尊古石雕头像，经多方人士确人为四门塔被窃文物。法鼓山圣严法师及其僧俗四众弟子，以保全文物为大义，决定将此石雕佛头无偿捐回四门塔。2002年12月21日，佛头修复归位。为海峡两岸携手保护中华历史文化古迹谱写出新的篇章。

四门塔内部结构

回归的佛首

永通桥

02.0201030450

永通桥坐落在河北赵县县城外的清水河上。建于唐永泰元年（765年），其建筑风格和结构形式与赵州桥十分相似，因体形略小，故又称小石桥。1961年被国务院评为第一批全国重点文物保护单位。

永通桥是一座单孔弧形石桥。全桥由21道纵向并列的拱券石构成，跨度长约26米，弧矢约5.2米，桥宽约6.3米，大拱肩上设有四个敞肩小拱。大拱和小拱幅度之比大于赵州桥。桥面弧度很小，近于水平，便于车辆通行。

永通桥不仅在造型、结构等方面设计巧妙，而且在装饰上也有很深的艺术造诣。桥梁雕刻手法独特，具有浓厚的民族艺术风格，有“大石桥看功劳，小石桥看花草”之说。桥身及栏板上雕有吸水兽、游鱼、河神、麒麟、飞马等图案，大多是明正德二年（1507年）的遗物。桥基南北两面的金钢墙上，共浮雕四幅神话故事图案，其中有“太阳神”、“飞天”等，这在我国桥梁建筑史上是十分少见的。

云岩寺塔

02.0201030550

云岩寺塔坐落在江苏省苏州市阊门外的虎丘山顶，是古城苏州的象征。1961年被国务院评为第一批全国重点文物保护单位。

始建于五代后周显德六年（959年）的云岩寺塔是仿木结构的楼阁式砖塔，平面呈八角形，共七级，通高47.5米，由下而上逐层收缩，轮廓微呈弧形。塔身有平座、腰檐、柱额、斗拱及门窗等结构，八面正中都开辟有壶门。塔的内部由外壁、回廊和塔心组成，回廊内有木梯，使塔心与外壁分开，这种设计在宋塔中很少见。进入各层的回廊和塔心，构筑精美的各式斗拱和藻井处处可见，还有各种用石灰堆塑的图案，这些图案中的数十幅写生牡丹尤其突出，带有典型的宋画特征。

1957年维修时，在塔的二、三隔层之间发现许多五代至北宋时期的文物，这些文物多有纪年题款，从而证实了塔的创建年代。塔身在明代时已倾斜，后经加固，制止了倾斜的发展。云岩寺塔是我国目前倾斜度最大的古塔。

岳麓书院

02.0201030650

岳麓书院位于湖南省长沙市岳麓山下，宋代四大书院之首。是我国迄今保存最完整、规模最大的书院建筑。1988年被国务院评为第三批全国重点文物保护单位。

岳麓书院

书院始建于宋太祖开宝九年（976年），大中祥符八年（1015年），宋真宗赐书“岳麓书院”门额。南宋著名理学大师朱熹、张栻二人主持讲学期间，是岳麓书院全盛时期。

书院自始建成到清光绪二十九年（1903年）改为高等学堂，历时927年。现存建筑大部分为清代遗构，遗迹有讲堂、文昌阁、湘水校经堂、教学斋、文庙、赫曦台等。讲堂为书院主体建筑，正中设讲台，后为屏风，上书张栻《岳麓书院记》。屏风上方悬康熙帝“学达性天”、乾隆帝“道南正脉”两御匾。讲堂两壁嵌“忠、孝、廉、节”四字石刻，传为朱熹手书。讲堂右侧百泉轩，为朱熹、张栻寓居遗址。书院左侧碑廊陈列着唐代以来的文献碑刻。

1903年，书院改为湖南高等学堂。1926年，在此成立湖南大学。

祐国寺塔

02.0201030750

祐国寺塔坐落在河南省开封市内东北角。塔身以褐色琉璃瓦镶嵌而成，酷似铁色，故而俗称铁塔。1961年被国务院评为第一批全国重点文物保护单位。

铁塔的前身原来是木塔，北宋庆历四年（1044年）毁于雷火，皇祐元年（1049年）重新修建，即今之铁塔。清朝道光二十一年（1841年）黄河泛滥，水灌开封，铁塔所在寺院被毁，唯塔安然无恙，独存于世。

铁塔通高55米，八角十三层，仿木构楼阁式砖塔。内部用砖砌筑，塔身外部筑仿木构门窗、柱子、斗拱、额枋、塔檐等。整个砖塔尽用二十八种不同砖制“标准件”拼砌而成。塔身的外壁镶嵌有色泽晶莹的琉璃雕砖，有飞天、麒麟、游龙、雄狮、坐佛、立僧、伎乐、花草等五十多种图案，内容丰富多彩，动物和人物造型栩栩如生，工艺精巧，是砖雕艺术中的精品。塔身飞檐翘角，造型秀丽挺拔。塔内的螺旋式磴道，将塔心柱和外壁紧密地联成一体，形成了坚强的抗震体系。九百多年来，铁塔历经无数次的地震、水患、兵火，至今仍完好无损。

赵州陀罗尼经幢　02.0201030850

赵州陀罗尼经幢位于河北省赵县县城内。1961年被国务院评为第一批全国重点文物保护单位。

经幢建于北宋景祐五年（1038年），因幢体刻有陀罗尼经文，故称“陀罗尼经幢”。

这座经幢全部用花岗石雕砌而成，外观造型酷似塔，俗称“石塔”。经幢共七级，平面呈八角形，高约18米，是我国现存石经幢中最古老的一座，也是最高的一座。经幢的方形台基上刻有“妇女掩门”及各种伎乐、神佛、菩萨、蟠龙、莲花等图案和花纹，线条圆润、飘逸，人物造型栩栩如生，充分体现了当时高超的雕刻艺术。幢顶的宝刹是铜质的火焰宝珠，造型清秀素雅，纹饰华丽，是宋代造型艺术的佳作。

经幢是镌刻佛经的石质建筑物，这种形式的建筑物创始于唐初，以后日趋华丽、造型繁复、雕刻考究。赵州陀罗尼经幢无论从造型上还是纹饰上都可列为我国经幢建筑之首。

梅庵　02.0201030950

梅庵位于广东省肇庆市西郊。1996年被国务院评为第四批全国重点文物保护单位，有“千年古庵，国之瑰宝”的美誉。现为肇庆市博物馆。

梅庵始建于宋至道二年（996年）。据载，禅宗六祖惠能曾路过此地并插梅为记，后智远和尚为纪念先师，便在惠能插梅处建庵，称梅庵。占地面积5000平方米，主体建筑有山门、大雄宝殿、六祖殿等。

大雄宝殿是广东省最古老的木构建筑之一，其梁架、斗拱完整地保留了宋代木构架形制和作法，这在广东是孤例，是江南珍贵的北宋遗构。有些部分还保留中唐以前之古制，实属全国罕见。六祖殿内有慧能的金身坐像。庵外有一棵千年菩提树，树身粗大，非数人不能环抱。

梅庵为供奉六祖惠能而兴建，在佛教禅宗史上有着不可低估的宗教价值。梅庵的建筑对于我国古代建筑的结构、建筑艺术和建筑技术史，都有着重要的研究价值。

张掖大佛寺　02.0201031050

张掖大佛寺位于甘肃省张掖市西南隅。始建于西夏崇宗永安元年（1098年），为全国现存唯一的西夏党项族佛教寺院，是当时陇西最著名的佛教寺院，又名迦叶如来寺、宝觉寺，鼎盛时期僧众达一万多人。1996年被国务院评为第四批全国重点文物保护单位。

大佛寺现存建筑有大佛殿、藏经阁、土塔三处。大佛殿高33米，面阔九间。殿内有木胎泥塑卧佛像，长34.5米，肩宽7.5米，脚长4米，耳长2米，金装彩绘，形态逼真，为国内最大的室内卧佛像。卧佛身后塑十大弟子，两侧廊房塑十八罗汉，殿内四壁为《西游记》和《山海经》壁画。

藏经阁藏有一批篇目浩繁内容齐全的佛教典籍。其中有明英宗颁赐的六千多卷佛经，经文保存完好，以金银粉书写，这批佛经是国内保存最为完整的明代绝版《北藏经》。

寺后有一座30多米高的土塔，为张掖五塔之一，其一、二层台座四隅各建一小塔，风格独特，为国内罕见。

崇圣寺三塔　02.0201031150

崇圣寺三塔位于云南省大理市城西北1.5公里苍山中和峰下、原崇圣寺的正前方。1961年被国务院评为第一批全国重点文物保护单位。

古南诏国崇佛之风兴盛，佛寺遍云南境内。南诏第十代王劝丰祐时期（823～859年）建崇圣寺，后毁于清咸丰年间。崇圣寺三塔非同时所建，主塔

崇圣寺三塔

与崇圣寺同时建造，称千寻塔。千寻塔高69.13米，16层，为方形密檐式空心砖塔，是中国现存最高唐塔之一。主塔南北有两小塔，为八角密檐式空心砖塔，均为10层、42.19米高，是五代时期大理国建造。千寻塔是典型的唐塔风格，类似西安小雁塔。然三塔又有共同特征，为偶数层，而内地多为奇数层；中原塔由基座向上直线收缩，下大上小，而三塔上下较小，中部较大，具有曲线美。

崇圣寺三塔是云南古代历史文化的象征，也是中国南方最古老最雄伟的建筑入之一。三座古塔经历了千年风雨剥蚀和多次大地震，依然完好。1978年全面维修时，出土南诏、大理国时期文物680余件，是迄今为止发现该时期文物中最丰富、最重要的一批。

安平桥　02.0201031250

安平桥坐落在福建省晋江县安海镇。1961年被国务院评为第一批全国重点文物保护单位。

安平桥横跨在晋江、南安两县交界的海湾上。安海镇又名安平镇，安平桥由此得名。桥始建于南宋绍兴八年（1138年），历时13年建成。初建时长八百十一丈，长度约合五华里，又称“五里桥”，是中古时期全世界最长的梁式石桥。

桥身以巨大的石梁铺架，最重的石梁达25吨。桥墩根据桥底水域的不同状况设计成长方形、半船形和船形，桥基采用“枕木卧基法”，以砂为基底，枕木交叉相叠其上，再在枕木上建造桥墩，与著名的洛阳桥迥异，有所创新。桥上现存一座桥亭，亭四周有十三块历代修桥碑记。

安平桥有“天下无桥长此桥”的美誉，1905年郑州黄河大桥兴建前，中国还没有一座桥的长度能超过它。古时的安海镇是商业重镇、交通要港，此桥的建造对繁荣经济、便利交通起到了十分重要的作用。

玄妙观三清殿　02.0201031350

玄妙观在江苏省苏州市。始建于西晋咸宁二年(276年)，唐代称开元宫，北宋称天庆观，元代改玄妙观，曾多次毁坏、多次修葺。

今天所见玄妙观的正殿三清殿，重建于南宋淳熙六年(1179年)。1982年被国务院评为第二批全国重点文物保护单位。

三清殿为重檐歇山顶建筑，殿身面阔七间，进深四间，四周加一圈深一间的副阶，构成下檐。殿前有宽五间的月台。殿的木构部分属殿堂型构架，近似《营造法式》所载“殿身七间副阶周匝身内金箱斗底槽构架”。殿内有砖砌须弥座，上塑三清像，虽经改装，但基本上仍是宋代遗物。

玄妙观三清殿是长江以南最大的木构古建筑。它既是宋代官式建筑的代表，也表现出地方性建筑的特点，是研究宋代南、北建筑差异的重要例证。其内槽中央四缝所用六铺作重抄上昂斗拱，为国内珍贵的孤例，被誉为建筑史上的经典之作。

观星台　02.0201031450

观星台坐落在河南省登封市告成镇，是我国现存最古老的天文观测建筑。1961年被国务院评为第一批全国重点文物保护单位。

1276年，元世祖忽必烈诏令天文学家郭守敬等改革历法，并在全国建立27处观测台，此台是观测的中心。

观星台是砖石结构，由台身和石圭（又称“量天尺”）两部分组成。台高9.46米，台体平面近似正方形。北壁的中部砌成上下直通的凹槽，下接石圭，石圭北伸，长31.19米，圭面有平行双股水道。石圭的方位与今天测子午的方向相符。测量时，凹槽上端置一架横梁，在石圭水道上放置景符（小孔仪器）测其影，精确度在±2毫米之内。郭守敬通过测量，推算出一个回归年为365日5小时49分20秒，与现代测定的时间相比，仅差26秒。

观星台南有周公祠，祠前立有石圭表，是唐代天文学家僧一行于723年建造，上书“周公测景台”。《周礼》记载此处为“地中”，世传西周时期周公的“测影台”即在此处。

艾提尕尔清真寺 02.0201031550

艾提尕尔，维吾尔语，意为欢聚的场所。艾提尕尔清真寺位于新疆维吾尔自治区喀什市中心艾提尕尔广场西侧，是新疆也是中国最大的伊斯兰教寺院，建于察合台汗国统治时期（1435～1575年）。2001年被国务院评为第五批全国重点文物保护单位。

艾提尕尔清真寺是一座典型的穆斯林建筑风格与维族传统建筑方法相互渗透的伊斯兰教古建筑群。该寺规制严整雄伟，南北长140米，东西宽120米。砖砌方形大门楼高12米，两侧耸立着18米高的唤经塔，塔尖立着两轮新月。建筑采用雕刻、镶嵌、彩绘等多种装饰技法，使建筑整体显得既古朴又典雅，充分显示出维吾尔族人高超的建筑艺术，是中国伊斯兰建筑的典范。

艾提尕尔清真寺既是宗教活动的中心，又是维吾尔族节日群众游乐歌的场所。该寺最大规模的礼拜，是一年一度的“古尔邦”节，每年此时前来朝拜的穆斯林数以万计，最多可达10万之众。

先农坛 02.0201031650

先农坛位于北京市永定门内大街西，与天坛相望，是明、清两代皇帝祭祀先农、山川、太岁诸神之处，故又名山川坛。2001年被国务院评为第五批全国重点文物保护单位。

先农坛始建于永乐十八年（1420年），包括太岁坛、观耕台、庆成宫、神仓、神祇坛等建筑，到清代时统称先农坛。现在的规模形成于明嘉靖年间，以后历代都有修葺。祭祀先农的神坛为方形砖石结构，长宽各15米，高1.5米，四面出陛各八级，坛北有宫殿，供奉先农神牌位。

观耕台位于先农坛东南，方形台面，方石铺墁，周围有汉白玉石栏。台前有一亩三分田地，是皇帝亲耕的地方。每年仲春亥日，皇帝在先农坛祭祀，然后到观耕台来亲自耕田，并观王公大臣躬耕。

先农坛神厨院

先农坛是明、清两代皇家祭祀建筑的杰出典范，是中国封建社会典章制度的实物见证，具有较高的历史和艺术价值。

寄畅园 02.0201031750

寄畅园，又名秦园，位于江苏省无锡市惠山横街。1988年被国务院评为第三批全国重点文物保护单位。

明朝正德年间（1506～1520年），北宋著名词人秦观的后裔秦金始建园林。明万历年间，借王羲之“寄畅山水荫”诗意，称为寄畅园。清朝顺治末期，园林得以扩筑。康熙、乾隆两帝先后多次南巡，必到此园。1751年，乾隆首次巡游寄畅园，“喜其幽致，携图以归”，于北京清漪园万寿山东北麓仿建“惠山园”，即今颐和园中的“谐趣园”。

寄畅园属山麓别墅类型，其园景布局以山、池为中心，以借景、理水、垒石等手法，巧于因借、融会自然。假山依惠山东麓山势作余脉状，又引泉水流入。园中八音涧、七星桥、知鱼栏、郁盘廊、嘉树堂、涵虚亭等建筑绕水而构，与假山相映成趣。

寄畅园占地15亩，面积虽小却古朴幽静、清旷疏朗，人工与自然景物巧妙结合，它代表了我国明清两代造园艺术的高超水平。1952年，寄畅园成为惠山公园的一部分，基本保持了园林的原貌。

国子监 02.0201031850

国子监位于北京市东城区安定门内成贤街，是元、明、清三代国家最高学府兼教育行政管理机关。国子监始建于元朝大德十年（1306年），按照“左庙右学”的传统规制，与孔庙相毗邻。1961年被国务院评为第一批全国重点文物保护单位。

辟雍是国子监的中心建筑，北京六大宫殿之一，建于清乾隆四十九年。其建筑风格独特，为重檐黄琉璃瓦攒尖顶的方形殿宇，外圆内方，环以园池碧水，四座石桥能达辟雍四门。构成“辟雍泮水”之制，以喻天地方圆，传流教化之意。辟雍北部有正房七间，名彝伦堂，用于藏书；两侧各有厢房三十三间，是监生、贡生上课的地方，统称六堂。

国子监设有礼、乐、律、射、御、书、数等教学科目。清代国子监有学生近千人，包括蒙、回、藏、满等少数民族学生，还有俄国、交趾（缅甸）、高丽（朝鲜）等国的留学生，当时的国子监不仅是俊才汇集之地，也是中外文化相互交流的重要场所。

皇史宬 02.0201031950

皇史宬位于北京市天安门东侧南池子大街，又称表章库，专门负责保管明清两代的“手笔”、“实录”、“圣训”、“玉牒”等皇家档案。明朝还在此珍藏过明成祖时编辑的《永乐大典》副本。始建于明嘉靖十三年（1534 年），建成于明嘉靖十五年，清代多次重修，但始终保持明代初建时原有的形制。1982 年被国务院评为第二批全国重点文物保护单位。

皇史宬占地 8460 平方米，建筑面积 3400 平方米。殿堂为雕石垒砌，殿内大厅无梁无柱，不用一块木料，门窗、梁坊和斗拱等习惯上应该用木料的地方用的也是仿木石料。只用石料筑房，其目的即为防火。

皇史宬设计完美、做工精良、功能齐全、华贵耐用，能防火、防潮、防虫、防霉，且冬暖夏凉温度稳定，宜于保存档案文献，是史书中所载“石室金匮”式建筑的经典之作。

武侯祠 02.0201032050

武侯祠，位于四川省成都市南门武侯祠大街，是纪念三国时期卓越政治家、军事家诸葛亮的祠堂。1961 年被国务院评为第一批全国重点文物保护单位。

武侯祠

祠堂始建于西晋末年。明初，武侯祠被并入刘备庙。清康熙十一年(1672 年)重建，以前后两座大殿分祀刘备与诸葛亮，形成了君臣合庙的特有格局。

祠、庙整体建筑占地 37000 平方米，坐北朝南，中轴线贯穿大门、刘备殿、武侯祠等建筑。大门内有一尊唐代石碑，由宰相裴度撰文，书法家柳公权书写，鲁建刻字，因文章、书法、刻技都是一流水平，后世称为“三绝碑”。刘备殿内东壁有现代书法家沈尹默书写的诸葛亮《隆中对》木刻，西壁挂着《出师表》木刻，为民族英雄岳飞手书。诸葛亮殿内供祀着诸葛亮祖孙三人的贴金泥塑像，诸葛亮羽扇纶巾，神态儒雅，名相风范。

诸葛亮（181～234 年），三国时任蜀国丞相，业绩斐然，封武侯。死后受到追思，不少地方均建有武侯祠，成都武侯祠以君臣合庙的特点而成为最负盛名的一处。

雍和宫 02.0201032150

雍和宫万福阁

雍和宫位于北京市东城区雍和宫大街。1961 年被国务院评为第一批全国重点文物保护单位。

雍和宫原址是明代的官房，清康熙三十三年(1694 年）在旧址上建胤禛雍亲王府，胤禛即位后更名为雍和宫，乾隆九年（1744 年）改为喇嘛寺。

寺院共有五进院落，占地面积66000平方米。主体建筑有影壁、牌坊、山门、天王殿、正殿、永佑殿、法轮殿、万福阁等。院内殿阁交错、飞檐纵横、宇脊勾连、气势轩昂，兼具汉、蒙、满、藏诸民族建筑风格。法轮殿以造型奇特著称，在大歇山式顶上矗立有五个小阁，阁上各立有一座小喇嘛塔，这是汉族传统宫殿式建筑与西藏宗教建筑融合一体的产物。万福阁是宫内最辉煌的建筑，为歇山式顶三层楼阁，阁内所立著名的弥勒佛像高达18米，是用一整方檀香木雕成，是我国现存大型木雕佛之一。雍和宫内五百罗汉山、檀木大佛和金丝楠木佛龛并称雍和宫“三绝”。

雍和宫还以珍藏大量珍贵的宗教文物而负有盛名，北京地区重大的喇嘛教活动都在此举行。

岳阳楼　02.0201032250

岳阳楼位于湖南省岳阳市。1988年被国务院评为第三批全国重点文物保护单位，与武汉黄鹤楼、南昌滕王阁并称为中国“江南三大名楼”。岳阳楼屹立在洞庭湖畔，自古有“洞庭天下水，岳阳天下楼”之誉。

岳阳楼初建于220年前后，三国时期作为鲁肃的阅军楼，中唐以后称为岳阳楼。范仲淹《岳阳楼记》载北宋滕子京曾重修岳阳楼，明末毁于战火。清光绪六年（1880年），对岳阳楼进行了一次大规模的整修，即今日之规模。

岳阳楼在建筑上是一个奇迹，纯木结构，整个建筑没有用一颗铁钉，没有用一道巨梁。主楼三层，高15米，以四根楠木大柱承负全楼重量，全楼梁、柱、檩、椽全靠榫头衔接，相互咬合，稳如磐石。楼顶覆盖着黄色琉璃筒瓦，造型奇伟、曲线流畅，如武士头盔，故称盔顶。

楼内悬挂历代名家楹联。二楼有清代书法家张照书《岳阳楼记》雕屏，为传世一级珍品；三楼有毛泽东手书杜甫诗《登岳阳楼》雕屏，笔法雄健奔放，神形兼备。

岳阳楼夜景

伊犁将军府　02.0201032350

伊犁将军府位于新疆维吾尔自治区霍城县。1996年被国务院评为第四批全国重点文物保护单位。

1757年，清政府平定西北地区准噶尔部贵族和回部大小和卓木的叛乱以后，为进一步开发巩固西北边疆，1762年，清政府在伊犁设立了“总统伊犁等处将军”（简称伊犁将军），作为当时新疆最高的行政和军事长官，军政府的实施对加强和维护多民族国家的统一发挥了积极作用。次年，乾隆皇帝在伊犁河北岸今霍城县东南兴建新城惠远，作为伊犁将军的驻地。

现在所见的伊犁将军府为光绪十年（1884年）修建。整个建筑群主次分明、布局合理、色彩协调。府邸中轴线上建筑依次为大门、正殿、将军亭等建筑。其他建筑有衙署、文庙。衙署现存大门、东西厢房、正殿等，文庙现存大门、正殿、配殿等。

将军府曾是新疆地区文化名人荟萃之地。洪亮吉、祁韵士、林则徐、邓廷桢等都曾谪戍于此。清代有关新疆的大量著述，多在这里落墨问世。

陈家祠　02.0201032450

陈家祠原称陈氏书院，位于广东省广州市中山七路，是清代宗祠建筑。1988年被国务院评为第三批全国重点文物保护单位。

祠堂兴建于清光绪十六年（1890年），是当时广东七十二县陈姓合族宗祠，用作广东各县陈氏子弟科举考试学习和住宿场所，也是祭祖的宗祠。该祠堂规模宏大，装饰华丽，是广东地区有代表性的清末民间建筑。

整个祠堂坐北朝南，平面正方形，采用五路三进、两边对称的外封闭、内开放院落式布局，主体建筑占地6400平方米。陈家祠在建筑装饰上巧妙地采用了木雕、石雕、砖雕、陶塑、灰塑等工艺手段，题材广泛，造型逼真，笔法简练粗放却又精雕细琢。这些建筑装饰艺术集中体现了广东民间建筑的特点。

陈家祠的建筑装饰工艺早在20世纪20年代已为国内外建筑专家和学者所重视，德国和日本的建筑艺术专著中已有专题介绍。1959年辟建为广东民间工艺馆，1980年国家拨专款再次重修。

四、石窟寺、石刻及其他

将军崖岩画 02.0201040150

将军崖岩画位于江苏省连云港市西南郊锦屏山上的将军崖。1988年被国务院评为第三批全国重点文物保护单位。

1978年发现的这批岩画，是用石器摩刻在海拔20米处的山崖上。岩画范围主要内容为人面、鸟兽面、天象和一些符号。人面像都没有身躯，只用类似禾苗的线条与大地相连，下面还有三角形的根部。这样的岩画海内外极为罕见，专家估计距今至少4000余年，是迄今发现唯一反映我国原始部落社会生活的石刻岩画。对于这些岩画，有人认为人面用禾苗与大地相连，反映了人类对农业的依赖及对土地的崇拜意识；有人认为人面像全部有眼无眉，并非人的头像，而类似5500多年前仰韶文化中的鲵崇拜。

岩画中有三个圆形的太阳，附近还有一条6米多长磨得发白的“银河”。对三个太阳的角度进行过仔细的测量，认为那是指示冬至、夏至季节变化的标志。此外，还有石刻符号十八种，作为原始社会的石刻文字，是我国首次发现。

沧源崖画 02.0201040250

沧源崖画分布在云南省沧源佤族自治县勐省、勐来两乡。是中国目前发现最古老的崖画之一，绘制于3000多年前的新石器时代晚期。2001年被国务院评为第五批全国重点文物保护单位。

崖画大多绘在垂直的石灰岩崖面上，画面距地面高2至10米。可辨认的图像有1063个，包括人物、动物、房屋、道路、山洞、树木、太阳、舟船、手印等，多为狩猎和采集，也有舞蹈、战争等内容，真实生动地记录了先民们生产生活场面。图形作剪影式，表现方法以单线为主，并辅以平涂法表现大块的形体，颜料为赤铁矿粉。

沧源崖画是研究云南多民族原始生活的宝贵资料。崖画从内容上分为人物、器物、房屋、动物及神话人物、自然、符号、手印七大类。内容丰富多彩，图像千姿百态，涉及原始社会生活的各个方面，可谓是云南各民族原始社会的百科全书，对今天的文化艺术创作也有着重要的借鉴和启迪作用。

爨宝子碑 02.0201040350

爨宝子碑位于云南省曲靖市第一中学。1961年被国务院评为第一批全国重点文物保护单位。此碑于1778年在曲靖扬旗田村出土，1852年移置曲靖城内。

爨宝子碑，也称小爨碑。碑高1.83米，宽0.68米。此碑立于404年，碑额题刻“晋故振威将军建宁太守爨府君之墓”，碑文388字。爨宝子碑立于404年，为南朝碑体之首，素有“南碑瑰宝”之誉。康有为称其书法“朴厚古茂，奇姿百出”，当为“正书古石第一本”；清末云南名士袁嘉谷为之撰写楹联：“奉东晋大亨瑰宝增辉三百字，称南滇小爨石碑永寿二千年。”

碑文系用骈体写成，文辞古朴高雅，音韵铿锵。书法在隶楷之间，体现了隶书向楷书过渡的一种风格，为汉字演变和书法研究提供了宝贵资料，其极高的书法艺术成就在我国的书法史上占有十分重要的地位。

麦积山石窟 02.0201040450

麦积山位于甘肃省天水市东南45公里处，因其形似麦垛而得名。石窟开凿在山峰西南面的悬崖峭

麦积山石窟西魏佛像

壁上。麦积山石窟为佛教石窟，与莫高窟、云冈石窟、龙门石窟并称为中国“四大石窟”。1961年被国务院评为第一批全国重点文物保护单位。

麦积山石窟开凿于384年，后经十多个朝代的不断经营，遂成为我国著名的大型石窟之一。现存洞窟209个，泥塑、石雕7800余身，壁画1000多平方米。麦积山石窟的一个显著特点是洞窟大都开凿在悬崖峭壁之上，洞窟之间全靠架设在崖面上的凌空栈道通达。麦积山石窟艺术，以其精美的泥塑艺术闻名中外。麦积山的塑像有两大明显特征：强烈的民族意识和世俗化的趋向。除早期作品外，从北魏塑像开始，几乎所有的佛像都俯首下视，面容和蔼可亲。从塑像的体形和服饰看，也逐渐摆脱外来艺术的影响，体现出汉民族的特点。

麦积山石窟的造像，体现了历代塑像的特点，系统地反映了我国泥塑艺术发展和演变过程。

炳灵寺石窟　02.0201040550

炳灵寺石窟位于甘肃省永靖县西北35公里大寺沟西侧崖壁上，我国著名佛教石窟之一。1996年被国务院评为第四批全国重点文物保护单位。“炳灵”音译自藏语，意为“十万佛”。

炳灵寺石窟开凿于西晋初年，由于自然环境良好，石窟保存比较完整，共留存窟龛183个，造像776躯，壁画900多平方米。十六国的西秦时期，由于当地的鲜卑族统治者笃信佛教，致使开窟造像活动十分活跃，这是炳灵寺石窟开凿的第一个高潮。此时期雕凿风格大多摒弃了作为艺术原形的犍陀罗佛像特征，融入了工匠本土生活感受和审美要求，注入了自身和中国信众的情感和思想内容。并且，一处洞窟石壁上刻于西秦建弘元年（420年）的造像题铭，是我国石窟艺术中有确切纪年的最早题记。唐代佛教兴盛，造像风潮再次兴起，这是炳灵寺石窟开凿的第二个主要时期。这时期石窟造像的特点与唐代石窟造像的整体风格相仿。

炳灵寺石窟造像真实地反映了十六国时代西北地区社会风貌、民情习俗、音乐舞蹈及装饰，具有很高的历史价值和考古价值。

灵泉寺石窟　02.0201040650

灵泉寺位于河南省安阳县西南宝山。1996年被国务院评为第四批全国重点文物保护单位。

灵泉寺创建于东魏武定四年（546年）。隋开皇十一年（591年）隋文帝诏寺僧灵裕法师到长安，封为国统僧官。此后，寺院东西两山上开始大造石窟，山岩遍刻塔龛，世称“万佛沟”。

由寺院向东西方向延伸的宝山沟，即万佛沟，现存石窟2座，塔龛245个，佛、僧雕像数百尊，高僧铭记百余篇。寺东的大留圣窟内有汉白玉石佛3尊，躯体雄浑高大，雕琢光洁柔美，可惜头部被盗。大住圣窟位于寺西，窟外墙壁上遍凿佛龛及雕佛刻经，窟内雕释迦、弥勒等佛像近百尊，窟顶呈宝相莲花藻井、周围环绕凌空而舞的飞天。以两窟为中心，从东到西千米有余，浅龛造像密布山崖，刻于南北朝至北宋时期，历时600余年。

灵泉寺万佛沟按年代编排，历史沿革久远，为全国最大的浮雕塔林，是研究古代建筑史、石刻艺术史、佛教史的珍贵文物。

响堂山石窟　02.0201040750

响堂山石窟是北朝晚期至明代的佛教石窟。1961年被国务院评为第一批全国重点文物保护单位。石窟分布在河北省邯郸市附近的鼓山上，共有洞窟16处，大小佛像4300多尊，并有大量雕刻、经文，在我国石窟艺术向唐代写实风格的演变中，起着承上启下作用。

石窟始凿于北齐（550～577年）时期。北齐石窟多在窟前雕刻带有檐柱的前廊并刻出仿砖木结构的檐瓦、椽、枋、斗拱；在前廊上部崖面上，又浮雕出覆钵式塔顶，形成独具特色的塔形窟。这是其他石窟少见的形制，也是研究北朝建筑难得的实物资料。北齐造像，面容丰圆、体形健壮；纹饰疏密有致，繁缛而极富变化，产生浓烈的装饰效果，形成响堂山北齐雕塑的一个重要特点。

药王山石刻　02.0201040850

药王山石刻位于陕西省耀县城东1.5公里处。唐代医学家孙思邈在此长期隐居，因民间尊奉孙思邈为“药王”而得名。1961年被国务院评为第一批全国重点文物保护单位。后人为纪念药王孙思邈，在此修庙、建殿、塑像、立碑，药王山成为著名的医宗圣地。

明隆庆六年（1572年），人们把孙思邈所著的药书，刻于五通碑石，立于山上，“药王山石刻”因此传名。现存有历代碑石100余通，大都与孙思邈有关。山上建有药王庙，庙中存《千金宝要》和《海上仙方》药方石刻，这是我国最早的药方石刻。在收录药方的数量上，远远多于洛阳龙门石窟的药方石刻。

药王山上有摩崖造像、题字、石牌坊、历代碑碣石刻等各类石刻艺术品，以北魏至唐代百余通造像碑与宋至明清药王类石碑弥足珍贵，尤以北魏造像碑最为精彩，其数量丰富、年代久远，是我国石刻艺术中璀璨的明珠。

克孜尔千佛洞　02.0201040950

克孜尔千佛洞位于新疆维吾尔自治区拜城县，属龟兹古国的疆域范围，是龟兹石窟艺术的发祥地之一。1961年被国务院评为第一批全国重点文物保护单位。

龟兹古国地处古丝绸之路上的交通要冲，其地理位置决定了它成为“西域佛教”的中心。4世纪，龟兹王国佛教兴盛，开始建造克孜尔千佛洞。

克孜尔千佛洞的杰出艺术成就，集中体现在窟内瑰丽多彩的壁画上。壁画题材主要是佛传、因缘故事和本生故事。另外，和库木吐喇千佛洞相同，克孜尔千佛洞壁画中风格独特的菱形格图案，是我国其他石窟所没有的。除了宗教内容之外，也有许多反映古龟兹人民生产生活的绘画。大量的壁画遗存中还有十分罕见的龟兹裸体画，这对禁欲主义的佛教和中国都是一种叛逆，从而也证明龟兹古国是善于吸纳外来文化的开放性社会。

克孜尔千佛洞是中国建造最早的大型石窟寺群，也是新疆石窟遗迹中规模最大、保存最好的一处。其石窟建筑艺术、雕塑艺术和壁画艺术，在中亚和中东佛教艺术中占极其重要的地位。

库木吐喇千佛洞　02.0201041050

库木吐喇千佛洞位于新疆维吾尔自治区库车县西南约30公里处。1961年被国务院评为第一批全国重点文物保护单位。库木吐喇是维吾尔语的译音，意思是“沙漠中的烽火台”。

石窟大约开凿于4世纪，佛教传入龟兹后，龟兹人民在本民族传统的基础上，吸收了外来艺术的有益成分，创造出了具有时代特点和民族风格的艺术形式。洞窟的早期壁画属于南北朝时代，而唐代的壁画内容则以经变故事为主，内容和画风与中原艺术比较接近，与敦煌莫高窟相似。这些壁画既有中国画丰富多变的线条，又有凹凸不平的晕染法；古代龟兹画家以非凡的想象力，把现实主义和浪漫主义完美地融合在一起，形成了独具一格的龟兹画风。

库木吐喇千佛洞的艺术珍宝，是古代龟兹人民智慧和艺术的结晶，它也为研究新疆的经济、文字、建筑、舞蹈、服饰和工艺美术的发展史提供了弥足珍贵的形象材料，具有十分重要的研究价值。

皇泽寺摩崖造像　02.0201041150

皇泽寺坐落在四川省广元市嘉陵江西岸，乌尤山麓，旧名乌奴寺。因武则天是广元人，故改名为皇泽寺。摩崖造像在寺后岩壁上。1961年被国务院评为第一批全国重点文物保护单位。

大周皇帝武则天尚佛，在位期间大兴佛事、广造石窟寺院，皇泽寺摩崖造像就是其中一处。当时僧人造像时，有意以武则天为原型雕刻佛像。最著名的是洛阳龙门奉先寺的卢舍那大佛，其次就是皇泽寺比丘石刻造像。

皇泽寺现存石窟和摩崖24处，造像千余尊。主要石刻有中心柱窟、大佛楼石窟、五佛亭石龛、则天殿石龛等。大佛楼石窟为最大的洞窟，大佛高约6米，雄伟庄严；窟后天龙八部为唐代雕刻代表作。则天殿存放有1955年出土的后蜀主孟昶“广政碑”(959年)，它是考证武则天出生于广元的重要依据。

皇泽寺摩崖造像集中体现了唐代雕刻家非凡的想象力，创造出神话般的意境。大唐石窟艺术的绚丽多彩，在这里又一次得到印证。

广元千佛崖摩崖造像　02.0201041250

广元千佛崖摩崖造像位于四川省广元市北4公里的嘉陵江东岸。是四川境内规模最宏伟的石窟群。1961年被国务院评为第一批全国重点文物保护单位。根据清咸丰四年（1854年）所立的石碑记载，全岩的造像有一万七千余座。

千佛崖最早的造像在三圣龛窟，窟中造像容貌古朴、衣饰典雅，并有南朝梁天成元年（555年）的文字题记。所有造像中唐代居多，大佛洞石窟最有代表性。窟内大佛为坐像，两旁有一坐一站二尊菩萨，头上有光环，这在其他地区的石窟中很少见到，富有地方特色。菩萨颜面丰腴而身材颀长，抛弃了北魏的造型痕迹，已完全汉化。其中一处窟龛的石壁浮雕有两组佛“自焚金棺”的故事，此龛是唐代石刻的杰作。

千佛崖还有许多小龛，雕凿细致，人物形象栩栩如生，如身着胡服的乐工、随曲飞舞的飞天、肋生双翅的飞人、披铠带甲的勇士以及飞禽走兽和神话故事等等，内容十分丰富，是研究中国古代石窟艺术的宝库。

广元千佛崖全景

石钟山石窟　02.0201041350

石钟山石窟位于云南省白族自治州剑川县城西南25公里石宝山，因山上有一紫红丹岩（丹霞地貌）形状如钟而得名。1961年被国务院评为第一批全国重点文物保护单位。

石窟的开凿年代，上迄南诏（唐）、下至大理（宋），其雕刻艺术受中原、西藏、南亚以及西亚等文化的影响，风格与内地的敦煌、龙门石窟有异曲同工之妙。

已有千年历史的石钟山石窟共有洞窟16处，造像139尊，大致分为三个部分：南诏王室塑像、佛教塑像和外国人塑像。这些外国人塑像反映了当时南诏已经同东南亚各国有着经济、文化的交流。特别是一座中国唯一的女性生殖器（白族语称阿盎白）雕塑，竟然出现在佛像、王者雕像群中，引起了专家学者的极大关注。

石钟山石窟是云南省规模最大的石窟群，也是云南最早的石窟，堪称民族文化奇葩。自1953年起多次维修，1987年又进行了岩体加固工程，根治了石钟山窟区的隐患。

通天岩石窟　02.0201041450

通天岩石窟位于江西省赣州市西北12公里处水西乡境内。1988年被国务院评为第三批全国重点文物保护单位。

通天岩大量的摩崖造像和题刻均集中在东岩的忘归、观心、龙虎、通天、翠微等五处岩穴与峭壁之上。唐朝末年开创为石窟寺，共有唐宋造像358尊、北宋至民国的题刻128品。通天岩石窟的摩崖造像共分为三大类型：一是四尊唐代圆雕观音；二是北宋早期的十八罗汉，造像略大于真人，采用高浮雕的手法，是通天岩摩崖造像的精华；三是以通天岩华严三圣造像为中心而展开的五百罗汉浮雕造像，完成于北宋中期。通天岩石窟的摩崖题刻，以北宋熙宁年间莆阳陈进之的题刻年代最早，后历南宋、元、明、清、民国900多年未曾间断。其中以宋代胡榘，明代王阳明、唐邦佐的题刻为上品。

通天岩石窟是江南最大的石窟寺，其石刻造像和题记不仅保存了大量的文史资料，而且刻工精致，为古代书法艺术珍品。

溪州铜柱　02.0201041550

溪州铜柱原位于湖南省永顺县东南会溪坪，1972年迁至永顺县王村民俗风光馆。1961年被国务院评为第一批全国重点文物保护单位。

清光绪《湖南通志》载，会溪坪为北宋下溪州故城。唐末至五代，湖南地区为楚王马殷、马希范父子所据。后晋天福四年（939年），锦州、奖州、溪州少数民族万余人，在溪州刺史彭士愁的带领下反抗楚王暴政。由于寡不敌众，彭士愁降。次年，马希范“立铜柱以为表，命学士李皋铭之”，上镌盟约规定各守辖地、互不侵犯。彭士愁在盟约中向楚王提出保全故土、不能在土家族聚居区收取赋税、强买货物、抽派役等条款，客观上为土家族的安定起到了积极作用。

铜柱重2500公斤，柱高4米，入地2米，上半呈八面形，下半呈圆形，直径39厘米。溪州铜柱历经千余年而无锈蚀磨损，体现了五代铸铜技术的高超水平，土家族人视其为神物，也是研究土家族历史的重要文物。

苏州文庙及石刻　02.0201041650

苏州文庙又名苏州府学，位于江苏省苏州市。

庙内宋代石刻于1961年被国务院评为第一批全国重点文物保护单位。

文庙内碑刻颇多，其中《平江图》、《天文图》、《地理图》和《帝王绍运图》四大宋碑最为著名。

《平江图》碑高2.76米，宽1.48米，精致地描绘了当时平江府城（今苏州城）的布局状况，是中国现存最古老的城市平面图。《天文图》碑高1.9米，宽1.08米，是世界上现存最古老的东方星象图。《地理图》碑高2米，宽1.07米，刻绘了宋朝的山川城池，大致记述了中国自禹至宋的版图变迁。它与西安碑林中的《华夷图》、《禹迹图》并列为中国最古老的全国性地图。《帝王绍运图》碑高1.83米，宽1米，以图表方式列出历代帝王世系，并刻字550作简要评述。

除四大宋碑外，文庙还收藏了3000多块石刻和近万张拓片，包括苏轼、黄庭坚、文天祥等名家的手迹或诗碑，1985年起辟为苏州碑刻博物馆。

重修护国寺感应塔碑　02.0201041750

重修护国寺感应塔碑（西夏碑）原位于凉州（今武威）的护国寺内，现存甘肃省武威市博物馆。1961年被国务院评为第一批全国重点文物保护单位。

碑刻于西夏天祐民安五年（1094年），碑身高2.5米，宽0.9米，两面刻西夏文和汉文。碑文记述了凉州城内护国寺佛塔于西夏天祐民安三年（1092年）因地震造成倾斜，西夏皇太后和皇帝下诏加以重修之事。两种文字为独立撰写，但内容基本一致。西夏文面，以西夏文篆字题名，意为“敕感应塔之碑文”，正文是西夏文楷字。汉文面碑头有汉文小篆题名“凉州重修护国寺感应塔碑铭”，正文是汉文楷书。碑文的四周有线刻的卷草纹，碑头有线刻的伎乐菩萨，题名的上端是云头宝盖。各种线刻图案线条流畅，形象生动，是迄今所存为数不多的西夏艺术珍品之一。

西夏碑碑文给我们提供了一些未见于史籍记载的宝贵历史资料，同时对于研究西夏的语言文字也是极为宝贵的材料。

段氏与三十七部会盟碑　02.0201041850

段氏与三十七部会盟碑，又名“石城会盟碑”，位于云南省曲靖市第一中学。1961年被国务院评为第一批全国重点文物保护单位。

此碑立于大理国段素顺明政三年，即北宋开宝四年（971年），明代时已有著录，后湮没土中，清康熙十八年（1679年）在曲靖城北的旧石城遗址出土，道光二十九年（1849年）移至城内保存。

段氏与三十七部会盟碑高1.25米，宽0.58米。全碑共403字，书体行楷，书法敦厚遒劲，历代的书法家对之评价甚高。“会盟碑”记述了大理国主段氏（白族）联合三十七部（彝族）出战滇东一些部落后，于石城（今曲靖市）会盟立誓的历史事实。类似这样性质的碑刻，国内现存很少，除此碑外，只有西藏的“唐蕃会盟碑”和湖南的“溪州铜柱”。

有关大理国和三十七部的史事，从已知的史料看，记载非常少，而此碑所叙述的大理国与三十七部在石城歃血盟誓之事，更是不见于史书典籍。因此这块碑刻的出现，对于研究云南少数民族，特别是研究大理国时期三十七部的历史有着不可替代的文物价值。

地藏寺经幢　02.0201041950

地藏寺经幢现存于云南省昆明市博物馆，1923年由昆明市城东地藏寺旧址出土而得名。1982年被国务院评为第二批全国重点文物保护单位。

经幢为大理国遗物，方锥形，由五段紫砂石精雕细刻而成，通高6.5米，层级间有界檐。在基座与第一层之间的界檐上，以汉字直行楷书镌刻《造幢经》及《佛说般若波罗蜜多心经》等多篇经文。第一层四大天王像身后，以梵文（也有学者说应为古藏文）阴刻有《尊胜陀罗尼经》，此外整个幢身层次分明地雕满佛教密宗佛、菩萨、天王、力士、鬼奴及地藏诸神像共300尊，大像高约1米，小像不足3厘米，比例协调，刀法遒劲，线条流畅，造型生动优美，素有“滇中艺术极品”之称。

地藏寺经幢外形介于塔、幢之间，每层根据需要安排层级间的距离，又运用四方形、八方形、圆形交替组合，在变化中求统一，统一中谋变化，繁而不乱，组合有序，显示了古人高超的美学思考和艺术技巧。

重阳宫祖庵碑林　02.0201042050

重阳宫祖庵碑林位于陕西省西安市西南约40公里的户县祖庵镇北。2001年被国务院评为第五批全国重点文物保护单位。

碑林现存石刻文物80余件，其中碑石55通，绝大多数为元碑。许多碑文由韩冲、姚燧、王重阳、尹志平等名家高道所书。此外还有少量金代及明清碑石。碑石中以三十一通巨型元碑最为著名，记载道教全真派的历史、教义和修炼要旨等，内容可分为宗教历史、书法、内丹功法等四种。另有七通元代圣旨碑，其中五通是蒙汉文合刻碑，这些石碑对于研究元代文献中蒙汉对译及演变有重要价值，也是研究古代蒙古语言的第一手资料。

祖庵碑林铭文比较详尽地反映了重阳宫和道教全真派的发展轨迹和状况，较为集中地反映出全真教与金、元社会政治发展的紧密关系；所记载的全真教修炼方法，为研究道教文化和中国传统医学提供了翔实的资料。这对于多方面研究元代历史和道教发展史具有重要价值。

五、近现代重要史迹及代表性建筑

林则徐销烟池与虎门炮台旧址　02.0201050150

林则徐销烟池旧址位于广东省东莞市太平镇镇口，虎门炮台旧址位于珠江入海口的穿鼻洋。1982年被国务院评为第二批全国重点文物保护单位。

19世纪30年代，英、美等国向我国大量走私鸦片，对清王朝构成巨大危害。钦差大臣林则徐在广大民众的支持下，坚决查禁鸦片，迫使英、美鸦片商贩交出鸦片20000多箱，共237万多斤。1839年6月3日到25日，在虎门当众全部销毁。为销毁这些鸦片共筑销烟池两个。销毁鸦片时，先在池中注满浓盐卤水，再将鸦片倒入池内，之后加入生石灰搅拌，使鸦片分解销蚀，最后引水入池冲到江中。

鸦片战争前夕，林则徐整顿海防，在虎门两岸及海口岛屿修建炮台11座，设置大炮300余门，并在山间的水域还设置木排、铁链，阻截敌军舰的闯入。1841年 2月23日，英军进逼虎门，清军提督关天培率军坚守虎门各炮台，英勇抵抗英军。26日，因久等援兵不至，关天培与400余将士壮烈牺牲，虎门失守。

三元里平英团遗址　02.0201050250

三元里平英团遗址位于广东省广州市北郊三元里村。1961年被国务院评为第一批全国重点文物保护单位。

1840年6月鸦片战争爆发后，英国侵略军不断对中国东南沿海发动侵略战争。1841年5月下旬，英国侵略军逼近广州城，激起了广州地区民众的无比愤怒。5月29日，英军闯入三元里抢劫，全村男女老少很快聚集在村北古庙前的坪地上，决定奋起斗争。他们联合附近一百零三乡的群众，打起平英团的大旗，共同战斗。三元里平英团有力地打击了英国侵略者，逼迫英军狼狈撤回海上。三元里平英团的抗英斗争是中国人民自发抗击外国资本主义侵略的第一次胜利战斗，表现了中国人民对帝国主义的英勇斗争精神，为近代中国人民反帝反封建的民主主义革命揭开了序幕。

1950年广州市人民政府在三元里村西南山岗上建抗英斗争烈士纪念碑，1959年将三元古庙辟为三元里人民抗英斗争纪念馆。

金田起义地址　02.0201050350

金田起义地址位于广西壮族自治区桂平县城北的金田村。1961年被国务院评为第一批全国重点文物保护单位。

金田起义即太平天国起义，爆发于1851年，是我国历史上规模最大影响最深远的一次农民起义。金田起义地址现有起义陈列馆、洪秀全像、练兵场、三界庙（太平军作战指挥所）等多处旧址。

太平天国领袖洪秀全（1814~1864年），广东花县人，他利用“拜上帝会”的宗教形式进行反帝反封建斗争。1851年1月11日，拜上帝会会众齐集金田村，洪秀全宣布举行武装起义，建号太平天国。规模宏大的太平天国农民革命运动从此开始了。

金田起义震撼了中国，也震惊了全世界。马克思在《中国革命和欧洲革命》一文中论述的中国革命就是指从金田村出发的太平天国农民革命；恩格斯在《波斯和中国》一文中，称太平天国农民运动是大起义，是全中华民族的人民战争，从这个战争看到整个亚洲新纪元的曙光。

大沽口炮台　02.0201050450

大沽口炮台位于天津市塘沽区东大沽海河入海口。1988年被国务院评为第三批全国重点文物保护单位。

大沽口是中国北方的海防要隘，自古就是入京的水道咽喉，被称为“津门之屏”。明代为了抵抗倭寇，开始于此筑垒设防，清咸丰八年（1858年）增设海口六营，于大沽口南北两岸修筑“威、镇、海、门、高” 五座大炮台，周围筑堤墙，沿墙修盖土窖，布满了枪口炮眼，堤外挖有壕沟，置木栅栏。光绪元年（1875年），李鸿章在大沽、北塘等处又增建炮台若干，到光绪十年（1884年），大沽共有炮台52座。光绪二十七年（1901年），清政府与英、美、俄、意、日、法等十一国签订丧权辱国的《辛丑条约》，大沽炮台遂被拆除，现南岸“海”字方形炮台保存较为完整，在其附近还发现有大炮、炮弹等遗物。

第二次鸦片战争期间，清朝军民曾在此进行了反抗殖民侵略军的“大沽口保卫战”；1900年，天津义和团和守台的爱国将士在此抗击过八国联军的入侵。

太平天国忠王府　02.0201050550

太平天国忠王府位于江苏省苏州市。1961年被国务院评为第一批全国重点文物保护单位。

太平天国庚申十年（清咸丰十年）四月（1860年6月），太平天国后期主要军事领导人忠王李秀成、英王陈玉成，率领太平军第二次大破清军江南大营，随后挥师东征，攻克常州、苏州、嘉兴等地，之后，李秀成便以苏州为中心，在苏州、常州一带建立了太平天国的“苏福省”，同时开始在拙政园旧址上兴建忠王府。

太平天国忠王府

忠王府的主体建筑是按太平天国规制修建的，后由李鸿章改为清代衙署样式，但基本原貌仍在。忠王府的苏式彩绘亦堪称一绝，不仅数量多，而且艺术水平高，为全国所罕见。苏式彩绘以精雅秀丽著称，忠王府彩绘可谓现存清代苏式彩绘的代表作。

忠王府的后花园，也就是拙政园，占地4.2公顷，是中国古代四大名园之一。后来把此处作为衙署的李鸿章，也感慨忠王府是他“平生所未见之境”。

刘永福、冯子材旧居建筑群　02.0201050650

刘永福（1837～1917年）、冯子材（1818～1903年），清末抗法名将，广西壮族自治区钦州市人。

刘永福旧居位于钦州市板桂街。原名三宣堂，因刘永福援越抗法，被越王封为三宣副提督而得名。旧居建于1891年，占地面积22700平方米，建筑面积5600平方米，砖木结构，院落式布局，共有大小楼房119间，有门楼、照壁、主座、廊房、谷仓、书房及暗道等建筑。

冯子材旧居位于钦州市沙埠镇白水塘区内，与刘永福旧居直线距离1000多米，原名宫保府，因清廷授予太子少保加封尚书衔而得名。旧居建于1875年，总占地面积15.22万平方米，其中主体建筑面积2020平方米，院落式布局，坐北朝南，共三排九座二十七间，均为抬梁式砖木结构。旧居范围包括三山一水一田，有六角亭、珍赏楼、书房、菜园等，均系典型的清代南方府第建筑群，具有简朴典雅的艺术特色。

2001年，刘永福、冯子材旧居建筑群被国务院评为第五批全国重点文物保护单位。

韶山冲毛主席旧居　02.0201050750

韶山冲毛主席旧居位于毛主席的家乡——湖南省湘潭县西北部韶山冲上屋场。1961年被国务院评为第一批全国重点文物保护单位。1893年12月26日，毛泽东同志诞生于此，并在这里度过了幼年时代。1914年他离开家乡到长沙求学，1925年回到家乡开展农民运动，建立了中共韶山党支部。1927年他考察湖南农民运动期间，在旧居召开农民运动干部和农民座谈会，后被焚毁。1950年，旧居按原貌修复。

清光绪四年（1878年），毛泽东同志的曾祖父购

韶山冲毛主席旧居

置了这所宅子，最初是一所茅草屋，后历经多次维修和扩建。现在的旧居样式是南方农村常见的住宅形式，土木结构，泥砖墙，小青瓦，左右各有厢房，还有天井、杂屋等。旧居附近还有毛泽东少年时代读书的私塾、游泳的池塘等。

1964年修建了韶山毛泽东旧居陈列馆，展出毛泽东及其家人从事革命活动的文物、照片等资料。1983年邓小平同志为毛泽东旧居重新题词。

刘公岛甲午战争纪念地 02.0201050850

刘公岛甲午战争纪念地位于山东省威海市刘公岛。1988年被国务院评为第三批全国重点文物保护单位。

威海是中国北方的军事要冲，明初开始在这里建筑军城以防倭寇，刘公岛是海防前哨。光绪十三年（1887年），清政府建立北洋水师，并在刘公岛设立海军提督署。1894年甲午战争爆发，9月，中日海军在黄海发生大规模海战，邓世昌等清军将领阵亡，日军也有损伤。在战争的关键阶段，清政府采取了避战求和的政策，下令北洋水师缩守威海卫。1895年2月，日军陆海攻陷了威海卫南北炮台，北洋水师的爱国官兵奋力抵抗，因处于不利形势，最终全军覆没，海军提督丁汝昌在此战中殉国。

刘公岛甲午战争纪念地有北洋海军提督署旧址，占地约1万平方米，坐北朝南，有三进厅堂和东西跨院。另外还有水师学堂、制造所、铁码头、船坞、操场、丁汝昌府邸等旧址和遗迹。刘公岛及威海南北海岸炮台和陆路炮台尚保存完好。

黄花岗七十二烈士墓 02.0201050950

黄花岗七十二烈士墓位于广东省广州市市区的先烈路中段。1961年被国务院评为第一批全国重点文物保护单位。

1911年4月27日（辛亥年三月二十九日），黄兴在广州市发动推翻清政府统治的武装起义，血战一昼夜后起义失败，一百余名革命党人英勇牺牲。同盟会会员潘达微收殓烈士遗骸，把七十二人葬在黄花岗，故称此名。

黄花岗七十二烈士墓园始建于1918年，1935年落成。墓门是一个高大的牌坊，上有孙中山先生手书“浩气长存”。墓基上建有碑亭，碑上用隶书镌“七十二烈士之墓”。其后是一座用巨石砌成的纪功坊，上部有七十二个石块砌成金字塔形坊顶，坊顶上矗立着一座高举火炬的自由神像。坊额有章太炎篆书“缔造民国七十二烈士纪功坊”。坊后立有一块石碑，高3.92米，宽1.82米，记录有起义的详细经过。

整座墓园的烈士墓共五十六座，除七十二烈士墓外，还有收葬烈士遗骸的潘达微墓、制造中国第一架飞机的飞行家冯如墓等。

黄花岗七十二烈士墓

武昌起义军政府旧址 02.0201051050

武昌起义军政府旧址位于湖北省武汉市阅马场北端。1961年被国务院评为第一批全国重点文物保护单位。又称红楼，原是清政府宣统元年（1909年）所建的湖北省咨议局大楼。此楼为两层，砖木结构，楼面阔73米，进深42米。它直接采用了近代资本主义国家的行政大厦和会堂的建筑形式，大楼平面呈“山”字形，前方及两翼是门厅和办公室，后方正中为会堂，门前的门廊突出，屋顶正中有圭形钟楼。旧址面对阅马场，院门外立有孙中山铜像。

1911年10月10日，史称“辛亥革命”的武昌起义取得成功，即在此楼组建成革命军政府，发布了第一号布告，宣布废除清朝的封建帝制，结束了统治中国人民两千多年的封建制度，建立中华民国，并向全国各省发出通电，号召各地举行武装起义。

1981 年在此建立了武昌起义军政府旧址纪念馆，馆内保存、陈列与起义有关的历史资料和革命文物。

上海中山故居　02.0201051150

上海中山故居位于上海市卢湾区香山路 7 号，是孙中山先生晚年工作和生活过的地方。1961 年被国务院评为第一批全国重点文物保护单位。

1918 年，孙中山先生辞去大元帅职务，由广东来到上海。1919 年底，加拿大华侨集资为孙中山先生购置此住所。先生于 1920 年迁入居住，他在此写了两部著述：《孙文学说》和《实业计划》。1922 年 8 月在此会见了中国共产党的代表李大钊、林伯渠、瞿秋白等同志。同年 9 月 4 日，在故居的草坪上召开会议，研究国民党的改组方案，这次会议还邀请了共产党人参加。年底他又与苏联特使越飞会见，次年 1 月 26 日发表了举世闻名的《孙文、越飞宣言》。

故居是一座西式二层楼房，屋前有草坪花园，楼下是会客室和餐厅，楼上是卧室和书房。室内陈设是宋庆龄于 1956 年按原样布置的。在故居整理过程中，发现了一批珍藏 30 多年而未展示的重要文物，其中有孙中山亲书的《建国大纲》手稿、100 多张孙中山从事革命活动的照片和他亲手绘制的中国地图和《实业计划》的英文手稿。

国民党“一大”旧址　02.0201051250

国民党“一大”旧址位于广东省广州市文明路，包括大钟楼和钟楼前的革命广场。1988 年被国务院评为第三批全国重点文物保护单位。

旧址原是清代乡试贡院，辛亥革命后成为广东高级师范学堂。1924 年国民党第一次全国代表大会后，孙中山下令改建为广东大学，1926 年更名为中山大学。

在十月革命的影响和共产国际及中国共产党的帮助下，孙中山决定改组国民党，1924 年 1 月 20 日到 30 日，他在广东高级师范学堂钟楼下的大礼堂主持召开了中国国民党第一次全国代表大会。大会接受了中国共产党反地反封建的主张，决定了“联俄、联共、扶助农工”的三大革命政策，发展旧三民主义为新三民主义，改组国民党为工人、农民、小资产阶级、民族资产阶级的革命联盟。中国共产党也派代表参加了大会。国民党“一大”的召开标志着第一次国共合作和第一次国内革命战争的开始。

黄埔军校旧址　02.0201051350

黄埔军校即陆军军官学校，旧址位于广东省广州市东南 20 多公里的黄埔长洲岛。1988 年被国务院评为第三批全国重点文物保护单位。旧址现在还保存有多处遗迹，有军校大门、孙中山旧居、孙中山纪念碑、东江阵亡将士墓、军校俱乐部等。

黄埔军校是第一次国共合作的产物，创立于 1924 年 5 月。国民党一大闭幕后，孙中山先生选定黄埔原广东海军学校和陆军学校的旧址为校址，创办陆军军官学校，为革命培养军事干部。黄埔军校由孙中山任校总理，蒋介石任校长，廖仲恺任党代表，周恩来任政治部主任，叶剑英任教授部副主任，共产党人熊雄、肖楚女、恽代英、聂荣臻等担任教官。设有步兵、炮兵、工兵、政治、宪兵、辎重等学科。

从 1924 年到 1927 年，军校共举办了四期，毕业生总数达到了 4981 名，为国共两党培养了大批杰出军事将领。在统一广东和北伐战争中，黄埔军校的师生多次立下了战功。

典埔军校旧址

广州农民运动讲习所旧址　02.0201051450

广州农民运动讲习所旧址即毛泽东同志主办的农民运动讲习所旧址，位于广东省广州市中山四路 42 号。1961 年被国务院评为第一批全国重点文物保护单位。旧址原是明建孔庙、清代学宫，始建于 1370 年。

广州农民运动讲习所在第一次国共合作时期共举办了六届，第六届于1926年5月至9月在这里举办。毛泽东任所长，肖楚女、周恩来、彭湃等20余人任教员。来自20多个省区的327名学生，在此学习农民运动的理论和方法，并接受严格的军事训练，毕业后奔赴全国各地，领导农民开展反帝反封建斗争，为中国革命做出了重大的贡献。讲习所的东耳房是毛泽东办公室，西耳房为图书室，原大成殿作课堂，东侧房为军事训练部，东西两庑为学员宿舍。

1953年在此建立广州农民运动讲习所纪念馆，按照原貌修缮复原，同年10月周恩来总理为纪念馆题写了馆名。

井冈山革命遗址　02.0201051550

井冈山革命遗址位于江西、湖南两省交界的罗霄山脉中段。1961年被国务院评为第一批全国重点文物保护单位。

1927年10月，秋收起义失败后，毛泽东率领部队挺进井冈山，创立了全国第一个农村革命根据地。1928年4月和12月，朱德、陈毅和彭德怀先后率部到达井冈山，组成了中国工农红军第四军和第五军。

井冈山革命根据地曾经养育大批早期红军领导人，现在有30多处革命遗址得到修复，其中国家级保护遗址10处，省级保护遗址2处，市级保护遗址17处。1959年，修建了井冈山博物馆，与茨坪革命旧址群隔湖相望，馆名由朱德元帅手书，馆藏文物近3000件。井冈山烈士陵园内有纪念堂、碑林、雕塑群、革命烈士纪念碑等，详尽记述了井冈山斗争的光荣历史。

井冈山革命根据地的建立，开辟了以农村包围城市、最后夺取城市的革命道路。井冈山革命根据地是中国革命的摇篮。

中山陵　02.0201051650

中山陵是中国民主革命先行者孙中山的陵墓，位于南京市东郊、紫金山中部小茅山南坡，占地8万多平方米。1961年被国务院评为第一批全国重点文物保护单位。

1925年3月12日，孙中山在北京病逝。遵照先生遗愿，南京国民政府建造中山陵，1929年春完工，同年6月1日举行了隆重的奉安大典。

陵园平面呈钟形，寓意“警钟长鸣”。入口处是高大的花岗石牌坊，上书“博爱”；后为墓道，尽头陵门门额上有“天下为公”四字；祭堂的门楣上刻有“天地正气”，均系中山先生手书。堂内有中山先生大理石坐像，高4.6米，是雕刻家保罗兰窦斯基的杰作。祭堂东西大理石墙壁刻着中山先生遗著《建国大纲》。堂后墓门两重，分别有先生手书“浩气长存”横额和张静江书“孙中山先生之墓”石刻。墓室为圆形，直径18米，高11米。中央是长形墓穴，上面有中山先生汉白玉卧像，下面安葬着孙中山先生的遗体。

中山陵的建筑风格中西合璧，与雄伟的钟山融为一体，庄严肃穆、气势恢弘，被誉为“中国近代建筑史上的第一陵”。

平型关战役遗址　02.0201051750

平型关战役遗址位于平型关东北5公里的山西省灵丘县小寨、关沟一带。1961年被国务院评为第一批全国重点文物保护单位。

平型关在与灵丘县相邻的山西省繁峙县城东北65公里处，是明代修建的内长城的一处有名的关隘。这里有一道狭长的古道，东通冀北，西抵雁门关，自古以来就是兵家必争之地。

1937年9月，山西北部日军第五师团及关东军五部，由广灵进攻灵丘、平型关一线，企图会同正（定）太（原）线之敌，夺取太原。国民党第二战区司令长官阎锡山命傅作义部前往抵抗，中共领导的八路军一一五师主力，在师长林彪率领下赶到平型关以配合友军。中国军队成功伏击了日本侵略军板垣师团第二十一旅团主力及其辎重车辆，歼敌1000余人，缴获大量武器弹药和军用物资。

平型关战役是抗日战争爆发以来中国国共两党军队第一次联手阻击进犯日军并取得胜利的著名战役。平型关大捷打破了日军不可战胜的神话，打击了日军的嚣张气焰，振奋了中国人民的民心和士气。

冉庄地道战遗址　02.0201051850

冉庄地道战遗址位于河北省清苑县冉庄。1961年被国务院评为第一批全国重点文物保护单位。1959年建冉庄地道战遗址纪念馆。

1937年“七·七”事变后，日本侵略军大举南侵，日寇在无险可守的冀中平原上，采用“铁壁合围”的清剿战术，进行灭绝人寰的“大扫荡”。为了保存有生力量，有效地打击敌人，冉庄人民在中国共产党的领导下深入开展地道战，后根据战争需要逐步延伸地道，最终挖成户户相连、村村相通、四通八达、上下呼应、长达15公里的地道网。地道结构复杂，各种设施十分齐全，巧妙利用村落建筑、农具、家具等作为隐蔽工事，构成一个立体火力交叉网。地道内有指挥部、休息室、地下兵工厂、囚笼、储粮室、陷阱、厨房等。形成了能打能藏、可攻可守、进退自如的地下长城。

抗日战争时期，冉庄人民积极地开展地道战，神出鬼没地打击敌人。由于地道战功绩卓著，冉庄曾荣获“抗日模范村”的光荣称号，成为冀中平原地道战的一面旗帜。

国殇墓园　02.0201051950

国殇墓园位于云南省腾冲县城西南。1996年被国务院评为第四批全国重点文物保护单位。

1944年，中国远征军第二十集团军在收复腾冲的战斗中阵亡将士9000多名，民国政府为此修建了国殇墓园，辛亥革命元老李根源取楚辞“国殇”为之命名。

墓园占地88亩，主体建筑以中轴对称，内建有忠烈祠。忠烈祠为重檐歇山式建筑，上檐悬有蒋介石题“河岳英灵”匾额，正门上悬国民党元老于右任手书“忠烈祠”匾额。祠内正面为孙中山像及遗嘱，两侧墙体嵌阵亡将士题名碑石，共9618人。忠烈祠后建有二十集团军光复腾冲纪念碑，四周埋葬着阵亡官兵骨灰罐。墓园大门一侧还筑有“倭冢”一座，暗示侵略者的惨败。

国殇墓园是云南仅有国内少见的大型抗日战争纪念陵园，在国内外尤其是东南亚各国华侨中有很大影响。它标志着中华民族不畏强暴誓死卫国的民族精神永垂不朽，又是边疆各族人民进行反侵略及爱国主义教育的重要园地。

鲁迅墓　02.0201052050

鲁迅墓位于原上海市虹口公园内，1988年虹口公园改名为“鲁迅公园”。1961年被国务院评为第一批全国重点文物保护单位。

1927年10月，鲁迅从广州来到上海，1936年10月19日逝世，遗体安葬在上海西郊的万国公墓；1956年迁葬至鲁迅故居附近的虹口公园。墓区占地1600平方米，庄严宏伟，朴素清新。墓的四周环抱松柏、香樟、广玉兰等长青树和鲁迅喜爱的花木。墓前广场有鲁迅坐像，面容和蔼，目光深邃，体现出“横眉冷对千夫指，俯首甘为孺子牛”的精神。墓台上有一块民族风格浓郁的照壁式大墓碑，高5.38米，宽10.2米，刻有毛泽东的亲笔题字“鲁迅先生之墓”。墓碑下安放着鲁迅灵柩的墓椁，上铺筑光洁的花岗石，两旁有两棵桧柏，是鲁迅夫人许广平和他们的孩子周海婴所植。

鲁迅的一生，为中国的文化事业和民族解放事业做出了巨大贡献。毛泽东曾说“鲁迅的方向，就是中国新文艺的方向”。

开平碉楼　02.0201052150

开平碉楼主要分布在广东省开平市，是一种集防卫、居住和中西建筑艺术于一体的多层塔楼式乡土建筑。它们与所在的村落融为一体，相互依存，密不可分。

开平碉楼第一楼——百合镇锦江里瑞石楼

开平碉楼源于明代后期，到19世纪末20世纪初成为规模宏大、种类繁多的乡土建筑群。从功能上分，可分为居楼、众楼、更楼三种类型。从建筑结构与材料上分，有石楼、夯土楼、砖楼、钢筋混凝土楼等四种。上部造型有中国传统硬山顶式、悬山顶式，也有国外不同时期的建筑形式、建筑风格。

开平碉楼的最大特点是按照自己的意愿选取不同的外国建筑式样综合在一起，自成一体，既有古希腊、罗马的风格，又有哥特、伊斯兰、巴洛克和洛可可风格的建筑要素。

开平碉楼与村落丰富多变的建筑艺术形式凝聚了西方建筑史上不同时期许多国家和地区的建筑成就，极大地丰富了世界乡土建筑的内容。它独特地见证了中国华侨和乡村民众主动接受西方先进文化的历程，是世界不同族群之间文化相互影响、密切交融，共同促进人类文明进步的，极其难得的历史文化遗产，对认识人类文明发展史，进一步推动世界文化交流，凝聚侨心民心，具有不可替代的作用。

2001年，开平碉楼被国务院评为第五批全国重点文物保护单位。

塘口镇自力村碉楼群侧影

百合镇锦江里碉楼群

可移动文物

可移动文物是指可以随意移动摆放位置的文物。按照文物的历史、艺术、科学价值大小，依次将全国的可移动文物先分为珍贵文物和一般文物两大等级，再将珍贵文物按照同样的价值标准，从高到低依次分为一、二、三级。可移动文物等级确定建立在科学鉴定的基础上。一般先将所有待鉴别文物按质地分为石器、玉器、陶器、铜器、金器、银器、铁器、铅锡器、瓷器、珐琅器、漆器、竹木器、骨角牙器、书画、古籍善本等类。

（一）青铜器

司母戊大方鼎　02.0202010150

司母戊大方鼎，商晚期，口长110厘米、宽78厘米、壁厚6厘米、通高133厘米，重875公斤。现藏中国国家博物馆。

大鼎因腹内壁铸有“司母戊”三字而得名。其造型庄严雄伟，外观呈长方形，每面四边及足上部饰兽面纹；双耳，外侧饰双虎噬人首纹；四足中空。该鼎虽然形大体重，但制作工艺非常精巧，鼎身以雷纹为地，四周浮雕夔龙纹及饕餮纹。大鼎用陶范铸造，其合金成分为铜84.77%，锡11.44%，铅2.76%，其他0.9%。

司母戊鼎是目前已发现的中国古代形体最大的青铜器，在世界上也是仅见的。在铸造工艺和艺术水平上，都代表了商代青铜铸造技术的最高成就。

四羊方尊　02.0202010250

四羊方尊，商，上口最大径44.4厘米、高58.6厘米，重34.6公斤。现藏中国国家博物馆。

方尊呈方形，整体以雷纹为地；上口沿形成喇叭状方口；长颈鼓腹，颈部饰蕉叶夔纹和兽面纹；肩部有四条龙互相蟠缠；腹部有四个卷角羊头，犄角弯曲有力，羊头上饰雷纹，羊背和胸部有鳞纹。

该尊寓动于静，威严庄重，采用圆雕与浮雕相结合的装饰手法，将四羊与器身巧妙地结合为一体，使原本造型死板的器物，变得十分生动，是商代青铜器物中的珍品。四羊方尊出土地为商代三苗活动区，在此地发现造型与中原近似的铜尊，表明商文化的影响已远及长江以南地区。

鸮尊　02.0202010350

鸮尊，商，通高45.9厘米，重16.7公斤。现藏安阳殷墟博物馆。

鸮尊整体作站立的鸮形，双足与尾构成了三个支撑点，头后为器口。尊口内侧有铭文“妇好”二字。此尊通体饰以纹饰，富丽精细。喙、胸部为蝉纹；鸮颈两侧为夔纹；翅两边为蛇纹；尾上部有一展翅欲飞的鸮鸟，是平面和立体的最完美结合。

该器物造型生动，把丰富的想象与合理的夸张相结合，巧妙地以动物为题材，塑造成实用礼器，是不可多得的珍贵艺术品，也是商代鸟兽形青铜器中的精品。

龙虎铜尊　02.0202010450

龙虎铜尊，商，高50.5厘米、口径44.9厘米、足径24厘米。现藏于安徽省博物馆。

该尊口沿广阔而外移，细颈大腹；肩部饰有龙像三条，龙首突出尊体，其间另有夔龙纹。夔龙头上有角，张口吐舌，卷唇卷尾。腹部为三组相同纹饰，每组正中为虎头，虎身左右展开两个，虎口衔一人，人像两侧有兽面纹。

龙虎铜尊出土于安徽阜南地区，商代为淮夷聚居地，该尊从形制上看，明显受到中原文化的影响，纹饰又有典型的地方特色。“虎口衔人”纹饰应与当时的信仰或祭祀活动有相应的联系。

鸭形盉　02.0202010550

鸭形盉，西周，通高25.2厘米、长31.8厘米。现藏河南省文物研究所。

此器作鸭形，鸭背开口，上面加盖；以鸭腹为器身，腹下铸柱状足；鸭首为流，鸭尾作鋬，类似于把手。鋬上站立一小铜人，以其手足将器身与器盖巧妙地连为一体。盖沿与口下饰长尾凤鸟纹一周。盖内阴刻铭文44字。

鸭形盉构思巧妙，造型逼真，是西周时期难得的青铜精品。《礼记》载，西周时期，“下大夫相见以雁”，鸭形盉也是研究西周礼制的重要实物资料。

越王勾践剑 02.0202010650

越王勾践剑，春秋，全长55.7厘米，剑身长45.6厘米，剑格宽4.6厘米。现藏湖北省博物馆。

剑身满饰黑色菱形几何暗花纹，剑格正面以蓝色琉璃、背面以绿松石镶嵌花纹，剑柄上有丝绳缠绕，剑首向外翻卷作圆箍形，内铸有十一道同心圆。近格处有二行八字鸟篆铭文：“越王鸠浅自乍用剑”。勾践剑成分十分复杂，经现代科学检测，质地为铜、铁、锡、铅等金属与硫掺和而成的合金，其防锈处理是硫化铜工艺。

该剑刃薄锋利，工艺精湛，装饰精美。越王勾践剑是春秋青铜制品中的珍品，对研究春秋青铜工艺具有重要的参考价值。

嵌错宴乐渔猎攻战纹铜壶 02.0202010750

嵌错宴乐渔猎攻战纹铜壶，战国，通高40厘米、口径13.4厘米，重4.5公斤。现藏北京故宫博物院。

此件铜壶，小口长颈溜肩，壶肩两环耳，深腹，平底圈足。盖饰卷云纹、圆圈纹及兽纹；壶身以三条带纹分为三层画面，以壶肩两环耳为标志分为两面，两面的图像对称。通身镶嵌有图饰，上部分为采桑、狩猎的图像；中部为宴乐、射箭情景；下部分为徒兵搏斗、水陆交战的战争场面。

该壶生动地反映了当时生产、生活、军事、礼俗的多个侧面。在这件高仅有40厘米的壶面上，竟刻画了200多个人物形象，另有其他景物，表现出制造者高超的技艺，同时显示了巴蜀地区独特、精湛的嵌错工艺。嵌错宴乐渔猎攻战纹铜壶是一件难得的艺术佳品，也为研究战国时期的历史提供了宝贵的资料。

铜车马 02.0202010850

铜车马，秦代青铜制品。现藏秦始皇兵马俑博物馆。

铜车马共出土一前一后两乘，均为单辕双轮，前驾四马。前面的铜车称作立车或戎车，高1.52米，车马通长2.25米，重1061公斤；后面铜车称作安车，高1.06米，车马通长3.17米，重1241公斤。铜车马通体彩绘，装饰豪华，铸造精良；御者活灵活现，马匹栩栩如生。

这组铜车马全身除一些金银饰品外皆由青铜制作，在目前所见青铜器中，分量最重，结构最为复杂，其零部件达7000件之多，被称为“青铜之冠”。铜车马将古代制造工艺与彩绘、雕塑完美地融为一体，对研究秦代青铜制作等具有重要价值和意义。

长信宫灯 02.0202010950

长信宫灯，西汉，通高48厘米，人高44.5厘米。现藏河北省博物馆。

该灯上刻“长信尚浴”等铭文共65字，所以被命名为“长信宫灯”。灯的形象为跪地执灯的年轻宫女，通体鎏金，衣袖宽大，面目清秀，神情恭谨。宫女左手持灯盘，右臂上举，袖口下垂成灯罩。灯盘可以转动，灯盘上的两片弧形屏板可以推动开合，以调节灯光的亮度和照射方向。宫女身体中空，烟灰经右臂进入体内，以保持室内清洁。灯的各部分还可以拆卸，有利于清洁。

此件青铜作品将灯的照明功能、净化空气的技术和优美的造型结合在一起，自然优美、舒展自如、轻巧华丽，是一件实用和美观高度统一的工艺美术品，是我国传统工艺美术中的巅峰之作。

铜奔马 02.0202011050

铜奔马，又名马踏飞燕，东汉，长45厘米、通高34.5厘米。现藏甘肃省博物馆。

此器造型矫健，骏马作飞驰状，高昂首，尾上扬，口张作喘息状，三足腾空，右后足踏在一只疾飞的燕背上。将铜奔马全身的着力点集中于超掠飞鸟的一足上，而整个器物却非常平稳，证明当时人们已经很好地掌握了力学平衡原理和卓越的工艺技术水平。

铜奔马集河西走马、大宛马、蒙古马的优点于一身，其“对侧步”的特征更是河西骏马的真实写照。奔马的不凡气势被汉代工匠用巧妙的构思、精练的艺术造型和卓越的铸造工艺体现得淋漓尽致。铜奔马既象征了我国悠久的历史和灿烂文化，又蕴含着中华民族一往无前的精神。

（二）玉　器

红山文化大玉龙　　02.0202020150

大玉龙，新石器时代红山文化，周长60厘米、直径22～24厘米。现藏内蒙古翁牛特旗博物馆。

大玉龙的玉料为淡绿色岫岩玉，用一整块玉料圆雕而成。龙体较粗大，卷曲，呈“C”形，长吻微翘起，有两只圆鼻孔，双目橄榄形凸起，头顶至颈背有长鬣后披，末端翘起，额及颚下有阴刻棱形网纹。龙躯光素扁圆，背部有一钻孔，可系绳穿挂。此玉龙因其吻前伸，前端凸且翘，因此又有人称之为玉猪龙。这是早期氏族艺术的代表作，属红山文化。

该器造型夸张、奇特，兼具写实与抽象手法，结构简洁，质朴而粗犷，表现出当时较高的琢玉水平，是新石器时代一件难得的玉器珍品。

良渚文化玉钺　　02.0202020250

良渚文化玉钺，新石器时代良渚文化。通长17.9厘米、上宽14.4厘米、刃宽16.8厘米、厚0.8厘米。现藏浙江省文物考古研究所。

该钺外观形体为扁平状，呈“风”字形。正反两面雕有完整的神人兽面纹，其下还刻有飞鸟。玉钺由冠饰、钺、端饰三部分组成，其冠饰和端饰全部用采自同一块白色带紫褐斑的软玉制成，不带纹饰。其底部有一个小孔，便于和木柄的榫头相连接。

钺是一种象征身份和地位的礼器，也是军事权力的象征。良渚文化玉钺是目前所见最大的、唯一有纹饰的玉钺，对研究新石器时代军事及政治文化具有重要意义。

龙山文化三孔玉刀　　02.0202020350

三孔玉刀，新石器时代龙山文化，长49.1厘米、宽5.9厘米、厚约0.1厘米。现藏北京故宫博物院。

此三孔玉刀玉料呈墨绿色，长方形薄片状，背平直，刃部内凹，一端为方形，另一端略窄。玉刀的一面光滑细亮，另一面较粗糙。此类玉刀在陕西龙山文化遗址中多有发现，玉材及加工方式基本类同。玉刀具有开片薄、刃部锋利、钻孔标准等特点。这件玉刀的平均厚度约0.1厘米，表现出非常好的开片技术，刀背部三孔非常规范，无明显的孔径变化，刃部的锋利达到了可以割切的程度，具备了实用的可能性。该玉刀的发现对研究新石器时代人类的生产生活状况具有重要的考古价值。

跽坐玉人　　02.0202020450

跽坐玉人，商代后期，通高5.6厘米、宽2.8厘米。现藏中国社会科学院考古研究所。

此玉器为黄褐色新疆玉雕琢而成。青玉圆雕玉人，猴面、跽坐、双手抚膝，头上齐眉短发，上衣缘及臀部。颈下有孔可供系佩。玉人生动写实，人物作长脸尖颔，大鼻小口，双目炯炯、抚膝跽坐姿态。头梳发辫，戴额前有筒形饰的圆箍帽，头顶发丝纹中有一贯穿左右之小孔，似供插笄之用。身穿云纹交领窄袖衫，腰束宽带，腹前佩韍，腰后左侧插一宽柄器，是奴隶主贵族或弄臣形象。

跽坐玉人造型严谨，色泽晶莹，线条简练，雕凿精巧，是商代玉器中的精品，对研究中国商代历史、商代玉器的特点和制作水平具有重要意义。

龙凤神人合雕玉佩　　02.0202020550

龙凤神人合雕玉佩，西周，高6.8厘米、宽2.4厘米、厚0.5厘米。现藏北京故宫博物院。

该玉佩为青绿色，玉质晶莹鲜润。此器共雕出大小两个人头、三条龙和一只凤形象。其主体纹饰为大人呈蹲踞形象，胸腹部为一卷体龙纹，臀部腿部为一凤鸟，人之足为凤鸟之勾喙，人臀部之下为一张口卷尾之龙。大人粗眉深目，头上琢出双螺髻，垂发，云纹大耳。大人之后的小人同是云纹大耳，粗眉深目，头顶为螺形单髻，胸腹部为一张口吐舌之龙。两面纹样相同，在人的发髻处钻一透孔，在下部龙尾处钻一斜孔，雕刻技法亦是斜线、细阴线共用。

此玉雕工艺娴熟，寓意深刻。其“人”形象有超于常人的云纹大耳，具有龙和凤此类神话动物之秉赋，因此是西周人心目中的神人无疑。此玉佩对研究西周时期历史文化和宗教信仰具有重要意义。

龙形玉佩　　02.0202020650

龙形玉佩，战国，高11.5厘米、长21.4厘米。现藏北京故宫博物院。

该器为完全相同的两件玉佩，均用黄色和田玉

制成。玉佩通体扁平，镂空透雕，有廓，龙体造型奇特，作盘旋游动状。龙回首上昂，目小而传神，口微张似吟鸣之态。躯体硕壮，龙身躬起，呈“S”形并与龙足或脊鳍部分构成若干小“S”形的多重组合，给人以律动感。周身雕饰谷纹，似粒粒珍珠随龙舞动，仿佛两只小黄龙在云中翻腾嬉戏。双龙相对，长嘶起舞，活灵活现，是玉佩中的上佳之品。

此龙形玉佩的玉质精良，琢玉技艺精湛，纹饰多样而多变，线条明快而流畅。以龙的形象为主体的玉雕纹饰，是典型的战国风格。

金缕玉衣　02.0202020750

金缕玉衣，西汉。现藏河北省博物馆。

金缕玉衣用玉片制成，玉片间以金丝编缀。西汉中山靖王刘胜的金缕玉衣长1.88米，共用玉片2498片，用金丝约1100克。在“玉衣”内还发现玉璧十八块，以及玉琀等佩戴之物。其妻窦绾的玉衣略小，全长1.72米，共有2160块玉片，金丝约700克。

这两套完整的金缕玉衣葬服，是闻名中外的首次重大发现。根据《后汉书·礼仪志》记载，皇帝的“玉衣”用金缕，诸侯王、列侯始封、贵人、公主用银缕；大贵人、长公主用铜缕。刘胜是诸侯王，如按《后汉书》所载，只能使用“银缕玉衣”，而实际出土的却是“金缕玉衣”，可能是皇帝特别的赏赐。古代统治者用玉衣作为葬服，从西汉一直延续到东汉末年，直到魏文帝曹丕下令禁止使用玉衣，这一葬服制度才消除。

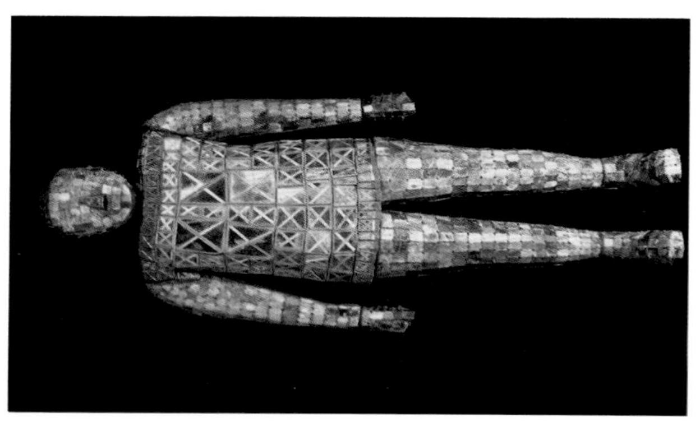

窦绾金缕玉衣

玉座屏　02.0202020850

玉座屏，东汉，高16.9厘米、长15.6厘米、宽6.5厘米。现藏河北省定州市博物馆　。

此件玉座屏为黄色，杂有褐斑，由镂空的两侧支架和上下两块屏板铆合而成。屏板两端有长方形榫，榫端各有一圆孔。两侧支架上下各有一长方形卯孔。支架形似双璧相连状，每璧皆透雕一龙缠绕于正中的卯孔。两屏板皆呈半月形。上层屏板正中饰东王公，盘膝高坐，其下部和两侧有跪着的妇人及凤、鸟、鸭、兽等纹。下层屏板正中饰西王母盘膝而坐，其头部两侧饰日、月纹，两侧各跪一妇人，四周饰龟、蛇、熊等，皆透雕加饰阴刻线。

玉座屏的作者巧妙地将人物、景色、动物组合一起，由几块玉片镂雕而成，显示出其精湛技艺。形象生动，惟妙惟肖，突破了玉器单形制的特点，在汉代玉器中实属罕见。

玉大带　02.0202020950

玉大带，五代前蜀。现藏四川永陵博物馆。

玉带为新疆和田玉制成，洁白莹润，同时雕琢极为精细，纹饰精美，是五代时期难得的玉器珍品。由七方砣、一方砣尾、两节革带和一对银扣组成。砣及砣尾均用浮雕手法雕有蟠龙纹饰，八条蟠龙身体卷曲，抬头扬爪，吞珠腾云，遍体鳞纹，头叉双角，唇翘须绕，关节毛发清晰可见，翼爪尾活灵活现。整个造型矫健有力，细腻逼真，把美与力完美结合，不愧为一件难得的玉器珍品。砣尾上刻有铭文，记载了玉带的来历。

这件玉大带既是唐、五代时期唯一一件保存完好的成套玉带，也是迄今为止唯一一件能够确定为帝王本人所使用的玉带。

渎山大玉海　02.0202021050

渎山大玉海，旧称玉瓮，元，口长182厘米、宽135厘米、腹深55厘米，重6500公斤。现为北京北海公园团城收藏。

此玉海用一整块黑质白章的大玉石精雕细琢而成。口呈椭圆形，周身雕刻波涛汹涌的大海，浪涛翻滚，气势磅礴。在海涛之中，又有龙、猪、马、鹿、犀、螺等神异化动物游戏其间，海龙下身隐于水中，上身探出水面，张牙舞爪，戏弄面前瑞云托承的宝珠。是一幅活生生的龙宫世界的景象，神秘莫测。

该器不仅形体巨大，气度不凡，而且雕工极精，利用玉色的黑白变化来勾勒波浪的起伏、表现动物

的眉目花斑，匠心独运，技艺高超。大玉海的腹内刻有清代乾隆皇帝的御诗三首及序文，概括了这件巨型酒器的形状、花纹和来历。大玉海是元代玉器制作工艺的最高代表。

大禹治水图玉山　02.0202021150

大禹治水图玉山，清乾隆，高224厘米、宽96厘米、座高60厘米，重5000公斤。现藏北京故宫博物院。

此玉山用料产自新疆和田密勒塔山，为致密坚硬的青玉。玉上雕成峻岭叠嶂，瀑布急流，遍山古木苍松，洞穴深秘。在山崖峭壁上，成群结队的劳动者在开山治水，此景即用夏禹治水的故事。玉山正面中部山石处，刻乾隆帝阴文篆书“五福五代堂古稀天子宝”十字方玺。玉山背面上部阴刻乾隆皇帝《题密勒塔山玉大禹治水图》御制诗，下部刻篆书“八徵耄念之宝”六字方玺。玉山底座为嵌金丝山形褐色铜铸座。

大禹治水图玉山工程复杂，工艺精湛，器形巨大，在我国工艺史上极为罕见，为稀世珍品。

（三）陶　瓷

人面鱼纹彩陶盆　02.0202030150

人面鱼纹彩陶盆，新石器时代仰韶文化，高16.5厘米、口径39.8厘米。陕西西安半坡遗址出土。现藏中国国家博物馆。

陶盆呈砖红色，大口，盆沿外卷，口沿上涂有黑彩，内壁有黑彩划出两组图案。一组为两个相对的大鱼形纹，一组为两个人面鱼纹。人面圆脸，头戴尖顶饰或帽子，双眼眯成一条线，口衔鱼形物品，耳两侧各有一条小鱼。人面与鱼纹十字布局，各自对称。

人面鱼纹彩陶盆是仰韶文化的典型器物。

红陶兽形壶　02.0202030250

红陶兽形壶，新石器时代大汶口文化，高21.6厘米。现藏山东博物馆。

出土于山东泰安的这件红陶兽形壶体腹肥圆，张开大口，拱起鼻子，四条腿叉开，翘着短尾巴，唁唁而吠，犹如一只小狗。这件兽形器是有实际用途的一只水壶，其背有提手，尾根部有筒可注水，嘴可倒水，不仅实用方便，而且造型生动美观，是一件难得的艺术杰作。

这件陶器既反映了大汶口文化家畜饲养业的兴旺发达，同时也寄予了一种祈求农业发达的美好理想。

猪纹黑陶钵　02.0202030350

猪纹黑陶钵，新石器时代河姆渡文化，高11.7厘米、口径21.7~17.5厘米。现藏浙江省博物馆。

此陶钵通体炭黑色，胎质疏松，器壁较厚，应该是处于陶器制作的原始阶段。整体呈长方形，四角留有一定的弧度，平底。两个长的边壁上各刻一猪纹，虽然线条较为简单，但形态非常逼真。猪的头部向前伸而稍低垂，猪嘴很长，双目圆睁，猪的腹部微鼓，身上刻有简单的圆圈和叶状花纹，脊背鬃毛簇立。从猪纹形状上，介于家猪和野猪之间。

从这件猪纹黑陶钵可以了解到六七千年前，河姆渡人已经开始进入了定居生活，并且开始饲养家猪，对研究猪的进化具有重要参考价值。

红陶人头壶　02.0202030450

红陶人头壶，新石器时代仰韶文化，高23厘米、底径6.3厘米。现藏于西安半坡博物馆。

此壶为泥质红陶，整体造型呈葫芦状，平底，壶背有口，可以用来盛水。壶的头部塑造出一个小女孩的形象，极为生动逼真。女孩发型整齐，梳于脑后，仰头浅笑，眼睛紧眯，小嘴微张，神态平静、安详。

蛋壳黑陶高柄杯　02.0202030550

蛋壳黑陶高柄杯，新石器时代文化，高22厘米，口径8.8厘米、底径4.8厘米、柄长8.5厘米。现藏山东省博物馆。

蛋壳陶，是山东龙山文化特有的一种陶器，黑色，陶胎极薄，但质地坚硬。由于薄如蛋壳，故称蛋壳陶。此件蛋壳陶杯，通体修长，杯身饰以连珠状镂孔；整体器形朴素大方、亭亭玉立，是龙山文

化黑陶艺术的精品。

真正的蛋壳黑陶高柄杯只存在于山东地区的龙山文化遗址，其他地区发现的所谓蛋壳陶，往往只是形似，其厚度、亮度是无法与山东龙山文化蛋壳陶同日而语。但是，蛋壳陶的烧制方法仍是待解之谜。

彩绘乐舞杂技俑　02.0202030650

彩绘乐舞杂技俑，西汉，长67厘米、宽47.5厘米。现藏于中国国家博物馆。

此俑为泥质灰陶。塑21人，固定在长方形底座之上，座中央表演者7人，二女子身著红、白花长衫，翩翩起舞；身著红袍者，昂面放声歌唱；二人作拿大顶，一人翻筋斗，一人作“倒挈面戏”。座后侧一列7人为伴奏乐队，吹笙、抚琴、击鼓、敲钟、拍长鼓和击建鼓。杂技、乐舞同台演出。左侧4人头戴环形冠，身著红袍，拱手而立；右侧3人，头戴冕形冠，身著朱彩黑袍，拱手而立，面前置酒浆二尊，观赏乐舞杂技表演。

彩绘乐舞杂技俑不但反映了汉代社会的人情风貌，也再现了陶塑艺术发展的多样性。

青瓷莲花尊　02.0202030750

青瓷莲花尊，南朝梁，通高85厘米、上口径21厘米、底径20.8厘米。现藏南京市博物馆。

此尊在同墓中共出土两件，形制完全一样，灰胎，釉色青绿，喇叭口，长颈，椭圆形腹，底较高，有盖；通体饰满纹饰，肥厚的莲花瓣环绕四周；颈部贴花装饰分三层：上层为飞天，中层为人物，下层为二龙戏珠。腹部上半部有两层双瓣覆莲，一轮贴花菩提和一周刻划瘦长莲纹；下半部为一组双层仰莲；足部饰有两周下垂的莲纹。整个器物装饰华丽繁缛，精巧细致，外表采用了贴塑、刻划、模印等工艺，釉层厚而均匀，光滑润洁，胎釉结合牢固，堪称六朝青瓷中的珍品。

三彩骆驼载乐俑　02.0202030850

骆驼载乐俑，唐开元十一年（723年），高58.4厘米、长43.4厘米。现藏陕西省博物馆。

这件唐三彩色彩柔和明快，人物造型生动，鲜明地塑造了一群歌舞乐人在骆驼背上载歌载舞的欢乐情景。骆驼高大健壮，引颈昂首，背上的毯子色泽鲜艳，质地精美。在骆驼背上的几个舞乐者中，一个胡人站在中间右手握拳前伸，左手藏在袖内，边歌边舞。他周围的四个伴奏者向四面端坐，是两个胡人，两个汉人，手里分别拿着琵琶、拍鼓、铜钹和觱篥等西域特色的乐器，为中间的站立者伴奏。

唐朝开元年间，社会上十分流行胡人的服饰、音乐和歌舞，这件唐三彩俑展现了当时长安街头常见的胡人舞乐场景，体现了唐代长安城内中外各民族交融的社会景观。

钧窑月白釉出戟尊　02.0202030950

钧窑月白釉出戟尊，北宋，高32.6厘米、口径26厘米、足径21厘米。现藏北京故宫博物院。

此尊造型仿古代青铜器式样，端庄肃穆，雄浑古朴。该尊喇叭形口，扁鼓形腹，圈足外撇。颈、腹、足之四面均塑贴条形方棱，俗称“出戟”。通体施月白色釉，釉内气泡密集，釉面有棕眼。釉层晶莹肥厚如堆脂，蓝色光泽如荧光一般幽深含蓄。器身边棱处因高温烧成时釉层熔融垂流，形成“蚯蚓走泥纹”，致使釉层变薄，映现出胎骨呈黄褐色。釉面有明快的流动感，具有极强的艺术魅力。圈足内壁刻划数目字“六”。指示同类器物从大到小的顺序编号排列为六。

钧窑是宋代五大名窑之一，以在还原气氛中烧成乳浊状铜红釉而著称于世。月白釉出戟尊是北宋钧窑代表作品。

定窑白釉孩儿枕　02.0202031050

定窑白釉孩儿枕，北宋，长40厘米、宽14厘米、高18.3厘米。现藏北京故宫博物院。

此枕为北宋定窑的代表作品，以孩儿背作枕面。孩儿双目炯炯有神，头部两侧有两绺孩儿发，身穿丝织长袍，团花依稀可辨，下面承以长圆形状榻，榻边饰以浮雕纹饰。整体造型生动别致，神态自然。釉面细腻洁白，制作精细。孩儿头体的比例约为1：3，身材肥胖敦实，符合儿童体质特征。脑门宽阔，两耳肥大，粗眉炯眼，高鼻厚唇，表情雅朴，可亲可爱。服饰褶刻生动，双脚交叉一翘，神灵活现。榻的周围浮雕螭龙和如意头纹饰。

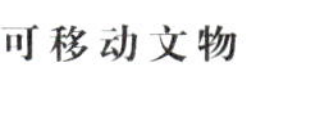

德化窑何朝宗塑渡海观音 02.0202031150

何朝宗塑渡海观音，明，高46厘米、底座宽14厘米。现藏福建省文物管理委员会。

这件渡海观音是明代雕塑大师何朝宗的杰作之一，通体呈象牙白色。观音清秀素雅，雍容大度，双眼俯视，立于惊涛骇浪之上，仿佛渡海而行，形象逼真，栩栩如生。表现出一种俯视尘世、超凡脱俗的意境。其头发向后梳拢，头顶挽成一个发髻，发髻中间插一如意，披一发巾。衣着宽松肥大，胸前打结，胸部稍稍裸露，胸口上饰一串珍珠。双手拢在袖中，赤脚并没于浪中。

此尊像不但构思精巧，塑造精细，而且施釉均匀，晶莹润泽。何朝宗为明代德化人，被誉为"瓷圣"。他塑造了大量的观音像，端庄慈悲，深受人们喜爱。

大彬款提梁紫砂壶 02.0202031250

大彬款提梁紫砂壶，明，通高20.5厘米、壶身高6.2厘米、口径约为9.5厘米。现藏南京博物院。

此提梁紫砂壶，外观呈紫色。壶盖口沿上刻有"大彬"两个小字，且在其旁边盖有"天香阁"篆体小印一方。制作工整规矩，壶胎坚实，造型敦厚稳健，舒展大方，是一代制壶名家时大彬的精品之作。提梁、壶嘴与壶身浑然一体毫无镶接的痕迹。整体以圆形为基调，其壶身配以圆圆的提梁，使两大圆轮廓线既相互交叉，又相互阻断，从而使壶形的立体感更为强烈；向下俯视，此壶平整的小圆盖与大平底的轮廓线相互重叠，其盖钮正处于两个同心圆的位置上，显示出其制作技艺的高超。

时大彬是明代著名的制壶专家，所制紫砂壶超尘脱俗不务媚妍，风格优雅古朴雄浑，深受世人珍爱。

乾隆款描金紫砂方壶 02.0202031350

乾隆款描金紫砂方壶，清乾隆，高9.2厘米。现藏北京故宫博物院。

此壶整体呈方形，方中有圆，上小下大，造型别致，稳重大方。胎体坚硬，表面光滑明亮，金粉描绘，自然流畅，是清代乾隆时期的紫砂精品。紫砂壶的壶盖为圆角方形，盖顶上有一长方形桥钮，古朴典雅。壶身一侧有一把手，与另侧壶嘴相呼应，且略高于壶沿，设计合理，美观大方。壶腹一面饰有"湖山雁归图"，笔墨稍显稚拙，但构思精巧，山水鸟树错落有致，沿壶绵延不断；另一面居中有金粉书写《山居即景》五言绝句一首，字体严整，遒劲有力。壶底钤有"乾隆年制"篆文方印。

珐琅彩芙蓉雉鸡玉壶春瓶 02.0202031450

珐琅彩芙蓉雉鸡玉壶春瓶，清乾隆，高16.3厘米、口径4厘米、底径5厘米。现藏天津艺术博物馆。

此瓶小巧玲珑，口沿外移，细颈鼓腹，下有矮圈足。其造型古朴，简洁雅致。瓶上纹饰精美，瓷瓶的颈部有用蓝料绘制的蕉叶纹。主体纹饰为一芙蓉雉鸡图，用工笔花鸟画技法画成。一对雉鸡栖于山石，雌雄相对呼应。雄雉体态矫健，羽毛光鲜，雌雉则体态丰腴，两雉作亲昵态，眉目传情，显得非常生动可爱。一枝火红的芍药从雉鸡左上方的山石上探出。而在雉鸡的右边已经鲜红的五味子挂满枝头，万寿菊也在互相争艳。瓶腹的另一面有墨书题诗："青扶承露蕊，红妥出阑枝。"诗前有"春和"印，后有"翠铺"、"霞映"二印。瓷瓶造型优雅大方，胎体细腻洁白，绘画技巧高超，色彩艳丽，充分表现珐琅彩瓷的特色。

唐英制青花缠枝莲纹觚式瓶 02.0202031550

青花缠枝莲纹觚式瓶，清乾隆六年（1741年），通高63.5厘米，口径26.5厘米，底径29.1厘米。现藏中国国家博物馆。

此瓶为仿古青铜觚造型，由口颈、腹部和瓶座三部分构成。口颈呈竖起的喇叭状；腹部为罐形；瓶座上小下大，既和上部口颈对称，又给人一种稳重的感觉。瓶上纹饰极为繁缛，共饰有十好几种花纹。这种几何多方连续式的花卉图案虽然繁缛但却疏密得体，协调自然，极为优雅大方。腹部还有一片极富创意的开光，内有7行69字的楷书铭文，记载了此瓶由著名督窑官唐英监制。

粉彩钟馗醉酒像 02.0202031650

粉彩钟馗醉酒像，清，高16.8厘米。现藏北京故宫博物院。

这件粉彩像是景德镇传世珍品。其釉彩浓淡相宜，华美自然，造型生动别致，一反以往钟馗狰狞可怖、降妖捉魔的叱咤形象，塑造了一个醉意朦胧，富有生活气息和人情味的钟馗形象，给人一种诙谐可亲的感觉。钟馗头戴黑色软冠，身着红彩金云龙袍，腰系黄色丝带，足登白底皂靴，左手自然垂放腿上，右手托一酒杯，面泛桃红，双眼微闭，一副酩酊大醉的神态。长须连鬓，身体微向后倾，背靠青绿色山石。山石一侧有阴文刻的“康熙年制”楷书行款。山石上立一白釉酒坛，坛上绘有红蝙蝠纹。钟馗左侧还有一仿官窑酒坛。整个瓷器通过钟馗面部的神态和倚坐时的慵懒姿势，生动地表现钟馗自我陶醉、逍遥无虑的境界。

此器构思精妙，制作精致，色彩富丽，人物形象惟妙惟肖，是清康熙时期瓷器雕塑艺术中的珍品。

（四）书　画

欧阳询《仲尼梦奠帖》　02.0202040150

《仲尼梦奠帖》，唐，纵约25.2厘米、横约33.6厘米，共书78字。现藏辽宁省博物馆。

《仲尼梦奠帖》为欧阳询晚年成熟之作，被称为“欧行第一帖”。该帖记载唐高祖五年，封孔子二十三世后裔孔德伦为褒圣侯，及修缮孔庙之事。南宋时为内府所藏，钤有南宋“御府法书”朱印两方，“绍”“兴”朱文连珠印记，后经南宋贾似道，元郭天锡、乔篑成，明杨士奇、项元汴，清高士奇、清内府收藏。

欧阳询以楷书最为出名，行书也自成一家，所创“欧体”为世人敬仰。此帖墨色淡而不浓，结构稳重，字形稍呈狭长而尤显秀丽，笔力苍劲圆润，体现了欧阳询“圆畅方挺”的书法特点。此帖系用秃笔疾书，方中藏圆，转折自如，气韵流畅，结体富于变化，妩媚刚劲，确实是稀世之珍。

唐拓柳公权《神策军碑》　02.0202040250

《神策军碑》，唐，现存拓本藏中国国家图书馆。

《神策军碑》全称《皇帝巡幸左神策军纪圣德碑》，为柳公权六十六岁时所书。其笔法刚劲有力，且较之以前所写之《玄秘塔碑》更为圆浑开阔；许多人都认为此碑是“颜筋柳骨”的兼备之作，为柳公权“生平第一妙迹”。原碑立于皇宫内，后亡佚，碑石大小不明，今仅存此拓本。

柳公权为晚唐著名书法家，博采众长，自成一家，即“柳体”。柳公权与颜真卿开创了中国书法史上的一代新风，对后世影响极为深远。在笔法上，柳体一般逆峰起笔，往往将部分笔画紧密穿插，使宽绰处特别开阔，笔画清瘦，刚劲挺拔，显得英气逼人。总体上，柳体书法结构疏朗，遒劲有力，法度谨严，堪称唐代书法典范。

颜真卿《多宝塔碑》　02.0202040350

《多宝塔碑》，唐，高285厘米、宽102厘米。现藏陕西西安碑林博物馆。

《多宝塔碑》全称《大唐西京千福寺多宝佛塔感应碑》，楷书，全文34行，每行66字。此碑于天宝十一年（752年）立于长安定坊千佛寺，由岑勋撰文，徐浩隶书题额，颜真卿书碑，史华刊石，记载了唐代西京千福寺僧楚金造多宝佛塔之感应缘起。为颜真卿四十四岁时所作，是其早期楷书的代表之作，用笔结构疏密匀称，风格严谨庄重。

颜真卿是唐代著名的书法家，他汲取各家之长，独创一格，一改初唐书风，化瘦硬为圆浑，端庄雄伟，气势恢宏，肌力遒劲，与柳公权的书法并称“颜筋柳骨”。他的楷书横画细瘦，竖画粗壮，整体丰腴宽博；他的行草还巧妙地融入篆隶笔法，创造性地运用了折钗股、屋漏痕、锥画沙等多种用笔方法。颜真卿的楷书不仅为唐朝竖立了典范，也成为后世楷书书法的范本。

赵孟頫《玄妙观重修三门记》　02.0202040450

《玄妙观重修三门记》，元，纵35.8厘米、横283.8厘米。现藏日本东京国立博物馆。

《玄妙观重修三门记》原为元代牟巘撰文，大德六年（1302年）由赵孟頫书并篆额。原碑立在古城苏州玄妙观正山门内，后遗失。此帖为纸本，系赵孟頫为纪念玄妙观三门的重修而书写的碑刻底本，也是赵孟頫早期楷书书法的代表作。此帖墨色淡雅，结字沉稳，书写圆润流畅。用笔较后期方饬严谨，楷书略带行书笔墨意，庄重之中不失洒脱飘逸；此帖被誉为“天下赵碑第一”，在中国书法史上占有重要地位。

赵孟頫，元代著名书画家，尤以楷书书法见长。

其楷书不拘在法，自在一体，被称为“赵体”，与颜真卿、柳公权、欧阳询一起被称为“楷书四大家”。

赵佶《书诗册》 02.0202040550

《书诗册》，宋，纵33.2厘米、横63厘米。现藏台北故宫博物院。

此作品为纸本，笔画瘦细，行距疏朗，风格清劲，是宋徽宗赵佶书法的代表作品。赵佶虽然在历史上是个昏庸皇帝，但在艺术上却很有建树。早年学唐代著名书法家薛稷，然后学习黄庭坚的书体，并参以褚遂良诸家，最后吸取各家之长，融会贯通，形成自己的风格，首创的“瘦金体”书法，且独步天下，无人匹敌。其字体瘦直挺拔，几无扁字；点画清劲，横画、竖画收笔皆有顿头，撇笔峻利如匕，捺如切刀；有些联笔字如同游丝，接近行书。总的来看，他的用笔源于褚、薛，写得非常瘦劲；结体笔势则有黄庭坚大字楷书的味道，舒展劲挺。

《书诗册》是其“瘦金体”书法的扛鼎之作，古今书家争相临摹，是难得的艺术珍品。赵佶在绘画上也颇有造诣。无论是山水、花鸟、人物、墨竹，样样都画得惟妙惟肖，富有情趣。并有《芙蓉锦鸡图》、《听琴图》等珍品传世。

张择端《清明上河图》 02.0202040650

《清明上河图》，北宋，高24.8厘米、长528.7厘米。现藏北京故宫博物院。

此作品为绢本、淡设色，以精致的工笔记录了北宋末叶清明时节，北宋京城汴梁以及汴河两岸的繁华景象和自然风光。全图共分三部分，第一部分描绘市郊景象，第二部分描写繁忙的汴河码头，第三部分描写热闹的街市。作品以长卷形式，采用散点透视的构图法，将繁杂的景物纳入统一而富于变化的画面中，画中人物500多，衣着不同，神情各异，其间穿插各种活动，极富戏剧性；构图疏密有致，注重节奏感和韵律的变化，笔墨章法都很巧妙。画面宏大，写景状物，笔笔精到，各色人物，牛、马、骡、驴，车、船，房屋、桥梁、城楼等繁而不杂，惟妙惟肖。表现了作者对生活细致入微的观察和睿智精巧的构思，以及绘画技艺登峰造极的境界。

《清明上河图》是张择端的代表作品，也是我国最长的古代风俗画。《清明上河图》是一幅现实主义的风俗画，是了解中国12世纪城市生活极重要的形象资料，具有很高的历史价值和艺术水平。

黄公望《富春山居图》 02.0202040750

《富春山居图》，元，总长10.28米、宽0.334米。现藏台北故宫博物院。

此画卷是黄公望年逾七旬时，在富春江畔所作。画卷以水墨披麻皴描绘富春江一带秋初景色。满纸空灵秀逸，气度沉雄，后人誉之为“画中之兰亭”。它代表了元代山水画的写意技巧，也体现了黄公望晚年出尘脱世的恬静心迹。此图清初时为吴问卿所藏，吴在弥留之际将其火殉，被其侄从火中抢出，已烧毁前段，此后将烧毁处较完整的一段单独装裱，称《剩山图》，现为浙江省博物馆所收藏。后大段则一直深藏于清宫中，后被运往台湾，藏于台北故宫博物院。

黄公望（1296～1354年），元代山水画家，与王蒙、倪瓒、吴镇并称“元四家”。其所为山水画，作浅绛色山头多矾石，笔势雄伟；作水墨皴纹稀少，笔简意远，超逸有致。

唐寅《落霞孤鹜图》 02.0202040850

《落霞孤鹜图》，明，纵189.1厘米、横105.4厘米。现藏上海博物馆。

此图为立轴，绢本，水墨画，是唐寅水画苍秀一路的代表作。画中高岭耸峙，几株茂密的柳树掩

清明上河图（部分）

映着水阁台榭，下临大江。阁中一人独坐眺望，童子侍立，远处落霞孤骛，烟水微茫，景物十分辽阔。画法工整，山石轮廓用较干笔皴擦点染，线条变幻流畅，风格潇洒苍秀，构图不落俗套。此画近于南宋院体，和他借鉴北宋、元代的作品风格不同，是他盛年时的得意之作。画上自题诗曰："画栋珠帘烟水中，落霞孤鹜渺无踪。千年想见王南海，曾借龙王一阵风。"显然是在借《滕王阁序》作者王勃的少年得志，为自己坎坷的遭遇吐不平。

唐寅，字伯虎，明代江南四大才子之一，工诗画，擅书法。尤以山水画见长。多表现雄伟险峻的重山复岭，楼阁溪桥，四时朝暮的江山胜景，也有描写亭榭园林，文人逸士悠闲的生活。多有名作传世，《落霞孤鹜图》便是其一。

戴进《春山积翠图》 02.0202040950

《春山积翠图》，明，纵141厘米、横53.4厘米。现藏上海博物馆。

此图为纸本、墨笔，款识"正统己巳上元日钱塘戴文进为文序至契写出春山积翠图"，铃印"文进"、"静庵"。描绘了一位老者曳杖前行，后跟一抱琴童子，走在山间路上，山树旷达，静谧空幽的情景。整幅作品由二大斜向切入，近景以浓郁的松冠为主体；中景以浓墨点出树林；远景用淡墨稍示山形，施以苔点。近、中、远景物层次自然推出，简洁明快，颇具气势。画面中心几株苍劲虬松屈曲盘桓，生意盎然。此图云气采用浸化渲染留出空白，隐无笔痕又弥漫流动。烟霭于画底油然而生，依山坡斜势施以皴笔，虽寥寥数笔，但将山坡质地表现毕至；小景山峦用笔轻快疏爽，虚实相映；山腰虚处薄雾环绕，宛若轻纱遮盖，穿过两山之间，消失在谷底尽头。使峡谷中的茅舍树林深幽隐藏，景致愈远愈迷朦。不仅加强了画面的空间层次感，也充满了一种清静、悠闲、舒适的士大夫生活情趣。

戴进（1388～1462年），明代"浙派"绘画的开创者，擅画山水、人物，作品意深境远，对后世山水画法影响极大。

郑燮《竹石图》 02.0202041050

《竹石图》，清，纵179厘米、横95厘米。现藏上海博物馆。

此图为纸本、墨笔、立轴，是郑燮的代表作品。画面极为简略概括，只有几棵竹子和一块瘦石，但却把竹子的挺拔和潇洒生动地表现出来。画面充满了生机和活力，确实是难得的珍品。全图都用墨色勾勒涂抹，墨有浓淡，使得老竹新芽各有特点，层次分明。虽然笔墨不多，但墨竹的潇洒神态一览无余。竹下的石块极为瘦硬，正和挺拔的竹子相呼应，也是寥寥几笔而成。画面下部的竹干之间还夹杂着一段长跋，说明竹子的特点和自己对画竹的理解。郑燮（1693～1765年），清初著名书画家、文学家，为"扬州八怪"之首，字克柔，号板桥，江苏兴化人。郑板桥的书、画皆精，绘画尤擅兰竹，他的兰竹皆挺、瘦、劲，实际上是他孤傲气节的反映。

（五）其　他

人物御龙帛画 02.0202050150

人物御龙帛画，战国中晚期，长37.5厘米、宽28厘米。现藏湖南省博物馆。

此帛画出土时平放在椁盖板与棺材之间，应是引魂升天的铭旌，因年代久远已呈棕黄色。描绘巫师乘龙升天的情景。巫师宽袍高冠，腰佩长剑，手执僵绳，神情潇洒地驾驭巨龙。龙首轩昂，龙尾翘卷，龙身为舟，迎风奋进。龙尾之上立有长颈仙鹤，龙体之下有游鱼。人、龙、鱼均向左，以示前进方向，连华盖上的缨络也迎风飘动。整个画面呈行进状，充满了动感。

帛画的绘画手法以单线勾勒与平涂、渲染兼用，人物略施彩色，其余用金、白粉彩。金白粉彩画法是迄今首次发现。从构思上看，画面布局合理，比例准确。画像线条流畅，想象丰富，表现了楚国艺术谲异莫测的独特风格。

马王堆帛画 02.0202050250

马王堆帛画，西汉，上部宽92厘米、下部宽47.7厘米、长205厘米。现藏湖南省博物馆。

此帛画是西汉轪侯利仓之妻的随葬品，又称“非衣”。整体呈“T”字形，分为天上、人间、地下三部分，充满漫妙神奇色彩。帛画的上部左边有一月，右边有九日。在弯月下画一女子腾空飞翔，可能表示墓主人升天成仙。帛画中部就是一幅充满生活气息的墓主人出行图：一老妇身穿曲裾长袍拄杖而立，她就是利仓的妻子，其前有跪迎男子，后有三婢女随行。帛画下部一个脚踏双鱼的裸体男子双手举起象征大地的平板，旁边还有青、白两条龙以及两个背上驮有猫头鹰的龟，巨人前边还有游弋的水中生物。帛画看来复杂，包括神话世界中的天上、人间（阳间、阴间）、地下三部分，实际就是汉代先民想象中的宇宙空间。

帛画作者凭借高超的技巧把各种繁杂的事物有机地结合在一起。这幅帛画集装饰性和写实性于一体，线条流畅细腻，色彩丰富华美，构图严谨巧妙，是中国古代绘画艺术的优秀代表作。

朱碧山制支机杯　　02.0202050350

支机杯，元，高15.2厘米、长19.8厘米。现藏台北故宫博物院。

这件银槎杯为元代银工朱碧山所作。银槎表现的是西汉张骞出使西域寻找黄河源头巧遇牛郎织女的故事。其造型为几乎光秃的老树，树皮纹理清晰细密；一老者神态安详坐于槎内，右手拿着一块长石，石上有篆刻“支机”二字。槎底刻有篆书“槎杯”、“至正乙酉年造”的字样。槎尾刻七言诗一首：“欲造银河隔上阑，时人浪说贯银湾，如何不觅天孙锦，止带支机片石还。”诗文下镌有“碧山子”印。

兽首玛瑙杯　　02.0202050450

兽首玛瑙杯，唐，高6.5厘米、长15.6厘米。现藏陕西省历史博物馆。

此杯是选用极为罕见的红色玛瑙雕制而成。构思精巧，造型优美，质地珍贵，做工精细。此件玛瑙色质复杂，外红内淡，中心乳白，层次分明，光鲜润泽。杯口有两条竖向圆凸弦纹，线条流畅。横向纹理一端被琢成圆眼、大耳、有角的兽首，这也是整个玛瑙杯的精华所在。兽眼黑白分明，炯炯有神；耳朵肥大，高高竖起；兽角粗壮弯曲，兽嘴上镶有黄金，突出其完美的造型。兽首的肌肉也被雕琢得入木三分，细看像牛首又像羊首，很难定名，所以就称其为兽首。

整个杯塑造了猛兽飞驰疾奔的时候向前冲的一瞬间，曲尽其妙，生动逼真。经专家确定，这只兽首玛瑙杯国内罕见，是否来自国外尚待考证。

张成造卷云纹剔犀盒　　02.0202050550

张成造卷云纹剔犀盒，元，直径14.8厘米、高6.2厘米。现藏安徽省博物馆。

此盒圆形，木胎，用黑色漆相间涂堆约百道，漆层十分肥厚，盖面和盒身均雕如意云纹。盘中刻一朵盛开的双瓣栀子花，旁刻四个含苞欲放的花蕾与穿插自如的枝叶。盘边雕朱漆卷曲的香草纹。纹样依圆心三分，各有一组云纹，三级相同，极富韵律，构图也很严谨，此盒刀法深峻，磨工圆润，漆色光亮温莹，纹样曲线流畅，有流动感、不同色漆层的纹理又加强了这一感觉。盒底部有针划款“张成造”三字。

剔犀是雕漆的一种，是用两种或三种色漆髹成，然后用刀剔刻出云钩、回纹、剑环、绦环等图案，在刀口断面显露出不同的色层。由于所用图案云纹占多数，故又名曰“云雕”。张成以制剔红器最得名，剔犀器稀见。此件作品是张成剔犀作品中最优秀的一件，也是整个元代剔犀作品中最优秀的一件。

云纹彩绘漆盒黛砚　　02.0202050650

云纹彩绘漆盒黛砚，汉，长19.5厘米、高1.6厘米。现藏扬州博物馆。

此砚由底、盖两部分组成一个木盒，内嵌长方形石板及正方形研磨石。盒呈圆角长方形，由楠木制成。盖上部一圆孔与放置在盒中的研磨石相连。盒外黑漆地朱绘，盒内则朱漆地黑绘，纹饰以一圆几何纹作边饰，中间以一纤细的火焰状云气纹为主体，并绘有锦鸡、喜鹊、兽首、羚羊等动物形象。漆画技法简略飘忽，将小动物在云间自在遨游的恬静姿态刻画得淋漓尽致。

黛砚是古人用于画眉的化装用具，同时具备砚台的特性和功能。这件黛砚，造型别致，刻画精美，生动传神，是砚中珍品，也是早期女性粉装的历史凭证，对研究汉代文化艺术具有重要意义。

黄花梨圆后背交椅　02.0202050750

黄花梨圆后背交椅，明，高97.5厘米、宽69.2厘米、深45.7厘米。现藏北京故宫博物院。

交椅是一种可以折叠的交足椅子，其基本结构早在宋代已经定型。此椅整体协调匀称，靠背板界成三段。上段一窠浮雕近似卷草，乃从双螭纹变出，却无动物形象，圆婉有致。中段端立一鼎三足，为图案化“寿”字。其上有大小两螭，顾盼有情。下卧一螭，翻滚欲起。宽者钟缠枝莲，窄者锤香草纹，黑地白章，灿然夺目。脚踏上用铁帽钉固定镂有古老钱、犀角等杂宝长片，尤饶古趣。座屉前档立面饰双螭纹。着地两根长材与后足相交处用纯银錾花饰件，是迄今仅见一例。构件交接处均用钢皮包裹。

此种交椅传世甚稀，该椅造型灵巧稳重，雕饰简单恰当，美观实用，为明代家具的上乘佳作。

朱鹤竹雕松鹤笔筒　02.0202050850

松鹤笔筒，明，高17.8厘米，直径8.9～14.9厘米。现藏南京博物院。

该笔筒宽窄不等，在竹筒上雕刻出一幅生动传神的吉祥图：竹筒上松树面有两只仙鹤一只欠身伸足，一只徐步出迎，两鹤相见，各自引颈相亲，情意绵绵。刀法剔透洗练，干净清爽。松干的雕刻，大瘿小节密布，起伏变化，栩栩如生，展示了一幅人们祈盼幸福，向往美好生活的“松鹤延年”图。款识阴文，刻于松皮卷脱露木处。题款共有五行，为行楷体，法效晋唐风格。

此件竹雕笔筒是明代嘉靖、万历年间竹雕名家朱鹤的雕刻艺术精品。朱鹤喜绘画精诗文，更长于雕刻，善于在竹筒上刻山水、人物、鸟兽等图案。“松鹤竹雕笔筒”是其代表作之一，是明代竹雕艺术的上乘之作，具有宝贵的艺术价值和欣赏价值。

万历帝金丝冠　02.0202050950

万历帝金丝冠，明，高24厘米，直径17.5厘米。重826克。现藏定陵博物馆。

此冠为明代万历皇帝常服冠戴，制作工艺技巧登峰造极，达到了炉火纯青的地步。分为“前屋”、“后山”和“金折角”三个部分，全系金制。前屋部分，以518根0.2毫米细的金丝编成“灯笼空儿”花纹。空档均匀、疏密一致，无接头断丝，轻盈透明。后山部分组装有二龙戏珠图案的金饰件，其中二龙的头、爪、背鳍和二龙之间的火珠，全部采用阳錾工艺进行雕刻，呈半浮雕效果；龙身、龙腿等部位则采用传统的掐丝、垒丝、码丝工艺进行制作，每个鳞片均以金丝搓拧成的花丝码焊成形。

这顶皇冠色泽纯正、高贵，结构巧妙，制作精细，是一件难得的艺术珍品。为研究古代服装冠服制度、明代金银工艺等提供了极为形象具体的佐证。

戗金云龙纹漆箱　02.0202051050

戗金云龙纹漆箱，明，高61.5厘米，宽58.5厘米。现藏山东省博物馆。

此件漆器共分三层，上层为套盒，中空，下层是抽屉。内外均涂朱漆，箱顶及四侧以戗金云龙纹装饰。龙纹为五爪龙形象，闭口披发、细鳞卷尾。明代初年，五爪龙纹装饰是皇帝和皇族专享，这表明漆箱的主人身份于地位非同一般。

漆器的戗金工艺，是宋代的新创造，即用勾刀在漆面上雕刻出纤细的花纹，然后在刻纹中填上金粉，由此自然形成金色花纹。这件戗金云龙纹漆箱的戗金工艺极为熟练，运刀迅疾，刚劲挺秀，金色闪烁，光彩夺目，是明初戗金工艺的典范。

朱檀墓出土戗金漆箱

历史文化名城（名镇、名村）

国家历史文化名城由中华人民共和国国务院确定并公布。是国家1982年根据北京大学侯仁之、建设部郑孝燮和故宫博物院单士元三位先生提议而建立的一种文物保护机制。被列入名单的均为保存文物特别丰富、具有重大历史价值或者纪念意义、且正在延续使用的城市。目前已公布三批共103座国家历史文化名城。第一批，1982年2月8日公布，共24处；第二批，1986年12月8日公布，共38处；第三批，1994年1月4日公布，共37处；第三批增补，2001年8月10日公布1处，2001年12月17日公布1处，2004年10月1日公布1处，2005年4月14日公布1处。

中国历史文化名镇，是由建设部和国家文物局共同评定的，保存文物特别丰富且具有重大历史价值或纪念意义，能较完整地反映一些历史时期的传统风貌和地方民族特色的镇。现已公布两批共26处。第一批，2003年10月8日公布，共10处；第二批，2005年9月16日公布，共34处。

中国历史文化名村，是由中华人民共和国建设部和国家文物局共同评定的，保存文物特别丰富且具有重大历史价值或纪念意义，能较完整地反映一些历史时期的传统风貌和地方民族特色的村。通常和中国历史文化名镇同时公布。现已公布两批共36处。第一批，2003年10月8日公布，共12处；第二批，2005年9月16日公布，共24处。

本节部分选取已经公布的各地名城、名镇和名村，加以介绍，范围基本覆盖全国。

附（名 录）

国家第一批历史文化名城名单

（国务院1982年2月8日批准）

1．北京
2．承德
3．大同
4．南京
5．苏州
6．扬州
7．杭州
8．绍兴
9．泉州
10．景德镇
11．曲阜
12．洛阳
13．开封
14．江陵
15．长沙
16．广州
17．桂林
18．成都
19．遵义
20．昆明
21．大理
22．拉萨
23．西安
24．延安

国家第二批历史文化名城名单

（国务院1986年12月8日批准）

1．上海
2．天津
3．沈阳
4．武汉
5．南昌
6．重庆
7．保定
8．平遥
9．呼和浩特
10．镇江
11．常熟
12．徐州
13．淮安
14．宁波
15．歙县
16．寿县
17．亳州
18．福州
19．漳州
20．济南
21．安阳
22．南阳
23．商丘
24．襄樊
25．潮州
26．阆中
27．宜宾
28．自贡
29．镇远
30．丽江
31．日喀则
32．韩城
33．榆林
34．武威
35．张掖
36．敦煌
37．银川
38．喀什

国家第三批历史文化名城名单

（国务院 1994 年 1 月 4 日批准）

1. 正定
2. 邯郸
3. 新绛
4. 代县
5. 祁县
6. 哈尔滨
7. 吉林
8. 集安
9. 衢州
10. 临海
11. 长汀
12. 赣州
13. 青岛
14. 聊城
15. 邹城
16. 临淄
17. 郑州
18. 浚县
19. 随州
20. 钟祥
21. 岳阳
22. 肇庆
23. 佛山
24. 梅州
25. 海康
26. 柳州
27. 琼山
28. 乐山
29. 都江堰
30. 泸州
31. 建水
32. 巍山
33. 江孜
34. 咸阳
35. 汉中
36. 天水
37. 同仁

2001 年 8 月 10 日　增补　山海关
2001 年 12 月 17 日增补　凤凰
2004 年 10 月 1 日　增补　濮阳
2005 年 4 月 14 日　增补　安庆

中国历史文化名镇（第一批）名单

（中华人民共和国建设部、国家文物局 2003 年 10 月 8 日公布）

1. 山西省灵石县静升镇
2. 江苏省昆山市周庄镇
3. 江苏省吴江市同里镇
4. 江苏省苏州市吴中区甪直镇
5. 浙江省嘉善县西塘镇
6. 浙江省桐乡市乌镇
7. 福建省上杭县古田镇
8. 重庆市合川县涞滩镇
9. 重庆市石柱县西沱镇
10. 重庆市潼南县双江镇

中国历史文化名镇（第二批）名单

（中华人民共和国建设部、国家文物局 2005 年 9 月 16 日公布）

1. 河北省蔚县暖泉镇
2. 山西省临县碛口镇
3. 辽宁省新宾满族自治县永陵镇
4. 上海市金山区枫泾镇
5. 江苏省苏州市吴中区木渎镇
6. 江苏省太仓市沙溪镇
7. 江苏省姜堰市溱潼镇
8. 江苏省泰兴市黄桥镇
9. 浙江省湖州市南浔区南浔镇
10. 浙江省绍兴县安昌镇
11. 浙江省宁波市江北区慈城镇
12. 浙江省象山县石浦镇
13. 福建省邵武市和平镇
14. 江西省浮梁县瑶里镇
15. 河南省禹州市神垕镇
16. 河南省淅川县荆紫关镇
17. 湖北省监利县周老嘴镇
18. 湖北省红安县七里坪镇
19. 湖南省龙山县里耶镇
20. 广东省广州市番禺区沙湾镇
21. 广东省吴川市吴阳镇
22. 广西灵川县大圩镇
23. 重庆市渝北区龙兴镇
24. 重庆市江津市中山镇
25. 重庆市酉阳土家族苗族自治县
26. 四川省邛崃市平乐镇
27. 四川省大邑县安仁镇
28. 四川省阆中市老观镇
29. 四川省宜宾市翠屏区李庄镇
30. 贵州省贵阳市花溪区青岩镇
31. 贵州省习水县土城镇
32. 云南省禄丰县黑井镇
33. 甘肃省宕昌县哈达铺镇
34. 新疆维吾尔自治区鄯善县鲁克沁镇

中国历史文化名村（第一批）名单

（中华人民共和国建设部、国家文物局2003年10月8日公布）

1．北京市门头沟区斋堂镇爨底下村
2．山西省临县碛口镇西湾村
3．浙江省武义县俞源乡俞源村
4．浙江省武义县武阳镇郭洞村
5．安徽省黟县西递镇西递村
6．安徽省黟县宏村镇宏村
7．江西省乐安县牛田镇流坑村
8．福建省南靖县书洋镇田螺坑村
9．湖南省岳阳县张谷英镇张谷英村
10．广东省佛山市三水区乐平镇大旗头村
11．广东省深圳市龙岗区大鹏镇鹏城村
12．陕西省韩城市西庄镇党家村

中国历史文化名村（第二批）名单

（中华人民共和国建设部、国家文物局2005年9月16日公布）

1．北京市门头沟区斋堂镇灵水村
2．河北省怀来县鸡鸣驿乡鸡鸣驿村
3．山西省阳城县北留镇皇城村
4．山西省介休市龙凤镇张壁村
5．山西省沁水县土沃乡西文兴村
6．内蒙古土默特右旗美岱召镇美岱召村
7．安徽省歙县徽城镇渔梁村
8．安徽省旌德县白地镇江村
9．福建省连城县宣和乡培田村
10．福建省武夷山市武夷乡下梅村
11．江西省吉安市青原区文陂乡渼陂村
12．江西省婺源县沱川乡理坑村
13．山东省章丘市官庄乡朱家峪村
14．河南省平顶山市郏县堂街镇临沣寨（村）
15．湖北省武汉市黄陂区木兰乡大余湾村
16．广东省东莞市茶山镇南社村
17．广东省开平市塘口镇自力村
18．广东省佛山市顺德区北滘镇碧江村
19．四川省丹巴县梭坡乡莫洛村
20．四川省攀枝花市仁和区平地镇迤沙拉村
21．贵州省安顺市西秀区七眼桥镇云山屯村
22．云南省会泽县娜姑镇白雾村
23．陕西省米脂县杨家沟镇杨家沟村
24．新疆维吾尔自治区鄯善县吐峪沟乡麻扎村

一、历史文化名城

北京　　02.0203010150

北京，中华人民共和国首都，直辖市，中国的政治中心和文化中心，重要的工商业城市、交通枢纽。

北京的历史可以追溯到近3000年前。春秋战国时期，蓟国在北京地区建立城市，后燕国迁都于此，称为燕京。秦汉以来，北京地区一直是中国北方的重镇。1272年，元朝定都北京，称为大都，始建大都城。

明朝，燕王朱棣（明成祖）夺得皇位后，于永乐元年（1403年）改北平为北京，“北京”从此得名。永乐十九年（1421年），明朝迁都北京。1644年，清朝政府入关后随即定都北京，直至1911年结束。元、明、清三代以北京为都，历代共传34位皇帝，延续700余年。

作为古都，北京市现存众多历史、文化古迹，市区内外古建筑林立，有皇宫、王府、皇家园林、民居四合院、城墙、城楼、寺院、古塔、长城、帝王陵寝等，其中的明清皇宫紫禁城和皇家园林天坛、颐和园及郊区的明朝皇陵十三陵、八达岭长城，被列入《世界遗产名录》。

1982年，北京被国务院评为国家历史文化名城。

天津　　02.0203010250

天津，直辖市，位于华北平原东北部，渤海西岸，地处海河五大支流汇合处，是华北最大的水陆交通枢纽和经济中心。

天津地区的形成始于隋朝京杭大运河的开通，明永乐二年（1404年）始称天津。

天津历史遗址多，出土文物丰富，有40处国家级和市级重点文物保护单位。其中有始建于隋朝的蓟县独乐寺，还有黄崖关长城、天后宫、文庙、大

沽口炮台、望海楼教堂、广东会馆以及周恩来青年时代在天津革命活动纪念馆等。

天津的民间艺术驰名天下。“泥人张”、“杨柳青年画”、“魏记风筝”、“刻砖刘”并称津门四大民间艺术；天津也是有名的曲艺之乡，是传统相声的发源地。

1860年，天津被辟为通商口岸，成为当时中国仅次于上海的第二大工商业城市和北方最大的金融商贸中心。由于开埠较早，且有九国租界，19世纪末到20世纪初，东西方各国在此遗留各类建筑一千多幢，因此天津有“万国建筑博物馆”之称。

1986年，天津被国务院评为国家历史文化名城。

承德 02.0203010350

承德旧称“热河”，位于河北省东北部，南邻京津，北靠辽蒙，市区年平均气温摄氏8.8℃，是夏季避暑胜地。

承德早在商周时期即有戎、胡（中国古代少数民族）居住。清朝属直隶省，民国时期曾为热河省省会，1955年改为承德市。

1994年，位于承德市的避暑山庄及其周围寺庙被联合国教科文组织列入《世界遗产名录》。这里的人文景观与自然景观交相辉映，避暑山庄、外八庙是中国十大风景名胜之一、国家重点风景名胜区之一、中国旅游胜地四十佳之一；承德的“丹霞地貌”经大自然千百万年的精雕细刻，形成了千姿百态的自然奇观。市区周围也点缀着许多著名景观：北有承德皇家狩猎名苑木兰围场，南有雾灵山国家自然保护区，西有金山岭长城，东有朝阳洞、汤泉行宫等。

承德素有“塞外京都”、“紫塞明珠”的美誉，1982年被国务院评为国家历史文化名城。

保定 02.0203010450

保定位于河北省中西部，西依太行山，东滨白洋淀，与京、津呈三足鼎立，历来为军事重镇。清朝时是直隶总督所在地，中华民国时是北洋政府所在地。在近300年的历史上，一直是直隶和河北省的政治、军事、文化中心。

保定历史上人文荟萃，名人辈出。侠士荆轲，汉昭烈帝刘备，宋太祖赵匡胤，元代戏曲大师关汉卿、王实甫，科学家祖冲之、郦道元等都诞生于此。历史古迹有古代园林古莲池、全国保存最完整的省级衙署直隶总督署、易县清西陵、定州开元寺塔和出土金缕玉衣、长信宫灯的西汉中山靖王墓等。

我国近代史上第一所陆军军官学校建在保定。叶挺、蒋介石、白崇禧、陈诚等众多国共两党将官都曾在该校读书。境内有著名的冉庄地道战遗址，为全国重点文物保护单位。

1986年，保定被国务院评为国家历史文化名城。

祁县 02.0203010550

祁县位于山西省中部、汾河东岸，与世界遗产平遥古城相毗邻。

祁县古城始建于北魏孝义帝太和年间（477～499年），城市布局设计严谨周密，建筑工艺精巧细致。古城东西长850米，南北宽700米，周长3公里。旧时城墙砖砌到顶，外筑护城河，设四道城门，门顶筑有匾额。虽然因战争的破坏和风雨沧桑，城墙不复存在，但城内建筑保存完好，风韵格局依旧引人注目。

整个古城，集古街巷、古寺庙、古店铺、古民宅于一体，结构合理，而且井然有序，浑然一体，组成了一个建筑宏伟、完整的古文物群。这是祁县明、清时期商业兴盛的历史见证，也是研究我国古代县城构筑、街道规划、民宅建设和商业网点布局不可多得的实物资料。

祁县与邻近的平遥、太谷，都是晚清时期中国的金融中心之一、晋商云集之所，历来有“金太谷、银祁县、铜平遥”之赞誉。

1994年，祁县被国务院评为国家历史文化名城。

沈阳 02.0203010650

沈阳，辽宁省省会，位于东北地区的南部，是辽宁省和东北地区的政治、经济、文化中心和全国著名的重工业城市。

沈阳市是多民族居住的地区，除汉族外，还有满族、朝鲜族、回族、锡伯族、蒙古族等三十二个少数民族。沈阳地区以平原为主，地势平坦，山地丘陵集中在东南部，属辽东山地丘陵的延伸部分。西部是辽河、浑河冲积平原，地势由东北向西南缓缓倾斜。境内有辽河、浑河、北沙河、新开河、南运河等河流。

沈阳曾是清朝的都城，1625年努尔哈赤定都于此，兴建沈阳城，1634年改名为盛京。1644年，清朝迁都北京后，成为陪都。现在的沈阳城内外，名胜古迹颇多，有两处世界遗产：2000年，清福陵、清昭陵和其他几处明清皇陵一并被列入《世界遗产名录》。2004年，沈阳故宫作为明清皇宫文化遗产扩展项目列入《世界遗产名录》。

1986年，沈阳被国务院评为国家历史文化名城。

吉林 02.0203010750

吉林，曾名永吉，吉林省的一个地级市，中国唯一与省同名的城市，省内第二大城市。原名吉林乌拉，满语意为“沿江”。吉林省因吉林城而得名。

吉林市有松花江、松花湖、红石湖、白山湖、长白山天池等自然景观，还有我国世界遗产之一的高句丽古城遗址、乌拉古城、吉林文庙、北山古庙群和哥特式建筑天主教堂等众多人文遗存。

1994年，吉林被国务院评为国家历史文化名城。

吉林文庙鸟瞰

哈尔滨 02.0203010850

黑龙江省省会哈尔滨市地处松嫩平原东部，松花江右岸，是黑龙江省政治、经济、科技、文化中心和交通枢纽。

哈尔滨，满语意为晒网场。现代的哈尔滨即起源于1898年俄国对东清铁路的修筑。20世纪初期，来自包括美国、德国、波兰、日本及法国在内33个国家的16万侨民移居到哈尔滨，先后共有16个国家在哈尔滨建立了领事馆并建立了数千个工商银行及各种企业。中国人也开始在此发展酿造、食品和纺织等工业。哈尔滨成为北亚的经济、金融和运输中心，也因此奠定了作为中国东北部中心和国际化城市的地位，其独特的深受俄罗斯和欧洲风格影响的建筑及街市景观闻名遐迩。

哈尔滨马迭尔宾馆

哈尔滨不仅荟萃了旧石器时代的阎家岗遗址、金代平乐城址等北方少数民族的历史文化，而且有融合了中外文化的文庙、极乐寺、东正教圣母升天教堂、索非亚教堂等古迹。

1994年，哈尔滨被国务院评为国家历史文化名城。

西安 02.0203010950

西安，陕西省省会，全省政治、经济、文化和交通中心，位于黄河流域的关中平原的中部，南依秦岭，北临渭河，是中华民族的重要发祥地，也是整个亚洲最重要的人类起源地和史前文化中心之一。

西安古名长安，古代丝绸之路的起点，曾是世界上最大的都城。历史上先后有西周、秦、西汉、新莽、东汉、西晋、前赵、前秦、后秦、西魏、北周、隋、唐十三个王朝在此建都。无数的历史事件在这里发生，给古城西安留下了极为丰富的文化遗产。多年来共出土文物12万余件。全市各级文物保护单位314处。其中有碑林，大、小雁塔，钟楼，半坡遗址，明城墙等。还有汉城、唐城、阿房宫、未央宫、长乐宫、大明宫等古遗址。革命纪念地有八路军驻西安办事处旧址。已探明的唐代大明宫遗

址，规模无比宏大，是北京紫禁城的四倍。

1982年，西安被国务院评为国家历史文化名城。

喀什　02.0203011050

喀什全称喀什噶尔，突厥语“玉”的意思，位于新疆维吾尔自治区西南部，帕米尔高原和塔里木盆地的交会处，中国最西端的城市。

千余年来，喀什一直是南疆的第一大城，是天山以南地区的政治、经济、文化、交通和军事中心。它是古代丝绸之路北、中、南线的西端总交会处，历来就是中西交通枢纽和商品集散地，贸易非常发达，有“集市王国”之称。

喀什自古文艺兴盛，男女老幼皆能歌善舞，当地流行的木卡姆舞曲，于2005年被列入世界遗产名录。喀什历史悠久，古迹众多，兴建于15世纪的艾提尕尔清真寺是中国规模最大的清真寺，是全疆的伊斯兰教活动中心和喀什的标志性建筑。此外，还有经学院、佛教洞窟、古代遗址和多处古代墓葬。

喀什民俗风情浓郁、历史文化景观独特，在整个新疆地区最具典型性和代表性。

1986年，喀什被国务院评为国家历史文化名城。

曲阜　02.0203011150

曲阜位于山东省西南部，是儒家学派创始人孔子的故乡。

自西汉起，孔子的后人便接受历代朝廷的封赏，逐渐成为中国的第一大家族，并延续至今。孔氏家庙和府第在历代封建帝王的支持下不断扩建，现已形成规模十分宏大的建筑群。其北的孔林是孔氏家族的墓地，大约有十万余座墓冢，是世界上规模最大的家族墓地。

曲阜城内外还遍布着祭祀孔子大弟子颜回的庙宇和西夏侯遗址、周公庙、春秋书院、汉鲁王墓、少昊陵、石门寺、宋景灵宫旧址等无数文物古迹。

1982年，曲阜被国务院评为国家历史文化名城。1994年，曲阜孔府、孔庙、孔林（“三孔”）被联合国教科文组织列入了《世界遗产名录》。

南京　02.0203011250

南京，古称“金陵”，江苏省省会。

公元前472年，越国大夫范蠡在此筑城。此后，东吴、东晋，南朝的宋、齐、梁、陈等王朝建都于此，史称六朝。除此之外，南唐、明初、太平天国，以及国民党政府也曾建都于此，因此又被称为“六朝胜地、十代都会”。

自古南京沧桑阅尽、风霜饱受。石头城下、秦淮河边、大明皇宫、天王府邸、中山陵旁、雨花台前，斑斑史迹处处遗址，都见证了历史文化名城南京的兴衰繁盛。

南京　“山水城林”浑然一体，融中华皇家气韵与江南水乡风光于一体，拥有丰富多样的风景名胜和历史遗迹。著名历史遗迹有明代城墙、明代开国皇帝朱元璋陵寝明孝陵、江南贡院和江南园林瞻园、煦园等。

1982年，南京被国务院评为国家历史文化名城。2003年，明孝陵被列入《世界遗产名录》。

苏州　02.0203011350

苏州是江苏省的地级市，位于江苏省东南部，是江南典型的水乡古城。

春秋时期（公元前514年），吴王阖闾在此建都城，其规模迄今基本未变，为世界罕见。隋开皇九年（589年）置苏州。明改苏州府，直隶南京。清为江苏巡抚驻地。苏州别称有吴都、吴会、吴门、东吴、吴中、吴下、姑苏、长洲、茂苑等。

苏州以古典私家园林著称。园林建筑起始于春秋时期，形成于五代，成熟于宋代，兴盛于明代。到清末苏州已有各色园林一百七十多处，现保存完整的有六十多处。苏州园林是由建筑、山水、花木组成的综合艺术品，集自然美，建筑美，绘画美于一身，是我国文化宝库中的珍贵遗产。苏州园林不仅具有极高的艺术性，也极具历史文化研究价值。

1982年，苏州被国务院评为国家历史文化名城。1997年12月，以拙政园、留园、网师园和环秀山庄为代表的苏州古典园林被列入《世界遗产名录》。

绍兴　02.0203011450

绍兴位于浙江省中北部、杭州湾以南。

春秋时期，这里为越国都城。秦初为会稽郡的属地，后置山阴县，隋置越州。南宋绍兴年间改越州为绍兴，取“绍祚中兴”之义，升绍兴府。1912年废府，会稽、山阴合并设绍兴县。1950年设市，1983年7月成为省辖市。

绍兴以其水乡风光闻名于世。境内有大小河流

绍兴

1900公里，纵横的河道如街道。共有229座古桥，这些别致有趣的纤桥、拱桥、平桥、廊桥形成了独特的人文景观，为绍兴赢得了“桥乡”的美称。绍兴的民居风格古朴，色彩鲜明，青砖、灰瓦、粉墙、乌黑廊柱，有典型的宋朝遗风。

绍兴历史悠久，名人辈出。巾帼英雄秋瑾，学界泰斗蔡元培，伟人周恩来，文学巨匠鲁迅、周作人等，这些名字与绍兴紧紧联系在一起，成为绍兴人的骄傲。

1982年，绍兴被国务院评为国家历史文化名城。

泉州 02.0203011550

泉州是福建省三大中心城市之一，地处我国东南沿海，与台湾隔海相望，是全国著名的侨乡和台湾汉族同胞的主要祖籍地。

泉州是古代“海上丝绸之路”的起点。自古海上交通发达，唐代成为我国海外交通的四大港口之一。北宋时期，朝廷在泉设置市舶司。逮至宋元，泉州海外贸易空前繁盛，成为“梯航万国”、“舶商云集”的名城。意大利旅行家马可·波罗和摩洛哥人伊本·白图泰在游记里记载了这个因栽刺桐树而得名“刺桐城”的繁荣景象，誉之为与埃及亚历山大港齐名的“东方第一大港”。在中世纪的辉煌时期，佛教、伊斯兰教、基督教（景教）、印度教、摩尼教、犹太教等宗教传教士，波斯、阿拉伯、印度诸国商人纷沓而来，与泉州人和睦相处，共荣共息，创造了灿烂的历史文化，留下众多弥足珍贵的文化遗产，享有着“世界宗教博物馆”美誉。

泉州山川绚丽，人文荟萃，被誉为“海滨邹鲁”。文化底蕴浓厚为世称道，有中国第一部军事著作《武经总要》总纂者北宋名相曾公亮、明代著名思想家李贽、抗倭名将俞大猷、驱逐荷虏开台烈祖郑成功等等。此外，泉州民族民间文化极其丰富，有晋唐古乐余韵的南音、宋元南戏“活化石”梨园戏、“中国一绝”的提线木偶、蜚声海内外的南少林武术，琳琅满目，不一而足。

1982年，泉州被国务院公布为国家历史文化名城。

泉州——刺桐映双塔

长汀　02.0203011650

长汀，地处福建西部，武夷山南麓，闽赣边陲重镇和交通要冲。1994年，被国务院评为国家历史文化名城。

汉、晋以来，中原汉民即在汀州这块土地上开拓耕耘，在汀江流域形成了“客家人”。自唐开元至清末，长汀一直是州、郡、路、府的治所，闽西政治、经济、文化中心。

第二次国内革命战争时期，长汀是福建苏区的首府，中央苏区的经济中心。当年，中共福建省委、省苏维埃政府、省军区、团省委、省总工会等一大批省级机关均设在这里。1934年，中国工农红军红九军团从这里出发，开始长征。

长汀城内有众多名胜古迹和传统街区，如始建于唐的古城墙，宏大壮观的宋代试院、汀州文庙、汀州天后宫和南大街、东大街、五通街等传统街区。悠久厚重的历史文化、光辉灿烂的红色文化和多姿多彩的客家文化，三位一体，交相辉映，构成福建西部一幅独具特色令人神往的画卷。

长汀还是汀州美食发祥地，长汀美食博采各方之精华，打造出数百种美味家肴，形成了独具特色的客家美食文化。

长汀店头街

开封　02.0203011750

开封市位于河南省东部，中国著名古都之一，旧称大梁，又称汴梁。

从公元前364年魏国国都迁大梁（今开封）始，先后有后梁、后晋、后汉、后周、北宋、金等七个朝代在此建都，素有“七朝古都”之称。开封在北宋（960～1127年）时期盛极一时，其时城郭宏伟，水陆交通发达；商贾云集，商业隆盛；人口愈百万，成为当时世界上少有的大都市之一。清朝，开封为河南省署，是中原地区政治、经济、文化中心。民国时期仍是河南省会。

市内古建筑群林立，宋、元、明、清、民国初年各个时期特色建筑齐备。除原有的龙亭、铁塔、相国寺等古迹外，新建的宋都御街和清明上河园真实再现了北宋京城的风貌。

开封是有名的书画之乡、戏曲之乡，产生过“苏、黄、米、蔡”四大书法派系，豫剧祥符调和河南坠子也发源于此。开封还是豫菜发祥地，老字号开封“第一楼”灌汤包子更是名冠华夏。

1982年，开封被国务院评为国家历史文化名城。

开封大梁门

武汉　02.0203011850

武汉，湖北省的省会，是华中地区最大的城市。长江及其最大的支流汉水横贯市区，将武汉一分为三，形成了武昌、汉口、汉阳三镇隔江鼎立的格局，故有“江城”之称。汉口与朱仙镇、景德镇、佛山镇并称天下“四大名镇”。

武汉的建城历史可以上溯到公元前1500年的盘龙城。盘龙城遗址是商朝方国宫城，是迄今中国发现及保存最完整的商代古城。223年，孙权在今武昌建夏口城。武汉城内河汉交错，历史上一直都是中国的水上交通枢纽，有“九省通衢”的美誉。交通便利引发商业繁荣，明末清初，武汉成为“楚中第一繁盛”之地。清末的洋务运动，激起了武汉近代工业兴起和城市商品经济的发展。1911年，推翻清王朝的武昌起义，更使武汉之名响彻寰宇。1926

年，北伐军攻占武汉，1927年元旦，国民政府迁都武汉。

市区内历史景观有江南三大名楼之一黄鹤楼和清代禅院归元寺等，风景名胜有国家重点风景名胜区东湖。

1986年，武汉被国务院评为国家历史文化名城。

长沙　02.0203011950

长沙地处湖南东北部，湖南省省会，全省的政治、经济、文化中心。1925年，毛泽东同志曾在此写就千古名篇《沁园春·长沙》。

春秋战国时期，长沙为楚国重镇和主要的粮食产地。秦统一中国后，设长沙郡。公元前202年，汉高祖封功臣吴芮为长沙王，立长沙国。隋、唐两代几度改称潭洲，明代改为长沙府，清代为湖南省治。

在悠久的文明史上，众多的文人墨客汇聚于此，使长沙成了名贤云集的“屈贾之乡”。这里人文荟萃，英雄辈出，有“潇湘洙泗”及“革命摇篮”之称。

长沙的历史遗迹有岳麓书院、马王堆汉墓、开福寺、天心阁、橘子洲头等。长沙还是著名的“山水洲城”，境内丘陵起伏，河川交错，山、河、洲、原、湖、城融为一体。长沙的湘菜、湘绣、湘戏都具有浓郁的湖湘文化特色。

1982年，长沙被国务院评为国家历史文化名城。

广州　02.0203012050

广州市，别称羊城，又称“花城”，广东省省会，是华南地区的经济、文化、交通中心。

226年，孙权建广州城。隋唐五代时期，广州已是世界著名的港口，一直到宋朝，始终保持着全国第一大港的地位。广州还是中国近、现代革命的策源地。三元里抗英斗争、黄花岗起义都发生在广州。孙中山在广州创办过黄埔军校，毛泽东在这里举办过农民运动讲习所，培养了大批革命骨干力量。

广州风景秀丽、名胜古迹众多，各级文物保护单位共219处。城区中山四路一带曾发掘出秦汉造船遗址和西汉南越国宫署遗址。目前，南越国遗址正在申报世界遗产。

广州地区有着极具特色的饮食文化和方言文化。人们常说“食在广州”，粤菜用料广博奇杂，独具特色。广州本地方言是粤语，形成了粤剧、南音、咸水歌等粤语文化，香港及多数海外华侨社区也是粤语文化的组成部分。

1982年，广州被国务院评为国家历史文化名城。

肇庆　02.0203012150

肇庆，简称肇，广东省的地级市。秦汉时期称“高要”，隋唐设“端州”，宋重和元年（1118年）改为肇庆府，意为“开始带来吉庆”，明清期间，两广总督府有170多年驻肇庆。

肇庆是中原文化和岭南文化的交会处，市内有300多处文物古迹：梅庵、悦城龙母祖庙、崇禧塔、宋城墙、阅江楼、丽谯楼、文明塔、黄岩洞、泰新桥、包公祠、德庆学宫、文塔、七星岩摩崖石刻群等。肇庆还是粤语的发源地。

位于市区中心的星湖风景名胜区是国家首批公布的全国重点风景名胜区之一。七星岩布列在6.5平方公里的湖面上，山崖上历代石刻引人注目，整个景区山环水绕，波光岩影，自然景观与人文景观浑为一体，享有“岭南第一奇观”之美誉。郊区的鼎湖山是广东四大名山之首，有“北回归线上的绿宝石”之称。

1994年，肇庆被国务院评为国家历史文化名城。

成都　02.0203012250

成都，四川省省会。成都所在的川西平原自古就被誉为“天府之国”。早在汉代，成都的织锦业已很发达，朝廷专门设置锦官，所以成都又称“锦官城”。又因五代后蜀后主孟昶，曾在成都城墙上遍植芙蓉花，又被称为“芙蓉城”。

成都是中国西南部开发最早的地区之一。夏代早期阶段，成都平原已形成了高度发达的金沙文明，它是古蜀文化发展的一个巅峰，也是中华民族文化的一个重要源头。公元前4世纪，蜀国开明王朝迁都至此，取周王迁岐“一年而所居成聚，二年成邑，三年成都”而名成都，沿用至今。成都是三国时期蜀国的都城，诸葛亮治理达到路不拾遗、夜不闭户的程度。

成都有着丰富的旅游资源。1500多年前的晋代诗人左思曾由衷地称它是“既崇且丽”。不论是李白还是杜甫都曾无限深情地歌颂过这座风姿绰约的城市。

1982年，成都被国务院评为国家历史文化名城。

昆明　　02.0203012350

昆明，云南省省会，处于云贵高原中部，市中心海拔1891米。南濒滇池，三面环山。气候温和宜人，夏无酷暑，冬无严寒；鲜花不谢，草木常青，四季如春，是极负盛名的“春城”。

昆明是我国著名的旅游城市，旅游资源十分丰富。著名的自然景观有滇池和石林等。作为西南古代文化的发祥地之一，城中还遗留着不少古代文化瑰宝，有大观楼、金刚寺等著名古迹。昆明市内有26个民族居住，多民族文化异彩纷呈。昆明是众多自然景观、人文景观和民族风情的荟萃之地。

抗日战争初期，北京、天津相继沦陷，北京大学、清华大学、南开大学三所高校奔赴昆明，组成临时大学，即举世闻名的西南联大。西南联大为我国培养了大批优秀人才，取得了辉煌成就。

1982年，昆明被国务院评为国家历史文化名城。

滇池

大理　　02.0203012450

大理市是云南大理白族自治州的州府，是滇缅、滇藏公路交会地，滇西的交通枢纽。

大理是一座千年古城，唐代的南昭国、宋代的大理国都曾将大理作为都城。大理有“风花雪月”四大景致，即“下关风、上关花、苍山雪、洱海月”，而大理古城则是整个风景名胜区的核心。城内棋盘式的格局和大量的民居建筑，均保持了历史风貌。古城以西的苍山属于云岭山系，山上植物种类丰富，有十九峰、十八溪、蝴蝶泉等景观，冬季雪景美丽。古城以东的洱海形如人耳，为中国第七大淡水湖，内有三岛四洲。雄伟挺拔的苍山、妩媚秀丽的洱海都位于古朴典雅的大理城周边，郊区还有崇圣寺三塔巍然屹立，山、海、城、塔浑然一体、相映成辉。

作为著名的白族聚居地，大理具有浓郁的民族风情。三坊一照壁、四合五天井的民居文化意趣盎然；三月街、石宝山歌会等民间节庆妙趣横生；白族三道茶品味悠长。

1982年，大理被国务院评为国家历史文化名城。

拉萨　　02.0203012550

西藏自治区首府拉萨是一座具有1300年历史的古城，位于雅鲁藏布江支流拉萨河北岸。全市总人口近37.3万，其中市区人口近13万，有藏、汉、回等31个民族，藏族人口占87%。

“拉萨”在藏文中为“圣地”或“佛地”之意，长期以来拉萨就是西藏政治、经济、文化、宗教的中心。早在7世纪，松赞干布兼并邻近部落、统一西藏后，从雅隆迁都逻娑（即今拉萨），建立吐蕃王朝。1750年，西藏废除君王制度，建立清朝地方政府。1951年5月23日，西藏和平解放，拉萨城进入了崭新的时代。

拉萨市区地处海拔3650米的河谷冲积平原，是世界上海拔最高的城市之一。地势由东向西倾斜，气候属高原温带半干旱季风气候区，年日照时数3000小时以上，故有“日光城”之称。高原古城拉萨湛蓝的天空、清澈的河水、新鲜的空气是其他城市所不可比拟的。

1982年，拉萨被国务院评为国家历史文化名城。

二、历史文化名镇

静升镇　02.0203020150

静升镇位于山西省灵石县城东北12公里处。清朝，这里农商发达，经济繁荣，静升镇经历了第一次大规模的发展时期。

静升镇的主体建筑群——王家大院，先后经历了清朝康熙、雍正、乾隆、嘉庆几个时期的修建，建筑总面积为15万平方米。王家大院是依山而建的混合型四合院，其总体设计匠心独运，刻意追求天地宽阔、心旷神怡的视觉效果。王家大院不同于晋中其他民居，是一座充满情趣的民居。院中处处可见匠心独具的精美砖雕、木雕、石雕艺术，使得满院生辉。

依山建势，梯度推进，静升镇的建筑是黄土坡上的奇迹。远远望去，屋舍院落高低起伏，排列有序。那些矗立百年的一座座深宅大院，展示着几百年来的风俗民情和北方独特的建筑风格。

2003年，静升镇获中国历史文化名镇称号。

哈达铺镇　02.0203020250

哈达铺镇位于甘肃省宕昌县。

哈达铺镇被称为是中国工农红军长征途中的“加油站”，中国工农红军一、二、四方面军三大主力长征途中都经过哈达铺。1935年9月18日，党中央率领红一方面军抵哈达铺。9月20日，毛泽东、周恩来等中央领导到达哈达铺，并做出了把红军长征的落脚点放在陕北的重大决策。9月23日，中央率陕甘支队离开哈达铺北上。1936年8月9日，红四方面军第三十军通过腊子口后抵达哈达铺；25日红二方面军第六军进驻哈达铺；9月1日，红二方面军总指挥部到达哈达铺。10月4日，各军相继北上。

1978年，建立哈达铺红军长征纪念馆，2001年6月，国务院在公布其为全国重点文物保护单位时称“哈达铺是决定中国工农红军长征命运的重要决策地”。

2005年，哈达铺镇获中国历史文化名镇称号。

鲁克沁镇　02.0203020350

鲁克沁镇位于新疆维吾尔自治区鄯善县。鲁克沁地处吐鲁番盆地的十字路口，是古丝绸之路的要驿。历史上汉、藏、阿尔泰、印欧语系的各族人民在此相互融合，吸收和发展了摩尼、景、佛、道、伊斯兰等宗教文化。唐朝时，欧、亚、非各国人民都经此地东进中原，鲁克沁成了“人种博物馆”。清雍正年间，鲁克沁是西域地区反抗准葛尔分裂势力的营地，因维护中华版图有功，鲁克沁维族首领被清政府封为郡王，这里一度成为吐鲁番绿洲的政治、经济、文化中心。

鲁克沁全镇有16处历史古迹，著名的有传位十一世的郡王府“王爷台”和新疆第二大清真寺哈尼力克买的力斯清真寺。鲁克沁是新疆木卡姆的发源地，能歌善舞的鲁克沁人在社会劳动实践中创造了维吾尔民间艺术瑰宝——十二木卡姆。2005年11月，新疆木卡姆被列入联合国非物质文化遗产名录。

2005年，鲁克沁镇获中国历史文化名镇称号。

乌镇　02.0203020450

浙江省桐乡市乌镇，是我国江南著名古镇之一。

春秋时期，乌镇是吴越边境，吴国在此驻兵以防备越国，“乌戍”由此而来。秦时，乌镇属会稽郡。根据唐咸通十三年（872年）的《索靖明王庙碑》碑文，首次出现“乌镇”的称呼。由于乌镇是两省、七县交接处，环境十分复杂，明清时在乌镇特别设立浙直分署和江浙分署，行使府衙职能。

乌镇有“千年古镇”之称，春秋吴越两国常在此往来争战，清朝曾为太平军战场。境内古迹众多。位于乌镇的茅盾故居，1988年由国务院公布为第三批全国重点文物保护单位。

乌镇内完好保存着清代的民居建筑，梁、柱、门、窗上都有工艺精湛的木雕和石雕，当地的居民至今仍居住在这些建筑里。

2003年，乌镇获中国历史文化名镇称号。

荆紫关镇　02.0203020550

荆紫关镇位于河南省淅川县，地处河南、湖北、陕西三省交界处。公元前304年，此地属于楚国管辖，是太子荆的封地，遂得名“荆子口”。清代，当地人取荆花呈紫色之意，称荆紫关，沿用至今。历

史上的荆紫关，“北连秦晋，南通吴楚”，在军事上有着起西北控东南之便，是丹江通往龙驹寨，乃至西安的最大水旱码头之一。

镇内完好保存有一清代古街道，长约2.5公里，依丹江水的流向，呈南北走势。街道宽约丈余，碎石铺地，街道两边楼宇叠错，共有700多间明清建筑，布局合理，结构严谨，集南北建筑风格于一体，是我国北方13省中保存最为完好的清代建筑群。荆紫关镇现存古建筑有荆紫关古街道、关门、山陕会馆、禹王宫、平浪宫、万寿宫、法海寺、清真寺、一脚踏三省碑亭等。

2005年，荆紫关镇获中国历史文化名镇称号。

里耶镇 02.0203020650

里耶镇位于湖南省龙山县，地处湖南、四川两省边界上十五个乡镇的交界处，是酉水河上的重要码头也是湖南通往川、黔、渝的咽喉。

里耶，是土家语音译，意为“开辟这块地方”。据地方志记载，清朝雍正年间，这里已形成贸易往来的码头圩场。里耶全镇有七条大街十条小巷，经纬交错。小巷用青石板铺成，沿河建筑为吊脚木楼，保持着古代溪洲先民的居住特点。

2002年4月，在里耶镇发现战国古城遗址，出土秦简3万多枚，被认为是“进入21世纪以来中国考古学上最为重要的发现之一”，是“近百年来秦代考古最重要的发现之一”。在距古城2000多米的麦茶村，考古人员还发现30多座古墓。2002年，里耶古城遗址由国务院增补为第五批全国重点文物保护单位。

2005年，里耶镇获中国历史文化名镇称号。

双江镇 02.0203020750

双江镇地处重庆市涪江下游的潼南县，建于明末清初，距今有400余年。古镇有禹王宫、清代民居、兴隆街大院、源泰和大院、长滩四知堂、惠民宫等清代建筑20余座，被誉为“难得的清代民居建筑群”。

在长约700米的“清代一条街”上，楼台错落，庭院深深，古色古韵。其中四知堂距今有130多年的历史，取名于杨氏先祖东汉太守杨震“夜拒贿金”的典故。这座位于猴溪上游，依山而建的四合院，为木结构悬山顶建筑，设计采用“步步递进，层层升高”的建筑布局。

2003年，双江镇获中国历史文化名镇称号。

涞滩镇 02.0203020850

涞滩镇位于重庆市合川县城东32公里处的鹫峰山上。始建于宋代，清嘉庆年间修筑城寨，同治元年加筑瓮城，成为典型的山寨式城镇。古镇滨临渠江，分上场与下场，其间相隔咫尺，一上一下，互为照应。上场高筑寨墙，寨内保留着大量木结构、小青瓦式样的清代民居和狭窄弯曲的青石板街巷。下场地势平坦，紧靠渠江码头，石板小街两侧民居多是前店后宅，穿斗挑檐，小巧别致。镇内有被誉为“宋代石刻艺术宝库”的二佛寺，初建于唐代，寺内有摩崖佛龛四十二窟，造像一千七百多尊。其中释迦牟尼像高12.5米。大雄宝殿内四根高14米的整石凿成的石柱，堪称古代建筑一绝。1956年，二佛寺被公布为省级文物保护单位。

2003年，涞滩镇获中国历史文化名镇称号。

西沱镇 02.0203020950

西沱镇位于重庆市石柱土家族自治县长江南岸。

秦汉时期，施州（今湖北恩施）与临江（今重庆忠县）分界于此，故名“西界沱”。北宋真宗年间(997～1022年)，西沱已是“川盐销楚”盐运大道起点和货物集散地。古代的川盐、蜀绣等特产，经西沱转运川外，全程300多公里，全部由三尺宽的青石板铺就，遂称“三尺道”，有“长江千里古盐道”之称。

古镇内有一条著名的“云梯街”，始建于秦汉，明清时期，盐商在长江边扩街开店，继而层层随山势延伸，一直修到山巅。该街道垂直长江、蜿蜒而上，长约2.5公里，共有1100多步青石梯又称“通天梯”。云梯街是长江沿线唯一垂直江面的街道，为长江奇观。街两旁保存着明清时期的土家吊脚楼，极富巴渝特色。

2003年，西沱镇获中国历史文化名镇称号。

黑井镇 02.0203021050

黑井镇位于云南省禄丰县西北的龙川江畔，距昆明200公里。

黑井是古代的产盐重镇，有“盐都”之称。二千五百年前，居住在这里的彝族先民已开始开凿盐井。据《黑盐井志》载："土人李阿召牧牛山涧中……至井处，牛舔地出盐"，故称"黑牛井"，后简称黑井。黑井盐业的开采、外销始于汉代，兴于唐宋，盛于明清。由于盐的经济地位，历代封建政权在这里建制，客商云集，各种文化向这里渗透，形成了黑井地区中原文化与地方民族文化相融合的多元文化。盐业的发展，使黑井在相当长的一段历史时期内成为滇中经济重镇。

历史上的黑井地区不但经济发达，而且文化昌盛。至今，黑井仍保留着较为完整的传统城镇格局、民居、宗教、牌坊等建筑。

2005 年，黑井镇获中国历史文化名镇称号。

三、历史文化名村

爨底下村　　02.0203030150

爨底下村位于北京市门头沟区斋堂镇，距北京市区 90 公里。

爨底下村有 400 多年的历史。现仍保存有五百多间七十余套明清时期的四合院民居，是我国保存较完整的山村古建筑群之一。全村统一构思，各成单元，并配有防汛、照明、防盗设施。村落分上下两层，高低错落，线条清晰，形似古代城堡。其整体布局合理，结构严谨。村里至今仍保存着各个历史时期的文物和遗存，是极为难得的历史见证。有抗日小学、京西古道等遗址，多处墙上还保留着明清时期的治家格言、照壁题字，抗战、抗美援朝等时期的标语，步入其间，犹如走进历史长廊。

2003 年，爨底下村获中国历史文化名村称号。

鸡鸣驿村　　02.0203030250

鸡鸣驿村位于河北省怀来县鸡鸣驿乡。

1219 年，成吉思汗西征，在此设置"站赤"，即驿站。明永乐十八年（1420 年），鸡鸣驿成为京师北路的第一大站。明隆庆四年（1570 年）修城池。鸡鸣驿在我国邮政史上有着重要作用，是迄今我国规模最大、功能最齐全、保存较完整的古代驿站。

鸡鸣驿村内有三横两纵五条大街，将驿城按"井"字分割。东西走向的头道街区主要是军政管理和商业服务区，南北走向的西街区是驿站的核心设施。城内设有驿丞署、把总署、公馆院、马号、戏楼、店铺等，八座宗教建筑遍布全城。永宁寺是驿城中最早的建筑，距今 800 多年。泰山庙建于清朝顺治八年（1651 年），殿内壁画依然色彩绚丽。

2005 年 6 月 22 日，世界文化遗产基金会在纽约公布了 2006 年世界百大濒危文化遗址，鸡鸣驿村列入名单之中。

2005 年，鸡鸣驿村获中国历史文化名村称号。

西湾村　　02.0203030350

西湾村位于山西省临县碛口镇。

西湾村主体建筑位于两座石山之间的斜坡上，建筑群最高处可达六层，参差错落，变化有致。

西湾村建筑群始建于明朝末年，自陈师范利用碛口黄河水旱码头进行贸易发迹后开始筹建，历经陈氏后裔的陆续修建，发展到拥有 30 余座宅院的村落。

2003 年，西湾村获中国历史文化名村称号。

美岱召村　　02.0203030450

美岱召村位于内蒙古自治区土默特右旗美岱召镇。

明隆庆年间（1567～1572 年），土默特蒙古部主阿勒坦汗受封顺义王，开始在此建城寺。明万历三年（1575 年）建成第一座城寺，朝廷赐名福化城。

城寺周围有土筑城墙，外砌石块，周长 681 米，四角有角楼。南墙正中开设城门，城门上嵌有明代扩建寺庙时刻的石匾额，题"泰和门"。城内有供奉佛像的殿堂和顺义王家族居住的楼院等建筑，太后殿内有明代壁画。

革命战争时期，中国共产党蒙古族领导人乌兰夫曾在这里会见王若飞同志，乌兰夫曾经居住过的美岱召东耳房被辟为"乌兰夫同志革命活动旧址"，成为内蒙古自治区爱国主义教育基地。

2005 年，美岱召村获中国历史文化名村称号。

麻扎村　02.0203030550

麻扎村位于新疆维吾尔自治区鄯善县吐峪沟乡，地处吐鲁番市以东47公里、鄯善县境内火焰山中段的吐峪沟峡谷南口。

“麻扎”是阿拉伯语词汇，古意为“坟”，演变到今天，新疆地区的穆斯林仅把葬有圣人的坟称为“麻扎”。麻扎村是因吐峪沟大峡谷西边的“七圣人麻扎”而得名的。14～15世纪，伊斯兰教进入新疆，穆罕默德的五个弟子来到新疆传教，遭受信仰佛教的蒙古军队追杀，他们在逃往吐峪沟时，得到一位牧羊人和他的牧羊犬的帮助，牧羊人成为这里第一个伊斯兰教教徒。六人一犬死后，众教徒将这六人一犬合葬在一起。现在仍有土坟六座和一犬状石。

七圣人麻扎是世界伊斯兰教七大圣地之一，是中国境内第一大伊斯兰教圣地。麻扎村已有数百年历史，是一座保存较好的生土建筑民居村寨。其民居形制、特殊的建筑已引起广泛关注。

2005年，麻扎村获中国历史文化名村称号。

朱家峪村　02.0203030650

朱家峪村位于山东省章丘市官庄乡，原名城角峪。明洪武二年（1369年），朱氏进驻该村，故名朱家峪。

朱家峪比较完整地保存了祠庙、楼阁、石桥等明清建筑。村内的第一道门，即是保留至今的明代古道。古道中央嵌有两排青石，形似铁路。古道自修成起，村人即规定右行，这与现代交通不谋而合。村子中央有两座清代石拱桥，上下皆可行人过车。专家称这是现代立交桥的雏形。全村共有泉眼、古井20余处，大小桥梁30余座，洪水季节，景象宛如江南。

朱家峪村以梯形聚落，房舍布局并非面南背北，而是依山就势，因地制宜，远看高低错落，层叠有序。与江南精巧细致、雕梁画栋的古镇也迥然不同，这里是典型的北方山村。朱家峪因独特村落形制，被誉为“齐鲁第一古村，江北聚落标本”。

2005年，朱家峪村获中国历史文化名村称号。

郭洞村　02.0203030850

郭洞村位于浙江省武义县武阳镇，三面环山。

郭洞多为何姓，其先祖可溯宋朝宰相何执中。相传，元代至元三年（1337年），其后裔何寿之认定郭洞“山不深而饶竹木之富，水不大而尽烟云之态，是万古不败之地”，便离开繁华的县城和显赫的官家府第，迁居郭洞。何寿之仿《内经图》“相阴阳，观清泉，正方位”营造村庄。因“山环如郭，幽邃如洞”得名。郭洞村由上下两个相连的村落组成，整体布局颇具匠心。村内道路四横两纵，卵石铺地，晴雨皆宜。七眼水井依北斗星形状分列全村，生活、消防都很方便。一祠四厅分布在村子的上、中、下三个部位，祭祀、红白喜事等均可就近举行。

郭洞现存大量明清建筑。位于村子中央的何氏宗祠建于明万历三十七年（1609年），是郭洞建筑的代表。文昌阁坐落在郭上村，建筑翘角飞檐、轻灵精巧，阁楼上塑文昌帝君像。

郭洞村民十分注重环境，巧妙利用地势，使人工建筑与山水融为一体。其建筑精妙，布局合理，充分体现了郭洞祖先独具匠心的构思与设计。

2003年，郭洞村获中国历史文化名村称号。

流坑村　02.0203030950

流坑村位于江西省乐安县牛田镇。始建于五代南唐，繁荣于明清两代。

流坑村是一个典型的耕读乡村。

村内现有明清建筑260多座，祠堂50座，牌坊5座，宫观庙宇8处。流坑村以规模宏大的传统建筑、风格独特的村落布局闻名。村内有七横一竖八条街巷，均以卵石铺地，并建排水系统。民居为砖木结构的楼房，建筑装饰十分考究，集木、砖、石雕和彩绘、墨绘于一体。数以百计的房屋堂上有匾、门旁有联，多出自名家之手。

流坑村古建筑具有浓厚的地方特色，代表了江西赣式民居的风格和特点，其建筑类型齐全、保存完整，在国内自然村中罕见。由于其深厚的历史文化底蕴，该村有“千古第一村”之称。

2003年，流坑村获中国历史文化名村称号。

大余湾村　02.0203030950

大余湾村位于湖北省武汉市黄陂区木兰乡。

大余湾北依木兰山、东望木兰湖，村落始建于明末清初。全村有20多条巷子纵横分隔，村内巷巷相通、各户相连，形成一套完整安全的建筑体系。村内现存50多户石砌屋，大部分保存比较完好。这些石屋雕梁画栋、翘角飞檐，是典型的明清徽派建筑风格。

据村谱记载，该村的余氏先祖曾有过“一门三太守，五代四尚书”的辉煌历史。这里的民间雕匠、画匠、石匠、木匠远近闻名，以窑匠居多，有“十汉四窑匠”之说。

2005 年，大余湾村获中国历史文化名村称号。

鹏城村 02.0203031050

鹏城村位于广东省深圳市大鹏镇。该村三面环山，一面环海，四季温暖，雨量充足，是一个风光秀丽的半岛。

大鹏所城始建于明洪武二十七年（1394 年），时称“大鹏守御千户所城”，为防御海盗、倭寇侵扰而设。城墙由麻石和青石砖砌成，墙基宽一丈四尺，墙高一丈八尺，周长三百二十七丈六尺。清康熙年间（1662～1722 年）改为大鹏水师营。历史上的鹏城曾多次抵御葡萄牙、倭寇和英国殖民者的入侵，是明清时期反抗外侮的重要海防堡垒。城内有三条主要街道，基本保留原有格局，明清时期民居保存完好。城中有数座建筑宏伟、独具特色的清代将军第，以鸦片战争中抗英名将赖恩爵的振威将军第最为壮观，是广东省为数不多的大型古建筑。

2003 年，鹏城村获中国历史文化名村称号。

南社村 02.0203031150

南社村位于广东省东莞茶山镇，是一座以谢氏家族为主的血缘村落。南宋末年会稽（今浙江绍兴）人谢希良之子谢尚仁，为躲避战乱于 1275 年迁居南社。古村落现占地面积近 11 万平方米，仍保存着较完整的明清布局、街道和水系。

南社的古建筑群包括 30 多座明清古祠堂和 259 间民居，以中间长池水系为中心，依形就势错落有致。祠堂、民居、书院、家庙、古榕、楼阁、村墙、古井、巷道、牌楼浑然一体，代表了珠三角的水乡特色。是广东最大的古建筑群之一，全国罕见。古建筑群保留了大量石雕、砖雕、木雕、灰塑及陶塑建筑构件，具有较高艺术价值。谢氏大宗祠、百岁翁祠、百岁坊、谏遇奇家庙、资政第等，又是其中的精品。这些融家庙、水坊、古井为一体的古建筑群落不仅保留了较为完整的明清文化，而且还成为考察早期珠三角地区水乡居民生活状况的鲜有的依据，具有极高的历史文物价值和开发利用价值。

南社有数百年重教之风。历史上曾有 11 人考中进士或举人，29 人中秀才。南社又是长寿村。“百岁坊”相传即是为纪念 4 位百岁女寿星而建。南社村现有 30 多名 90 岁以上的老人。

2005 年，南社村获中国历史文化名村称号。

南社古村落

南社村局部风景

四、历史文化村落

西昆：江南孔裔第一村　02.0203040150

【简介及价值】

西昆，地处福建太姥山西麓，距福鼎管阳镇集镇7公里。西昆村在籍的孔子后裔有860人。遗存有建于明清时代规模宏大的5座孔氏大厝，7座孔墓，一座孔氏家庙，以及隋朝兴建的兴福寺、千年古树、大峡谷等人文与自然景观。是太姥山文化区重要的文化遗产。

2500年过去了，圣人也如水一样远逝。西昆村，一座座百年老屋坐落在岁月深处无言地叙述。它们的每片瓦、每一块清水砖都积淀着历史的奥秘，它们的每一根窗棂上都依然折射着孔子思想的灿烂阳光。

西昆魅力的灵魂在孔子。西昆是个带有谱系性质的圣贤遗产，是传承着圣人思想的土地。这个山村感动人们心灵的是孔子文化，今天西昆的一切细节都停留在原始的状态上，裸露着生活的原生态，《西昆孔氏谱序》记载了孔子六十二世孙闻毅，凡三迁奠定于西昆。自孔闻毅举族漂流到这片土地安居，这一停就是四百年。在今天西昆村委会的左近有一株被当地人称作神木的香榧树，树干笔直插入霄汉，数十米高处的树冠下云蒸霞蔚。孔子后裔就像神木周遭的香榧苗，起初也并不引人注目，然而细密的根须在土壤下面生长繁茂不断分支，几个孔子后裔变成了一个孔村。

【古　厝】

有着几千平方米的大古厝，砖雕门楼，单檐式鼓阁直壁双开门，两进的庭院四周都环有落水廊。雀替、鹤轩、隔扇、花窗样样透着精致。“桑麻绣错，甲弟云连，户晓弦歌，恍听鲁堂之丝竹。俗敦礼让，犹瞻阙里，衣冠彬彬乎邹鲁之遗风。”这是《西昆孔氏族谱》里对孔子后裔迁入西昆后的描述。

有一座古厝院门上已经斑驳的楹联书写着：“走必循墙”。今天的村民大多已无从解读这四个字的含义。周代的古青铜器正考父鼎铭说：“一命而偻，再命而伛，三命而俯，循墙而走，亦莫敢余侮。饘于是，粥于是，以餬余口。”（听一道命令就低头，两道命令就弯腰，三道命令就俯首而受，然后沿着墙走，也就是没有人敢侮辱我了。喝稠粥靠这个，喝稀粥也靠这个，以此来养家糊口）。正考父是孔子的先祖，他的儿子是孔父嘉，做过宋国大司马，孔姓即从他开始，孔子是孔父嘉的七世孙。“循墙走”就是孔子的一种生活哲学。孔子自律自己“走必循墙”。这里边的哲理，村里人每天醒目地望着它总能琢磨出些许。

在西昆村381号有一座院门题书“世笃二南”的古厝。古人说：诗《关雎》、《麟趾》的教化有王者之风，因此它们跟周南有关；诗《鹊巢》、《驺虞》的德行，则有诸侯之风是先王的教化所导致，因此跟召南有关。《周南》、《召南》是治理初始社会的正道。“南”是指南，古时说教化从北向南进行。《周南》、《召南》诗中描述的是一派和谐社会的景象。所以《诗经》将周公、召公的教化德行称作“周南”、“召南”。所以孔子说：“郁郁乎文哉，吾从周”！小康、大同、天下为公、共和制是孔子一生都在追求的政治理想。

西昆孔子后裔以“世笃二南”颜其门楣，寓其深意。然而与“走必循墙”大厝同样，“世笃二南”大厝也急需拯救。古厝收藏着西昆孔裔所有历史的证据，古厝铭刻着孔子思想的光辉。在一户孔氏族人的家中，保存着一幅绘于民国初年的《孔子圣像》下端题有孙中山先生手书摘抄的一段出自孔子《礼记》的话：“大道之行也，天下为公……”这幅孔子肖像画得十分精美是重要的西昆文物。

西昆有个村中之村的“建平村”，这里有占地十几亩的西昆最大古厝——“旗杆大厝”。从院门的旗杆规格一望而知原主人的功名地位。村口的山门上横额题书“乡环福地”。确切地说，不应叫山门，应

孔氏家庙

福建十大名祀之一——孔世家庙

该称作城门，整个“旗杆大厝”四周围以石墙，严然是一座城堡。建平村，原本全是孔姓，出于对中国文圣人孔子的尊重，朝廷当时有条不成文的规矩，抓丁不进建平村，渐渐地村中也有了他姓——为躲抓丁而迁进的农户。“旗杆大厝”的建筑范式比“走必循墙”更上了一个档次，更为繁复、精致。古匾有乾隆年间题的“瀛州风韵”，嘉庆年间的“升恒合璧”。

【孔氏家庙】

西昆孔氏家庙已被评为福建省十大名祠之一。乾隆帝钦赐的“至圣裔”金字牌匾就悬在明堂前，金光闪闪。它始建于1653年，以孔子64代孙，孔尚策为首集族资兴建，总面积1400平方米，凡孔姓家人有什么红白喜事都要在家庙中举行。祠堂把宗教般的庄严与世俗的悲欢融合在一起。孔氏家庙承袭的“圣人殡”文明朴素，是孔子制定的丧礼模式，是典型的非物质文化遗产。礼毕后，司仪都要诵读《大学》、《中庸》等文中的章节，这是西昆“圣人殡”的闪光点。站在孔氏家庙前，听着这些诵读声，心灵仿佛接通了那延伸了千百年的文脉。

【孔　墓】

西昆的丛林中安静地躺着一座座规模宏大的孔墓，一些陵墓上的旗杆、石兽、翁仲被盗墓者敲断、盗走。古老的风景，因失去最生动的部分而显得呆滞残破。文化保护单位还没有开始行动，盗墓者的足迹已经践踏到这神圣的土地。那些保存完好的没有保护措施的古墓，人们不能不为之担忧。

【现　状】

目前，年轻的创业者们纷纷走出山区开拓新的天地，古厝里只有风烛残年的老者静静地守着这最后的家园，一些热心于村中文化遗产保护的孔子后裔，四处奔波呼吁。然而没有外力的介入，单靠一个自然村的力量，远远不足于保护这样一份庞大的遗产。这古厝若无人保护，也许某一天它会向我们告别，慢慢消隐在烟尘中。

新农村建设正在加速，人们必将面临区域经济发展与文化遗产保护的碰撞。西昆会不会像乌镇、周庄、朱家角那样成为旅游业的圣地？人们应该从怎样的起点出发来理解西昆文化的意义？

没有人居住的豪邸，往往比一个人丁兴旺的简易农舍更快的毁圮。从文化遗产保护的角度，村民搬出去了，文化遗产保护机构就应该接管，然而西昆村自身没有这样的能力。这古厝若无人保护，也许某一天它会向我们告别，慢慢消隐在烟尘中。

“诗家总爱西昆好，独恨无人作郑笺”。

西昆的文化遗产期盼着有力的保护。

西昆孔墓

西昆孙中山题签孔子像

林浦 02.0203040250

林浦村（原称“濂浦”），位于福州南台岛东北隅，北临闽江，南靠九曲山，与鼓山隔江相望，山川秀丽，人杰地灵。林浦，一隅村落之地却保存着极其完整、丰富、厚重的历史文化遗产。

在林浦漫长的文化发展中心，有四个最重要、最辉煌的时期，即史前文化遗产、唐朝、南宋末年和明代中叶。林浦的历史文化遗迹也主要涵盖了这四个时期的内容。

岩画——祈雨图

岩画，是史前人类文化的代表作品，它组成人类文化遗产中最有普遍意义的部分。林浦九曲山岩画，在唐代修建的瑞迹寺后院。其中幅面较大的高约0.6米，宽约1.3米，纹饰主要以云纹和图画文字为主。国家文物专家考察推测“岩画描绘出史前人类经济生活中祈雨求福的文化内涵”。

瑞迹寺侧一处宽阔的岩石上有两只脚印岩刻。有唐之时即称“瑞迹”，因有瑞迹而建寺，足见岩刻脚印之远古。

公元前3世纪《韩非子》载：“赵主父令工施钩梯而缘播吾，刻疏人迹其中。”《史记》一书说：周代始祖后稷的母亲姜原踩了仙人脚印后有孕，于是生下后稷。距今已有四千年了。北宋《太平御览》载：“有巨迹，云是夸父逐日时之所践”。北魏《水经注》载：“南城一十五里有利刹寺，中有石靴，石上有足迹，彼俗言是辟支佛迹”。《水经注》还说：“雷泽有大脚印的岩刻，早年伏羲的母亲华胥就是踩了大脚印生下伏羲。”以上所引种种，反映了脚印岩画与远古生殖崇拜与神话的关系。

南宋德祐二年（1276年），首都临安（杭州）失陷，益王赵昰在陈宜中等护卫下于三月间在林浦邵

南宋末期皇帝行宫

岐码头登岸，驻跸林浦平山阁，屯兵于平山。五月初一，年仅十一岁的益王赵昰登极，称为端宗，改年号为“景炎”。文天祥等又自温州经福宁赶来勤王，历史在此演绎了一段可歌可泣、气壮山河的抗元斗争的故事，现林浦境内的宋帝行宫，文天祥操练水师的练兵台，宋井，更楼及文天祥、陈宜中留下的“还我河山”等摩崖题刻都是南宋末年留下的

绍歧石塔

遗迹。

最让林浦人引以自豪的是明朝中叶，乡里林氏宗亲出了以林元美为首的“七科八进士”和以林瀚为首的“三代五尚书”。这是隋唐开科取士一千四百多年以来仅有的一家。据记载自宋朝崇宁二年（1103年）至清朝光绪二十一年（1895年）近800年的历史中，林浦乡共出了18个进士，作为一个乡，林浦人中进士之多，可谓“全国第一”了，林浦的尚书文化遗迹有：尚书里石坊、进士柴坊、林尚书家庙、林瀚故居、林瀚尚书第、尚书墓等。

林浦乡文风鼎盛、学子勤奋、名人辈出全得益于这里发达的文化教育。早在宋朝时这里就创办有“濂江书院”，著名理学家朱熹曾在此主持讲学，后来他的弟子黄干及清初朱柏庐等均在此讲学，青少年就读者多，也就逐渐形成了文风昌盛的景象，“濂江书院”内有“文昌阁”，即是宋朱熹讲学处。“濂江书院”的建筑构件中有一石梁据考古专家鉴定为汉代石构件，还有多处唐宋石刻构件。“文昌阁”前的平台上有一书院师生用来洗笔的笔洗石臼，上刻“知鱼乐”三字，平台的石栏杆上刻着“文光射年”四字，这些都展现了当年师生勤耕好学之景象，与此有关的遗迹还曾有朱熹题刻的“文明气象”及刻于邵岐潭的黄干题刻“诚敬”两字。

此外，林浦尚存的著名文物、名胜景点还有：邵岐石塔、宋代的林桥、断桥，唐代的白佛、瑞迹寺，清代林浦邵岐炮台和清末民初福建同盟会总干事林斯琛故居及其陵墓等。

林浦有多座古建筑，其中林寿熙宅（濂浦炽厝）最为知名，林寿熙人称“濂浦炽”，清末巨商，曾主持修建颐和园工程，捐巨资修建北京正阳门，林寿熙宅是清朝难得一见的近代豪宅。

林浦泰山宫——宋帝行宫

尚书里石牌坊

林寿熙宅

明代进士牌坊

国家重点风景名胜区

截至2005年12月31日，国务院先后审定并公布六批国家重点风景名胜区，共187处，其中有16处被联合国教科文组织列入《世界遗产名录》。本节谨选取10处国家重点风景名胜区加以介绍。

北京石花洞　02.02040150

石花洞原名潜真洞，又称十佛洞、石佛洞，位于北京市房山区南车营村，距北京市50公里。面积36.5平方公里，是中国首家溶洞地质公园。现已探明的溶洞100多座，溶洞与地下暗河纵横交错，构成了中国北方最大的溶岩洞穴群。

石花洞分为上下七层，一至五层洞道长约5000余米，六、七层为地下暗河。目前开放有一、二、三层，洞面积约18000多平方米，内有12个高大的厅堂、16个洞室及71个形态各异的大小支洞。洞内有滴水、流水和停滞水沉积而成的高大洁白的石笋、石竹、石钟乳、石幔、石瀑布、边槽、石坝、石梯田等和渗透水、飞溅水、毛细水沉积形成的众多石花，石枝、卷曲石、晶花、石毛、石菊、石珍珠、石葡萄等。并有晶莹的鹅管、珍珠宝塔、采光壁等，众多的五彩石旗和美丽的石盾为中国洞穴沉积物的典型，大量的月奶石莲花在我国洞穴中首次发现。

石花洞不仅沉积类型多、形态美，而且洞体坚固、层次分明，洞内空气新鲜、环境优良。由于洞体深部有较大的空间和地下暗河，因而形成了洞穴气候环境自行循环调节的优越条件。

2002年，石花洞被国务院公布为第四批国家重点风景名胜区。

江苏太湖　02.02040250

太湖位于江苏省南部和浙江省北部交界处，有“包孕吴越”之称。湖泊周边的主要城市有苏州、无锡、湖州等。太湖古称震泽，为长江和钱塘江下游泥沙堰塞而成。水域面积2338平方公里，与鄱阳湖、洞庭湖、洪泽湖、巢湖并称中国五大淡水湖，排名第三。

湖中有大小岛屿48个，连同沿湖的山峰和半岛，号称“七十二峰”。以洞庭东山、西山、马迹山、三山、鼋头渚为最著名，组成一幅山外有山，湖中有湖，山峦连绵，层次重叠的壮丽天然图画。沿湖有著名的无锡山水、苏州园林、古吴名迹、宜兴洞天，形成了闻名中外的太湖风景区。

太湖东、北、西沿岸和湖中诸岛，为吴越文化发源地，有大批文物、古迹，如春秋时期的阖闾城、越城遗址、隋代大运河、唐代宝带桥、宋代紫金庵、元代天池书屋、明代扬弯一条街、宜兴三洞、无锡三山和苏州东、西洞庭山等。

1982年，太湖被国务院公布为第一批国家重点风景名胜区。

浙江雁荡山　02.02040350

雁荡山位于浙江省温州市境内。雁荡山素以山水奇秀闻名，有“海上名山”、“寰中绝胜”之誉，人称“东南第一山”。因山顶有湖，芦苇茂密，结草为荡，南归秋雁多宿于此，故名雁荡。

雁荡山是亚洲大陆边缘巨型火山带中白垩纪火山的典型代表，是研究流文质火山岩的天然博物馆。雁荡山记录了距今1.28亿年～1.08亿年间一座火山演化的历史，记录了火山爆发、塌陷、复活、隆起的完整地质演化过程，为人类留下了研究中生代破火山的一部永久性文献。

雁荡山系绵延数百公里，按地理位置不同分为北雁荡山、中雁荡山、南雁荡山、西雁荡山(泽雅)、东雁荡山(洞头半屏山)，通常所说的雁荡山风景区主要是指乐清市境内的北雁荡山。由于处在古火山频繁活动的地带，山体呈现出独具特色的峰、柱、墩、洞、壁等奇岩怪石，称得上是一个地质地貌博物馆。北雁荡山以奇峰、瀑布著称，有七大景区，面积逾450平方公里，其中以东南部的灵峰、灵岩、大龙湫最为有名，并称为“雁荡三绝”。明代旅行家徐霞客曾三顾雁荡并撰文“欲穷雁荡之胜，非飞仙不能”。

1982年，雁荡山被国务院公布为第一批国家重

点风景名胜区。2005年，雁荡山被联合国教科文组织宣布为世界地质公园。

安徽九华山 02.02040450

九华山位于安徽省池州市青阳县境内。为中国四大佛教名山之一，传说是地藏菩萨的道场。

汉朝时期，九华山称陵阳山，南朝时期称九子山，唐代诗人李白登山后作诗“昔在九江上，遥望九华峰，天河挂绿水，秀出九芙蓉”，故易名九华山。

九华山自古以来即为我国著名旅游胜地和佛教圣地，受到历代皇帝的重视，明、清时期达到鼎盛。最多时僧众多达三四千人，高僧辈出，著述丰厚。山上广筑寺院，出现“九华一千寺，撒在云雾中”的盛况，被人们赞誉为“莲花佛国”。又因为九华山雄奇俊秀、旖旎多姿的自然风光，亦有“东南第一山”的称号。山上现存寺庙78座，佛像6300余尊，珍贵的佛教文物2000多件，主要佛寺有化城寺、肉身宝殿、百岁宫、甘露寺、东崖寺、祇园寺、九子寺、上禅堂、闵园、天台寺等。

九华山的寺庙建筑颇具特色。历代能工巧匠利用九华山的复杂地形和特殊环境，充分发挥想象力和创造力，吸收皖南民居特点，因地制宜，精巧设计，将寺院建筑与自然环境融为一体，使宗教气氛与地方风格相结合，把九华山装点成名副其实的“佛国圣境”。

1982年，九华山被国务院公布为第一批国家重点风景名胜区。

福建清源山 02.02040550

清源山位于福建省泉州市北郊，面积50多平方公里。清源山是闽中戴云山余脉，峰峦起伏，石壁参差，林幽壑深，岩石遍布，有“闽海蓬莱第一山”之美誉，因山中多泉水而有“泉山”雅名，“泉州”亦得名于此。

据《泉州府志》记载，清源山早在秦代即有宗教、文化活动，中兴于唐代，宋元时期最为鼎盛。“儒、道、释”三教竞相在此建寺施教，兼有伊斯兰教、摩尼教、印度教的活动踪迹，逐步发展为多种宗教兼容并蓄的文化名山。经过历代的发展，山上留下了大量文物古迹，现存完好的有宋、元时期石雕造像七处九尊，历代摩崖石刻近六百多方，元、明时期花岗岩仿木结构的石室多处。最负盛名的老君岩造像，是我国现存最大的宋代道教石刻造像。石像依岩雕琢，就势造型，雕工精细，形态生动，须眉分明，衣褶清晰，是石刻造像中的艺术珍品，已被列为全国重点文物保护单位。

清源山风景名胜区被规划为七个景区，南台夕照、闽海蓬莱、石异峰奇、五虎朝狮、旭日春晓、石莲洞天、风动发石。此外，还有千手岩、弥陀岩、碧霄岩、瑞像岩、虎乳泉、南台岩、清源洞、赐恩岩、龟岩、九日山、灵山圣墓等。

1988年，清源山被国务院公布为第二批国家重点风景名胜区。

河南鸡公山 02.02040650

鸡公山位于河南省信阳市。

鸡公山雄伟挺拔，峡谷幽深，岩石峻峭。由于主峰如一只引颈高歌的雄鸡而得名。鸡公山素有“青分楚豫”之称，是我国南北方天然分界线。鸡公山地处亚热带向暖温带过渡的地带，雨量充沛，气候湿润。冬长夏短，是我国著名的避暑胜地之一。

由于其优异的避暑环境，20世纪初期，先后有23个国家的近千名外交官和传教士以及国内的军阀巨贾，在鸡公山上兴建了300幢风韵殊异的别墅和园林，为鸡公山增添了浓郁的人文景观。

鸡公山还是天然的动植物园，这里植被丰茂，种类繁多，有1700多种植物参差相杂，繁荣生长，其中中草药材就有600多种。种类繁多的森林植被为各种珍禽异兽提供了繁衍栖息的天然场所，仅野生鸟类就有17目、109种之多。因此，鸡公山被誉为“豫南绿色明珠”和“生物宝库”。

1982年，鸡公山被国务院公布为第一批国家重点风景名胜区。

湖南衡山 02.02040750

衡山即“南岳”，我国五岳之一，位于湖南省的中部。南起蘅阳回雁峰，北至长沙的岳麓山，绵延盘绕800里，共有72峰。主峰祝融峰，海拔1298米。

衡山地处中亚地带，森林覆盖率达53.4%，植物垂直分布十分明显，其中珍稀名贵树种达150种。衡山位居五岳最南，更宜植物生长，树木终年苍翠，花卉四时开放，景色异常秀美。因此衡山向有“五岳独秀”之盛名。

衡山曾是道教、佛教的胜地。号称“南岳四绝”

之一的水帘洞，即道教三十六洞天中的第三洞天，而道教七十二福地中的青玉坛福地、光天坛福地、洞灵源福地，都在衡山之上。山间庙宇林立，南岳庙是南岳最大的殿宇，也是五岳中规模最大、总体布局最完整的古建筑群之一。庙中古木参天，屋宇掩映，飞檐凌空，辉煌壮丽。

1982年，衡山被国务院公布为第一批国家重点风景名胜区。

长江三峡　02.02040850

长江三峡位于重庆和湖北境内。是重庆奉节白帝城至湖北宜昌南津关的长江峡谷，由瞿塘峡、巫峡、西陵峡组成，全长193公里。

瞿塘峡全长8公里，以雄伟壮观著称，其入口古称夔门，两岸山崖刀劈斧砍，风景十分壮观，号称“夔门天下雄”，与峨眉山、青城山、剑门关并称蜀地四大胜景。瞿塘峡口原有一块40多米高的巨石——滟滪堆。1959年，为通航安全，被炸毁。

巫峡从大宁河口至官渡口，全长45公里，有巫山十二峰，其中最为著名的是神女峰。附近的巫山县境内有大宁河等景区。

西陵峡全长120公里，是长江三峡最长的一段峡谷，峡谷中风光明丽，雄伟壮观，江流曲折回旋，水下礁石林立险滩密布。有兵书宝剑峡、牛肝马肺峡、灯影峡等古迹。世界规模最大的水利工程三峡大坝也建在西陵峡。

1982年，长江三峡被国务院公布为第一批国家重点风景名胜区。

四川剑门蜀道　02.02040950

剑门蜀道位于四川省北部广元境内。地处秦岭、巴山、岷山之间，因“山若利剑，相立如门”，故名剑门，自古有“剑门天下险”之说。

剑门蜀道始于殷商，至今已有三千多年历史，为“当今陆上道路的活化石”。北起与陕西宁强毗邻的七盘关，经谭毒关、朝天关、飞仙关、天雄关、过剑门关至梓潼的七曲山大庙，全长约400多公里，沿线有全国和省市级重点文物保护单位十余处。

剑门蜀道是以历史人文景观为主的风景名胜区，纵贯成都以北的德阳、绵阳、广元三市之间。蜀道沿途名胜或天然使成，或人工所为，妙斧神工，千姿百态。这里有三国蜀汉遗址庞统祠、富乐山、剑门关、古栈道、昭化古城、翠云廊、阆中张飞庙、南充万卷楼等，以及唐代诗人李白故里、广元皇泽寺、千佛崖摩崖石刻、三星堆、梓潼七曲山大庙等自然景观和人文景观。

1982年，剑门蜀道被国务院公布为第一批国家重点风景名胜区。

贵州黄果树瀑布　02.02041050

黄果树瀑布位于贵州省镇宁布依族苗族自治县境内打帮河上游的白水河上。景区有瀑布群、河流、洞穴、峰峦、伏流、溶洞、石壁、峡谷等景观，其中以黄果树瀑布最为著名。

黄果树瀑布高68米，加上独具特色的“瀑上瀑”6米，总高74米，宽81米，是我国最大的瀑布。

以黄果树瀑布为中心分布着由十八个瀑布组成的瀑布群，又称“九级十八瀑”。其中著名的有银练坠潭瀑布、滴水潭瀑布、陡坡塘瀑布、螺丝滩瀑布、星峡飞瀑等。银练坠潭瀑布由许多小瀑组成，总高40余米，是景区内形态最美的瀑布。陡坡塘瀑布在黄果树瀑布上游1公里处，高21米，宽105米，是黄果树瀑布群中最宽的瀑布。洪水时节，瀑布会发出汽笛叫声，俗称“吼瀑”。滴水滩瀑布位于坝陵河上游，黄果树瀑布以西1公里，由七级组成，总高达410米。其中最后一级为高滩瀑布，宽63米，高达130米，是瀑布群内最高的瀑布。

1982年，黄果树瀑布被国务院公布为第一批国家重点风景名胜区。

黄果树瀑布

人物纪略

一、近现代人物

王国维（1877～1927） 02.020501010150

近代学者。字静安，一字伯隅，号观堂、永观，浙江海宁人。

早年入罗振玉“东文学社”学习日文，并学习西方哲学、文学、美术，对叔本华、尼采之说，钻研尤深。后留学日本物理学校。回国后在南通、苏州等地师范学校讲授哲学、心理学、伦理学。后至北京，治宋、元以来通俗文学，而于宋词、元曲致力尤多。1925 年受聘为清华研究院教授。晚年从事甲骨文、金文和汉晋简牍考释，主张以出土文物参订古籍记载，对史学界影响较深。1927 年 4 月自沉于北京颐和园昆明湖。有《静安文集》、《人间词话》、《王忠悫公遗书》以及《观堂古金文考释五种》、《古礼器略说》、《宋代金文著录表》、《国朝金文著录表》等。

陈寅恪（1890～1969） 02.020501010250

江西义宁人，史学家、古典文学专家、语言学家，中央研究院院士。

其父陈三立为著名诗人、维新四公子之一。1910 年、1921 年两次留学学习，具备了阅读蒙、藏、满、日、梵、英、法、德和巴利、波斯、突厥、西夏、拉丁、希腊等十余种语文的能力，尤精梵文和巴利文。1925 年 3 月归国，与王国维、梁启超、赵元任同为清华国学研究院导师。1928 年改制为清华大学，任中文、历史二系教授，并在北京大学兼课。1930 年后，还兼任中央研究院理事、历史语言研究所研究员及第一组（历史）主任、故宫博物院理事、清代档案编委会委员等职。抗战爆发后，任教西南联合大学。1940 年任香港大学客座教授，后接任中国文学系主任。1941 年底香港沦陷，闭门治学。1942 年任教广西大学。1943 年执教燕京大学。1946 年再任清华大学教授。1948 年底，任广州岭南大学（1952 年并入中山大学）教授。1960 年 7 月被聘任为中央文史研究馆副馆长。

钱穆（1895～1990） 02.020501010350

江苏省无锡人。字宾四。笔名公沙、梁隐、与忘、孤云。中国现代历史学家、国学大师。

1912 年因家贫辍学，后自学。1913～1919 年任小学教员。1923 年后，曾在厦门、无锡、苏州等地任中学教员。1930 年以后，历任燕京、北京、清华、四川、齐鲁、西南联大等大学教授，也曾任江南大学文学院院长。1949 年迁居香港，创办了新亚书院，任院长，从事教学和研究工作至 1964 年退休为止，期间曾获得香港大学、美国耶鲁大学名誉博士称号。1966 年，钱穆移居台湾省台北市，在中国文化书院任职，为“中央研究院”院士，“故宫博物院”特聘研究员。钱穆著述颇丰，专著多达八十种以上。

季羡林（1911～　） 02.020501010450

生于山东省清平县。古文字学家、历史学家、作家。

1930 年考入清华大学西洋文学系。1935 年考取清华大学与德国的交换研究生，赴德国入哥廷根大学学习梵文、巴利文和吐火罗文等。1941 年获哲学博士学位。1946 年回国，任北京大学教授兼东方语言文学系主任。1956 年当选为中国科学院哲学社会科学学部委员。1978 年任北京大学副校长、中国社会科学院与北京大学合办的南亚研究所所长。1984 年研究所分设，改任北京大学南亚东南亚研究所所长。他先后担任中国外国文学学会会长、中国南亚学会会长、中国民族古文字学会名誉会长、中国语言学会会长、中国外语教学研究会会长、中国高等教育学会副会长和中国敦煌吐鲁番学会会长等。著作汇编成《季羡林文集》二十四卷。

冯友兰（1895～1990） 02.020501020150

哲学家。河南唐河人。1919 年北京大学哲学系毕业。1924 年获哥伦比亚大学博士学位。后曾获美国普林斯顿大学、哥伦比亚大学名誉博士学位。归国后历任中州大学、广东大学、燕京大学等校教授和清华大学哲学系主任、文学院院长。1949 年后，

任清华大学校务会议代主席、校务委员会主席、北京大学哲学系教授。曾任中国科学院哲学社会科学部委员。

主要著作有《中国哲学史》、《新理学》、《新事论》、《新事训》、《中国哲学史新编》，论著已编成《三松堂全集》。

朱光潜（1897～1986）　02.020501030150

美学家、文艺理论家、翻译家。安徽省桐城人，笔名孟实、盟石。1923年毕业于香港大学教育系。毕业后到吴淞中国公学校教英文，兼任校刊《旬刊》主编。1925年夏到英国爱丁堡大学留学，修英国文学及艺术史，兼修哲学、心理学。1929年毕业后转入伦敦大学文学院。次年进入法国斯特拉斯堡大学文学研究所，获博士学位。1933年回国，到北京大学西语系执教。抗战爆发后，曾任四川大学文学院院长、武汉大学外文系教授、系主任兼教务长。抗战胜利后，重返北京大学任西语系教授，并曾代理文学院院长。1962年夏转入哲学系，讲授美学，任博士生导师。朱光潜生前为中国科学院哲学社会科学部委员，还曾担任中华全国美学学会名誉会长、顾问，文联全国委员会委员，全国作协顾问，外国文学研究所研究员，国务院学位委员会（哲学学科）评议组成员，全国政协常委及教育组织员，民盟中央委员等。

王朝闻（1909～2004）　02.020501030250

美学家、文艺评论家、雕塑家、艺术教育家。

生于四川省合江县，在成都、杭州求学其间投身革命文艺活动，1937年加入中国共产党。1940年到延安后曾在鲁迅艺术文学院美术系任教。新中国成立后，曾在中宣部文艺处等部门工作。历任中央美术学院教授、副教务长，《美术》杂志主编、顾问，中国美术家协会副主席、顾问，中国艺术研究院副院长，中华美学学会会长、名誉会长，中国作家协会顾问，全国政协第三、四、五、六届委员等。主编有《中国美术史》(14卷)、《美学概论》。出版《王朝闻集》16卷。

李泽厚（1930～　）　02.020501030350

哲学家。湖南长沙人。

1954年毕业于北京大学哲学系，现为中国社会科学院哲学研究所研究员、巴黎国际哲学院院士、美国科罗拉多学院荣誉人文学博士。

李泽厚成名于20世纪50年代，以重实践、尚“人化”的“客观性与社会性相统一”的美学观卓然成家。80年代，李泽厚不断拓展其学术论域，促引思想界在启蒙的路径上艰辛前行。90年代，李泽厚客居美国，出版了《论语今读》、《世纪新梦》等著作。

张謇（1853～1926）　02.020501040150

近代资本家。字季直，号啬庵，江苏南通人。光绪状元。1882年朝鲜兵变时，随淮军将领吴长庆赴朝，后掌教于江苏赣榆选青书院和崇明瀛州书院。1895年开始从事实业活动，1899年在南通建成大生纱厂，以后又陆续举办通海垦牧公司、广生油厂、资生铁冶厂、淮海实业银行等十多个企业。1902年起又陆续举办国内第一所师范通州师范、职业学校及图书馆、博物院、剧场等，从事文化教育事业。后发起立宪运动。当选为江苏谘议局议长，为清末立宪派首领之一。辛亥革命后，任南京临时政府实业总长，主张南北妥协，拥立袁世凯上台。1913年，任袁世凯政府农林、工商总长兼全国水利局总裁，并组织统一党，与国民党对抗。有《张季子九录》、《张謇函稿》、《张謇日记》。

辜鸿铭（1856～1928）　02.020501040250

近代学者，名汤生，以字行，号汉滨读易者，福建厦门人。曾任清政府外务部主事。青年时期，留学英国，又遍游德、法、意各国，考察政治文艺。归国后，精研《四书》、《五经》。其后，张之洞邀入幕府，主办外交，各国文字均能通译，被视为异才，辛亥革命后，任教于北京大学。其政治态度保守，有《春秋大义》、《读易草堂文集》、译《中庸》、《论语》诸书，传播国外。

郭沫若（1892～1978）　02.020501040350

原名郭开贞，号尚武。四川乐山人。历史学家、学者、诗人、剧作家。1913年毕业于成都高等学堂分设中学，同年底赴日本留学，后弃医从文。1921年出版第一本诗集《女神》，是中国新诗的奠基人。同年与成仿吾、郁达夫等人发起成立创造社。1926年任中山大学文学院院长。1928年出版诗集《恢复》，同年被迫流亡日本，开始研究中国古代史和甲骨文。抗战期间写了《屈原》、《虎符》等历史剧及大量诗文，并继续从事古代历史研究，发表《十批判书》。1948 年到解放区。20 世纪 50 年代后历任中央人民政府委员、中国科学院院长、中国科学院哲学社会科学学部主任、历史研究所第一所所长、全国政协副主席、全国文联主席等职。

郑振铎(1898～1958) 02.020501040450

字西谛，笔名宾芬、郭源新，福建长乐人，作家，文学史家。

1917 年考入北京铁路管理学校，曾参加“五四”运动。1921 年与沈雁冰一起组织文学研究会，主编《小说月报》、《世界文库》等。建国后，历任中央人民政府文化部文物事业管理局局长，兼中国科学院考古研究所和文学研究所所长。1954 年任文化部副部长。主要著作：插图本《中国文学史》、《中国俗文学史》、《俄国文学史略》、《近百年古城古墓发掘史》、《中国历史参考图谱》等。

汤一介（1927～ ） 02.020501040550

湖北黄梅人，哲学家。1951 年毕业于北京大学哲学系，1990 年获加拿大麦克玛斯特大学荣誉博士，现任北京大学哲学系教授，中国哲学与文化研究所所长，中国文化书院院长，中国哲学史学会副会长，中华孔子学会副会长，国际价值与哲学研究会理事。著有《郭象与魏晋玄学》、《魏晋南北朝时期的道教》、《中国传统文化中的儒道释》、《儒道释与内在超越问题》、《儒教、佛教、道教、基督教与中国文化》等。

蔡元培(1868～1940) 02.020501050150

字鹤卿，号孑民，生于浙江绍兴府山阴县。近代民主革命家、教育家、科学家。

青年时期，连续中举人、取进士、点翰林、授编修。1898年，弃官从教，1904年组织光复会，1905年参加同盟会。1907 年赴德国莱比锡大学研读哲学、心理学、美术史等。1912 年就任南京临时政府教育总长。1917 年任北京大学校长。1921 年，法国里昂大学、美国纽约大学分别授予他文学、法学博士荣誉学位。1927 年，除任国民党中央政治会议委员、中央特别委员会常务委员、国民政府常务委员、监察院长、代理司法部长等职外，还倡议成立大学院作为全国最高学术教育行政机关，被任为大学院院长。还兼任交通大学、中法大学、国立西湖艺术院等多所高等学校校长、院长以及故宫博物院理事长、北平图书馆馆长等职。1932 年，组织中国民权保障同盟，被推为副主席。晚年，为抗日救亡事业奔波，努力促成国共合作。1938 年，被推为国际反侵略运动大会名誉主席。

蔡元培是 20 世纪初中国资本主义教育制度的开创者之一。他提倡学术自由，科学民主。主张学与术分校，文与理通科。

张默君（1883～1965） 02.020501050250

女，妇女活动家、教育家、记者。原名昭汉、西名莎非亚，湖南湘乡人。早年在南京读书加入同盟会，在江浙一带秘密开展革命活动。辛亥革命时，策动江苏巡抚程德全宣布脱离清廷独立。1912 年发起成立神州妇女协会，被推为会长，出版《神州日报》，成立神州女校，自任校长，为争取女权和改革妇女教育贡献了力量。1918 年，游历欧美各国考察各国社会及妇女教育。回国后主持江苏第一女子师范学校、《神州日报》、《上海时报》妇女专刊工作，致力于妇女教育和普及教育工作。1927 年后，历任杭州市教育局长、考试院委员、立法院委员、中央常务监察委员、国民党党史编纂委员会和国史馆名誉编辑等职，后病逝于台湾。

陶行知（1891～1946） 02.020501050350

本名文濬，生于安徽省歙县。1910 年入金陵大学文科，1914 年留学美国伊利诺大学获政治硕士学位，后入哥伦比亚大学研究教育，师从杜威。1917 年秋回国，先后任南京高等师范专科学校、东南大学教授、教务主任等职。1923 年与晏阳初等人发起成立中华平民教育促进会总会，后赴各地开办平民识字读书处和平民学校。1930 年 4 月遭国民党通缉被迫流亡日本，1931 年又回国开展教育普及工作。“一二·九”运动后，与宋庆龄等发起组织上海文化界救国会。1938 年参加国民参政会，致力于抗战期间的教育活动。1941 年，参与发起成立中国民主政团同盟。1945 年，加入中国民主同盟，任中央常委兼教育委员会主任委员。他根据“生活教育”的理论创办了各类新型学校。被毛泽东誉为“伟大的人民教育家”。

余嘉锡(1884～1955) 02.020501060150

字季豫，号狷庵，湖南省常德县人，语言学家。

少年能诗善文，博闻强记，长于著述。14岁作《孔子弟子年表》。15岁又注《吴越春秋》。18岁乡试中举人。入京，为吏部文选司主事，后因父丧回籍。废科举后，在常德师范学堂任教。1927年去北平，参加审阅《清史稿》，受私立辅仁大学校长陈垣赏识，被聘为讲师，主讲目录学。后又在北京大学、中国大学、民国大学、女子师范大学等校兼教目录学。1931年被聘为辅仁大学教授，兼任国文系主任。1942年兼任辅仁大学文学院院长，1948年，当选为中央研究院第一届院士。1949年后，被聘为中国科学院语言研究所专门委员。著有《四库提要辩证》，是一部从微观角度研究我国古籍的巨著。

赵元任(1892～1982) 02.020501060250

语言学家，哲学家和作曲家，在中国语言学界被尊为“汉语言学之父”。字宣仲，江苏人，生于天津。

1910年留美，入美国康奈尔大学，主修数学，1914年获理学士学位。1918年获哈佛大学哲学博士学位。1919年任康奈尔大学物理讲师，1920年回国任清华学校心理学及物理教授。1921年再入哈佛大学研习语音学，继而任哈佛大学哲学系讲师、中文系教授。1925年6月应聘到清华国学院任导师，指导范围为“现代方言学”、“中国音韵学”、“普通语言学”等。1929年6月底国学研究院结束后，被中央研究院聘为历史语言研究所研究员兼语言组主任，同时兼任清华中国文学系讲师，授“音韵学”等课程。

王力（1900～1986） 02.020501060350

字了一，广西博白人。语言学家，中国现代语言学的奠基人之一。

1926年考入清华国学研究院，师从梁启超、赵元任等，1927年赴法国留学，1932年获巴黎大学文学博士学位后返国，先后在清华大学、西南联合大学、岭南大学、中山大学、北京大学等校任教授，并先后兼任中国科学院哲学社会科学部委员，中国文学改革委员会委员、副主任，中国语言学会名誉会长，全国政协第四、五、六届委员，第五、六届常务委员等职。

他在法国留学期间，翻译出版二十余种法国小说、剧本；抗战期间，写了大量的散文，被誉为战时学者散文三大家之一。他在汉语语法学、音韵学、词汇学、汉语史、语言学史等方面出版专著四十余种，发表论文200余篇。

丁声树（1909～ ） 02.020501060450

号梧梓，河南邓县人，语言学家。中国社会科学院学部委员。

1932年北京大学中国文学系毕业，进中央研究院历史语言研究所，致力于古代汉语研究。1944年赴美国考察。后从事方言、音韵和现代汉语语法研究。曾参加湖北、湖南、云南、四川等省方言调查，并参加撰写《湖北方言调查报告》。50年代编写《昌黎方言志》，并合编《汉语方言调查简表》、《方言调查字表》、《方言词汇调查手册》。所著《现代汉语语法讲话》，采用直接成分分析法与句子成分分析法相结合的方法，通过语言事实说明现代汉语书面语和口语的重要语法现象。所编《古今字音对照手册》，是方言调查、音韵研究及编写字、词典的重要参考书。建国后，任中国社会科学院语言研究所研究员、中国科学院哲学社会科学部委员、语言研究所学术委员会委员、推广普通话工作委员会委员、《中国语文》杂志主编等职。

老舍（1899～1966） 02.020501070150

原名舒庆春，字舍予，北京人。现代作家。

曾任小学校长、中学教员、大学教授。抗战期间，主持中华全国文艺界抗敌协会工作，为团结广大文艺工作者参加抗日宣传作出了积极的贡献。解放后，任中国文联副主席、中国作家协会副主席、北京市文联主席等职务。1951年12月被北京市人民政府授予“人民艺术家”的称号。老舍一生创作了许多脍炙人口的文学作品，如《四世同堂》、《骆驼祥子》、《茶馆》、《龙须沟》等。

沈从文（1902～1988） 02.020501070250

现代作家、历史文物研究学者。原名沈岳焕，笔名小兵、懋琳、休芸芸等。湖南凤凰人，苗族。

1923年到北京自学并学习写作。1924年后开始发表作品，并与胡也频合编《京报副刊》和《民众文艺》周刊。1928年到上海与胡也频、丁玲编辑《红黑》、《人间》杂志。翌年任教于中国公学。1930年起在武汉大学、青岛大学任教。1934年起编辑北平和天津的《大公报》副刊《文艺》。抗日战争爆发后，到昆明任西南联合大学教授。抗战胜利后，任北京大学教授，编辑《大公报》、《益世报》等文学副刊。先后创作70余种作品集，被人称为多产作家。沈从文先生一直坚持自由主义立场，坚持文学要超越政治和商业的影响。1949年，沈从文先生放弃了文学创作，到中国历史博物馆，担任讲解员。下半生从事文物、工艺美术图案及物质文化史的研究工作。

巴金（1904～2005） 02.020501070350

原名李尧棠，字芾甘。四川成都人。巴金一生中创作与翻译了1300万字的作品。他的《激流三部曲》(《家》《春》《秋》)《爱情三部曲》(《雾》《雨》《电》)《寒夜》《憩园》《第四病室》等文学作品，是中国文学的丰碑。巴金还是杰出的出版家、编辑家。20世纪30～40年代，他曾任上海文化生活出版社总编辑十四年之久，培育了大批文学青年。巴金晚年奉献社会的伟大之作是五卷本的《随想录》和一座中国现代文学馆。巴金是第一至四届全国人大代表，第五届全国人大常委会委员，第六至十届全国政协副主席。2003年11月25日，巴金百岁生日之际，国务院在上海授予巴金"人民作家"光荣称号。

钱钟书（1910～1998） 02.020501070450

字默存，号槐聚，生于江苏无锡。十九岁被清华大学破格录取，毕业后，在上海光华大学任教。1935年，与杨绛完婚，然后同赴英伦留学。两年以后，获副博士学位。之后偕杨绛赴法国巴黎大学从事研究。1938年，被清华大学破例聘为教授，次年转赴国立蓝田师范学院任英文系主任。抗战结束后，任上海暨南大学外文系教授。1949年回到清华任教；1953年调到文学研究所，"文化大革命"期间被下放，1982年起担任中国社会科学院副院长、院特邀顾问。著有《人兽鬼》、《围城》、《谈艺录》、《管锥编》、《宋诗选注》等。

姚雪垠（1910～1999） 02.020501070550

现、当代作家。原名姚冠三，字汉英，河南邓县人。

因家贫，只读了三年小学，上初中一学期未读完，被土匪队伍抓走，在土匪队伍中生活约一百天。1929年考入河南大学法学院预科，开始以"雪痕"的笔名发表小说。1931年因参加学潮被学校开除后，广泛阅读中国历史和古典文学作品，到北平以投稿、教书为生，曾在北平、天津、上海的报刊上发表小说、散文、文学论文多篇。

姚雪垠的代表作为五卷本长篇历史小说《李自成》，这一史诗性的作品，以宏大的规模、壮阔的气势反映了宽广的社会历史生活，再现了明末波澜壮阔的农民战争，人物性格鲜明，具有深远的悲剧内蕴。1963年出版了第一卷，译成日文后获日本文部省、外务省颁发的文化奖；1976年出版的第二卷获首届茅盾文学奖。

齐白石（1864～1957） 02.020501080150

湖南湘潭人，原名纯芝，字渭清，兰亭，号白石、白石翁，国画家和书法篆刻家。

齐白石是在各方面造诣都很高的现代绘画大师，继清末民初海派画家之后，他把传统中国画推到了一个新的高峰。他的人品、绘画、诗句、书法、篆刻，无不出类拔萃。他的风格对现代乃至当代中国画创作产生了巨大的影响。1963年被世界和平理事会推举为世界文化名人之一，同年于中国美术馆举办《世界文化名人——齐白石诞生100周年纪念展览会》。1983年底至1984年1月于中国美术馆举办《纪念齐白石诞辰120周年作品展览》。有《白石诗草》、《白石印草》、《齐白石作品选集》、《齐白石作品集》、《齐白石山水画选》等问世。

黄宾虹（1865～1955） 02.020501080250

祖籍安徽歙县，生于浙江金华。原名懋质，后改名质，字朴存，中年更字宾虹。

早年参与同盟会、南社、国学保存会等，后潜心学术，深研画史、画理。曾在国粹学报、神州时报、商务印书馆等担任编纂工作，主编《神州大观》。历任新华艺专、北平艺专、中央美院华东分院教授、全国政协委员。学养渊博，著述宏富，诗书画印及鉴赏皆精，为中国近现代艺术史上的一代巨匠。著有《陶玺文字合证》、《古印概论》、《古籀论证》、《古文字释》、《古画微》、《虹庐画谈》、《鉴古名画论》、《黄山画家源流》、《画法要旨》、《宾虹草堂印谱》、《画学编》、《宾虹杂著》、《宾虹诗草》等。

徐悲鸿（1895～1953）　02.020501080350

画家，美术教育家，江苏宜兴人。

四岁从父习画。早年东渡日本，后赴法师从达仰，继入徐梁学院及巴黎国立美术学校，1921年游学德国，1927年归国，任中央大学艺术教授。1933年在巴黎举行画展，法国政府选购十二幅，辟专室陈列。旋赴欧，在德、意及苏联举行画展。抗战后，屡在国内广州、长沙以及香港、印度等地为救济祖国难民，举办画展。历任北京大学、桂林美术学院教授、北平艺专校长。1949年后，任中央美术学院院长，中华全国美术工作者协会主席。在绘画创作上，反对形式主义，坚持写实作风。继承我国绘画优秀传统，吸取西画之长，创造自己独特风格。长于国画、油画、尤擅素描。造诣极深，善于传神。画马为世所称，笔力雄健，气魄恢宏。1952年病中，曾将自己一生创作和全部珍藏捐献国家。平生积极从事美术教育事业，为中国美术事业发展培育了不少优秀人才。1953年在北京逝世，其寓所改建为徐悲鸿纪念馆。

刘海粟（1896～1994）　02.020501080450

江苏武进人。画家，美术教育家。

1912年创办上海图画美术院。1919年后，赴日本、欧洲考察美术。1930年被聘为比利时独立百年纪念国际美术展览会审查委员。1931年应邀赴德国法兰克福中国学院讲学。曾在日本、欧洲多次举办个人画展。建国后，历任上海美术专科学校校长，华东艺术专科学校校长，南京艺术学院院长、名誉院长，中国文艺工作者联合会第四届委员，中国美术家协会第三届理事。是第五届全国政协委员，第六、七届全国政协常委。1981年被聘为意大利国家艺术学院院士，获金质奖章。有画集《黄山》、《海粟国画》、《海粟老人书画集》，著有《米勒传》、《中国绘画上的六论法》等。

潘天寿（1898～1971）　02.020501080550

早年名天授、字大颐、阿寿等，浙江宁海人，国画家，美术教育家。

平生积极从事艺术创作和艺术教育工作，为继承和发展我国传统绘画艺术，为培养美术人材做出了可贵的贡献。解放后，是全国人民代表大会代表，曾任中国文艺工作者联合会委员，中国美术家协会副主席，浙江省文联副主席，中国美术家协会浙江分会主席，浙江美术学院院长、教授等职。

他精于写意花鸟和山水，兼工书法、诗词、篆刻等，都有很高的造诣。尤善画鹰、八哥、松树、梅竹、蔬果、山石、野花等题材，作品的构图，清新苍秀，笔墨色彩纵横交错，气势磅礴，趣韵横生，风格独特。他还长于表现山花、野草，笔墨挺秀多姿，艳丽生动。画面的虚实、疏密、主宾、黑白等既对比强烈，又和谐协调，加之色彩的清新浓郁，引人入胜。著有《中国绘画史》，绘画作品《潘天寿画集》等。

李苦禅（1898～1983）　02.020501080650

名英，字苦禅，山东高唐人，国画家。

1925年就学于北平艺术专科学校西画系。不久入艺术大师齐白石门下，开始学习中国画。毕业后曾先后在北京师范学校、杭州艺术专科学校任教。建国后，历任中央美术学院教授，第六届政协委员等。一生从事美术创作和美术教育六十余载，其花鸟大写意画独具特色，吸取石涛、八大山人、扬州画派、吴昌硕、齐白石等前辈技法，笔墨雄阔，气势磅礴，自成风貌。传世作品有：《盛荷》、《群鹰图》、《兰竹》、《芙蓉》、《秋节风味》等。人民美术出版社曾出版《李苦禅画辑》影印本。

张大千（1899～1983）　02.020501080750

原名正权，后改张爰，四川省内江县人，国画家。

九岁时从母习花鸟草虫白描，1917年时随兄到日本京都攻读绘画，研究染织工艺。1919年回国后从李瑞清学诗文书画。一度为僧，法号大千，还俗后以法号行。1936年任南京中央大学美术系教授。绘画受八大山人、石涛的影响，尤长山水，喜好画荷花及工笔人物，独树一帜，俱臻妙境。与齐白石并有“南张北齐”之誉。曾赴敦煌临摹壁画，同时习雕塑，画风为之一变。1972年侨居美国，1978年回国，居台湾。张大千于诗、书、画、篆刻俱精，尤其他开创了淡墨泼色山水流派，推动了现代中国画艺术发展，影响深远，是中国杰出的艺术家。

傅抱石（1904～1964）　02.020501080850

江西新喻人，国画家。

1933年得徐悲鸿资助留学日本，攻东方美术史学，回国后任国立中央大学艺术教授。1949年后，任南京师范学院美术系教授、中国美术家协会副主席，江苏省国画院院长。擅画山水、人物。崇尚创新，建树良多，画意深邃，章法新颖，善用浓墨，渲染等法，把水、墨、彩融合一体，达到气势磅礴的效果。在传统技法基础上，推陈出新，独树一帜，对解放后的山水画，起了继往开来的作用。其人物画，线条劲健，深得传神之妙。又精篆刻，并有《印谱》行世。出版有《中国古代山水画史研究》、《中国山水人物技法》、《中国绘画理论》等。

李可染（1907～1989） 02.020501080950

生于江苏徐州，国画家。

13岁学习传统山水画，16岁入上海私立美专学习。1929年考入杭州西湖艺术院研究生，师从林风眠等教授，研习西画。1943年应聘为重庆国立艺专讲师，从事中国画教学、创作工作。1946年应徐悲鸿之邀为国立北平国立艺专中国画教授，同时师从齐白石、黄宾虹，潜心于民族传统绘画的研究与创作。1950年任中央美院中国画系副教授。1983年获德国艺术科学院通讯院士称号、证书及和平勋章。他不仅是画坛辛勤耕耘70余年的一代宗师，而且在艺术观念的开拓上也做出了重要贡献。

黄永玉（1924～ ） 02.020501081050

生于湖南省凤凰县，土家族人，画家。

少年时期就以出色的木刻作品蜚声画坛，被誉为“中国三神童之一”。十六岁开始以绘画及木刻谋生。曾任瓷场小工、小学教员、中学教员、剧团见习美术队员、报社编辑、电影编剧及中央美术学院教授、中国美术家协会副主席。

黄永玉自学美术、文学，诗书画俱佳，亦是诗、杂文、散文、小说、剧本的大家。画过《阿诗玛》、生肖邮票《猴》和毛主席纪念堂山水画等。在澳大利亚、德国、意大利和中国香港开过画展，其美术成就曾获意大利总司令奖，在海内外享誉甚高。

黄胄（1925～ ） 02.020501081150

原名梁黄胄，河北省蠡县人，国画家。

1940年从著名画家赵望云习国画，1945年随赵到敦煌写生。1948年参加中国人民解放军，任西北军区战士读物出版社美术记者和编辑。《爹去打老蒋》参加第一届全国美展，获一等奖，《苹果花开的时候》获一九五二年全国美展一等奖；《打马球》获全国青年美展一等奖。中国画《洪荒风雪》，获第六届世界青年联欢节美术作品金质奖章。1959年调中国人民解放军军事博物馆任创作员，曾任中国美协常务理事、全国政协委员、中国画研究院副院长。他的作品多反映西北少数民族的生活，除报刊发表外，出版有《黄胄作品选》、《丰收图》、《动物写生》、《黄胄速写集》，《百驴图》等。

范曾（1938～ ） 02.020501081250

书画家。

字十翼，别署抱冲斋主，江苏南通人。1955年考入南开大学历史系。1957年转入中央美术学院美术史系，半年后转入中国画系，1962年毕业。1978年调中央工艺美术学院任教。1984年调天津南开大学东方艺术系，任系主任。中国美术家协会会员，擅长中国人物画，兼长诗文、书法。多幅作品为中外美术机构收藏，并出版有《鲁迅小说插图集》、《范曾画集》、《范曾吟草》、《范曾书画集》、《范曾自述》等。

萧瀚（1945～ ） 02.020501081350

旅德画家。

生于安徽芜湖市。1968年毕业于安徽师范大学艺术学院。现任德国水墨画美术家协会主席，世界华人艺术家协会副主席，北京海华归画院院长，中国美术家协会会员，安徽大学及师范大学艺术学院客座教授。

萧瀚秉持着“穷尽色彩之光辉，融合笔墨之精神，抒发现代之情怀”的创造主张，山水画既保持了传统中国画的格调，同时采用了西洋画的色彩原理和多种技法，在笔法墨法的基础上创造了“色法”，确立了自己的独特探索方向。以拓、冲、印、沁、沥、染、滤等方法在宣纸上泼彩积色，营造各种色调，形成色墨交融的冷暖色感，描绘万物之天然趣状，展现意象和印象绘画的光影风格，开创中国画“笔情墨趣色辉”的新意境，被画坛称为“积彩色调水墨画的开派人”。《欧洲之春》、《几度夕阳红》等多幅作品为欧洲理事会大厦等中外机构收藏。

于右任（1879～1964）　02.020501090150

陕西三原人，记者，诗人，书法家，政治家。

早年加入同盟会，追随孙中山先生反对帝制。曾在上海办《神州日报》、《民呼日报》、《民立报》、《民吁日报》，鼓吹革命。辛亥革命后，曾任南京临时政府交通部次长，国民政府常委、军委会常委、审计院院长，后长期任监察院院长。1905 年，协助马相伯创立复旦公学，后曾三度援手救助复旦于危厄之中，有“复旦的孝子”之称。于右任精书法，尤擅草书，有《标准草书》一册行世，被誉为“当代草圣”。1964 年病逝于台湾。

启功（1912～2005）　02.020501090250

满族，中国当代教育家、国学大师、古典文献学家、书画家、文物鉴定家、诗人。

生于北京。幼年失怙且家境中落，自北京汇文中学辍学后，发愤自学。后从贾尔鲁、吴熙曾习书法丹青，从戴绥之修古典文学。刻苦钻研，终至学业有成。1933 年经傅增湘推介，受业于陈垣，后被聘为辅仁中学国文教员；1935 年任辅仁大学美术系助教；1938 年后任辅仁大学国文系讲师，兼任故宫博物院专门委员，从事故宫文献馆审稿及文物鉴定工作；1949 年任辅仁大学国文系副教授兼北京大学博物馆系副教授；1952 年后任北京师范大学副教授、教授。曾任全国政协常务委员、国家文物鉴定委员会主任委员、中央文史研究馆馆长、中国书法家协会名誉主席、北京师范大学教授、博士研究生导师。

欧阳中石（1928～　）　02.020501090350

生于山东泰安。书法家、书法教育家。

中学毕业后就读于辅仁大学，后转入北京大学哲学系专治中国逻辑学史，在国学、逻辑、音韵、戏剧、书学等领域均有较高造诣。1985 年起，在首都师范大学主持书法教育专业，建成了从大专、本科、硕士、博士到博士后的完整的书法高等学历教育体系。书法诸体兼精，尤以行草能入东晋堂奥，在海内外享有盛誉，作品多次在报刊发表，或被美术馆、博物馆收藏或入选国内外重大书法展览。兼任北京数家高等学校书法艺术顾问和中国书画函授大学书法部主任，中国书法家协会理事，北京书法家协会理事，齐白石艺术函授学院副院长。

沈鹏（1931～　）　02.020501090450

江苏省江阴市人，历任中国书法家协会常务理事、副主席、代主席、中国书法家协会主席。

擅长行草兼及楷、隶书法字体，行草以帖派风格为主，参临汉魏碑刻，对米芾等宋代书家作品深有研究，曾率团出访新加坡、瑞典、日本和前苏联等国家；主持编辑并自编美术书刊五百种以上，其中《故宫博物院藏画》获国家图书奖；《中国美术全集·宋金元卷》获中国图书奖，还出版《书画论评》、《沈鹏书画谈》、《三余吟草》、《三余诗词选》、《当代书法精品集·沈鹏卷》、《沈鹏书法作品集》等二十余种书籍。书法作品遍及国内与亚、欧、美多地。

苏士澍（1949～　）　02.020501090550

北京市人，满族。全国政协委员、国家文物局文物出版社社长、中国书画收藏家协会会长、中国文物保护基金会副会长、中国书协理事、中国书协中央国家机关分会副会长、西泠印社理事、中国和平统一促进会理事、中华海外联谊会理事、中国环境文化促进会理事、中国书法培训中心教授、中国书协评审委员会委员、中国教育协会书法教育专业委员会副理事长。

自幼酷爱书法篆刻，少年时拜刘博琴先生为师，后师从启功先生。多年来从事中国古代书法碑帖的编辑出版工作。从事书法篆刻的创作兼习诸体，擅以鸡毫作篆隶，饶有特色；行草流畅，韵味极浓。篆刻宗秦法汉，寓已意于古风之中。负责出版《篆字编》、《隶字编》、《楷字编》、《行书编》等大型书法工具书及《中国书迹大观》、《中国真迹大观》等大型书法丛书，著有《中国书法艺术·秦汉卷》等。曾多次参加国内外各种大型书画展览，曾多次在日本、台湾及港澳地区举办个人展及书法讲学活动。1997 年荣获中国文联“德艺双馨”百家会员称号，1999 年荣获国家人事部“有突出贡献中青年专家”称号。

梅兰芳（1894～1961）　02.020501100150

名澜，字畹华，江苏泰州人，京剧四大名旦之一。

出身梨园世家，是继王瑶卿之后我国京剧表演艺术影响最大的旦角演员。他扮相大方，雍容华贵，嗓音圆润，唱腔委婉，功底深厚，擅演青衣、花旦、刀马旦，并把三者表演艺术的特点溶为一体，形成花衫行当。他将诸多艺术领域的创作思想融于了京剧艺术舞台表演之中，在音乐、唱腔、台词、舞蹈、舞美、服饰、化妆乃至理论教学方面都留下了宝贵的艺术资料和实践经验，形成独特的艺术风格，世称“梅派”。

他不仅是京剧艺术大师，而且是作为中国京剧艺术的代表人物走向世界的。20世纪30至50年代，曾多次赴日本、美国、苏联等国访问演出引起轰动，并被美国授予博士学位，使中国京剧在国际艺术舞台上占领了自己应有的地位。1937年抗日战争爆发，他蓄须明志拒绝演出，直至抗战胜利，表现了艺术家崇高的民族气节。1949年参加第一届全国文学艺术工作者代表大会，并参加第一届中国人民政治协商会议。建国后当选为全国人民代表大会代表、政协常委、中国文学艺术界联合会副主席、中国戏曲家学会副主席、中国戏曲研究院院长、中国戏曲学院院长、中国京剧院院长。1952年被中央人民政府授予荣誉奖。1955年文化部向梅兰芳颁发奖状，并将梅兰芳主演的《梅兰芳舞台艺术》、《游园惊梦》等拍成戏曲艺术片，邮电部发行了《梅兰芳舞台艺术》纪念邮票。1957年被国际舞蹈家协会授予荣誉奖章，1959年加入中国共产党。

程砚秋（1904～1958） 02.020501100250

满族，原名艳秋，北京人，京剧四大名旦之一。

自幼从荣蝶仙学青衣，曾受教于王瑶卿、梅兰芳，并得到文人罗瘿公的帮助。他讲究音韵，注重四声，根据自己的嗓音特点，以独树一帜的发声技巧，创造出一种深邃幽咽、曲折委婉、若断若续、抑扬顿挫的程派唱腔，形成独特的风格。演出的剧目大多反映旧社会下层妇女的悲惨命运，如《青霜剑》、《荒山泪》、《亡蜀鉴》、《窦娥冤》等。出版有《程砚秋文集》、《程砚秋演出剧本选集》等。

荀慧生（1900～1968） 02.020501100350

初名秉超，后改名秉彝，字慧声，号留香，艺名白牡丹，河北东光人，京剧四大名旦之一。

1911年入三乐班学京剧青衣、花旦，与尚小云、赵桐珊有“正乐三杰”之称。曾拜吴菱仙、陈德霖、王瑶卿为师，并受孙怡云、程继先等名家教益。1918年开始专演京剧，后自组“留香社”。20世纪30年代逐渐形成荀派艺术。他将河北梆子的唱腔、唱法、表演的精华溶入京剧的演唱之中，是其艺术特色之一。他善于塑造天真、活泼的少女形象，具有柔媚娇婉的风格，在旦行中有很大的影响。

他历任中国戏曲家协会艺委会副主任，北京市戏曲研究所所长，河北省河北梆子剧院院长，河北省政协委员，北京市文联常务理事，北京市戏曲编导委员会主任等职。

尚小云（1900～1976） 02.020501100450

原名德泉，字绮霞，河北省南宫县汉军旗籍人，京剧四大名旦之一。

尚小云幼年进入三乐社梆子科班，初习武生，后改正旦。后习京剧，拜孙怡云为师，又向王瑶卿请教，以唱工见长，号称“铁嗓钢喉”，高亢峭拔，一气呵成。兼擅刀马旦，表演风格刚健，长于塑造巾帼英雄和侠女烈妇形象，世称“尚派”。解放后组建尚小云剧院并任团长。1959年任陕西省京剧院院长兼陕西省戏曲学校艺术总指导。历任北京市文联常务委员、南京戏曲改进处副主任，中国戏剧家协会理事，陕西戏剧家协会常务理事，中国戏曲学校顾问，陕西省京剧院院长等职。是陕西省第三届政协常委，北京市人大代表，北京市第一至四届政协常委。

袁雪芬（1922～ ） 02.020501100550

女，越剧艺术家，她为越剧的发展做出了卓越的贡献。

浙江嵊县人。十一岁入四季春越剧科班，十四岁开始在杭州演出。1938年到上海，1942年起致力于女子越剧改革。她的表演和唱腔柔婉细腻、朴实深沉，韵味醇厚，节奏明快，重视人物性格的刻画，被称为“袁派”。

参与整理并主演了传统戏《梁山伯与祝英台》、《西厢记》，编演了历史剧和现代剧《木兰从军》、《红粉金戈》等。1946年，演出了根据鲁迅小说《祝福》改编的《祥林嫂》。1953年主演的《梁山伯与祝英台》获国际电影节“音乐片奖”。1955年缅甸总理吴努授予她金质奖章。1956年获文化部颁发的“1949～1955优秀影片奖”荣誉奖。1989年获中国唱片总公司颁发的首届“金唱片奖”。历任上海越剧院院长、名誉院长，上海对外友好协会副会长，全国政协常委等。

常香玉（1923～2004） 02.020501100650

女，豫剧表演艺术家，原名张妙玲，生于河南巩县，父亲是当地有名的豫剧艺人，九岁时开始学戏。

1944年，常香玉与陈宪章结成眷属，1949年后他们组织的香玉剧社，演出了不少受人欢迎的剧目。1951年，常香玉和她的剧社决定为抗美援朝捐一架飞机。陈宪章很快帮助常香玉选定了剧目《花木兰》，开始巡演募捐。经过180多场义演，实现了捐飞机的愿望，这架飞机被命名为“香玉剧社号”。常香玉的信条就是“戏比天大”，在她的表演生涯中，为人们奉献了《花木兰》、《拷红》、《断桥》、《人欢马叫》、《红灯记》等经典豫剧作品。

红线女（1927～ ） 02.020501100750

女，原名邝健康，广东开平人，粤剧表演艺术家。早年学戏，后参加马师曾剧团，改用红线女艺名。十五岁掌花旦正印，声名渐著。抗战胜利后定居香港，成为影剧两栖演员，拍影片80多部。1955年从香港回穗参加广东省粤剧团，代表作有《搜书院》、《昭君出塞》、《关汉卿》和《山乡风云》等。其表演以细腻见长，勇于革新，继承前辈唱腔艺术并吸收兄弟剧种和西洋演唱技巧，形成“女腔”。其音色清脆秀丽，行腔自然、婉转、丰美，真假嗓能巧妙结合，有“龙头凤尾”之誉。1957年凭《卖荔技》获世界青年联欢节东方歌曲竞赛金质奖章。近些年红线女致力培养粤剧新人，组建小红豆粤剧团和红线女艺术中心。曾任广东省戏剧家协会主席，多届全国政协委员和人大代表。

严凤英（1930～1968） 02.020501100850

女，黄梅戏表演艺术家。

本名黛峰，祖籍安徽桐城罗家岭。她十二岁拜严云高学唱黄梅戏，为族人、家庭所不容，后离家出走正式搭班，改艺名为凤英。1946年在群乐剧场演出，以《小辞店》、《游春》轰动安庆，因此盛名招致灾祸。严凤英离安庆去南京，脱离黄梅戏，1951年重返安庆，1953年调入安徽省黄梅戏剧团，历任安徽省黄梅戏剧团演员、副团长，中国剧协第二届理事，中国文联第三届委员，第四届全国政协委员。1960年获全国先进工作者、全国三八红旗手称号。

她的唱腔圆润明快，表演质朴细腻，吸收京剧、越剧、评剧、评弹、民歌等之长，融会贯通，自成一家，世称“严派”，代表剧目有《打猪草》、《天仙配》、《女驸马》、《牛郎织女》、《蓝桥会》、《柳树井》、《砂子岗》、《红色宣传员》、《刘三姐》、《党的女儿》、《江姐》等。

华彦钧（1893～1950） 02.020501100950

民间音乐家。小名阿炳，江苏无锡东亭人，当地雷尊殿道士华清和之子。华清和号雪海，擅长演奏各种民间乐器，尤精于琵琶。华彦钧自幼从其父学习音乐。他四岁丧母，二十一岁患眼病，三十五岁时双目失明。在无锡市以沿街卖唱和演奏各种乐器为生，饱尝人间的苦难。阿炳的器乐演奏深为群众欢迎，其超群技艺，早在十八岁时就已被当地的道教音乐界看好。他曾广泛学习各种民间音乐，能超脱狭隘的师承和模仿，根据自己对现实生活的感受，创作、演奏各种器乐曲。但他一生中的大部分作品，由于种种原因未能流传于世。仅有二胡曲《二泉映月》、《听松》、《寒春风曲》；琵琶曲《大浪淘沙》、《昭君出塞》、《龙船》等得以保存下来，并成为中国民族音乐殿堂中的瑰宝。1950年，他所演奏的六首乐曲曾被录音，并由中央音乐学院民族音乐研究所将其记录整理，编成《阿炳曲集》。

王洛宾（1913～1996） 02.020501101050

生于北京，在家庭的熏陶下自幼喜爱音乐。1931年，王洛宾考入北平师范学校艺科，随俄籍老师霍尔瓦特夫人学习声乐和钢琴，开始接受系统的音乐教育。

“九·一八”事变以后，为萧军的小说《八月的乡村》创作插曲《奴隶之爱》，是他的处女作。王洛宾搜集、整理并记下了众多优美动听、有学术价值的各兄弟民族民歌，如维吾尔族《掀起你的盖头来》、《青春舞曲》、《阿拉木汗》、《半个月亮爬上来》、《依拉拉》、哈萨克民歌《流浪之歌》、《我等你到明天》。在搜集整理民歌的基础上，改编了许多民歌，如久唱不衰的《在那遥远的地方》等经典之作。数十年来，他搜集改编的民歌一直深受大众的喜爱，影响了几代人。

陈爱莲（1939～ ） 02.020501101150

女，新中国培养的第一代舞蹈艺术家。

祖籍广东番禺。她十二岁时由孤儿院考入中央戏剧学院舞蹈学员班，1954年转入北京舞蹈学校，毕业后留校任教四年。1963年调入中国歌剧舞剧院。自1980年以来，陈爱莲在各地进行讲学和示范表演。1989年，陈爱莲艺术团成立，陈爱莲任艺术总监和团长。1995年，陈爱莲舞蹈学校成立，陈爱莲任校长。陈爱莲是第六至九届全国政协委员，中国致公党中央委员，中国对外文化交流协会理事，中国演出协会理事，中国田汉基金会理事。她的舞蹈动作轻盈流畅，技巧性强，长于中国古典舞、民间舞等多种风格的舞蹈，被誉为“东方舞蹈女神”。

马三立（1914～2003） 02.020501101250

回族，甘肃永昌人，相声表演艺术家。

出身曲艺世家。第五、六、七、九届天津市政协委员，中国曲艺家协会顾问，天津市文联委员，中国艺术研究院曲艺研究所特聘研究员，天津市曲艺家协会名誉主席，天津市表演艺术咨询委员会委员。马三立表演的单口相声，魅力独具，以小寓大，举重若轻，平凡中蕴含着隽永，浅白处透露出深意。他的相声说演，无论对口节目还是单口节目，表演起来都是细声慢气，不躁不闹，语言通俗，语气平易，因而被誉为“平民艺术家”。

侯宝林（1917～1993） 02.020501101350

满族。中国相声的代表人物。生于北京。他十二岁开始学艺。初学京剧，不久改习相声。先后拜常宝臣、朱阔泉为师。1940年在天津成名。新中国成立后，立志相声改革，1950年参加北京相声改进小组，在继承与发展相声艺术方面有显著成绩。1955年参加中央广播说唱团，对扩大相声的影响和提高其艺术地位，贡献较大。1979年谢影舞台，专事曲艺理论研究。1980年应邀赴日访问，考察了日本民间喜剧艺术的情况。他先后当选为第四、五届全国人民代表大会代表，中国曲艺家协会副主席，并应聘为北京大学等院校兼职教授。代表曲目有《夜行记》、《戏剧杂谈》、《改行》、《关公战秦琼》等，均收入《侯宝林相声选》；与他人合著有《曲艺概论》、《相声艺术论集》、《相声溯源》等。

陈垣（1880～1971） 02.020501110150

字援庵，广东新会人。现代史学家、历史文献目录学家、藏书家。

早年在广州参加反清斗争。1907年考取美国教会办的博济医学院。1913年当选众议员，留居北京，从事历史研究和教育工作。1926年至1952年任辅仁大学、北京师范大学校长、中国科学院哲学社会科学学部委员。第一至三届全国人民代表大会常务委员会委员。一生撰写史学专著和论文近二百篇，是中国宗教史研究的开创者之一，对火袄教、摩尼教等宗教，元史、中西交通史、中国历史文献学等学科的研究均有创造性成就。在中国历史文献学方面，包括年代学、目录学、校勘学、史讳学以及辑佚和工具书等，具有极高造诣。

顾颉刚（1893～1980） 02.020501110250

江苏吴县人，1920年北京大学哲学系毕业。曾任北京大学助教。中山大学、燕京大学教授、历史系主任、云南大学、齐鲁大学、中央大学、复旦大学、兰州大学、诚明文学院等校教授，北平研究院研究员，中央研究院历史语言研究所研究员，《文史》杂志社总编辑，大中国图书局编辑所长兼总经理。1949年后，任中国科学院、中国社会科学院历史研究所研究员和学术委员，中国史学会理事、全国文联委员，中国民间文艺研究会副主席，中国民主促进会中央委员，第四、五届全国人大代表。第二至四届全国政协委员。是我国“古史辨”学派的创始人。也是我国历史地理学和民俗学的开创者。主要著作有：《古史辨》、《汉代学术史略》、《两汉州制考》、《郑樵传》等。

傅斯年（1896～1950） 02.020501110350

字孟真，山东聊城人。历史学家。

1913年考入北京大学预科，1916年升入本科国文门，响应胡适的号召提倡白话文。1919年“五四”运动期间为学生领袖之一，年底赴欧洲留学，1923年入柏林大学哲学院，学习比较语言学等。1926年冬应中山大学之聘回国，1927年任该校教授、文学院院长，兼任中国文学和史学两系主任，同年在中山大学创立语言历史研究所，任所长。1928年受蔡元培先生之聘，筹立中央研究院历史语言研究所，并任专职研究员兼所长。1929年兼任北京大学教授，其间先后兼任社会科学研究所所长，中央博物院筹备主任，国民参政会参政员，中央研究院总干事，政治协商会议委员，北京大学代理校长等职。1948年当选为中央研究院院士。1949年任台湾大学校长。曾组织第一次有计划、有组织的殷墟甲骨发掘，其后先后发掘十五次，大大推动了中国考古学的发展和商代历史的研究。

张政烺（1912～2005） 02.020501110450

山东荣成人，历史学家、考古学家、文献学家、古文字学家、中国社会科学院历史研究所研究员。

1936年毕业于北京大学历史学系。同年至中央研究院历史语言研究所工作。1946年至1960年任北京大学历史系教授，1954年兼任中国科学院历史研究所研究员。1960年任中华书局副总编辑。1966年调入中国科学院历史研究所任研究员。曾兼任历史研究所学术委员会委员、专业技术职务评审委员会委员、古文字与古文献研究室主任、中国社会科学院研究生院教授、博士生导师、考古研究所学术委员会委员，国务院古籍整理出版规划小组成员、顾问，文化部国家文物委员会委员，国家文物鉴定委员会委员，中国史学会理事，中国考古学会常务理事，中国古文字学会理事、顾问，中国先秦史学会顾问等职。1990年获国务院颁发的政府特殊津贴。

徐森玉（1881～1971） 02.020501120150

文物鉴定家，金石学家、版本目录学家。名鸿宝，以字行，祖籍浙江吴兴，迁居江苏泰州。少读家塾，后入白鹿洞书院，师从于式枚。后应科举试中举。1900年入山西大学堂研习化学。后历任奉天将军署文案、奉天高等工业学堂和江苏工业学堂监督、学部图书局编译员。辛亥革命后历任北京图书馆委员兼编纂主任，北京大学图书馆馆长。又在教育部任职。1949年后，主持上海市文物保护工作。担任上海市文物保管委员会副主任委员、主任委员，兼华东军政委员会文化部文物处处长，负责筹办上海博物馆和上海图书馆。后又担任上海市人民政府委员、上海市文史研究馆馆务委员。1960年兼上海博物馆馆长及全国第二中心图书馆委员会主任，同年7月被聘任为中央文史研究馆副馆长。他为国家征集、鉴定了大量具有重要价值的文物，特别是晋代王羲之、王献之、宋代司马光、苏东坡的真迹；秦汉以来的帝王印玺、商代及春秋战国时期的青铜器和殷墟出土的龟甲骨片。1962年，中央文化部向徐森玉颁发了嘉奖令，表彰他为文物事业做出的卓越贡献。

孙瀛洲（1894～1968） 02.020501120250

河北冀县人，古陶瓷经营及鉴定家。

1909年到北京古玩行学徒，1920年独资经营敦华斋古玩店。1956年将敦华斋三十六年来的货底2000余件古物捐故宫博物院，其中不乏珍贵的瓷、铜、犀角杯等，获得政府部门嘉奖。受聘于故宫博物院，被推选为第四届中国人民政治协商会议委员。孙瀛洲对我国古瓷尤其是明清时代的瓷器，有很深的研究。撰写了《明清瓷器的鉴定》、《试谈明代永乐、宣德镇官窑瓷年款》、《成化官窑彩瓷的鉴别》、《瓷器辨伪举例》等论著。

傅振伦（1906～1999） 02.020501120350

字维本，直隶新河县城召村人。1929年7月毕业于北京大学史学系。历任北京大学助教、故宫博物院古物馆科员、北平大学女子文理学院讲师、中国历史博物馆研究员等职。他学识渊博，著作颇丰，有《中国方志学通论》、《傅振伦方志文存》、《中国史学概要》、《博物馆学概论》、《刘知几之史学》、《中国古陶瓷论丛》等著作20部，论文400多篇，约370万言，涉及方志、史学、科技史、瓷器、考古、博物馆、图书馆等诸方面。他是当今为数不多的能在众多科研领域取得突出成就的著名学者之一。

朱家溍（1914～2003） 02.020501120450

文物专家、明清史及戏曲研究专家。字季黄，笔名贞吉，浙江萧山人。

朱家溍是金石学家、文物收藏家、前故宫博物院专门委员朱文钧之子，幼承家学，1941年毕业于辅仁大学国文系，获文学士学位。后曾任重庆文化驿站管理处总干事、国民政府粮食部专员。1943年被调入故宫博物院重庆院部，参与是年在重庆中央图书馆举行的故宫文物展览的筹办布置工作。1947年任北平故宫博物院编纂。1949年后任故宫副研究员，后在工艺美术学院兼课，同时兼任梅兰芳的艺术顾问。1988年12月被聘任为中央文史研究馆馆员。他还是国家文物鉴定委员会委员、北京历史学会理事、中国昆剧研究会理事、圆明园学会理事、中国工艺美术总公司顾问、朱熹纪念馆名誉馆长。

王世襄（1914～ ） 02.020501120550

号畅安，祖籍福建，生于北京。中央文史研究馆馆员。

1938年获燕京大学文学院学士。1941年获燕京大学文学院硕士。1945年10月任南京教育部清理战时文物损失委员会平津区助理代表，在北京、天津追还在战时被劫夺的文物。1946年12月～1947年2月被派赴日本任中国驻日本代表团第四组专员，交涉追还战时被日本劫夺的善本书。1947年始任故宫博物院古物馆科长、陈列部主任。1953年在中国音乐研究所任副研究员。曾任文物博物馆研究所、文物保护科学技术研究所副研究员。1980年任中国文物研究所研究员、中央文史研究馆馆员。曾被国家文物局聘为国家文物鉴定委员会委员。

杨仁恺（1915～ ） 02.020501120650

博物馆学家、书画鉴赏家、书画家。

四川岳池人，自1950年调东北文化部文物处任研究员，1952年任东北博物馆研究员，历任辽宁省博物馆副馆长、名誉馆长、辽宁省文史馆名誉馆长等职，中国美术家协会会员、中国书法家协会会员，著名书画鉴定家。自1983年起参加全国书画鉴定组，鉴定全国各博物馆所藏古代书画。是享誉海内外的著名学者。在文物征集、陈列展览、学术研究、对外文化交流和博物馆业务管理等方面，为文博事业的发展做出了重大贡献。

宿白（1922～ ） 02.020501120750

生于辽宁省沈阳市，字季庚。北京大学考古学专业博士生导师。1944年北京大学史学系毕业，1948年北京大学文科研究所研究生肄业，建国后，历任北京大学讲师，副教授、教授、考古系主任，国家文物委员会委员，国务院学位委员会第二届学科评议组成员，中国考古学会常务理事。专长隋唐考古学和佛教考古学。1951年主持河南禹县白沙水库墓群的发掘。著有《白沙宋墓》，撰有论文《西安地区唐墓壁画的布局和内容》、《大金武州山大石窟寺碑的发现与研究》等。

史树青（1922～ ） 02.020501120850

河北乐亭人，中国历史博物馆研究员。

1945年北平辅仁大学中文系、史学系研究生毕业。历任中国历史博物馆研究员、学术委员会副主任、全国政协第七、八届委员会委员，现任国家文物鉴定委员会副主任委员，北京大学考古系、南开大学历史系兼职教授，中国收藏家协会会长、《收藏家》杂志主编、中国博物馆学会名誉理事、中国中日关系史学会理事、中国古文字研究会理事、中华诗词学会理事等。工书法，精鉴赏，尤以考古鉴定驰誉中外。

谢辰生（1922～ ） 02.020501120950

河南安阳人。20世纪40年代随郑振铎学习和工作，曾参与编辑《甲午以后流入日本之文物目录》和《中国历史参考图谱》。建国后，一直从事文物保护管理工作。现为国家历史文化名城保护专家委员会委员、中国文物学会名誉会长、考古学会常务理事。他对文物保护管理工作有着丰富的经验，尤其对文物研究有独到见解。是《中华人民共和国文物保护法》和1949年以来各项文物法规的主要执笔人，《中国大百科全书·文物卷》主编。

徐苹芳（1930～ ） 02.020501121050

山东招远人。1950年考入燕京大学新闻系，后转历史系，1955年北京大学历史系考古专业毕业。曾任南开大学历史系助教，中国社会科学院考古所研究所助理研究员、副研究员、副所长、所长、研究员，中国社会科学院研究生院博士生导师，中国考古学会理事长，国家文物局考古专家组成员，燕京学报主编。享受政府特殊津贴。著有：《居延汉简甲乙编》、《中国古代天文文物图录》、《明清北京城图》、《中国历史考古学论丛》等。

樊锦诗（1938～ ） 02.020501121150

女，现任敦煌研究院院长。第九、十届全国政协委员。

1963年，樊锦诗从北京大学考古系毕业，赴敦煌，四十多年来，主要致力于石窟考古、石窟科学保护和管理。发表的论文有：《莫高窟北朝洞窟分期》、《莫高窟隋代洞窟分期》、《莫高窟唐代前期洞窟分期》、《莫高窟唐后期洞窟分期》、《二九〇窟佛传内容考证》、《简谈佛教故事画的民族化特色》等。

郑欣淼（1947～　）　02.020501121250

陕西澄城人，1970年7月参加工作，1992年前在陕西工作，曾任中共陕西省委研究室副处长、处长、副主任、主任，中共陕西省委副秘书长；1992年11月调任中共中央政策研究室文化组组长；1995年9月调任青海省人民政府副省长；1998年12月至2002年9月任国家文物局党组副书记、副局长。2002年9月任文化部副部长、文化部党组成员，故宫博物院院长；2003年9月兼任故宫博物院党委书记。中国作家协会会员，中国鲁迅研究会会长，华中师范大学兼职博士生导师（文艺学）。

冯骥才（1942～　）　02.020501130150

生于天津。作家、学者。曾任天津市文联主席，现任全国政协常委、中国文联副主席、中国民间文艺家协会主席、中国小说学会会长和天津大学冯骥才文学艺术研究院院长。

他是我国当代文化保护的代表人物之一，先后组织了天津老城、大直沽城市遗址、估衣街等地抢救和保护行动，并组织天津城市的文化遗存进行地毯式普查。于2004年12月31日在天津市发起成立冯骥才民间文化基金会。出版大型系列图集《天津老房子》和《抢救老街》，编写了《中国民间文化保护工程普查工作手册》等书，在全国引起很大反响，以其大量的言论促进当前中国文化遗产保护的自觉行动。

郭旃（1948～　）　02.020501130250

河南南阳人。国际古迹遗址理事会副主席、国家文物局文物保护司巡视员兼世界遗产处处长、中国古迹遗址保护协会副主席兼秘书长。

世界文化遗产保护管理专家，参加了1994年以来的历届世界遗产委员会会议和国际古迹遗址理事会（ICOMOS）的重要会议，并多次作为国际古迹遗址理事会专家考察评估日本等国的世界文化遗产申报项目；参与了我国世界遗产的申报、考察、管理工作，为我国世界遗产事业的发展做出了突出贡献。

侯仁之（1911～　）　02.020501140150

山东恩县人。1940年毕业于燕京大学，1949年获英国利物浦大学博士学位。1952年任教于北京大学地质地理系，现任北京大学城市环境学系教授、博士生导师，兼任北京市人民政府首都发展战略顾问组顾问等职。1984年被英国利物浦大学授予“荣誉科学博士”称号。

长期致力于历史地理学的教学与研究，第一次在我国从理论上阐明沿革地理与历史地理的区别。解决了北京城市起源、城址转移、城市发展的特点及其客观规律等问题，为北京旧城的改造、城市的总体规划及建设做出重要贡献。为西北沙区的治理，提出了重要的科学决策依据。

郑孝燮（1916～　）　02.020501140250

生于沈阳市。自幼喜爱中国历史与文化，对京剧和中国古典诗词等有浓厚的兴趣。

长期致力于城市规划、建筑设计的实践、教学和研究。对中国城市规划史和理论、城市历史风貌和文化古迹保护等方面有很高的造诣；并倡议建立中国历史文化名城。1978年以来，先后担任第五至七届全国政协委员，国家文物委员会委员，北京市文物古迹保护委员会顾问等职，是著名城市规划专家。

吴良镛（1922～　）　02.020501140350

江苏南京人。1944年毕业于重庆中央大学建筑系，获工学学士学位。1948～1950年在美国匡溪艺术学院建筑与城市设计系学习，并获硕士学位。1950年回国后在清华大学建筑系任教至今。1995年当选中国工程院院士。在建筑教育领域做出了杰出贡献，多次获得国内外嘉奖，1996年被授予国际建协教育／评论奖。此外，他主持参与多项重大工程项目，如北京图书馆新馆设计、天安门广场扩建规划设计、广西桂林中心区规划、中央美术学院校园规划设计、孔子研究院规划设计等。其中他主持的北京市菊儿胡同危旧房改建试点工程获1992年度的亚洲建筑师协会金质奖和世界人居奖。先后出版了《中国古代城市史纲》(英文版)、《城市规划论文集》、《广义建筑学》、《北京旧城与菊儿胡同》、《迎接新世纪的来临》、《建筑学的未来：世纪之交的凝思》、《人居环境科学导论》等著作，并参与中国建筑学会、中国城市科学研究会等多个全国性学术组织的创建工作。1980年当选为中国科学院院士（学部委员）。

罗哲文（1924～ ） 02.020501140450

四川宜宾人。主持设计或参加主持方案评审全国重大的古建筑保护维修项目数百处以上，对历史文化名城、世界遗产工作做出了开创性的贡献。

1940年师从梁思戎先生等学习并参加古建筑的调查研究工作。1946～1950年，在中国建筑研究所和清华大学建筑系任助理研究和助理教学工作，1950年调中央人民政府文化部文物局。多年来一直在文化部、国家文物局从事古建筑文物的保护管理和调查研究工作。历任国家文物局文物处副处长、文物档案资料室主任、中国文物研究所所长等职。是中国人民政治协商会议全国委员会六、七、八届委员，六届全国政协文化组副组长。现为高级工程师、国家文物局古建筑专家组组长、中国文物学会会长、中国长城学会副会长、国际古迹遗址理事会（ICOMOS）中国委员会副主席。

陈昌笃（1927～ ） 02.020501140550

湖南新宁人。北京大学城市与环境学系教授。40多年来，为保护我国生态环境和发展生态学的建立积极工作。是三部国家纲领性文件《中国自然保护纲要》、《中国生物多样性保护行动计划》和《中国生物多样性国情研究报告》的主要执笔人和统稿人。确定出17个生物多样性保护的关键区，为我国的自然保护事业做出卓越贡献。是中国生态学会的创始人之一（曾任理事长等职）。是我国宏观生态学的开拓者。在我国独立地提出并论证了“地生态学”，并提出抢救“濒危景观”的问题，引起了有关部门重视。

杨鸿勋（1931～ ） 02.020501140650

1955年毕业于清华大学建筑学系。毕业后到中国科学院担任梁思成的助手及建筑理论与历史研究室秘书、园林研究组组长。曾任上海大学、日本京都大学等高校客座教授。现任中国社会科学院考古研究所研究员、复旦大学、同济大学、华南理工大学、华中科技大学兼职教授、中国建筑学会建筑史学分会理事长、世界营造学社筹备委员会主席、联合国教科文组织顾问等。主攻建筑史与建筑学及中国传统园林；创立建筑考古学。所著《建筑考古学论文集》经全国评选为“二十世纪文博考古最佳图书”论著类第一名，《中国园林艺术研究——江南园林论》被评为“二十世纪文博考古最佳图书”论著类第三名。

傅熹年（1933～ ） 02.020501140750

原籍四川省江安县，生于北京。1955年毕业于清华大学，中国建筑技术研究院研究员。20世纪50～60年代先后协助梁思成、刘敦桢等教授进行中国近代和古代建筑史研究。以后重点研究中国古代城市和宫殿、坛庙等大建筑群的规划、设计手法及设计规律。发现宫殿坛庙等大型建筑群在规划时用标准方格网控制尺度和相互关系，并把主体建筑置于建筑群几何中心的手法。研究了日本9世纪以前建筑设计中运用模数的规律。利用已掌握的模数规律，对西周、战国、唐、宋、金、元一系列建筑遗迹做复原研究。发表论文近30篇，出版《傅熹年建筑史论文集》。1994年完成《三国两晋南北朝隋唐五代建筑史》的撰写。1994年当选为中国工程院院士。

谢凝高（1934～ ） 02.020501140850

浙江省温岭市人。1955年考入北京大学地质地理系人文地理专业，1964年研究生毕业后留校任教。现为北京大学世界遗产研究中心主任，博士生导师。兼任中国风景园林学会副理事长、中国城市规划学会风景环境规划设计学术委员会主任、建设部风景名胜专家顾问、中国历史文化名城保护委员会委员。他曾先后考察过二百多座名山，主持过二十多个风景名胜区的综合考察研究和规划并提出独到的见解。1984年，他在北京大学城市与环境学系创建了风景研究室，1998年将其扩建为跨院系的北京大学世界遗产研究中心，并任主任。他认为，遗产保护必须坚持它的真实性和完整性，进而发挥其公益性的多种作用，使之得以世代相传、永续利用。

阮仪三（1934～ ） 02.020501140950

生于苏州。1961年毕业于上海同济大学建筑系。城市规划、历史文化名城保护专家。

现为同济大学建筑与城市规划学院规划系教授、博士生导师，国家历史文化名城研究中心主任，全国历史文化名城保护专家委员会委员，建设部历史文化名城、城乡规划专家委员会专家，历史文化名城学术委员会副主任，建筑史、城市更新学术委员会委员。并担任苏州、杭州、绍兴、丽江、平遥等十几个城市政府的城市规划顾问。

王秉洛（1936～ ） 02.020501141050

生于山东烟台，高级工程师，注册城市规划师。1960年毕业于清华大学建筑系，长期在建设部从事风景园林规划建设管理工作。现任建设部科技委委员，建设部风景园林专家委员会委员，中国风景园林学会副理事长，《中国园林》杂志社社长、副主编。

广泛参与文化与自然遗产的保护工作。1982年，参与第一批国家重点风景名胜区资源调查，组织审定、起草《风景名胜区管理条例》的工作；参加制定《中国城乡建设技术政策》，为风景名胜区技术政策提供背景资料、政策要点。该项目获国家科技进步一等奖，个人获重要贡献奖。还参加《中国生物多样性国情研究报告》的起草工作。

钟敬文（1903～2002） 02.020501150150

广东海丰人，民俗学和民间文艺学家。

毕业于陆安师范学校，1927年到中山大学任教，与顾颉刚等组织民俗学会，编辑《民间文艺》、《民俗》周刊及民俗丛书，1928年到浙江大学任教，编辑《民间月刊》、《民俗学集镌》等。1934年到日本早稻田大学研究院研究民间文艺和民俗，1936年回国。抗日战争开始后从事救亡工作。自1949年5月起，执教于北京师范大学，从事民间文学、民俗学研究和教学工作。他是我国民俗学和民间文艺学的创始者和奠基人之一，在民俗学和民间文艺学领域辛勤耕耘八十年。

靳之林（1928～ ） 02.020501150250

河北省滦南县人。中央美术学院教授、民间美术研究室主任、学术委员会委员、中华人民共和国文化部艺术（美术）专业人员高级职务评审委员会委员、国家教委中小学教材审定委员会（美术）学科审查委员、中国民间剪纸研究会会长、中国美术家协会会员，获国务院颁发“有突出贡献的政府津贴专家”、获法国功勋与敬业最高颁奖委员会金质十字勋章。他对中国非物质文化遗产的普查、发掘、研究及民间美术教育教学做出了重要的理论贡献，并开拓了具有人类学价值和本土文化特色的学术研究方法，从而拓宽了国内民间美术的研究领域和发展方向。

乌丙安（1929～ ） 02.020501150350

蒙古族，民俗学家。

内蒙古自治区呼和浩特市人，笔名乌克，1949年至1953年在河北师范学院中文系学习；1953年至1955年在北京师范大学中文系民间文学研究生班学习；曾在沈阳师范学院中文系、辽宁大学中文系任教，在山东大学任客座教授。多年来从事民间文学和民俗学的教学和研究工作。现为辽宁大学教授、中国民俗学会副理事长、辽宁民俗学会会长、辽宁大学民俗研究中心主任、中国民俗语言学会名誉会长。中国少数民族文学学会理事、中国神话学会理事、山东大学社会学系兼职教授、国际民间文艺研究协会会员、德国民族学会会员、日本口承文艺学会会员。著作受到国内外学术界高度评价，是我国第二代民俗学界的最富有声望的民俗学家，国际民俗学家协会最高资格会员。

冯元蔚（1930～ ） 02.020501150450

四川西昌人，彝族。1950年参加工作。西南民族学院毕业后留校工作，历任民语系教员、系主任、副院长、党委书记等职。1958年，全国发起民间文学的“采风”运动，他带领十几名同志走访了大凉山的许多彝族村寨，搜集了大量的民间新诗歌和流传的民间叙事诗版本。

曾参加编选高校文科教材《中国少数民族文学作品选》，并担任副主编。是中国少数民族文学学会的发起人之一，曾任该会副秘书长。现任中共四川省委副书记、中国民间文艺家协会副主席。

刘魁立（1934～ ） 02.020501150550

生于河北。现任中国民俗学会会长，亚洲民间叙事文学学会(AFNS)会长，中山大学非物质文化遗产研究中心主任，中国艺术研究生院特聘教授，新疆大学客座教授，北京师范大学“民俗典籍文字研究中心”客座教授，中国民间文艺家协会顾问，俄罗斯科学院民间文学委员会学术委员会顾问等。

1950～1953年在哈尔滨外国语学院学习，毕业后在哈尔滨外国语学院任外语语法教员。1961年在莫斯科大学获语文学副博士学位。1961～1979年在黑龙江大学中文系任副教授。1979～1985年在中国

社会科学院文学研究所任研究室主任、副研究员、研究员、学术委员会委员。1985～1994年在中国社会科学院少数民族文学研究所，任所长、学术委员会主任等职。1997年获俄罗斯哲学博士学位。近年除从事民间文艺学、民俗学研究外，还致力于非物质文化遗产的保护工作，撰有《论非物质文化遗产保护的整体性原则》、《培育根基，守护灵魂——积极抢救民族民间口头和非物质遗产》、《关于非物质文化遗产保护的若干理论反思》、《从人的本质看非物质文化遗产》等多篇论文，同时担任文化部非物质文化遗产保护工作专家委员会成员。

傅增湘（1872～1950） 02.020501160150

近代学者、教育家。字淑和，号沅叔，四川江安人，早年入保定莲池书院从吴汝纶学习。1897年任杭州求实书院教席，1898年中进士，清末任直隶提学使，曾先后创办天津北洋女子师范学堂、京师女子师范学堂。1911年武昌起义后，任唐绍仪顾问，出席南北和议。1917年任王士珍内阁教育总长，以后长期从事图书收藏和版本目录研究。他从书肆坊市购得大量私家珍本图书，连同其祖传珍本，共六万六千多卷善本书，称其藏书楼为“双鉴楼”和“藏图”，有《双鉴楼善书目》、《藏园群书题记初集》、《宋代蜀文辑要》、《清代典试考略》和《藏园居士六十自述》等多种。晚年隐居。

赵万里（1905～1980） 02.020501160250

生于浙江海宁。字斐云，别号芸庵、舜庵，中国古文献学家、目录学家。

1921年入南京东南大学中文系，从吴梅习词学。1925年毕业后任清华学校国学研究院助教，得王国维指导，在文史、戏曲、金石、版本、目录、校勘等学科打下坚实基础。1928年转往北海图书馆工作，历任中文采访组组长、善本考订组组长、编纂委员、善本部主任，兼中央研究院历史语言所特约及通讯研究员，故宫博物院图书馆和文献馆专门委员，并在北京大学、清华大学、中法大学、辅仁大学等校任教，讲授中国史料目录学、目录学、校勘学、版本学、中国雕版史、中国戏曲史、中国俗文学史、词史等课程。1949年后任北京图书馆研究员，兼善本特藏部主任。1964年被选为第三届全国人民代表大会代表。1979年当选为中国图书馆学会名誉理事。1949年后积极访求、征集到大量名家的藏书和稿本，包括搜购流散国内的敦煌写卷，鉴定、购入一批港澳收藏家的珍本，使北京图书馆的善本收藏更为丰富。

二、名人遗踪

（一）北京

詹天佑纪念馆 02.020502010150

詹天佑纪念馆在北京延庆县八达岭长城北侧，占地9340平方米，建筑面积2858平方米。1987年11月建成开放。

詹天佑（1861～1919年），广东南海县人，我国近代科学与工程技术史上的先驱，杰出的爱国知识分子。19世纪80年代主持“京张”、“川汉”、“粤汉”和“粤汉川”铁路建设，震惊中外。

纪念馆包括瞻仰厅、序幕厅及三处陈列厅，主要收藏和展示詹天佑使用过的书籍、绘制的图纸及他编辑的书籍、测绘仪器等大量珍贵的历史照片。

延庆县距北京城区74公里，南有举世闻名的八达岭长城旅游区，詹天佑设计的京张铁路穿越关沟，风光宜人，交通便利。

（二）天津

李叔同故居 02.020502020150

李叔同故居位于天津市河北区粮店街62号，有房60余间，占地1400平方米，由四套四合院组成；李叔同纪念馆建于杭州虎跑梦泉山林公园内，面积共220平方米，三个展厅展品介绍了李叔同的生平事迹、出家史及艺术成就。

李叔同（1880～1942年），字弘一，号晚晴老人，浙江平湖人，生于天津，精通诗词、音乐、戏剧、美术、篆刻、书法，是我国近代杰出的艺术大师、爱国主义教育家、佛教律宗的高僧。

2003年1月3日，故居重建修复工程全面启动，10月23日建成后定名为李叔同故居纪念馆，成为影响海内外的人文景观。

梁启超纪念馆　02.020502020250

梁启超纪念馆在天津市河北区民族路44号和46号，建筑面积2050平方米，由梁启超故居和"饮冰室"书斋组成。故居分书房、起居室、家族纪念室等十二个展室，再现了梁启超当年居住的环境。展室分六个部分陈列着梁启超的书信、书籍、历史文献以及活动照片等。"饮冰室"书斋是梁启超晚年开展学术研究和写作的地方。

梁启超（1873～1929年）字卓如，号饮冰室主人，是中国近代著名的政治家、思想家、社会改革家和学术大师。

2001年，天津市政府斥巨资组织修建梁启超故居及"饮冰室书斋"。2003年4月18日，梁启超纪念馆正式开馆。此后，"梁启超与近代中国社会国际学术研讨会"在纪念馆成功召开。

（三）河北

郭守敬纪念馆　02.020502030150

郭守敬纪念馆在河北省邢台市达活泉公园内，占地50000平方米，1984年建造，1986年开放，1999年被中国科协命名为全国科普教育基地。

郭守敬（1231～1316年），元代天文学家和水利学家，他以毕生的精力从事科学活动，在天文、水利、数学、测绘及仪器仪表制造等方面成就卓著，最大的成就是在水利方面，有十多项发明创造遥遥领先当时的世界水平。

在未来的5到8年，河北省将投资亿元，扩地千亩，在纪念馆的基础上，建设集科研、科普、爱国主义教育、休闲娱乐为一体的郭守敬博览城。

（四）山西

解州关帝庙　02.020502040150

关帝庙在山西省运城市解州镇西关，总占地面积有7.3万平方米之多，为海内外众多关帝庙占地面积最大的。该庙宇众多建筑坐北向南，沿南北向中轴线，分四大部分，有"结义园"、主庙、"万代瞻仰"石牌坊、"威震华夏"木牌坊。中轴线北端东西两侧为基本对称的主庙附属建筑，如追风伯祠、长寿宫、崇圣祠等等。

关羽（160～219年），字云长，山西省运城市常平乡常平村人。关羽跟随刘备屡建战功，实现了魏、蜀、吴三国鼎立的政权割据。被后世封为"大帝"、尊称为"武圣"。

解州关帝庙万代瞻仰坊

关帝文化是中国历史文化长河中的一朵奇葩，至今已是东方职业伦理的化身，成为世界华人共同信奉的神。学术界、宗教界对关帝的精神、行为、品德等研究认为，关帝信仰的深层现象是个民族文化问题，并已形成发展为关帝文化体系。民间素有"文圣孔子，武圣关公"的说法。

（五）内蒙古

昭君墓(青冢)　02.020502050150

昭君墓又称青冢，位于呼和浩特市南 9公里的大黑河畔，高33米，占地1.3公顷。墓前有平台及阶梯相连；与中原地区汉代帝王陵墓的外观颇近。第二层平台及墓顶各建有一亭。墓身为人工夯筑的封土堆。"青冢拥黛"被誉为呼和浩特八景之一。

王昭君，名嫱。汉元帝时被选入宫，竟宁元年（公元前33年），匈奴呼韩邪单于入朝求和亲，昭君自愿请行，远嫁匈奴，为民族间的亲善友好做出了贡献。昭君出塞、胡汉和亲的故事代代相传、妇孺皆知。昭君死后葬于呼和浩特市大黑河南岸。

2006年，内蒙古自治区、呼和浩特市开始对昭君墓进行扩建工程，目前已投资200万元，新征建设用地105亩，预计2007年昭君墓的占地面积可达500亩左右，分为前庭广场区、文物博览区、旅游接待区、昭君墓陵园保护区、休憩接待区、园艺文化区和历史文物园区。

成吉思汗陵 02.020502050250

成吉思汗陵位于鄂尔多斯高原的中南部，内蒙古伊克昭盟伊金霍洛旗内，为一座衣冠冢，它经过多次迁移，1954年由青海省湟中县的塔尔寺迁至故地伊金霍洛旗。陵园占地面积约55000多平方米，建筑分正殿、寝宫、东殿、西殿、东廊、西廊六部分。

成吉思汗（1162～1227年）是蒙古杰出的军事家、政治家，他在统一蒙古诸部后于1206年被推为大汗，建立蒙古汗国。他即位后展开了大规模的军事活动，版图扩展到中亚地区和南俄。1226年率兵南下攻西夏，次年在西夏病死。元朝建立后，成吉思汗被追尊为元太祖。

每年农历三月二十一按古老的传统祭奠程序进行的祭成陵活动声势浩大，具有浓郁的民族特色。

（六）辽宁

曹雪芹纪念馆 02.020502060150

曹雪芹纪念馆是在辽宁省辽阳市卧狮胡同2号，占地面积1365平方米，为二进四合院，有硬山瓦房二十一间。馆内各展室收藏和展出曹家有关历史档案，及曹雪芹祖父曹寅落款辽阳千山的诗作以及曹氏家谱、清宫档案等一系列文献资料。

曹雪芹（？～1764年）名霑，字梦阮，号雪芹、芹圃、芹溪。满洲正白旗"包衣"，祖籍辽阳，中国古典四大名著之一《红楼梦》的作者，清代小说家。

2005年11月14日，辽阳红楼梦文化游览区规划公布，总投资2000万元，包括在曹雪芹纪念馆基础上扩建红楼梦文化景区，新建2000平方米展厅，开发红楼文化产业。

（七）陕西

杨贵妃墓 02.020502070150

杨贵妃墓位于陕西省兴平县西12.5公里的马嵬坡。贵妃墓为一半坡上的小陵园，园内正面一座三间的仿古式献殿，过献殿即是墓冢，高3米，封土四周砌以青砖。

杨贵妃，弘农华阴（今陕西省华阳市）人，小名玉环，古代四大美人之一。她通晓音律，能歌善舞，原为唐玄宗李隆基十八子寿王李瑁妃。唐玄宗736年将其召入宫中为女官，745年封为贵妃，受到玄宗宠爱。在755年"安史之乱"爆发后的逃亡途中，杨贵妃被迫缢死在马嵬坡，时年38岁，后即葬于马嵬坡。

"在天愿作比翼鸟，在地愿为连理枝。"这是唐代诗人白居易描写唐玄宗与杨贵妃爱情故事的诗句。

（八）甘肃

李暠墓 02.020502080150

李暠墓在甘肃省酒泉市肃州区城西15里处，是十六国时代西凉国国王李暠之墓。李暠墓深20米、墓室面积90平方米、墓道长71米，整个墓室东西长21.6米，南北宽12.27米，均用青灰色条形砖构筑，分车马室、贮藏室、甬洞、照墙、石门、通道、前室、耳室、过道、后室等十部分。照墙上的壁画内容有青龙白虎、朱雀、玄武、白鹿等，以黑、黄、绿为主要色彩。

李暠（351～417年），字玄盛，小字长生，汉族，陇西成纪人，十六国时期西凉国的建立者，汉代前期将军李广的第16代世孙，唐朝李世民的世祖，唐王朝史书追谥他为"兴圣皇帝"。400年，李暠控制西域，建国西凉。405年自敦煌迁都酒泉，他发展军屯、提倡民垦、励精图治，使酒泉成为河西的经济、政治、文化中心。

（九）上海

徐光启墓 02.020502090150

徐光启墓在上海徐汇区南丹路光启公园内，于1957年整修，墓前有徐光启花岗岩雕像，东侧碑廊有徐光启画像、手迹和传记石刻共12块。

徐光启（1562～1633年），字子先，上海人。明代科学家，官至礼部尚书、文渊阁大学士。一生治学严谨，为官廉正，终生从事研究天文、历法、水利、测量、数学、农学，较早接触并容纳西方文化，有《农政全书》《崇祯历书》和《几何原本》等著译，是我国近代科学的先驱。

2006年，徐光启的墓区将进行全面修复，以纪念徐光启这个科学的先驱。

吴昌硕纪念馆 02.020502090250

吴昌硕纪念馆在上海浦东新区华夏公园内，建筑面积972平方米，设"吴昌硕艺术生平展"展室，分"根植沃土"、"磨历艰难"、"盛名沪上"和"树

帜华夏”四个部分，展出图片79幅，画集、书刊20多本，是浦东新区的首家艺术纪念馆。

吴昌硕（1844～1927年）是中国近代诗、书、画、印的艺术大师，艺坛尊其为“四绝”画家、海上画派的领袖人物。2005年12月6日，浦东新区文广局等单位联合主办《吴昌硕、吴东迈、吴长邺三代书画展》，共展出吴家三代艺术家150多件真迹。

（十）山东

李清照故里　　02.020502100150

宋代女词人李清照（1084～1155年）号易安居士，济南人，中国历史上最杰出的女作家，“婉约派”词人的卓越代表。其故里在山东省章丘市明水镇“清照园”。

清照园占地面积为18000平方米，建筑面积1300平方米，包括吟风榭、文书斋、漱玉堂、海棠轩、燕寝凝香、碑廊、易安楼等十五组建筑，1997年5月落成，是全国现有的四座（济南、青州、金华、章丘）李清照纪念馆（堂）中规模最大的一个。

辛弃疾纪念祠　　02.020502100250

辛弃疾纪念祠在济南大明湖南岸遐园西侧，1961年由李公(鸿章)祠改建而成，古典式三进院落，占地1400平方米。祠内左右厢房分别陈列当代名人叶圣陶、臧克家、吴伯箫、唐圭璋等人赞颂辛弃疾的诗词、字画。北正厅内有辛弃疾塑像、生平事迹展等。

辛弃疾（1140～1207年），字幼安，号稼轩，济南历城人，南宋爱国英雄、豪放派词人。他曾多次上书主张抗金，后被贬谪，抑郁而死。其词作与苏轼齐名，并称“苏辛”。著有《美芹十论》、《九议》《南渡录》、《稼轩祠》、《稼轩长短句》等。

蒲松龄故居　　02.020502100350

蒲松龄故居位于山东省淄博市淄川区洪山镇蒲家庄，坐北朝南，前后四进，西有侧院。北院正房三间，为蒲松龄的诞生处和其书房“聊斋”，陈列着蒲松龄画像，上有其亲笔题字。新建的陈列室有蒲氏家谱、手迹和其多种著述以及英、俄、日、法等外文版本。

蒲松龄（1640～1715年），字留仙，又字剑臣，别号柳泉居士。清代文坛巨匠，被誉为“世界短篇小说之王”。主要著作除誉满中外的《聊斋志异》，还有文集十三卷400多篇，诗集八卷900多篇，词一卷100多阕，以及俚曲十四种，戏三部、杂著五种。

（十一）江苏

郑板桥纪念馆　　02.020502110150

郑板桥纪念馆在江苏省兴化市昭阳镇东城湾古板桥郑家巷7号、9号。纪念馆筹建于1982年，1983年修复开放，1988年纪念馆东展厅落成，馆藏文物957件，为郑板桥史料、著作、遗物，代表性藏品有郑板桥手书韩愈《送孟东野序》行书页子等19件墨迹。1983年，纪念馆举办郑板桥诞生290周年纪念会大型学术活动，印行《郑板桥全集》。1984年以来编印《板桥》丛刊六期。

郑燮（1693～1765年）清代著名画家。字克柔，号板桥，江苏兴化人。长期在扬州卖画为生，为“扬州八怪”之一，画风对清代画坛影响极大。代表作有《修竹新篁图》等，著有《板桥文集》。

顾炎武故居　　02.020502110250

顾炎武（1613～1682年），原名绛，字宁人，号亭林，生于江苏昆山千灯镇，明末清初著名思想家、史学家、语言学家。

顾炎武故居1997年修复，占地60亩，建筑面积5450平方米，包括顾炎武故居、亭林祠堂和墓及顾园三个区域。故居朝东落西，为五进古香古色的明清建筑，自东而西依次为水墙门、门厅、清厅（轿厅）、明厅（正厅、楠木厅）、住宅楼，北侧有背弄连接灶房、读书楼和后花园，前与千年石板街相接，后与顾炎武墓地和顾园相连。

2002年，千灯镇政府聘请东南大学编制了《顾炎武墓保护规划》，并投入巨资对故居、祠堂和墓再次进行全面修缮，先后恢复了240平方米的住宅楼、120平方米的读书楼、100平方米的水墙门、150平方米的膳房，建设了占地30亩、具有江南私家园林特色的顾园。

吴承恩故居　　02.020502120150

吴承恩（1506～1582年）字汝忠，号射阳，明代著名小说家，中国古典文学名著、神话小说《西游记》的作者。

吴承恩故居在江苏省淮安城西北的河下打铜巷

最南端，重建于1982年。故居为5个院落，由客厅、诞生地、书房、住房和后花园组成。入门为三间小门房，通过八角门，院内设三间厅房，内悬名人字画。出小院转北，直角走廊环绕的院落内是三间高大正厅。中堂（轩厅）内悬挂着吴承恩画像，几上摆有吴承恩的半身塑像。轩厅两侧摆放着有关吴承恩家世文物和资料等。

2005年11月，总投资12000万元的楚州河下古镇恢复及周边萧湖、月湖、勺湖旅游开发项目中，河下古镇恢复项目中修缮名人故居将以吴承恩故居为龙头，建设《西游记》浏览、娱乐的旅游项目。

（十二）安徽

包公祠　02.020502120250

包公祠位于安徽省合肥城南包公园的香花墩上，迄今已有近千年历史，被誉为包公的祖庭，是享誉海内外的包公纪念专祠。祠内保存有包拯及家族的有关资料及包公墓出土文物，为省级重点文物保护单位。祠东南的松柏丛中是包公及其夫人、子孙的墓园。整个风景区庄严肃穆，环境优美；湖面波光涟漪，游艇荡漾；两岸垂柳婆娑，嘉木葱茏，是人们拜谒先贤、观赏游览的好去处。整个景区面积为30.5公顷。

包拯，字希仁，尊称“包公”（999～1062年），北宋庐州（合肥）人，官至枢密副使，为北宋最高核心成员之一。他一生为官清正廉明，铁面无私，执法如山，不贪财贿，名垂宇宙，气壮山河。近千年来，包拯的生平事迹一直为广大人民所传颂，家喻户晓，人儒皆知。在他病逝后的第四年，家乡人民为了缅怀他的功绩，就在他幼年读书的地方供奉包公像，让人们秉烛焚香。此处便成了包公祠永久的驻地。

李鸿章故居　02.020502120350

李鸿章故居是较典型的江南清代民居建筑，1999年秋修竣，是合肥现存规模最大、保存最完整的名人故居。故居共五进1800平方米，占地2000平方米，内中专室分五部分，以资料、实物、图片、模型反映了李鸿章的一生并侧重介绍有关他的乡土资料。

李鸿章（1823～1902年）生于合肥，24岁中进士，后组建淮军镇压农民起义；任直隶总督兼北洋通商大臣期间主办洋务，兴办近代企业，创立北洋海军，力图富国强兵；对外曾代表清政府签订一系列不平等条约。

（十三）浙江

阳明先生讲学处　02.020502130150

阳明先生讲学处位于浙江省余姚龙泉山南山腰，旧称中天阁，初建于五代，明代著名思想家、教育家王阳明曾两次讲学于此。讲学处面临姚江，是一座五开间的二层楼房，坐北朝南，建筑面积500余平方米，内辟王先生史迹陈列室，面积300平方米，共展出各类实物、照片、影印件、图表等96幅。中天阁东侧有一常年不枯的石井，因水面常呈现游龙波纹，称之为“龙泉”。

朱舜水纪念堂　02.020502130250

朱舜水纪念堂坐落在浙江省余姚龙泉山南麓的龙山弄内，占地面积646平方米，自南至北顺山势建造，沿纵轴线依次为门厅、正厅、后厅。整座建筑结构简练、质朴。辟有朱先生纪念堂及朱先生史迹陈列，展出照片、图表、复印件、创作画等80多幅，实物近 20套，分四大部分反映朱舜水的一生。

朱之瑜（1600～1682年）字鲁屿，日本尊称为舜水先生，明县城城郊人。顺治四年至十五年（1647～1658年）四次东渡日本借兵，以图恢复明室，均未成。

1982年5月，为纪念朱之瑜逝世300周年，日中文化交流协会、日本朱舜水纪念会于龙泉山西坡建朱舜水先生纪念碑。

（十四）江西

王安石纪念馆　02.020502140150

王安石纪念馆在江西省抚州市，建于1985年9月12日，1986年开馆，占地面积20亩，主体建筑分上下二层，内容八部分，简明扼要介绍了王安石的出身家世和青少年时期的活动及王安石变法运动。二楼展厅以王安石的文章诗词、道德人品为主。

王安石（1021～1086年）字介甫，号半山，宋代临川人，是杰出的政治家、思想家、文学家。他从北宋熙宁二年开始进行了历史上赫赫有名的“王安石变法”，他脍炙人口的散文诗词也令众多后生学者倾倒。2003年5月21日，王安石逝世917周年，

王安石纪念馆

抚州邮政局特刊刻两枚矩形宣传戳纪念。

八大山人书画陈列馆　　02.020502140250

八大山人书画陈列馆在江西省南昌市南郊青云谱。创立于1959年10月1日，初名“画家八大山人纪念馆”，是国内第一座古代画家纪念馆。1980年7月1日重新开放，定名八大山人书画陈列馆。馆址主体建筑面积近一万平方米，有六个陈列室，展出八大山人及其弟子牛石慧和其画派有传统关系的作品八十余幅。

八大山人姓朱名耷(1626～1705年)，明太祖朱元璋第十六子朱权的九世孙，集遗民、禅师、画家于一身，是清初画坛革新派“四大画僧”之主将，其人品、画品启迪着三百年来“扬州画派”以及吴昌硕、齐白石、潘天寿、张大千、李苦禅等一代又一代画家。

2005年9月，南昌市投资建设八大山人真迹陈列馆，建筑风格和八大山人纪念馆融为一体，为仿明清风格。

（十五）福建

林则徐故居　　02.020502150150

林则徐故居位于福州市鼓楼区文藻北路，坐北朝南，前临小河，沿河有照墙一道，墙侧设有鼓吹亭一座。亭与宅第之间有石板铺小街横穿。宅第毗连三座，主座坐中，前后三进，均为“五间排”，周围封火高墙。主坐东西两侧各有一座三间排院落。

林则徐（1785～1850年）字符抚，又字少穆，晚号俟村老人，侯官县(今福州市)人，清嘉庆十六年(1811年）进士，道光十八年（1838年）任湖广总督，严禁吸食鸦片，成效卓著。后为钦差大臣赴广东查禁鸦片，查获英商鸦片2万多箱，于虎门海滩当众销毁，是中国近代史上抵御外海的第一个民族英雄。

“林文忠公祠”1982年改为“林则徐纪念馆”，福州市人民教育委员会以“林则徐纪念馆”作为青少年德育教育的基地。

郑和开洋起点　　02.020502150250

在郑和的航海史上，长乐是一段无法抹去的历史。郑和七下西洋，每次都要先到长乐太平港驻泊，等候季风来临而扬帆远航。

长乐市，郑和遗迹无所不在：闽江口郑和雕像、郑和公园、郑和桥、郑和当年遥望港口指挥驻泊船队的三峰塔、郑和船队补给淡水的杨公井、郑和驻军十洋街的辕门和射圃、新建的郑和广场、郑和史迹陈列馆等。

市区内十洋街的古建筑群是当年郑和七下西洋期间用于驻扎官兵、修造船只和集结物资。南山，长乐市的标志性地理位置，郑和七下西洋挥下的航海史上浓重一笔。当年浩浩荡荡的郑和船队就在此停靠。《天妃灵应之记》的石碑，为郑和亲自撰写，描写了七下西洋的详细经历，被公认是世界上唯一完整记录郑和出使西洋的文物。

（十六）台湾

王得禄墓　　02.020502160150

台湾王得禄墓位于新港乡安和村内，建于清道光年间，为台湾省一级古迹。墓外左右各有一列石人、石马、石羊与石狮。石人右是武将，左为文官，高约1.7米，雕刻逼真。石马雕法简朴，近于象征。石羊为跪姿。石狮眼珠突兀，状极古拙。

王得禄祖籍江西，生于台湾嘉义。1821年（清道光元年）任浙江提督，官至太子少保。1841年（清道光二十一年）鸦片战争期间，奉命驻防澎湖，次年2月7日病逝于防次。清廷追赠伯爵，加太子太师衔。

（十七）河南

张仲景博物馆（医圣祠）　　02.020502170150

张仲景博物馆位于河南省南阳城东温凉河畔，始建于明嘉靖二十五年（1564年），现存建筑为清代风格，中轴线上有大门、照壁、仲景塑像、碑亭、山门、拜殿、冢墓、过殿、正殿；两侧有双廊、春台亭、秋风阁、仁术馆、仲景堂、智圆斋、寿膳堂等。

张仲景（150～219 年），名机，东汉南阳郡涅阳人（今河南省邓县穰东镇），东汉伟大医学家，著有《伤寒杂病论》合十六卷，后世医学者称其为“医圣”。

许慎墓 02.020502170250

许慎墓位于河南省漯河市召陵区姬石乡许庄村东。墓冢高 5 米，底径 16 米，墓前立清康熙、光绪年间碑刻二通，墓后苍柏林立。光绪二十五年，东阿周世专程至墓地祭墓，并在城东北隅购地三亩，建许南阁祠，现为郾城县许慎纪念馆。

许慎（58～147 年）字叔重，汝南郡召陵万岁里人，东汉经学家、文字学家，人称“文宗字祖”。他著有《五经异义》《淮南子注》《孝经古文说》《说文解字》14 卷等，其中《说文解字》为后代研究文字重要依据，是世界上第一部系统分析字形和考求字的本义的字典。国内学术界成立了许慎研究会，于 1985 年和 1989 年两次召开了许慎与“说文学”学术研讨会。1991 年由漯河市人民政府主办了首届许慎与“说文学”国际研讨会。

杜甫故里 02.020502170350

杜甫故居在河南省巩义市城东 10 公里南瑶湾村笔架山下，宅院长约 20 米，宽约 10 米，有东西厢房三间，陈列有多种杜甫诗集珍本、杜甫诗意画、杜甫世系表、行迹图、遗迹照片等。杜甫草堂在成都市西郊的浣花溪畔，包括大廨、法史堂、柴门、工部祠、少陵草堂、碑亭等，有珍贵文物 3 万余件。杜甫墓在巩义西北约 6 公里的康店乡的邙岭上，前有两通石碑，高约 2 米，前碑楷书“唐杜少陵先生之墓”，后碑题“杜少陵墓碑”。这两处名胜都记载着杜甫“读万卷书、行万里路”的人生轨迹。

杜甫（712～770 年），字子美，唐代著名现实主义诗人。一生诗作颇多，人称“诗圣”、“诗史”。作品《兵车行》《羌村》、“三吏”、“三别”等流传较广。1962 年在斯德哥尔摩世界和平理事会上被定为世界文化名人。

朱载堉纪念馆 02.020502170450

朱载堉纪念馆位于河南焦作沁阳市宾馆西侧，距焦作市区 30 公里，有东、西、中三个陈列室，介绍朱载堉生平事迹为主。

朱载堉（1536～1611 年），字伯勤，河南省怀庆府人，号句曲山人（今焦作沁阳市），明太祖朱元璋九世孙、郑藩第六代世子。他是百科全书式的学者，是乐律学家、音乐家、乐器制造家、舞学家、算学家、物理学家、天文历法家，在美术、哲学、文学方面也有惊世建树，著有《律学新说》《算学新说》《嘉量算经》《乐律全书》和《醒世词》等 20 多部立说巨著。他发明的十二平均律，是对世界音乐理论有巨大贡献，也是中华民族的骄傲。他还在我国历史上首创“舞学”，绘制了大量舞谱和舞图。

（十八）湖北

李时珍陵园（李时珍药物馆） 02.020502180150

李时珍陵园位于湖北省蕲春县蕲州城东门雨湖之滨的蟹子地，为占地面积约 80 亩的仿明建筑群，包括本草药物碑廊、药物馆、李时珍纪念馆、百草药园和李时珍墓园。

李时珍（1518～1593 年），明代著名医学家、药物学家，湖北蕲州（今蕲春县）人，30 多年写成的医学巨著《本草纲目》被称为“东方医学巨典”，是近代药物研究的重要文献。曾被翻刻 30 余次，有十几种版本译本在世界各地流传。

（十九）湖南

屈子祠 02.020502190150

屈子祠位于湖南省岳阳汨罗玉笥山上，亦称屈原庙，现辟为屈原纪念馆。屈子祠始建于汉，占地 7.8 亩，祠宇三进三间，附近有屈原故居遗址等 25 处，祠东的屈原碑林嵌有当代书法名家碑刻 356 块，是世界四大文化名人屈原的重要纪念基地，距长沙、岳阳约 80 公里。

屈原（公元前 339 年～前 278 年），名平，字原，丹阳（今湖北秭归）人，战国时楚国的三闾大夫，中国古代著名爱国诗人。因谗被逐，救国无望，于汨罗江投河自尽。

屈子祠镇地处汨罗市西北郊，与市区隔江相望。它是世界四大文化名人屈原晚年居住、生活、写作的地方，素有湘楚旅游文化热线中心之称，距市区仅 10 公里，镇区规划面积 2.1 平方公里，汨罗江流经该镇，屈子祠旅游专线穿镇而过。

谭嗣同故居　　02.020502190250

谭嗣同（1865～1898年）字复生，号壮飞，浏阳人，伟大的爱国主义者，著名的启蒙思想家。谭嗣同故居位于湖南省浏阳市城内北正街90号，建于明朝末年，因其父官阶显赫，奉旨命名为“第官邸”，简称“大夫第”。故居保存有谭嗣同的书房、卧室、会客厅等，是谭嗣同读书会友，从事维新变法活动的地点之一。

1995年，谭嗣同祠被列为湖南省第一批爱国主义教育基地，2005年，中华诗词学会联合浏阳市共同举办“达浒花炮杯”纪念谭嗣同诞生140周年全国诗词大赛纪念这位中国资产阶级启蒙思想家、戊戌变法志士。

（二十）广东

邓世昌纪念馆　　02.020502200150

邓世昌纪念馆在广州市海珠区邓氏宗祠内，1994年建馆，占地 4700米，是三路、两进、三院、两庑的典型岭南祠堂式建筑。

邓世昌（1849～1894年），广东番禺县龙导尾人，服役于清朝海军，民族英雄。1894年中日“甲午战争”中指挥“致远”舰撞向日舰，不幸中弹沉没。

邓世昌纪念馆常年举办“邓世昌与甲午海战”展览，是广州市及海珠区的爱国主义教育基地之一。

邓世昌纪念馆

洪秀全纪念馆　　02.020502200250

洪秀全纪念馆在广州花都市新华路52号，1991年11月建成开放。纪念馆主体馆占地面积1.33万平方米，为三层仿古青砖琉璃瓦建筑，分序厅和四个展厅，采用场景造型、木刻浮雕、大幅油画等形式，集中反映了洪秀全寻求救国救民道路以及领导太平天国革命的历史。

洪秀全（1814～1864年），原名仁坤，字火秀，生于花县福源水村，清末“太平天国”农民运动的领袖，著有《原道救世歌》《原道醒世训》《原道觉世训》等。

（二十一）海南

东坡书院　　02.020502210150

东坡书院位于儋州古城中和镇，离儋州市政府所在地那大镇40多公里，建于1098年（北宋时期），占地约25000平方米，是海南重要的文化古迹之一。院里有载酒亭、载酒堂、奥堂龛等古色古香的建筑，其中载酒堂曾是苏东坡父子起居和读书的场所。

中和镇古时是儋州的州治所在地，宋代大文豪苏东坡曾在此谪居三年。由于苏东坡对本地文化的影响，几百年来这里的人们都喜爱吟诗作对，中和因而也有“诗对之乡”的美誉。除了东坡书院外，镇里还有桄榔庵、东坡井、魁星塔等古迹。1984 年，当地政府全面修复主体建筑，并增建陈列馆、望京阁、迎宾堂，建立铜像、塑像等。

苏轼(1037～1101年)字子瞻，号东坡，四川眉山人，北宋文学家、知名画家，“唐宋八大家”之一。

冼夫人纪念馆　　02.020502210250

冼夫人纪念馆位于海口市（原琼山市）新坡镇，建于1989年，面积283平方米，屋顶为重檐式，铺盖金黄色琉璃瓦，正门上镶嵌“巾帼英雄”、“岭南风流”、“千秋懿范”等大匾额，大厅正殿上有冼夫人的彩绘，两侧陈列古代八种兵器。每年有庙会军坡节活动在这里举行。

冼夫人（513～602年），俚族（黎族），南北朝时高凉郡（今广东高州）人，北朝民族英雄，6 世纪南方百越中杰出的女政治家和军事家。她曾带兵平海南黎族动乱，后来又奏请朝廷建置崖州，使海南与中原恢复了直接联系，把脱离大陆六百多年的海南岛，重新结合到统一的国家之中。冼夫人享年九十岁，死后谥为“诚敬夫人”。

（二十二）四川

李白故里　　02.020502220150

李白（701～762年），字太白，号青莲居士，祖籍陇西成纪（今甘肃静宁西南），唐代著名诗人，人称“诗仙”，有《李太白文集》三十卷行世。

李白故里在四川省江油市青莲镇（即李白故里风景名胜区）地处绵阳与江油间，青莲镇左环濂水，右抱涪江，1994 年被省政府命名为四川省历史文化名镇，成为现今世界上反映李白文化最完整的地方。

格萨尔纪念堂 02.020502220250

格萨尔纪念堂在今四川省甘孜州德格县阿须乡境内的协苏亚给康多，由 64 根梁柱、16 根通天柱构成主体构架，四周以墙相围，堂正中塑格萨尔王骏马驰骋的巨像，背塑十三畏马战神，正墙左右方塑岭国十二大佛，其左右两边分立将士如云及烈女翩翩。

史诗英雄格萨尔王（1038～1119 年）自幼家贫，16 岁赛马选王并登位，遂进住岭国都城森周达泽宗并娶珠姆为妻。格萨尔一生降妖伏魔，除暴安良，南征北战，统一了大小 150 多个部落，岭国领土始归一统。

2002 年 7 月，“相约格萨尔故里”论坛和考察活动在四川启动，由联合国教科文组织参与的 2002～2003《格萨（斯）尔》千周年纪念活动陆续开展。

（二十三）贵州

奢香墓 02.020502230150

奢香墓位于大方县城北面云龙山下、乌龙坡头的洗马塘畔。清康熙初年，墓及附属设施皆毁，1985 年正式重建。

奢香墓为石围土封，圆形，墓高 4.5 米，直径 6 米，圆转帐 18.84 米，须弥座式，分九盘围石安砌。墓裙有龙虎高浮雕石 9 块，墓前依地形筑平台两道，左右各有两级立柱花板刻石栏杆。墓地四周以仿古马头形墙圈保护，中建水池亭榭、石栏小桥、花圃草坪。

奢香(1368～1396 年)是明代贵州著名的彝族女土司，洪武初年代夫袭贵州宣慰使职。她识大局，开驿道，靖边乱，有贤名，在位期间，对沟通内地与边疆的经济文化交流起了积极作用，为加强彝汉人民的团结、密切西南地区与中央政府的关系做出卓越贡献。

（二十四）云南

赛典赤·赡思丁墓 02.020502240150

赛典赤·赡思丁墓位于昆明北郊松华坝马耳山马家庵村，呈长方形，面南背北，下部砌石，上部封土，高 1.8 米，长 2.6 米，宽 1.4 米。墓前方为其子纳速剌丁墓，墓形相同。清咸丰以前，墓下有石垒台基，四周有护栏，并建有清真寺、八角亭，植有巨柏。1856～1873 年回民起义后遭毁坏，1987 年修复，重立墓碑。每年开斋节都有穆斯林到墓地为他诵经祈祷。

赛典赤·赡思丁（1201～1279 年），先知穆罕默德后裔，元代杰出的回族政治家，享有盛誉的中书宰相（平章政事）。他在晚年授爵雍国公，又奉命行省云南诸路。他给云南带来了和平与安宁，创建了云南行省，改善了民族关系，发展了经济文化，为国家的统一，民族的团结，社会的进步作出了卓越的贡献。

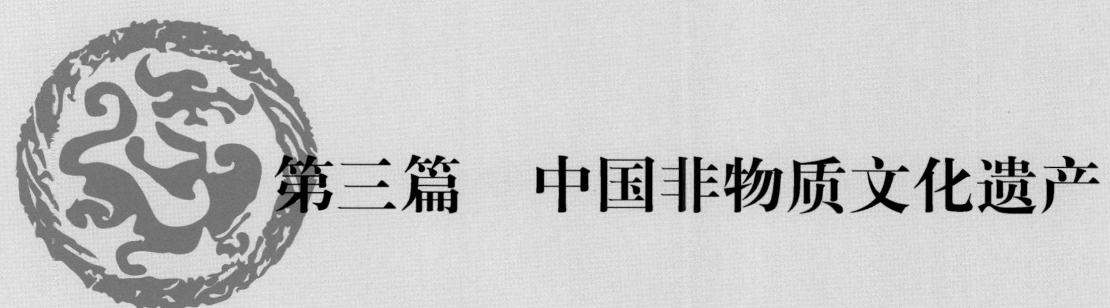

第三篇　中国非物质文化遗产

安顺地戏面具

川剧《长乐悲歌》

广甸庙会

庆阳香包“福鱼”

中国非物质文化遗产（序）

中国民俗学会会长　刘魁立

2005年12月22日，国务院发布了《关于加强文化遗产保护的通知》。《通知》要求，建立非物质文化遗产名录体系，并进一步完善评审标准，严格评审工作，逐步建立国家和省、市、县非物质文化遗产名录体系。对列入非物质文亿遗产名录的项目，制定科学的保护计划，明确有关保护的责任主体，进行有效保护。对列入非物质文化遗产名录的代表性传承人，有计划地提供资助，鼓励和支持其开展传习活动，确保优秀非物质文化遗产的传承。

在此之前，文化部等相关部委就加强我国非物质文化遗产保护已经做了大量的工作，制定了非物质文化遗产保护工作的目标、指导方针和工作原则。同时，由文化部、发改委、教育部、国家民委、财政部、建设部、旅游局、宗教局、文物局等单位组成部际联席会议，领导非物质文化遗产保护的有关工作。并为建立名录体系，逐步形成有中国特色的非物质文化遗产保护制度，在全国范围内做了相应的部署，制定了《国家级非物质文化遗产代表作申报评定暂行办法》。

《办法》对非物质文化遗产的定义和范围做了如下说明：

"非物质文化遗产指各族人民世代相承的、与群众生活密切相关的各种传统文化表现形式（如民俗活动、表演艺术、传统知识和技能，以及相关的器具、实物、手工艺品等）和文化空间。

非物质文化遗产可分为两类：1.传统的文化表现形式，如民俗活动、表演艺术、传统知识和技能等；2.文化空间，即定期举行传统文化活动或集中展现传统文化表现形式的场所，兼具空间性和时间性。"

"非物质文化遗产的范围包括： 1.口头传统，包括作为文化载体的语言；2.传统表演艺术；3.民俗活动、礼仪、节庆；4.有关自然界和宇宙的民间传统知识和实践；5.传统手工艺技能；6.与上述表现形式相关的文化空间。"

我国各民族具有光辉灿烂的历史文化传统，创造了极为丰富的非物质文化遗产。每个民族都有极为丰富的叙事和抒情的口头文学，神话、史诗、传说、故事，以及各种类型的民歌，不仅是这些民族的美好心灵的展现，而且还多侧面地反映了他们的智慧和他们的历史，许多作品成为了各相关民族的历史、文化和心路的百科全书。各个民族也有极其丰富的节日庆典等等，使他们的生活有规范、有节律、有欢乐、有和谐。多种多样的艺术表现形式，如：戏剧、舞蹈、音乐、美术等构成了他们展现艺术天才的绚丽多姿的百花园。关于宇宙和自然界以及社会的知识和实践，凝结着广大民众的智慧和创造力，同时也是对人类多样性文化的可贵贡献。中华民族是勤劳的民族，素来以心灵手巧、多才多艺，在世界各民族大家庭中享有盛誉。他们在手工艺技能方面的创造和发明巧夺天工、硕果累累。这是我们的骄傲，也是人类的财富。这些非物质文化事项是混元的、共生的。许多文化表现形式在特定的时空里周期性地展现，形成如歌圩、庙会等的文化空间。这些非物质文化遗产既是历史留给我们的宝贵财富，也是我们现实生活的有机组成部分，同时还是未来文化建设的基础和出发点。

按照有关文件的规定，国家级非物质文化遗产代表作的申报项目，是具有杰出价值的民间传统文化表现形式或文化空间；或在非物质文化遗产中具有典型意义；或在历史、艺术、民族学、民俗学、社会学、人类学、语言学及文学等方面具有重要价值。国家级非物质文化遗产代表作具有展现中华民族文化创造力的杰出价值；扎根于相关社区的文化传统，世代相传，具有鲜明的地方特色；具有促进中华民族文化认同、增强社会凝聚力、增进民族团结和社会稳定的作用，是文化交流的重要纽带；出色地运用传统工艺和技能，体现出高超的水平；具有见证中华民族活的文化传统的独特价值；对维系中华民族的文化传承具有重要意义，同时因社会变革或缺乏保护措施而面临消失的危险。

申报代表作的宗旨首先是做好对项目的保护。因此，在申报的同时还要求提出切实可行的十年保护计

划。通过建档、保存、传承、传播、保护等不同的具体措施，进行切实保护。申报项目经过认真筛选和科学、民主、公正原则下的严格评审后，第一批非物质文化遗产代表作候选名单已于2005年12月31日在全国范围内进行了公示，广泛征求了意见。中国首批非物质文化遗产名录，将于近期由国务院发布。这将是我国文化史上具有里程碑意义的一大盛事。它将在我国的文化建设事业中、和谐社会构建中，发挥巨大作用；也会对人类文化多样性发展产生重大影响。

第一章　中国非物质文化遗产综述

非物质文化遗产是指各种以非物质形态存在的、与群众生活密切相关、世代相承的传统文化表现形式，包括口头传统、传统表演艺术、民俗活动和礼仪与节庆、有关自然界和宇宙的民间传统知识和实践、传统手工艺技能等以及与上述传统文化表现形式相关的文化空间。

保护和利用好非物质文化遗产，对于落实科学发展观，实现可持续的经济、文化全面协调发展意义重大。随着全球化趋势的加强和现代化进程的加快，非物质文化遗产的生存状况受到了比较大的冲击，加强我国非物质文化遗产的保护已经刻不容缓。

一、中国非物质文化遗产保护情况

我国是一个统一的多民族国家，五十六个民族在长期的生产、生活实践中，创造了丰富多彩的文化遗产。这是中华民族智慧与文明的结晶，是连接民族情感的纽带和维系国家统一的基础。我国非物质文化所蕴含的中华民族特有的精神价值、思维方式、想象力和文化意识，是维护我国文化身份和文化主权的基本依据。它与物质文化遗产共同构成中华民族的文化财富，并成为全人类文化遗产不可或缺的组成部分，为人类进步发挥了重要的作用。

中国政府历来十分重视非物质文化的保护，大力弘扬优秀传统文化，为此做了大量工作，并取得了显著的成效。20 世纪中叶，我国政府组织文化工作者对部分传统文化遗产进行了调查和研究，使许多濒临消亡的非物质文化遗产得到抢救。1979 年文化部、国家民委、中国文联共同发起“十部中国民族民间文艺集成志书”编撰工作。即《中国民间歌曲集成》、《中国民间故事集成》、《中国谚语集成》、《中国歌谣集成》、《中国民间戏曲音乐集成》、《中国民间曲艺音乐集成》、《中国民间舞蹈集成》、《中国民间器乐集成》、《中国戏曲志》、《中国民间曲艺志》十大文学艺术集成志书的编纂工作。全国共有 5 万人参加了这项工作，经过调查人员的努力，共收集民间歌谣 302 万首，谚语 748 万条，民间故事 184 万篇，民间戏曲剧种 350 个，剧本 1 万多个，民间曲艺音乐 13 万首，民间器乐曲 15 万首，民间舞蹈 1.7 万个，文字资料 50 亿字。在调查整理民族民间文化遗产的过程中，有许多流存于民间、濒临灭亡的民族民间文化瑰宝被抢救性记录下来，也有许多民族民间文化遗产经过挖掘、整理、开发，焕发出新的光彩。截止 2004 年底，298 部省卷已经全部完稿，并已出版 224 卷近 4 亿字，保存了大量的珍贵艺术资源，这项工作被海内外誉为当代文化建设的“万里长城”。

1997 年国务院发布的《传统工艺美术保护条例》，对传统工艺美术作出明确的规定，通过建立国家评定机构，保护了一大批传统工艺美术品种，命名了 200 余名“工艺美术大师”；国家还成立了“振兴京剧指导委员会”、“振兴昆曲指导委员会”，从 2005 年开始设立专项资金，实施国家昆曲艺术抢救、保护和扶持工程，一批具有悠久传统、民族风格和地方艺术特色的乡镇，被国家命名为民间艺术之乡、特色艺术之乡。增强了全社会对传统文化遗产的保护意识，鼓励各地对非物质文化遗产进行整理、研究和开发。

从 2002 年起，文化部、财政部等有关单位启动了中国民族民间文化保护工程，采取一系列保护措施，对具有重要价值且濒危的项目进行抢救性的保护。确定了国家保护试点项目，各省也确定了一批保护项目，不少地方政府通过制定地方政府法规，建立传承人命名活动，为传承活动和人才培养提供资助，鼓励和支持教育开展普及优秀民族民间文化活动，规定有条件的中小学将其纳入教育教学内容等多种措施，卓有成效地开展非物质文化遗产的保护工作。

二、中国非物质文化遗产保护的法制建设

我国政府一直十分重视非物质文化遗产保护的力度。因为我们国家对于非物质文化遗产保护的立法首先是从地方开始的。20世纪90年代，宁夏、江苏先后制定了保护民间美术和民间艺术的地方性法规或政府规章。云南、贵州、福建和广西壮族自治区也颁布了省级的保护条例。1997年国务院还颁布了传统工艺美术的保护条例。这些都为国家的立法提供了一定的经验和基础。

全国人大教科文卫委员会就非物质文化遗产保护工作进行了大量的调研，并且会同文化部、国家文物局等单位联合召开民族民间非物质文化遗产保护的工作座谈会、研讨会，2002年8月向全国人大递交了《民族民间文化保护法》的建议稿。全国人大教科文卫委员会成立了起草小组，于2003年11月形成了《中华人民共和国民族民间传统文化保护法》草案。到2004年8月，全国人大又把法律草案的名称调整为《中华人民共和国非物质文化遗产保护法》。全国人大对非物质文化遗产保护的立法工作非常重视，2005年年初又成立了工作小组协调各方，加强这部法律的立法进程。

三、建立中国非物质文化遗产代表作国家名录体系

世界各国对于本民族的非物质文化遗产的保护都非常重视，许多国家设立了国家名录，使本国、本民族的非物质文化遗产得到了有效的保护。我国借鉴世界各国好的做法，同时也借鉴了我国文物保护工作的经验，建立非物质文化遗产名录体系。建立非物质文化遗产名录体系的作用是：第一，推动我国非物质文化遗产的保护、抢救和传承。第二，展示丰富多彩的民族传统文化。第三，表彰和奖励有关社区群体及个人对传统文化的传承与发展所作出的贡献。第四，增强中华民族的文化自觉和文化认同。第五，引导全社会积极参与非物质文化遗产的保护工作。第六，进一步促进国际间的文化交流与合作。

2005年3月26日，为了贯彻落实党的十六大关于“扶持对重要文化遗产和优秀民间艺术的保护”的精神，履行我国加入联合国教科文组织《保护非物质文化遗产公约》的义务，国务院办公厅印发了《关于加强我国非物质文化遗产保护工作的意见》（国办发[2005]18号），要求建立中国非物质文化遗产代表作国家名录，确定“保护为主、抢救第一、合理利用、传承发展”的指导方针及“政府主导、社会参与、明确职责、形成合力、长远规划、分步实施、点面结合、讲求实效”的工作原则。《意见》指出，国家将通过开展非物质文化遗产普查摸底工作，通过建立代表作名录体系，加强非物质文化遗产的研究、认定、保存和传播，建立科学有效的传承机制。逐步形成有中国特色的非物质文化遗产保护制度。《意见》中对国家级的名录标准也做了具体的规定。标准的主要内容是三个方面：一个是杰出价值，一个是濒危程度，一个是有效的保护计划。

《意见》要求加强领导、落实责任，发挥政府的主导作用。由文化部牵头建立中国非物质文化遗产保护工作部际联席会议制度，统一协调非物质文化遗产保护工作。同时，广泛吸纳有关学术研究机构、大专院校、企事业单位、社会团体等各方面力量，共同推进我国非物质文化遗产的保护工作。

2005年12月23日，国务院下发了《国务院关于加强文化遗产保护的通知》（国发[2005]42号），《通知》指出，建立非物质文化遗产名录体系。进一步完善评审标准，严格评审工作，逐步建立国家和省、市、县非物质文化遗产名录体系。对列入非物质文化遗产名录的项目，要制定科学的保护计划，明确有关保护的责任主体，进行有效保护。对列入非物质文化遗产名录的代表性传人，要有计划地提供资助，鼓励和支持其开展传习活动，确保优秀非物质文化遗产的传承。

2005年12月31日国家公布了第一批国家推荐名录（501项）。国务院每两年批准并公布一次国家级非物质文化遗产代表作名录。今后向联合国教科文组织申报的非物质文化遗产代表作项目，也将从国家级的非物质文化遗产代表作名录当中产生。

第二章 国家非物质文化遗产

国家非物质文化遗产名录推荐项目 03.020150

为贯彻落实国务院办公厅《关于加强我国非物质文化遗产保护工作的意见》，文化部开展了第一批国家非物质文化遗产名录推荐项目的申报和评审工作，并根据国家非物质文化遗产名录申报评定暂行办法，按照申报条件和相关标准，组织有关专家对全国31个省、自治区、直辖市及相关部门推荐申报的1315个项目进行审议，评审委员会根据其价值进行认真评审和科学认定，提出第一批国家非物质文化遗产名录推荐项目。第一批国家非物质文化遗产名录501项推荐名单于2005年12月31日向社会公示，公示期30天。

第一批国家非物质文化遗产名录推荐项目名单

（文化部2005年12月31日公示）

一 民间文学

序号	项目	申报地区或单位
1	苗族古歌	贵州省台江县、黄平县
2	布洛陀（壮族）	广西壮族自治区田阳县
3	遮帕麻和遮咪麻（阿昌族）	云南省梁河县
4	牡帕密帕（拉祜族）	云南省思茅市
5	刻道（苗族）	贵州省施秉县
6	白蛇传传说	江苏省镇江市 浙江省杭州市
7	梁祝传说	浙江省宁波市、杭州市、上虞市 江苏省宜兴市 山东省济宁市 河南省汝南县
8	孟姜女传说	山东省淄博市
9	董永传说	山西省万荣县 江苏省东台市 河南省武陟县 湖北省孝感市
10	西施传说	浙江省诸暨市
11	济公传说	浙江省天台市
12	满族说部	吉林省
13	河西宝卷	甘肃省武威市凉州区、酒泉市肃州区

14	耿村民间故事	河北省藁城市
15	伍家沟民间故事	湖北省丹江口市
16	下堡坪民间故事	湖北省宜昌市
17	走马镇民间故事	重庆市九龙坡区
18	古渔雁民间故事	辽宁省大洼县
19	喀左东蒙民间故事	辽宁省喀喇沁左翼蒙古族自治县
20	谭振山民间故事	辽宁省新民市
21	河间歌诗	河北省河间市
22	吴歌	江苏省苏州市
23	刘三姐歌谣（壮族）	广西壮族自治区宜州市
24	四季生产调（哈尼族）	云南省红河哈尼族彝族自治州
25	玛纳斯（柯尔克孜族）	新疆维吾尔自治区克孜勒苏柯尔克孜自治州
26	江格尔（蒙古族）	新疆维吾尔自治区博尔塔拉蒙古自治州、和布克赛尔蒙古自治县
27	格萨尔史诗	西藏自治区、青海省、甘肃省、四川省、云南省、内蒙古自治区、新疆维吾尔自治区、中国社科院《格萨（斯）尔》办公室
28	吞德剖（黎族）	海南省
29	阿诗玛（彝族）	云南省石林彝族自治县
30	拉仁布与吉门索（土族）	青海省互助土族自治县
31	畲族小说歌	福建省霞浦县
32	青林寺谜语	湖北省宜都市

二　音　乐

序　号	项　　目	申报地区或单位
33	左权开花调	山西省左权县
34	河曲民歌	山西省河曲县
35	蒙古族长调	内蒙古自治区
36	蒙古族呼麦	内蒙古自治区
37	当涂民歌	安徽省马鞍山市
38	巢湖民歌	安徽省巢湖市
39	畲族民歌	福建省宁德市
40	兴国山歌	江西省兴国县
41	兴山民歌	湖北省兴山县

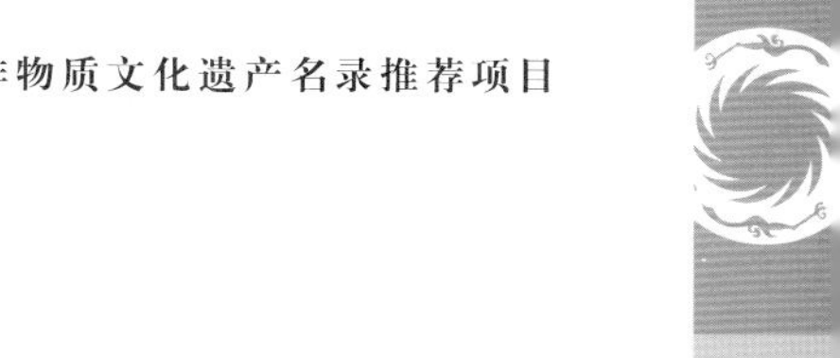

42	桑植民歌	湖南省桑植县
43	梅州客家山歌	广东省梅州市
44	中山咸水歌	广东省中山市
45	崖州民歌	海南省三亚市
46	儋州调声	海南省儋州市
47	石柱土家啰儿调	重庆市石柱土家族自治县
48	巴山背二哥	四川省巴中市
49	傈僳族民歌	云南省泸水县
50	紫阳民歌	陕西省紫阳县
51	裕固族民歌	甘肃省肃南裕固族自治县
52	花儿 （莲花山花儿 、二郎山花儿 、河湟花儿、大通老爷山花儿、丹麻土族花儿 、七里寺花儿 、瞿坛寺花儿 、宁夏回族山花儿）	甘肃省康乐县、岷县、和政县 青海省大通回族土族自治县、互助土族自治县、民和回族土族自治县、乐都县 宁夏回族自治区
53	藏族拉伊	青海省海南藏族自治州
54	聊斋俚曲	山东省淄博市
55	靖州苗族歌鼟	湖南省靖州苗族侗族自治县
56	川江号子	重庆市 四川省
57	南溪号子	重庆市黔江区
58	川北薅草锣鼓	四川省青川县
59	侗族大歌	贵州省黎平县 广西壮族自治区柳州市、三江侗族自治县
60	侗族琵琶歌	贵州省榕江县、黎平县
61	哈尼族多声部民歌	云南省红河哈尼族彝族自治州
62	彝族海菜腔	云南省红河哈尼族彝族自治州
63	那坡黑衣壮民歌	广西壮族自治区那坡县
64	澧水船工号子	湖南省澧县
65	古琴艺术	中国艺术研究院
66	蒙古族马头琴音乐	内蒙古自治区
67	蒙古族四胡	内蒙古自治区通辽市
68	唢呐艺术	河南省沁阳市 甘肃省庆阳市
69	羌笛的演奏及制作技艺	四川省茂县
70	辽宁鼓乐	辽宁省、辽宁省辽阳市
71	江南丝竹	江苏省 上海市

72	海州五大宫调	江苏省连云港市
73	嵊州吹打	浙江省嵊州市
74	舟山锣鼓	浙江省舟山市
75	十番音乐（闽西客家十番音乐、茶亭十番音乐）	福建省龙岩市、福州市
76	鲁西南鼓吹乐	山东省嘉祥县
77	板头曲	河南省南阳市
78	宜昌丝竹	湖北省宜昌市
79	枝江民间吹打乐	湖北省枝江市
80	广东音乐	广东省广州市、台山市
81	潮州音乐	广东省潮州市、汕头市
82	广东汉乐	广东省大埔县
83	吹打（接龙吹打、金桥吹打）	重庆市巴南区、万盛区
84	梁平癞子锣鼓	重庆市梁平县
85	土家族打溜子	湖南省湘西土家族苗族自治州
86	河北鼓吹乐	河北省永年县、抚宁县
87	晋南威风锣鼓	山西省临汾市
88	绛州鼓乐	山西省新绛县
89	冀中笙管乐 （屈家营音乐会、高洛音乐会、高桥音乐会、胜芳音乐会）	河北省固安县、涞水县、霸州市
90	铜鼓十二调	贵州省贞丰县、镇宁布依族苗族自治县
91	西安鼓乐	陕西省
92	蓝田普化水会音乐	陕西省蓝田县
93	回族民间器乐	宁夏回族自治区
94	智化寺京音乐	北京市
95	五台山佛乐	山西省五台县
96	千山寺庙音乐	辽宁省鞍山市
97	苏州玄妙观道教音乐	江苏省苏州市
98	武当山宫观道乐	湖北省
99	维吾尔木卡姆（十二木卡姆、吐鲁番木卡姆、哈密木卡姆、刀郎木卡姆）	新疆维吾尔自治区、鄯善县、哈密地区、麦盖提县
100	南音	福建省泉州市、厦门市
101	泉州北管	福建省泉州市

三 舞蹈

序 号	项 目	申报地区或单位
102	秧 歌 （昌黎地秧歌、鼓子秧歌、胶州秧歌、海阳大秧歌、陕北秧歌、抚顺地秧歌）	河北省昌黎县 山东省商河县、胶州市、海阳市 陕西省绥德县 辽宁省抚顺市
103	龙舞 （铜梁龙舞、湛江人龙舞、汕尾滚地金龙、浦江板凳龙、长兴百叶龙、奉化布龙、泸州雨坛彩龙）	重庆市 广东省湛江市、汕尾市 浙江省浦江县、长兴县、奉化市 四川省泸县
104	狮舞 （徐水舞狮、天塔狮舞、黄沙狮子、广东醒狮）	河北省徐水县 山西省襄汾县 浙江省临海市 广东省佛山市、遂溪县、广州市
105	花鼓灯(蚌埠花鼓灯、凤台花鼓灯、颖上花鼓灯)	安徽省蚌埠市、凤台县、颖上县
106	傩舞 （南丰跳傩、婺源傩舞、乐安傩舞）	江西省南丰县、婺源县、乐安县
107	英歌(揭阳英歌、汕头英歌）	广东省揭阳市、汕头市
108	高跷	山西省稷山县 辽宁省海城市、锦州市 甘肃省永登县
109	永新盾牌舞	江西省永新县
110	翼城花鼓	山西省翼城县
111	泉州拍胸舞	福建省泉州市
112	安塞腰鼓	陕西省安塞县
113	洛川蹩鼓	陕西省洛川县
114	兰州太平鼓	甘肃省兰州市
115	土家族摆手舞	湖南省湘西土家族苗族自治州
116	土家族舞蹈撒叶儿嗬	湖北省长阳土家族自治县
117	弦子舞 （昌都芒康弦子舞、巴塘弦子舞）	西藏自治区 四川省巴塘县
118	锅庄舞 （迪庆锅庄舞、昌都锅庄舞、玉树卓舞）	云南省迪庆藏族自治州 西藏自治区 青海省玉树藏族自治州
119	热巴舞（昌都丁青热巴、那曲比如丁嘎热巴）	西藏自治区
120	日喀则扎什伦布寺羌姆	西藏自治区
121	芦笙舞（苗族锦鸡舞、苗族芦笙舞鼓龙鼓虎·长衫龙、苗族芦笙舞滚山珠）	贵州省丹寨县、贵定县、纳雍县
122	朝鲜族农乐舞 （新村农乐舞、本溪乞粒舞）	吉林省延边朝鲜族自治州 辽宁省本溪市
123	木鼓舞 （反排苗族木鼓舞、沧源佤族木鼓舞）	贵州省台江县 云南省沧源佤族自治县
124	铜鼓舞（文山壮族彝族铜鼓舞）	云南省文山壮族苗族自治州

125	孔雀舞（傣族孔雀舞）	云南省瑞丽市
126	达斡尔族鲁日格勒舞	内蒙古莫力达瓦达斡尔族自治旗 黑龙江省哈尔滨市
127	蒙古族安代舞	内蒙古自治区库伦旗
128	湘西苗族鼓舞	湖南省湘西土家族苗族自治州
129	湘西土家族毛古斯舞	湖南省湘西土家族苗族自治州
130	黎族打柴舞	海南省三亚市
131	羌族卡斯达温舞	四川省黑水县
132	傈僳族歌舞阿尺木刮	云南省维西傈僳族自治县
133	彝族葫芦笙舞	云南省文山壮族苗族自治州
134	石屏彝族烟盒舞	云南省红河哈尼族彝族自治州
135	山南昌果“卓舞”	西藏自治区
136	土族於菟	青海省黄南藏族自治州
137	塔吉克族鹰舞	新疆维吾尔自治区塔什库尔干塔吉克自治县

四　戏　剧

序　号	项　　目	申报地区或单位
138	昆　曲	中国艺术研究院 江苏省 浙江省 上海市 北京市 湖南省
139	梨园戏	福建省
140	莆仙戏	福建省莆田市
141	潮剧	广东省汕头市、潮州市
142	弋阳腔	江西省弋阳县
143	青阳腔	安徽省青阳县 江西省湖口县
144	高腔 （西安高腔、松阳高腔、岳西高腔、辰河高腔、常德高腔）	浙江省衢州市、松阳县 安徽省岳西县 湖南省辰溪县、泸溪县、常德市
145	新昌调腔	浙江省新昌县
146	宁海平调	浙江省宁海县
147	永安大腔戏	福建省永安市
148	四平戏	福建省政和县、屏南县
149	川剧	四川省 重庆市

150	湘 剧	湖南省衡阳市
151	广昌孟戏	江西省广昌县
152	正字戏	广东省汕尾市
153	秦腔	陕西省
154	汉调桄桄	陕西省汉中市
155	晋剧	山西省
156	蒲州梆子	山西省临汾市
157	北路梆子	山西省忻州市
158	上党梆子（含上党二黄）	山西省晋城市、晋城市城区
159	河北梆子	河北省
160	豫剧	河南省
161	宛梆	河南省内乡县
162	怀梆	河南省沁阳市
163	大平调	河南省濮阳县、安阳市
164	越调	河南省、许昌市
165	京剧	北京市 天津市 辽宁省
166	徽剧	安徽省、黄山市 江西省婺源县
167	汉剧	湖北省武汉市
168	汉调二簧	陕西省安康市
169	泰宁梅林戏	福建省泰宁县
170	闽西汉剧	福建省龙岩市
171	巴陵戏	湖南省岳阳市
172	澧州荆河戏	湖南省澧县
173	粤剧	广东省广州市、佛山市
174	桂剧	广西壮族自治区
175	宜黄戏	江西省宜黄县
176	乱弹	浙江省台州市、浦江县
177	石家庄丝弦	河北省石家庄市
178	雁北耍孩儿	山西省大同市
179	灵丘罗罗腔	山西省灵丘县
180	柳子戏	山东省

181	大弦戏	河南省滑县、濮阳市
182	闽剧	福建省福州市
183	寿宁北路戏	福建省寿宁县
184	西秦戏	广东省海丰县
185	高甲戏	福建省泉州市
186	评剧	天津市宝坻区 河北省滦南县 辽宁省沈阳市
187	武安平调落子	河北省武安市
188	越剧	浙江省嵊州市
189	沪剧	上海市
190	苏剧	江苏省苏州市
191	扬剧	江苏省扬州市
192	庐剧	安徽省合肥市、六安市
193	楚剧	湖北省
194	荆州花鼓戏	湖北省潜江市
195	黄梅戏	安徽省安庆市
196	商洛花鼓	陕西省商洛市
197	泗州戏	安徽省蚌埠市、宿州市
198	柳琴戏	山东省枣庄市
199	歌仔戏	福建省漳州市、厦门市
200	赣南采茶戏	江西省赣州市
201	桂南采茶戏	广西壮族自治区博白县
202	五音戏	山东省淄博市
203	茂腔	山东省高密市、胶州市
204	曲剧	河南省
205	曲子戏（敦煌曲子戏、华亭曲子戏）	甘肃省敦煌市、华亭县
206	秧歌戏（隆尧秧歌戏、定州秧歌戏、朔州秧歌戏、繁峙秧歌戏）	河北省隆尧县、定州市 山西省朔州市朔城区、繁峙县
207	道情戏 （晋北道情戏、临县道情戏、周口道情戏、蓝关戏）	山西省右玉县、临县 河南省太康县 山东省莱州市
208	哈哈腔	河北省清苑县、青县
209	二人台	内蒙古自治区呼和浩特市 山西省河曲县 河北省康保县

210	白字戏	广东省海丰县
211	花朝戏	广东省紫金县
212	彩调	广西壮族自治区
213	灯戏 （梁山灯戏、川北灯戏）	重庆市梁平县 四川省南充市
214	花灯戏 （思南花灯戏、玉溪花灯戏）	贵州省思南县 云南省玉溪市
215	藏戏 （拉萨觉木隆、日喀则迥巴、日喀则南木林湘巴、日喀则仁布江嘎尔、山南雅隆扎西雪巴、山南琼结卡卓扎西宾顿）	西藏自治区
216	山南门巴戏	西藏自治区
217	青海黄南藏戏	青海省黄南藏族自治州、同仁县
218	壮剧	广西壮族自治区
219	侗戏	贵州省黎平县
220	布依戏	贵州省册亨县
221	彝族撮泰吉	贵州省威宁县
222	傣剧	云南省德宏傣族景颇族自治州
223	毛南族肥套	广西壮族自治区环江毛南族自治县
224	目连戏 （徽州目连戏、辰河目连戏、濮阳目连戏）	安徽省祁门县 湖南省溆浦县 河南省南乐县
225	锣鼓杂戏	山西省临猗县
226	傩戏 （武安傩戏、池州傩戏、侗族傩戏、沅陵辰州傩戏、德江傩堂戏）	河北省武安市 安徽省池州市 湖南省新晃侗族自治县、沅陵县 贵州省德江县
227	安顺地戏	贵州省安顺市
228	皮影戏 （唐山皮影戏、冀南皮影戏、孝义皮影戏、复州皮影戏、海宁皮影戏、江汉平原皮影戏、陆丰皮影戏、华县皮影戏、华阴老腔、阿宫腔、弦板腔、环县道情皮影戏、凌源皮影戏）	河北省唐山市、邯郸市 山西省孝义市 辽宁省瓦房店市 浙江省海宁市 湖北省潜江市 广东省汕尾市 陕西省渭南市、华阴市、富平县、乾县 甘肃省环县 辽宁省凌源市
229	木偶戏 （辽西木偶戏、漳州布袋木偶戏、泉州提线木偶戏、晋江布袋木偶戏、邵阳布袋戏、高州木偶戏、潮州铁枝木偶戏、临高人偶戏、川北大木偶戏、石阡木偶戏、邵阳提线木偶戏、泰顺药发木偶戏）	辽宁省锦州市 福建省漳州市、泉州市、晋江市 湖南省邵阳县 广东省高州市、潮州市 海南省临高县 四川省 贵州省石阡县 陕西省 浙江省泰顺县

五　曲　艺

序号	项　目	申报地区或单位
230	苏州评弹	江苏省苏州市
231	扬州评话	江苏省扬州市
232	福州评话	福建省福州市
233	山东大鼓	山东省
234	西河大鼓	河北省河间市
235	东北大鼓	辽宁省沈阳市 黑龙江省
236	木板大鼓	河北省沧县
237	乐亭大鼓	河北省乐亭县
238	潞安大鼓	山西省长治市
239	京东大鼓	天津市宝坻区
240	温州鼓词	浙江省瑞安市
241	陕北说书	陕西省延安市
242	福州伬艺	福建省福州市
243	南平南词	福建省南平市
244	绍兴平湖调	浙江省绍兴市
245	滩簧(兰溪滩簧)	浙江省兰溪市
246	贤孝(凉州贤孝、河州贤孝)	甘肃省武威市、临夏市
247	河南坠子	河南省
248	山东琴书	山东省
249	锣鼓书	上海市南汇区
250	绍兴莲花落	浙江省绍兴市
251	兰州鼓子	甘肃省兰州市
252	扬州清曲	江苏省扬州市
253	锦歌	福建省漳州市
254	常德丝弦	湖南省常德市
255	榆林小曲	陕西省榆林市
256	天津时调	天津市
257	新疆曲子	新疆维吾尔自治区昌吉回族自治州
258	龙舟说唱	广东佛山市顺德区
259	鼓盆歌（荆州鼓盆歌）	湖北省荆州市

260	汉川善书	湖北省汉川市
261	歌册（东山歌册）	福建省东山县
262	东北二人转	辽宁省黑山县、铁岭市 黑龙江省海伦市 吉林省吉林市
263	凤阳花鼓	安徽省凤阳县
264	答嘴鼓	福建省厦门市
265	杭州小热昏	浙江省杭州市
266	山东快书	山东省
267	蒙古族乌力格尔	内蒙古自治区扎鲁特旗、科尔沁右翼中旗 辽宁省阜新蒙古族自治县 吉林省前郭尔罗斯蒙古族自治县
268	达斡尔族乌钦	黑龙江省
269	赫哲族伊玛堪	黑龙江省
270	鄂伦春族摩苏昆	黑龙江省
271	傣族章哈	云南省西双版纳傣族自治州
272	新疆哈萨克族阿依特斯	新疆维吾尔自治区伊犁哈萨克自治州
273	布依族八音坐唱	贵州省兴义市

六　杂技与竞技

序号	项　目	申报地区或单位
274	吴桥杂技	河北省吴桥县
275	聊城杂技	山东省聊城市
276	北京天桥中幡	北京市
277	维吾尔族达瓦孜	新疆维吾尔族自治区
278	宁德霍童线狮	福建省宁德市
279	少林功夫	河南省登封市
280	武当武术	湖北省十堰市
281	回族重刀武术	天津市
282	沧州回族武术	河北省沧州市
283	杨式太极拳	河北省永年县
284	陈氏太极拳	河南省焦作市
285	邢台梅花拳	河北省邢台市
286	沙河藤牌阵	河北省沙河市
287	朝鲜族跳板、秋千	吉林省延边朝鲜族自治州
288	达斡尔族传统曲棍球竞技	内蒙古莫力达瓦达斡尔族自治旗
289	蒙古族搏克	内蒙古自治区
290	蹴鞠	山东省淄博市

七　美　术

序 号	项　　目	申报地区或单位
291	杨柳青木版年画	天津市
292	武强木版年画	河北省武强县
293	桃花坞木版年画	江苏省苏州市
294	漳州木版年画	福建省漳州市
295	杨家埠木版年画	山东省潍坊市
296	高密扑灰年画	山东省高密市
297	朱仙镇木版年画	河南省开封市
298	滩头木版年画	湖南省隆回县
299	佛山木版年画	广东省佛山市
300	梁平木版年画	重庆市梁平县
301	绵竹木版年画	四川省德阳市
302	凤翔木版年画	陕西省凤翔县
303	纳西族东巴画	云南省丽江市
304	藏族唐卡	西藏自治区
305	藏族噶玛嘎孜传统绘画和颜料技艺方法	四川省甘孜藏族自治州
306	衡水内画	河北省衡水市
307	蔚县剪纸	河北省蔚县
308	丰宁满族剪纸	丰宁满族自治县
309	中阳剪纸	山西省中阳县
310	医巫闾山满族剪纸	辽宁省锦州市
311	扬州剪纸	江苏省扬州市
312	乐清细纹刻纸	浙江省乐清市
313	广东剪纸	广东省佛山市、汕头市、潮州市
314	傣族剪纸	云南省潞西市
315	安塞剪纸	陕西省安塞县
316	顾绣	上海市松江区
317	苏绣	江苏省苏州市
318	粤绣	广东省广州市、潮州市
319	蜀绣	四川省成都市
320	瑶绣	广西壮族自治区南丹县、贺州市
321	苗绣	贵州省雷山县、贵阳市、剑河县
322	水族马尾绣	贵州省三都水族自治县

323	土族盘绣	青海省互助土族自治县
324	挑花 （黄梅挑花、花瑶挑花）	湖北省黄梅县 湖南省隆回县
325	庆阳香包	甘肃省庆阳市
326	象牙雕刻	北京市崇文区 广东省广州市
327	扬州玉雕	江苏省扬州市
328	岫岩玉雕	辽宁省岫岩满族自治县
329	阜新玛瑙雕	辽宁省阜新市
330	夜光杯雕	甘肃省酒泉市
331	金石篆刻	浙江省杭州市西泠印社
332	青田石雕	浙江省青田市
333	曲阳石雕	河北省曲阳县
334	寿山石雕	福建省福州市
335	惠安石雕	福建省惠安县
336	徽州三雕	安徽省黄山市 江西省婺源县
337	临夏砖雕	甘肃省临夏县
338	藏族格萨尔彩绘石刻	四川省色达县
339	潮州木雕	广东省潮州市
340	宁波朱金漆木雕	浙江省宁波市
341	乐清黄杨木雕	浙江省乐清市
342	东阳木雕	浙江省东阳市
343	漳州木偶头雕刻	福建省漳州市
344	萍乡湘东傩面具	江西省萍乡市
345	竹刻	上海市嘉定区 湖南省邵阳市
346	泥塑 （无锡彩塑、凤翔泥塑、浚县“泥咕咕”）	江苏省无锡市 陕西省凤翔县 河南省浚县
347	塔尔寺酥油花	青海省湟中县
348	风筝 （潍坊风筝制作技艺、南通板鹞风筝、拉萨风筝）	山东省潍坊市 江苏省南通市 西藏自治区拉萨市
349	灯彩 （仙居花灯、硖石灯彩、泉州花灯、全丰花灯、东莞千角灯、湟源排灯）	浙江省仙居县、海宁市 福建省泉州市 江西省修水县 广东省东莞市 青海省湟源县
350	嵊州竹编	浙江省嵊州市

八　手工技艺

序号	项　　目	申报地区或单位
351	宜兴紫砂陶制作技艺	江苏省宜兴市
352	界首彩陶烧制技艺	安徽省界首市
353	石湾陶塑技艺	广东省佛山市
354	昌江黎族泥条盘筑法制陶技艺	海南省昌江黎族自治县
355	西双版纳傣族慢轮制陶技艺	云南省西双版纳傣族自治州
356	维吾尔族模制法土陶烧制技艺	新疆维吾尔自治区英吉沙县、喀什市、吐鲁番地区
357	景德镇手工制瓷技艺	江西省景德镇市
358	耀州窑陶瓷烧制技艺	陕西省铜川市
359	龙泉青瓷烧制技艺	浙江省龙泉市
360	磁州窑烧制技艺	河北省峰峰矿区
361	德化瓷烧制技艺	福建省德化县
362	澄城尧头陶瓷烧制技艺	陕西省澄城县
363	南京云锦（木机妆花织造技艺）	江苏省南京市
364	苏州缂丝制作技艺	江苏省苏州市
365	蜀锦制作技艺	四川省成都市
366	松江棉纺织技艺	上海市松江区
367	土家族织锦技艺	湖南省湘西土家族苗族自治州
368	黎族染织刺绣技艺	海南省五指山市、白沙黎族自治县、保亭黎族苗族自治县、乐东黎族自治县、东方市
369	壮族织锦技艺	广西壮族自治区靖西县
370	藏族邦典、卡垫织造技艺	西藏自治区山南地区、江孜地区
371	加牙藏族织毯技艺	青海省湟中县
372	维吾尔族花毡、印花布织染技艺	新疆维吾尔自治区吐鲁番地区
373	南通蓝印花布印染技艺	江苏省南通市
374	丹寨苗族蜡染技艺	贵州省丹寨县
375	大理白族扎染技艺	云南省大理市
376	香山帮传统建筑营造技艺	江苏省苏州市
377	永定客家土楼营造技艺	福建省龙岩市
378	景德镇传统瓷业营造技艺	江西省
379	三江侗族木构建筑营造技艺	广西三江侗族自治县
380	西江千户苗寨吊脚楼营造技艺	贵州省雷山县
381	苏州御窑金砖制作技艺	江苏省苏州市
382	苗族芦笙制作技艺	贵州省雷山县 云南省昭通市

383	玉屏箫笛制作技艺	贵州省玉屏侗族自治县
384	阳城生铁冶铸技艺	山西省阳城县
385	南京金箔锻制技艺	江苏省南京市
386	龙泉宝剑锻制技艺	浙江省龙泉市
387	张小泉剪刀锻制技艺	浙江省杭州市
388	芜湖铁画锻制技艺	安徽省芜湖市
389	苗族银饰锻制技艺	贵州省雷山县 湖南省凤凰县
390	阿昌族户撒刀锻制技艺	云南省陇川县
391	保安族腰刀锻制技艺	甘肃省积石山县
392	北京景泰蓝制作技艺	北京市崇文区
393	聚元号弓箭制作技艺	北京市朝阳区
394	蒙古族勒勒车制作技艺	内蒙古自治区东乌珠穆沁旗
395	拉萨甲米水磨坊制作技艺	西藏自治区
396	兰州黄河大水车制作技艺	甘肃省兰州市
397	万安罗盘制作技艺	安徽省休宁县
398	平遥推光漆器髹饰技艺	山西省平遥县
399	扬州漆器髹饰技艺	江苏省扬州市
400	天台山干漆夹纻髹饰技艺	浙江省台州市
401	福州脱胎漆器髹饰技艺	福建省福州市
402	厦门漆线雕技艺	福建省厦门市
403	成都漆艺	四川省成都市
404	茅台酒酿制技艺	贵州省
405	泸州老窖酒酿制技艺	四川省泸州市
406	杏花村汾酒酿制技艺	山西省汾阳市
407	绍兴黄酒酿制技艺	浙江省绍兴市
408	清徐老陈醋酿制技艺	山西省清徐县
409	镇江恒顺香醋酿制技艺	江苏省镇江市
410	武夷岩茶(大红袍)制作技艺	福建省武夷山市
411	自贡井盐汲制技艺	四川省自贡县、大英县
412	宣纸制作技艺	安徽省泾县
413	铅山连四纸制作技艺	江西省铅山县
414	皮纸制作技艺	贵州省贵阳市、贞丰县、丹寨县
415	纳西族造纸技艺	云南省香格里拉县
416	藏族造纸技艺	西藏自治区
417	维吾尔族桑皮纸制作技艺	新疆维吾尔自治区吐鲁番地区

418	竹纸制作技艺	四川省夹江县 浙江省富阳市
419	湖笔制作技艺	浙江省湖州市
420	徽墨制作技艺	安徽省绩溪县、歙县、黄山市
421	歙砚制作技艺	安徽省歙县 江西省婺源县
422	端砚制作技艺	广东省肇庆市
423	金星砚制作技艺	江西省星子县
424	木版水印技艺	北京市荣宝斋
425	雕版印刷技艺	江苏省扬州市
426	金陵刻经印刷技艺	南京市
427	德格印经院藏族雕版印刷技艺	四川省德格县
428	制扇技艺	江苏省苏州市
429	剧装戏具制作技艺	江苏省苏州市
430	鄂伦春族桦树皮制作技艺	内蒙古自治区鄂伦春自治旗 黑龙江省
431	黎族树皮布制作技艺	海南省保亭黎族苗族自治县
432	赫哲族鱼皮制作技艺	黑龙江省
433	浏阳花炮制作技艺	湖南省浏阳市
434	黎族钻木取火技艺	海南省保亭黎族苗族自治县

九　传统医药

序号	项目	申报地区或单位
435	中医疗法	国家中医药管理局
436	中药制法	国家中医药管理局
437	针灸	国家中医药管理局
438	胡庆余堂中药文化	浙江省
439	甘孜州南派藏医药	四川省甘孜藏族自治州
440	拉萨北派藏医水银洗炼法和藏药仁青常觉配伍技艺	西藏自治区

十　民　俗

序号	项目	申报地区或单位
441	春节	文化部
442	清明节	文化部
443	端午节	文化部
444	七夕节	文化部
445	中秋节	文化部

446	重阳节	文化部
447	京族哈节	广西壮族自治区东兴市
448	傣族泼水节	云南省西双版纳傣族自治州
449	锡伯族西迁节	新疆维吾尔自治区察布查尔锡伯自治县
450	火把节（彝族火把节）	四川省凉山彝族自治州 云南省楚雄彝族自治州
451	景颇族目瑙纵歌	云南省陇川县
452	黎族三月三节	海南省五指山市
453	鄂伦春族古伦木沓节	黑龙江省
454	瑶族盘王节	广西壮族自治区贺州市 广东省韶关市
455	壮族蚂拐节	广西壮族自治区河池市
456	仫佬族依饭节	广西壮族自治区罗城仫佬族自治县
457	羌族瓦尔俄足节	四川省阿坝藏族羌族自治州
458	苗族鼓藏节	贵州省雷山县
459	水族端节	贵州省三都水族自治县
460	布依族查白歌节	贵州省
461	苗族姊妹节	贵州省台江县
462	独龙族卡雀哇节	云南省贡山独龙族怒族自治县
463	怒族仙女节	云南省贡山独龙族怒族自治县
464	侗族萨玛节	贵州省榕江县
465	仡佬毛龙节	贵州省石阡县
466	傈僳族刀杆节	云南省泸水县
467	新疆塔吉克族引水节和播种节	新疆维吾尔自治区塔什库尔干塔吉克自治县
468	土族纳顿节	青海省民和回族土族自治县
469	都江堰放水节	四川省都江堰市
470	黄帝陵祭典	陕西省黄陵县
471	成吉思汗祭典	内蒙古自治区古鄂尔多斯市
472	祭孔大典	山东省曲阜市
473	湄州妈祖祭典	福建省莆田市
474	太昊陵人祖祭典	河南省淮阳县
475	女娲祭典	河北省涉县
476	祭敖包	内蒙古自治区锡林郭勒盟
477	白族绕三灵	云南省大理白族自治州
478	热贡六月会	青海省同仁县
479	小榄菊花会	广东省中山市

480	壮族歌圩	广西壮族自治区南宁市
481	那达慕	内蒙古自治区锡林郭勒盟
482	维吾尔刀郎麦西热甫	新疆维吾尔自治区麦盖提县
483	屈原故里端午习俗	湖北省秭归县
484	汨罗江畔端午习俗	湖南省汨罗市
485	苏州端午习俗	江苏省苏州市
486	秦淮灯会	江苏省南京市
487	泰山石敢当习俗	山东省泰山市
488	民间社火	陕西省宝鸡市 山西省潞城县
489	鄂尔多斯婚礼	内蒙古自治区鄂尔多斯市
490	土族婚礼	青海省互助土族自治县
491	马街书会	河南省宝丰县
492	胡集书会	山东省惠民县
493	安国药市	河北省安国市
494	壮族铜鼓习俗	广西壮族自治区河池市
495	楹联习俗	文化部
496	苏州甪直水乡妇女服饰	江苏省苏州市
497	惠安女服饰	福建省惠安县
498	昌宁苗族服饰	云南省保山市
499	回族服饰	宁夏回族自治区
500	农历二十四节气	文化部
501	水书	贵州省黔南苗族布依族自治州

国家非物质文化遗产代表作

一、民间文学

布洛陀（壮族） 03.0202010150

《布洛陀》是一部历史悠久的壮族创世史诗，主要流传在广西红水河流域的巴马、东兰、凤山、天峨、南丹、河池、宜山、都安、马山以及右江流域的百色、田阳、田东、平果等地。一般为口头传唱，有的地区还有手抄本，多为“道公”和“巫公”以及民间歌手所保存，通常在重大节庆的庆典上演唱与传播。

《布洛陀》被认为是一幅规模宏大、内涵深厚的壮族先民史前史的百科全书。该史诗长达万行，分为四个部分共十九章。从时间线索上看，史诗一直追溯到洪荒时代，上下千万年，由古及今加以叙述；从内容构成上看，史诗广泛地涉猎了各个历史时期的生产活动、社会生活以及原始宗教信仰等诸多方面，从天上到人间，从神到人，从宇宙形成到万物生成，皆为史诗所包容。从史诗的故事结构来看，《布洛陀》的形成时间大致应在原始氏族社会的中后期。

吴歌 03.0202010250

吴歌是江苏南部、浙江北部、上海市吴语方言区下层人民的口头文学创作，在民间口耳相传，代代相袭，是带有浓厚民族特色和地方色彩的民间韵文，其曲调柔和、委婉。

吴歌用具有江南特色的吴语进行演唱，唱词中保存了大量的吴地生产习俗和生活习俗，是吴文化研究不可或缺的第一手资料。其地方特色浓郁，隐喻曲折，在修辞手法的运用上，显示出独特的吴方言语言魅力，反映出江南人民特有的抒情风格。其中，苏州地区的吴歌有着与其他地区不同的风格，是吴文化的典型代表之一。

吴歌口头创作、口头演唱、口耳相传，以及主要靠听觉欣赏等等特殊性，使得每一首山歌的每一次演唱，均具有唯一性和不可重复性。它在长期流传过程中形成了丰富的口头文献，其最突出的表现即大量长篇叙事诗，它的发现和搜集，打破了汉族民间无长歌的论断。

玛纳斯（柯尔克孜族） 03.0202010350

《玛纳斯》是我国民间三大史诗之一。分为《玛纳斯》、《赛麦台》、《赛依铁克》、《凯耐尼木》、《赛依特》、《阿斯勒巴恰与别克巴恰》、《索木碧莱克》、《奇格台》八部。“玛纳斯”是第一部史诗的主人公的名字，也是整部史诗的总称。史诗产生于10世纪左右，经过漫长的口耳相传，到16世纪基本定型。《玛纳斯》史诗是典型谱系式衔接的英雄史诗，它除了在我国新疆柯尔克孜族中流传之外，还在吉尔吉斯斯坦、阿富汗、哈萨克斯坦等中亚各国流传。千百年来，史诗在专门以演唱这部史诗为职业的民间口头艺人“玛纳斯奇”的不断演唱加工之中逐步完善和提高，最终成为今天规模宏伟的史诗杰作。“玛纳斯奇”在柯尔克孜族语中是“专门演唱《玛纳斯》史诗的人”。我国从20世纪60年代初开始对这部史诗开展了大规模的搜集、记录、翻译和研究工作，共发现80多位能够演唱《玛纳斯》的民间艺人，所记录的资料超过上百万行。史诗以玛纳斯及其七代子孙的英雄业绩为主线，反映了柯尔克孜族人民抵御外侮，保家卫民的英雄主义精神。史诗涉及了古代柯尔克孜族的政治、经济、文化、军事、宗教、历史、哲学、美学以及社会生活各方面。它不仅是一部研究古代柯尔克孜族的百科全书，而且是一部研究我国北方乃至中亚民族关系史、文化史的重要口头文献。史诗被认为是柯尔克孜族精神文化的巅峰，是柯尔克孜族千百年来集体智慧的结晶。已经出版的居素普·玛玛依唱本八部的柯尔克孜文版和艾什马特演唱的史诗第二部《赛麦台》在国内外引起轰动，郎樱的《玛纳斯论》、阿地里·居玛吐尔地和托汗·依萨克合写的《玛纳斯演唱大师——居素普·玛玛依评传》等是我国学者比较重要的学术成果，奠定了我国“《玛纳斯》学”的基础。

江格尔（蒙古族） 03.0202010450

《江格尔》是一部蒙古族伟大的英雄史诗。它长期在民间口头流传，经过历代人民群众，尤其是演唱《江格尔》的民间艺人“江格尔奇”的不断加工、

新疆巴音布鲁克《江格尔》演唱会

丰富，篇幅逐渐增多，内容逐渐丰富，形成由二百多部作品组成的一部大型史诗。除一部序诗外，其余各部作品都有一个完整的故事，可独立成篇。《江格尔》是一部跨国英雄史诗，广泛流传了我国、蒙古国和俄罗斯西伯利亚的布里亚特共和国、图瓦共和国、阿尔泰共和国以及欧洲的卡尔梅克共和国的蒙古语族人民和突厥语族民众中。迄今国内外已经搜集到的共有200余部，长达25万行左右。

《江格尔》语言优美精练，想象大胆奇特，擅长渲染夸张，极富浪漫主义色彩。它还博采蒙古族民间文学中的各种韵文样式在艺术上的长处，用以增强表现力，达到了蒙古族传统民间韵文创作的一个高峰，在蒙古族文学发展史上享有很高的声誉。研究《江格尔》已成为一门世界性的学科。《江格尔》与《格萨尔》、《玛纳斯》一起被誉为中国三大史诗，它与其他两部史诗不同的是有陶布舒尔琴伴奏，也有竿叶利格舞伴舞。在内蒙古演唱时，艺人边拉马头琴边演唱，有时还伴以四胡。

《江格尔》是蒙古族古老传说和原始英雄史诗基础上形成的巨型史诗。《江格尔》不仅代表着特定历史时期的文学艺术成就，而且还具有文献价值，为研究古代社会的各门学科，诸如文化人类学、民族学、历史学、宗教学、民俗学、古代思想史和哲学史，提供了在文字资料中难以找到的信息资料。

格萨尔史诗 03.0202010550

史诗《格萨尔王传》简称《格萨尔》史诗，是我国古代藏族人民创作的一部伟大的英雄史诗，我国著名的三大英雄史诗之一，至今活在民间。《格萨尔》史诗以其宏大的叙事结构和波澜壮阔的战争场面、生动形象的人物刻画等等特色，被国际学界称为“东方的《伊里亚特》”。《格萨尔》是目前世界上最长的史诗，约120余部，仅韵文部分约有100万行之长。

《格萨尔》史诗讲述了主人公格萨尔大王带领众英雄征战四方、降妖除魔、抑强扶弱、造福人民的英雄业绩。它上承部落时代藏族的“仲”（故事系统）、“德乌”（知识系统）和“苯”（信仰系统）三大文化体系，中经辉煌的吐蕃文化和割据时期的部落、民族交流，下至形形色色的佛教文化的微言大义。内容无所不包，是古代藏族社会、历史、政治、经济、文化，乃至民俗和道德各方面的百科全书式的知识总汇，是藏族游牧地区文化的典型代表、藏族人民智慧的结晶。

《格萨尔》大约起源于古代藏族氏族社会开始瓦解、部落联盟逐渐形成的历史时期，是部落祖先英雄的历史赞歌。随着各时代民族之间文化交流的不断深入和发展，特别是16～17世纪左右，随着佛教的传播，《格萨尔》史诗传播到了我国的蒙古族、土族、纳西族、裕固族、普米族、白族、门巴族等兄弟民族地区，与他们的文化传统相结合，在各民族文化发展历史上，产生了巨大的影响。此外，这部史诗还流传到了蒙古国、俄罗斯的布里亚特、卡尔梅克地区以及喜玛拉雅山以南的印度、巴基斯坦、尼泊尔、不丹等国家的广大地域。

《格萨尔》艺人是史诗最直接的创造者、保存者及传播者。他们在漫长的游牧岁月里，用创造性的口头诗艺和叙事才华，造就了规模最大、篇制最长的史诗，并代代相传。藏族史诗艺人因说唱技艺的学习和传承方式的不同，主要分为神授、闻知、掘藏、圆光、吟诵等几种类型。但是当前，随着现代化的进程，游吟艺人的生存环境受到威胁；近年来

《格萨尔》艺人在演唱

阿须的格萨尔铜像

一批老艺人相继辞世，出现了“人亡歌息”的局面，史诗传统正面临着消亡的危险。

阿诗玛（彝族） 03.0202010650

《阿诗玛》是长期流传在云南彝族、撒尼人民中间的长篇叙事诗，是一部珍贵的少数民族文学遗产，在已挖掘整理的少数民族的叙事诗中，也是成就较高、影响较大的一部。

阿诗玛是一个聪明善良、勤劳美丽的穷苦农民的女儿，她与勇敢憨厚的牧羊人阿黑相爱。头人的儿子阿支软硬兼施地追求阿诗玛并将她关进牢笼逼婚，阿诗玛坚决不从。阿黑赶来相救，妒火燃烧的阿支，放出洪水吞噬了这对恋人。最后，阿诗玛回归大自然变成了一座美丽的石像，永驻石林。长诗表现了撒尼人反抗压迫和追求自由幸福的美好愿望。

青林寺谜语 03.0202010750

被称为“中国谜语第一村”的青林寺村位于湖北宜都市西南部长江与清江的交汇处，是湖北清江高坝洲电站库区重点移民村。该村因初建于盛唐、扩建于明代中叶的青林古寺而得名。这里曾是香客云集、人文荟萃之地，汉族和土家族居民世代和谐共处，形成了丰厚的民族文化积淀。

在青林寺，村民最爱的是谜语，青林寺村谜语数量丰富、品类繁多。流行的主要是与民间生活相关的物谜、事谜。青林寺谜语有较高的文化与艺术品位，许多优秀之作体物入微，情思奇巧，在叙事状物时巧妙地融入诗情画意，显得意趣盎然。

青林寺谜语乡土气息浓郁，地方特色鲜明，集娱乐性、趣味性、知识性于一体，不仅是湖北省民间口头文学的亮点，折射出楚文化的灿烂光辉，而且对民间文学、民俗学、语言学、方志学等均有独到的研究价值。

二、音　乐

当涂民歌 03.0202020150

当涂民歌是安徽省当涂县人民在生产、生活过程中创作的口头文学作品。其曲调优美，节奏轻快，富有江南水乡民歌的独特风格。民歌在当涂县内流行广泛，且种类繁多。大公圩地区流行牛歌、灯歌、门歌之类；流行于薛津、沿江等地的山歌、身歌、号子类；沿石臼湖地区的湖阳、博望等地则以船歌、渔歌、夯歌之类为多。当涂民歌的内容绝大部分是反映劳动人民的生产热情和爱情生活。

当涂民歌曾经过50年代初、60年代和80年代三次大规模的搜集整理，整理出当涂民歌200余首。不仅演唱形式从村野走上了舞台，记载方式由口头传唱转为书面记载，而且大批精品从当涂走向了全省、全国及海外。《中国民间歌曲集成·安徽卷》选载40余首当涂民歌，使当涂成为安徽省入选民歌最多的县，从而获得了“民歌之海”的美誉。

畲族民歌 03.0202020250

畲族民歌是畲族人民的口头文学创作，是畲族文化的重要部分，流行于福建福安、浙江景宁、广东等地。畲族只有语言而无文字，多数民歌作品仅仅通过口授代代相传，部分民歌以汉字畲语记录的手抄本流传。

畲族民歌一般七字为一句，四句为一首，也有少数歌词第一句为三个字或五个字，歌词有严格的韵脚。畲族民歌很多，种类有叙事歌、风俗歌、劳动歌、时令歌、小说歌、杂歌，演唱形式有独唱、对唱、齐唱等。民歌按首数多少可分为短歌和长联歌，

独立一首为短歌，平时多唱短歌；几首、几十首甚至上百首为一个整体内容的民歌称长联歌，也叫长篇叙事歌，最出名的如《高皇歌》，全诗多达100多首。男女唱歌普遍喜爱的发声法是“假声”，一般都是清唱，很少伴有动作与器乐。曲调优美，节奏多变，饶有风味，极富民族特色。

兴山民歌　03.0202020350

兴山民歌是湖北省兴山县农村男女老幼开口便能唱的一种音调奇特的民歌，它遍布于劳动号子、山歌、田歌、灯歌、小调、风俗歌等各类体裁的多歌种之中。这种民歌除大量分布在兴山外，还零散分布于鄂西、川东等一些地方，鄂东山区也有少量流传。

兴山民歌是“楚声”、“巴歌”的遗存。它奇在音阶结构上，这种音阶明显地不合于现今通用的音律概念，形成了这种民歌特殊的音调。它的音调结构特别，以三声进行的组合方式构成旋律的单位，即“三声组”。它的两种声腔的结构关系，也明显不合于今人的乐律概念，既无理论可循，又无适合它的记谱法，在它的音阶、音列中总要包含着一种345音分左右的三度音程，是其独特的音程，被命名为“兴山特性三度音程”。其调式特殊，常以游移的特性音作终止音，从而造就出一种独特调式，为我国罕见。由于上述因素，形成了兴山民歌原始、简朴、粗犷、悲苦的风格。

2005年10月26日兴山民歌手陈家珍（中）祖孙三代五人在北京参加“第三届南北民歌擂台赛”

梅州客家山歌　03.0202020450

广东省梅州市是客家人的聚居中心，客家山歌流行，素有“山歌之乡”的美称。历史悠久的客家山歌是我国著名的民歌之一，是我国艺术宝库中一颗璀璨的明珠。

梅州客家山歌用客家方言演唱，基本形式是四句七字体，第一、二、四句押韵；即兴创作，触景生情，随口而出，节奏自由而又变化多样。其唱腔丰富多彩，悠扬动听，仅梅州山歌就有100多种腔调。其种类有山歌号子、爱情山歌、抒情山歌、尾驳尾、虚玄歌、逞歌、猜调等，其中，男女对唱的爱情山歌是山歌的主要部分；演唱形式有独唱、对唱、表演唱等。

梅州客家山歌继承了《诗经》的风格，演唱上继承“赋、比、兴”的传统手法，又常用比喻、双关、歇后、夸张、叠字等手法，具有鲜明的地方特色和浓郁的乡土气息；其艺术风格独特，语言通俗易懂，生动传神，流畅自然，耐人寻味。为弘扬客家文化，梅州每逢中秋举办山歌节，大打山歌擂台，非常热闹。

中山咸水歌　03.0202020550

“咸水歌”指的就是主要流传于广东省中山一带水上居民中的一种用水上方言演唱的民歌。咸水歌是粤语方言地区流传最广的古老歌种，盛行珠江三角洲，特别是沙田水乡，远及粤西一带。水上居民在历史上被称作“疍家人”。早期的疍家人原是南粤土著古越人的后裔，由于疍家人主要生活和流动于南海沿岸的咸淡水交汇水域，因此，人们就把他们所唱的歌称为“咸水歌”，意即喝咸水长大的人所唱的歌。

疍家人爱唱歌，唱歌已成为他们生活、娱乐、礼仪和表情达意的重要组成部分。咸水歌往往采取对唱、赛歌、咸水歌擂台等即兴对答的口头文学创作方式，且并非按固定旋律填词，而是按固定的结构格式和基本的调式演唱，按方言字调的音高走向而形成曲调。曲式为两句一小节，演唱时，通常会在歌头或歌尾加上“哥呀哩”、“妹呀哩”之类的衬句，句中再加上大量衬音，但不同地区、不同歌手会有不同的处理。

近年，几乎所有水上居民聚居地都在举办大型的咸水歌歌会。其中，中山的坦洲镇和广州海珠区的滨江街还被命名为"广东民族民间艺术（咸水歌）之乡"。

紫阳民歌

03.0202020650

紫阳民歌是产生、流传在陕西省紫阳县一带民间歌曲的总称，是陕南地区民歌中最具代表的曲种。

紫阳民歌品类齐全，号子、山歌、小调、社火歌曲、风俗歌曲皆十分丰富。其音乐风格大多有着较强的抒情性、叙事性和舞蹈性，歌词朴实、生动，曲调优美动听，具有鲜明的艺术特色和地方风格。

劳动号子是紫阳民歌的基础，在紫阳民歌中占有重要位置，其风格粗犷豪迈，音调、节奏复杂多变；山歌指劳动号子以外的各种山野歌曲，是最具山区特色的民歌，歌词多是在劳动中即兴创作的，以情歌为主；小调和山歌一样量大面广、歌词较为固定，曲调细腻、流畅，旋律动听；风俗歌曲是流传较广的一种即兴创作的，反映生活习俗的歌曲，是紫阳民间举行婚丧嫁娶等各种仪式时所唱的歌曲。

2002年10月，紫阳县被陕西省文化厅命名为"陕西省民歌之乡"，2003年3月，被国家文化部授予"中国民间艺术之乡"（民歌）的称号。

聊斋俚曲

03.0202020750

聊斋俚曲是清代文学家蒲松龄用山东省淄川方言创作的独具特色的地方小曲，也称"俗曲"或"杂曲"，属说唱与戏剧作品，所用曲调是当时流传的几十种曲牌音乐。其内容多与民间生活相关，具有广泛的民间性。

俚曲可分为两类：一类是叙事体的说唱文学，如《寒森曲》等；一类是代言体戏剧体裁，如《磨难曲》等。其题材来源，有根据《聊斋志异》故事改编的，有在民间故事、传说基础上创作的，也有取材于现实生活的。俚曲唱词和道白，都用民间方言，带有很浓的淄川特色，乡土气息浓厚，诙谐幽默，感染力很强。

聊斋俚曲有《墙头记》、《姑妇曲》、《慈悲曲》、《翻魇殃》、《琴瑟乐》、《蓬莱宴》等14种。聊斋俚曲所用的曲牌有耍孩儿、银纽丝、叠断桥、劈破玉、房四娘、皂罗袍、黄莺儿等45个。蒲松龄的聊斋俚曲曾广泛在山东省淄博市蒲家庄一带农村中传唱，是继《聊斋志异》后蒲松龄的另一部分重要创作。

侗族大歌

03.0202020850

侗族大歌广泛流传于贵州省黎平县以及广西壮族自治区柳州市、三江侗族自治县一带侗乡。侗族大歌在侗语中俗称"嘎老"，"嘎"就是歌；"老"有宏大和古老之意。它是一种众低独高的音乐，必须由三人以上来进行演唱。多声部、无指挥、无伴奏是其主要特点。

侗歌讲究押韵，曲调优美，歌词多采用比兴手法，意蕴深刻。侗歌种类繁多，按内容、咏唱场合可分礼俗歌、踩堂歌、酒歌、情歌。礼俗歌多以大歌形式咏唱，如开路歌和拦路歌等，一般为一人领唱众人和唱，女生兼有二部合唱。踩堂歌主要在逢年过节时唱，在喜庆节日和待客酒宴上，主客双方常对唱酒歌。情歌多为单人独唱，青年男女用情歌来交流感情，增进了解。

大歌的演唱场合比较讲究，除平时训练外，大歌一般在重大节日、集体活动或接待贵客时才在侗族村寨的标志性建筑鼓楼里演唱，故侗族大歌又被称为"鼓楼大歌"。侗族大歌众低独高、复调式、多声部合唱方式是中外民间音乐中所罕见的。

澧水船工号子

03.0202020950

流行于湖南省澧县一带的澧水船工号子是以反映船工艰苦生活和劳动场面为主题的一种独特的民间音乐，没有固定的唱本和唱词，也不需要专门从师，全凭口授，代代相传。

澧水源于湘北桑植境内，各流段地貌变化大，有群山狭谷、丘陵平原，船工们为适应各种水流情形而编唱的号子因此也就多种多样；澧水号子又分为平板、数板、快板、慢板四类。平板是平缓流段摇橹时所唱；数板节奏紧凑，速度较快，是在深水行进时所唱；快板又称"高腔"，是在深水摇橹、与急流搏击时唱的号子；慢板是在深水摇橹缓行中使用的号子，节奏稳重，音调深沉。

号子根据河流地段的不同，可分为上河腔和下河腔两种，上河腔号子显得高亢铿锵、急促而有力，节奏明快，衬词多于唱词，以摇橹数板为主。下河腔声腔趋于舒畅而优雅，节奏稍慢。

蒙古族马头琴音乐

03.0202021050

马头琴是具有浓郁蒙古族民间特色和悠久历史的一种拉弦乐器，因琴杆上端雕刻的马头而得名。马

头琴的历史可以追溯到成吉思汗时代，时称“朝尔”。

马头琴由共鸣箱、琴杆、琴头、琴弦、弦轴和拉弓组成。共鸣箱木制，呈梯形或长方形，用马皮或羊皮蒙面。琴弦系精选马尾为之。琴弓用拇指粗细柳条制作，呈半月形。琴头、共鸣箱镶有骨雕装饰品。其演奏方法颇为独特，用指甲或手指关节由内侧向外顶弦，高把位时则用指尖触弦左侧，难度较大。

马头琴旋律低沉而又悠扬，适用于独奏、合奏及蒙古族曲艺乌力嘎尔的伴奏等。常用的弓法技巧有分弓、连弓、顿弓、快弓、抖弓、跳弓等；指法技巧有颤指、滑音、揉弦、拨弦、弹弦等。马头琴的演奏风格因为地区的不同而各异，目前流行的有科尔沁派、土尔古特派等。我国蒙古族音乐家齐·宝力高是当今世界最著名的马头琴演奏家。2001年，他率来自世界各地的1000名马头琴手，在呼和浩特国际青少年马头琴艺术节上演奏《万马奔腾》大获成功，并载入吉尼斯世界纪录。

辽宁鼓乐　03.0202021150

辽宁鼓乐是中国民间鼓吹乐种之一，流行于辽宁全省，以辽阳、沈阳、鞍山、海城等地最盛。鼓乐从明朝末期兴起至今已有300多年的历史，是民间婚丧嫁娶中的一种传统礼仪习俗。辽宁鼓乐以唢呐为主奏乐器，配以笙、管、竹笛和打击乐器组合而成，由民间组织的鼓乐班常在婚、丧、喜、庆等场合演奏，鼓乐旋律时而高亢激扬，时而细腻委婉，极富表现力。

鼓乐的曲调多来源于地方戏曲音乐、说唱音乐、民间器乐小曲、民间小调等。据其曲调和演奏特点，大致分为四类，即汉吹曲、大牌子曲、小牌子曲和水曲。乐队编制有“唢呐乐”、“笙管乐”两种不同组合。“唢呐乐”所用乐器有大唢呐、小唢呐、堂鼓、小钹、锣等，以唢呐为主奏乐器，演奏风格活泼热烈；“笙管乐”所用乐器有笙、双管（或单管）、三弦、胡琴、堂鼓、小钹等，以双管（或单管）、笙为主奏乐器，演奏风格质朴浑厚。目前，辽阳地区尚存的鼓乐班有几十家，主要分布在辽阳市区、辽阳县、灯塔市。

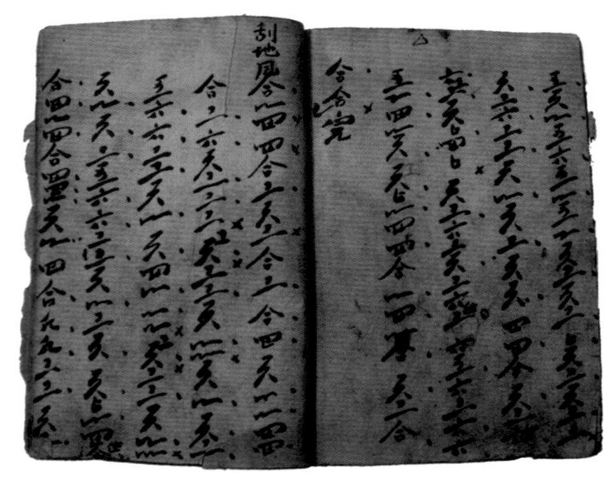

辽阳市辽阳县刘二堡镇王家鼓乐班保存二百多年的老鼓谱

江南丝竹　03.0202021250

江南丝竹，泛指江苏南部、浙江西部一带的民间丝竹合奏乐，其中以流传于上海一带的乐曲为主。其音乐风格清新活泼，细致幽雅；曲调优美流畅，柔和婉转。江南丝竹是民间风俗音乐，多与民间的婚礼喜庆及庙会活动联系在一起。

“丝竹”中的“丝”指丝弦乐器，“竹”指竹管乐器。江南丝竹所使用的乐器常用的有：丝弦的琵琶、二胡、扬琴、三弦，竹管的笛、笙、箫，还有打击乐器鼓、板、木鱼、铃等，其中二胡和笛、箫是主要乐器。乐队一般3至5人，多的7至8人，以笛、箫作为领奏。

江南丝竹的曲目有“八大名曲”，即《欢乐歌》、《云庆》、《行街》、《四合如意》、《三六》、《慢三六》、《中花六板》、《慢六板》。江南丝竹的演奏在城市和农村都有，城市中的江南丝竹多为市民自娱自乐，他们擅长使用加花手法，风格细腻；农村演奏的江南丝竹经常加进锣鼓伴奏，风格欢快、朴实。

鲁西南鼓吹乐　03.0202021350

鲁西南的鼓吹乐是中国民间鼓吹乐种之一，流行于山东省，有三个主要流派：以菏泽、济宁西部为中心的西南路；以邹县、滕县、峄县为中心的中路；德州、聊城、惠民等地区的北路。这三个流派的主奏乐器都是唢呐。尤其是西南路，因该地区素有“唢呐之乡”的盛誉，在鲁西南鼓吹乐中更具有重要的代表性地位。除此之外，流行于烟台、莱阳地区的鼓吹乐，多以管子主奏；流行于昌潍、章丘地区的鼓吹乐，多以笛子主奏。

鲁西南鼓吹乐所使用的乐器，有唢呐、笛、笙、管、小钹、中钹、大小锣、梆子、乐鼓等。曲目大体上可分为三类：元、明、清以来的南北曲曲牌、地方戏曲曲牌、戏曲唱腔和民间小调，具有地域和流派特色的乐曲，以乐器的演奏技巧模拟人声的歌唱、动物的鸣叫和自然界其他音响的“咔戏”。乐队一般八九人，常由农民或手工业者组织的“鼓乐班”，演奏于民间的婚丧喜庆活动中，是民间音乐生活中不可缺少的一部分。

板头曲　03.0202021450

板头曲是“河南板头曲”简称，也有“中州古调”和“中州古曲”之称，从体裁和演奏形式上看，属于弦索乐、丝竹乐。河南板头曲的演奏，几乎遍及河南全省，以遂平、南阳、开封、邓县、许昌、周口、禹县等地更为盛行。约在清初已在当地流传。

板头曲原为“河南大调曲子”的一个组成部分，早期的板头曲是完全附属于说唱的，在开板演唱之前演奏几支器乐小曲，当地俗称为“板头”，因参与演奏的乐器以弦乐器为主，也称“弦曲”。它既有开场曲和前奏曲的作用，又可让乐师们调弦活指。在其发展过程中，由于大量吸收了中原地区丰富的民间音乐素材，并通过历代乐师们的不断加工与锤炼，使板头曲在艺术上日趋成熟和完善，后大调曲子趋于衰落，板头曲常以独奏曲的形式出现。

板头曲根据速度快慢可分为快板、中板、慢板三类。慢板为一板一眼．速度较慢；中板一板一眼，速度适中；快板有板无眼。

枝江民间吹打乐　03.0202021550

枝江民间吹打乐是由打击、丝弦、唢呐结合在一起进行演奏的民间音乐艺术形式，常用乐器包括鼓、梆子、锣、钹、丝弦、唢呐等。

民间吹打乐活跃于湖北枝江地区，枝江民间吹打乐经过多年的发展，已形成了一种普遍、实用和极具地域特色的民间风俗。它主要用于民间的婚丧嫁娶以及各种庆典风俗、劳动习俗和岁时节庆活动，配合民间舞蹈等音乐形式表现出来。

枝江民间吹打乐讲究乐器的完整组合，并吸纳枝江本地山歌、田歌等民间音乐元素，形成了“十番鼓”的技术种类和风格，具有浓郁的地方特色。其风格流派多样，演奏曲目丰富，其传承和发展具有创新性。进入90年代，枝江民间吹打乐开始吸收西洋管乐、打击器的优点，并尝试与西洋管乐器合奏，气势恢宏，音色明亮，增强了民间吹打乐的生命力。

湖北省枝江市于2000年被文化部命名为“民间吹打乐之乡”。

土家族打溜子　03.0202021650

土家族打溜子俗称“打路牌子”、“打家伙”，是湖南湘西土家族地区流传最广的一种古老的民间器乐合奏，是土家族特有的艺术形式。溜子锣即大锣，质厚坚实，发音宏亮，锣槌不用布包头。打溜子历史悠久，是土家族民俗活动中不可缺少的演奏形式，每当迎亲、乔迁、庆丰收以及三月三等喜庆节日，各村之间常常举行竞赛，平时亦常用于自娱。

溜子锣是合奏中的骨干和低音乐器。乐队由马锣、溜子锣、头钹、二钹四件乐器组成，偶尔也加入唢呐，演奏时四人站立，头钹对二钹，马锣对溜子锣，围成一圈或半圈演奏。打溜子的演奏特点主要在两副钹的敲击技巧上，有闷、亮、侧、跳等不同打法，加上强拍、弱拍的分奏，多变的切分节奏和密集的加花打法，乐曲复杂而富于变化。

目前流传的曲牌有百余个，内容多表现动植物的形象和人们劳动、生活的情景，生活气息浓厚，乐曲风格朴实而风趣。

绛州鼓乐　03.0202021750

绛州是山西省新绛县的古称，新绛县有着演奏鼓乐的传统，鼓乐是民间文艺活动的主要内容，更是当地“社火”活动中的最流行的节目之一。

绛州鼓乐以花敲干打著称，这种鼓乐的演奏者充分利用鼓的各个部位以及鼓槌、鼓架的最佳声音进行演奏，演奏起来气势磅礴恢弘，声韵铿锵，粗犷豪放而有力度。

绛州鼓乐今有三大乐种：车鼓、花敲鼓、穿箱锣鼓，传说是从唐朝兴起的。绛州鼓乐曲牌很多，尤以中国古代乐舞的经典之作《秦王破阵乐》最为出名。相传秦王李世民率领唐军大破刘武周，收复并州、汾州两地，为了庆祝胜利，当地百姓用民间锣鼓奏出了《破阵乐》，到了贞观元年正月，唐太宗大宴群臣，在大殿上演奏了经过加工整理并重排练的《秦王破阵乐》。后来，《秦王破阵乐》在民间广为流传，尤其是明、清两代，绛州鼓乐进入鼎盛时期。近年来，绛州鼓乐多次走上国际舞台演出，受到了国内外观众的一致称赞。

智化寺京音乐　03.0202021850

北京智化寺系明朝宦官王振所建，明英宗赐名“智化禅寺”。1446年王振将部分宫廷音乐，移至寺内，由艺僧们演练，经历代艺僧传承演绎，既包涵了唐、宋佛教法乐的精髓，又吸收了宋、元、明民间俗乐的调式，成为独树一帜的京音乐。京音乐已历经五百余年，传承26代而不断，故有“中国古乐活化石”之誉。

智化寺的京音乐，使用的乐器与民间一般乐器不同。管子，为京音乐的主要乐器，民间一般八孔，智化寺则为九孔。云锣，又称九音锣，寺中使用的为明成化年间制作，音色醇美。笛的音调也比较高。铛子演奏时用槌敲击，声音柔和，别具一番特色。

1952年中央音乐学院民族音乐研究所曾派专人前去发掘，录制了智化寺京音乐“清江引”和“小华严”两个曲目。1986年3月，在十世班禅大师和佛教协会会长赵朴初的支持下，以智化寺的京音乐为基干，组成北京佛教音乐团，曾多次赴国外访问演出。目前智化寺“京音乐”第二十六代传人仅剩一位张本兴老人。

三、舞蹈

昌黎地秧歌　03.0202030150

昌黎地秧歌的起源可追溯到元代。距今已有千余年历史。它是产生于冀东昌黎，并在全国广为流传的一种民间舞蹈艺术，昌黎地秧歌以其无以伦比的艺术魅力，在繁华似锦的秧歌大家族中独树一帜，争芳斗妍。昌黎地秧歌的传统活动形式，大致可分为两种，即排街秧歌和场子秧歌。

昌黎地秧歌在沈阳国际秧歌节（1993年）

拉街秧歌

排街秧歌一般表演人数较多。主要是走街串巷，按统一的节拍边走边扭，以走为主，不断前进。秧歌动作没有死板的规定，表演者可根据情绪和内容的需要即兴表演。

在场子秧歌中，一般都有特定人物、故事情节，并讲究场面调度、构图、造型等。和排街秧歌比起来，场子秧歌的动作也较复杂。

由于昌黎地秧歌的具大影响，1994年河北省昌黎县被文化部命名为“全国文化先进县”。1996年命名为“全国民间艺术之乡”(地秧歌)。2002年昌黎县被河北省文化厅命名为“河北民间艺术之乡”。

花鼓灯　03.0202030250

花鼓灯是一种以舞蹈为主的综合表演艺术，包括歌唱、锣鼓演奏和小舞剧。它是汉民族创造的民间歌舞艺术形式，是汉族说唱与舞蹈合一的典型代表之一。

舞蹈有集体舞，还有双人、三人舞；表演有小舞剧；歌唱部分称为花鼓歌或灯歌，穿插于舞蹈之间，即兴性强。锣鼓演奏是花鼓灯中极为重要的组成部分，可独立表演，也可与舞蹈、小舞剧融为一体。花鼓灯有着广泛而深刻的社会内容，丰富多彩的表现形式，具有浓郁的地方特色和生活气息。

花鼓灯有悠久的历史和广泛的群众基础。它发源于安徽，自明清以后，其流行区域逐渐扩大，形成了以安徽蚌埠、淮南、阜阳、亳州为中心，流传于淮河中游安徽、河南、山东、江苏四省二十多个县、市，是安徽从艺人员最多的民间歌舞。

傩舞 03.0202030350

傩舞又叫“大傩”、“跳傩”，俗称“鬼戏”或“跳鬼脸”。它渊源于上古氏族社会中的图腾崇拜，以后发展成原始宗教中的一种仪式。傩舞已经有2000多年历史，是中国现存最古老的原始舞蹈，被誉为民族文化的活化石。

傩舞后来逐渐发展成娱乐性的民间舞蹈，广泛流行于江西、湖南、湖北、贵州、安徽、山东、河北等地。表演傩舞时头戴木刻面具，身穿戏衣，节目多为神话和民间传说故事。傩舞队面具凶煞，舞姿粗犷，鼓声震天，舞队前后穿梭跳跃，给人一种古朴、神秘的感觉。天长日久，它逐渐演变成为祈求五谷丰登、风调雨顺和驱邪避灾的仪式。由于傩舞流传地区不同，其表演风格也各异，既有场面变化复杂，表演细腻严谨，生活气息浓厚，舞姿优美动人的“文傩”流派；又有气势威武磅礴，情绪奔放开朗，节奏热烈明快，动作刚劲有力的“武傩”流派。

英歌 03.0202030450

英歌是在广东省潮汕地区长期以来流传的一种类似北方秧歌的群体舞蹈形式，是备受当地群众欢迎的群众活动形式。英歌也曾称作过“莺歌”、“因歌”和“秧歌”。现在的英歌，已演变为具有一定技艺和程式化的化妆歌舞表演项目。其中人物的形象，多扮成“水泊梁山”英雄好汉，是其特色。

英歌表演有“前棚”和“后棚”之分，一般以前棚表演为主体。每支英歌队由饰头槌者担任指挥，舞队一般由16至36名男青年组成，人数多时以梁山一百单八将数目为限。基本形成了只舞不歌的表演形式。后棚部分，一种是专门进行有故事情节并以弦乐伴奏的小戏表演，俗称“英歌戏”；另一种则属于英歌舞队进行的游艺活动。“英歌”表演场面壮观，气势磅礴又极富韵律。

英歌还被当地民众赋予驱邪除秽的功能。当地人认为，新春伊始举行英歌表演，能够驱除邪恶、迎春接福、吉祥如意。

永新盾牌舞 03.0202030550

盾牌舞是流传在江西永新地区的一种集武术、杂技、舞蹈、音乐及造型于一体的综合艺术，是既有演武作用，又有观赏价值的民间舞蹈，在永新一带家喻户晓。盾牌舞自太平天国时期传入永新以来，至今已有二百多年的历史。

盾牌舞主要表现两军对垒破阵，相互攻守拼杀的场面，由男子集体表演。十位表演武士其中的两人手持短柄铜叉，表演双方将官。其余八人一手持盾，一手持刀，表演双方战士。在两军对垒、相互攻守的过程中，随着锣鼓音乐的抑扬顿挫，表演阵式变化多端，由四角阵、一字长蛇阵、八字阵、黄蜂阵、搭牌、龙门阵、荷包阵、打花牌八个阵式组成。最紧张、最刺激的便是“打花牌”，武士们短兵相接，刀来盾往，让人眼花缭乱，场面惊险壮观、令观众拍手叫绝。

永新盾牌舞阵势布局巧妙严谨，队伍变化奇特、壮美，动作粗犷、雄健，有一种原生态的美，是永新地区民俗民风的缩影。

永新盾牌舞

泉州拍胸舞 03.0202030650

拍胸舞是福建泉州民间舞蹈的一大特色，在泉州农村极为流行。拍胸舞表演者人数不拘，但都是体魄强壮的男子汉，头上戴着圆形草箍，上身裸露，腰系彩带，随着《风打梨》、《三千两金》等伴奏曲的慢、中、快三种节奏和舞步阵式表演。拍胸舞起源很早，是传统乡土文艺节目中的精华，最初带有喜庆丰收之意，扎在头上的稻草箍帽便是明证。一套动作共有八下，节奏明快，式样诙谐，代表动作便是击胸，故称拍胸舞。

拍胸舞的基本动作以蹲步为主，手依次击掌、胸、胁、腿，主要动作组合有七击、八拍雄姿、击掌回音、玉驴颠步、金鸡独立、善才抱牌、蟾蜍出洞、半月斜影、大、小阉鸡行等。遇到隆重节日，还

泉州拍胸舞

配以南音南曲，以表达人们喜悦之情。凡节日庆典、踩街游行都少不了这一舞蹈参加。

安塞腰鼓　03.0202030750

流行于陕西省北部安塞县的安塞腰鼓，是一种独特的民间大型舞蹈艺术形式，具有2000年以上的历史。

安塞地处边关要塞，古代为兵家必争之地。据传，守望者发现敌情后，即用腰鼓报信。后来，它逐渐转化为一种娱乐形式。安塞腰鼓在明清以后的数百年来，特别是近几十年来，逐渐形成了一套独有的表演风格，其动作豪迈矫健，鼓点遒劲有力，有气吞山河之势。其舞蹈动作有“十字步”、“平侧蹬”、“双腿蹬”、“三角阵”等花样和程式。演员们腰间斜挎带子，系上腰鼓，两手各执小木棍，于前后左右击打，并敲锣配合，豪迈粗犷的动作变化，刚劲奔放的雄浑舞姿，充分体现着陕北高原民众憨厚朴实、威猛的个性。安塞腰鼓表演可由几人或上千人一同进行，磅礴的气势，精湛的表现力令人陶醉。

1996年，安塞县被文化部命名为“中国腰鼓之乡”。

兰州太平鼓　03.0202030850

兰州太平鼓是流传在甘肃省兰州地区的一种民间传统鼓乐舞蹈，至今已有600多年的历史。相传，明代朱元璋派大将徐达西征，军队到达兰州王保保城时，久攻不下。其时适逢元宵佳节，徐达便命令制作一批又长又粗的鼓，内藏兵器，让士兵扮成社火队混入城内，到夜间里应外合，结果王保保城被一举攻克。于是这种长筒鼓被命名为“太平鼓”，寓江山统一、天下太平之意。从此，太平鼓就成为兰州独特的社火活动，流传至今。

兰州太平鼓具有鼓身大且重、声音洪亮、舞姿粗犷、气势磅礴的特点。太平鼓队以锣鼓组成，少则十几人，多则上百人。其击鼓动作融进了民间武术成分，动作幅度大；鼓队一般以大旗作指挥，锣钹击节，鼓身飞舞，起落有序，在震天动地的鼓声中，众多鼓手忙而不乱，不断变化出种种阵法，表现“普天同庆”、“三阳开泰”、“五福临门”等内容，整个舞队表演气势雄浑，十分壮观。

兰州太平鼓曾在国内获得“天下第一鼓”、“中华鼓王”称号。

兰州太平鼓

土家族摆手舞　03.0202030950

土家族摆手舞流行于湖南省湘西土家族苗族自治州，分为大摆手舞和小摆手舞，其中大摆手舞是土家族颂扬祭祀土家族远祖八部大王平寇剿贼有功的军战舞蹈，每三年举行一到两次；小摆手舞起源于土司王祭祀农功，祈求风调雨顺，五谷丰登。

摆手舞是最具土家族民族特色的舞蹈，表现了开天辟地、人类繁衍、狩猎捕鱼、桑蚕耕织、古代战事、日常生活等广泛而丰富的社会生活内容。有反映古代渔猎生活的“狩猎舞”，有反映农事过程的“劳作舞”，有反映民族风情的“民俗舞”，有反映战争题材的“征战舞”，也有反映土家族人日常生活情景和动物情态的“情趣舞蹈”。但因在每两个模拟动作之间，都添加了“单摆手”和“双摆手”的舞姿，而被统称为摆手舞。摆手舞动作大方、粗犷，有单摆、双摆、回旋摆，边摆边跳。

土家族摆手舞形成的历史悠久，对研究土家族历史、宗教、战争、生活、民俗等都有着十分重要的价值。

锅庄舞　03.0202031050

锅庄舞是藏族民间舞蹈之一。流行于西藏、四川、云南和青海的藏族地区，包括迪庆锅庄舞、昌都锅庄舞、玉树卓舞。“锅庄”是藏语“果卓”的谐音，即圆圈舞的意思，是一种无伴奏的集体舞。它是一种表现吉祥、欢乐的歌舞，逢年过节人们都要跳锅庄舞，村与村之间还要进行比赛。

舞蹈分三个部分：开头要唱“相会锅庄”，中间唱“问答锅庄”，结尾是“告别锅庄”。跳舞时，男女自成两排，围圈携手共舞。大家手拉着手，臂连着臂，边唱边跳，以脚顿地打节拍，顺时针舞动，分班唱和。舞姿稳健、古朴、缓慢。而现在的青年男女更喜欢富有动感的舞姿，跳时上身前倾，颤膝、顿地的频率也更快。男子两胯左右晃动，双臂随身摆动，女子左臂扶腰或拉手，右臂随脚下动作和谐摆动。锅庄舞的歌词也有特殊的要求，多用排比和比喻，有固定的词牌和曲牌。人们围着篝火跳起锅庄舞，载歌载舞，歌唱生活，歌唱自然，歌唱家乡，青年男女更是借助歌舞倾诉彼此的爱恋。

热巴舞　03.0202031150

热巴舞为藏族舞蹈，包括昌都丁青热巴、那曲比如丁嘎热巴。“热巴”为藏语，意为“流浪艺人”。

热巴舞也被称为“铃鼓舞”，因其男舞者的道具主要为铃，女舞者的道具主要为鼓。 热巴舞是一种铃、鼓伴奏的大型集体歌舞，主要的是铃鼓舞。舞蹈豪放粗犷，内容丰富，有较完整的结构。热巴舞舞者的技艺高超，鼓点变化多端，舞蹈节奏由慢至快，铃鼓和谐，直至狂热，是热巴舞的特色。近几十年来，逐步走上艺术舞台，很受观众欢迎。

热巴舞大约产生于11世纪。跳热巴舞的原意是为了祈求佛祖保佑村寨平安、六畜兴旺和禳灾、祈丰收。热巴舞一般分为12段，每段舞前先念一段词，大意是颂扬佛菩萨、赞美山川河流等。参加热巴舞演出的人数少则五六十人，多则百余人。歌舞场面壮观，队形变化多端，舞姿优美、节奏鲜明、气势宏大、气氛热烈。

芦笙舞　03.0202031250

芦笙，是一种苗族古老的竹木制簧管乐器。其长过丈余，短不盈尺，管多的有十管，少则双管、单管，最常用的是六管，其音调可雄浑低沉，亦可清脆高亢。苗族人民不仅把芦笙作为本民族的代表物，还把它用于舞蹈、音乐演奏中，最经典的就是芦笙舞。在布依、瑶、彝等民族舞中，芦笙舞也甚为流行。

苗族芦笙舞大致可分为自娱性、竞技性、祭祀性三种，其中自娱性芦笙舞最为普遍。芦笙舞现有曲目百首，舞步百余种，其中最常用的有十多种。这些舞步节奏明快、粗犷热烈。芦笙舞的动作，除少数为祭祀活动时的特有动作，绝大部分是表现生产生活和模拟动物动作的。男的吹笙，女的手拉手围成圆圈起舞为芦笙舞的基本舞蹈形式。也有男女自吹自舞的。有的舞步吸收了苗族武术及杂技动作，为人们所喜闻乐见。芦笙舞是贵州省寨县、贵定县、纳雍县等地喜庆佳节必不可少的舞蹈。

孔雀舞　03.0202031350

孔雀舞是傣族具有代表性的、人民最喜闻乐见的一种民间舞蹈，流行于云南省瑞丽市，具有广泛的群众性和悠久的历史。早在一千多年前，傣族人民中就已经流传着许多有关孔雀舞的优美传说，许多村寨都有长于跳孔雀舞的人，由于代代相传及民间艺人的精心创造，便形成了各具特色、不同流派的孔雀舞。

孔雀在傣族人民心目中是吉祥、幸福、美丽与善良的象征，孔雀舞的内容，多为表现孔雀下山，漫步森林、饮泉戏水、展翅、开屏、飞翔等内容，舞

蹈语汇丰富，舞姿富于雕塑性。表演者以身体各部位组成特有的三道弯舞姿造型，以丰富的舞蹈语汇，描绘出孔雀的活泼、伶俐、美丽。孔雀舞没有音乐旋律的伴奏，伴奏乐器有象脚鼓、锣、钹等，但并不显得单调。孔雀舞的表演形式比较简单，一般只由一个或两三人跳；表演场地也简单，既可在舞台上表演，也可在广场、路边表演。

达斡尔族鲁日格勒舞　03.0202031450

鲁日格勒舞流传于内蒙古自治区古莫力达瓦达斡尔族自治旗的达斡尔族各部，以呼号为节奏，多由女子参加的边呼边跳的民间舞蹈。这种舞蹈起源于他们远古的狩猎生活时代，“鲁日格勒”亦称“罕肯拜”、“哈库麦”，词意为“燃烧”或“兴盛”。

鲁日格勒舞的表演，以女子为主，集体为主，甚至老妪都着盛装参加。两个人或三四个人在一起跳。每到春节少则玩到正月十五，多则足足跳一个正月。一般是两人对舞，其他人围观助兴，达到高潮时多人下场齐舞。每场开始时，以唱为主，曲调悠扬缓慢，委婉动听，舞者随曲拍滑步慢舞，继而以舞为主，歌曲转为欢快，舞步随之加快加大，最后进入高潮，对舞者一手叉腰，一手伸开挥向对方，左右手交替动作，形成双方“对打”、“对挡”的架势。

鲁日格勒舞的各种动作源于达斡尔人的社会实践，如梳妆打扮，担水，采集黄花菜，鸟类鸣叫，狩猎等等，它具有达斡尔族独特的韵律及风格。

蒙古族安代舞　03.0202031550

安代舞是源自内蒙古科尔沁草原南端库伦旗的一种集体舞蹈。安代为“欠身起来、抬起头来”之意。最初是带有祈求神灵庇佑、祛病消灾色彩的民间性舞蹈，后来才慢慢变为娱乐性的活动。

安代舞形成初期以唱为主，故曾称唱安代。参加者围成圆圈，右手握一块绸巾或扯起蒙古袍下摆，随领唱边歌边舞。曲调悠扬婉转，韵味醇厚，善于表达情感。唱词内容丰富，活泼生动，富即兴色彩。舞蹈动作主要有：以原地踏步摆绸、移动踢步绕绸、绕圈跑跳步挥绸、双腿跳落甩绸为主，舞姿奔放，爽朗明快。

后来演变为舞蹈为主，舞蹈动作也由三四个发展到二十多个，娱乐功能也随之增加，并逐渐成为喜庆佳节的一项重要活动内容。经过不断完善和发展，由民间进入剧场，成为喜闻乐见的蒙古民族艺术形式。现在，安代舞更广泛地流行于民间。它既是舞蹈，也是草原人民健身的方式。

黎族打柴舞　03.0202031650

打柴舞是黎族最古老、最受欢迎的舞蹈之一。起源于古崖州黎族丧葬活动，是黎族古人用于护尸、赶走野兽、压惊及祭祖的一种丧葬仪式舞，流行于海南省三亚市。又称“跳柴”、“跳竹”、“跳打竹”。

由于打柴舞的道具、节奏、跳法极具娱乐性、竞技性，打柴舞很快传遍整个海南黎族地区。打柴舞又名“竹竿舞”，跳舞时平行摆开两条方木作垫架，上横若干手腕粗的长竹竿。持竿者两两相对地双手各执一根竹竿末端，把竹竿与垫架、竹竿与竹竿碰击出有节奏的声音，称为“打柴”。

持竿者有坐打、蹲打、站打三种姿式，在有节奏的碰击声中，跳舞者在竹竿分和的瞬间在空隙中敏捷地进退跳跃，潇洒自然地作各种优美的动作。当一对对舞者灵巧地跳出竹竿时，持竿者会高声的呼喊“嘿！呵嘿！”竞显豪迈洒脱、热烈欢快的气氛。

羌族卡斯达温舞　03.0202031750

卡斯达温是黑水方言，汉语俗称“铠甲舞”。主要流传于四川省阿坝州黑水河流域。

卡斯达温是古代黑水人出征前，勇士们祷告胜战，亲人们为他们祈求平安、祝福吉祥而跳的一种民间祭祀舞蹈。表演时，勇士们头戴插有牛尾的圆形帽，身穿牛皮制作的“甲衣”，手持长刀、戈矛、长枪等兵器，由寨内边歌边舞，出寨后，在空地中围圈而舞，寨子里的妇女也随队跳起了送亲人出征的舞蹈。舞蹈结束时，勇士们长刀入鞘，枪柄落地，

卡斯达温舞

男女分别前呼后应发出高亢雄厚的呼喊，表现了古代出征的悲壮情景。每次上至七八十岁的老人，下至十五岁的少年，都要跳此舞，气势雄壮，规模庞大，为当地民族群众所喜爱。

据推断，卡斯达温最初可能是古羌部落在游牧、狩猎的过程中产生的祭祀礼仪，至唐或唐以前，由于该地战事连连，它逐渐演变为将士出征前所举行的一种征战祭祀活动。现在，已逐渐形成为社会生活中的年节、庆典、喜丧等祭祀仪式的歌舞活动。

彝族葫芦笙舞 03.0202031850

葫芦笙舞是彝族舞蹈，流行于云南省文山壮族苗族自治州，每逢节庆喜事，人们穿着盛装，聚集在场院草坪上，随着葫芦笙吹响的节奏起舞。

葫芦笙舞用于祭祀、节日、婚庆、丧葬、贺喜等活动，舞者既可通过吹奏起舞表达肃穆、虔诚的氛围，也可以倾述爱慕，这是男子必须掌握的乐舞形式。

葫芦笙舞多是吹笙的男性居中，舞者围圈携手随葫芦笙吹出的节拍，踏地顿足，翩然起舞。伴奏乐器常配以口簧、吹树叶以及笛子、胡琴等。当地称这种形式为“打歌”、“打跳”，明清文献称“踏歌”，说明有古代踏歌遗风。

整个葫芦笙舞分七路。每一路的名称，既有队形变化的含义，又有舞蹈的内容。每一路都有固定的舞曲，舞曲以56123五音构成，多徵调式和商调式，或者两种调式相互交替。舞曲音乐节奏缓慢，韵律沉稳。舞蹈时，不管队形怎样变化，舞圈都要不断向右或向逆时针方向行进。

石屏彝族烟盒舞 03.0202031950

烟盒舞主要流传于云南石屏、建水、蒙自、开远、元江等彝族聚居区。作为民间指弹乐器的烟盒，多用水冬瓜木或竹质薄条制成，上盖与盒底紧密结合，边沿四周饰有彩色缨穗，精巧别致。跳舞时，左右手各执一盒，边跳边用手指弹响盒底，声音清脆动听，因而取名烟盒舞。烟盒舞又称为“跳弦”、“跳罗”、“跳三步弦”。

烟盒舞通常分为正弦与杂弦两种，跳时要先跳正弦，再跳杂弦。正弦属基本跳法，能集中展示风格和特色：如三步弦、二步弦、一步弦等，只舞不唱；杂弦一般又唱又跳，动作比较复杂，舞蹈形式和内容较为丰富，它已发展为能表现一定情节内容和塑造人物形象的表演性舞蹈。

烟盒舞舞步变化较多，既有单人舞、双人舞，又有数十人合舞，队形有圆圈、直排、横排、四穿花、六穿花等，动作柔、韧、刚、脆相结合。烟盒舞一年四季都可以跳，是广为流传的彝族舞蹈形式。

土族於菟 03.0202032050

於菟（wu tu）是生活在青海省黄南藏族自治州年都乎村土族人的一种祭祀舞蹈，是一种古老的民俗活动，距今已有数百年的历史。在这种舞蹈中有一些带有原始文化观念的民间舞蹈形式，所以被人们称为远古人类艺术的“活化石”，是研究人类艺术发展的形象而生动的活资料。

土族的跳於菟传统民俗仪式，是古羌部族虎图腾崇拜的一种遗俗。“於菟”一词，在汉语典籍中解释为“虎”。为了驱除附着于各家的疫病与晦气，预祝新一年中家家人畜兴旺、五谷丰登，当地土族在每年农历十一月二十日，要举行跳於菟的驱魔逐邪的祭祖活动。

节日清晨，由土族各部落推选出来的7名男青年，集合于山神庙前，在裸露的身体和四肢画上虎豹斑纹，把头发扎起，似虎狂怒状。他们双手各持顶端贴有福旗的木棍，在巫师“拉瓦”主持下，诵读经文、跪拜二郎神与山神，年都乎村的土族百姓也都集中在神庙里进行诵经活动。

四、戏　曲

梨园戏　03.0202040150

梨园戏被称为“宋元南戏活化石”，是现存中国最古老的剧种之一。它植根于福建泉州，并随着泉州人的足迹而流传到台湾以及东南亚等地。梨园戏具有典雅、细腻的艺术风格及丰富的表现力。其剧本文学、音乐唱腔、表演科范，在中国戏曲艺术长廊中别具一格。

梨园戏有大梨园和小梨园之分，大梨园又分“上路”、“下南”两种，三种流派各有其保留剧目“十八棚头”和专用曲牌。上路存有不少南戏脚本，多敷演忠孝节义。下南较多为明代及本地特有剧目，古朴粗犷，生活气息较浓。小梨园又称“七子班”，以爱情戏见长，文词典雅，曲调缠绵，表演细腻。在表演上，有一整套代代传承的科范，无论生、旦、净、贴、丑、外、末，均有其严格规范。大梨园又增加了老旦（也称老贴）和二旦。

梨园戏音乐则为曲牌连缀体，泉腔演唱，保留了不少唐宋大曲、法曲，与古乐南音有密切关系。乐器以箫、南琶、三弦伴奏为主，打击乐以鼓和小锣、拍板为主。

莆仙戏　03.0202040250

莆仙戏原名“兴化戏”，源于唐，成于宋，盛于明清，历史悠久，是我国现存的最古老的剧种之一。流行于古称兴化的福建莆田、仙游二县及闽中、闽南的兴化方言地区，素以“宋元南戏活化石”和“南戏遗响”著称。其剧目古老，现有传统保留剧目5000多个，其中相当一部分为古老剧目，遗存丰厚，举世罕见。

据考证，莆仙戏是在古代“百戏”的基础上发展形成的。表演具有古朴典雅、绚丽多彩的特色，科介优美，表演基本科目五花八门，千姿百态，个性鲜明。表演程式糅合杂剧和民间木偶戏精华，具有独特的艺术风格。脚色行当原为生、旦、靓妆（净）、末、丑、贴生、贴旦七个行当，也称“兴化七子班”，“靓妆”一角，其源极古。

莆仙戏的声腔主要是“兴化腔”，它融合莆仙民间歌谣俚曲、宋元词曲而形成，用方言演唱；莆仙戏音乐传统深厚，唱腔丰富，音乐曲牌极富表现力，现有曲牌一千多个，迄今仍保留不少宋元南戏音乐遗响。

潮剧　03.0202040350

潮剧是用潮州方言演唱，形成于广东东部、福建南部的古老的地方剧种之一，又名潮州戏、潮音戏、潮州白字戏。潮剧历史悠久，属元明南戏的一支，在明代称为潮腔、潮调。

其唱腔是以曲牌联缀为主的曲牌体和板腔体的联和体制，至今仍保留着一唱众和，二三人以上合唱一曲和同唱曲尾的帮腔形式。乐调分轻三六调、重三六调、活五调、反线调、轻三重六调等。行当分为10类丑、7类旦、5类生、3类净。唱腔以轻婉抒情见长，清丽悠扬。伴乐部分保留了较多唐宋以来的古乐曲，又不断吸收了潮州大锣鼓乐、庙堂音乐、民间小调乐曲等，音乐曲调优美动听。根据乐器的不同组合，传统的剧目又分为大锣戏、小锣戏、苏锣戏；大锣戏最具特色也最为古老，善于表现低沉气氛、悲怨情绪；小锣轻巧；苏锣气氛庄严。

潮剧传统剧目可分为两大类：一是来自宋元南戏与元明杂剧，剧目文词典雅，乐曲古朴；一是取材于地方民间传说或地方实事编撰的剧目，故事生动，雅俗共赏，富于地方色彩。

弋阳腔　03.0202040450

弋阳腔也称“弋腔”，是宋元南戏流传到江西省弋阳县后，与当地的方言、民间音乐结合，并吸收北曲而形成。明清时期，弋阳腔在南北各地广泛流传，成为活跃于民间的主要声腔之一。弋阳腔的特点是用徒歌（干唱）、帮腔（接腔）和滚调（滚唱、滚白），配以锣、鼓节制、帮衬来渲染气氛。

弋阳腔诞生后，以其“杜撰百端”的连台大戏和“错用乡语”的艺术特色，深受民众喜爱，在民间广为流传。其演唱形式多样，声调高亢，兼有南方温柔敦厚与北方慷慨激昂之气，挥洒自如。它来自民间，风行民间，呈现强大的生命力：进安徽发展成为青阳腔和徽池雅调，入江苏发展成为四平腔，到北京则成为了北京的京腔（京剧的雏形），西进湖南发展成长沙高腔，转进四川成“清戏”，往南入粤成广东高腔，向东影响直抵昆山腔的发源地松江一带。

弋阳腔又称高腔，有“南昆北弋”之称，是中国戏剧的活化石，对京剧、川剧、湘剧、秦腔等44

个剧种的形成产生了巨大的影响，并由此产生和形成了中国戏曲高腔体系。

青阳腔

03.0202040550

青阳腔，戏曲剧种。因形成于安徽省青阳县而名；又因古时青阳县属池州府，还称“池州调”。青阳腔与徽州腔驰名于明清两代，誉为“徽池雅调”，成为“天下时尚”的新调。

宋代，我国东南沿海一带萌生的南戏，后来形成号称“四大声腔”的海盐腔、余姚腔、弋阳腔和昆腔，先后都在池州流行过，很快与青阳丰富的民歌、九华山佛俗说唱、目连剧等民间艺术融合，约至元代形成青阳腔。

青阳腔属南戏高腔体系，其剧本是曲牌联套传奇体制，其行当继承了古南戏的七角制(生、旦、净、末、丑、外、贴)，后发展为九角制(增加小、夫二角)。青阳腔创造了腔、滚结合的歌唱形式——“滚调”，包括散文体的“滚白”和韵文体的“滚唱”，实现了戏曲声腔上的重大革新，在我国戏曲声腔史上起着承上启下的重要作用。青阳腔哺育了第二代走向全国的徽调，也滋养了第三代地方大戏黄梅戏，包括京剧、赣剧、湘剧、川剧等剧种，都直接或间接地吸收了该唱腔，借鉴其唱法，得到了丰富和发展。

川剧

03.0202040650

川剧，流行于四川省、重庆市及云南、贵州、湖北省的部分地区，是中国西南地区影响最大的地方剧种。

川剧剧目丰富，具有很高的文学价值，有传统剧目和创作剧目六千余个，其中有宋元南戏、元杂剧、明传奇及诸多古老声腔剧种经典剧目，也有历代巴蜀文人、艺人创作的卓越贡献。

川剧《长乐悲歌》

川剧分小生、旦角、生角、花脸、丑角五个行当，和昆、高、胡、弹、灯五种声腔。各行当均有自成体系的功法程式，尤以文生、小丑、旦角的表演最具特色，擅长特技绝活的运用，如“变脸”、“藏刀”、“吐火”、“踢眼”等，在戏剧表现手法、表演技法方面多有卓越创造。川剧声腔主要有高腔、胡琴、弹戏、昆曲、灯调五种声腔，是明末清初以来中国戏曲声腔剧种的一个缩影。川剧五种声腔中，尤以曲牌体的高腔音乐最具创造性，其帮、打、唱相结合的结构形态，在戏剧与音乐的结合上达到了前所未有的高度，是我国戏曲高腔音乐发展的杰出代表。

湘剧

03.0202040750

湘剧，是湖南的主要戏曲剧种之一，旧称“人戏”、“大戏”。流行于长沙和湘潭一带，包括高腔、低牌子、昆腔、弹腔四大声腔，用长沙方言官话演唱，并以长沙为活动中心，故又称“长沙湘戏”。

高腔，是湘剧四大声腔的代表，源于江西的弋阳腔。低牌子，是一种字少声多，以唢呐、笛子伴奏的声腔，曲牌与高腔同名，旋律却完全不同。昆曲，稍晚于弋阳腔传入长沙地区。乱弹，也叫“南北路”，即南路二黄，北路西皮。

湘剧的角色行当分：大靠把、二靠把、唱工、小生、大花脸、紫脸、三花脸、正旦、做工旦、跻旦、婆旦、小生等。

湘剧的风格，有的粗犷、奔放，有的委婉、流丽，具有浓厚的地方特色。湘剧传统深厚，表演和唱工艺术精湛，角色行当有着显著的特征，演员名家辈出。湘剧传统剧目一千多个，以唱高腔和乱弹的占绝大部分，不少出自宋末南戏、元代杂剧和明清传奇，也有少数系艺人创作和改编的剧目。高腔的“四大连台”和“六大记”，是演出时间最早，保留时间最长的代表性剧目。

正字戏

03.0202040850

正字戏又名“正音戏”，海陆丰也称之为“白字仔”，潮汕又称为“南下白字”。正字戏由浙江传入福建、潮州之后，渗透了闽南方言，成为闽南语系的一种地方戏。因其语言用中州官话，被闽南称为“正音”或“正字”而得名，流行于广东海丰、陆丰、潮汕和闽南、台湾等地。

正字戏形成于明宣德年间，是元明南戏的一支，约有五百多年的历史，主要曲调有正音曲、昆曲两种，也有部分杂曲、小调。其正音曲曾受弋阳腔、青阳腔、四平等腔影响，一唱众和，且多滚白、滚唱，常出现大段的“畅滚”。正音曲的伴奏乐器以大管弦为主，配以三弦、竹弦等；昆曲、杂曲等以笛和唢呐为主。

传统剧目分文戏和武戏两类，文戏包括南戏系统声腔、昆腔、杂曲小调三种剧目，共一百七十多个；武戏即提纲戏，约两千四百多个。正字戏保持了南戏古老质朴的演出风貌，具有敦厚、质朴和雅俗并存的艺术特色。

汉调桄桄 03.0202040950

汉调桄桄，流行于陕西南部的汉中、安康一带，唱腔、道白吐字归韵以汉中方言音调为基础，又因用梆子击节发出“桄、桄”之声，又名“桄桄”、“桄桄戏”。又因其主要板式名称、旋律结构、伴奏乐器等，和秦腔有许多相同之处，所以也称“南路秦腔”、“汉调秦腔”。

该剧种历史悠久，至今已有四五百年的发展历程，它吸收当地口语，经艺人创造，并博采川、楚等剧种的精华，唱腔有鲜明的乡土特色，表演和伴奏独具风格，为全国独有的剧种。其剧目繁多，内涵精深，为陕南、川北、陇东等地群众所喜闻乐见。汉调桄桄属梆子板腔式变化体，综合性七声音阶，调式为七声音节的“徵”调式间“宫”调式，音乐包括唱腔、伴奏两部分。唱腔板路有二流、慢板、尖板等多种。伴奏乐队分文场、武场。

该剧曾流布于汉中地区各地并流传到安康、川北、陇东、鄂北等地。因地域环境与风土人情的不同分为东西两路：东路唱、白、吐字发音略带关中语音，西路则用巴蜀语音。

晋剧 03.0202041050

晋剧，原名中路梆子，是山西省的代表性剧种，为山西省的四大梆子之一。它是在蒲州梆子孕育下产生的一个剧种，起初主要活动在山西省中部地区，即清代的太原府、汾州府及平定州所辖的各县。后来，由于发展迅猛，流传地区逐步扩展，社会影响越来越大，直至成为今天山西省戏剧的代表剧种。

中路梆子的特点是旋律婉转、流畅，曲调优美、圆润、亲切，道白清晰，具有晋中地区浓郁的乡土气息和自己独特风格。中路梆子源于蒲州梆子，清道光、咸丰年间已经盛行。它吸收了蒲剧的许多特点，又经过许多艺人的丰富和发展，逐渐形成了自己的风格。可以说，它是在蒲剧基础上大胆突破和创新而形成的一种别具一格的梆子戏。

晋剧唱腔包括乱弹、腔儿和曲子（即昆曲、越调等）。传统乐队由 9 人组成，旧称“九手面”，分文武场。

在晋中、吕梁、太原地区，几乎县县有专业剧团，许多村镇有业余剧团。山西省晋剧院是山西省晋剧主要演出团体。

北路梆子 03.0202041150

北路梆子，旧称“上路调”，山西四大梆子之一。大约形成于 16 世纪中叶，至 19 世纪初叶已趋于成熟。流行于山西北中部、内蒙中西部、河北西北部及陕西北部，是华北地区较有影响的剧种之一。

北路梆子，是蒲州梆子扩展的产物，是蒲剧北上演出留下的剧种，逐渐与当地语言和民间音乐融合而形成的新剧种。以其慷慨激越的边塞风格，而备受晋北人民的喜爱。

北路梆子的行当分三大门（须生、正旦、花脸）、三小门（小生、小旦、小丑）与杂扮。唱腔为板式变化体结构，板式有四股眼、夹板、二性、三性、流水、箭板、滚白以及垛板、引子、起板、导板等。不少艺人在演唱中还创造了许多花腔（俗称“弯调”），富有高原韵味。曲牌调式多样，分别用唢呐、丝弦或笙管演奏，乐队分文武场。表演艺术以严格程式化与生活气息相结合、豪迈壮烈与细致入微相结合著称。代表剧目有《王宝钏》、《金水桥》、《血手印》、《李三娘》、《访白袍》、《四郎探母》、《劈殿》等。

豫剧 03.0202041250

豫剧也称河南梆子、河南高调。因为河南省简称“豫”，解放后定名为豫剧，是河南省的主要剧种之一。豫剧的流行地区分布甚广，大江南北都有豫剧演出。

豫剧在声腔上属梆子腔系，音乐分有四个流派：以开封为中心的唱法称“祥福调”；以商丘为中心的唱法称“豫东调”，又称东路调；以洛阳为中心流传的唱法称为“豫西调”，又称西府调；豫东南沙河流域流传的唱法称“沙河调”，又称本地梆。豫剧唱腔属板腔体，唱词通俗易懂，多为七字句或十字句，可分为慢板、流水板、二八板、飞板四大板类。伴奏乐器分文、武场面，文场有板胡、三弦、月琴，武场常用的乐器有板鼓、堂鼓、大锣、小锣、梆子、手板等。豫剧的脚色行当分：四生、四旦、四花脸，唱腔结构为板式变化体，主要板式分五类：慢板类、二八板类、流水板类、飞板类、其他板类。传统剧目约有七百余出。常香玉、马金凤都是我国著名的豫剧艺术大师。

灵丘罗罗腔　03.0202041350

灵丘罗罗腔流传于山西省北部的灵丘县及其周边的浑源县、应县、繁峙县和河北省阜平县的部分地区，是个比较古老的剧种。

罗罗腔是由弋阳腔演变而来的，原来是一人前台演唱，众人后台和唱“罗罗”之声，所以叫罗罗腔，后来逐渐发展以乐器代替人声伴奏尾腔和过门。

罗罗腔表演形式活泼，唱腔优美动听，剧目生活气息浓厚，台词说唱性强，有曲艺说唱的味道，为当地群众喜闻乐见。乐队伴奏，只在每个乐句尾音部分加入伴奏，过门之后即停。给演员的唱演留下很大发挥余地，能说能唱，节奏可快可慢。罗罗腔传统音乐唱腔主要有：“甩板”、“数词”、“流水”、“平板”、“垛板”、“散板”、“娃子”、“哭腔”、“起膛”等十多种。男角在尾句部分用高八度的假嗓耍腔是其特色，反映出其中古老唱腔的痕迹。伴奏乐器通常有：小板胡、笛子、笙、唢呐、三弦等。打击乐器有：板鼓、战鼓、堂鼓、手板、小镲、小锣等。

闽剧　03.0202041450

闽剧俗称福州戏，是福建省主要戏曲剧种之一，流行于福州市及闽中、闽东、闽北等福州方言地区以及台湾、南洋等地。闽剧源于民间小戏，因在地坪上围着草索演出，人们称之为“地下坪”，或“牵草索”。

闽剧发源时间，距今约三百多年，在其发展过程中，综合平讲班、江湖班、儒林班等本省地方戏曲，并吸收弋阳腔、徽调和京剧的表演艺术，于20世纪初成为一个较完整的戏曲剧种，1924年，郑振铎先生正式定名为“闽剧”。

闽剧的音乐唱腔是由洋歌、江湖调、逗腔和小调等四类组成的。演唱时男女均用本嗓，其特点是高昂激越，朴实粗犷，但也有细腻柔婉的唱腔。闽剧的曲牌大部分从弋阳腔、四平腔、徽调和昆曲衍变来的，有不少唱腔仍保留有弋阳腔的特点，即“一唱众和”的帮腔和“夹滚”。闽剧的角色分行，早期较简单，只有生、旦、丑三个角色，俗称“三小戏”。后来吸收徽班、京剧的分行，角色渐趋完整，发展为“十二角色”。

闽剧的传统剧目有一千多出，大都取材于民间传说、历史演义或古代传奇、杂剧。

西秦戏　03.0202041550

西秦戏又名乱弹戏，流行于粤东、闽南一带。分两路传入，一路从江西、福建传入，一路从湖南、湖北传入，西秦戏有上、下路之分，是历史悠久的外来古老剧种之一，已有三百多年历史，据考证，是属秦腔系统的剧种。西秦戏至今仍用舞台官话演出，语言本色，通俗易懂；板腔体的音乐唱腔。由于长期退居海陆丰一带，少与外地剧种交流，变化不大，因而仍保持自己独特的风格。

西秦戏的音乐唱腔，有自己的特点，自成体系。行当齐全，五行十柱角色，各有自己的唱腔规范。表演方面，文戏做工较细致，提纲戏较粗糙。武戏短打，沿用南派武功。曲调有正线、二簧、西皮、杂调四种。西秦戏的管弦乐器，弦方面有头弦、二弦、三弦、月琴；吹奏乐器有号头，大、小唢呐等；打击乐器有板、大鼓、鼓头、大锣、大、小钹等。

西秦戏的剧目，分文戏（也叫曲戏）、武戏（提纲戏）两大类，共一千多个。文戏长短剧目四百多个；武戏剧目七百多出。文戏中以真功夫见称的有“四大弓马”、“三十六本头”、“七十二提纲”之说。

评剧　03.0202041650

评剧是我国北方地区的一种地方戏，在华北、东北及其他一些地区流行很广，是广大人民喜闻乐见的剧种之一。评剧的前身是有悠久历史的民间说唱艺术莲花落，原名“平腔梆子戏”，俗称“唐山落子”、“蹦蹦戏”，关外有“奉天落子”的称谓。评剧产生于河北东部的滦县农村，1910年左右，形成于河北唐山一带，称平腔梆子戏，简称平戏，1935年在上海演出时，正式使用“评剧”这一名称。

评剧的唱腔属板腔体，是在莲花落、蹦蹦戏的音乐基础上，逐步吸收并借鉴梆子、京剧的唱法形成的。音乐曲调流畅自然，它的板式结构分为尖板、搭调、大安板、慢板、小安板、三捶、倒板、垛板、流水板，并有反调。伴奏以板胡为主，兼用唢呐、笛子；还借用河北梆子的部分锣鼓点指挥舞台表演。

评剧在不长的历史里积累了众多雅俗共赏的经典剧目，而评剧在现代戏的创作演出方面的成就则更是其它剧种所不及的。新凤霞是我国著名的评剧表演艺术家。

苏剧　03.0202041750

苏剧是苏州地方戏。前身称“苏滩”，即苏州滩簧，原名“对白南词”，俗称“打山头”，是一种五七人围坐一桌，分生旦净末丑等角色自拉、自唱的演唱形式，至少已有200多年历史。以其浓郁的地方色彩和轻柔委婉、圆润幽妙的艺术风格，曾经广泛流传于江南吴语地区。所唱曲调来自昆曲、南词、滩簧及民歌小调，有数十种。

苏滩是说唱曲艺，演员穿便服坐着演唱，既不化妆，也没有舞台动作，称“便服清唱”或“素衣坐唱”。直到20世纪初，开始由便服坐唱发展为化妆坐唱。继而由化妆坐唱发展为有简单的舞台动作的立唱。如此逐渐地向戏曲发展。苏剧作为一个戏曲剧种步上舞台，始于20世纪30年代。苏剧在表演艺术上既接受了昆剧细丽清婉的艺术个性，又保留了苏滩通俗流畅的风韵。苏剧的音乐与剧目一样也是由三个部分组成。其一来自昆曲，其二来自南词，其三来自民间小曲时调。

苏州的江苏省苏昆剧团是目前全国唯一上演苏剧的专业艺术团体。

柳琴戏　03.0202041850

流行于山东省的柳琴戏原名“拉魂腔”、“拉后腔”、“拉花腔”等。形成于清代嘉庆、道光年间，已有200多年历史。因主要伴奏乐器为柳叶琴，1952年定名为“柳琴戏”。

柳琴戏的音乐唱腔非常别致，地方特色尤为鲜明，男唱腔粗犷、爽朗、嘹亮。女唱腔婉转悠扬、丰富多彩、余味无穷。演唱者可以随心所欲地发挥、创造，自由地变化。此外，在唱腔的落音处，女腔常用小嗓子翻高八度，男腔加入衬词拖后腔，是其独特风格。由于唱腔旋律与地方语言有着密切的关系，唱腔中的音程大跳经常出现，再加上频繁的转调，使人听起来既新奇多彩、又自然和谐。

柳琴戏唱腔曲调有：哈弦、起板、导板、连板起、拉腔、射腔、起腔、含腔、平腔、停腔、柔腔、叶里藏花、雷对调、一哟调、老公调、回龙调、垛板、调板、闸板、冒调花腔、四六长腔、男女拉拉腔等。柳琴戏板式大致可分为：慢板、二行板、数板、紧板和五字紧板等。

赣南采茶戏　03.0202041950

赣南采茶戏发源于江西省安远县九龙山一带，约有三百多年的历史。它是由采茶歌、采茶灯发展成为采茶戏，其始祖剧目是《九龙山摘茶》，因此，俗称“茶灯戏”、“灯子戏”，至20世纪中叶统称为采茶戏。采茶戏流行地区主要是赣南、粤北及闽西。

采茶戏的舞台语言是当地客家方言。它载歌载舞，气氛轻松活泼，语言幽默风趣，融民间口头文学、歌舞、灯彩于一体，具有浓郁的生活气息。其剧目多以喜剧、闹剧为主，很少正剧和悲剧。其音乐唱腔属于曲牌体，以茶腔和灯腔为主，兼有路腔和杂调，俗称“三腔一调”。伴奏均为民间乐器，采茶戏音乐是属于小调联接体。该剧种的行当以“三

赣南采茶戏《补皮鞋》

小”（小生、小旦、小丑）为主。题材上多以下层群众、尤其是手工业工人、艺匠的日常生活为表现对象，其中爱情戏所占比重大。采茶戏内容贴近广大劳动人民生活，它人物少，布景简单，与其它戏曲相比，更具生命力，尤便于山区流行。

五音戏 03.0202042050

五音戏，原名“肘鼓子”或作“周姑子”，又名“秧歌腔”、“五人班”、“五人戏”，是山东地方剧种之一。五音戏是在民间秧歌、花鼓及“肘鼓子调”的基础上发展而成的。

它发源于山东章丘、历城一带，流行地区较广，以章丘为中心的称西路；临朐、沂源一带为东路；惠发、济阳一带为北路。后来，东、西两路合在一起，不仅专业班社有了发展，民间业余剧团也大为增加。民间最早的五音戏班社是1860年前后成立的大徐戏班。唱腔曲调主要有悠板、二不应（二板）、鸡刨爪（快板）、散板等。

五音戏的传统剧目颇为丰富，据统计有160余出。主要有《王小二赶脚》、《王二姐思夫》、《拐磨子》、《彩楼记》等。五音戏的剧词，生活气息、乡土色彩浓厚，群众语汇丰富，具有民间口头文学的特点。唱腔特点是，先吐字，后行腔，曲调口语化，咬字清楚，腔调旋律变化较多，用本嗓唱，女腔尾音长、旋律长，后尾用假嗓翻高，曲调优美质朴，长于抒情。

哈哈腔 03.0202042150

哈哈腔为山东地方剧种之一，又名柳子调，是由冀东南和鲁西北一带所流行的民间弦索小曲衍变而成。

哈哈腔在流传过程中，由于受不同的地方语言特点和民间艺术的影响，逐渐形成了具有不同艺术风格和音乐特点的东、中、西三路。东路流行于山东省的无棣、乐陵、宁津一带；中路流行于河北省沧州、衡水地区；西路流行于保定地区和廊坊的部分地区。

哈哈腔的音乐属板腔体，其唱腔质朴热情，节奏生动活泼。板式有头板、二板、流水板、紧三板和节奏自由的尖板、拨子、小导板、哭板等。主要伴奏乐器有板胡、竹笙、笙、唢呐等。哈哈腔的曲牌约有百余支，多是从京剧、河北梆子和冀鲁民间音乐吸取来的。哈哈腔的剧目约有一百余出，基本剧目以“三小”（小生、小旦、小丑）为主。反映民间生活题材较多，这些剧目乡土气息浓厚，戏文通俗易懂，深受农民特别是农村妇女的欢迎。

二人台 03.0202042250

二人台原名“打玩艺儿”，形成过程有二说：一说清光绪年间形成于内蒙古西部，在蒙汉民歌和丝弦坐腔基础上，吸取汉族民间舞而成，取名“蒙古曲”；一说清末由山西河曲民间演唱小曲的“打坐腔”与秧歌等结合而来。是一种载歌载舞的表演唱，其唱腔相当丰富。二人台流传于内蒙古西部及山西、河北和陕西部分地区，相传已有一百多年的历史。各地的二人台在发展过程中，逐渐形成各自的艺术风格。人们通常以呼和浩特为界，分为东路二人台和西路二人台。

西路吸收戏曲和蒙族音乐营养较多，有的唱腔已向板腔体发展，唱法主要有真假声结合和高打低唱两种。西路二人台在演出前合奏牌子曲，曲目有百余种，来自戏曲、曲艺吹腔、佛曲和蒙族民歌，富有地方特色和民族特点。东路受“道情”、“咳嗽腔”的影响较深。

东路和西路二人台，经常演出的剧目共有100多个。《回关南》、《拉毛驴》、《摘花椒》、《卖麻糖》、《兰州城》等，是东路独有的剧目。西路二人台有《打金钱》、《打樱桃》、《打后套》、《转山头》、《阿拉奔花》等剧目。

花朝戏 03.0202042350

花朝戏是根植于广东紫金县“土生土长”的民间戏剧，流行于粤东客家地区。已有百年历史的花朝戏，由一种被称为“神朝”的祭祀活动演化发展而来。

花朝戏的基本结构属于曲牌体，是用紫金客家方言演唱的民间小戏剧种。花朝戏唱腔曲牌有100多种，主要由神朝腔和民间小调构成。唱词以七言四句居多，用客家方言演唱，末句加帮腔。演唱特点是一人领唱、众人帮腔，唱念结合、灵活自由。道白口语化，常将快板穿插其中。

花朝戏的角色分生、旦、丑三个行当，表演动作以扇花、手帕花、耆勾脚、穿心手为特色。传统的伴奏乐器有唢呐、胡笛、二弦等。

花朝戏在其形成和发展过程中，不断从粤剧、采茶戏和汉调木偶戏中汲取丰富的艺术营养。花朝戏传统剧目有八十多个，大都取材于爱情生活和民间传说，表达惩恶劝善、向往婚姻自由的美好愿望。

彩调　03.0202042450

彩调，是广西各族人民喜闻乐见的地方戏曲。它起源桂北，分布甚广。各地名称不一，但以称“调子戏”、“采茶戏”最为普遍，1955年统一定名为“彩调剧”。

彩调演出采用桂林话，区内各民族不但都能听懂，还有本民族的彩调演员。彩调唱腔属联曲体，分板、腔、调三大类，故有“调多共用、板腔细分”之谈。如以角色行当定腔的有小生腔、旦角腔、丑角腔、摇旦腔、老生腔等；按人物身份、职业而分的有相公腔、化子腔、媒娘腔、和尚腔等；富于表现劳动形象的有挑担腔、划船腔、挖地腔、饮酒腔等。板有诉板、哭板、骂板、忧板等。调有比古调、走马调等。音乐伴奏分左、右场。左场为弦乐，右场为击乐。

彩调的表演艺术如眼、手、身法、步法的基本特征，大多体现在小旦和小丑（包括小生）这两个行当身上。丑角和旦角的步法、转身、亮相、扇花、手花很富有该剧种特色，其中尤以步法最为突出。

傣剧　03.0202042550

傣剧，也叫傣戏，是在“男女对唱”、“耍白马”、“银海”等民间歌舞的基础上，经过向云南花灯学习发展而来，19世纪初产生于云南德宏州盈江县的盏西和干崖，是在傣族民间歌舞、民间文学和民间表演艺术的基础上经过长期孕育、演变并吸收了一些汉族戏曲艺术后产生和发展起来的，主要流行在德宏州的盈江、潞西、瑞丽等县。

傣剧以唱为主，伴之以喜、怒、哀、乐等简单的表演动作，也有一些表演程式，只在特定的情节中才作集中的舞蹈表演。演唱时使用傣语，唱词大都分上下句，长短不拘，但有较严格的韵律。傣剧唱腔以“戏调”为主，声腔有两个：一个是以徵调式为特征，另一个以羽调式为特征，前者为女角专用，后者为男角专用。演唱时柔曼舒缓，旋律优美动听。傣剧的乐器多以二胡为领奏乐器，以傣族民间的葫芦丝、琴、芒锣、象脚鼓等相配合，还吸收了滇剧的大锣、大钹、堂鼓等，富有浓郁的地方特点和民族特色。

目连戏　03.0202042650

目连戏是我国古老的民间剧种。唐、五代已经盛行，它主要搬演佛门弟子目连入冥间救母的故事，流传于安徽省祁门县、湖南省溆浦县、河南省南乐县等地。

目连故事源自西晋竺法护译的《佛说盂兰盆经》及唐代的《目连缘起》和《大目犍连冥间救母变文》。说的是王舍城中一个虔诚信佛的家庭，傅相、刘青提夫妻生前和死后的一些经历，以及他们的儿子傅罗卜（法号目连）为救母脱离苦海，只身前往西天取经，学得佛法，深入地狱，救出母亲，全家团圆的故事。

该戏剧本《新编目连救母劝善戏文》三册一百出，为明代万历年间徽州名士郑之珍根据民间流传的变文和说唱故事撰成。是最早和最完整的目连剧本，对后来的祁剧、湘剧、辰河戏、绍剧、徽剧、京剧、昆剧、川剧的目连戏故事剧本都有影响。剧中吸收了许多民间传说和故事，富有乡土气息，其唱腔大多为高腔，以鼓击节。锣鼓伴奏。后期有的也受徽戏和民歌小曲的影响，改唱别调。演出中将唱、做、念、打融为一体，穿插以筋斗、跳索、蹬坛等杂技表演，在艺术上有独到之处。该剧流播直达浙、苏、赣、闽等省。

锣鼓杂戏　03.0202042750

锣鼓杂戏，也称“铙鼓杂戏”，因演唱时不配丝弦，只以锣鼓伴奏而得名。又因其形成于山西省临猗县境内龙岩寺一带，早期专为酬神祭祀集中于龙岩寺演出，故又名龙岩杂剧，是山西省最古老的剧种之一，传说起源于唐代。

该戏的演出有一套固定的仪式：演出前挑选数名小伙，在寺前做跑马表演；戏班全体角色列队走街串巷，称“摆道”；随后，分别到各自的宗族宗庙祭祖，再登台演出。演出时，由一名身穿长袍、头戴礼帽的“打报者”引着各种角色上台到左角入座。角色登场用“念”的方式自报家门，举手投足及唱、白均配锣鼓。锣鼓杂戏一部戏往往分许多场次，故事也较复杂，登台人物多达40余人，每出戏往往要演出四个小时左右。

锣鼓杂戏的唱腔为吟诵体，念多唱少，比较简单，有“不被丝弦、锣鼓断句”的特征。其传统剧目有近百个，大多为神怪和历史故事，其中又以“三国戏”为多。

安顺地戏 03.0202042850

安顺地戏，是流行于贵州省安顺地区的古老地戏戏曲剧种，因演出不用戏台、庙台，而在村野旷地之间进行表演，故名“地戏”。地戏的表演形式比较古朴，演员头顶面具，面罩青纱，背插靠旗，手持刀、枪等短小兵器，在铿锵的锣鼓伴奏中挥动兵器格斗厮杀，热烈粗犷。人们欣赏地戏表演的同时也欣赏了面具。

地戏是一种以驱邪酬神为目的的原始傩戏，形成于明代初叶，已有600余年的历史。传说是由朱元璋南征的军队带到贵州的。每年春节期间或夏历七月中旬表演，以祈祷五谷丰登，六畜兴旺，岁月平安。演出剧本多为历史上金戈铁马的征战故事。表演中吸收了古代战争中的各种格斗动作，格斗双方手持刀、枪、剑、戟交锋，一招一式，表现出对古代战争格斗场面的模拟。

安顺地戏面具俗称“脸子”，以木头雕刻，刻后彩绘、油漆，属彩绘木雕艺术。其造型生动、色彩丰富，具有强烈的艺术感染力。

地戏演出场景

地戏面具

五、曲 艺

扬州评话 03.0202050150

扬州评话又称扬州评词，是以扬州方言说表的古老曲种，流行于以扬州为中心的江苏北部和南京、镇江、上海等地。扬州评话，始于明末，盛于清代，流传至今。

扬州评话在艺术上以描写细致、结构严谨、首尾呼应、头绪纷繁而井然不乱见长。讲求细节丰富，人物形象鲜明，语言生动风趣。说书艺人在创造与丰富书词时，还着意渲染扬州本地的风光，刻画一些市井小人物的形象，增添了浓郁的地方色彩。说书者多为一人，说中夹评，只说不唱，以扇子、手帕、醒木为道具。表演时擅长运用口技，绘声绘色，渲染气氛，一人多用，以手、眼、身、步、神与口头说表紧密配合，使听众如见其人，如入其境。

扬州评话的传统书目十分丰富，已经发掘整理出来的有二十六余部，可分三类：讲史类、公案侠义类和神话灵怪类，现代还增加了汲取现实题材而创作的新评话。

福州评话 03.0202050250

福州评话，是以福州方言讲述并有徒歌体唱调的说书艺术。是流行于福州方言区和闽东、闽北、台湾及东南亚华侨聚居地的一种曲艺曲种，也是南北评话、评书群芳中的一枝奇葩，有“人文活化石”之美誉。福州评话是福建省五大地方曲艺中专业艺人最多、演出频率最高的一个曲种。

福州评话有说有唱，以说为主，音乐唱腔无严格曲谱，评话讲究“说”、“吟”、“做”、“花”。“说”即说白，用于正话中，为说故事的最主要的表现手段；“吟”为吟诵，福州评话继承古风，采取夹说夹吟的方式以表述故事，是其特色，吟诵分序头、吟句和诉牌三种；“做”指做工，也即表情；“花”即笑料，噱头，也是其不可缺少的艺术手段。唱词多为七字句，也有八九字句。以饶钹、竹箸、斑指、折扇、醒木为道具，演出方式简便灵活。有单口评话和对口评话。除书场外，还保留高台应聘形式。传统书目数以百千计，丰富多彩。不少书目采自里巷新闻轶事，反映乡土人情风貌，独具地方特色。

山东大鼓　03.0202050350

山东大鼓又名犁铧大鼓、梨花大鼓，由敲击犁铧碎片演唱当地的民歌曲调，发展为有板式变化体结构的成套唱腔，后改用两枚铁片或钢片。发源于鲁西北农村，由农村秧歌调发展而成。流行于山东城乡和江苏、河南、湖北、北京、天津、辽宁、吉林等省市部分地区。

演唱形式多为单人站唱，也有二人对唱形式。演唱时演员右手执鼓楗击鼓，左手操钢板敲击演唱，主要伴奏乐器为矮脚小鼓、大三弦和月牙板。唱腔属板腔体，一般分慢板(又称头板)、二板(流水板)、三板、快板等板式。其书目主要是中篇，唱白相间，短段只唱不说。

艺术流派有南口、老北口、小北口三派。南口称“梨花调”，唱腔婉转悠扬，曲调华丽细腻，字少腔繁，节奏舒缓。北口称“老牛大摔缰调”，咬字有力，吐字真，落音重，字密声促，善用顿音，其旋律似说似唱自然流畅。

山东大鼓传统书目200余段，短篇以《三国演义》、《红楼梦》段子居多。

沧州木板大鼓　03.0202050450

沧州木板大鼓又叫沧县木板大鼓。从艺人口传和《民国沧县志》、《沧县文化志》等史籍资料记载：沧州木板大鼓孕育、诞生于明朝中、末期，清初在冀中广为流行，乾隆时，著名沧州木板大鼓艺人李朝臣被召进宫说唱《西厢记》，深得皇帝赏识。纪晓岚在《阅微草堂笔记滦阳消夏录》里，多处提到沧州木板大鼓艺人。咸丰、同治年间，庞凤城先生将沧州木板大鼓发扬光大。

沧州木板大鼓是河北曲种的重要代表之一，也是全国独有的艺术曲种，它对北方大鼓曲群产生过重大影响，如西河大鼓、京韵大鼓、京东大鼓等，都不同程度地吸收沧州木板大鼓的唱腔、曲调等发展而来，有专家称“沧州木板大鼓是京韵大鼓的母根”，原文化部长高占祥指出“西河大鼓是由清代乾隆年间流行于当地的弦子书和木板大鼓衍变而成。”

沧州木板大鼓是沧县土生土长的民间说唱艺术，它顿挫淋漓的大悲调是社会下层人民心声的体现，典型地反映了“燕赵自古多慷慨悲歌之士”。《中国传统民间艺术》、《中国大百科全书》对沧州木板大鼓都有记载。

陕北说书　03.0202050550

陕北说书是流行于陕西省延安、榆林地区的一种鼓书。陕北说书历史悠久，最初源于穷苦盲人运用陕北的民歌小调演唱一些传说故事，后来吸收秦腔、道情、信天游的曲调，逐步形成了陕北说书。

表演形式为一人自弹自唱，伴奏乐器为三弦或琵琶，此外，还有绑在小腿上的，以两块木板制成的甩板，以及绑在手腕上用来打节奏的一串小木板，过去均为盲人演唱。唱腔多以“双音调”连带敲竹板唱“莲花落”；后来，在晋北、陕北一带渐渐形成双音、单音、落子调、慢板、竹板等调子。

陕北说书各地有“九腔十八调”之说，琵琶在延安、甘泉、延长、吴旗一带流行；三弦在绥德、神木、府谷、内蒙古、甘肃一些邻县流行，说书是单音调；佳县、吴堡是车路调；定边、志丹、靖边是西凉调、梅花调。双音调有慢板、武调、快板三种调子，长短书均用。

陕北说书的特点是以口传为主，大多没有历史记载，不见成本；以口传手抄，民间流传；语言、词汇丰富，多用民间方言，易于流传，为农民喜闻乐见。

2005年9月沧州木板大鼓参加北京“天桥杯”鼓曲大赛

2005年4月沧洲木板大鼓进入大学课堂

山东琴书　03.0202050650

山东琴书，原为民间小曲联唱体，最早叫“小曲子”。因其主要伴奏乐器是扬琴，又名“文明扬琴”、“山东扬琴”，20世纪30年代定名为“山东琴书”。

山东琴书的表演，以唱为主，以说为辅，唱词基本为七字句，演唱者一至五六人，以敲打扬琴者为主，其余数人亦分唱角色兼奏乐器。早期有七十二曲牌之说，后来以“凤阳歌”、“垛子板”为常用曲词。主要乐器除扬琴外还有筝、坠琴、软弓胡琴、四胡、三弦、简板、碟子等。

山东琴书原是“庄稼耍”，源于菏泽地区，早在200年前就在鲁西南农村中流行。每到农闲，农民就请琴师教唱琴书，苦练一冬，到过年时携琴访友，互相比赛演唱；到正月十五元宵节，就形成演唱高潮。山东琴书进一步发展，便出现了职业艺人，形成了众多流派，主要流派有：源于曹州，兴盛于济宁的“南路”；以济南为中心，流传于鲁西北一带的“北路”，又称“邓派”；以广饶，博兴为中心，流行于胶东各地的“东路”。

锣鼓书　03.0202050750

锣鼓书源于旧上海市郊南汇县的“太卜”，在结束时以“太卜调”说唱故事。旧称太保书、镗锣书、神教书，1960年更名为锣鼓书。最初是在上海市郊类似道教道场的“太保”仪式上说唱的，借以酬神，驱邪祈福。后来逐渐脱离宗教仪式，演变成为说唱民间传说、历史故事的民间说唱形式，称为“太保书”。

艺人一般在年节或农闲时，在庙会、祠堂、村舍里演唱。后又发展到平时在城镇的茶园、书场演出。锣鼓书以说为主，以唱为辅，最先是由一人演出，锣鼓为说唱打节拍，并渲染气氛。演唱的曲调有东乡调、西乡调、平调等，富于浓郁的江南民间音乐特色。后来逐渐改坐唱为站唱，改单人为两人、多人演唱，并增加伴奏乐器。锣鼓书主要活跃于沪郊浦江东西，并流传到浙江嘉兴、平湖一带。

1996年，上海市南汇区被文化部命名为“中国民间艺术之乡”。

锦歌　03.0202050850

锦歌原名“歌仔”或“杂锦歌”，又称“乞食调”，形成于福建省南部，是以当地歌谣为基础发展而来的，1953年定名为锦歌。它是一种有器乐伴奏的歌唱形式，是闽南主要民间曲艺之一，流行于漳州各县区以及厦门、晋江、台湾和南洋诸岛华人聚居地。锦歌在台湾还发展成为歌仔戏。

锦歌来自民间，以方言演唱，有着浓郁的乡土气息，曲调流畅朴实，富有表现力，大体可分为四类：一类叫“杂念仔”；一类是“四腔仔”、“五腔仔”，也叫“七字仔”；一类叫“花调”、“杂调”；一类是“顺乐曲”。

锦歌的唱腔风格大致分为堂、亭两大流派。堂派主要流传在农村中，唱腔粗犷有力，曲调受民间歌谣影响，旋律灵活，变化多样，每句后面都有落尾。亭派流行在城市，唱腔比较幽雅细致，咬字分明，采用南曲的曲调比较多，使用的乐器和指法比较近南曲。锦歌曲目，故事完整内容较长的称“大柱”，摘唱某些段落为“小折”，传统曲目有一二百个。锦歌使用的乐器有月琴、二弦、洞箫、南三弦、拍板等。

中国曲艺家协会会员胡善言于1980年1月在上海市第一届沪书汇演中表演锣鼓书

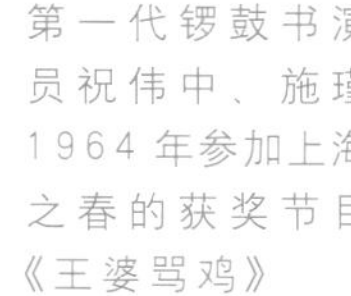

第一代锣鼓书演员祝伟中、施瑾1964年参加上海之春的获奖节目《王婆骂鸡》

少儿锣鼓书演出队表演

天津时调　03.0202050950

天津时调是天津独有的曲种，源于明清时期在天津流行的民歌小调，包含许多天津地方民歌和外地流入天津的曲调，1900年时已有专业艺人演唱。由于天津当时是水陆码头，各地人都有，天津时调源于明清以来的时调小曲，又吸收了各地民歌曲调。后来逐渐发展成型，除少数曲目二人对唱外，多为一人独唱。唱腔包括靠山调、鸳鸯调、胶皮调等民间小调。唱腔为天津口音，现代演出逐渐向普通话过渡。

天津时调表演艺术家王毓宝正在演出

天津时调包括慢板和数板。慢板是主要唱腔，字少，婉转曲折，激越豪放，适合抒情。数板连说带唱，主要用于叙事和交代故事情节。一般开始用慢板唱，然后插入数板，再接唱慢板。伴奏乐器为大三弦、四胡、节子板，后来增加了笙和琵琶等。其曲目多为短篇，时调传统曲目有《踢毽子》、《秦楼悲秋》等，多反映天津人民的生活风貌。天津时调著名艺人有王宝银、赵宝翠、王红宝、高五姑、秦翠红等，20世纪三四十年代老一代名家淡出歌场，赵小福、姜二顺、王毓宝等先后成为该曲种的代表人物。

歌册　03.0202051050

歌册是潮汕地区民间说唱文学的一种，由唐代以来的潮州弹词演变而成。歌文都用潮汕方言编写，有曲有白。一般曲文多为七字句，四句为一节，每节用一韵，流行于潮州方言区。

歌册的歌文内容有历史故事、才子佳人故事、公案故事、地方民间故事等。诵唱者主要是社会中下层妇女，以中老年妇女居多。歌册语言通俗生动，可以说是潮汕方言口语的诗化。其地方色彩浓郁，使听众感到亲切，由于歌册在潮汕地区广大妇女群众中非常普及，有人称其为“闺中文学”。

歌册的演唱非常简单，不需任何乐器伴奏，调子也比较平直，一般不必经过专门训练即能掌握。演唱歌册并不是一种表演，而近似于一种自娱活动。歌册具有丰富多彩的内容，曲折复杂的故事情节，浓厚亲切的乡土气息，通俗生动的语言表述，朗朗上口的诗歌形式，有强大的艺术魅力，使听歌的广大妇女如醉如痴。歌册是旧时代潮汕妇女的精神食粮，也是潮汕地区值得珍视的文化遗产。

答嘴鼓　03.0202051150

答嘴鼓原名“触嘴鼓”，亦名“触嘴古”，又名“拍嘴鼓”、“答嘴歌”，是一种用闽南方言表演的、有严格押韵对白、语言节奏很强的幽默、诙谐的喜剧性说唱艺术。“触嘴”是斗口、舌战的意思。“鼓”就是讲古、讲故事的意思。流行于福建闽南地区和台湾、港澳地区以及讲闽南方言的海外侨胞中。

答嘴鼓是二人对口争辩的形式，近似北方的对口相声，但又不尽相同。其艺术特点是用韵语对话为形式，以生动活泼、丰富多彩的闽南方言来构成笑料，来表达一定的主题。一般只凭语言的风趣、幽默以及韵语的巧妙运用吸引听众。它善于运用夸张手法组织笑料，具有鲜明的喜剧特征，与闽南地方戏曲艺术有着血缘关系。

传统剧目有《乌猫乌狗》、《鸦片歌》、《瞎子哑吧打架》、《鳖追飞机》、《中秋月圆》、《庆新春》、《夫妻相骂》、《世俗人生》等。

小热昏　03.0202051250

在旧上海、杭州等地，卖梨膏糖者，往往手敲

徐青山正在表演小热昏

小铛锣，唱着即兴编的小调，以吸引路人而推销其产品。这种民间曲艺形式被称为“小热昏”。

小热昏创始人杜宝林，年轻时曾到苏州拜卖梨膏糖的陈长生为师，学唱小曲卖梨膏糖。后杜回到杭州，把杭州朝报上的新闻编成通俗易懂的唱词，并吸收陈长生唱小曲的形式，连说带唱表演，以吸引更多的听众。杜宝林的说唱艺术诙谐幽默，滑稽风趣。内容主要讽刺抨击黑暗势力，为了避免当局找麻烦，杜宝林就以“小热昏”作艺名，意思是头热发昏，满口胡言，不必当真。小热昏形式灵活简便，到人多热闹地方，一只架子上摆着盛梨膏糖的木箱，艺人站在一条长凳上，哼着小调推销梨膏糖，乐器只有一面小锣，三块毛竹板。“小热昏”对上海独脚戏的形成和发展也产生较大影响。经常说唱的长篇曲目有《火烧红莲寺》、《孟丽君》、《八美图》、《济公传》等古代题材，也有现代题材。

六、 杂技与竞技

北京天桥中幡　　03.0202060150

天桥地区是老北京民俗文化的摇篮，内涵丰富、声名远播的“天桥绝活”——中幡就是其中一个颇具特色的项目。

中幡原称“幢幡”，分样幡、中幡、小幡三种，后统称中幡。起源于晋代皇家表演项目，又名缘橦，是既具有仪仗特色又可用于比赛力量的一种旗帜。中幡的主干是一根长 9 米左右的粗竹竿，竿顶有红罗伞，伞下挂一面绣字的标旗，伞周围挂小铃铛。在表演中，表演者不仅要始终保持竿体的直立不倒，而且要将中幡高高抛起，并用身体的各个部位作为支撑点，将其稳稳接住。到了清代乾隆年间，中幡成为宫廷八档花会之一，又称“大执事”，并受过皇封。清末民初，从兄长处学得中幡技艺的艺人王小辫将中幡从皇宫传到了民间。之后，王小辫的传人、著名艺人宝三（宝善林）长期在天桥市场进行耍中幡和摔跤表演，并将传统中幡的表演由一人的单独演练发展成为多人的共同演出，从而闯下了老天桥中幡的名头。

北京市宣武区非物质文化遗产保护项目展演

维吾尔族达瓦孜　　03.0202060250

“达瓦孜”在维吾尔语中是“高空走绳”的意思。它是维吾尔族历史悠久的传统民间杂技表演艺术，迄今已有2000多年的历史，流行于新疆维吾尔自治区。

“达瓦孜”表演多在喜庆节日期间举行，兼有体育和杂技的双重特点，表演起来惊心动魄。表演场地在空旷的广场上，表演之前，先要在地上栽上20多米高的木杆，中间隔开距离，再用一根长约60米、手腕粗细的麻绳，一端系在木杆顶，另一端系在埋入地下的木桩上，把大绳绷紧，形成一个由低向高坡度不同的直线。演员表演时更加引人入胜，男女青年“达瓦孜”手持一根 3 米多长的平衡杆，在新疆民族鼓乐的伴奏下，踏着轻快的步伐，直通高杆的顶端。在行进中，还要做各种表演，整个表演惊险刺激。

宁德霍童线狮　　03.0202060350

霍童线狮又称抽狮，抽狮源于提线木偶，是一种极具地方特色的民间技艺。为福建省宁德市霍童镇特有的一种民间艺术形式，它是通过线索来操纵狮子表演各种动作。霍童当地民间艺人将舞狮和提线木偶技术相结合，起初是用彩纸、竹篾扎成小狮供儿童玩耍，后经不断改进，逐步成为一种独特的线狮艺术。线狮最早是沿街边走边舞，以后转为固定舞台表演。

线狮的外观古朴，设计巧妙。以竹篾为框架，里

面填充棉花、布料、橡胶等，狮毛用特殊的彩色塑料丝制成，大的线狮重40多斤，小的也有20多斤。线狮主要通过头索、尾索及腮索拉动，使舞台上的线狮坐立、摆首、含球、吐球、抢球等。线狮属文、武兼备的“文武狮”，表演有单狮、双狮、三狮、五狮几种。表演者要站在框架外提绳子，人距离线狮近则5米多，远的要在10米开外。表演者分成数组，每组若干人，一人为主，数人为辅，按照不同的节奏或频率拉扯绳索，逼真的表演出狮子的各种动作和神态，栩栩如生。

杨式太极拳　03.0202060450

杨式太极拳是太极拳主要流派之一。它是杨式太极拳奠基人杨福魁所创。杨福魁，字露蝉，河北永年县人，年少时从师陈长兴，约1850年返回永年县以授拳为生。传其子杨班侯、杨健侯。杨健侯又传其子兆熊、兆元、兆清。经过杨氏祖孙三代人的努力，在陈长兴的太极拳基础上逐渐演变为杨式太极拳。

杨式太极拳在练习方法上突出整体性、连贯性、圆活性和内外身心的统一性。从起式到收式，有如一线贯通，势断劲不断，衔接和顺，周身完整，动作沉稳，轻而不飘，沉而不僵，刚柔相济。不论虚实变化，起伏转换都是式式相连，犹如行云流水，没有丝毫停顿间断之处。杨式太极拳要求在意识引导下，呼吸匀细深长，气沉丹田，运劲如抽丝，迈步如猫行，身正体松，意识、呼吸、动作三位一体，密切结合，进行有节奏的练身、练意、练气。因而太极拳被称为是内外兼修，形神合一，动静结合，上下相随的高级运动方式。

朝鲜族跳板、秋千　03.0202060550

跳板和荡秋千都是朝鲜族青年女子最喜欢的传统游戏，流行于吉林省延边朝鲜族自治州。历史悠久，现在不但是端午节、中秋节和农闲喜庆日的娱乐项目，而且变成了体育竞赛项目。

跳板一般长近6米，宽40厘米、厚5厘米左右，跳板中间有一个支点，跳板两端各站一人轮流起跳，借落下的力量将对方弹起，在空中做各种动作，如直跳、屈腿跳、剪子跳、旋转跳、空翻跳等等，不断增加腾空的高度并做出各种花样动作。

秋千源于汉代，有千秋万代之意。秋千架高为12至13米，在两架杆的顶端架起一根横木，横木上系两根约8至9米的秋千绳索，在下垂的两根绳索底部拴着30厘米左右的踏脚板，荡秋千时，朝鲜妇女身着彩色长裙，踏上秋千板，凭着腰部、臂部的力量向前后摆荡，越荡越高，自由自在，如仙女腾云，优美飘逸。

跳板和荡秋千不但需要胆量，而且需要智慧和技能。目前已经成为了全国少数民族传统体育运动会上的表演项目。

蒙古族搏克　03.0202060650

“搏克”即摔跤，流行于内蒙古自治区，是生活在草原上的蒙古族群众十分喜爱的体育运动。中国北方游牧民族早在匈奴时期就已经有了类似搏克的体育娱乐项目，当时叫“匈奴跤”。关于蒙古族搏克的记载，最早出现在11世纪。从12世纪开始在蒙古高原普及，13世纪发展到了高峰。成吉思汗统一蒙古部落后，由于把摔跤作为军事训练的主要手段，搏克运动因此得到迅速发展。到元朝初期搏克已演变、发展并定型为现代的一跤定胜负的摔跤赛事。到了清朝，搏克运动更是成为草原上大小那达慕最重要的比赛项目。

摔跤手要身着皮坎肩、宽大多褶的套裤，裤套前面双膝部位绣有别致的图案，足蹬马靴，腰缠一宽皮带或绸腰带，著名的摔跤手的脖子上缀有各色彩条，是摔跤手在比赛时获奖的标志。比赛胜负采取单轮淘汰法，以摔倒对方为胜。1949年后，作为民族体育项目的蒙古族搏克，成为增进人民健康、加强民族团结的一项重要体育活动。

蹴鞠　03.0202060750

蹴鞠，俗称“踢行头”，即以足踢球，是中国古代重要的体育运动之一，现流行于山东省淄博市等地。

春秋战国时期，蹴鞠运动已经广泛开展。沿至汉代，蹴鞠运动已经被应用于军事训练。到了唐宋时期，蹴鞠运动在民间也极为流行，它是兼有嬉戏娱乐、强体健身为目的的运动形式；不仅具备了广泛的群众基础，成为军中训练的基本科目，而且已演变为一种社会时尚。

宋代盛行蹴鞠运动，踢球方法有娱乐健身性的单球门踢法，有非竞赛性、以娱乐为目的的无球门踢法。可个人进行，也可多人相互之间进行。踢球时，可以用头、肩、背、腹、膝、足等部位接触球，灵活变化，随心所欲。这种方式以踢出花样多少作为评判和取胜依据。

中国古代的蹴鞠就是现代足球的起源，这不仅成为业内人士的共识，而且已为国际足联所认同。

抖空竹 03.0202060850

空竹是一种用线绳抖动使其高速旋转而发出响声的玩具，一般为木质或竹质。空竹在我国有悠久的历史，明代《帝京景物略》一书中记述的空竹玩法和制作方法，以及明定陵出土的文物考证，可知"抖空竹"在民间流行的历史至少在600年以上。

明清时期北京市宣武区每逢农历初三、十三、二十三日均有庙会开市，表演空竹和出售空竹是庙会特色和重要内容；受其影响，广内地区历史上就有许多以"抖空竹"为重要游艺活动的居民，其中不乏世家传人，是当时市民生活中的一景，更是北京胡同文化的重要组成部分。

空竹具有文化娱乐价值、健身锻炼价值和社会民俗价值。随着城市的飞速发展与变迁，空竹作为历史发展的见证和民俗文化的传承，面临着文化空间缺失、家族传承困难、研究成果奇缺、空竹商品濒亡等严峻形势。宣武区广内街道以保护民俗精粹和抢救文化遗产为己任，为保护和传承空竹文化做了一些有益尝试，并对保护传承工作进行了科学规划和有序实施。

空竹爱好者在表演抖空竹

七、美 术

武强木版年画 03.0202070150

武强木版年画，因产地在河北省武强县而得名。起始于宋元，明朝初年已具规模，兴盛于清康熙至嘉庆年间。武强木版年画是画、刻、印结合的民间套色版画，一般用于年节，具有浓郁的乡土气息和地方特色，是河北艺术的象征。

武强年画是经过绘、刻、印三道工序完成的。年画色彩明快、设色单纯、线条粗犷、构图饱满，有独特的中国民间艺术风格，以线条简洁有力、重笔情刀趣而著称。它的题材、体裁、内容、形式都是为农民生活需要而产生的，具有浓厚的乡土气息和自然美的属性。

年画形式多样，内容丰富、题材广泛，融知识性、娱乐性、观赏性为一体。从农事耕作、风土人情、天文地理、名人轶事、时事政治、历史变革等多种角度，将淳朴民风、爱国热情、民族自强精神寓于年画艺术创作当中，可以说，武强木版年画不仅是反映中国农耕社会的一部"百科全书"，还是一座民俗生活的"大观园"，具有深厚的民族文化底蕴和丰富的民间文化内涵。武强年画博物馆建立于1985年，是第一家年画专题博物馆。

高密扑灰年画 03.0202070250

高密扑灰年画起源于明代成化年间，是山东省高密市独有的民间美术形式。高密县的扑灰年画与剪纸、泥塑并称为"高密三绝"。

艺人以柳条枝或豆萁烧成灰炭勾画画稿轮廓，翻过来扑在画纸上留下灰稿，一次灰稿可扑数张正灰稿，因此才有"扑灰"之名。扑灰起稿之后，再加手绘，敷粉、描金、勾线、磕花、涂明油等工序流水作业，制作出一张漂亮的年画来。

扑灰年画画面色调明快，构图巧妙大方，全幅多用对比色，主体部分加中间色。这样既谐调了色彩的对比，又加强了人物造型的美感，这是刻版印

刷前我国古老的一种生产方法。内容大都表现喜庆，很适于民户节日张贴。

扑灰年画清朝乾隆年间为淡彩，后来受天津杨柳青木版年画的影响，在色彩上有了较大的变化，逐渐形成高密扑灰年画的两大派系，即墨屏和大色画。同时在工具、技术上也有不少改进，出现了扑灰、半印半画与木版套印等不同的印制形式。

佛山木版年画　03.0202070350

佛山木版年画是我国民间年画之一，是华南地区著名的民间木版年画，因在广东佛山镇生产而得名。佛山木版年画兴起于宋末元初，有七百多年的历史，源远流长。

佛山木版年画带有浓厚的岭南气息，一张年画要以红、黄、绿、黑四色木版套印，并用手工描出金色的花纹，为“描金”，最后填上朱红的底色，叫“填丹”，是佛山木版年画独有的特色，被誉为“万年红”，可以常年保持颜色鲜艳，热烈艳丽、吉祥高贵。年画线条粗犷，简练有力，构图饱满，富于装饰，形成独特的地方风格。木版年画内容丰富，历史故事、民俗风情、风景花鸟都可以入画。

佛山木版年画是中国岭南民俗文化的一朵奇葩，与天津的杨柳青、山东潍坊的杨家埠、苏州的桃花坞并称“中国四大木版年画”。佛山木版年画的制作者冯氏家族年近七旬的冯炳棠，曾被联合国教科文组织授予“民间工艺美术家”称号。

纳西族东巴画　03.0202070450

东巴画是云南省丽江市纳西族古绘画中一种原始的、最具特色的纳西族美术遗产，是原生态的民俗文化遗存。纳西族在做仪式时，要绘画各种各样的佛神、人物、动物、植物以及妖魔鬼怪的形象，并对他们进行膜拜与祭祀，这种服务于宗教活动的各种绘画，统称为东巴画。

东巴画种类繁多，每一幅画就是一个或几个动人故事的演绎，按其形式的不同可划分为竹笔画、木牌画、纸牌画、布卷画和经文画几类。东巴画的内容主要表现古代纳西族信仰的神灵鬼怪和各种理想世界，其中也反映了古代纳西族社会的各种世俗生活。

东巴画中，以布卷画《神路图》最为有名。该图一般长达十四米多，宽二十六厘米左右。分为地狱、人类世界、自然、天国四个部分，画面色彩鲜明、艳丽，人物造型生动、个性鲜明，既受藏传绘画艺术影响，又具有纳西族传统风格和特色，是东巴绘画艺术中的珍品，有较高的文化和艺术研究价值。

衡水内画　03.0202070550

河北省衡水内画始于鼻烟壶内画，创始人为王习三先生，内画以小巧玲珑的造型，丰富多彩的材质，精美绝伦的工艺，匠心独具的构思，被国际上誉为集中国多种工艺之大成的袖珍艺术品。

随着时代的发展，内画也逐渐演变为一种衡水民间的绝技，内画的载体也早已突破了鼻烟壶的限制，而代之以各种各样的工艺品。一般是选用水晶、玛瑙或特制玻璃为料胎，用特制变形细笔，在玲珑剔透的壶腹内壁反手内绘，画面精细入微；壶内诗词歌赋，笔若蚊足，字体遒劲流利，无丝毫描摹之感，可谓书画并茂的内画精品。内画的内容也丰富多彩，从动物、山水到人物，题材极为广泛，充满诗情画意，具有雅俗共赏的特色与风格。

王习三作品　　王自勇作品

近年来衡水内画在美国及东南亚等国家十分畅销，受到各国收藏家的好评，还多次被作为国家礼品赠送给来访的美、英、巴西等国家元首，河北衡水市也称为“内画艺术之乡”。

蔚县剪纸　03.0202070650

剪纸，也叫窗花，是由棚饰、灯花、枕花、绣样等众多品种组成的民间艺术，作为喜庆节日的装饰品，贴在窗户上或墙壁上，给人们增添喜庆的气氛。

河北蔚县剪纸源于明代，是一种风格独特、享有盛誉的民间艺术，其制作工艺在全国众多剪纸中独树一帜，这种剪纸不是“剪”，而是“刻”，是全国唯一一种以阴刻为主的点彩剪纸，素以刀工精细、色彩浓艳而驰名。它是以宣纸为材料，小巧锐利的刻刀刻制，再点染明快绚丽的色彩而成，具有鲜明的民族特色和河北地方特色。

蔚县剪纸题材广泛，生活气息浓郁。其特点是构图饱满，造型生动，形象优美，浑厚中有细腻，纤巧里显纯朴；结构严谨，线条流畅；颜色绚丽鲜艳，点染得当。今天，蔚县剪纸早已突破窗花的使用范围，广泛用于书刊的封面、插图，橱窗、专栏的装饰图案，以及信笺书签、包装装潢等方面，具有观赏性，收藏性和实用性，还远销美国、日本、加拿大、新加坡等四十多个国家和地区。

顾绣　　03.0202070750

顾绣，是明代上海民间发展而来的一种出自名门闺媛之手的闺阁绣。顾绣是中国古代妇女艺术的精华。明代松江府进士顾名世在上海九亩地建园林“露香园”居住，顾氏女眷们酷爱艺术，善丹青书法，精于女红，尤擅刺绣。顾氏后裔收徒传艺，传授刺绣，世称“顾绣”，又称“露香园顾绣”。

顾绣是以高雅脱俗名画为蓝本的“画绣”，技法上创造出散针、套针、滚针等针法用以极力模仿绘画的笔墨技巧。她们将丝线劈为三十六丝，劈丝比头发还细，针刺纤细如毫毛，配色精妙，别出心裁。所绣山水、人物、花鸟都气韵生动，精细无比。明代顾绣把针法做了科学的总结，创造了十种绣法。顾绣尤以技法精湛、形式典雅、艺术性极高而著称于世。

顾名世的孙媳韩希孟最为杰出，她在针法与用色上神妙独到，故世称闺阁“韩媛绣”。其所绣山水、人物、花鸟已达到“无不精妙”的程度，被董其昌称为“针圣”。她的传世作品，均为珍贵文物，为各大博物馆所珍藏。

苏绣　　03.0202070850

苏绣是中国四大名绣之一。苏绣宋代已颇具规模，清代为鼎盛时期，当时的皇室绣品，多出自苏绣艺人之手。苏绣的发源地在苏州吴县一带，现已遍及江苏省的苏州、无锡、常州、扬州、宿迁、东台等地。

苏绣是我国著名的手工艺品，惯用套针、抢针、打子、拉梭子、盘金等手法，素以精细、雅洁著称于世，多次被国家领导人作为国家礼品馈赠外宾。苏绣中具有代表性的就是双面绣，就是在一块底料上，同时绣出正反色彩一样图案的一种绣法。双面三异绣是在双面异色的基础上发明而成的，同时又是对双面异色绣的发展。其特点是绣品正反两面异样、异针、异色，即正反两面对应部位图样不同，针法不同，色彩不同。它使观赏者能在一幅绣品上欣赏到不同图案、不同色彩的刺绣艺术形象。乱针绣，始创于20世纪20年代，是以看似杂乱的长短交叉线条，通过分层加色，达到西方油画般的艺术效果，给人耳目一新的感觉。

苏绣——姑苏繁华图

苏绣——补子

粤绣　　03.0202070950

粤绣又称广绣，是以广州一带为中心产地的绣品，相传最初创始于少数民族——黎族，已经有二三百年的历史。粤绣不同于其他刺绣的最大特色是由男工制作。

粤绣构图繁密热闹，色彩富丽夺目，它以布局满、图案繁茂、场面热烈、用色富丽、大红大绿而著称。针步均匀，针法多变，纹理分明。粤绣的品种多，应用范围广，高级绣品主要有条幅、挂屏、台屏等，一般绣品则涵盖了日常生活用品的各个方面，也有部分观赏绣品。其题材也比较广泛，包括人物、动物、花鸟、龙凤、山水河川、器皿和各种图案等，其中百鸟朝凤、龙凤、博古最具传统特色。

粤绣包括“广绣”和“潮绣”两大流派，针法

也不尽相同。“广绣”的针法主要有七大类三十余种。而“潮绣”则有六十多种钉金针法以及四十余种绒绣针法。

粤绣早在1915年的巴拿马赛会和1923年的伦敦赛会上，就曾获得很高的评价。1982年粤绣以《晨曦》、《百鸟朝凤》等作品，荣获全国工艺美术品百花奖金杯奖，国内以故宫博物院藏品最多。

庆阳香包　03.0202071050

香包又称香囊、荷包，是一种用手工缝制内填香料的小包，色彩艳丽、造型美观。最早的香包以皮革所制，故称“鞶囊”，从史料推断，最迟出现于春秋战国时期。

香包为古代庆阳人民重要的佩饰之一。明清以后，男女佩带香包极为普遍。庆阳香包是当地妇女巧手制作的手工艺品，取材简单，任何花布料头都可，经过巧妙设计，再加上精巧的刺绣，用彩线缝制成一个个精美的小包，再填入沁人心脾的香料，形式活泼多样，造型千姿百态。庆阳香包分为头戴型、肩卧型、胸挂型、背负型和脚蹬型五种类型。每逢端午节，男女老少都会佩带在身上，以图吉祥如意，祈福禳灾，祛病保平安之意，香包也常常被青年男女用作定情信物相赠。

甘肃省庆阳市以香包刺绣为代表的民俗文化源远流长，底蕴丰厚；与剪纸、皮影、道情、民歌一同被中国民俗学会命名为“庆阳五绝”，更是名满天下。甘肃省庆阳市已经拥有“中国香包刺绣之乡”的美誉。

百年好合、绌绌香包

青田石雕　03.0202071150

青田石雕是指以青田石为材料雕刻而成的中国传统工艺品。青田石产于浙江省青田县，为中国历史上著名的四大石雕材料之一，这里历来被人们称为“中国石雕之乡”。

青田石雕自成流派，细腻精巧，形神兼备。工序分相石、开坯、粗雕、细雕、封蜡、润色等。石雕艺人们根据石材的特点展开构思，因势造型，依色取巧，将石材原有的异色斑痕加以巧妙利用，化腐朽为神奇，同时利用青田石自身的石色，使石雕也具有不同色彩的变化。在创作手法上，将圆雕、镂雕、高浅浮雕、线刻等技法交替运用，加之精雕细刻，创造出精美的工艺精品，使青田石雕具有独特的艺术魅力。

青田石雕以其秀美的造型和精湛的工艺，广为人们所喜爱，享有“在石头上绣花”的美誉。在清代，青田石雕作为江南名产屡被选为贡品。1949年后，青田石雕曾多次被选作国家礼品赠送外国首脑。

徽州三雕　03.0202071250

徽州三雕是指具有徽派风格的砖雕、石雕、木雕三种民间雕刻工艺的简称，多用于宅第内外装饰。徽州三雕以歙县、黟县、婺源县最为典型，保存也相对完好。徽州三雕的历史源于宋代，至明清而达极盛。

砖雕是在徽州盛产质地坚细的青灰砖上经过精致的雕镂而形成的建筑装饰，分为平雕、浮雕、立体雕刻，广泛用于徽派风格的门楼、门套、门楣、屋檐、屋顶、屋瓴等处，使建筑物显得典雅、庄重，是明清以来兴起的徽派建筑艺术的重要组成部分。石雕类别很多，主要用于住宅的廊柱、门墙、牌坊、墓葬等处的装饰，属浮雕与圆雕艺术，享誉甚高。徽州木雕是根据建筑物体的部件需要与可能，采用圆雕、浮雕、透雕等表现手法，用于建筑物和家庭用具上的装饰，题材广泛，有人物、山水、花卉、禽兽、虫鱼、云头、回纹、八宝、博古及各种吉祥图案等。徽州三雕中砖、木雕的雕镂技艺尤为高超。

临夏砖雕　03.0202071350

临夏砖雕是甘肃临夏回族自治州的传统民间艺术，它起源于北宋，成熟于明清，到近现代又吸收了绘画、木雕的艺术特色，使这一民间艺术形式更臻完美。

临夏砖雕从制作工艺上分，有捏活和刻活两种。所谓“捏活”，是把精心调和配制而成的黏土泥

巴，用手和模具捏成各种造型，而后入窑焙烧而成。这种作品大多独立成形，如龙、凤、麒麟等，装饰于屋脊之上。所谓“刻活”，即在青砖上用刻刀刻制成各种图案，其工艺复杂，一个图案往往由十几块甚至几十块青砖拼接在一起，此外还有浅浮雕、高浮雕、阴线雕等形式。一幅砖雕往往由三四层图案构成，重重叠叠，里外呼应，浑然一体，立体感极强，是临夏砖雕艺术的精华之所在。这种作品大多镶嵌在砖木结构建筑物的门庭、照壁之中，既有独立的观赏价值，又与建筑浑然一体。临夏砖雕题材中以花卉禽兽图案见长，而不见人物。

潮州木雕 03.0202071450

广东省潮州市的木雕技艺源于唐宋时期，发展于明清两代至民国早期，在长期的发展过程中，继承了传统木雕的雕刻艺术的同时还吸取了石刻、绘画及泥塑等不同的民间艺术的长处，形成了独特的风格，是我国雕塑艺术中独树一帜的流派。

潮州木雕的主要用途是作建筑、家具的装饰。其题材非常广泛，大致可以分为图案、博古、禽兽花果草虫、山水、仙佛、人物几类。木雕的表现形式与手法有：沉雕、浮雕、通雕和圆雕四种。其构图独特，尤以多层镂雕和髹漆贴金的金漆木雕最为出色。

木雕使用樟木、杉木或苦楝、黎木等木料。其制作过程是：一画草图，用毛笔白描表现，预先考虑刀径和多层次的镂空雕刻。构图多采取平视和鸟瞰法相结合；二是凿粗坯，即把画稿复印在木板面之后，运用各种刀法打凿出作品的大体轮廓和结构；三是细雕，即在此基础上精雕细刻，讲究刀到意到。最后一步髹漆贴金，仅为金漆木雕所采用，能增添富丽堂皇的视觉效果。

木雕屏风

塔尔寺酥油花 03.0202071550

酥油花是用酥油（奶油）塑造各种形象的一种独特雕塑艺术，也称油塑，是藏族文化中的一支奇葩。青海省湟中县塔尔寺的酥油花在整个藏区享有盛名，被称为“艺术三绝”之一。

相传文成公主与松赞干布结亲时，从长安带去一尊佛像供奉在拉萨大昭寺内，适逢严冬无鲜花供佛，僧人们就用酥油制成花供奉佛前，从此演变为藏族人民的习俗。1594年，酥油花传到了塔尔寺，经该寺艺僧苦心钻研，使其在题材和工艺上有了新的发展，成为塔尔寺独有的一种高超的油塑艺术。

塔尔寺酥油花的制作，有一套完整的机构和科学的程序，酥油花设计、制作自古是师徒口手相传，一般都在封闭的两个花院里精心制作。在高原严寒的气候条件下，僧人们将洁白的酥油，经过洗揉、制胎、敷面、描金束形、上盘等复杂的程序，形成一幅具有故事情节的壮观恢宏的浩大场景。酥油花艺术所表现的题材广泛、内容丰富，既有佛本生故事和八大藏戏等的传统题材，又有现代题材。

嵊州竹编 03.0202071650

浙江嵊州竹编已有2000年的历史。其工艺是将竹材加工雕刻、编织成精巧的工艺品。

嵊州竹编通常取材于当地盛产的翠竹，经过剖青、锯节、开片、烤色、切薄、刮片、抽匀、花筋、漂白、染色、烫金等众多工序。其制作工艺精湛，各种人物、动物栩栩如生；各种器皿和竹帘，造型美观，色彩调和，编织精细，既具欣赏性又具实用性。

嵊州竹编可分为“动物”、“漂白”、“花筋”和“蓝胎漆”四大类，制作方法各不相同。各类产品花色品种繁多，达6000余种。嵊州工艺竹编以造型精巧、编织细腻、气韵生动而著称，以其独具的艺术魅力，誉满中外。嵊州有“中外竹编第一家”之誉，被国务院命名为全国唯一的“中国竹编之乡”。

石湾陶塑技艺 03.0202071750

广东省佛山市石湾镇是我国岭南地区著名的陶都，唐代开始就有艺术陶器的出现，至今已有1300多年的历史。石湾陶器享有“石湾瓦，甲天下”之称。

石湾陶塑的釉色，集宋代各名窑之大成，形成自己的独特风格。它不施釉，直接以灰褐色陶土表现人物肌肤或动物羽毛的绝技，更是石湾陶塑独有

的特色。石湾陶艺在创作中不断借鉴名窑的工艺特点并运用其作品中。晚清石湾陶塑家陈渭岩对陶塑艺术的发展有较大的贡献，他运用景德镇的瓷塑和粉彩技术来彩绘石湾陶塑，使陶塑的表现力更为丰富；后来还借鉴西方的雕塑方法和石膏倒模技术，使作品更显真实。

石湾陶塑一直面向广大民众，因此，陶塑艺术均以实用为原则，并将秀美与实用结合在一起，有着明显的装饰特色。石湾陶塑的品种很多，有日用陶瓷、艺术陶塑、建筑园林陶瓷、手工业用陶器等，题材也极为广泛，堪称一部浓缩的中国民俗文化百科全书。

八、　手工技艺

张小泉剪刀锻制技艺　03.0202080150

张小泉剪刀被誉为“剪刀之冠”，是中国著名的传统产品，已有300多年历史。

张小泉剪刀的制作，始制于明崇祯年间，明末清初就已出名。创始人为世代制剪的安徽人张思家，清兵入关后他逃到浙江杭州，在城隍山下设“张大隆”剪刀作坊。悉心研究铸造技艺，在打制剪刀中运用了嵌钢工艺，一改用生铁锻打剪刀的旧规。他还采用镇江特产质地极细的泥精心磨制，使剪刀光亮照人。其子张小泉继承父业，苦心钻研，制剪技术又有提高，生意十分兴隆，有人冒“张大隆”牌号，他便把招牌改为“张小泉”。其剪刀以镶钢均匀、钢铁分明、磨工精细、刃口锋利、销钉牢固、开合和顺、式样精巧、刻花新颖、经久耐用而驰名中外。目前已有民用剪、工业和农牧渔业用剪、旅游、军用剪等100多个品种、200多个规格，产品畅销国内外市场。

张小泉剪刀已成为杭州地方特产之一，“张小泉”三字也几乎成了“剪刀”的代名词。1997年“张小泉”被认定为驰名商标。

聚元号弓箭制作技艺　03.0202080250

“聚元号”弓箭铺是清朝末年北京东四大街“弓箭大院”里十七家弓箭铺之一，且是目前所知北京唯一完整保存传统制作工艺的弓箭铺。“聚元号”弓箭铺曾是专为清朝皇室特制弓箭的弓箭铺，在历经300年的风雨后，成为清朝北方弓箭大院中唯一的幸存者。

“聚元号”弓是以猪皮熬制的胶把水牛角、竹子、牛筋等材料粘制成一体的传统反曲弓，其形制属于清代满族弓，具有弓梢较大的特征。“聚元号”对材料要求很严格，木材要用榆树或水曲柳，牛角要用南方水牛角，而且必须长于60厘米，箭的羽毛一般要用扇起风来比较“硬”的法国鹅的毛等。“聚元号”制弓手艺十分繁杂，要经过200多道工序，费时三个多月才能制好一张弓。

现今传统弓箭制作行业已经退出了市场，70多岁的“聚元号”经营者杨文通亲传手艺给儿子杨福喜，使得弓箭制作技艺得以传承。

万安罗盘制作技艺　03.0202080350

安徽省休宁县万安镇是我国内地型罗盘的主要产地，其产品被称作“徽盘”。

一具罗盘的制成，需要各种不同工种的协作，一般要经过六道工序，有严格的操作要求。第一道工序是制坯，选用质地坚韧细密不显纹理的特等木料，根据不同直径、厚度锯好罗盘毛坯。第二道工序是车圆磨光，将毛坯用车床车圆成型、磨光，并挖好装磁针的圆孔。第三道工序是分格，依照不同型号、盘式的图谱，从同一圆心以长短不同的半径划圆周为横格，再按阴阳八卦、天干地支等刻直格，依诸家盘式分别刻画。第四道工序是书写盘面，以蝇头小楷，依各种盘式书写分格的内容。第五道工序是上桐油，要反复上油，罗盘的光亮度全凭这道工序，油得好的罗盘百年后仍光洁清晰。第六道工序是安装磁针，这是最关键的工序，首先是磁化钢针，其次是磁针安装。最后封盖圆玻璃片，一具罗盘才制作完成。

成都漆艺　03.0202080450

四川省成都市的漆器工艺，是我国乃至全世界诞生最早的漆器工艺之一。成都漆器，发轫于商、周，兴盛于战国、秦汉与盛唐，对我国其他漆艺流派产生过重大影响。

成都漆艺是集艺术性和实用性为一体的手工艺品，以精美华丽、富贵典雅、光泽细润、图彩绚丽而名扬四方，其工艺之繁缛，制作之细腻，耗时之久长，令人叹为观止。漆器所用的漆必须是天然生漆，制作工艺多达数百种，常用的也有50多种。一件漆器艺术品，前后制作工序多达70多道，简单的也有二三十道，制作周期最长的要几个月。其修饰技法独特，尤以雕嵌填彩、雕填影花、雕锡丝光、拉刀针刻、隐花变涂等极富地域特色的修饰技艺闻名于世，是与北京、福建、扬州、广东阳江齐名的全国五大著名漆器之一。

荷花翠鸟圆盘与锡片方盒

绍兴黄酒酿制技艺　03.0202080550

黄酒是世界三大古酒之一。中国是黄酒的故乡，全国黄酒生产量的一半以上出于浙江省绍兴市。绍兴黄酒质量居中国黄酒之冠。

绍兴黄酒是以米粒洁白、颗粒饱满、气味良好、不含杂质的当年产上等优质糯米为原料，以优良的小麦作麦曲，用鉴湖之水酿制。其优良水质，形成了绍兴酒的独特品质。绍兴黄酒的酿制，一直恪守传统操作工艺。有严格的季节性，即冬季“小雪”淋饭（制酒母），至“大雪”摊饭（开始投料发酵），到翌年“立春”时开始榨就，然后将酒煮沸，用酒坛密封盛装，进行贮藏，一般三年后才投放市场。黄酒色泽澄黄，清亮透明，具有独特的浓郁香气，味醇鲜美，营养成分丰富。

宣纸制作技艺　03.0202080650

宣纸源于唐代安徽宣州府，故称宣纸，是我国劳动人民所发明的以独特工艺制造的纸中极品，质地纯白细密，纹理清晰，绵韧而坚，百折不损，有“轻似蝉翼白如雪，抖似细绸不闻声”之誉，光而不滑，吸水润墨，宜书宜画，不腐不蠹，有“纸寿千年”、“纸中之王”之称。

宣纸产于安徽省泾县，制作完全是按照传统手工完成的。按加工方法分类，宣纸一般可分为生宣、熟宣、半熟宣三种；按用料配比不同，又可分为棉料、皮料、将净三类。宣纸的制作工序大致可分为十八道，如果细分，则可超过百道。传统做法是，以泾县盛产的青檀树皮为原料，经过浸泡、灰掩、蒸煮、漂白、打浆、水捞、加胶、贴烘等十八道工序制成，大部分处理环节都依赖于日晒雨淋露炼等自然气候环境，整个处理过程需一年多时间才能完成，宣纸的每个制作过程所用的工具皆十分讲究，形成了宣纸独特的性能。

湖笔制作技术　03.0202080750

浙江省湖州市的善琏镇是湖笔发源地和主要产地，素有“笔都”之称。湖笔制作已有两千多年历史，与安徽歙砚、宣纸、徽墨并称“文房四宝”。明清时期，湖笔已经成为全国最著名的毛笔品种。

湖笔种类按原料性能分为羊毫、兼毫、狼毫、紫毫、鸡毫五大类。尤以羊毫笔最负盛誉。湖笔选料精细，制作工艺精湛，湖笔羊毫选用优质山羊毛精制而成，一般要经过浸、拔、并、梳等七十余道工序。其性能柔而健，柔软的笔毫被视为上品。湖笔羊毫的原料和制作技艺不同于其他毛笔的羊毫，其笔头尖端有一段透明发亮的锋颖，俗称“黑子”，因此湖笔又有“湖颖”之称。湖笔的笔杆主要取天目山北麓灵峰山下的鸡毛竹，它节稀杆直，竹内空隙较小，是制作笔杆的理想原料。

湖笔有尖(笔锋尖利)、齐(修削整齐)、圆(丰硕圆润)、健(劲健有力)四大特色，被书画家誉为“毛颖之冠”，无论书画均能挥洒自如，舒展如意，得心应手，深受历代书画家青睐，还多次在外交活动中作为国礼馈赠外宾。

端砚制作技艺　03.0202080850

端砚产于广东省肇庆市，据说自唐代初年就开始生产，历代文人墨客多有称颂。

端砚的制作过程十分复杂，主要有采石、选料制璞、设计、雕刻、配盒、打磨、上蜡等工序。因端砚石大多不抗震，所以一直以来端砚制作的各个环节均为手工制作。端砚的制作工具由采石工具和

雕刻工具两部分组成。肇庆砚石质地湿润细腻，柔坚适中，颜色凝重端方，花纹隐约沉浮用于制作砚台，不仅易于发墨，且易于研稠研细。匠人们利用砚石的巧色妙纹，还能刻成龙凤虎麟、山水虫鱼、梅兰竹菊等精美图案，端砚因其下墨如风、发墨如油、不耗水、不结冰、不朽、护毫等而闻名于世，名列中国众砚之首。

端砚的发源地在肇庆黄岗镇白石村、宾日村一带。村民们世代靠采石制砚谋生，这里还是端砚制作的核心区域，端砚艺人师徒相授，世代相传，使之传承千年而不衰。

制扇技艺 03.0202080950

江苏省苏州市的水磨骨折扇、檀香扇久负盛名，誉满中外，是中国扇艺的优秀代表。折扇又成为其中的佼佼者，其扇骨制作以变化丰富和精工细致而闻名，折扇在北宋时开始流行。苏州的折扇在南宋时便开始制作，到明代开始出名，著名的“乌竹骨泥金扇”就以苏州所制者最佳。

水磨骨折扇的造型装潢精细文雅，扇骨从“十六方”发展到修长素雅的“十八方”，花色扇头有排茄、古方、燕尾、玉兰、梅竹等几十余种。艺人在竹骨上运用磨、漆、雕、嵌、浅刻和深刻等技巧，雕上花鸟虫鱼、山水人物、博古、钟鼎、篆隶和诗词歌赋，再加上名画印章，使扇子显得更加秀美古朴。

檀香扇用料讲究，艺人在一片片细薄的檀香扇木上，用一根绝细的钢丝锯条拉镂出数百个、上千个大小不等、形状各异的孔眼，然后用若干片扇骨组成精美绝伦的图案。檀香扇除了拉花，还有烫花、雕花、画花。打开扇子，清香扑鼻，玲珑雅致，画面动人。

浏阳花炮制作技艺 03.0202081050

浏阳花炮是驰名中外的湖南传统特产和主要出口商品之一，以其工艺精美，质量优异而久负盛名。

浏阳花炮包括鞭炮和烟花，火药爆竹的生产历史可追溯至唐宋。鞭炮原名“编炮”，意为编结起来的爆竹。生产爆竹的原料是浏阳就地取材的土纸、土硝、硫磺、炭末、红白泥土等。烟花装潢美观，燃放时，绚丽多彩，有声有色，能给人以喜庆祥和欢快的感受，目前，花炮品种已经由历史上的几十个，发展到喷花类、旋转类、旋转升空类、火箭类、吐珠类、线香类、小礼花类、造型玩具类、组合烟花类、摩擦炮类等13大类1200多个品种，2000多个规格。

九、 传统医药

胡庆余堂中药文化 03.0202090150

胡庆余堂位于浙江省杭州市西子湖畔，吴山脚下，是晚清“红顶商人”胡雪岩为“济世于民”于1874年建造的药堂，有“北有同仁堂，南有庆余堂”之说，它是国内保存最完好的国药老字号。

胡庆余堂也是国内保存最完整的清代徽派商业古建筑群。整个建筑群设计古朴雅致，富有江南园林特色，布局别具一格，高墙大门，气象凝重。胡庆余堂当时作坊式的传统制药工场、生产工序、炮制方法如漂、淘、洗、制炼等手艺都传承至今，这些手艺、工具都是极好的文化遗产。胡雪岩亲笔所写店训“戒欺”和青砖门楼上镌刻“是乃仁术”四字，反映了胡庆余堂难能可贵的诚实守信和治病救人的仁义。1988年胡庆余堂被列为全国重点文物保护单位。

在胡庆余堂古建筑群的基础上，建成了胡庆余堂中药博物馆，1991年正式对外开放。中药博物馆由陈列展厅、中药手工作坊厅、养生保健门诊、营业厅和药膳餐厅五大部分组成，是我国唯一的国家级中药专业博物馆。

甘孜州南派藏医药 03.0202090250

藏医药学已经有近4000年的历史。四川省甘孜州是藏医药的发祥地之一，南派藏医药的故乡，是四川省主要的药材产区和重要的药源宝库，共有可入药中、藏药材2000余种。“南派藏医药”一度成为藏医药中坚力量，以嘉央·青则江布等为杰出代表的19世纪初南派藏医药学家，使藏医药有了空前的发展。南派藏医药有着悠久的历史，完整的体系，独特的治疗方法，传统特色突出，以藏医药辨证施治为医疗准绳，以藏医药配合推拿、按摩、发汗、

藏灸、热敷、冷敷、温泉浴、放血、擦涂、火罐等方法进行综合治疗。

南派藏医药在经过二千多年漫长的历史历程，已形成了理论体系完整、疗效独特、地域文化浓郁的理论体系，在整个藏区有着十分广泛的影响，成为藏医药学体系不可分割的重要组成部分。

十、民 俗

京族哈节 03.0202100150

京族哈节，是居住在广西东兴的京族人对神灵和祖先进行隆重祭祀活动，祈求保佑与赐福的传统节日，可译为“唱歌节”、“乡饮节”。京族哈节的活动以祭祀“护岛神”，祈求海上平安、渔业丰收为主，整个活动过程包括迎神、祭神、乡饮和送神等四个阶段，活动一般历时三天。庆祝的日期各地有所不同：巫头为农历八月初一，山心岛为农历八月初十，澫尾为农历的六月初十，红坎村则在正月十五。各村的哈亭是节日活动的中心，哈亭正殿雕梁画栋，供奉京族信仰的神灵，偏殿里设坐席，在此饮宴与“听哈”。唱哈是哈节的主要娱乐活动，主角有三人，男歌手一人叫做“哈哥”，又称“琴公”，以伴奏为主；两个女歌手叫做“哈妹”，又称“桃姑”，主唱的“哈妹”站在哈亭殿堂中间，手拿着两块小竹片，边唱边敲，伴唱的“哈妹”敲竹梆伴奏，两人轮流演唱。

瑶族盘王节 03.0202100250

瑶族盘王节是瑶族人民纪念其始祖盘王的盛大传统节日，也称“跳盘王”、“庆盘王”。以前各地瑶族过盘王节的时间不一致，节期长短亦无定数，一般以三天三夜为期，最长可达七天七夜。1984年8月，来自广西、广东、湖南、云南、贵州、北京、武汉七省市自治区的瑶族代表在南宁举行座谈，一致议定“盘王节”为瑶族统一节日，并将过节的时间定为每年农历十月十六日。1985年农历十月十六，全国各地的瑶族代表和民间艺人云集南宁，以联欢会的方式，欢度瑶族有史以来的第一次全民族的盛大节日盘王节。

盘王节是由“跳盘王”发展而来的。跳盘王是指人们载歌载舞以谢盘王的恩德，娱悦盘王，并祈求盘王保佑子孙平安。节日期间，瑶族男女老少穿上节日盛装，汇集一起，首先祭祀盘王，唱盘王歌，跳起黄泥鼓舞和长鼓舞，追念先祖功德，歌颂先祖。其次，欢庆丰收，酬谢盘王，尽情娱乐。盘王节的歌唱舞蹈活动，以唱盘王歌和跳长鼓舞为主。盘王歌长达到万行之多，篇幅浩长，内容丰富；长鼓舞则表演盘王创业故事。舞蹈动作粗犷大方，节奏多变，整个场面气氛热烈，给人一种粗犷、奔放的感觉。

壮族蚂拐节 03.0202100350

蚂拐是广西红水河沿岸壮族人民对青蛙的俗称。蚂拐节流行于广西壮族自治区河池市，是壮族人民把埋蚂拐作为祈愿丰收的一种习俗，已流传近千年。

每当农历正月初一黎明，人们就敲着铜鼓成群结队去田里找冬眠的蚂拐。找到后将蚂拐装进竹筒棺材放入花轿接回村。白天孩子们抬着蚂拐游村串户；晚上，人们跳蚂拐舞、唱蚂拐歌，为蚂拐守灵。活动进行到第二十五天后，蚂拐节便进入高潮。人们选择吉时，举行蚂拐下葬仪式。之后，男女老少一起围着篝火唱歌跳舞，通宵达旦，送蚂拐的灵魂上天。整个仪式规模宏大，载歌载舞，锣鼓喧天，民族风情浓郁，极具特色。蚂拐舞的内容包括《皮鼓舞》、《敬蚂拐舞》、《拜铜鼓舞》、《插秧舞》、《纺纱织布舞》、《庆丰舞》等十余个片段。

蚂拐舞是壮族先人蚂拐图腾崇拜的证物，是今天人们研究壮族历史文化的重要史料，有着极其重要的历史文化价值，是中华农耕文化的遗俗。

羌族瓦尔俄足节 03.0202100450

羌族瓦尔俄足节源于秦末汉初古羌民族原始时期多神崇拜的宗教文化，流行于四川省阿坝藏族羌族自治州，于每年农历五月初五举办，由本寨妇女主持。节日内容有：初三日，由会首组织数名净身妇女，手拿贡品，结队前往“热和梁子”的石塔前，敬祀女神“若姐珠”（始歌女神），请女神赐以歌曲，

谓之“引歌”。回到村里，再逐户传授引得的歌曲，谓之“接歌”。初四日夜，妇女们忙碌地准备美食，以备第二天食用；未婚女性则精心为情人准备亲手绣制的礼物。节日时，老年妇女领跳“萨朗”（歌庄），之后，再逐一将歌舞传授给下一代。男人们则以歌舞附之，并以腊肉、咂酒、馍馍等食品伺候。活动的间息，已婚妇女向青年女性传授性知识、持家之道等知识；累了，妇女们三三两两围坐一团，相互品尝美食、畅饮咂酒，笑谈人生。整个节日活动持续3天时间。在3天欢庆中，妇女们尽显其能，忘情欢跳“萨朗”（歌庄）。农事和家务事皆由男羌民操持。

怒族仙女节　03.0202100550

每年的农历三月十五日杜鹃花开时，云南省贡山独龙族怒族自治县的怒族群众都要欢度盛大的传统节日仙女节，又被称为“鲜花节”。

传说很久以前，怒家山寨有一个勤劳、聪明而又美丽的姑娘阿茸，她不辞艰辛，劈开了高黎贡山，引来了泉水，使常年干旱、荒芜的怒家山寨得到了浇灌，荒山变成了绿野，可是她却被可恶的头人烧死在高黎贡山的山洞里。这一天是农历三月十五日，怒江两岸鲜花怒放，怒族人民为了纪念阿茸，便将这一天定为鲜花节。怒族群众以自然村为单位，选择一至三个钟乳石的石灰岩溶洞为仙女洞，各家各户身着盛装都捧着杜鹃花等鲜花，把各种洗干净的粮食堆成圆堆，摆上祭品，烧起松烟，由主祭人念祝词，打鼓念经，大家磕头献供。回到家后各家都设宴饮酒，歌舞娱乐，预祝生活美满幸福。年轻人还身着盛装，到宽阔的场地上比赛射箭。

土族纳顿节　03.0202100650

纳顿节是青海省民和回族土族自治县土族人民喜庆丰收的社交游乐节日。也称“庄稼人会”、“庆丰收会”等。“纳顿”是土语，意为“娱乐”。举行时间长，从农历七月十二日开始，一直持续到农历九月十五日才告结束，历时两个多月，被称为“世界上最长的狂欢节”。

相传从前有一位技艺高超的土族木匠，被皇帝召去修建皇宫。建成后皇帝竟要杀害木匠。木匠连夜逃到家乡，组织不满暴政的乡民起义。皇帝派出大军前去镇压。机智的木匠立即让乡亲们敲锣打鼓，扛着战旗，挥舞着兵器，高呼“大好！”向村中庙宇走去，并欺骗军队说正在举行仪式庆祝今年的收成，跳纳顿答谢上天的恩赐，于是军队便撤了回去。

此后一年一度的纳顿就流传了下来，后来逐渐形成了现在庆祝丰收的活动。纳顿是以各个村庄为主体的群体活动。可由一村单独举行，亦有两村联合举行，纳顿活动以舞蹈和戏剧表演为主。

成吉思汗祭典　03.0202100750

成吉思汗即元太祖铁木真，是一位叱咤风云、显赫一时的蒙古族政治家、军事家，他是蒙古族崇敬的英雄，他在13世纪初统一了蒙古各部，建立了蒙古汗国，横跨欧亚两洲，震撼世界，被称为“一代天骄”。成吉思汗于1227年7月病逝在进攻西夏的行军途中，终年65岁。现在的成陵只是一座衣冠冢。

成吉思汗祭典是蒙古族最隆重、最庄严的祭祀活动。蒙古族祭奠成吉思汗的习俗，最早始于窝阔台时代，到忽必烈时代正式颁发圣旨规定祭奠成吉思汗的各种祭礼，使之日臻完善。

现在内蒙古自治区鄂尔多斯伊金霍洛的成吉思汗祭典，是沿袭古代传统的祭礼。祭礼一般分平日祭、月祭和季祭，都有固定的日期。祭典祭品齐全，贡品有整羊、美酒及各种奶食品，并举行隆重的祭奠仪式。每年阴历三月二十一为春祭，祭祀规模最大、最隆重。各盟旗都派代表前往伊金霍洛成陵奉祭。

祭孔大典　03.0202100850

孔子是世界文化名人之一，他的思想学说对中国社会的形成、发展起到了重大而又积极的推动作用，影响了中国两千多年的历史进程。孔子思想已成为中华文化和中华民族精神的重要组成部分，而且得到了国际社会越来越广泛的认可和接受。

祭孔，亦称作“祀孔”。祭孔大典在古代被称作“国之大典”，自唐玄宗于739年封孔子为“文宣王”后，祭祀孔子的活动便开始升格。宋代后祭祀制度扶摇直上，明代已达到帝王规格。至清代，祭祀孔子更是隆重盛大，达到了顶峰，全国各地都要举行祭祀活动。祭孔大典除山东曲阜孔庙外，最隆重的要首推北京孔庙。清朝以来，皇帝多在北京孔庙举行祭孔大典，并且多由皇帝亲临主祭。

实行公历以后，大祭的日子被定为9月28日。

祭孔的具体方法、祭时行跪拜礼的次数、各种规定程序，有十分严格的规定。这些规定载于礼乐典籍和志书里，为历朝祭孔时所遵从。由于祭孔大典的形成，儒学开始具有宗教的性质，故又称儒教。

祭敖包 03.0202100950

祭敖包是蒙古族的最重要传统祭祀活动之一。“敖包”，意为“堆子”，一般均建于地势较高的山丘之上，多用石块堆积而成，也有的用柳条围筑，中填沙土，呈圆包状或圆顶方形基座，上插若干幡杆或树枝，悬挂各色经旗或绸布条。包内有的放置五谷，有的放置弓箭，有的埋入佛像。

敖包被视为神灵的居所加以祭祀和供奉。祭敖包活动多在农历五至七月进行。届时，本苏木、本旗甚至附近旗县的群众都纷纷扶老携幼，携带着哈达、牛羊肉、奶酒和奶食品等赶来敖包处。先献哈达和供祭品，再由喇嘛诵经祈祷，众人跪拜，然后往敖包上添加石块或以柳条进行修补，并悬挂新的经幡、五色绸布条等。最后参加祭祀的人都要围绕敖包从左向右转三圈，祈神降福，保佑人畜两旺。祭祀仪式结束后，还常常举行赛马、摔跤、射箭、投布鲁等传统体育活动。

敖包祭祀

小榄菊花会 03.0202101050

广东省中山市小榄镇居民种菊从南宋开始，已有七百多年历史。菊花会，起源于清代乾隆元年(1736年)。时小榄乡设盆菊园艺举行菊试，文人雅士为菊花取名吟诗作赋，三场考试选拔优胜者。菊试期间，花场内有戏班演戏，热闹非凡，此即菊花会的前身。乾隆五年(1740年)第二次菊试时改名为菊社，以后每年举行一次，每到花期，种菊人将艺菊移到菊社观摩品评、饮酒赋诗，交流心得。到乾隆四十七年(1782年)，菊社又演变为十年一度“黄华会”。嘉庆甲戌年(1814年)，举行了大规模的菊花大会，并商定每逢甲戌年举行一次菊花大会。相隔六十年的同治甲戌年(1874年)、民国甲戌年(1934年)，先后办了第二、三届菊花大会。规模最大的是1994年的第四届甲戌菊花大会，分三个展区、四个展场、五条马路、景点198个，总面积达10平方公里，展出菊花60万盆、品种1500多个，最大的一盆立菊有43圈5000多朵花。菊花会的影响极大，自清代始，从朝廷到百姓都把它纳入了重阳节的重要习俗之中。

水书 03.0202101150

“水书”是水族的一种独特的古老文字，水语称为“泐虽”，译为“水文”或“水书”。其字形古朴，字意复杂，构字方法主要为图画和象形，类似甲骨文和金文的古老文字符号。“水书”也是世界上至今仍在使用的象形文字之一，具有极高的文物价值和文献价值。“水书”还是水族的一部古老文化典籍，记载了水族古代天文、地理、宗教、民俗、伦理、哲学、美学、法学等文化信息，被誉为“水族的百科全书”。

初步考证，“水书”源于《洛书》，唐代以后，“水书”受到五行术、占星术、奇门遁甲、道教的诸多影响，成为一种独特的珍贵文化遗产。“水书”主要靠手抄、口传流传至今，因而被专家、学者誉为世界象形文字的“活化石”。专家、学者认为，“水书”相当于汉民族的《易经》，内容博大精深，不仅是水族人民的百科全书，还是中华民族文化宝库的重要组成部分。

中华老字号

2006年4月10日，商务部发布了《关于实施“振兴老字号工程”的通知》（商改发〔2006〕171号）。《通知》指出，“中华老字号”是指历史悠久，拥有世代传承的产品、技艺或服务，具有鲜明的中华民族传统文化背景和深厚的文化底蕴，取得社会广泛认同，形成良好信誉的品牌。我国老字号主要分布在餐饮、零售、食品、医药、服务等行业，是我国商业文明的光辉成果，是中华民族传统文化的瑰宝。实施“振兴老字号工程”，促进老字号发展，势在必行。本文谨选取一些具有代表性的老字号加以介绍。

荣宝斋　03.02030150

荣宝斋坐落在北京和平门外琉璃厂西街，前身“松竹斋”（1672年），1894年更名为荣宝斋，前后延绵至今已有三百余年。荣宝斋以经营古今名人书画、文房四宝、木版水印、装帧装裱、字画修复及丰富的藏品而闻名于世。

荣宝斋的木版水印技艺（手工艺）堪称中华一绝，其复制的古今名人书画，达到乱真的程度。工艺流程分为勾（即根据原作的设色进行分版并勾描在燕皮纸上）、刻（将勾描的画稿复在木板上刻制成印刷版）、印（用中国绘画原料对照原作分层次逐版进行套印）。多年来，木版水印由单色印制到多色套印，由纸本到绢本，由简单到工细，由信笺到巨幅直至大写意，印制的五代顾闳中的《韩熙载夜宴图》、宋代马远的《踏歌图》、徐悲鸿的《漓江春雨》等艺术作品标志着荣宝斋木版水印技术的成熟，也标志着荣宝斋为中国传统雕版印刷术的传承和发展所做出的贡献。

总店门脸

勾描　刻版　印刷

瑞蚨祥

03.02030250

北京瑞蚨祥绸布店是著名的中华老字号，店史逾百年。

清末，光绪十九年（1893年），由山东省章邱县人孟洛川在北京大栅栏开设。参照《淮南子》、《搜神记》中“青蚨还钱”的典故，取名“瑞蚨祥”。因此，商店第二道门门柱下端嵌刻着“蚨”形铜皮。开业后，生意兴隆，名声大作，仅七年时光已拥有资金40万两白银，居“八大祥”之首。瑞蚨祥成为20世纪初盛行我国南北的一家大布店。

现在，瑞蚨祥带有天井的两层楼房是北京大栅栏唯一保持老字号原貌的店堂，已列为北京市市级文物保护单位。徐世昌（孟洛川的亲家）题写的“瑞蚨祥鸿记”和中英文并列的文字，以及巴洛克式的建筑风格，吸引了众多游人的兴趣。

1949年10月1日，在天安门广场上冉冉升起的第一面五星红旗就是用的瑞蚨祥的红绸子制成的。

瑞蚨祥在经营上坚持“至诚至上，货真价实，言不二价，童叟无欺，”从不迎合降价风，随波逐流；店员热情待客，全面介绍，服务周到。

近几年来，瑞蚨祥已有了自己的“品牌”，以神话中形似蝉的一对母子“蚨”为图案，申报注册了自己的标识。

瑞蚨祥门脸

盛锡福创始人

盛锡福老门脸

盛锡福

03.02030350

盛锡福是中华老字号企业，始创于1911年。创始人刘锡三，1919年他从德国购置制帽机器，成为全国第一家机械化制帽工厂。从20年代到40年代，先后开设了化学漂染厂、制帽工厂、印刷厂、毡帽厂等。1936年设北平分销处，由此北京盛锡福诞生，相继在北京开设三处分销处。

新中国成立后，王府井盛锡福于1956年公私合营。同年，遵循周恩来总理的指示，组建了北京盛锡福制帽厂。

公私合营后的王府井盛锡福，仍以其前店后厂的特点，保持和发扬着老盛锡福的传统特色。

盛锡福在半个多世纪的生产经营活动中，形成了自身独特的专业经营优势。其根据市场需求，在“专”字上下功夫，保持和发挥了老字号的专业经营特色，及时调整经营结构和商品布局，150平方米的经营场地形成了帽子的世界，其经营时装帽、裘皮帽、针织帽、毡帽、儿童帽等八大系列，四千多个花色品种的四季帽子，受到国内外消费者的普遍欢迎。

1992年8月至今，“盛锡福”商标连续四届荣获“著名商标”。2000年按照现代企业制度成功改制成为北京盛锡福帽业有限责任公司。

大明眼镜　03.02030450

总店门脸

大明眼镜是北京市著名的中华老字号，由原北京的大明眼镜、精益眼镜、晨光眼镜、明明眼镜等老字号合并而成。其历史可以追溯至清同治三年（1864年）的三山斋晶石眼镜店（北京晨光眼镜店的前身）创立之年，迄今已有140多年的历史。北京大明眼镜最早开设于王府井大街东安市场西门南侧。

1997年以来，北京大明眼镜连锁店每年扩展5至10家分店，现已达到了63家，销售规模在全国眼镜零售行业中始终名列前茅，每年验光配镜的服务人次达四五十万。

截止到2005年底，全国有高级验光技师40多人，北京有9人，大明眼镜就占了7人。大明眼镜以承做高难度眼镜验配技术的能力而闻名全国。

20世纪70年代，大明眼镜从美国引进了国内第一台电脑验光机，其后又使用高精度的电脑查片检测仪和全自动磨边机等。

20世纪90年代初，北京大明眼镜最早聘请眼科大夫坐堂诊断、开展眼镜快配业务，开设学生专柜和精品眼镜厅。并且率先开展连锁经营。

新世纪以来，顾客对大明的满意率高达95%左右。原北京大明眼镜公司特级技师、全国劳动模范郑志昌，曾亲手为新中国老一辈无产阶级革命家毛泽东、叶剑英、彭真、陈毅等国家领导人配过眼镜。

大明眼镜兢兢业业逾百年，为社会传承文明。

大明眼镜传统检影验光

三山斋老店

中华书局　03.02030550

中华书局是中国最悠久的出版社之一。

中华书局成立于1912年，由陆费逵（伯鸿）先生在上海创办。建局之初，奉行“开启民智”的宗旨，在传播科学文化知识、推行新式教育方面，起了积极的作用。从建局到1949年，中华书局共出书5800余种，涉及多种门类。在全国设立了50多个分支局，1000多家分销处，还在新加坡、香港和台湾地区相继设立分局，是当时中国仅有的几家大型综合出版企业之一。

二十四史缩印本

1954年5月，中华书局实行公私合营，总公司迁至北京。1958年以后，以古籍整理和学术著作的出版为核心，代表产品有历经20年整理出版的点校本“二十四史”及《清史稿》、“中国古典文学基本丛书”、“历代史料笔记丛刊”、“新编诸子集成”、“中国佛教典籍选刊”、“道教典籍选刊”等，为学术研究提供了大量的基本典籍。

1949年至今，中华书局累计出书9000余种。书局以“弘扬传统，服务学术”为宗旨，注重编校质量，注重出版物的内在价值。近年来，中华书局有15种图书荣获国家图书奖，百余种图书获得中国图书奖、新闻出版署直属出版社优秀图书奖、全国古籍优秀图书奖。

长安大戏院　03.02030650

长安大戏院始建于1937年，原址坐落在北京西单繁华商业街上，后迁址于东长安街北侧光华长安大厦内，于1996年9月27日重张开业。新戏院保留了老戏院古朴、典雅的民族风格，并配有现代化的舞台设备及剧场设施。

长安大戏院以京剧演出为主业，并利用自身优势与北京京剧院联合制作、出品了一批优秀的传统京剧，如《白蛇传奇》、《龙凤呈祥》、《碧波仙子》等。在每年的黄金档期，她都会安排传统京剧，如《龙凤呈祥》、《凤还巢》、《锁麟囊》、《金龟记》、《大保国·探皇陵·二进宫》、《秦香莲》、《四郎探母》、《赵氏孤儿》等。

长安大戏院原貌

长安大戏院新貌

新长安大戏院剧场

全聚德 03.02030750

中华著名老字号“全聚德”始建于1864年（清同治三年）。在百余年里，全聚德形成了以全聚德烤鸭为龙头，集“全聚德全鸭席”和400多道特色菜品于一体的全聚德菜系，成为中华美食文化的杰出代表。

具有140多年历史的全聚德，其第一任烤鸭师傅来自清宫御膳房包哈局，其将宫廷挂炉烤制技术带入民间，所以有全聚德烤鸭源自宫廷说。

全聚德牌匾

采用宫廷御膳挂炉的方法制作烤鸭，烤出的鸭子外形美观，丰盈饱满，色呈枣红，颜色鲜艳，皮脆肉嫩，鲜美酥香，肥而不腻，瘦而不柴，因此“全聚德”烤鸭赢得了“京师美馔，莫妙于鸭”的美誉。

全聚德的烤鸭独具特色。1949年后，全聚德烤鸭在对外交往中发挥了重要的桥梁和纽带作用。1949年10月第一次涉外宴会，毛泽东主席就是用全聚德烤鸭宴请苏联新任大使罗申先生。1971年中美恢复交往，周恩来总理也是用全聚德烤鸭宴请美国总统特使、国家安全事务助理基辛格先生。据不完全统计，截止到目前，共有来自100多个国家和地区的国外友人光顾全聚德，品尝全聚德烤鸭，在全聚德留下了他们的照片和签名留言。

2005年在集团总部建立了全聚德展览馆，并正式对外开放，有意识地对全聚德烤鸭生产技术和饮食文化做着保护工作，为全聚德申报我国非物质文化遗产做了前期准备工作。

全聚德集团成立十三年来，发挥老字号品牌优势，强化精品意识，实施正餐精品战略。现已形成拥有70余家成员企业，年营业额7亿多元，销售烤鸭300余万只，接待宾客500多万人次，资产总量近7亿元，无形资产价值106.34亿元的全国最大的餐饮集团之一。

2004年4月，全聚德集团与首都旅游集团、新燕莎集团实现战略重组。

2005年初，在北京全聚德烤鸭股份有限公司的基础上，组建中国全聚德（集团）股份有限公司，成为拥有全聚德、丰泽园、仿膳、四川饭店等优秀老字号餐饮品牌企业组成的首都餐饮联合舰队。全聚德集团进入了一个全新的发展阶段。

前门店

烤鸭

朵云轩 03.02030850

清代光绪二十六年(1900年)，上海的河南路（今九江路汉口路）西侧新开了一家笺扇商号，这便是日后享誉中外的江南艺苑——朵云轩。

朵云轩最初以制作、出售信笺和成扇以及账册等为主要业务；后来又发展到印刷工艺复杂的纸本和绢本的大幅中国字画，其木版水印技艺被称为“绝技”。1989年，在德国莱比锡举办的国际书籍艺术博览会上，朵云轩印制的《十竹斋书画谱》为中国首次获得唯一最高奖——国家大奖。

1960年，朵云轩将传统的业务分为三条线发展：一是从最早以作坊手工印制信笺，发展为大规模的木版水印事业；二是由木版水印扩及现代出版业；三是以书画经营为核心，全方位地开展艺术品经营、收藏、拍卖，开拓了国内外市场。在朵云轩的基础上，1978年正式成立了上海书画出版社，现已逐步发展成以出版中国书法、绘画和篆刻艺术图书为主的专业美术出版社，年出版新书300余种。

2004年朵云轩被评为上海市著名商标，2005年朵云轩纳入上海文艺出版总社旗下，一个新的历史阶段正在展开。历经百余年的沧桑，被称为“江南艺苑”、“书画之家”的朵云轩，现已成为一个集经营、代理、复制、展览、出版、收藏、研究和拍卖等综合性的文化实体。真可谓“门通九陌艺振千秋朵颐古今至味，笔有三长天成四美云集中外华章”，它与北京的荣宝斋分别雄峙于大江南北，在中国的艺术品市场中，占有举足轻重的地位。

文房四宝

吴裕泰茶庄 03.02030950

吴裕泰茶庄始建于清光绪十三年(1887年)，初名“吴裕泰茶栈”，以销售自拼茉莉花茶为主要特色。创始人吴锡卿，安徽歙县昌溪村人，其先后在北京城开了11家大小茶庄，包括崇文门内的“乾泰聚”、“福盛”、“吴鼎裕”茶庄，广安门内的“协利”，西单北大街的“吴新昌”，东单的“信大”，清河的“吴德利”，通县和天津的“乾泰聚”分号和“裕胜”茶庄等，在北京茶行中独树一帜。吴锡卿曾任北京市京师茶行会会长。

1955年底，公私合营后，“吴裕泰茶栈”更名“吴裕泰茶庄”。1995年被国内贸易部授以“中华老字号”称号。1997年初，成立北京吴裕泰茶叶公司。2002年5月公司被中国商业联合会授予“中国商业名牌企业”。

“半生喝茶，一世情缘”。这是吴裕泰茶庄以茶会友，真诚服务的真实写照。也得到北京众多茶友的高度评价。

吴裕泰茶庄门店

吴裕泰茶庄店内

一得阁　03.02031050

“一得阁”是中国墨汁制造第一家，始建于清朝同治年间，坐落在北京硫璃厂古文化街，1956年公私合营组成了一得阁墨汁厂，2004年企业通过改制，成立了股份合作制企业“北京一得阁有限责任公司”。

北京一得阁有限责任公司生产的墨汁、印泥、墨锭，先后在全国被评为优质产品，特制中华墨汁获国家银质奖，一得阁墨汁、特制八宝印泥和103墨锭获国家轻工业部优质产品奖，北京铁盒印泥获北京市优质产品奖，一得阁牌商标连续三次被评为北京著名商标。北京一得阁有限公司2005年获得全国轻工业质量效益型先进企业特别奖，2006年获得全国轻工业卓越成效先进企业。

第三章　中国传统节日

中国传统节日是中国文化遗产中绚丽多彩的锦绣篇章。

上古先人为庆祝狩猎或农牧业丰收而召集在一起的欢乐聚会，久而成俗，约定俗成，世代相传，形成节日。后世又增加了具有特定文化内涵的重要日子。中国节日形式多样、内容丰富，是中华民族悠久历史文化的一个组成部分。传统节日的形成过程是民族历史文化长期积淀凝聚的过程，从中可以看到古代人民社会生活的精彩画面。我国古代的节日，大多和节气有关，这从文献上至少可以追溯到《夏小正》、《尚书》，到战国时期，一年中划分的二十四个节气，这是和我国进入农耕社会密切相关的。

最早的风俗习惯与原始崇拜、迷信禁忌有关；神话传奇故事为节日平添了几分浪漫色彩；还有宗教对节日的影响；一些历史人物被人们长久的纪念也形成了节日，所有这些，使中国的节日有了厚重的历史感。

汉族传统节日

春节　03.03010150

春节是农历正月初一，为岁之朝，月之朝，日之朝，故称“三朝”，俗称“新年”，这是我国民间最隆重、最热闹的一个传统节日。在中国人的眼里，春节是一个天上、地下、人间；人、鬼、神团圆的节日，除夕之夜有接神、祭祖、吃团圆饭的习俗。也就说：此时我们要从天上请下“神仙”，从地下接来祖先，人做东在中间，团团圆圆过大年。“神”是人造出来的，它代表了人们的理想、追求和美好的愿望，“鬼”就是指人类的祖先及历代为中华民族献身的爱国志士。有根、有源才有年。

春节的历史很悠久，它起源于夏商时期年头岁尾的祭神祭祖活动。按照我国农历，正月初一古称元日、元辰、元正、元朔、元旦等，俗称年初一，到了民国时期，改用公历，公历的1月1日称为元旦，把农历的一月一日叫春节。1949年9月27日，新中国成立，在中国人民政治协商会议第一届全体会议上，通过了使用世界上通用的公历纪元，把公历的元月1日定为元旦，俗称阳历年；农历正月初一通常都在立春前后，因而把农历正月初一定为“春节”，俗称阴历年。 传统意义上的春节，在时间概念上有两种说法：其一是从腊月初八到二月初二龙抬头；其二是从腊月二十三小年到正月十五。在春节这一传统节日期间，我国的汉族和大多数少数民族都要举行各种庆祝活动，这些活动大多以辟除邪恶、祭祀神佛、祭奠祖先、除旧布新、迎禧接福、祈求丰年为主要内容。官府望阙遥贺、往来交庆；百姓拜贺君亲、互相拜年、家家欢宴、处处笙歌，活动丰富多彩，带有浓郁的民族特色。

元宵节　03.03010250

每年农历的正月十五日，是中国的传统节日——元宵节。

正月是农历的元月，古人称夜为“宵”，所以称正月十五为元宵节，又称为“上元节”、“元夕节”。正月十五日是一年中第一个月圆之夜，也是一元复始，大地回春的夜晚，人们对此加以庆祝，也是庆贺新春的延续。元宵节按中国民间的传统，人们要搭建山棚、点起彩灯万盏，以示庆贺。偶有皇帝登楼观灯，君臣赏月、燃灯放焰、喜猜灯谜，宫女民妇翩翩起舞，耍龙灯、耍狮子、踩高跷、划旱船、扭秧歌、击太平鼓等。谓之“与民同乐”；家家灯火、处处管弦、合家团聚、共吃元宵、同庆佳节，其乐融融。“火树银花不夜天，笙箫琴瑟暖人间。”

元宵节也称灯节，元宵燃灯的风俗起自汉朝，兴盛于唐代，宋、明、清时各有特色；“猜灯谜”又叫“打灯谜”，是在绢灯上书写诗词，时寓讥笑、插科打诨、藏头隐语、尝出新意，间或戏弄行人，后

扩展为猜谜活动，出现在宋朝。

随着时间的推移，元宵节的活动越来越多，这个传承已有两千多年的传统节日，不仅盛行于海峡两岸，就是在海外华人的聚居区也年年欢庆不衰。

清明节 03.03010350

清明是一年中万物生长的开始，作为节气，农民从这一天开始种瓜点豆，植树造林；作为节日，人们又在这一天祭扫亲人故友的坟墓。对于万物生长的期望，收获的企盼与对于已逝者的哀伤和思念同集于一天；欢声笑语和哀思泪水也同集于一天；节气和节日又重叠于这一天；这就是清明节特色主题。

但是，清明作为节日，先秦就有，旧俗以介子推自焚，士民不乐举火，是为“寒食节”以纪念忠臣。寒食第三日为清明节，唐代以后二节合一，则包含着祭扫、游乐活动。清明节是我国传统节日，也是最重要的祭祀节日，是祭祖和扫墓的日子。扫墓俗称上坟，祭祀死者的一种活动。汉族和一些少数民族大多都是在清明节扫墓。

清明节，又叫踏青节，正是春光明媚草木吐绿的时节，也正是人们春游的好时候，所以古人有清明踏青，并开展一系列体育活动的习俗。

端午节 03.03010450

农历五月初五，是中国民间的传统节日——端午节，它是中华民族古老的传统节日之一。始于中国的春秋战国时期，至今已有2000多年历史。关于端午节的由来有五种说法：其一，源于夏商周三代的“夏至”习俗；其二，源于古代（吴越）图腾祭祀；其三，恶月恶日之说；其四，源于民间巫术之说；其五，源于历史人物屈原、介子推、伍子胥、曹娥、陈临。而尤以纪念战国时楚国诗人屈原投江的传说流传最广。端午也称端五、端阳。此外，端午节还有许多别称，如：午日节、重五节、五月节、浴兰节、女儿节，天中节、地腊、诗人节、龙日等等。虽然名称不同，但各地人民广为庆祝，且传到东南亚各国，影响极大。

七夕节 03.03010550

农历七月初七俗称“七夕节”，又称乞巧节，其节日习俗是女乞巧，男乞文。周代发现了牛郎、织女星，东汉视其为夫妻，魏晋则将七月七日定为民间节日。由于此节源于民间爱情传说的牛郎织女聚会之夜，因此也被称为中国的“情人节”。

每年七月初七，民间有向织女“乞巧”的习俗，以求向织女乞取智巧。宋元之际七夕乞巧相当隆重，加上婚姻、求子等活动，七夕也可称为中国古代的“妇女节”。每到七夕将至，牵牛和织女二星在天相会，直至太阳升起才隐退。节日夜晚，人们要抬头观看牛郎织女的鹊桥相会，或在瓜果架下偷听两人在天上相会时的脉脉情话。这一夜还有观天河祈祷五谷丰收的习俗，有些地方还举办“青苗会”。壮族、满族、朝鲜族等也有过“七夕节”的习俗。

中秋节 03.03010650

每年农历八月十五日，是传统的中秋节，又称团圆节，主要是家庭的团聚。中秋之夜，主要习俗是赏月、拜月、玩月、供月、吃月饼，有些地方还有舞草龙、砌宝塔等活动。除月饼外，各种时令鲜果干果也是中秋夜的美食。中秋节取中和、团圆、美好之意，人们仰望如玉如盘的明月，自然会期盼家人团聚。远在他乡的游子，也借此寄托自己对故乡和亲人的思念之情。所以，中秋节又称“团圆节”。

我国人民在古代就有“秋暮夕月”的习俗。夕月，即祭拜月神。到了周代，每逢中秋夜都要举行迎寒和祭月。在唐代，中秋赏月、玩月颇为盛行。在北宋京师，八月十五夜，满城人家，不论贫富老小，都要穿上成人的衣服，焚香拜月说出心愿，祈求月亮神的保佑。南宋，民间以月饼相赠，取团圆之义。明清以来，中秋节的风俗更加盛行，许多地方形成了烧斗香、树中秋、点塔灯、放天灯、走月亮、舞火龙等众多风俗。

重阳节 03.03010750

农历九月初九是重阳节，因为“两阳相重”故称重阳节。

重阳节由来已久，相传起源于战国时代，亦称登高节、重九节、九月九、茱萸节、菊花节等。重阳节自古有登高、赏菊、饮菊花酒、插茱萸等习俗，经过二千多年的变迁，已成为多元性的节日，并存著各种习俗，成为一个多彩多姿的节日。

1989年我国将九月初九日定为敬老节，传统与现代巧妙地结合，成为尊老、敬老、爱老、助老的老年人的节日。

少数民族节日

独龙族卡雀哇节 03.03020150

卡雀哇节也可译成“卡秋哇”。意为年节，夏历冬腊月间举行，无固定时间，节期三、五天不等。是云南西部独龙族人一年中唯一的节日，也是他们的年节，在每年农历元月十日。

节日最隆重的仪式——神圣的剽牛祭天活动，是祈求上天保佑，人畜平安，五谷丰登。剽牛祭天是对天的顶礼膜拜，又是劳作一年的聚会活动，具有宗教和文化的双重色彩。

侗族萨玛节 03.03020250

每逢农历正月初八是侗族同胞最古老而盛大的民间传统节日——萨玛节。 萨玛节源于贵州省榕江县东江乡的侗族同胞古老的节日“祭萨玛”。“萨玛”是侗语，“萨”即祖母，“玛”即最大，“萨玛”即大祖母。侗族女神崇拜产生于母系氏族社会阶段，萨既是氏族的长者，也是首领。萨玛节就是祭祀侗族女神，是三宝侗族母系氏族社会文化的延续。

节日这天，侗族妇女身着盛装，前往萨玛祠祭祀（现也有男性参加）。祭祀完毕后，人们迎萨出门，跟随萨（手持半开黑纸伞的老妇人）踩路，绕寨一周，最后行至耶坪，唱耶跳耶，与萨同乐。

黎族三月三 03.03020350

“三月三”是黎族人民的传统节日。每年农历三月初三举行，为期一天。节日这天，当地黎族人民举行预祝“山兰”(山地的旱谷)和打猎丰收活动。

节日最初是为了纪念使黎族得以繁衍的兄妹俩，随着时间的推移，这一古老的传统节日被赋予了新的内容，是青年男女自由交往的日子。清早，姑娘们便穿上艳丽的筒裙和无花边的黑色上衣，提着五香竹筒，向五指山汇集。节日前，小伙子背枪荷箭，互相邀约，前往深山密林围猎。节日时返回村寨，向姑娘讲述围猎的经过，描绘自己的勇敢机智，以赢得姑娘们的青睐。很多人都是在这个欢乐的节日里获得了爱情。因此，黎族青年都把三月三作为定情的日子，象征着他们的爱情似明媚的春天一样美好。

苗族姊妹节 03.03020450

每年农历三月十五日至十八日，是贵州省清水江畔苗族的传统节日——姊妹节。有的地方二月十五日开始过；有的地方农历三月十五开始；有的地方四月才过，为期三天，姊妹节的最大特色就是要吃姊妹饭。第一天上午姑娘单独过，上山采摘野生植物的花和叶，加糯米染成五颜六色后上锅蒸成姊妹饭，下午吃姊妹饭。吃姊妹饭是以青年男女间挑选情侣为主要内容的节日活动。第二天、第三天是踩鼓或跳芦笙。

施洞地区的姊妹节，最有代表性，是苗族的情人节，一个被喻为藏在花蕊里的节日。节日期间，苗族人民走亲访友，都要提一个竹篮，其中清香色美的姊妹饭是必不可少的佳品。

壮族歌圩 03.03020550

歌圩节是广西壮族人民的传统节日。每年春、秋二季举行，春季一般在农历三月初三举行，十分隆重，秋季则在中秋前后举行。会期一般为一天，有的要连续两三天。

歌圩节是壮族传统歌节，又叫“歌婆节”，分日歌圩和夜歌圩。歌圩，是壮族民间传统文化活动和男女青年进行社交的场所。

傣族泼水节 03.03020650

泼水节一般在阳历四月十三日至四月十五日之间，为期三至五天。

泼水节原本由印度佛教沐浴仪式发展而来。印度佛教徒把恒河视为圣河，每年成千上万的佛教徒都要到恒河水里洗圣水浴，他们认为可以洗掉心中的邪恶和身上的晦气，也洗掉人生的罪过。这种信念影响了世俗，沐浴于恒河，不仅成为一种全民性的传统习俗，而且是许多人一生最大的夙愿。圣水浴沿袭成俗，广泛流传，后又经泰国、缅甸传入我国西南傣族地区，融进了傣族风俗，从而形成了最具傣族特色的泼水节，并逐渐民族化了。

“泼水”是把吉祥、幸福的水奉献给对方，分文泼和武泼。文泼是晚辈向尊长泼水，方法是舀一勺净水，一边说着祝福的话，一边拉开对方的衣领，把水沿着脊梁灌下，显示了对长辈的尊敬。武泼则是在青年男女之间进行的，通过泼水表示爱慕，传播爱情。

节日的清晨，男女老少都要到佛寺去礼拜，感谢佛的保佑和祈求吉利，又在佛寺内堆沙成塔，人们围塔而坐，听僧人诵经。然后把一尊佛像抬到广场上，众人向佛像泼水，意在为佛沐浴。类似这种泼水习俗，在西南地区其他少数民族如布朗族、独龙族、阿昌族、德昂族都流行，如德昂族在每年4月到5月间举行，也是一年中最隆重热闹的节日，人们用准备好的水龙、水桶等泼水工具，先为佛像沐浴，然后相互泼水，以示消灾祛病，新年吉祥。

彝族火把节　03.03020750

火把节是中国西南许多少数民族过的一个传统民族节日；时间一般为农历六月二十四至二十六，以彝族和白族过得最隆重。大理地区的白族六月二十四过节，彝族六月二十五过节。

根据史籍记载，火把节属于火崇拜，火把节古称“新火节”。因为火是光明的象征，代表理想和希望。相传在古代部落时期，古代先民取来火种，重新生火，目的是为了除旧布新，让火永不熄灭。节日这天，各村寨都要燃起大火把，在上面插上写有“五谷丰登”、“国泰民安”、“风调雨顺”等吉祥语言。观看过大火把之后，各家各户的小孩玩耍小火把，并在大人的带领下，到田边园内用火把驱逐害虫，还在火把上撒把松香，以除害避邪，直至火把燃尽为止。晚上睡觉时，妇女和小孩要用一种捣烂的“凤仙花根”包捂手指头，第二天即把指甲染红，传说是以此纪念柏洁慈善夫人，象征忠贞的爱情。

白族绕三灵　03.03020850

绕三灵又称“祈雨会”，是云南大理白族同胞在农忙前游春的盛大歌舞集会，也是栽种水稻前的祈祷仪式，被称为白族人民的狂欢节，在每年的农历四月二十三至二十五举行。

绕三灵的白语叫“观上览”，意为“逛三都”。“三灵”是指“佛都”崇圣寺、“神都”圣源寺、“仙都”金奎寺，相传起源于南诏国。整个活动历时三天，节日当天成千上万的人走出家门，从大理城出发到“神都”圣源寺，祈求风调雨顺，人寿年丰；次日到“仙都”金奎寺，举行大理国王的祭祀活动；第三天到“佛都”崇圣寺祈求上苍保佑，然后在马邑村结束。依次经过庆桐、喜洲、河溪、马邑村等村寨，颇具民族特色。

傈僳族刀杆节　03.03020950

刀杆节是云南省怒江傈僳自治州的碧江、福贡、泸水一带傈僳族人民一年一度的传统节日，每年农历二月初八举行，为期一天。

刀杆节已有几百年的历史。相传明代外族入侵云南边疆，兵部尚书王骥带兵前往御敌。王骥到达滇西北后，依靠当地傈僳族人的帮助驱逐了入侵者。不久，王骥奉旨回京，二月初八被奸臣害死。为了纪念这位反抗外族入侵的历史人物及在战斗中牺牲的人，傈僳族人将二月初八定为刀杆节，以“上刀杆”来表示保卫祖国疆土、反对入侵者的决心。旧社会傈僳族对疾病、灾害无能为力，每逢人畜疾病暴亡，全寨子也要举行刀杆会。

上刀山是刀杆节的主要活动内容。节日期间会场中央竖起二三根约二十米长的粗大木杆，木杆上下插有长刀，作为攀登的横档，刀刃向上，谓之“刀杆”。按照傈僳族人民的习惯，爬刀杆的人，身穿红布衣裳，缠红布包头，光脚。爬杆开始，观众齐涌到杆下，围绕刀杆唱歌跳舞。爬杆者下来后人们纷纷向他们敬献美酒。

爬杆结束，青年男女还开展丢烟包（或烟盒）活动。男女各站一边，互相投掷，如果姑娘接着了小伙子的烟包，并收藏起来，说明姑娘接受了小伙子的爱慕，成为人们一种庆丰收、祝吉祥的民间文体活动。

那达慕　03.03021050

那达慕是内蒙、甘肃、青海、新疆的蒙古族人民一年一度的传统节日，在每年七、八月举行。它在蒙古族人民生活中占有重要的地位，是适应蒙古族人民生活的需要而产生的。

那达慕蒙古语译音，是“娱乐”或“游戏”的意思。它的举行，通常是看当年的牧业生产情况而定。一般是小丰收小开，由乡、村、县举办；大丰收大开，由专区举办。

那达慕有着悠久的历史。那达慕期间要进行大规模祭祀活动，喇嘛们要念经颂佛，祈求神灵保佑。

现在那达慕的内容主要有摔跤、武术、马术、马球、赛马、射箭、赛布鲁、下蒙古棋等民族传统项目，有的地方还有田径、篮球等体育竞赛项目。夜幕降临，草原上飘荡着悠扬激昂的马头琴声，篝火旁男女青年轻歌曼舞，人们沉浸在节日的欢乐之中。

那达慕

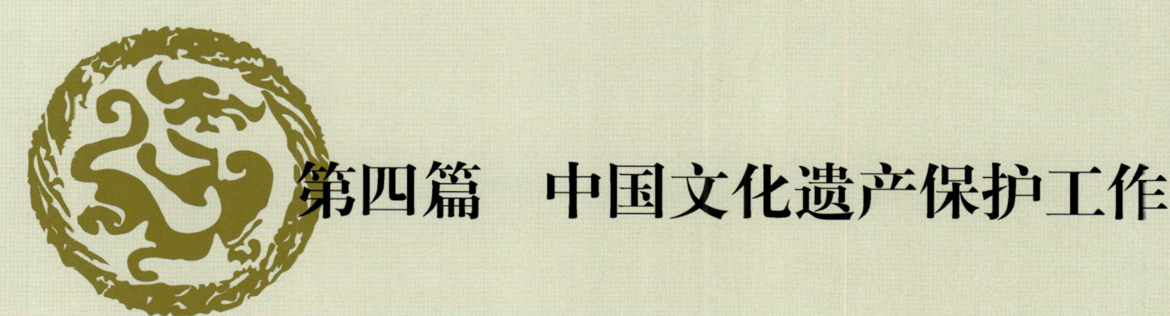

第四篇　中国文化遗产保护工作

祈年殿

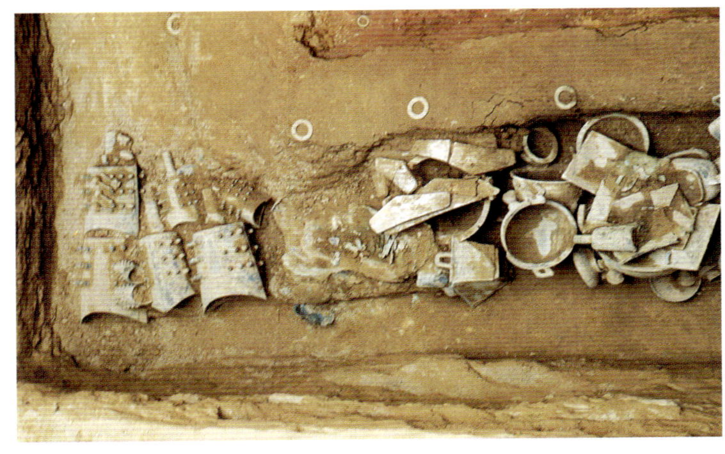

虢季墓铜器出土情况

大昭寺

都江堰宝瓶口

米兰遗址

中国文化遗产保护工作（序）

国家文物局文物保护司副司长　柴晓明

中国是世界上人口最多、地域辽阔、历史悠久、文化传统不曾间断的多民族国家。通过数次文物普查，中国目前已知的不可移动文物约40万处。已公布的市、县级文物保护单位6万余处，省级文物保护单位7000余处，全国重点文物保护单位1271处（截至2005年底），馆藏文物1000多万件。这些文物记载着中华民族发展的历史进程，是中国最优秀的科学、技术、艺术等方面成就的重要组成部分。它们不但是认识历史的证据，也是开拓未来的基础。

为了有效地保护这些文化遗产，中国政府进行了长期不懈的努力。形成了以《中华人民共和国文物保护法》为核心，行政法规、部门规章及地方法规相互配套的文物保护法律体系。全国人民代表大会在1985年批准加入了《保护世界文化和自然遗产公约》。中国的文化遗产保护工作正在逐步纳入法制化的轨道；中央和地方普遍建立了从事文物保护工作的行政管理和研究机构，初步形成了一支具有较高素质的专业队伍和较为完整的文物保护管理体系。全国（文物系统）有文物保护和管理机构3千多个，工作人员6万多人，有2000多名高级研究人员，管理及文物保护科学技术水平也在大幅度提高；通过文物普查等工作，基本上摸清了中国文物资源的数量、分布和保存状况。各级政府依据文物保护法的规定分批将其中重要的不可移动文物公布为各级文物保护单位。国家和各级政府较大幅度地提高了文物保护投入，实施了以北京故宫、西藏布达拉宫、罗布林卡、萨迦寺保护维修为代表的一大批重点文物保护维修工程，排除了重大险情；长城、故宫、敦煌莫高窟等31处文化和自然遗产被列入《世界遗产名录》。国家正在组织编制世界遗产、全国重点文物保护单位、大遗址等的保护规划，文化遗产保护工作将进一步科学化、规范化；国务院还公布了103家国家级历史文化名城；通过大规模的考古勘探、调查发掘和中国几代学者全面、系统的研究，基本上廓清了中国历史的框架和中华文明、中华民族形成和发展的过程；博物馆事业发展迅速，基本设施建设有所改善。目前，中国有博物馆2000余座。博物馆的种类包括社会历史类、艺术类、自然地矿类、民族民俗类、科技产业类等不同种类。全国馆藏各类可移动文物1200多万件。全国博物馆每年举办各类陈列展览8000多个，接待观众1.5亿人次；依法加强了对文物监管品市场的管理，坚决打击文物盗窃、走私等违法犯罪活动。在公安、工商、海关等有关部门的密切配合下，破获了许多文物盗窃、走私案件，一批犯罪分子被严惩，追回了大量的珍贵文物，包括走私到国外的文物。中国的文物保护工作取得了巨大成就。

但另一方面，飞速发展的现代化进程和国内外的新形式在给文化遗产保护工作提供新机遇的同时，也带来许多新的问题，新的挑战。比如，根据变化了的形式和环境进一步修订与完善文化遗产保护法规问题，提高文物保护管理与保护技术水平问题，遏制猖獗的文物犯罪问题等等。要解决中国文化遗产面临的问题和困难，还需要做出长期不懈的努力。近期的工作重点是根据《国务院关于加强文化遗产保护的通知》精神，采取有效措施，全面加强文化遗产保护，争取实现——到2010年，基本解决文化遗产保护中存在的重大问题，文化遗产保护体系基本形成，文化遗产保护状况得到明显改善。到2015年，形成较为完善的文化遗产保护体系，文化遗产得到全面保护的阶段性目标。文化遗产保护深入人心，成为全社会的自觉行为。充分发挥文化遗产在传承中华文化、提高人民思想道德素质、增强民族凝聚力、促进社会主义先进文化建设和构建社会主义和谐社会中的重要作用。

第一章　中国文化遗产保护

中国成为世界遗产公约缔约国已有整整20年的时间了，中国的文化遗产保护工作在此期间有了长足的发展和进步。文化遗产的保护与合理利用受到了政府的高度重视和社会的广泛关注。

正是基于文化遗产鲜明的民族特色，以及它不可再生和无可替代的特点，我国政府提出了“保护为主、抢救第一、合理利用、加强管理”的方针，是正确处理文化遗产保护抢救与合理利用的有效措施。

在中国文化遗产保护工作中不可不提的是长江水利工程中的文物保护与南水北调工程中的文物保护工作。这种超大型工程集中力量，吸纳国际资金，其间的文物保护工作运用宏观指导、局部实施的方式，就是一种有效的保护与合理利用的方法。

本章针对当前我国文化遗产保护工作的薄弱环节开展调研，组织写作。中国文化遗产的保护已成为我国可持续发展战略的一项重要组成部分。

加强文物保护法规建设　增强依法行政能力

04.010150

国家文物局副局长　董保华

2002年10月28日新的《文物保护法》的颁布实施，对于中国的文物保护法规建设具有里程碑性的重要意义。该法总结了长期以来文物工作的实践经验，对社会主义市场经济条件下文物的保护、利用和管理等问题进行了规范，对当前文物工作的热点、难点问题做出了正确的回答。紧接着在不到一年的时间里，国务院在2003年5月又公布了《文物保护法实施条例》，对文物保护法有关内容做出了进一步具体明确的规定。文物保护法和实施条例的相继出台，可以说为进一步强化和完善文物保护法制建设打开了一个良好的开端，并提供了必备的条件。国家文物局以此为契机，将法制建设工作列入需要重点来抓的文物保护四项基础工作之一。在原有工作的基础上加大了文物保护法规体系研究工作力度，制定了文物法制工作规划，明确了完善文物保护法规体系的具体内容和目标，加快了建章立制工作。

首先，对目前的文物保护法律体系进行了清理，并陆续开展了一系列条例、办法、规定和标准等部门规章和法规性文件的起草和修订工作，对文物保护的各项工作进行规范和协调。在2003年和2004年两年里，相继颁布实施了十余个部门规章和法规性文件。由文化部公布实施了《文物保护工程管理办法》等部门规章，国家文物局发布实施了《文物保护工程勘察设计资质管理办法》、《文物保护工程施工资质管理办法》、《文物拍卖管理暂行规定》、《文物保护科学和技术研究课题管理办法》、《国家文物局突发事件应急工作管理办法》、《文物保护行业标准管理办法》、《全国重点文物保护单位保护规划编制审批办法》、《文物保护科学和技术研究课题管理办法》等规章性文件。

另外，在2004年，为了在文博系统贯彻实施《行政许可法》，规范文物行政许可工作，提高依法行政能力，国家文物局本着立足于《文物保护法》，规范于《行政许可法》的原则，加强以规范行政许可工作为主要内容的制度建设，制定了《关于贯彻实施行政许可法加强文物法制工作的意见》、《国家文物局行政许可项目说明》，保证了行政许可工作有序进行。

文物保护法律、法规的宣传普及是加强文物保护法制建设的一项重要内容。在修订文物保护法和制定文物保护法实施条例的过程中，全国人大常委会和国务院高度重视对文物工作方针政策的宣传，结合法律、法规的制订开展了大量的理论研究和宣传教育工作，使文物立法工作始终符合文物事业发展的要求。全国人大常委会教科文卫委员会和国家文物局还共同召开宣传贯彻文物保护法座谈会。

配合新修订文物保护法、文物保护法实施条例以及行政许可法的颁布实施，全国各地大张旗鼓地开展了宣传工作，通过举办专家讲座、文艺演出、图片展览、法律咨询和知识竞赛等多种形式，使文物保护法深入基层，深入人心，努力实现广大群众了解文物保护法，领导干部熟悉文物保护法，文物工作者精通文物保护法的目标，有效地增强了全社会的文物保护意识，提高了各级政府和文物行政部门依法行政，依法保护文物的能力和水平。

继陕西眉县农民群众发现珍贵文物主动报告文物部门的事迹在社会上广为传诵以来，又涌现出一批人民群众自发保护文物的先进事迹。2004 年 7 月，贵州省黎平县地坪乡的广大干部群众不顾个人安危，在洪水中奋勇抢救全国重点文物保护单位地坪风雨桥。这些在一定的程度上说明了《文物保护法》的宣传贯彻工作已经取得了一定的成效。

新的文物保护法加大了各级文物行政部门行政执法的职责和任务，这就要求我们必须要提高自身的行政执法能力，才能够切实履行法律赋予我们的责任。为此，国家文物局首先在机构建设上进行了调整，成立了执法督查处，负责管理和指导全国文物行政执法工作。并于 2004 年下发了《关于进一步加强文物行政执法工作的通知》，要求县级以上文物行政部门逐步建立文物行政执法机构，暂不具备条件的要设立专职执法人员。为了支持和加强各省的文物行政执法工作，国家文物局先后给成立文物行政执法机构的 21 个省市配发了文物执法督察专用车。近日由文化部颁布实施的《文物行政处罚程序暂行规定》，为文物行政执法工作提供了更为明晰的执法依据，是执法人员实施行政处罚的指导性法规和指南。

虽然目前说文物行政执法机构和工作队伍正在不断增加和壮大，但是仍和法律赋予的执法职责和规定的任务有较大差距，存在着文物执法机构不健全，执法力量薄弱，执法水平偏低等现象。2004 年初，国家文物局对全国文物行政执法机构和人员进行了调查我国已有 21 个省级文物行政部门建立了文物行政执法机构，县级以上文物行政执法机构 807 个，文物专兼职人员 4279 人。这些机构和队伍许多是刚刚组建，一些人员没有行政执法工作经验，对文物保护法掌握得不够透彻，造成遇到文物违法事件无所适从。另外就是文物部门缺乏有效的监督机制，对许多违法文物保护的破坏事件不能进行及时地反应，经常是有许多违法事件是在领导批示，新闻媒体披露或群众举报后文物部门才知晓，等到进行调查处理时，对文物破坏的后果已无法挽回。

做好文物行政执法工作，首先是要加强机构建设和人员队伍的培养。进一步完善省、市、县级文物行政执法机构，自上而下形成一支文物行政执法队伍，要按照法律规定，明确权力和责任，规范执法行为，严格按照法定程序，行使执法权力，履行执法职责；要进一步明确文物行政执法主体资格，推行行政执法责任制。还要通过培训等方式，提高执法人员依法行政的能力和执法水平。同时必须建立有效的监督机制，落实各级监督责任制，要建立目标管理责任制和行政责任追究制，确保工作到位，责任到位，措施到位。对于违反《文物保护法》的案件，一是要加强监控，是文物违法事件做到早发现，早制止，早处理，减少和避免违法事件对文物造成的损毁。二是要充分发挥新闻媒体和人民群众的监督作用，把文物保护工作置于全社会的监督之下。对违法事件要通过新闻媒体给予曝光，给造成文物违法案件的单位和责任人在社会上以强大的社会舆论。三是加大执法力度，对违法事件要做到有法可依，执法必严，违法必究。还要加大对文物保护法律法规的宣传力度，提高广大干部群众保护文物的意识和自觉性。

2005 年文物保护法制工作的重点：

一、继续开展一系列条例、办法、规定和标准等部门规章和法规性文件的起草和修订工作。2005 年的文物保护法规建设的任务依然很重。依照《文物保护法》的要求，根据文物事业发展的实际需要，制定文物立法工作计划，加快立法步伐，确保立法质量。公布并实施行政法规《长城保护管理条例》和部门规章《文物行政处罚程序规定》，完成行政法规《博物馆管理条例》和《水下文物保护条例》的起草工作。完成《世界文化遗产保护管理条例》、《优秀田野考古报告评奖办法》、《文物保护工程监理管理办法》、《文物保护工程招投标管理办法》等法规性文件的起草工作，开展《文物保护工程勘察设计资质管理办法（试行）》和《文物保护工程施工资质管理办法（试行）》的修订工作。

二、加强文物法律法规的宣传普及工作。以《文物保护法》的宣传为核心，认真做好文物保护领域重大事件、重要活动的宣传报道和舆论引导工作。建立新闻发布制度，及时向社会通报文物工作的进展情况。继续组织新闻媒体开展大规模的文物保护宣传活动，做好“文物保护好新闻”的评选工作和“中国文物保护标志”征集工作。

三、认真贯彻《行政许可法》，牢固树立依法行政的观念，加强行政执法检查，严格规范执法程序，切实解决有法不依、执法不严的问题，敢于坚持原则，旗帜鲜明地与破坏文物的违法犯罪行为作坚决的斗争。继续推动全国文物系统的行政执法机构建设举办文物行政执法人员的相关培训活动，通过培训，提高执法人员依法行政的能力和执法水平。建立文物行政执法监督制度，及时公布一批破坏文物大案要案的处理情况。凡是文物保护单位发生的违法事件，造成严重后果的，文物部门未发现或发现不上报的，要在全国通报批评，并追究有关单位和部门的领导责任。

（原载《中国文化遗产》双月刊2005年第1期，本书略有改编）

长江三峡工程考古工作的收获与思考

04.010450

国家文物局副局长　张　柏

长江三峡工程建设中的文物保护工程是中国历史上规模空前、举世瞩目的文物保护工程。收获也是空前的、全方位的，有支援工程建设、文物保护、专业研究、出土文物、队伍建设等多方面的收获。

第一部分：规划与考古工作概况

1．1992年，随着三峡工程的正式上马，湖北三峡坝区考古调查和文物保护规划工作开始启动。1993～1995年上半年完成坝区抢救性考古发掘工作。

2．1994年，国家文物局委托中国历史博物馆和中国文物研究所组成“三峡工程库区文物保护规划组”，著名考古学家俞伟超先生任规划组组长，负责三峡工程淹没区与移民迁建区文物保护规划的编制工作。全国30余家文物、考古、建筑、地学、人类学、文物保护等方面的大专院校与科研院所500多名专业技术人员参加规划工作，这在三峡考古上是空前的。配合规划进行的大规模调查和试掘也因此被评为“八五”期间十大考古发现之首。

3．1996年，规划组编制完成《长江三峡工程淹没区及移民迁建区文物古迹保护规划报告》，规划调查确定文物点1282处。规划完成后上报国务院三峡工程建设委员会审批。

4．2000年6月，经国务院三峡建委正式审批，将1087处文物点列入保护规划，明确了保护方式和工作量。

长江三峡工程的文物保护工作，主要分三峡工程坝区和三峡工程库区两个部分。长江三峡工程坝区即施工区位于湖北省宜昌县（现宜昌市夷陵区）的三斗坪镇，三峡水利枢纽工程的拦水大坝就建在这里。2003年6月三峡工程主体坝段建成，实现139米蓄水后初步形成三峡工程库区，到2009年三峡工程实现175米蓄水目标后，将形成从三峡坝区到重庆长达600公里的三峡水库，配合三峡工程建设进行的文物保护工作主要集中在这一广大的区域内。三峡工程的建设使得这一区域内的长江水位由原来的坝前82.28米上升到175米，

淹没从湖北宜昌的三斗坪至重庆的大量陆地面积。

三峡库区涉及到湖北省4个县、重庆市22个市、县、区，受影响的人口达百万之众。三峡库区600公里长的狭长地带，自古以来就是中华民族祖先繁衍生息的重要区域，有着悠久的历史和独具特色的古代文化，这条即将被淹没的狭长的历史文化走廊中所蕴藏的历史文化信息具有十分重要的学术价值，对研究中国古代文明的形成与发展过程中的某些重要环节和学术问题具有不可替代的作用。

三峡库区文物保护项目共有1087项。

长江三峡地区的文物考古工作，早在20世纪50年代就已经断断续续的展开，1984～1986年为配合葛洲坝水利工程和三峡工程的前期准备阶段，国家文物局组织湖北等省的文物考古力量先后对宜昌中堡岛、秭归朝天嘴等遗址进行抢救性发掘，出现了一次小高潮。三峡地区真正意义上的大规模系统的抢救工作，是在1992年4月3日全国人民代表大会通过兴建三峡水利枢纽工程之后。三峡地区大规模考古工作的序幕则首先是从三峡工程坝区拉开的。

在三峡工程坝区施工建设的两年多的时间里，国家文物局在三峡坝区举办了第七期田野考古领队培训班，湖北省及来自全国10个省市的文物保护专家和文物考古工作者，在三峡坝区开展了大规模的考古调查和发掘工作，先后有计划、有目的地发掘了长江两岸的白庙、鹿角包、大坪、杨家湾、三家沱、朱淇沱、茅坪、三斗坪、中堡岛等多处古文化遗址，发掘面积达两万多平方米，勘探面积达21万平方米，揭示出一大批距今7000多年前至汉代乃至明清时期内容丰富的文化遗存，清理出大量房基、水沟、灰坑、陶窑、墓葬等大量遗迹，获得了数以万计的不同时代、不同质地的珍贵文物，其发掘规模之大、出土文物之丰富，在三峡考古史上都是空前的。

三峡考古工作一开始，国家文物局就在全国范围内调集力量支援三峡工程库区的考古发掘工作，截止到2004年底，全国参加三峡库区考古发掘工作的大专院校和科研院所共有79家，参加队伍之多、范围之广在我国考古工作史上是空前的。全国考古力量的广泛投入确保了三峡工程库区考古工作任务的按文物保护规划和工程蓄水进度分阶段完成，也从总体上锻炼了队伍，提升了三峡库区考古工作水平。

1997～2004年，文物考古工作者在库区累计完成发掘面积141.7175万平方米，勘探面积1176.6358万平方米；

2006～2009年剩余工作：发掘面积28.1388万平方米，勘探40.71万平方米。

其中重庆库区尚需完成23.8128万平方米的发掘和33.255万平方米的考古勘探任务。湖北库区尚需完成5.626万平方米的发掘和7.455万平方米的考古勘探任务。

第二部分：三峡考古的重要收获

一、旧石器时代考古新发现

一般认为，旧石器时代约始于距今三、四百万年前，止于距今一万二千余年前，旧石器时代人类的体质经历了直立人（猿人）→早期智人（古人）→晚期智人（今人）几个发展阶段。中国各地发现了大量的旧石器时代遗址，是旧石器文化非常丰富的国家。

三峡地区发现了许多旧石器时代文化遗址，时代从旧石器时代早期到晚期都有分布，是少有的序列相对完整的地区。有观点认为，青藏高原以东，包括三峡地区是早期人类活动的重要地区之一。三峡地区自古以来就有人类繁衍生息。目前发现的最早与人类活动有关的证据可以追溯到旧石器时代早期，距今200万年的巫山人就是一个重要的证据。

二、新石器时代文化序列的建立

三峡库区瞿塘峡以西的地区，以往工作较少，新石器时代的文化面貌不清楚，通过配合三峡工程建设进行的系统工作，目前发现了一些距今4000年到7000年的文化遗址，并先后命名了哨棚嘴文化、玉溪坪文化等几个重要的文化，该地区的考古学文化序列已经初步建立起来。

瞿塘峡以东的湖北库区在20世纪的80年代以来，已经建立起了考古学文化的序列。在三峡工程文物保护过程中则在当年研究的基础上，新发现和命名了“楠木园文化”和“柳林溪文化”，进一步丰富和充实了已有的考古学文化序列，使近8000年以来的新石器时代的考古学文化的序列更加连贯和清晰。

三、夏商时期的考古发现及早期巴文化的探讨

夏商时期是三峡考古的又一重要阶段，在这个大的文化时期，三峡地区因为与巴人和巴文化因素有关，而倍受学界关注。

20世纪80年代以来，成都平原、湖北西陵峡三峡坝区、清江流域的考古发现，使夏商时期早期巴文化的面貌在比较中开始认识。

三峡考古工作开始后，万州中坝子、苏和坪、忠县甘井沟遗址群、云阳大地坪、丝栗包、巫山双堰塘、奉节新铺、丰都石地坝等遗址的考古发现，弥补了重庆库区有关巴文化发现的空白。

三峡东段相当夏代中期是以三峡坝区宜昌白庙遗址为代表的白庙遗存，同类性质的遗存还见于宜昌的下岸、大坪、秭归的柳林溪、重庆巫山的魏家梁子。白庙遗存的特色器形是盘口深直腹平底罐。这类罐的深直腹特征与中原地区的二里头文化的深腹罐接近；其平底特征与煤山文化到二里头文化一期的深腹罐相同；白庙遗存中不见二里头文化二期以后出现的圜底罐。显然这种盘口深直腹平底罐在三峡地区出现的年代应与二里头文化一期相当。

四、周代及巴文化考古的探索与收获

商代甲骨文有“妇好伐巴方”的记载；有武王伐纣，巴人参与会盟，被西周分封诸侯国的记载。

从历史文献记载分析巴人活动范围大致在汉水以南，鄂西、三峡、嘉陵江流域，内部族属较为复杂。东周时期，政治中心逐步向今三峡以西转移。一度强盛，领土“东至鱼复，西至僰道，北接汉中，南极黔涪”。由于楚的西进压力，巴的政治中心逐步退向嘉陵江流域。公元前316年，为秦所并。

三峡考古范围，为巴文化活动中心区域，是三峡地区青铜时代考古的重点，近年有较多新发现。

（一）西周时期遗存及巴文化遗物

从西周中后期开始，带有浓厚西周文化色彩的文化进入三峡东段。这一时期的代表性遗存见于秭归的庙坪遗址。而在秭归大沙坝、石门咀两处遗址均发现这类遗存与中原文化西周时期的鬲共存，有迹象表明这类遗存的年代可能下延至西周阶段，以前一般认为它不晚于商末阶段。石门咀遗址一个西周中晚期的灰坑中出土大量的鱼卜骨、卜甲，方形或圆角方形钻、均无凿，不少可见灼痕和相反一侧的兆纹。与周原卜骨风格相近，但不同的是这里用鱼腮骨做材料。这是三峡地区首次成批出土于年代相对明确的遗迹中的卜骨、卜甲，对研究这一地区的文明程度、与中原文化的联系与差异增添了珍贵的实物资料。庙坪遗址西周遗存中出土一批陶鬲、釜（饰方格纹），反映了强烈的地方特色，是研究这一地区西周文化的重要材料。

（二）东周时期遗存及巴、楚文化的考古发现

“巴蜀文化”因20世纪50年代冬笋坝、宝轮院船棺葬的发现而确立。70年代涪陵小田溪巴王陵为代表的发现，推动了巴文化的研究。

近年在巫山—涪陵的许多地点有了大量重要的发现：涪陵镇安、忠县中坝、瓦渣地、崖脚、万州麻柳沱、中坝子、云阳李家坝、开县余家坝、奉节老油坊、上关、巫山蓝家寨、跳石、等东周遗址的发现，为晚期巴文化的多角度认识与深入研究提供了新材料。

五、秦汉以后的考古发现

在配合三峡工程建设而进行的坝区、库区的考古发掘中，虽然也发掘了大批战国两汉墓葬，但认真细致地核实所有的考古发掘资料，却未见有典型的秦代文化遗存。究其原因，一是秦王朝仅仅存在十五年即告

灭亡，当时峡江地区地处偏远仍沿用传统的生活用具随葬，无法区分；二是当时峡江地区并非战略要地，秦人并未驻扎与此地，而是在夷陵（今宜昌），江陵（楚郢都）等战略要地驻扎，因而在湖北峡区没有发现秦代遗存。而在重庆库区有一些秦代文化遗存的发现。

（一）两汉时期的考古材料

三峡地区两汉时期墓葬尤其突出，墓葬型制丰富，主要有长方形竖穴土坑墓、砖室墓、石室墓等，这些墓葬的年代早晚演变关系清晰。秦汉以后的历史时期考古，在城址、墓葬、农业、窑业、冶炼等诸多方面取得了重要收获。三峡地区的汉代遗存数量相当多。进行发掘的主要有云阳旧县坪汉朐忍城遗址、忠县老鸹冲西汉家族墓地、花灯坟——枞树包墓地、秭归土地湾等。

（二）三峡考古重要课题——丰都冶锌遗址群

为进一步探明丰都冶锌遗址年代、分布、冶锌工艺等方面情况，在三峡办的组织下，重庆市考古所与河南省考古所、北京科技大学、北京大学合作开展了该项工作。

他们对丰都境内沿江的 17 个文物点进行了考古调查、复查、勘探等工作，重点发掘了玉溪坪、石地坝、秦家院子、九道拐等 4 处遗址，清理明代中晚期马槽形窑址 12 座。发现了冶炼罐、炉渣、制煤坑、洗煤池等冶炼遗迹、遗物。

此外，对丰都、石柱等地的锌矿、煤矿资源等相关材料也做了大量调查和资料收集工作。

通过调查发掘工作，基本搞清了冶炼的矿源为石柱县一带，窑址建造年代为明中晚期，马槽窑冶锌技术等重要问题，有力地推动了该课题的研究。

（三）三峡冶锌遗址发现的价值与意义

锌的发明和使用对人类的生产和生活产生了重要的影响，具有非常广泛的用途。有资料表明，印度可能于公元 8 世纪发明了炼锌术。

中国古代发明了不同于印度的坩埚炼锌方法，并且这一技术传入了西方，成为我国古代对世界的又一贡献。在成书于明代晚期的《天工开物》（宋应星著）中非常简略地记载了倭铅（即锌）的冶炼方法，但一些关键性的技术环节却没有提及。

我国以前最早的与坩埚炼锌有关的实物，是在贵州省发现的近代炼锌遗址。由于现存资料的稀缺，特别是与锌的早期冶炼和使用有关的现代考古资料的空白，使得对我国古代炼锌技术的认识还相当模糊。

丰都、石柱等地的发现，在中国，乃至世界科技史领域，具有弥补缺环的重要意义。

第三部分：三峡考古成果与展示

三峡工程文物保护工作取得了丰硕的研究成果，到目前重庆库区已经出版三峡文物保护项目报告甲种本（考古简报集）3 卷，丙种本（论文集）1 卷，地面维修报告 1 本，图集 2 本，共计 7 本。

湖北库区已经出版甲种本 3 卷，丙种本 1 本，乙种本（专题考古发掘报告）6 本，丁种本（地面文物建筑）1 本，坝区图集及《三峡考古之发现》3 本，其他图书 1 本，共计 15 本。较为全面的反映了三峡文物保护工作的初步研究成果。

从 2005 年开始，湖北省文物局组织有关大专院校系统开展了“三峡文物保护课题研究”。目前已经立项资助开展“峡江地区考古学文化互动与诸要素的适应性研究”等八个科研课题的综合研究工作。

第四部分：三峡考古工作的思考

三峡库区考古工作已经进行了十多年了，有许多重要发现，也解决了一些问题，但就考古学研究的角度讲，工作还仅仅是开始，有很多问题有待进一步思考和探索。

1．三峡地区是一个独立的地理单元，这里的旧石器文化与中国南方、北方两个旧石器工业区具有怎样

的关系？自身特色如何？某些一万年以内的遗址没有发现磨制石器，这些文化到底属于新石器还是属于旧石器？也许还涉及到新旧石器时代文化过渡的重大学术问题？

三峡旧石器时代考古所获，已经将这一地区的旧石器文化由已知的距今约 2 万年向前推进到距今约 15 万年左右。三峡地区旧石器文化具有很强的连续性，与湘鄂西、陕南、广西等地旧石器相似，属于南方砾石工业体系。有少量北方旧石器文化中的砸击技术和小型石器现象，存在西南地区旧石器文化中的锐棱砸击技术，表现了文化的发展和变异。可能是三峡库区地理位置和自然环境的过渡性而导致的文化交流。

三峡地区从旧石器时代向新石器时代过渡或者说新石器时代早期的发现也是令人兴奋的。奉节鱼复浦在长江第二级阶地下部灰褐色砂质粉沙层和上部黄褐砂质粉沙层中发现若干打制石器及有规律的烧石遗迹，同层位出土的陶片，有明显的手捏特征，经碳十四测定的年代超过距今 7000 年。

此外，在奉节县的洋安渡、三坨、横路；万州区的渣子门；武陵、忠县的永兴；丰都县的老鹰嘴、和平村等地都有类似遗存的线索。

几个主要文化和周边文化的关系

楠木园文化：是来自东面的城背溪文化因素与来自汉水上游地区的李家村文化相互融合的结果。

柳林溪文化：主要是城背溪文化向西发展的产物。

大溪文化：主要由柳林溪文化发展而来。

玉溪坪文化：主要为中原仰韶晚期文化楔入。

屈家岭文化：主要来自东部的江汉平原。

哨棚嘴文化：可能是在本地文化传统的基础上发展起来的。

石家河文化：主要来源东部的江汉平原。

夏商时期三峡东部的白庙文化：主要是中原地区的煤山文化进入江汉平原和三峡地区并与当地文化融合而成。

商代前期的朝天嘴文化：主要是受到来自成都平原的三星堆文化的影响形成的。

大约在商代晚期前后三峡地区出现了路家河文化：它主要代表了当地文化的传统，它向东面的江汉平原、北面的汉水上游和西面的成都平原都有比较大的扩张和影响。

东周时期楚文化：逐步由东向西推进，从现已发现的材料看，大约在春秋早期到达西陵峡地区，春秋战国之交到达三峡西端，战国以后到达瞿塘峡以西地区，最西到达重庆忠县一带。

战国中期以后秦文化：自西而东进入三峡地区。这方面的工作，湖北省文物局近期组织南京大学等单位做为一个专门的课题进行深入的研究。峡江地区在各历史时段中存在着多种文化，各文化间的演化、更替及传承关系复杂多样。该地区各时段各文化不但相互间存在互动，而且与中原及周边地区各时段的各文化存在着互动。在文明起源、国家形成以及中华民族多源一统等诸问题研究中，峡江东部地区都是一个重要的区域。

可以开展的多学科综合研究包括三峡地区的人种变迁，自然环境的变迁与文化变迁的互动关系，生产类型的变迁，聚落形态等。

三峡地区的古代文化的生产类型研究，已经开始并形成若干初步的成果。具体包括三峡地区农业起源，三峡地区的制盐业的发展，三峡地区的冶炼锌等，都积累了比较丰富的资料。但这些课题还有待进一步深入。

通过多年的抢救，积累了极为丰富的资料。同时在收集资料的手段方面有了整体的、普遍的提高。正是在这个过程中，中国考古学界整体跨入了数字时代。虽然三峡文物保护的组织和管理总体上是十分成功的，但也留下许多不足，如课题研究工作与抢救性考古发掘结合不紧密。大范围、区域性的信息采集不够及时和不够系统。各项目单位间的相对封闭，没有组成相关课题组协同工作的氛围等等。这方面的工作湖北省已经认识到，并采取措施在 2005 年已经开展了“峡江地区文化互动与诸要素适应性研究”等 8 个科研课题的综合研究，以弥补三峡规划和抢救性考古发掘阶段课题意识不足的问题。

总之，三峡考古的规模、无论在中国还是在世界都是空前的、科研成果是辉煌的、收获是巨大的、取得

了很好的工作成绩，这将是中国考古学史上凝重而光荣的一页。这是在社会各界的广泛关怀下，各有关部门共同努力，特别是全国考古工作者辛勤劳动忘我工作的结果。三峡考古即将结束了，它给我们留下了许多文物、收获、成果、经验和宝贵的精神；但是也给我们留下了许多保护任务、科研任务和思考。让我们继续共同努力，把余下的三峡考古工作做的更好，为考古事业的发展做出新的贡献。

南水北调文物保护 04.010550

国家文物局文物保护司副司长　关　强

2005 年，南水北调东、中线一期工程文物保护工作继续开展，取得显著成果。

一、党中央、国务院领导十分重视南水北调工程文物保护工作，仅一年内，胡锦涛、温家宝、曾培炎和陈至立等党和国家领导同志先后七次对南水北调工程文物保护工作做了重要批示。

为进一步促进南水北调工程文物保护工作，全国政协副主席张思卿率领由全国政协会同国家发展改革委员会、水利部、南水北调办公室、国家文物局组成的联合调查组，于 9 月 9 日至 9 月 26 日，赴山东、江苏、湖北、河南四省进行专题调研。调研组实地考察了有关工程和工程涉及的文物保护抢救情况，听取了各地的工作汇报，并与各省政府及相关部门对有关问题进行了座谈、研究。

二、有关部门和地方政府积极努力，确保南水北调工程文物保护工作的顺利开展。

2005 年 5 月 2 日至 9 日，国家文物局会同水利部、国务院南水北调办公室、全国政协教科文卫委员会组成调研组，赴北京、河北、河南、湖北、江苏、山东、天津等省（市），对南水北调中、东线工程沿线文物保护工作情况进行了专题调研。调研组一行重点考察了目前已经开工的考古工地和即将实施的文物保护项目，全面调查了解情况，与各省市主管领导会谈，推动有关工作。

2005 年 3 月 18 日，南水北调工程文物保护工作协调小组召开第三次会议，传达并学习了胡锦涛总书记、温家宝总理关于南水北调工程文物保护工作的重要批示，并对如何落实中央领导批示、文物专题报告纳入工程总体可研报告、控制性文物保护项目编制和拟开工四个单项可研的文物保护等问题进行了研究。会议认为，胡锦涛总书记、温家宝总理的批示对于做好南水北调一期工程文物保护工作具有重要指导意义，各有关单位一定要在思想上高度重视南水北调一期工程的文物保护工作，并在工作中进一步落实中央领导的批示精神，认真做好南水北调一期工程中的文物保护工作，既要确保南水北调一期工程的顺利实施，又要保护好我国珍贵的历史文化遗产。会议要求长江水利委员会、淮河水利委员会按照《南水北调工程文物保护工作协调小组第一次会议纪要》、《南水北调一期工程文物保护工作协调小组第二次会议纪要》和水利部办公厅《关于加快南水北调工程文物保护前期工作的通知》的精神，尽快将汇总后的文物保护专题报告按程序报审。会议强调南水北调一期工程项目法人和省级文物行政部门应按照《南水北调一期工程文物保护工作协调小组第二次会议纪要》的要求，于 4 月 15 日前将达到初步设计深度的控制性文物保护项目方案和投资概算报国务院南水北调办公室和国家文物局。国务院南水北调办公室商国家文物局组织对文物保护方案进行审查，并根据审定的文物保护方案将投资概算和投资计划尽快报国家发展改革委员会核定。对于今年拟开工的四个单项工程的可研报告，会议认为应包括文物保护的内容，报国家发展改革委审批前须征求国家文物局意见。

2005 年 9 月 1 日，南水北调工程文物保护工作协调小组召开第四次会议。会议简要总结了前一阶段南水北调一期工程文物保护前期工作，对《南水北调中线一期工程文物保护专题报告（送审稿）》专家组评审意见及加强南水北调一期工程文物保护管理等问题进行了研究。会议认为，协调小组成立以来，各成员单位非常重视，开展了卓有成效的工作。随着有关工作的不断推进，大家对文物保护的重视程度也在不断加深。

会议肯定了专家组的评审意见，同意将丹江口库区157米水位以下的文物保护工作纳入《南水北调中线一期工程文物保护专题报告》。拟开展勘探、发掘的地下文物保护项目以定为A、B级的古遗址、古墓葬为基础，排除其中长期淹没在水下、无法开展考古发掘工作的项目，补充C级文物中少量具有特别重要价值的古遗址、古墓葬。同时，为进一步加强对南水北调一期工程文物保护工作的管理与实施，会议决定，由国家文物局牵头在总结国内其他基本建设项目文物保护工作经验基础上，起草南水北调工程文物保护工作实施管理办法草案，提交下次协调小组会议讨论。

2005年10月24日，国家发展改革委员会下发《关于核定南水北调东、中线一期工程控制性文物保护项目概算的通知》（发改投资〔2005〕2138号），核定南水北调东、中线一期工程控制性文物保护项目45项，核定总投资5000万元。其中，北京市7个项目619万元，河北省6个项目1388万元，河南省11个项目621万元，江苏省10个项目412万元。2005年11月10日，国务院南水北调办公室经商国家文物局，下发《关于南水北调东、中线一期工程控制性文物保护方案的批复》，安排落实国家发展改革委员会核定的2005年控制性文物保护项目和经费，确保南水北调工程文物保护工作的顺利开展。

2005年11月16日，国家文物局在河南郑州召开南水北调工程文物保护工作动员大会，动员全国具有考古发掘资质的专业研究单位，全力支援南水北调工程文物保护工作，最大限度地保护文物并支持南水北调工程的顺利施工。单霁翔局长在会上作了重要讲话，他在讲话中号召全国具有考古发掘资质的专业研究单位，参照三峡文物抢救保护工作的模式，充分调集力量进行会战，以保证按时间、高质量地做好南水北调工程中的文物抢救保护工作，完成党中央、国务院和全国人民交给我们的光荣任务。他还要求各单位在开展南水北调工程文物保护工作时，一要切实做到统一思想，提高认识，抓紧工作，增强使命感、责任感和大局意识，以积极的态度投身南水北调工程文物抢救保护工作中；二要建章立制，规范程序，加强管理，认真总结开展基本建设中文物保护工作的成功经验，结合本次工作的实际，运用新的管理理念、新的运作模式，探索新形势下开展南水北调工程文物保护工作的新思路；三要树立课题意识，坚持质量第一，提高工作水平，在现有工作的基础上进一步加强横向联合，有计划的组织专业技术力量进行深层次的课题攻关，广泛开展专题和综合课题研究；四要加强防范，消除隐患，做好工地安全工作，进一步加强安全意识，提高防范能力，采取有效措施，消除各种隐患，确保工作人员和文物安全，坚决避免发生工地安全责任事故；五要把握大局，实事求是，做好南水北调工程文物保护的宣传工作，主动加强与新闻媒体的交流、沟通，实事求是地介绍情况，全面、客观、科学地报道南水北调工程文物保护工作，要加强正面报道，避免不负责任的炒作，使南水北调工程文物保护工作成为展现我国政府对历史负责的态度和保护文化遗产的坚强决心、展现我国文物保护工作者良好社会形象，宣传文物保护成绩的大舞台。

各省文物部门纷纷建章立制，规范文物保护工作。河北省文物局和河南省文物局都与本省相关部门联合下发了规范南水北调工程文物保护工作的相关规章制度，涵盖总体管理、项目监理、经费使用和考古发掘工作规范等多个方面。北京、湖北的相关管理规定在制定之中。南水北调沿线各省市还都成立了文物保护工作领导小组，下设办公室，专职负责南水北调保护抢救的日常管理工作。

三、南水北调工程文物保护专题报告的编制和专家审查工作完成，顺利进入下一阶段工作。

2005年，国家文物局积极协调各相关部委，精心组织各省文物部门，共同努力，编制完成《南水北调中线一期工程文物保护专题报告》和《南水北调东线一期工程文物保护专题报告》，并多次参加有关部门召开的专家审查会，顺利完成对上述两个报告的专家审查工作。截至2005年底，上述两个文物专题报告已上报国家发展改革委员会，进入下一个审批程序。

四、南水北调工程2005年控制性文物保护工作成绩斐然。

2005年，南水北调工程沿线各省文物部门积极努力，在经费无法完全到位，征地拆迁没有完成的情况下，克服重重困难，多方筹措资金，积极协调，力争文物保护先行，取得了一系列可喜的成绩。

北京市文物研究所在工程拆迁征地工作尚未完成的情况下，对工程占压用地进行了全面勘探，共勘探272万平方米，发现重要文化遗址和墓葬12余处，分别是：岩上墓葬区、坟庄和六甲房遗址区、丁家洼遗址墓葬区、果各庄墓葬区、前后朱各庄墓葬区、南正遗址Ⅰ～Ⅲ区、西周各庄遗址、瓦井遗址墓葬区、辛庄墓葬区、周口遗址墓葬区、新街遗址墓葬区、大苑上遗址区。北京市文物研究所还对房山区南正遗址的Ⅰ区和Ⅱ区进行了考古发掘，完成发掘面积2605平方米，发掘汉代陶窑3座，东汉砖室墓11座，出土文物200余（套）件。

河北省文物部门对磁县北朝墓群和林村墓地进行了全面勘探（其中磁县北朝墓群勘探面积198万多平方米，林村墓地勘探面积约72万平方米），还对唐县北放水遗址、林村墓群、满城荆山遗址和墓地以及蔚公遗址进行了发掘。唐县北放遗址发现了较为丰富的极具地方特色的夏时期文化遗存，填补了保定地区夏时期考古学文化研究的空白，对于研究该地区考古文化的渊源、流布、族属、性质等具有重要意义；林村墓群3号墓的发掘对研究战国时期贵族墓葬形制、结构及埋葬习俗提供了珍贵的实物资料；满城荆山和墓地的发掘，为研究战国时期当地居民的社会生活、两汉时期的墓葬形制和葬俗提供了重要资料；蔚公遗址的发掘为研究满城县汉代至元代当地居民的生活状况，提供了实物资料。

从2005年4月15日开始，河南省南水北调中线工程控制性考古发掘工作陆续展开。截至2005年12月31日，实际发掘面积达44100平方米，与年度计划发掘面积28100平方米相比，超额57%，并取得了一些重要考古收获，为深入了解当地古代历史文化面貌提供了一批新的实物资料，特别是薛村遗址、刘庄遗址、娘娘寨遗址、固岸墓地的发掘，为有关重要学术课题研究的深入开展提供了一批十分重要的考古发掘资料。经有关专家实地考察后认为：薛村遗址的发掘，对探讨夏、商文化演变的态势，了解夏、商两种政治势力的兴衰等问题具有重要的学术意义；刘庄遗址先商墓地的发现，为先商文化的发掘研究工作填补了一项空白，是该研究领域的重大学术突破。它的发现将对先商文化的墓葬制度、人种族属、社会结构，尤其是商文化的渊源等重大学术问题的研究起到很大的推进作用；娘娘寨遗址的发掘，为解决学术界长期悬而未决的寻找西周东虢国故址问题提供了重要线索；固岸墓地的发掘，对探索我国白瓷制作工艺的起源具有重要价值。

湖北省文物局积极组织相关单位开展工作。郧县老幸福院墓群共发掘4600平方米，揭露了从战国至明清时期的墓群，从已经清理的东周墓葬可以初步判断此处在战国时期为楚国一个公共墓地，对我们认识、研究鄂西北地区战国至秦汉时期的社会经济状况、生活习俗、丧葬制度等将具有重要意义。北泰山庙墓群全部完成4500平方米的控制性工作计划，发掘墓葬33座，其中32座为楚墓，从发掘掌握的材料分析，该墓地可能是一处贵族家族墓地。牛场墓群完成2310平方米的考古发掘任务，清理墓葬48座。郧县辽瓦店子遗址经勘探，埋藏面积达20万平方米以上，时代从新石器时代一直到汉代，已进行4500平方米的发掘，发现有保存较好的夏、商、西周时期的遗存，可望填补鄂西北地区文化发展序列上的空白。

2005年南水北调工程文物保护工作的开展，初步解决了文物保护前期工作滞后的问题，缓解了建设工期和文物保护的矛盾，为有效保护我国珍贵的文化遗产、保证工程顺利实施奠定了基础。

《西安宣言》——文化遗产环境保护新准则　04.010650

国际古迹遗址理事会副主席　郭　旃

2005年10月21日，国际古迹遗址理事会（ICOMOS）第15届大会在中国的古都西安落下帷幕。会议引人注目的成果之一，是通过了一份关于保护文化遗产环境的《西安宣言》。来自全世界的近千名文物、考古、建筑、园林、规划、法规、景观等方面的专家，字斟句酌，百般推敲，最后一致通过了这一历史性的文献。

乍看“环境”一词，狭义地理解，人们或许会把它仅仅理解为遗产周围的景观环境和卫生状况。这一词的最初出处是大约两年前就提出的英文单词——SETTING，又经反复琢磨而确定的。据说，在法语中，也没有一个简单地完全对应的词。在将它译成中文时，遇到了很大困难。实际上，这里的环境涵盖的是遗产内存的与外部的、个体的与相互的、历史的与现在的、物质的（有形）与非物质的（无形）复合的客观存在及多方面的相互关系。中国的同行们曾把SETTING译作“周边环境”，后来发现这与提出这一概念的含义相差甚远，最终中文本选定了“环境”，但加以诠释，从而准确、全面地理解它，并应用到实践中去。国际同行们在交换意见的过程中，同意中国同行的解释与作法。关于“环境”在遗产领域中的定义，《西安宣言》的第1款中作了陈述。

令人耳目一新的是，现在的“环境”概念包含了“过去的或现在的社会和精神活动、习俗、传统知识等非物质文化遗产方面的利用或活动，以及其他非物质文化遗产形式”，它们和遗产的客观存在、视觉效果以及与“自然环境之间的相互作用”一起，“创造并形成了环境空间以及当前的、动态的文化、社会和经济背景”。这种从物质与非物质两方面的大课题展开的相关实践已经形成遗产保护领域新时代的潮流。

多项国际遗产保护准则性文件的起草者之一、著名的遗产保护理论家与培训专家、加拿大籍的赫布·斯多沃教授（Herb Stovel）在参与讨论《西安宣言》初稿时特别指出：“遗产环境指的不仅是物理环境（社会、经济，定义时应特别强调这一点）……遗产环境还可包括那些精神实质、传统知识或能体现该历史地点价值的其他无形文化遗产。”他甚至提出，应“考虑删除缓冲区的引用。实际上，在世界遗产提名时，缓冲区的使用使指定的具有遗产价值的地点周围形成了半不毛之地，而不是保护该遗址所处的重要的‘环境’，这是一个大问题。正可通过此宣言，解决这个长期存在的问题，积极地定义环境，协助体现遗产的重要价值。”

国际遗产保护领域另一位泰斗级的学者、芬兰的尤嘎·尤基莱托先生（Jukka Jokilehto）同意斯多沃教授关于“缓冲区”的见解，并特别认为，保护历史城镇类的遗产，不必拘泥于划不划“缓冲区”。

不过，“缓冲区”毕竟是截至目前为止已被180个国家签署的政府间《保护世界文化和自然遗产公约》及其《实施指南》所规定的关于世界遗产保护的必需设置，取消是不可能的。《西安宣言》还是在第6款中专门肯定了“缓冲区”的积极意义。其实，二位大师的本意也不是否定“缓冲区”对于遗产保护的必要性和重要性，而是强调要重新认识和界定“缓冲区”的含义和作用，不要孤立地、单纯地保护可视的物质遗产；不要把动态的、复合的遗产整体仅仅当作一种静态的躯壳；不要割裂遗产，特别是延续着人类生活与文明传统的遗产中，物质与非物质文化的关系，局部与整体、与大环境背景的关系。在这一层面上，尤基莱托先生还强调，《西安宣言》“不应该过分关注真实性”，他认为，“完整的概念是关键内容”，应当从“社会、功能、结构及视觉”等方面关注环境。斯多沃教授也提出，“除了真实性和多样性外，可考虑在主要目标上加上‘完整性’和持续性等词”。

在世界遗产领域，多年来，“完整性”的概念和要求一般被应用于自然遗产。关于文化遗产，主要关注点在于“真实性”。人们拘泥于从结构上保存历史文化遗产“完整性”的不现实，曾忽略了从深层次、全方位理解文化遗产“完整性”的重要意义。以至于在此次会议上，国际古迹遗址委员会波兰国家委员会主席安德烈·托马舍夫斯基（Andrxei Tomaszewski）在回顾国际古迹遗址理事会辉煌历史时，竟然指责了被同行们奉为保护经典的《威尼斯宪章》，认为它在继承伟大的《雅典宪章》时，“却代表了一种倒退——尽管表述完美，但这份宪章却仅专注于单一古迹的保护，而忽视了城市和自然环境等宏观层面的问题”。他还认为，《威尼斯宪章》之后的一些专业宪章“一方面阐述了对文化遗产保护具体领域的研究方法，另一方面又导致了保护的分化，即：将文化遗产保护分为相互分离的、有时又颇为狭窄的领域，脱离了它们更为广阔的环境”。托马舍夫斯基先生的这份论述不是在否定《威尼斯宪章》和其他一些相关宪章关于文化遗产本体和文化遗产真实性的理念和准则，而是在批评忽略环境、忽略完整性的倾向和作法，呼吁更深刻、更完整地认识和保存遗产的价值。也就是说，《威尼斯宪章》在保护遗产本体及其真实性方面树立了自己的权威，现在到了更深刻认识遗产价值，关注综合意义上的环境，系统、完整地保护文化遗产的历史阶段。

2005年2月1日生效的新修订本《保护世界文化和自然遗产公约实施指南》已经明确把“完整性”的理念与要求同时应用于文化遗产和自然遗产。这是国际政府间公约关于文化遗产保护理念发展进程的最新体现。《西安宣言》回顾了一系列文化遗产保护理念中“环境”因素被越来越关注、越来越深化的过程，诸如联合国教科文组织1962年的《关于保护景观和遗址的风貌与特性的建议》对环境的关注、《威尼斯宪章》对环境的提及等。还有另一份重要的历史文献——《奈良真实性文件》关于文化多样性重要意义的强调，乃至颇有争议的2005年关于高层建筑与历史城市保护的《维也纳备忘录》。当前，国际上颇为热烈的统筹保护物质与非物质文化的运动也是这一演变过程中的亮点。

统观历史的进程和《西安宣言》，正如许多专家所指出的，《西安宣言》集遗产保护历史之大成，是继《威尼斯宪章》（1964年）和《奈良真实性文件》（1994年）之后的一份新的里程碑式的文献。让中国同行们自豪与欣慰的是，在当今文化遗产保护理念与实践发展进程中的重要历史时刻，这一《宣言》诞生在华夏文明的大地上，首次成为以中国古都命名的文件。

《西安宣言》起草小组的代表、澳大利亚籍的谢里登·伯克女士（Sheridan Burke）在向各国同行通报《宣言》起草稿时说到，《西安宣言》的"目标是制定一份简洁有效的文本，强调古迹遗址及其他遗产环境和背景的重要性，确保从视觉、物理或审美角度或在无形文化方面给予合理的关注与掌控"。"《西安宣言》只是阐释了原则，不以完备的实施细则示人。因此，可通过国家及地方工具制定具体措施"。《宣言》在拟定过程中，曾设定了17个条款，最后整合、删简为13条，始终遵循着上述目标和准则。当然，不可避免地，《宣言》也就环境的认定与保护和掌控，提出了一些比较具体的限定和倡导，都值得我们尊重，应当贯彻实施。但距离细化到实施，《宣言》还只是原则性的文件。显然，在理念和原则上达成共识之后，下一步迫切的任务是广泛地宣传和推广，特别是要根据各国的不同情况，制定既与《宣言》精神相一致，又更完善的理论与技术，指导遗产保护的实践全面跳入新时代。

认识的提高与普及还只是开始，实践的使命更是任重而道远。从深层次环境理念出发，完整地保存全人类所剩不多的人类文明的结晶，已非单一学科或少数人所能应对的重担，也不只是遗产所在国自己的责任。因此，《西安宣言》在最后特别号召"与当地、跨学科领域和国际社会进行合作，增强环境保护和管理的意识"。对这样做的意义，中国同行们在多年的拼搏中早已有深切的感受。

《西安宣言》是文化遗产保护事业从理念和理论迈入历史新阶段的成熟表征。它系统地宣告，相关环境是遗产完整价值不可缺少的组成部分，而不是可有可无的附着物。必须动员全社会、多学科的力量，周详、细致、深刻地解读、认证和欣赏形形色色的遗产环境，虔诚地尊重和爱护环境，严格谨慎地保护环境，尽可能充分地阐释环境。使遗产与其所处传统环境一起，通过科学的规划、保护与管理，和谐完整地长久留存下去。为当代人，更为子孙后代更好地、可持续地享用遗产丰富深厚的历史文化底蕴和隽永的美，提供完善、可靠的保障。这是《西安宣言》字里行间表达出的全球文化遗产保护业界的共识和洋溢着的使命感与激情。

（原载《中国文化遗产》双月刊2005年第6期）

历史文化名城：如何面对历史和文化

李雄飞

历史文化名城体系开拓了中国城市建设的新篇章。

在1982年以前，虽然我国存在有数以百计的古城，保存着大量的古文化遗址、优秀的古建筑和非常富有特色的传统民居，但由于还没有"历史文化名城"这个概念，传统文化遗产的保护还仅仅限于文物管理部门，还不能影响和干预城市建设的总体方针，也难于形成系统，在宏观的人类文化遗产方面，不能形成一个有高度凝聚力的全民思维体系。

历史文化名城体系确立之后，城市建设出现了一种新的模式，新的思维方式。以优秀传统文化内涵的保护和弘扬为基点开发建设城市，即从文化角度，研究城市的生长过程，比之单纯地从物质计划原则规划城市、建设城市，增加了深层次的更有益于拓展人类文明成果的精神内涵。这使城市建设从单纯的房屋排列、市政设施计划转向一种高层次的文化活动。而这种文化活动恰恰体现了城市建设行为的本质意义：城市要为培养一代具有高尚品德的现代化新人提供一个完美的物质环境，一个促进人类生存文明的空间。历史文化名城，由于历史悠久，比其他一般性城市更多地保留着人类文化财产。人类前进过程中的每个活动，都在城市形象和风貌上留下了自己的痕迹，形成历史的台阶。人类的每一种相互交往的经验、技术进步以及建筑的风格样式，通过名城的浓缩、凝聚和保存，形成一种文化内涵，构成了城市的特色。

城市的本质和对人类的文化意义，通过对名城历史和文化的研究，比过去有了更为深入的认识。而且，只有从文化内涵出发，研究城市，才能真正认识、理解城市的本质。这在历史文化名城北京、西安、南京、拉萨、喀什、泉州、曲阜、苏州、开封、洛阳等城市都可以找到非常好的例证。在此之前，这些城市的主题文化很不明确，没有意识到要把文化古迹、古建筑作为重要的城市特色构件提到一个相应的重要地位上来，更谈不上要以此作为城市建设的一个重要原则，这使城市产生了一个趋同现象，使全国上千座城市的形象出现了千篇一律的雷同危机。历史文化名城概念的提出，使这些历史文化积淀深厚的城市明确了拓展新城市空间的广阔途径。这一途径使城市的环境质量产生了质的飞越。如名城泉州，以“海上丝绸之路”作为带动城市发展的一个主题文化，把历史文化、现代文化、习俗、民族风情等与城市建设融为一体，鼓舞了海外侨胞关注家乡建设的热情，产生了巨大的文化凝聚力，同时也带来了可观的经济效益和大量的投资和科技开发项目。首都北京，尽管建筑界对北京的新建筑提出了许许多多的意见和尖锐的批评，但就单体建筑而言，北京近年在保护古都风貌的总原则下还是涌现了不少优秀的建筑设计作品，至少正在逐步明确“历史文化名城”北京应具有怎样的外部形象这一课题，至少给那些企图以“现代化”的名义大肆进行“建设性破坏”的房地产商某些限制和制约，从而避免了可能在数十年内就使北京古都破坏殆尽的浩劫。

“历史文化名城”概念的引入，不仅在全国范围内保护了一大批极其优秀的城市以及镇、乡、村（仅四川省就保护了44个城镇），而且也使许多中小城市从建设方式的困惑中走出来，认识到了自身存在的价值，明确了城市建设从传统文化内涵的保护和发掘出发的原则，从而在街道风貌上、建筑形象的塑造上找到了一条可持续深入研究的正确途径。如河南安阳，以殷商文化为城市规划建设的主题，建筑创作、雕塑、壁画与环境艺术的其他方面，都在寻找殷商文化研究与城市建设各个方面的结合点。这种寻找无论是对文化史研究，还是对实用技术美学，都将带来一种新的转折点。一旦这种研究进入更高层次的境界，城市的综合素质、环境质量、文化内涵都将得到极大的提高和丰富。

在已经批准的历史文化名城中，只有极少数城市真正通过这一“桂冠”获得成功发展，而大多数名城普遍陷入资金短缺的困境，使历史文化名城这一美好的概念和高情感的文化价值，与我国目前的经济条件、文化素质偏低的现状条件不相称，名城的建设陷入困境之中。

1．资金缺口大，难于保护好历史文化名城

资金缺口大，是整个国家城市建设部门都面临的重要问题。对历史文化名城来说，更甚一层。

山西、陕西、河南三省是中原地区文化古迹最为丰富的省份，也是维护古建筑、古文化遗址资金最短缺的省份。要解决这种大面积的资金短缺，即使经济十分发达的国家，也并不是一件容易的事。天津市是一座外来建筑文化十分丰富的名城，整修优秀的近代建筑，这在天津市政府各级干部和人民群众中，可以说是已达成共识。市容委员会在过去10年间共维修、复原优秀的近代建筑，多达数千幢，缓解了住房紧张，又开创了我国通过整修来保护旧城的优秀先例。但由于资金短缺，没有力量把一组组特别精彩的、艺术与文化价值特别高的近代建筑群买下来，只好让这些未来可以成为高等级宾馆、美术馆、博物馆的建筑群仍旧交还给大杂院式的住户之中。要这些居住十分拥挤的住户保护好这些精美的建筑看来是不可能的，即使暂时限制了临时搭盖改建，长久下去也会因容易大面积私拆乱改，整修的成果付之东流。

几乎全国的名城都存在着传统民居急需内部现代化改造的问题。如何解决？在许多小城镇中还没有一个更适宜的做法。而且，历史文化名城中的传统民居保护区原则上只能进行内部现代化，外观上是不允许改

变的，这在某种程度上又增加了一定的难度。

2．资金充足未必能保护历史文化名城

当有的城市发愁于保护资金短缺的时候，对某些名城来说，可能又出现了千载难逢的资金充裕的机会，但也并不会因此而乐观。

历史文化名城泉州，在保护名城、修复古建筑群方面，在全国也是首屈一指的。解放初期曾任泉州市委书记的王今生先生，退休后二十余年致力于泉州历史文化名城的建设，在东南亚华侨中募捐了9000余万元，先后修复了承天寺、崇福寺、开元寺、天妃宫等古建筑群。其中以承天寺的修复最为艰难，共动员外迁60多家街办、民办工厂、数百户居民。但在同时，泉州也有不少不尽人意之处。某台商来泉州复建谯楼（文革中被毁），为泉州复原了历史上最著名的古建筑。同时这位台商也投资兴建了一座体育馆，而体育馆的选址就在谯楼前广场的西侧。当地的领导干部担心资金会跑掉，没有向台商解释——历史上的谯楼，最重要的景观就是远眺开元寺内的东西塔。如果这一解释能够及时送达这位祖籍泉州的台商，我想他会同意另选新址建体育馆的。复原了谯楼，完善了城市空间和中轴线，泉州市民引以为荣；但同时又遮挡了观赏古城内东西塔视廊这一历史景观，成为一个遗憾。因此，主管历史文化名城的市长，应当十分熟悉本市的历史，并应深刻地理解城市空间的历史特点，了解名城的历史文化构成与城市结构逻辑。资金充裕时，最容易破坏的是城市结构逻辑，如盲目地填河造地造成内涝，堵塞城市吐纳暑气（我国古代许多县志都提到了城市中内河的作用具有“吐纳暑气”的功能）、进行空气交换的河道（尤以南方炎热地区城市为甚），不恰当布置高层建筑遮挡名城历史上著名的景观，等等。

3．过于饱和的城市环境容量对历史文化名城构成威胁，适度的环境容量，是保护历史文化名城的重要条件

由于我国人口密度高，城市用地相对狭小，城市常常是过度开发的。辽宁古镇兴城，是明代抗清英雄袁崇焕督建的完整古城，以“城、泉、山、海、岛”五大景观著称。有完整的城墙和四门城楼（包括瓮城）、两座牌坊、城隍庙、文庙、温泉、古迹众多的菊花岛（有多部电影以兴城为外景地，早期的如《三进山城》等）。它的海滨有两大著名景观：海立现象和万顷蟹田。海立，是地形条件造成的视错觉现象。20世纪50年代，通往海滨的坡道两侧（约长200米）栽上了两排杨树，长高之后，由于限定了这条路上所看到的天空，使之变为狭长的空间，加上道路坡度较大，当人一走进这条林荫道时，面前所呈现的大海一下子直立起来，好像有万顷波涛从天而降，令游人惊骇不止。另一个景观是道路两侧的几平方公里海滨滩涂湿地，落潮时便全部暴露出来，海蟹成千上万在阳光下出没，万顷湿地波光闪烁，大地在流动，令人震撼称奇。当时海滨仅有十余家国家各部委的疗养院，这两处景观尚得以完好保存。进入20世纪70年代末期，大批疗养院在滩涂（当时尚无“湿地”保护意识）上填土建立起来，据不完全统计，现已达到200余家。环境容量已到了超饱和状态，滩涂万顷蟹田的景观没有了，海立现象也由于修建了广场，砍伐了树木再也看不到了。

在嵩山少林寺，由于大批出售旅游纪念品商贩的涌入，摊位长达一、二公里，已远远超过古建筑群环境容量所能容忍的配套设施，以至于幽静的古寺变成了喧闹的街市，环境气氛荡然无存。嵩山中岳庙本来是万豁大山之中标志山群等级的纪念性古建筑群，没有周围的群山便很难形成五岳之尊的等级气氛。现在由于城市的拓展，已经包围了中岳庙，使之下降为城市公园，古建筑群原设计意图全部丧失。

4．容易参与“建设性破坏”的房地产开发商

城市要大规模地建设，离不开房地产业开发的支持。特别是成片开发，使城市得以有计划地按照规划进行建设，这对我国城市发展无疑起到了极大的推进作用，也是使城市建设逐步走上同国际接轨的正确途径。

但在历史文化名城中，房地产开发却经常由于局部地段的保护问题而成为“建设性破坏”的主要参与者。特别是当房地产开发商文化水平较低的情况下，与政府中某些急于要政绩的官员联合在一起时，更是如此。一些房地产开发商为了追求高额利润，在许多名城的所谓“旧城改造”中推行大体量、高密度的建筑群，使本来十分拥挤的旧城变得更加拥挤，只好再拆迁，马路再拓宽，于是密度更大了，形成了恶性循环。一些有价值的民居也在这种大拆大改的浪潮中被冲掉了。其中包括大量的完整的、居住质量十分好的

街区，在当地居民的要求保护、抗议一律推平的民愤中，强行采用推土机政策。福州“三坊七巷”保护与改造工程，争议了数年之久，看了模型和方案之后，才知道所说的保护其实是全部大拆大建，剩下的列为保护的民居是一个小小的点缀品，可怜兮兮地立在那儿。令人最为担忧的是北京，离故宫很近的王府井一再加大容积率，体量巨大的商场几乎紧逼人行道而建，尽管人们一再呼吁在王府井大街上留下一些可供购物者休息的区域，但新建筑几乎总是没有想过为城市空间做些什么贡献。北京的另一个问题是一切都要成为中心的职能要求，交通中心、农业中心、工业中心、商业中心……，使北京背上了一大堆包袱，使城市不得不修建大量的高层住宅，它们分布在城市的所有位置。这种布局对名城北京古都风貌威胁很大。仔细研究，北京的许多单体设计是十分精彩的，但组合功力之差，却让人吃惊。不用说旧北京城的严谨格局和慎密的逻辑性，在新城建设中难以寻觅，就是稍加组合、有一定韵律的建筑群也很难看得到。如北京站周围的建筑，单体看来多数都是相当不错的，有些是十分精彩的，但它的群体组合，几乎找不到有些什么内在联系，更谈不上一种严密的逻辑性了。这种各自为政的开发建设，只能是越建越乱，众多的尖锥屋顶，平面图形扭转造成的棱角，都给人以各自为政的印象。更谈不上让人感受到具有千年历史的城市的文化内涵和源远流长的华夏文化的隽永，以及音韵无穷的魅力。又如王府井的新建筑群，即使在现代化的欧洲新城中，也难于列入优秀建筑设计的名单，不仅抹掉了王府井原有丰富多彩的大量的历史文化信息，而且简陋划一的外观，令人想起某位建筑师的精彩评价：“搞这样一组难看的建筑还是相当不容易的！”

对于历史文化名城来说，旧城是传统民居的集中地区，因此，急于进行“旧城改建”是不明智的，它很容易导致传统民居在没有调查清楚其历史和文化价值之前而被拆除。有些名城尽管要保护的街区面积只有总体规划确定的总面积的百分之二三，也经常是被认为非扫荡精光而后快的街区。从目前我国已批准的历史文化名城来看，绝大多数的旧城都比较完好地保存着，有些已进行了详细的调查研究，确定了予以保护、保存、拆除重建的具体建筑物，这时城市建设的原则就比较明确了，只要能够按照名城保护规划实施，就能保证名城风貌的存在和正确的城市建设方向。但对大多数名城来说，旧城绝大多数房屋质量都比较差，究竟制定怎样的原则，一时还难以拿出一个完整的方案，但危房改造却迫在眉睫。大多数旧城都是在这种情况下逐渐拆毁的。最理想的方式就是把列为保护的传统民居由政府或一些民营机构收购过来，改为民俗博物馆或传统民居式的宾馆，这在绍兴、洛阳等地都有成功的经验。十多年来的经验证明，只有这一措施才能达到保护传统民居的目的，如任凭住户自己维修，其结果必然因资金不足而改造得面目全非。而由房地产开发商，特别是由某些文化素质极差的喜欢夜间推平某些优秀传统民居的开发商来进行旧城改造，更容易形成“建设性破坏”。

在大规模的房地产开发中，最容易破坏的除民居之外，当属近代建筑。许多建筑师庆幸北京的近邻天津市，与北京形成强烈反差的是，它的大规模的房地产开发投资少，因此优秀的近代建筑才得以保存，也没有采用丁字尺划方格的方式改造城市，建筑得以眉目清秀，颇具风韵的保存了下来，形成了天津重要的城市特色元素。

除了人们普遍对近代建筑的保护不如对古建筑那么重视之外，业主也比较难以接受一个把要保护的近代建筑与新建筑结合起来的设计方案（肯定要多花钱，施工也复杂得多），这与全民族对艺术珍品价值的认识水平有关，也常常是经费不足的原因。我们欣赏澳门的大三巴建筑，一座立面还完好地在那里，成为今日澳门的象征。今后10年或更长一点时间，青岛、大连、武汉、厦门、长春、哈尔滨等城市可能会不断地出现拆毁这批文化遗产的现象（大连将拆除火车站重建，是否有可能把旧的优秀局部镶嵌在新建筑中亦不得而知）。如不从现在开始研究其建设原则、技术措施、设计方法，并对所要保存、保护的建筑珍品有一定深入的调查研究，这种结局将是不可避免的。

5.有“历史”，但没有“文化”，古建筑的保护仍旧是个十分困难的课题

十年动乱之后，尽管各种宣传媒介已经对古建筑和历史文化名城的保护，宣传了十余年，但并没有让所有的部门和单位都能予以理解和支持，特别是市长一级的领导干部。如何提高文化认识水平，并在行动上予以支持，还需要一个十分艰苦的历程。对此，无论是历史文化名城的规划部门，还是古建筑保护的主管

部门，都有深切的体会。优美的民居拆除后，代之以丑陋的单元式装满笼子的住宅。难怪有人说，许多名城只有“历史”，没有“文化”。

有“历史”没“文化”的现象并非个别名城，这是普遍意义上的概念。这些曾经是中国历史上各个发展阶段上繁荣昌盛之地，伴随着历史的变迁，多数都有不同程度的衰落。如西夏首府银川、高句丽王城集安、宋代的四大名镇、喀喇汗王朝东都喀什、宋都开封、赵王城邯郸等。这些名城由于有了高等学府和高等研究机构的参与，尤其对城市的历史文化研究的人才较多，建设了一批有历史文化特色的新建筑。而另一些名城，由于考证资料缺乏，往往盲目改建、复建，形成“破坏性建设”，真的有价值的原貌和信息储存部分失去了，却建设了一批假古董，形成了“假作真来真亦假”的局面。如名城漳州，复建了一座贴瓷砖的古城东门，却拆去了古城门的有一定规模的真正墙基残迹，使新城门成为一个可笑的建筑立在那里。在莆田，号称“莆田天安门”的古谯楼，其承台原为白色花岗岩，却硬要抹上一层水泥沙浆，并涂以难看丑陋的紫红色不可。曾被誉为小上海“东方威尼斯”的涵江，优美的宫口河岸拱廊建筑群，十分遗憾地在“文化大革命”以后、经济大潮的初期被拆除殆尽。

对城市特色构件的保护，许多城市由于资金不足而听凭损毁。许多城市中有大量的虽不属于文物但却有较高艺术价值的近代建筑常常是首当其冲的毁灭目标。即使是人们已经发现的散落在民间的建筑珍品、雕塑等，也并没有由相应的部门将其收回。有许多艺术珍品至今仍保存在农民的猪圈墙上、院子的铺地里。当年泉州的吴文良先生，从20世纪40年代起陆续用手推车以石换石的方法，在民间收集各种石雕残部、柱头，才使我们能在今天的开元寺内看到这些精美的充满异国情调的石雕局部，从而想象出当年马可·波罗称道的刺桐大港的繁华。

历史文化名城是我国众多城市中的有不可估量的历史、艺术和科学价值的珍品，必须建立这种“名城意识”。从目前我国保护历史文化名城的现状来看，反映出来的问题并不总是经济条件，更多的是文化素质问题，全民的、领导者的、建筑师的，都需要一个提高、充实、反思的过程。即使在首都北京这一全国的文化中心，应该说是不缺少“文化”的，可是从城市总体格局的破坏，一个个文物保护单位的破坏，不断增加首都不该有的职能从而造成人口的爆炸……哪一个问题的本质不是文化问题呢？！这种有文化和没文化、高层次文化与低层次文化、真文化与假文化的斗争，从20世纪50年代开始至今一刻也没有停止过。如果能够认真地考虑一下梁思成先生50年代初对保护北京城的意见；如果不拆除北京城墙而另外建一个新北京城；如果北京不过多地把所有的中心职能都集中过去……现在保护这座名城就容易得多。

一个首都，政治、经济、文化中心自不待言，其他的一些职能，一流的工业集群，名目繁多的开发区，铁路、公路交通中心，使北京背上了一个个沉重的包袱。这些问题集中反映了决策部门的文化意识、知识水准。有些职能完全可以放在卫星城或更大的地区内，许多部委如果能适当集中在周边城市，形成某一产业的指挥中心，情形也许会好得多。过多的包袱，世界上拥有各种“中心”最多的首都，要保护这座名城该有多么困难。反思一下近代中国以来，文化扭曲的现象比比皆是，这在历史文化名城的建设中反映更为突出。

保护民族文化遗产，是所有真理中最浅显的真理，可是一遇到具体需要保护文化古迹时，向一些名城的主管单位说明这一基本道理却十分艰难。因此，事实证明，如果认为“文化大革命”之后这么多年保护民族文化遗产的意义的宣传已为大多数干部和群众所了解，就大错特错了。宣传民族文化的意义，宣传保护古建筑和一切古文化遗产的意义，仍然是今后一个重要的长期的任务。

1.从研究城市历史文化深层次内涵出发，进行保护历史文化名城的决策

近十余年来，90多座历史文化名城在城市历史、城市文化、城市习俗与民族风情方面都做了大量的工作，几乎每座历史文化名城都以某个文化主题为中心，专项进行了深入研究，极大地促进了以文化内涵发掘为先导的城市建设原则决策工作。如西安的唐文化，荆州的楚文化，杭州、开封的宋文化，洛阳的周文化，安阳的殷商文化，泉州的海上丝绸之路文化，天津、上海、大连、长春、青岛、哈尔滨的外来建筑文化等等。并逐渐通过各种相关文化的研究，相对集中了一批对本城市历史、文化、艺术有一定研究造诣的

学者群。这些学者群参与城市建筑决策，保证了城市建设方式的正确性。

建立一批研究名城的学者群，并不是很容易的工作。因为这一学者群是松散的，分布在城市的许多部门，它可能以某个文化团体或机关为核心，如文物局、文管会、规划处、建委、文化局等，也可能是志同道合的民间学者群。市长和各级管理部门应支持和扶持他们，使他们能够逐渐成为市长的“智囊团”。

每个历史文化名城都应该有计划有组织地形成这种学者群，以此作为推动名城城市建设的软件，逐步使名城的建设经营活动变成一种文化活动、文化事业。

2．继续深入研究历史文化名城的深层次文化，建立某种主题文化的体系

不管一座历史文化名城所保留的文化遗迹现状如何，其发展的数百年、数千年之间必定形成某种文化意义上的结构逻辑性，并反映在城市格局和建筑空间上。历史文化名城的建设将依据这些历史结构逻辑和文化体系来进行传承、拓展。

名城由于历史悠久，历史文化积淀既丰富，也复杂，特别是改朝换代、异族入侵、碰撞、文化交融，不大可能只有一种单一性文化，多数是复合的，除大系统外有若干个文化的子系统。名城学者群的首要任务就是弄清文化形成过程的各个细节，必须了解这个系统的总体情形以及子系统的局部状况。一般说来，城市发展的历史鼎盛时期，常作为该城的主题文化，这样容易抓住重点，形成城市特色单元。

分散的特色单元，如不能按照历史文化空间体系逻辑来组织和构成，将不会形成强烈的城市风貌特色。因此，需要一个历史文化体系，按照体系决定各个子系统哪些是重要的组成部分，有些子系统会由于各种原因没有什么遗存或痕迹，这需要仔细研究它的出现方式。有些主题文化特别明确的城市，例如辽宁兴城，是明末的防御性战略城市，它的大系统是军事防御，其子系统就是防御中的各个环节，每个环节均应有相应的出现与展示方式，才能给人以完整的印象。又如山东威海，如果主要陆上炮台的遗址都被破坏，其海防的子系统就不存在了，因此，“威海卫”的系统应该是完整的，其城市的历史价值才能完好地体现出来。

体制问题也是名城要注意的问题，多位专家抱怨厦门鼓浪屿建设项目过多，环境容量过大。而其最根本的原因在于设立了鼓浪屿政府，作为区政府，就要考虑区政府的相应职能建设，包括城区的拓展，就要大量建设。如果仍旧由原厦门市思明区管理，鼓浪屿则完全是一个区的旅游区，就不会产生现在的问题。

3．慎重地研究城市发展的每一步骤，“规划人”的聪明才智都表现在科学的预见力上。在城市建设的各个行业中，规划编制者、规划管理者应该是最聪明的人，而聪明的核心应表现在科学的预见上

安阳的跨铁路市内立交桥，选择桥位时，并没有仔细地研究这一立交桥建成后对城市结构会产生怎样的影响。当大桥施工后，立刻反映出来的问题是从西城跨铁路线进入东城，下桥的直线正对着重要文物文峰塔，使文峰塔面临着两种威胁，或者是因巨额投资的新桥而被拆毁（或迁建），或者是因要寻找下桥通道而切割文峰塔的历史文化环境。无论哪种选择，都对文峰塔构成了致命的伤害。

泉州的历史文化名城保护规划建议城市按南北城市格局形成，铁路走南线的方案，形成以河为界的对称式格局。这一有预见性的建议没有被采纳，以致于铁路北线、新北线之争达10年之久，期间国内外报刊发表文章数百篇，轰动国内外。无论是北线方案，还是新北线方案，其依据都是建立在错误的前提之下，就线形论线形，没有考虑城市空间结构逻辑，以致于建设后的施公岭车站，象一个被遗弃的构件，胡乱地丢在一边，使用不便，难于维系，使十几年后不得不在新的总体规划中确定正确的站址。

因此，城市“规划人”的聪明才智主要表现在预见性方面，许多危机都是决策之初埋下隐患，其实都是可预见到的。或者出于行政干预，或者是出于私心，而丧失了预见力。

预见、预测，是规划师最重要的思维中心。城市建设的每一步骤，都形成了日后可能出现的各种可能性问题的“伏笔”。特别是名城，当第一幢高层建筑决定在传统民居聚集区矗立时，规划师应该立刻深思，旧城的恶性循环是否将由此开始；当重要设施选址之初，规划师的职责就是迅速判断这一选址伴随而来的是城市哪些职能和城市运营方式将会受到影响，乃至完全改变了城市的运行方式。有着数百年历史的水旱码头天津，从解放桥至塘沽，20世纪70年代以前全是可以开启的浮桥，同时开启的浮桥只需十分钟就全部完成，海内船只可以在每日规定的时间里上溯至市中心区，解放桥一带国内外客轮往来，城市充满了活力。文

革后期为解决城市供水不足问题，错误地决策将全部浮桥改为固定式桥，并修了防潮闸（理由是为了几千亩鱼塘、农业用地不再盐碱化，忘记了1956年海河洪水期间，党中央曾为保卫天津、河北省作出了巨大的牺牲），从此，海河失去了其存在的真正价值，变成了带状水库，从而使天津完全失去了昔日的世界港口城市的风采。从技术上看，水库与防潮问题都是可以解决的，关键是闸位的选择。这一决策的结果，我们聪明的后代人会看得更加清楚，一个死水的“狭长水库”会以怎样的速度淤积，是不言而喻的。文革前的天津由于码头的繁华，外商货、客轮云集解放桥头，以至于解放路上十几家银行都应接不暇，与上海的南京路一样繁华兴盛。而2003年后提出“打造世界名河”的口号，其实施重点应在名河上而不是河边的建筑上。这很像上海的黄浦江，如果将其改变为黄浦水库，外滩的建筑意义会大打折扣。客运码头是否进入市中心区，看起来象一个技术问题，实际上对天津这样的城市却是一个生命线的问题。如从景观学的意义上讲，天津客运码头的外迁及由此产生的城市经济下滑在世界上也是唯一一例。类似的过程在城市建设过程中每天都可能发生，也许某一个看起来并不重要的决策，会在某一天危及城市的止常发展。这种现象我们从城市灾难史中知道得够多的了。因此，城市规划管理决策，必须是慎之又慎的。

有许多情况下，我们对城市发展的规律并没有完全认识，许多信息并没有全部破译或识别清楚，在这种情况下进行历史文化名城的决策就要更加谨慎。比如苏州，水网与跭网的叠加城市结构体系，是否我们已经全部弄清了这一历史成因的全部信息呢？大量地填河，将会产生怎样的结果，至今并没有一份完整的详尽论证。北京的三环、四环、五环，或者更多，以及无限延长的中轴线，这种模式的未来影响，是非常值得认真论证的，亟待领导者和规划专家们一道审慎地去研究，必要时还要进行科学地模拟实验。英明的远见卓识，认真地探讨名城发展的每一细节，才能使名城建设真正走向科学的、量化的正轨。

“历史文化名城”给我国城市建设的发展方式开辟了一个新的途径，提出了在崭新领域中要研究的大量新课题。2002年10月28日第九届全国人民代表大会常务委员会第三十次会议通过修改后的《中华人民共和国文物保护法》，为新时期历史文化名城的建设，作出了法律上的明确规定，使21世纪的城市建设明确和丰富了以文化内涵为中心的建设概念，从而促进了城市建设与规划、建筑设计由一种单一的工程概念，转向更加关注其文化内涵的文化活动，并将渗透更多的文化活动方式到工程实践中。那时的历史文化名城，才能真正形成历史的、文化的、知名度很高的优美城市。

第二章　博物馆事业

综合性博物馆

中国国家博物馆　04.02010150

中国国家博物馆坐落在北京天安门广场的东侧，是一座以历史与艺术为主、系统展示中华民族悠久文化历史的综合性博物馆。中国国家博物馆是在中国历史博物馆和中国革命博物馆的基础上建成的，于2003年2月28日正式挂牌成立。

中国国家博物馆现有文物藏品61万件，馆藏精品有史前文明的精美陶器；商周时代的青铜重器——司母戊鼎、四羊尊、大盂鼎、虢季子白盘；闻名遐迩的南朝画像砖；历经千年才芳华重现的唐代秘色瓷器；久负盛名的宋元官窑瓷器以及精巧绝伦的明清工艺品等。

中国国家博物馆集文物征集、考古、收藏、研究、展示于一身，系统收藏中国从古至今的珍贵历史文物，并通过举办常设基本陈列和多种专题陈列，向国内外公众全面地展示中华民族的伟大历史进程与辉煌文化，介绍世界文明与各国优秀文化。

上海博物馆　04.02010250

上海博物馆是一座大型的中国古代艺术博物馆，1952年在南京西路创建，1959年迁至河南南路。1996年10月12日在人民广场的新馆建成开放。新馆占地0.8公顷，建筑面积38000平方米，开放面积10000余平方米。博物馆的外形犹如一尊青铜古鼎，默默承载着五千年的历史与文明。

上海博物馆共设十一个专馆、三个展览厅。馆藏珍贵文物12万件，包括青铜器、陶瓷器、书法、绘画、玉牙器、竹木漆器、甲骨文、玺印、钱币、少数民族工艺等23个门类，在国际上享有盛誉。其中青铜器、陶瓷器、书画为馆藏三大特色。尤以青铜器驰名中外，庄重肃穆的青铜馆在1200平方米的展室内，陈列了400余件精美的青铜器，如德鼎、大克鼎、牺尊等，反映了中国古代青铜艺术发展的历史。陶瓷馆中珍藏的龙泉窑青釉三足炉、青釉弦纹尊等精美绝伦的艺术珍品是我国陶瓷艺术成就的集中体现。书法馆中王羲之的《上虞帖》卷、怀素的《苦笋帖》卷、苏东坡的楷书《祭黄几道文》卷是国内不可多得的稀世珍品。绘画馆中孙位的《高逸图》卷、唐寅的《春山伴侣图轴》等，反映出中国绘画的悠久传统和深厚底蕴。

首都博物馆　04.02010350

首都博物馆是一座拥有先进设施的现代化综合性博物馆，是新世纪北京市标志性建筑之一。该馆原址位于北京孔庙内，1981年10月正式对外开放，环境幽雅宁静。新馆位于西长安街延长线白云路的西侧，占地面积2.48万平方米，总建筑面积63390平方米，建筑外形主要由矩形围合结构、椭圆形外立面和金属屋顶三部分组成。恰到好处地展现了“博物馆是联系历史、现代和未来的场所”这一设计理念。

该馆馆藏文物达25万件，其中包括：青铜、陶瓷、书画、石刻、钱币、玉器、玺印、织绣、竹木牙角器、佛教造像、文具、民间工艺品等，藏品中还不乏享誉海内外的孤品与珍品。

新馆拥有5600多件北京地区出土的珍贵文物，各种陶瓷器、青铜器、绘画、书法、古代家具等，详尽展示了北京的历史和文化，其中八成以上文物为首次公开展出。

首都博物馆的展览由两个基本陈列，九个专题精品展览和两个临时展览三部分组成，其中既有反映北京历史发展的“古都北京”历史文化篇、城建篇，也有描绘老北京风情的“京城旧事——老北京民俗展”。

陕西历史博物馆　04.02010450

陕西历史博物馆位于陕西西安大雁塔西北侧，于1983年筹建，1991年6月20日落成开放，是一座现代化国家级博物馆。三秦大地有着丰富的文化遗存，深厚的文化积淀，作为“古都明珠，华夏宝库”的陕西历史博物馆是展示陕西历史文化和中国古代文明的艺术殿堂。

陕西历史博物馆的造型是“中央殿堂、四隅崇楼”的仿唐建筑群，占地面积65000平方米，建筑面积55600平方米，文物库区面积8000平方米，展厅面积11000平方米。馆藏文物有从远古人类使用的简单石器到1840年前社会生活中的各类器物，多达37万余件。在这具有一百万年时间跨度的藏品中，既有精美绝伦的商周青铜器、千姿百态的历代陶俑；又有璀灿夺目的汉唐金银品、举世无双的唐墓壁画。

陕西历史博物馆收藏了近20座唐墓的壁画。总藏量约1000平方米，这些壁画无论数量还是质量都居全国首位。并形成了唐墓壁画的完整序列。其中如《客使图》、《狩猎出行》等壁画珍品，布局严谨、色彩富丽、线条挺劲流畅，是弥足珍贵的艺术精品。

河南博物院 04.02010550

历史悠久、文物丰富的中原大地使河南博物院成为引人注目的文物收藏大馆。其前身是1927年在古都开封创办的“河南博物馆”，1961年迁至郑州，1991年再度改建，1998年新馆正式建成开放，定名为河南博物院。

河南博物院外景

新建的河南博物院位于河南省省会郑州市农业路中段，占地10万平方米，建筑面积78000平方米，陈列面积10000多平方米。其建筑取九鼎定中原之寓意，造型新颖，气势雄浑，具有独特现代艺术风格，充分体现了源远流长、博大精深的中原文化特征。

经过70多年的精心收藏，目前馆藏文物达13多万件。这些藏品以河南出土文物为主，上起远古，下迄近现代，种类繁多，一脉相承，尤其在青铜器、陶瓷、玉器、石刻等方面，具有突出的优势。馆藏珍品有舞阳贾湖遗址出土的距今8000多年的“中华第一笛”——骨笛；反映春秋时期新旧思潮交替、社会变革时代精神的青铜莲鹤方壶；我国目前所见最早最大的失蜡铸件——云纹铜禁；我国目前最早的白瓷和加彩瓷的白釉绿彩长颈瓶；武则天登临嵩山时留下的金简等等。

内蒙古自治区博物馆 04.02010650

位于内蒙古自治区呼和浩特市的内蒙古自治区博物馆是地方综合性博物馆。1955年筹建，1957年5月1日开馆。富有地区特色和民族特色的陈列大楼矗立在该市的新华大街与中山路交汇处，楼顶塑有蒙古族喜爱的迎风奔驰的白色骏马。博物馆建筑面积15000平方米，展厅面积7000平方米。

内蒙古自治区博物馆藏品达10万余件（套），其中绝大多数是历史上出土的各个北方民族的文物和近现代的民族文物。其中伊盟阿鲁紫登出土的战国时期的匈奴王冠；赤峰市出土的驸马墓整鎏金马具；乌盟元集宁路故城遗址出土的元代丝织品；呼和浩特东郊白塔出土的钧窑香炉等堪称全国同期文物中的瑰宝。

博物馆也注重收集民族民俗文物，其中不同地位的蒙古族妇女的服饰以及宗教文物最引人注目。博物馆收藏的化石标本也相当可观，其中恐龙、猛马象和披毛犀化石骨架吸引了大量的国内外观众。

西藏博物馆 04.02010750

西藏博物馆坐落于拉萨市罗布林卡东南角，是西藏第一座具有现代化功能的博物馆。1999年10月，西藏博物馆正式建成开馆。西藏博物馆占地面积53959平方米，总建筑面积23508平方米，展厅面积10451平方米。西藏博物馆具有鲜明的藏族传

西藏博物馆

西藏历史文化基本陈列之民俗厅

统建筑艺术特点，同时又深刻体现了现代建筑的实用性和艺术神韵。

西藏博物馆有丰富的馆藏珍品，诸如各类型的史前文化遗物，多种质地和造型的佛、菩萨、人物造像，贝叶经和历代蘸金粉、银粉、珊瑚粉等手写藏文典籍，五彩纷呈的唐卡画，以及具有鲜明的民族特色的手工艺品，各种乐器、法器和别具风格的陶器等。

西藏博物馆隆重推出了“西藏历史文化”的基本陈列，即史前文化、不可分割的历史、文化艺术、民俗文化四个部分组成。该陈列被国家文物局、中国博物馆协会、中国文物报社评为“99年度全国十大陈列展览精品”之一。除基本陈列外，还设有“明清瓷器精品展”、“元明清玉器精品展”、“西藏自然资源展”和“叶星生捐赠西藏民间文化展”四个专题展馆。

经过多年实践，2005年西藏博物馆成立了文化艺术品开放中心，将具有博物馆特色和文化内涵的馆藏品转化为商品，以满足游客对高品质工艺品的需求。

三星堆博物馆　04.02010850

三星堆博物馆在全国重点文物保护单位三星堆遗址东北角，地处历史文化名城广汉城西鸭子河畔。该馆是中国有关新石器时代至商周时期最为突出的遗址博物馆之一。博物馆于1992年8月奠基，1997年10月开放，馆区占地面积530亩，展馆面积11200平方米。

1986年在三星堆两个大型商代祭祀坑中出土的金器、铜器、玉石器以及陶器、骨器等珍贵文物，证明了三星堆曾是3000多年前古蜀国的国都所在地。

三星堆文物是宝贵的人类文化遗产，在中国蔚为壮观的文物群中，属于最具历史、科学、文化艺术价值和最富观赏性的文物之一。在这批古蜀秘宝中，有许多光怪陆离、奇异诡谲的青铜造型，有高2.62米的青铜大立人，有宽1.38米的青铜面具，更有高达3.96米的青铜神树，这些均堪称独一无二的旷世神品。而以流光溢彩的金杖为代表的金器，以满饰图案的边璋为代表的玉石器，亦多属前所未见的稀世珍宝。

海宁市博物馆　04.02010950

海宁市博物馆是浙江省的县市级综合性博物馆，创建于1958年6月，收藏有历代约20个门类6000余件文物，藏品结构较完整，记录了浙江省海宁人民在此繁衍生息6000多年的踪迹。1999年7月，博物馆新馆易地建立，投资2500余万元，占地约7亩，总建筑面积5000余平方米，建筑高度27.8米。设有文物精品馆、书画陈列馆、硖石灯彩馆、恐龙馆、科普馆和一个临时展览厅。其中灯彩馆是博物馆最具地方特色的展厅，陈列本地各种精品灯百余盏。灯文化是海宁的特色文化之一。海宁硖石灯彩，以针刺花纹精巧细美见胜，始于唐、盛于宋，经千百年的锤炼，已成为融手工针刺、书画于一体的传统艺术品，历来在国内外手工艺术品展赛中屡获大奖。灯彩馆以本馆收藏为基础，展示其产生、发展及其工艺的概貌。

乐清市文物馆　04.02011050

乐清市文物馆位于浙江省乐清市，于1988年5月建馆。该馆负责乐清市境内的文物保护、维修、考古发掘、文物征集等工作。乐清市文物馆辖区范围内的全国重点文物保护单位1处，省级文物保护单位7处，市级文物保护单位54处，文物保护点49处，省级历史文化保护区1处。馆藏文物1035件，另有新征集民俗文物1306件。其中最为珍贵的是20世纪60年代在乐清各地出土的新石器时代晚期的文化遗物。这一批由先民创造并使用的生产工具和生活器皿，为我们展示了当时的社会生产和生活面貌，填补了乐清史前三千年文明史的空白。

南阁牌楼群是乐清市文物馆的重要古迹，位于乐清市仙溪镇南阁村，此地古迹甚多，有章纶故居、

乐清高友玑墓（明）

尚书第台门、笃忠堂、藏书楼、章纶墓等，尤以牌楼群最为壮观。牌楼原有七座，现存五座，建于明正统四年（1493年）至嘉靖二十三年（1544年）。从南至北沿着红褐色卵石路面相继排列，依次是“会魁”、“尚书”、“方伯”、“恩光”、“世进士”。五座牌楼结构和形制大致相同。此牌楼群清代曾重修，但主体部分仍保留着明代建筑风格。隶属乐清市文物馆的重要文物古迹还有高氏家族墓和王十朋墓。其中，高氏家族墓不仅是明代石构建筑的经典之作，同时也是反映古代宗法制度和封建等级观念的实物资料。

门头沟区博物馆　04.02011150

门头沟区博物馆，1981年9月25日开始筹备，1982年8月北京市人民政府正式批准建立门头沟区博物馆，1984年9月30日正式开放接待观众。原址在西峰寺下院，2004年月正式迁入门头沟路8号博物馆新馆。门头沟区博物馆是北京市第一个区县级地质综合博物馆。

门头沟区博物馆现有馆藏文物3400余件，其中以民俗文物最具特色。门头沟区博物馆以收藏、研究、展示门头沟区悠久历史文化、丰富的民俗文化、光荣的革命斗争史。现在展出的有“龙泉务窑考古发掘成果展”，及各种临时图片展，“从历史中走来的门头沟”基本陈列正在筹办中。

乳源瑶族自治县民族博物馆　04.02011250

乳源瑶族自治县民族博物馆成立于1984年12月，位于广东省乳源瑶族自治县乳城镇育才路1号。是乳源县境内集文物保护管理、古建筑维修、抢救性考古发掘、文物征集、文物收藏、陈列展览为一体的文化事业单位。乳源博物馆的建筑面积1500余平方米，展厅面积830余平方米，馆藏文物2000余件。藏品以瑶族生产生活用具、服饰刺绣、文化艺术、宗教法器、古籍等瑶族民俗文物和乳源境内考古发掘的出土文物以乳源境内的革命文物为主。

博物馆自成立以来，全面开展文物抢救及保护工作，通过调查已登记在册的不可移动文物四十余处，先后核定公布了文物保护单位五批十五处。配合各项基本建设抢救性考古发掘汉至唐宋时期的古墓葬130余座，使一批重要的文物古迹得到了有效的保护。

博物馆近二十年来，陆续整理出版了《盘王歌》、《拜王歌堂》、《乳源瑶族古籍汇编》等书籍。2005年将瑶族传统祭祀祖先的活动形式申报为第一批国家非物质文化遗产名录。

铜剑、铜矛（战国）

六耳罐、复瓣莲花碗、青瓷钵、青瓷高身杯、青瓷碟（南朝）

中国文化遗产保护工作

《中国文化遗产年鉴》

专题博物馆

中国苏绣艺术博物馆　04.02020150

中国苏绣艺术博物馆位于江苏苏州景德路王鏊祠内。建于1986年，博物馆原址位于苏州环秀山庄内，1988年迁于现址。博物馆占地一亩半，几百件珍贵展品，形象、系统地展示了苏绣发展的历史。苏绣是我国著名的传统工艺品，与湘绣、蜀绣、粤绣并誉为中国四大名绣。

苏绣艺术博物馆馆藏历史珍贵绣品200多件。其中有从北京定陵、湖南长沙马王堆1号汉墓出土的绣片，苏州虎丘塔内出土的五代时期的刺绣经帙，苏州张士诚之母曹氏墓中出土的元末绣件等等。

馆藏陈列分为三大部分："古代刺绣品室"陈列着《姑苏繁华图》，又名《盛世滋生图》，运用几十种针法和500多种色线将清代苏州的繁华景象纤毫毕具地精绣出来，是一幅苏乡艺术精品；"明清刺绣品室"陈列着明朝万历皇帝的龙袍复制品、明孝清皇后的洒线绣"百子衣"吉服和清代乾隆皇帝的朝服；"近代刺绣品室"展出着素享"绣圣"之称的我国杰出的刺绣艺术家沈寿的苏绣原作《济公图》、《秋声》等。

中国茶叶博物馆　04.02020250

中国茶叶博物馆坐落于浙江杭州西湖西侧的龙井茶乡，是目前我国唯一的以茶文化为专题的博物馆，占地面积22000平方米，建筑面积3500平方米，于1991年4月正式对外开放。

博物馆背依吉庆山，面对五老峰，周围茶园青翠馥郁，馆舍由几组错落有致、富有浓郁江南民居特色的建筑构成。

中国茶叶博物馆陈列厅可分为茶史、茶萃、茶事、茶具、茶俗和友谊六大展厅。茶史厅介绍了中国茶叶发展的历史；茶萃厅则收集了中国六大类名茶的351种标本；茶事厅是以介绍茶叶的栽培、采摘、加工、保存、泡饮等技术知识为主的展厅。茶具厅陈列着历代名窑茶具200余件，碗、盏、瓶、壶、杯一应俱全，精品纷呈。越窑的青瓷碗，建窑的宋代黑釉盏，耀州窑的明代茶壶，故宫的皇家双龙盖碗，清代匠师陈用均的紫砂壶，以及包锡镶玉的各式紫砂壶，均为珍奇茶具，具有重要的文物价值；茶俗厅以实物组合和饮茶仪式场景介绍了各少数民族及世界其他国家的饮茶习俗。

北京戏曲博物馆　04.02020350

北京戏曲博物馆位于北京市宣武区湖广会馆内。湖广会馆始建于清嘉庆十二年(1807年)，于1830年增设戏楼，原为湖南、湖北同乡会馆。一代伟人孙中山先生曾于1912年8月五次莅临会馆，并在此主持国民党成立大会。京剧大师谭鑫培、余叔岩、梅兰芳等诸多名家都曾在此留下足迹。1996年5月8日，北京湖广会馆重张对外开放，是目前北京市仅存的建有戏楼的著名会馆之一，也是按原有格局修复并对外开放的第一所会馆。

北京戏曲博物馆

1997年9月6日，北京戏曲博物馆作为北京市第一百座博物馆宣布成立。馆内珍贵翔实的戏曲文物资料介绍了中国戏曲的发展历程。

北京古代建筑博物馆　04.02020450

北京古代建筑博物馆位于北京宣武区东经路21号先农坛内。先农坛始建于明永乐十八年（1420年），原名"山川坛"，大体格局形成于明嘉靖年间，清乾隆时经历较大规模重修，是明清两朝帝王祭祀先农神的地方。1991年9月，北京古代建筑博物馆在这里落成，正式对外开放。北京古代建筑博物馆是我国首座建筑类专题性博物馆。

北京古代建筑博物馆现存的古建筑群有太岁殿、神厨、庆成宫、观耕台、宰牲亭等，庄重古朴、规模恢弘，成为北京市难得的历史遗存。博物馆建筑面积10000平方米，其中太岁殿建筑群就有3700余平方米。

北京古代建筑博物馆现有藏品中最具特色和价值的为1949年北京旧城模型。旧城模型详尽地表现了老北京城内的每一条街巷，是研究北京建筑的形象材料。馆中最为珍贵的是隆福寺藻井中心直径约2米的天文星象图，每个星座旁均注有工整的楷书名称，是研究古代天文的实物资料，被古建筑界公认为独一无二的珍品。

中国中药博物馆　　04.02020550

中国中药博物馆坐落在风景秀丽的杭州吴山脚下，是我国唯一的国家级中药专业博物馆，占地3000余平方米。胡庆余堂是极少数保存完整的中国晚清时期工商业建筑之一，有江南药府之称。1988年被评为全国重点文物保护单位。

博物馆由陈列厅、中药手工作坊、养生保健门诊、营业厅和药膳厅五部分组成，步入陈列展厅，可从大量的介绍和实物中，了解中国医药学的发展历史，了解华佗、扁鹊、李时珍等历代名人的轶闻趣事，在观赏到胡庆余堂现存的各种珍贵的制药文物的同时，领略全国著名中成药厂的风采。馆内陈列的60余件制药工具全部为传世文物，珍贵而独具特色。在手工作坊厅中，经验丰富的老药工为参观者作精彩的现场手工制药工艺演示；馆内还设有中医传统养生保健门诊、营业厅和药膳厅等经营机构。

武强年画博物馆　　04.02020650

武强年画博物馆坐落于河北省武强县城，是中国第一家年画专题博物馆。建于1985年，馆舍古朴典雅，富有传统民族特色，既有年画之乡的特征，又是展示、研究传统艺术和民俗文化的艺术殿堂。占地总面积25100平方米，建筑面积4700平方米，馆藏文物10000余件。武强年画2003年被文化部评为“中国民族民间文化保护工程”首批十大试点之一，七个专业试点第一名。

该馆目前是国家和省级重点博物馆、河北省爱国主义教育基地、省国防教育基地、国家AA级旅游景点，南京大学等十几所大专院校的学习研究基地。陈列共分五个部分：中国年画的历史源流及武强年画产生的历史背景；武强年画历史上的辉煌成就；具有革命传统的近现代武强新年画；改革开放以来武强年画业发展新格局；异彩纷呈的各地年画。整个陈列新颖别致，既富有新的时代气息，又有浓厚的民族、民间特色。馆内还设有年画生产的仿旧作坊，可以参与性制作，领略最古老印刷术的风采。

武强年画博物馆

苏州丝绸博物馆　　04.02020750

苏州丝绸博物馆是国内第一座专业丝绸博物馆。创建于1989年，1991年新馆落成，位于苏州古城北部北寺塔风景区，主干道人民路沿线；建筑风格清新典雅，极具艺术气息。博物馆占地面积8320平方米，馆藏3000件珍贵文物，围绕中国丝绸的起源、演变和发展，向人们展示了从古至今各时期丝绸的主要科技成就和风格特点。

苏州丝绸博物馆大门

苏州丝绸博物馆设有序厅、古代馆、蚕桑居、织造坊、明清一条街、锦绣苑、中厅。其间既有丝绸文物的精品展示，又有奇妙的传统操作表演；既有农家蚕室桑园的自然情趣，又有明清苏州店铺街景的复原；既可参观，又供购物休闲。博物馆为早至战国、晚到明清等多个出土纺织品的重要墓葬进行了鉴定和保护处理。另外，还成功修复了出土明代丝绸服饰80余件。同时与中国历史博物馆合作，成功地复制了从商代至唐代的十多件国内一级丝绸文物，曾获国家文物局科技进步奖。1995年经国家文物局批准，在博物馆内建立了“中国丝绸织绣文物复制中心”。

潍坊世界风筝博物馆　04.02020850

潍坊世界风筝博物馆(原潍坊风筝博物馆)是我国第一座大型风筝博物馆，坐落在山东潍坊，奎文区行政街66号，1989年4月建成。占地面积13000平方米，建筑面积8100平方米，是世界上最大的风筝博物馆。其建筑造型选取了潍坊龙头蜈蚣风筝为特点，建造风格在国内独树一帜。

该馆旨在收藏、陈列古今中外的风筝珍品及有关风筝的文物资料。在约2000平方米的展室里，介绍了风筝的历史、分类、创新以及潍坊国际风筝会、风筝界友好往来和潍坊的概况。展览以1000余只风筝精品、300余件翔实的风筝文物资料以及照片、文字、绘画、复制品等，全面、客观地展现了潍坊风筝所独有的艺术魅力；重现了1988年各国风筝组织代表推举潍坊为“世界风筝之都”及1989年“国际风筝联合会”成立的重大史实。

潍坊世界风筝博物馆又具有多功能用途，既是一个收藏、陈列古今中外风筝、民间工艺的专业性博物馆，还是一个文化娱乐中心。

龙泉青瓷博物馆　04.02020950

龙泉青瓷博物馆位于有“青瓷之都”之称的浙江省龙泉市龙渊公园九姑山上，这里环境幽雅、景色迷人，可以俯瞰全城。该馆是以珍藏和展示龙泉青瓷为主要特色的博物馆，占地5亩，建筑面积2000多平方米，于1989年10月1日开馆。

龙泉青瓷博物馆馆藏文物7000多件。该馆设有龙泉青瓷展馆、宝剑展馆、自然馆和临时展馆。青瓷展馆是目前世界上唯一系统介绍龙泉窑发生、发展、鼎盛、衰落全过程的展馆。该馆展出的龙泉窑和现代名家青瓷作品以及丰富的瓷片标本，在不同的主题展览中充分展示了龙泉窑一千多年以来每个时代的艺术特色，以及在中国陶瓷史乃至世界陶瓷史上的地位和影响。其中龙泉窑的五管瓶是最具代表性的地方特色文物，此种文物在当地非常丰富，并且每一件都是孤品。龙泉青瓷博物馆还藏有长颈瓶、凤耳瓶、龙虎瓶等南宋鼎盛时期的精品。这些藏品都具有造型古朴端庄，线条流畅并富有极强玉质感的特点。

莫氏庄园陈列馆　04.02021050

莫氏庄园位于浙江省平湖市，始建于清光绪二十三年，是清代当地豪绅莫放梅祖孙三代居住的大型封闭式园居合一的建筑群。庄园占地4800多平方米，建筑面积2600多平方米，各式房屋70余间。整座庄园的建筑布局按照东、中、西三组，南北纵深四进排列。有门厅、轿厅、正厅、过厅、花厅、堂楼厅、祠堂、账房、佛堂、厨房、书房、卧室及三座花园等；前后建筑按渐进次序排列，由公共性——半公共性——隐私性逐渐过渡，应合了前堂后室的传统布局。形成单体间既自成格局，弘扬个性；整体上又分合有度，严谨规整的统一体系，以有限面积，营造无限空间。

莫氏庄园群体建筑在历史、科学、艺术等诸多方面都代表着一个时期的独特成就，具有深厚的文化内涵和珍贵的历史信息。其完整的清代建筑群体、典型的传统建筑风格、丰富的实物史料陈列、独有的原真态信息为文明的进程和探源提供了难得的历史见证。

中国紫檀博物馆　04.02021150

中国紫檀博物馆坐落在北京市朝阳区，是目前世界上规模最大、藏品最丰富、档次最高的紫檀雕刻艺术博物馆。中国紫檀博物馆也是鉴赏中国传统古典家具的专题类民办博物馆，由陈丽华创办。占地面积25000平方米，博物馆设计气势宏大而又处处精巧，是一座仿中国古代宫廷式建筑。

千余件由珍贵材质雕刻而成的宫廷木器艺术精品收藏其中，数百件明清家具光彩夺目。一幅长32.4米、宽1.77米的木雕《清明上河图》和高3米的紫檀木雕紫禁城角楼、御花园万春亭、千秋亭模

中国紫檀博物馆外景

型四件传世佳作，组成了镇馆之宝。

中国紫檀博物馆展厅面积9569平方米。设有中央大厅、陈列厅、会议厅、贵宾厅、多功能厅及临时展厅等，这里可欣赏到珍藏的明清家具陈列展示；传统家具精品展示；佛教文化艺术品展示；传统家具材料、造型、结构展示；雕刻工艺展示；还可以领略到微缩的中国古建筑景观如山西五台山龙泉寺牌坊等，皆由珍贵的紫檀木演绎而成的艺术珍品。

古陶文明博物馆 04.02021250

古陶文明博物馆是中国大陆首批私立博物馆之一，1996年10月30日北京市文物局批准由路东之建立，1997年6月15日开馆。藏品以新石器时代至周秦汉唐陶器、战国秦汉砖瓦、战国秦汉封泥三大系列兼及其他相关领域约3000件出土文物，构成以古陶文明为主脉、以艺术考古为特色的收藏体系，构成一部近乎完整而形象生动的古陶文明史。该馆常规展览由“彩陶渊薮、瓦当大观、封泥绝响、古陶序列、文字的美奥、拆散的结构及其他”六个专题系列近千件展品构成，力求使普及教育、艺术欣赏和专业研究相结合，将古陶文明恒久而独特的魅力展现给世人。2004年开馆七周年之际，重新装修了展厅，更新了大部分展品，并推出了一组红山文化人、神、动物雕塑为主的专题展览，其中的“巨大神人首”是红山文化重器，堪称镇馆之宝。做为自筹资金的私人文博事业单位，古陶文明博物馆尽最大努力从民间收藏文物，并将资料公之于众，加以研究。古陶文明博物馆设有工作室和艺术品服务部，努力开发古陶文明的潜在魅力和馆藏文物的使用价值，长年生产多种形式与品类具有独特文化品位和特色的系列工艺礼品。

嘉兴船文化博物馆 04.02021350

浙江嘉兴东邻上海、南连杭州、北与苏州接壤，是南太湖流域中国舟船最早的发源地之一，与舟船密不可分的船文化发展已有数千年历史。

嘉兴船文化博物馆位于古京杭运河畔，是国内首家船文化博物馆，主体面积8000平方米，展示面积1800平方米，具有浓郁的水乡特色。博物馆分为“舟船史话”、“水乡船韵”、“名船世界”、“船舶科技”、“外景实船”五大展区。 其中航海模拟驾驶系统采用最新的计算机成像和无缝拼接宽视角环幕投影技术，可以乘船模拟游览京杭古运河、南湖和上海黄浦江等水上景观。

崔永平皮影艺术博物馆 04.02021450

崔永平皮影艺术博物馆位于北京市通州区马驹桥乡金桥花园，于2004年4月22日正式开馆。馆藏面积250平方米，藏品10000余件。崔永平皮影艺术博物馆是我国目前唯一的一个较为全面的展示皮影戏历史、制作以及表演艺术的博物馆。

皮影博物馆内收藏的皮影汇集了明代、清代、民国及抗日等时期的展品，地域涉及山东、山西、四川、甘肃、河北、青海等地区。题材十分广泛，既有历史演义、民间传说，又有童话和寓言故事。在馆内的一面墙壁上，还展出了崔永平创作的500个皮影头像，按生、旦、净、末、丑的次序来陈列。此外，博物馆还有皮影制作工序的介绍、皮影艺术展示、皮影的历史资料、演出道具、剧本以及皮影戏现场表演等。

崔永平皮影艺术博物馆为我国古老的濒临失传的民间艺术——皮影戏创建了一个生存与传承的空间。人们从熟稔的故事情节和人物形象中品味着皮影戏曾有的辉煌。

第三章　文化遗产学术动态

近些年，国内开展了很多关于文化遗产的学术活动。比如：非物质文化遗产保护学术研讨会于2004年11月17日在北京召开，来自美国、德国、奥地利、法国、日本、韩国、越南等20多个国家和港澳台地区的150多位代表出席研讨会；中国文物保护技术协会第四次学术年会，文物考古工程协会会员代表大会等重要学术活动。

我们的研究通过与国际相关领域专家的对话、交流与学习，开阔了眼界，同时也积累了很多弥足珍贵的经验。第二次中国世界遗产地工作会议暨中国世界遗产论坛在武夷山举行，集中在遗产管理和定期监测方面开展了深入的探讨；国家文物局世界遗产考察团还考察了欧洲文化遗产，一行访问了意大利、希腊、西班牙，考察了21处世界遗产，分别与意大利文化遗产部、西班牙教育文化体育部的遗产管理负责人举行了会谈，就世界遗产的申报与保护、管理问题作了广泛、深入的探讨和交流。这些活动，无疑会贯彻“请进来，走出去”指导思路，为我们进一步的国际交流奠定了良好的基础。

在对文化遗产及其保护问题的研究中，我国也涌现出了一批学人，他们在相关领域有所建树。在这一章节里，我们选择了一些学者的精辟论述，节选了他们著作中最精华的部分，以飨读者。其中包括陈勤建在华东师范大学的演讲节录，《中国城墙》、《苏州古典园林》、《晋阳古城》等多部学术相关领域的著作介绍，《中国文化遗产》、《文物天地》、《中华遗产》、《收藏》等杂志的报道，读者可根据这些介绍按图索骥，寻找自己感兴趣的部分进行深入阅读。

文化遗产学术活动　04.030150

2002.12.8　人类口头和非物质遗产抢救与保护国际学术研讨会在北京举行

会议议题主要有：明确抢救与保护口头和非物质遗产的重要意义、借鉴和学习国外做法与经验、如何建立抢救与保护口头和非物质遗产的有效机制、如何提高全民族的保护意识、加强文化圈研究与抢救和保护工作、重视少数民族文化遗产等。

乌丙安指出，文化圈理论与方法在抢救和保护工作中有重要的应用价值。刘魁立指出，学术界和理论界在分析和研究、抢救和保护人类口头和非物质遗产方面有着不可推卸的责任，在提高保护民族文化遗产的意识方面可以发挥重要作用。

2003.12.7～11 中国少数民族艺术遗产保护及当代艺术发展学术研讨会

中国艺术研究院主办。来自政府部门、联合国教科文组织、德、法、意、奥、美、葡、俄、日、韩等多个国家和我国台湾、澳门地区及各省的专家学者近200人参加了会议。会议围绕文化多样性与少数民族艺术遗产保护，少数民族艺术遗产保护与当代艺术发展，新世纪少数民族文化生态保护，世界各国民族艺术遗产保护经验等议题进行了研讨。中国少数民族地区代表在大会上表演或介绍了新疆十二木卡姆、藏戏艺术、青海热贡艺术、苗家歌舞服饰艺术、红河铜鼓艺术、鄂伦春口弦琴艺术和桦树皮文化、柯尔克孜史诗《玛纳斯》等多种各具特色的少数民族文化艺术。

2004.9.21 国家文物局组织专家召开《博物馆发展规划与立法研究》课题结项验收会议。参加会议的验收委员有故宫博物院研究员李文儒等。研究成果为《国家博物馆事业“十一五”（2006～2010年）发展规划》（草案）、《博物馆条例》（草案）。

2004.9.21 国家文物局组织专家召开《馆藏文物保护管理办法的前期研究》课题结项验收会议。会议推选国家博物馆研究员苏东海为验收委员会主任委员。课题组起草了《馆藏文物保护管理办法》（草案）和《国有文物收藏单位不再收藏文物的处置办法》（草案）。

2004年9月22日，国家文物局组织专家召开《中国数字博物馆研究》课题结项验收会议。会议推选国家博物馆研究员苏东海为验收委员会主任。课题组完成了《中国数字博物馆研究》的研究报告，并提交了《中国数字博物馆工程》项目建议书。

2004.11.10 国家文物局组织专家召开《长城保护、管理和研究现状调查及对策研究》课题结项验收会议。中国文物信息中心研究员杨志军为验收委员会主任委员

课题成果为国家文物局编制《长城保护条例》和《“长城保护工程”总体工作方案》提供了科学的依据和翔实的资料，对今后安排相关工作具有参考价值。

2004.11.17 非物质文化遗产保护学术研讨会在北京国际会议中心举行

文化部副部长周和平指出在继续做好向联合国申报“非物质文化遗产代表作”工作的同时，还要建立中国的“代表作”和“国家名录”认证体系，继续开展田野调查和理论研究，逐步加大各级政府对非物质文化遗产保护的各项投入，加快立法进程。

与会代表就非物质文化遗产保护管理机制研究，非物质文化遗产保护与立法研究，非物质文化遗产保护与文化多样性，非物质文化资源与生态环境保护，旅游产业与非物质文化遗产保护，文化遗产传承人的保护问题，各国非物质文化遗产保护经验交流等方面的问题进行学术研讨，为非物质文化遗产保护献计献策。

2005.5.13 “西藏古建筑火灾安全技术研究”项目在拉萨正式启动。

2005.5.19～20 由中山大学中国非物质文化遗产研究中心主办的“非物质文化遗产研究专家论坛”在北京广州大厦举行。

2005.6.13～16 世界记忆工程国际咨询委员会第7次会议在云南丽江召开。共同商讨对世界记忆遗产的保护。

2005.6.25 的中国首届草原文化百家论坛在呼和浩特举行。由中国社会科学院、中国人民大学、内蒙古电视台等单位联合主办。

2005.7 在天津发现“海派高跷”传人

上世纪50年代，中央民族歌舞团曾与随团而来的中国著名作曲家瞿希贤在天津录制了部分高跷唱段，她指出“海派”高跷的唱腔有“徽腔”成分。如今被认为已失传绝迹的中国北方“海派高跷”，仍存活于海河下游天津津南一带，当地一位农民李老汉不仅可以完整唱下来，还以文字的形式整理出“海派”高跷唱曲。

2005.7 第2届中华伏羲文化研讨会在甘肃天水市举行

研讨会召开的同时，由中华伏羲文化研究会主办的综合性刊物《伏羲文化研究》在天水正式创刊，作为伏羲文化研究会的会刊。

2005.7.3 陕西省红拳文化研究会正式成立

渊源于三秦大地的传统武术奇葩——红拳，由此进入了一个寻根、挖掘、继承、发展的新阶段。

2005.7.5 第二届中国昆曲国际学术研讨会在苏州举行。苏州是世界第一批“人类口头和非物质文化遗产代表作昆曲的发祥地，也是中国“民族民间文化保护工程”的综合性试点城市。

2005.7.5～8 “中国非物质文化遗产保护·苏州论坛”拉开帷幕，来自全国各地的300余位代表聚集苏州，共商中国非物质文化遗产保护、民族民间文化传承大计。

2005.7.6～7 “传统装裱技术研讨会”在故宫召开，会议有来自全国各地的70多名专家和研究人员参加。同时，与会人员还实地参观了正在修复中的建福宫花园、重华宫、故宫书画装裱修复工作室以及数字化研究所。

2005.7.18 国家文物局组织召开了“十五”国家科技攻关计划《金属文物的病害及其防治的研究》课题验收会议。参加验收会议的专家有中国科技大学院士柯俊等。课题组采用现代科学分析手段对青铜器、铁器上的各种锈蚀及环境因素进行了综合分析研究，对金属文物腐蚀产物“青铜病”、“粉状锈”成因的研究有突破；开发了新型复合型青铜器缓蚀剂，青铜器、铁器表面封护剂；首次研究提出恒方波电流脱氯方法及其技术指标。罗静处长指出：截至今日，“十五”国家科技攻关计划项目《文物保护技术与中华文明探源研究》的所有子课题全部通过验收，取得了大量的科研成果。

2005.7.20 西北民族大学西北民族非物质文化遗产保护研究中心在兰州正式揭牌。

2005.7.20～25 “实施西北民族民间非物质文化遗产保护学术研讨会”在西北民族大学举办。

2005.7.26 召开的云冈石窟学术研讨会。

2005.8 中国重庆大足石刻国际学术研讨会暨大足石刻首次科学考察六十周年纪念会在渝举行

大足石篆山石刻，其长廊保护石刻工程已经投入使用，让常年暴露在外的石窟有了遮风避雨的保护。

2005.8.5 朱仙镇木版年画的普查工作结束

河南省民间文化遗产抢救工程首批重点项目之一，先后排查登记散落于民间的年画明、清古版108种、220余块。

2005.8.5～9 “周原考古与西周文化国际学术研讨会”在西安召开

雷兴山首先介绍了周原遗址几年发掘的新收获：（1）基本建立了周原地区先周和西周时期的年代序列和编年谱系（2）为先周文化的探索增加了一批新的材料（3）对周原遗址西周墓地的丧葬特点和分布情况有了一个基本的认识（4）对当时石器作坊和铸铜作坊的技术工艺和发展水平有了初步的了解（5）引发了对周原遗址布局和性质的进一步思考。李零指出了凤雏甲骨的一些问题，认为甲骨无论从形制、钻凿还是次列等多个角度来说，都是明显的周人的甲骨。对于绛县横水大墓铜器铭文中的“倗”伯的倗字他认为可能就是文字记载中的“冯”。

2005.8.22～24 西安周边部分古都城大遗址的保护

国家文物局考古专家组组长黄景略，中国社会科学院考古研究所研究员徐光冀、安家瑶，中国建筑科学研究院研究员陈同滨在国家文物局文物保护司有关人员的陪同下，考察了该市周边部分古都城大遗址的保护情况。

2005.8.22～26 中国古筝艺术第五次艺术交流会在古城扬州召开

进行学术论文交流、曲目演奏交流、古筝精品展示等多项活动。

2005.8.24 《中国木版年画全集·杨家埠卷》出版

中国民间文艺家协会在京展示中国民间文化遗产抢救工程的成果《年画》及其他首批成果。

2005.8.25～28 平谷与华夏文明学术研讨会在北京平谷区举行

与会专家学者实地考察了平谷山东庄轩辕庙旧址、刘家河商代墓地和上宅文化陈列馆，认真观摩了上宅、张营、刘家河等遗址和墓葬中出土文物。结合考古新发现，就平谷史前文化、商周青铜文明、黄帝陵等诸多方面进行了研讨。

学者从上宅遗址的自然地理位置、年代分期、文化区域上的位置三个方面论述了上宅遗址在华夏文明形成过程中的重要地位。认为上宅遗址是一处重要的具有标尺性的史前遗址。从时代上看，上宅遗址第8层遗存特点鲜明，应属兴隆洼文化。

学者还讨论了刘家河商墓出土的青铜钺、夏时期岳石文化青铜器、燕式釜的空间分布与文献记载燕国史的对应；还有学者论及平谷设郡县应在战国燕昭王11年，比现在的公元前195年早了100多年，因此平谷应有2305年的历史。

2005.8.26～28 故宫博物院80华诞暨国际清史学术研讨会在北京举行

文化部部长、国家清史纂修领导小组组长孙家正，文化部副部长、故宫博物院院长郑欣淼，国家清史编纂委员会主任戴逸，和来自世界各地的清史研究专家、学者等160余人参加了开幕式。

2005.9.5 全国虞舜文化学术研讨会暨中国先秦史学会第八届年会召开。

2005.9.7 陕西省考古研究所文物保护研究室做《近年来的文物保护修复工作及新进展》学术报告。

2005.9.19～21 大型土遗址保护专家研讨会在西安召开。

2005.9.22 “国际博物馆协会与文化遗产保护”学术研讨会在京召开。

2005.9.23 中国援柬保护吴哥工作队队长姜怀英高级工程师做《周萨神庙的保护与修复—中国政府援助柬埔寨吴哥古迹保护项目》学术报告。

2005.9.24 南通博物苑一百年暨中国博物馆事业发展百年纪念大会在南通召开。

2005.10.10 紫禁城建筑艺术国际学术研讨会在京召开。

2005.10.10 清明上河图及宋代风俗国际学术研讨会在京召开。

2005.10.10　中国古陶瓷国际学术研讨会在京召开。

2005.10.12～15　秦文化学术讨论会在甘肃天水召开

这次会议的内容既对有秦人都邑、墓葬的宏观研究，也有对秦器物、文字的微观研究。如：关于秦历史地理，关于秦墓葬，关于秦器物，关于秦历史文化研究。代表们还参观考察了西山、鸾亭山、大堡子山等秦早期文化遗址和礼县博物馆等地。

2005.10.17～21“国际古迹遗址理事会15届大会暨科学研讨会”在西安召开

大会通过了以古建筑、古遗迹和历史区域周边环境保护为主要内容的《西安宣言》。这次大会围绕文化遗产与背景环境——不断变化的城镇景观中的文化遗产保护这个主题，针对当前世界尤其是亚洲城市高速发展的新形势，着重从古迹遗址的环境定义、古迹遗址的环境脆弱性、如何应对背景环境的动态变化、古迹遗址线性环境的挑战等4个方面进行科学研讨。最终通过的《西安宣言》为保护古迹遗址提供了世界通行的原则，对世界古迹遗址保护带来有普遍的适用性。

2005.10.18～19　《全国馆藏文物腐蚀损失调查》总报告公布，基本反映了我国馆藏文物及其腐蚀损失的实际情况。

2005.10.19　中国正在编制“十一五”期间的文化遗产保护规划

工作的重点为法规体系建设、文物资源调查、大遗址保护、合理利用文化遗产、加强人才培训等。

2005.10.25～27　龙山时代与早期国家国际学术研讨会在山东日照举行

会议讨论了海岱龙山文化社会的主要特征，认为古国“都”、“邑”、“聚”的三级结构，礼器的生产与王室经济的出现，原始文字的出现等，是中国古代文明若干因素的萌芽，海岱龙山文化社会是初级的文明社会。

2005.10.27～29　湘、鄂、豫、皖楚文化研究会第9次年会在长沙召开

会议由湖南省博物馆和湖南省文物考古研究所联合主办。本次大会主要讨论的问题有：早期楚族群文化的陶器组合与周文化的分辨问题；有的学者参照秦文化西周时期陶器组合的形态和葬制等方面提出了新的研究思路；有的学者分析了楚文化中心区域动态演变的历史过程；也有的学者从楚系铜器铭文着手，以点带面地分析了楚青铜文化的发展脉络。代表们从考古发现的角度分析了楚文化的西进、楚文化与巴蜀文化、中原文化的关系、楚文化在江淮和山东地区的发展等议题，并结合历史文献对当时的政治与文化生态作了很好的阐释。寿春城的调查是运用聚落考古的方法在楚国大型遗址研究上的有益尝试。

2005.11.7～11　国际博物馆影像学术研讨会暨国际博物馆影像联展

中国文物学会文物摄影委员会和中国博物馆协会数字化专业委员会联袂召开，邀请了来自英美博物馆的资深摄影专家及信息技术专家与我国专业人员展开对谈。

2005.11.7～11　中国文物保护技术协会第4次学术年会在荆州举行。

本届年会的主题——“以科学发展观促进文物科技发展”。荆州市文物保护技术研究中心、故宫博物院的代表分别就生物技术在出土丝织品的清洗和加固的应用，古建筑下架油饰地仗的修复与保护，古建筑修缮中传统工艺与现代科学技术的结合以及新材料、新工艺和保护技术，进行了展示和研讨。

2005.11.12 双墩遗址及双墩文化学术研讨会在蚌埠召开。

2005.11.21～22 首届许慎文化国际研讨会在河南漯河召开

许慎是我国东汉时期著名的文字学家、经学家，诞生在河南省漯河市召陵区许庄村。他耗费毕生心血编著的《说文解字》是我国乃至世界最早的一部字典。

2005.11.22 “文明探源：考古与历史的整合学术研讨会”在郑州举行

由中国社会科学院古代文明研究中心、河南博物院、河南省文物考古研究所联合举办。会议讨论了：文明起源中考古与历史的整合问题；对《史记・五帝本纪》等文献记载的态度问题；对五帝族属、活动地域以及与考古学对应的研究；对中原地区文明进程的探讨；对中原与周边地区文化交流及对文明起源作用的探讨；对中国文明起源的模式、机制和动力的探索。会上除对河南灵宝西坡遗址、山西襄汾陶寺遗址、河南新密新砦遗址、登封王城岗城址、陕北石城址、山西清凉寺遗址、偃师二里头遗址、郑州大师姑城址等考古新发现作了介绍外，集中讨论了与文明起源五帝时代的关系问题。

2005.12.9～11 “2005中国城市遗产保护论坛”举行

同济大学国家历史文化名城研究中心、中国民俗学会等主办。120多名国内外专家围绕“城市遗产的永续利用”这一主题展开了研讨。论坛主要涉及遗产地保护与旅游开发、城市开发建设与遗产管理以及快速城市化背景下遗产合理利用模式等方面。除了传统的研讨方式外，论坛还组织了名为“苏河雅集・城市之光”的雅集活动（包括弦歌奏琴表演和品茗等），并组织与会者实地考察乌镇、西塘等江南古镇，体会保护规划与理念的实例展示。

2005.12.22 “中国保护世界遗产走过20年”纪念座谈会

由全国政协文史和学习委员会、中国联合国教科文组织全国委员会、建设部、国家文物局和人民政协报社联合举办，与会者深情回顾了这一段历史。

2005.12.23 中国博物馆协会成立70周年纪念会在北京举行

中国博物馆协会理事长张文彬发表了题为《继承博协优良传统、传承中华文明、开创博协工作新局面》的讲话。国际博协中国国家委员会目前正在积极申办2010年国际博协大会。

2005.12.28 天津大学教授王其亨做《风水——中国人的环境观》学术报告。

2006.1.22 第二届东岳论坛：“中华民族新年的庆典与习俗”研讨会暨中国民俗学会民俗博物馆专业委员会第二届大会在北京举行

会议倡议，国家要以法律形式把传统年节保护起来，应把春节、清明、端午、中秋、重阳这五个节日均列为维护我国文化身份和文化主权的重要内容。要大力打造中国传统文化黄金周，吸引世界人民到中国来旅游。

主要议题：传统节俗理论研究；年节民俗志；海外华人节俗研究；民俗博物馆与非物质文化遗产保护；民俗文物保护及存在的问题；民俗文物征集、保管、鉴定、定级问题。

文化遗产保护学术论点　04.030250

一、发展战略

（一）文化遗产保护的历史必然性

今天，我们所以要保护文化遗产，是因为我们要“留住和壮大民族的精神之‘根’”(孙家正)。中国传统美德是以爱国主义为核心的民族精神的鲜明表达，充分发挥传统文化启迪思想、陶冶情操、传授知识、鼓舞人心的积极作用，是时代的需要。中国传统文化的精髓就是“和为贵”。我们的远古祖先看到“人生有欲，欲而不得，则不能无忿，忿而无度量则争，争则乱”，“故制礼义以分之，养人之欲，给人之求，使欲不穷于物，物不屈于欲，二者相待而长”(《史记·礼书》)来求得人与自然、人与人的和谐。保护好文化遗产，才能让传统美德得到迅速广泛传播，扩大其影响力，才能把民族文化的资源优势转化为现实的文化竞争优势，提高民族文化的感召力和凝聚力，推动中华文化走向世界。

（二）文化遗产保护的发展战略

1．中国文化遗产保护的发展战略和相关研究(摘要)

(1)文化遗产保护不仅有着重要的政治意义，还有着重要的生活质量意义

人类社会的经济发展，使人们对生活质量的关注逐步由物质方面向文化与精神方向转移，对文化遗产的享用已成为现代社会生活质量提高的标志。文化遗产有着重要的经济意义。以遗产服务为内容及其带动的产业活动，已成为国民经济中的重要组成部分。

对于中国这样一个历史久远且延绵不断的文化遗产大国，一个正在世界上重新崛起的大国，在世界政治、经济、文化日益全球化的今天，中国文化遗产的保护和效能的发挥，影响着中国的国民精神的塑造，影响着中国的综合国力、国际地位及国际影响力。

然而，中国文化遗产保护状况自1900年敦煌莫高窟文物被外人攫取始，未能得到根本性的改善。破坏原因由新中国成立前的被偷盗、攫取、走私，变为新中国成立后的城市改造和基本建设。改革开放后，中国进入经济和社会制度转型期，不成熟的市场制度和法规体系，使文物破坏的诸多因素一一复发。并且，以文化遗产为资源的文化旅游，已成为中国文物破坏的日益重要的新因素。传统上，文化遗产只是文化领域的边缘性部分，现在它正迅速移至国家文化、社会、政治领域的中心。它正与人口、环境、生态一起，成为影响国家可持续发展的新的上游因素。如果说生态环境影响着人们的生存质量，是一种物质外部性瓶颈，那么文化遗产则影响着我国人民的精神生活质量，是国家发展的精神瓶颈。

在文化遗产问题上，我国应吸取环境生态问题上的教训，应从现在开始，高度重视。有理由提议，应尽早将文化遗产保护列为我国的第三国策。

(2)文化遗产保护事业对于我国发展的战略重要性

从我国文化遗产特点与文化遗产事业的历史经验上，从中华民族的历史盛衰与文化遗产命运的关系上，完全可以看出文化遗产对我国发展日益增大的战略重要性，它体现于我国的文化建设，精神文明建设，以及我国的综合国力、国际地位及国际影响力。

(3)我国文化遗产保护发展战略的构成

系统调查我国文化遗产保护状况，并通过与发达国家比较，说明我国发展中存在的主要障碍：行政体系，法规，管理制度，社会意识，遗产界认知水平，遗产保护的能力建设，文化遗产保护的国际法规的参与，中国的经济和社会制度转型，中国经济和社会发展的区域差异。根据文化遗产工作方针，提出文化遗产保护的发展思路、目标，以及优先领域、战略重点和主要任务、重大项目；文化遗产服务的功能定位；文化遗产的外部性关系（非遗产部门——经济类、公共服务类，遗产地社区与政府）的处理(国家文物局科研

项目说明）。

（三）多学科交叉与综合的学科群和标准体系建设

初步构建出文化遗产保护领域的学科群，并做进一步学科分类；提出基础研究、应用研究和软科学研究的有效配置与结合措施；制定与相关各学科的协调交流机制。

建立标准化体系，使之成为指导本领域各项标准制定及科学管理的依据；加速技术标准转化为生产力的步伐，在保护技术、保护材料、安全防范等主要方面，从基础标准、通用标准和专用标准三个层次，研究制定国家标准和行业标准（国家文物局科研项目说明）。

（四）体制改革与机制创新

我国文化遗产保护保障体系的基本框架、支持性条件：财政支持；全社会的文化遗产意识；文化遗产的行政管理体系；协调机制和投入机制。科研管理体制；科研管理标准体系；科研投入保障机制。效益评估机制都需要改革与创新（国家文物局科研项目说明）。

二、科技研究

文化遗产是指人类历史各个时期留存至今的全部遗物、遗迹及其所含信息，它具有历史性、社会性、民族性、文化性、鉴赏性、人文社会生态性、科学和艺术性及相应的价值。就其类别而言，包罗万象。文化遗产的多样性决定了文化遗产保护要涉及化学、物理学、生物学、材料学、地质学、土壤学、环境科学、生态学、医学以及历史学、民族学、社会学和文化学等学科，是一门综合性和交叉性很强的边缘学科。

一般来说，采用自然科学原理和技术对文化遗产进行保护分为科学研究与保护技术两个阶段。要研究适宜的文化遗产保护技术，就必须做好文化遗产的科学研究工作。文化遗产的科学保护技术就是利用自然科学方法和手段所获得的文化遗产的研究成果，采用相应的技术方法和适宜的保护材料，最大限度地减缓文化遗产老化变质的速度，从而达到继承、发掘、保全和传承人类文明的目的，使未来者能够长久地享用我们祖先和我们创造的文化遗产资源。在此意义上说，文化遗产的科学保护也是对人类文化基因和人类文化信息的保护。主要表现为尚未形成完整的文化遗产保护科学体系和保护技术的理论体系；由于资金投入不足及现有研究人员待遇普遍偏低等，导致高素质科学研究和科学保护技术的人才严重不足，文化遗产科学保护技术基地建设与实际需求差距很大，这些因素严重制约了文化遗产保护的科学研究和技术创新。对传统修复工艺缺乏必要的理论解释，使得中国文化遗产保护没有形成技术创新的基础。对文化遗产的制作工艺和材料缺少成体系的研究成果，文化遗产破坏和退化原因的解释没有形成完整的理论，修复理念混乱和修复技术缺少可操作的评价标准等。因此急需要建立我国文化遗产的多学科研究体系，形成文化遗产保护的关键技术和操作标准规范，从根本上解决我国文化遗产保护的落后状况。

（一）环境监测　病害控制

监测设备

1．环境因素与文化遗产病害的关系

（1）提出科学防治各类大气污染物对文化遗产损坏的基础理论数据

（2）标定各种气体对文化遗产的损害过程和损害速度

2．现代分析技术的应用及文化遗产分析学科的建立

（二）损坏机理　修复材料

我国古代不同时期、不同地域器物损坏原因；不同保存环境下的文化遗产病害机理；土遗址风化机理；老化机理。

1．修复材料的科学评价和选择标准

2．传统修复方法的科学继承和典型传统修复工艺的规范化

3． 不可移动文化遗产的保护研究

4．计算机技术的应用（国家文物局科研项目说明）

（三）国家重大文化遗产地综合性保护研究（大型古遗址保护专家研讨会2005年9月19～21日）

1．大遗址的保护要和经济社会的发展相结合

有效展示遗址的科学保护的价值，让民众了解、享受文化遗产保护的成果；向公众展示文化遗产的价值、展示科学保护的价值同样也是文化遗产保护工作者的职责，要正确处理好保护与展示利用的关系。

西安唐代大明宫含元殿遗址修复保护工程是采用工程技术方法立项的中国第一个大型遗址保护项目。遗址保护中如何体现真实性、完整性，是保护工程中的焦点，如大遗址地质模型的建立、遗址价值的评估、遗址本体的保护与景观展示、传统遗址的综合保护与现代展示建筑的协调、遗址保护的前后监测、遗址保护标准的建立等。除了本体保护外，自然环境和人文环境的保护同样重要。

2．古遗址和历史地区的环境评估

《西安宣言》则对历史建筑、古遗址和历史地区的环境提出了评估、管理和保护的办法、建议和操作指南，要求通过立法、政策制定、规划和管理等方式进行干预，以减少经济发展中城乡建设对文化遗产真实性、整体性和多样性的破坏；明确环境是体现真实性的一部分，包括直接的和扩展的；建议理解、记录、阐释不同条件下的环境，通过规划手段和实践来保护和管理环境，监控和管理对环境产生影响的变化，与当地、跨学科领域和国际社会进行合作，增强保护和管理的意识。从《威尼斯宪章》到《西安宣言》，表明国际古迹遗址保护理念的创新，在国际范围文化遗产的保护对象已从遗产本体扩大到对其环境及环境所包含的一切历史的、社会的、精神的、习俗的、经济的和文化的活动。文化遗产保护的实质不仅是对遗产本体的维护、保护、修复，更重要的是对文化进行保护，从对有形的文化载体——文物的保护扩展到对无形的文化保护，从短期保护延伸到长期保护。正如专家们所言，“实现了从躯体的保护到灵魂的保护。”《西安宣言》是在我国直接推动下产生的，它总结了我国文化遗产保护工作的经验，凝聚着人类文化遗产保护的智慧，是第一个以中国古城命名的国际文化遗产保护领域的行业共识性文件，是国际文化遗产保护理论发展的里程碑。

3．规划理论三原则：真实性、完整性、延续性

中国建筑设计研究院建筑历史研究所进行了一系列的规划理论与技能探讨。该所陈同滨所长说，制定大遗址保护规划时要遵循真实性、完整性、延续性的原则。真实性就是遗址原来是什么就是什么，要抵制在遗址上复建。复建对遗址是一种破坏。完整性指规划要对遗址整个分布的可能做出推测，而后对遗址的分布、边界的分析、地理环境（和遗址相关的山形水系）都要有一定的把握，纳入保护的目标，做出保护区划。对于完整性，每一个遗址都有它的挑战性。延续性是一个利用强度的问题。开发利用时不能急功近利，否则是对资源的极大浪费。在规划制定过程中，界定保护区划是最为关键的技能，它为一系列法律法规、专项政策和所有关联层面的保护措施限定了执行范围和应用要求，是大遗址保护规划最直接、最根本的保护措施。它不仅涉及到遗产本体及其环境的安全性、完整性、和谐性，同时与地方社会经济发展的关联程度最突出。鉴于中国大遗址保护所呈现的综合性、复杂性及其与地方社会经济发展的直接关联程度，大型文化遗产的“整体保护”必须在总体规划层面与地方城镇发展规划进行有效的、科学的、合理的统筹协调，才能实现遗产价值的完整保护。文化遗产保护规划属于资源保护规划。规划目标是对不可移动文化遗产的本体及其相关环境所占地策划有效保护；规划任务是以保护文化遗产本体及其环境的真实性、完整性为原则，进行科学的整体策划，制定系统的保护措施，核定实施的技术标准。

文化遗产保护规划是在国家文化遗产保护的法律法规制定之后，实现遗产地有效保护的具有整体意义的科技手段，是将文物保护理念落实到遗产保护具体措施的关键环节。在各文化遗产保护工作的全过程中，具有纲领性的地位。对移民搬迁、土地利用、资金筹措等重要的社会经济发展专项政策进行系统研究，把国家重大文化遗产地的保护有效纳入“五个统筹”范围：统筹城乡发展、统筹区域发展、统筹经济社会发展、统筹人与自然和谐发展、统筹国内发展和对外开放。保障我国综合国力中不可再生的文化资源重大实体、中

华民族先进文化中的中国特色获得传承延续（国家文物局科研项目说明）。

三、博物馆发展

（一）保护遗产　当仁不让

1．充分实现博物馆社会教育功能

中国博物馆素有注重人文关怀、关注道德宣教、传播科学知识的优良传统。要有利于保护好祖国珍贵文化遗产，通过展示与普及，充分实现社会教育功能，成为凝聚民族力量的强大精神纽带和激发爱国热忱的力量源泉，激励全民族博大胸怀，面向世界，把握未来，更加积极地投身振兴中华的伟大事业。文化部孙家正部长在南通博物苑一百年暨中国博物馆事业发展百年纪念大会上的讲话(2005年9月28日)（摘要）。

2．搞活博物馆是搞好博物馆的前提

要开展博物馆社会教育业务现状及发展研究；制订博物馆社会教育人员科技素质培养目标及实施方案，博物馆观众行为模型，博物馆观众评价评估模型等。

“博物馆虽然是公益性事业，但是也不能完全放弃产业思维，也要有创收意识。在这方面，上海博物馆、辽宁博物馆等做出了自己的尝试”。

上海博物馆在硬件、研究和展览上已经和国际接轨。去年，上海博物馆策划国宝展，成功地营造了媒体轰动效应，出现了观众排队买票入场的场面，纪念品、画册等也销售一空。

国内的博物馆也可以通过出租场地等方式创收。天津自然博物馆和一家企业合作，将博物馆一层改造成海洋馆，去年“五一”期间形成了访问量高峰（国家文物局博物馆司博物馆处处长周明）。

（二）展陈内容　趣味设计

要改变目前许多博物馆门庭冷落的局面，就要加强展陈内容设计和展品陈列手段的研究，增强展览的趣味性和观赏性。互动参与也是十分重要的。例如有的博物馆举办古代印刷技术展时，邀请观众自己动手进行木版雕刻印刷，吸引了众多观众参与。还有不少博物馆开辟了专门面向青少年的小天地，请他们就展览内容回答问题，帮助他们认识展品的种类名称等，也受到孩子们的欢迎（前国家文物局局长张文彬）。

（三）开拓进取　有益探索

1．广州博物馆的有益探索

广州博物馆近日与11座已落成或筹建中的行业博物馆签约，依托广州博物馆，建立一个都市博物文化合作发展共同体，实现博物馆藏品、文献、展览等资源共享。该市荔湾区以租赁方式，对文塔、蒋光鼐故居、李小龙祖居进行主题旅游景点开发，并将其纳入广州岭南风情游规划。广州还允许一些以文物保护为己任的市民在一定条件下住进文物旧址照料史迹。

广州现有219处文物保护单位，其中属于近现代重要史迹的有122处。在19个国家级重点文物保护单位中，有15处属于近现代重要史迹。由于种种原因，许多近现代重要史迹处于被人遗忘的边缘，如见证广州人民英勇反击英军的泥城、抗英英雄何玉成的故居揽翠山房等，因无人料理，现已破败不堪。

实现文物旧址管理机制的创新，鼓励和动员全社会的力量来从事文物旧址的保护工作。如对部分旧址采用下放使用权和管理权的方式，允许一些以文物保护为己任的市民在一定条件下住进文物旧址，照料旧址。也可鼓励具有社会责任感的公司、企业和集团投资，在文化局的有效监管下，对广州近现代重要史迹旧址进行修缮和维护，实现企业与文物旧址的良性互动（广州近代史博物馆馆长李明）。

2．杭州与西安的做法

在杭州的中国丝绸博物馆里，市民可以一边品茶、钓鱼，一边看丝绸机织表演，参与各类动手活动。中国茶叶博物馆举办的“浙江民间收藏茶具展”，让收藏爱好者也有机会向公众展示他们的宝贝。

随着人们的视界日益宽广，不同的文化越来越吸引观众。秦始皇兵马俑博物馆在全国各大中城市进行“兵马俑巡回展”，并不断地推出“鄂尔多斯青铜器展”、“玛雅文明展”、“秦出土金银器展”等展览，使参观兵马俑的人体会到博物馆的人文追求："博"与"雅"。才能真正发挥博物馆文化遗产保护主力军的作用。

3．开展博物馆学的创新研究

制定科学的博物馆建筑设计规范；探讨系统、完整、动态保护文化遗产的最优模式，寻求保护系统流程中的科技支持；为增强提升博物馆公众教育功能，研究发展科学展示技术，建立科学的观众行为模型、观众评价评估模型；强化博物馆自身的研究能力，建立开放型知识平台；加强信息技术在博物馆保管、研究、展示中的应用，加快中国博物馆的数字化进程。

4．博物馆发展战略与建筑设计规范研究

我国博物馆分类研究；生态博物馆理论和发展实践研究；研究制定"博物馆建筑设计标准体系"、《博物馆建筑分类标准》、《博物馆建筑设计通则》、《博物馆分类设计规范》、《博物馆设计专业标准》。

四、社会文化遗产管理

将民间收藏和转让纳入政府文化遗产保护管理的范畴，开展软科学和高新技术应用研究。重点是：开展合法市场发展战略相关管理技术的研究；重点发展各类可移动文化遗产的多学科研究及辨伪技术；对现有文物拍卖市场及海关文物回流状况进行详尽的调查统计分析；进行出入境审核和管理技术的研究与推广。

五、文化遗产保护的问题

（一）世界遗产人满为患

道教圣地武当山，近年来事故联翩，先是复真宫内的太子养生堂改建成宾馆被媒体曝光；接着是遇真宫大殿惨遭火焚；如今，一道高20米宽50米的水泥大坝又横亘在太子坡下的剑河峡谷，据说是为了搞"生态旅游综合开发建设项目"，开展漂流、游泳等水上项目。

武当山存在的问题并非绝无仅有。仅在去年，南京明孝陵申请"明清皇家陵寝"扩展项目刚获成功仅一个月，当地媒体就披露了明孝陵的"下马坊"将因宁杭公路拓宽面临拆迁窘境；三江合流刚刚申报世界自然遗产成功，便传来了在怒江和澜沧江上兴建多座梯级水电站和水库的消息；人们称赞都江堰整治环境成果显著的话音未落，在其上游不远处兴建大坝的消息就随之而来；张家界刚刚受到了世界遗产委员会的警告，"百龙电梯"便矗立景区……许多世界遗产地都在申报成功后展开了旨在发展旅游的破坏性"开发"。世界遗产地频频告急！

如今，世界遗产正面临着旅游超载、错位开发的严重威胁，有的甚至面临存亡的抉择。所谓旅游威胁，简言之就是"人满为患"。旅游热带来的滚滚人流，大有踏平三山五岳之势。特别是"五一"、"十一"、春节三个旅游黄金周期间，各处无不爆满，而世界遗产这样顶级的旅游胜地自然是不堪重负。最大容量不过一万多人的故宫一天之内竟涌入十余万众。小巧玲珑的苏州园林内游人如"过江之鲫"。在丽江，自1996年以来，游客增加了4倍，已超过400万，蜂拥而至的游客已严重破坏了丽江地区的文化和生态平衡，甚至作为丽江生命之源的圣洁的玉龙雪山也因游人过多的光顾导致了雪线上移。在敦煌莫高窟，日益增多的游人给壁画、雕塑带来无法弥补的损害。

（二）文物古迹正遭受着威胁

现实中，许多文物古迹正遭受着威胁与破坏，面临严重的保护危机。旧城改造、房地产开发和基础建设的大面积用地，造成文物古迹损毁的现象频频发生，甚至一些在保护之列的文物古迹，倏然在推土机的轰鸣声中化为废墟；文化积淀在"城市建设规划"中泯灭，文物古迹在"城市旧区改造"中消失，建设性的破坏以及破坏性的建设，正让历史文物保护难度增加。

为什么在文物保护有法可依、人们对历史文物的真正价值认识不断提高的今天，这样的事仍屡禁不止且愈演愈烈？利益驱动的短视行为应该就是文物保护的最大灾难。

早些时候媒体报道的北京孟端胡同45号四合院，尽管有多位专家的强烈反对还是遭到拆迁，无非是要为“发展”腾出空间建商厦修道路而已。长官意志的文化缺失，政府部门决策的错误，都可让文物古迹瞬间消失或遭受损害。被誉为“万国建筑博物馆”的厦门鼓浪屿，据考证，其中有20幢于“五口通商”后，外国列强建造的领事馆等西式楼房建筑，本可以申报国家重点文物保护单位，但主管部门不同意，理由是不利于开发利用，并公开拒绝文物管理部门介入。长乐市的郑和古迹也是一例。

（三）提高文物保护意识的关键在领导

我们对文物保护意义的认知，应该突破传统的爱国主义、革命传统教育和精神文明建设等层次，而应从全球竞争及影响力的角度，从国家文化安全的角度，给历史文物保护的意义以新的定位。

几乎每一个案例都表明，提高文物保护意识的关键在于领导。土地利用和经济开发所出现的建设规划与文物保护的脱节，已成为摆在决策者面前的一个不可回避的沉重课题。城市的规划建设与发展，考验着一个领导者的政治智慧和文化素养。政府领导的重视，是搞好文物保护的重要条件。地方政府的决策，对于文物保护工作无疑起着至关重要的作用。提高对文物保护重要性的认知，实现以政府行为为主导，调动全社会力量予以投入，使历史文物保护成为全社会的共同事业。

六、历史文化名城保护

（一）遗产环境选择性的研究

要加强对遗产以及遗产环境选择性的研究，到底我们持什么样的价值观来理解遗产的问题以及环境里面需要保护和有一定程度可以舍弃掉的，要进行选择，完整性不是说全部都控制下来，全部都保持下来，哪些东西应该筛选或者在规划中加以体现（中国城市规划设计研究院名城所所长张兵）。

（二）德国专家在扬州的实例

1．居民参与保护计划

作为中德合作“扬州可持续老城更新”项目的主要负责人何力，用西方思维考察中国古城现状，用德国技术和经验探求扬州老城的更新途径。结论是：古城保护不仅是单纯的政府行为，居民参与十分重要，保护计划首先应该得到居民支持，居民住宅的改善应该作为老城保护的基本目标之一。为了鼓励居民参与，何力建议为居民们建立一个综合信息交流项目，包括刚上学的孩子在内，让他们了解政府意图，并听取他们的意见。

2．改善老城的生活条件

何力将古城复兴目标分为三个：

⑴保护老城文化资源，改善老城的生活条件，增加老城作为生活区的吸引力；

⑵保护文化遗产和地方特性，重新利用未充分利用的土地和建筑来为居民和旅游者创造最大利益；

⑶保持老城居民，避免动迁，进一步把老城开发为地方社会和经济活动的重要空间。

国内一些城市传统的保护做法是：跳出老城建新区，将老城置于独立空间内，避免形成新的破坏。而何力倡导的老城更新目标则不同，他要集中老城文化、地方特性等优势资源，通过“小心翼翼改造” 的方式，在发挥居民主观能动性的前提下，循序渐进地发掘老城潜力，最终回到改善老城居民生活质量的人本目标。

3．两个循环的对比

何力形象地揭示出两种改造方式的规律性。

⑴传统保护方式是衰落循环：不可靠的法律和规划→资产贬值→投资缺乏→基础设施缺乏→环境逐步恶化→住宅和历史性建筑的逐步损坏→地方特性的失去→住宅条件不合格→形成社会隔离。

⑵可持续更新的改善循环：法律规划状态→改善基础设施→改善住房条件→鼓励小型投资→为居民创造工作岗位→改善环境条件→恢复历史性建筑→社会融合和团结。

在老城中，新旧建筑在建筑风格、高度比例方面都显得很不协调，露天场所被人们忽视并逐步损坏，缺少用途，绿化极为缺乏。老城内37%的人口年龄在61岁以上，同时75%的家庭人均月收入在1200元以下。居民生活条件较差，住房结构被破坏的较多，屋顶出现破漏，缺乏紧急通道，乱建乱搭得不到控制。尤其是卫生设施缺乏，调查发现，低于25%的家庭拥有独用厕所，只有1/3的家庭有浴室。

但是，破旧并不代表没有潜力。扬州老城整体上还保留了传统的街道规划，路面、建筑等还沿用着传统的元素和材料，一些房屋都有保存良好的私人花园及庭院，部分废弃的工厂也提供了可以新开发的土地。这些都是老城的宝贵资源，在更新时可以重点突出。

4．重新开发区

⑴修复保护区：保存状态差强人意，可以修复、保护并再利用；

⑵更改结构区：存在部分有价值的建筑，但是人口密度高、生活条件恶劣、道路不畅，需要更改结构、降低人口密度、改善生活条件，重新组织公共场所和通路。

改造的基本要求为：保存现有建筑结构，保留传统的窗户、屋顶等建筑细节，限制高度在2层以内，建筑正面只能用砖或石灰重建。

让居民房屋实现现代化，是何力可持续更新改造计划的关键。他建议将居民住房改造成“现代商屋”、“现代庭院屋”，给居民提供高质量的生活空间（德国柏林工业大学何力教授）。（来源：新华报业网）

七、非物质文化遗产

（一）保护民族文化遗产意识

1．保护一个民族的文化，就是保护该民族自身。保护口头和非物质文化遗产是整个人类共同的任务，学术界和理论界应当在分析和研究、抢救和保护口头非物质文化方面、在提高人们保护民族文化遗产意识方面发挥重要作用。我们不能简单地复制或借用古老的文化遗产，而要在保护中加以新的诠释，对传统的文化遗产进行再发现和再创造，使保护和抢救工作沿着继承、创新的轨迹健康发展（人类口头和非物质遗产抢救与保护国际学术研讨会2002年12月）。

2．非物质文化遗产的主要特征

从形态学视阈，对精神文明确立的一个新的文化理念。

(1)与物质文化遗产和自然遗产相比，非物质文化遗产更注重以人为载体的知识技能的传承。

(2)非物质文化遗产打破了大传统和小传统的人为屏障，消解了上层文化和下层文化的界线。

(3)非物质文化遗产形态展示了人类现行文化知识体系的学科分类的重新勾画（陈勤建在华东师范大学的演讲）。

3．民俗学

保护“非物质文化遗产”应该以人为本

非物质文化遗产的基础学科民俗学于1846年创立，中国早期学者曾称其为文化考古学。随着对于人类知识缕析的深入，民俗的一些知识智慧，被具体细化，归纳演绎成为一门门新的独立的学科。但是，民俗学作为人类知识智慧的母体源地，依然存在，其间尚有大量人民的精华，还没有得到挖掘和提炼。例如几近绝迹、精美绝伦的上海松江顾绣，俗称“画绣”，它们不单单是民间工艺的造诣，而是民间绣娘刺绣的绝技和当时画坛泰斗董其昌等包括宋元杰出文人画的融合。昆曲艺术除了古典文学学科戏剧学的知识外，还融合了音乐、舞蹈等学科知识。人类这些优秀的知识智慧，现有单一的学科分类已不足以概括它，要深入理解。因此，需要打通传统学科之间的分野，实现多学科交叉以及文文相通、文理相通、文工相通的学科整合。

保护“非物质文化遗产”必须讲究“活”性，以“人”为本，突显“人”在文化活动和文化形态构成上的核心职能与重要作用。民俗文化专家以长期以来对于“非物质文化遗产”的精深研究，堪称传统文化的“守护神”。他们与“非物质文化遗产”的当代传承人一样，当然应该首先得到相应的重视与保护（吴文科

《人民日报》2004年11月30日 第16版)。

(二)无形文化遗产的保护和传承

我们必须注意，有形文化遗产的保护方法不能用于无形文化遗产的保护。对这些特殊的人类文化遗产的保护来说，我们所能做的就是，第一、通过声像媒体或文字把它们的当前状态记录下来，第二、通过对传统艺人的帮助，把技艺传给后代，使遗产得以存活。同时，要充分认识教育在保护和传承人类口头及无形文化遗产中的重要作用，在可能的情况下，应该将无形文化遗产的内容列入中小学的课程当中，让年轻一代也参加到保护人类遗产的行列之中。为了保护传统的口头及无形文化遗产，就有必要保护好那些掌握传统技艺及口头传说的人的能力。日本在1950年首创了“人间国宝保护体制”，因其在抢救和保护无形文化遗产方面取得了显著成效，得到了联合国教科文组织的大力推广，并被纳入“人类口头及无形遗产抢救与保护”的整体框架之中。到目前为止，这个体制已在日本之外的韩国(1964)、泰国(1985)、菲律宾(1994)和法国(1994)得到了推广和建立。建立抢救和保护人类口头和无形遗产的有效机制应该是当务之急。可是，在具体的保护工作中，比如我们以什么样的方式来保护那些即将消失的语言呢？除了录音、图像以及文字记录等保护方式外，如何使它们得以传承呢？而这种传承对于该民族是否具有实际的意义？单纯从价值的角度来看，每一种语言都是一个经典。在实际的操作过程中，如何才能更好地理解和反映无形文化遗产呢？我们常常谈到的可以追溯到汉代的中国民间艺术剪纸，作为无形文化遗产的重要保护对象之一，2000年已被中国文化部所属艺术研究院列为首批向联合国教科文组织申报人类口头及无形遗产代表作，它的制作过程作为无形文化遗产，我们很容易理解，这样的文化活动究竟持续多长时间才称得上是传统？它是否必须在民众中具有广泛的影响？如果人们改变了传统的表演方式以顺应时代的要求，比如现代京剧，我们认为这是一种成功的改革还是认为这是一种应该摒弃的篡改呢？因此，无形遗产价值的重要性虽然越来越被认识，但对无形文化遗产的界定和诠释，根据不同的情况显然还需要进一步的研究和探讨。

有时也会出现另外一种可能，就是本来由民间或社区控制的行为转化为官方控制的制度。另一个方面，各种民间、民族传统的庆典和娱乐的仪式在被保护的同时，常常被看作是促进商业投资的潜在资源。它可能带来资助，同时带动当地的旅游产业，但是，它也可能被资助者操纵而破坏原有的传统，从而沦为专供旅游者消遣的表演项目。

人类口头和非物质文化遗产具有悠久的历史，但对我们来说，建立一个有效的对其保护、抢救和传承的机制，任务依然艰巨。令人欣慰的是，由于优秀的传统文化及其保护者的坚韧与力量，多数的传统文化在所谓全球化的进程中得以幸存甚至弘扬，表现出了永恒的价值。应该相信，随着地区、国家以及国际社会实施的共同行动计划，人类口头及无形文化遗产一定会得到保护和传承，并为人类未来的改善而做出贡献(联合国教科文组织驻北京代表处文化遗产保护专员　杜晓帆)。

文化遗产著作　04.030350

一、年鉴类

中国世界遗产年鉴2004　——北京：中华书局

《年鉴》文字内容分概述、大事记、特载、专文、文化遗产、自然遗产、文化和自然双重遗产、人类口头和非物质遗产、组织和机构、交流与合作、法律法规、人物、附录共13个类目。全书除文字部分外，还配以图片和文献资料，力求形象、生动、准确地展示中国世界遗产的风采。

中国文物年鉴2004　——北京：科学出版社

以反映我国2003年文物、博物馆事业发展情况为主。主要有：博物馆事业改革与发展情况；记述文物工作，博物馆工作，文物、博物馆事业的改革与发展有影响的重要活动；有关文物工作的法律法规和统计资料；重要文物保护工程进展，重大考古发掘成果，有广泛社会影响的重要陈列、展览的基本情况等。

《年鉴》分为概述篇、事业篇、地方篇、纪事篇、文献篇五部分，各篇下设“条目”为主要资料形式，此外还包括：文章、法律法规、统计资料、纪事、图片等。

二、论文类

（一）综合

我国世界遗产保护的战略性思考与管理体系建设研究［博士论文］/ 罗佳明著；沈荣芳指导。——管理科学与工程：管理科学与系统工程：同济大学，2004

中国的世界遗产及其保护与发展研究［博士论文］/ 沈文权著；谢凝高教授指导。——人文地理学：世界遗产研究：北京大学，2002

（二）自然文化遗产

中国自然文化遗产的价值体系及其保护利用研究［博士论文］/ 陈耀华著；谢凝高指导。——人文地理学：风景区与世界遗产研究：北京大学，2004

自然遗产地保护理论与规划若干关键问题研究［博士论文］以武陵源世界自然遗产地为例 / 周年兴著；俞孔坚指导。——人文地理学：景观规划与设计：北京大学，2004

（三）自然与文化遗产

我国世界自然和文化遗产资源管理的问题与对策研究［硕士论文］/ 陆伟著。——行政管理学：中国人民大学，2005

（四）文化景观

建立完善中国国家公园和保护区体系的理论与实践研究［博士论文］/ 杨锐著；赵炳时指导。——城市规划与设计：清华大学，2003

（五）历史文化名城、名镇(村)

中国历史文化名镇(村)保护评价及预警研究［博士论文］/ 赵勇著；张捷指导。——自然地理学：南京大学，2005

重庆历史建成环境保护研究［博士论文］/ 李和平著；黄光宇指导。——城市规划与设计：重庆大学，2004

复兴之道［博士论文］：中国城市遗产保护与发展 / 邵甬著；阮仪三、(法)阿兰・马里诺斯（Alain Marinos）指导。—— 城市规划与设计：城市保护与规划理论：同济大学，2003

同里古镇保护中公众利益保障策略的研究［硕士论文］/ 李铁著。——城市历史文化遗产保护：同济大学，2003

城市多样性的规划策略［博士论文］/ 周俭著；阮仪三指导。——城市规划与设计：城市历史文化遗产保护与发展：同济大学，2003

青岛历史文化名城价值评价与文化生态保护更新［博士论文］/ 刘敏著；李先逵指导。——城市规划与设计：重庆大学，2003

旅游历史城市泉州遗产开发与文化旅游［博士论文］：关于中国历史城市核心区保护与发展的一项研究 / (瑞典)倪岳瀚(Johan M.Nilsson)著；吕俊华教授指导。——城市规划与设计：清华大学，2000

文化遗产和历史环境的保护与再生［博士后论文］：法律、制度及规划方法 / 张松著。——建筑学：城市规划与设计：同济大学，1999.11

（六）可移动文化遗产

可移动文化遗产保护策略研究[博士论文]／周耀林著；　彭斐章指导。——图书馆学：现代目录学：武汉大学，2005

（七）非物资文化遗产

中国口头文化遗产——董永遇仙传说研究[博士论文]／纪永贵著；程杰指导中国古代文学：南京师范大学，2004

中国记忆工程文献遗产整合研究 [博士论文]／梁广寒著；　刘家真指导。——档案学：数字信息资源管理：武汉大学，2004

（八）旅游与文化遗产保护

现代旅游活动与文化遗产保护 [硕士论文]／吴晓隽著。——旅游管理：浙江大学，2002

三、专著类

（一）综合

保护遗产造福人类 [专著] 世界文化遗产的保护与管理／杨巨平主编。——北京：世界知识出版社，2005

本书选择了一些有代表性的国家或遗产地作为个案的研究对象，分析了它们各自的世界遗产的管理体制及其运作状况，并且分析、总结了它们在处理遗产保护和利用关系方面的经验教训；书中还对第28届世界遗产大会批准列入的788项世界遗产进行了介绍。

文化遗产报告 [专著] 世界文化遗产保护运动的理论与实践／顾军，苑利著。——北京：社会科学文献出版社，2005

文化遗产 [海外中文图书] 鉴定、保存和管理／葛蓝・艾波林(Graeme Aplin)著，刘蓝玉译。台北：五观艺术事业有限公司，2005

文化遗产的保护与经营 [专著] 中国实践与理论进展／徐嵩龄等编。——北京：社会科学文献出版社，2003

中国文化遗产 [海外中文图书]／苏新益

联合国教科文组织亚太地区文化遗产管理第五届年会纪实[专著]：2001年10月8日～10月18日：[中英文本]／丽江市外事侨务办公室，丽江古城保护管理委员会办公室编。——昆明：云南民族出版社，2003

巍山文化谷 [专著] 对文化遗产保护和未来发展的建议：[英汉对照]／云南省对外文化交流协会等[编]。——昆明：云南大学出版社，2002

外国保护文化遗产法律文件选编 [专著]／国家文物局法制处编。——北京：紫禁城出版社，1995

国际保护文化遗产法律文件选编 [专著]／国家文物局法制处编。——北京：紫禁城出版社，1993

（二）不可移动文化遗产

丝绸之路——尼雅遗址之谜 [专著]／[日]中井真孝，[日]小岛康誉编；周培彦校译；佛教大学尼雅遗迹学术研究机构编；中国历史文化遗产保护网译。——天津：天津人民美术出版社，2005

拉萨建筑文化遗产 [专著]／汪永平主编。南京：东南大学出版社，2005　书中对西藏自治区拉萨市建城一千多年来建筑文化遗产发展历程进行了系统的总结。分析了各种建筑的特征、建筑风格、建筑文化的形成及其鲜明的地域性特色与成就。

水木清嘉 [专著] 瑞安建筑文化遗产／李刃主编。南京：东南大学出版社，2005　本书介绍瑞安古建筑文化的遗产，包括：罗阳古城、文化建筑、宗教建筑、民居建筑、公共建筑、建筑装饰等。

瑶山——良渚遗址群考古报告之一／浙江省文物考古研究所编著，文物出版社，2003

本书分为绪言、发掘过程、墓葬、采集及地层出土遗物、研究认识五个部分，并配有大量线图、拓片、上千件精美玉器以及650余幅彩色照片。

中国城墙／罗哲文主编。江苏教育出版社

它是展示中国城墙雄伟壮丽的大型画册。介绍了中国城墙建造、演变历史，对城墙的类型、防御体系、建筑材料、构造方式及其历史地位进行论述。还分别介绍万里长城、北京城墙、辽宁兴城城墙以及台湾城墙等我国现存的古城墙遗址。

全书共选用了633幅照片，基本反映了我国现存主要的城墙的状况和特色。而且，还收录了东南大学建筑系教授刘叙杰的一篇论文《中国城墙》。

明长城考实／华夏子著，北京：档案出版社，1988

1986年底，董耀会和吴德玉，张元华一起，以“华夏子”署名出版。该书记载了明朝修筑长城的历史背景，明长城的建置沿革，以及长城沿线9个省、市、区境内的明长城的历史和现状。

苏州古典园林／刘敦桢 北京：中国建筑工业出版社，1979

全书共分为绪论、布避、理水、叠山、建筑、花木以及15处园林实例，配有大量的图片和测绘图，科学地总结了苏州古典园林的造园艺术和成就。

晋阳古城／太原文物考古研究所编

晋阳城始建于春秋末，毁于宋初，是中国北方重要的政治、经济、文化中心和军事重镇。是全国重点文物保护单位。本书通过对晋阳古城区遗址、寺观遗址和墓葬出土文物的介绍，向读者展示晋阳古城的历史风貌。

交河故城保护与研究［专著］／解耀华主编。乌鲁木齐：新疆人民出版社，1999

（三）自然与文化遗产

文明的圣树［专著］：哈尼梯田／史军超著。哈尔滨：黑龙江人民出版社，2005（中国民间口头与非物质文化遗产推介丛书）

武夷山世界文化遗产的监测与研究［专著］／著。厦门：厦门大学出版社，2005

舆地纪胜［专著］／（宋）王象之撰；李勇先校点。成都：四川大学出版社，2005（宋元地理志丛刊）

（四）历史文化名城、名镇（村）

皖南古村落规划保护方案保护方法研究［专著］／吴晓勤等编著。北京：中国建筑工业出版社，2002

历史城市保护学导论［专著］文化遗产和历史环境保护的一种整体性方法／张松著。上海：上海科学技术出版社，2001

城市遗产保护论／阮仪三著。上海科学技术出版社，2005

本书是著名学者阮仪三先生继《历史环境保护的理论与实践》后出版的又一本论文集。文集中收集的30多篇论文通过上海、苏州、湖南凤凰等地旧城改造中文化遗产的保护实例，阐释了遗产保护的原真性、可持续性等原则，以及遗产保护的政府运作、市场机制、遗产旅游和合理开发等理论问题，特别是就上海工业遗产保护和利用中出现的政府和公众共同参与模式的分析，丰富了公共遗产的保护理论。

（五）可移动文化遗产

杭州古玉／杭州历史博物馆 李海主编

本书以杭州历史博物馆藏玉为主，兼收杭州地区所藏新石器时代至清代玉器计200余件（套）。书中并就战国水晶杯的来源、制作工艺以及杭州古玉的历史地位等学术问题陈述了见解。

明清家具鉴赏与研究／田家青著

本书涉及明式家具的评价与鉴赏，清代宫廷家具的起源、制作活动和工艺特征，明清家具修复，木工工具等方面内容。

书中收录明清家具实物照片、效果图、复原图、线图等280余幅。书后还附有清乾隆“活计档”中关于家具制作的条目。

潮州木雕／广东省博物馆编

潮州木雕起源于唐宋时期，至清代达到鼎盛，形成了精巧细腻、玲珑剔透、金碧辉煌的风格特色。

本书展示了广东省博物馆收藏的3000多件精美潮州木雕，着重研究潮州木雕的制作技法和艺术特色、雕刻题材及其在潮州传统民俗文化中的功用，是潮州木雕研究的集大成之作。

（六）非物质文化遗产

玩具之旅／王连海著。北京：中国旅游出版社，2006（中国民间文化遗产旅游丛书）

本书详细介绍了中国各地的民间玩具，包括泥玩具、竹木玩具、布玩具、陶瓷玩具、古今玩具市场等。

皮影之旅［专著］／魏力群著。北京：中国旅游出版社，2005（中国民间文化遗产旅游丛书）本书介绍了皮影戏的起源和流派，皮影戏的现状，皮影戏的传说和典故，皮影的收集和整理，皮影的年代品质鉴别等内容。

中国民间口头与非物质文化遗产推介丛书［专著］／白庚胜，向云驹主编。哈尔滨：黑龙江人民出版社，2005

中国非物质文化遗产　第九辑［专著］／叶春生主编；中山大学中国非物质文化遗产研究中心编。广州：中山大学出版社，2005

本书由"非物质文化遗产研究·北京论坛专辑"、"传统戏曲研究"、"民歌与史诗研究"、"域外民俗"、"区域民俗"等栏目组成。

闺中奇迹［专著］中国女书／刘忠华主编。哈尔滨：黑龙江人民出版社，2005（中国民间口头与非物质文化遗产推介丛书）

本书全面介绍了湖南省江永县一带在女人中流传的文字——女书，简释了女书的发现、发展、流传地域、传承方式及重大的社会意义、文化价值和它作为世界濒危非物质文化遗产的特殊性、拯救它的迫切性。

戴着面具起舞［专著］中国傩文化／刘芝凤著。哈尔滨：黑龙江人民出版社，2005

少林功夫［专著］／吕宏军，滕磊著；宋书范，宋慧娟等摄影。杭州：浙江人民出版社，2005

中国木版年画集成　杨家埠卷［专著］／冯骥才主编；李世光，张小梅（卷）主编。北京：中华书局，2005

中国民间文化遗产抢救工程国家社科基金特别委托项目中国民间文化遗产抢救工程系列成果之一。

新春吉祥画［专著］中国木版年画／冯敏著。哈尔滨：黑龙江人民出版社，2005

年画［专著］／王树村、王海霞著。杭州：浙江人民出版社，2005

关注母亲河［专著］中国非物质文化遗产·民间剪纸国际学术研讨会文集　太原／乔晓光主编，山西人民出版社，2005

中国民间剪纸申报联合国教科文组织"人类口头和非物质遗产代表作"研讨会文本本书内容汇集了有关中国民间剪纸的历史、现状以及多民族剪纸艺术传统的研究，也记录了文章作者们在探索保护剪纸领域中得出的经验。

苗人的灵魂［专著］台江苗族文化空间／余未人主编；中国（贵州）民间文化遗产抢救工程办公室，贵州省民间文化家协会编。哈尔滨：黑龙江人民出版社，2005（中国民间口头与非物质文化遗产推介丛书）

本书以苗族古歌为代表的口述文化，以鼓社祭为代表的原始宗教文化，以服饰为代表的审美文化等主要内容，对古歌文化推介的达标程度和濒危状况，古歌文化抢救、保护、利用等进行了论述和介绍。

民族服饰与文化遗产研究［专著］中国民族学学会2004年年会论文集／杨源，何星亮主编。昆明：云南大学出版社，2005

接龙吹打乐［专著］／徐万德、张勇主编，重庆市巴南区民族民间文化保护工程领导小组编。贵阳：贵州人民出版社，2005

传统的回归与守护［专著］无形文化遗产研究文集／于海广著。济南：山东大学出版社，2005

本书收录了关于无形文化遗产保护的论文，有《关于无形文化遗产分类研究的辨析》、《博物馆与无形文化遗产保护》、《试论荷泽地区的无形文化遗产》等文。

中国医药文化遗产考论［专著］／郑蓉（等）主编。北京：中医古籍出版社，2005

本书内容包括中国医药文化遗产学术论坛、中国医药学"申遗"专题研究、仲景文化专题研究、中医标准化专题研究等。

热贡艺术 [专著]/ 马成俊著。杭州:浙江人民出版社,2005（人类口头与非物质文化遗产丛书）

本书共分十章，内容包括：神灵佛光弥漫的热贡，热贡艺术的生成、发展及保护，热贡艺术的种类，热贡唐卡艺术，热贡堆绣艺术，热贡雕塑艺术，多彩的热贡建筑，热贡舞蹈艺术，热贡六月歌会，热贡艺术的现代转型。

天籁之音 [专著] 侗族大歌 / 刘亚虎主编。哈尔滨:黑龙江人民出版社，2005

东方的罗密欧与朱丽叶 [专著] 梁祝口头遗产文化空间 / 陈勤建主编；华东师范大学中国民俗保护开发研究中心，中国梁祝文化研究会编。哈尔滨:黑龙江人民出版社，2005

徐州民间文化集 风土人情 [专著]/ 殷召义主编；姚克明，周伯之编著。北京:中国文联出版社，2004

徐州民间文化集 故事传说 [专著]/ 殷召义主编；甘信昌，彭浩编著。北京:中国文联出版社，2004

徐州民间文化集 工艺美术 [专著]/ 殷召义主编；李亚娃，尹成编著。北京:中国文联出版社，2004

徐州民间歌谣集 传统乡歌 [专著]/ 殷召义主编；程荣华选编。北京:中国戏剧出版社，2005

徐州民间歌谣集 传统情歌 [专著]/ 殷召义主编；周伯之选编。北京:中国戏剧出版社，2005

徐州民间文化集 故事传说 [专著]/ 殷召义主编；甘信昌，彭浩编著。北京:中国文联出版社，2004

徐州民间歌谣集 传统儿歌 [专著]/ 殷召义主编；姚克明选编。北京:中国戏剧出版社，2005

中国湖南通道侗族文化遗产集成 [专著]/ 陆中午

郎啊姐 [专著] 民间文艺家刘德方传唱的三峡情歌选集 / 袁维华采录；彭明吉整理。北京:中国三峡出版社，2004

守望民间 [专著] 中国民间文化遗产抢救工程 / 冯骥才主编

山南民间歌谣集成第一册 [专著]/ 山南地区民族文化遗产抢救领导小组办公室，山南地区民间文学三套集成总编委会搜集整理。拉萨:西藏人民出版社，1995

（七）旅游与文化遗产保护

世界文化遗产 [专著] 丽江古城旅游环境研究 / 杨桂芳，丁文婕，葛绍德。北京:民族出版社,2005

本书对丽江古城旅游环境进行了研究，具体内容包括：世界遗产概述、丽江古城旅游环境、丽江古城旅游生态环境、丽江古城旅游社会文化环境等。

文化遗产国际交流　04.030450

开展国际交流与合作，利用国际科学技术资源。与美国、德国、意大利、加拿大、匈牙利、日本等30余个国家、地区和联合国教科文组织开展合作研究。如：与美国盖蒂保护研究中心合作，制订了《中国文物古迹保护准则》；意大利政府在西安援建了高水平的保护修复研究中心；联合国教科文组织、日本政府无偿援助新疆交河故城、西安大明宫含元殿遗址等保护修复工程；中美、中日合作开展敦煌壁画保护研究；中日合作开展陕西唐墓壁画和北京智化寺明代壁画保护研究；中德合作开展秦俑彩绘保护研究。此外，我国还参加了联合国对柬埔寨吴哥古迹的保护维修项目。这些都有力推动了我国文化遗产保护科学技术的进步。

2000.3～2006.11 中国工作队对柬埔寨吴哥古迹进行考察并选定修复周萨神庙。这是中国第一次参与这样重大的文物保护国际行动。2000年3月修复工程正式动工。预计2006年11月竣工。

2001.4.8～30 第二次中国世界遗产地工作会议暨中国世界遗产论坛在武夷山举行。会议集中探讨在遗

产管理和定期监测方面的问题。

2001.10.20～24　唐墓壁画国际学术研讨会在西安召开。会议分“唐墓壁画的历史文化价值”、“唐墓壁画艺术及在艺术史中的地位”和“墓葬壁画及彩绘科学保护”三个专题进行了研讨。

2002.9.1～3　“世界遗产保护论坛”国际会议在峨眉山召开。会议通过了《保护世界遗产乐山宣言》。还开展了佛文化研讨会，对外开放悬谈会等。

2002.10.20～24　“国际博协亚太地区第7次大会暨博物馆与无形文化遗产国际学术讨论会”在上海召开。会议由国际博协亚太地区委员会与国际博协中国国家委员会、中国博物馆学会联合主办的。来自阿富汗、澳大利亚等26个国家、地区和国际组织的150名代表出席了本次大会。

会议分六个小组分别就博物馆与无形文化遗产、博物馆与无形文化遗产的档案记录、博物馆与无形文化遗产的管理、博物馆与无形文化遗产的保护、博物馆与无形文化遗产宣传、博物馆的协调与合作等六个议题进行了热烈的讨论。大会通过了以保护亚太地区无形文化遗产为宗旨的《上海宪章》。

2002.11.12～12.5　国家文物局世界遗产考察团考察欧洲文化遗产。此行访问了意大利、希腊、西班牙，考察了21处世界遗产，还分别与意大利文化遗产部，西班牙教育、文化、体育部的遗产管理负责人举行了会谈，就世界遗产的申报与保护、管理问题做了广泛、深入的探讨和交流。通过此次考察，我们对意大利、希腊、西班牙世界遗产的保护管理历史与现状有了全面、具体的了解，对我国的世界遗产申报、保护、管理、研究、展示、宣传等各方面工作，都有很好的借鉴意义。

2003.1.16 北京市文物局局长梅宁华与联合国教科文组织北京办事处杜铭那克副代表、文化项目官员木卡拉先生、世界银行驻中国代表处高级技术专家泰瑞利先生等，就北京的文化遗产及旧城保护问题进行了会谈。杜铭那克女士代表联合国教科文组织北京办事处，表示希望能与北京市政府在北京的城市发展、文化遗产保护、城市规划、社区完整性等方面进行合作。

2003.7.21～22　龙门石窟保护国际研讨会在洛阳召开。主要讨论了解决龙门石窟漏水和雕刻品风化等危及石窟的病害问题，与会专家对龙门石窟病害现状进行了准确的判断，对病害的治理措施提出了建设性的指导意见。

2003.9.3　中国·承德世界文化遗产国际论坛开幕。此次活动由国家文物局、河北省政府、中国教科文全委会、联合国教科文组织驻北京办事处联合主办。来自英、法、美等10个国家和地区的学者，国内知名专家，以及国内29家遗产地代表聚集一堂，共同探讨世界遗产保护与利用双赢的新思路。避暑山庄是世界文化遗产，为更好地做好保护工作，展现其特殊的历史价值，承德市政府借避暑山庄建成300周年之机，与河北省文物局共同承办了此次国际论坛，目的是吸收全新的文化遗产保护理念，促进承德文化遗产保护和管理水平的提高，扩大承德作为世界文化遗产城市在中国和世界的影响，提高承德与河北的知名度。论坛期间，国内外专家、学者就世界文化遗产的共性和个性、遗产地的公约意识、遗产地科学监测的重要意义、避暑山庄及周围寺庙的保护、遗产地旅游开发与保护的关系等展开讨论。

2003.12　中国少数民族艺术遗产保护及当代艺术发展国际研讨会在京举办。研讨会由中国艺术研究院主办。来自十多个国家和地区的两百多名专家、学者围绕文化多样性、当代艺术发展与少数民族艺术遗产保护，新世纪少数民族文化生态保护，世界各国民族艺术遗产保护经验等议题进行了研讨。中国少数民族地区代表在大会上表演或介绍了新疆十二木卡姆、藏戏艺术、青海热贡艺术、苗家歌舞服饰艺术、红河铜

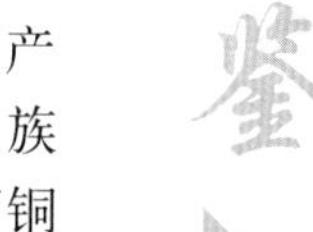

鼓艺术、鄂伦春口弦琴艺术和桦树皮文化、柯尔克孜史诗《玛纳斯》等多种各具特色的少数民族文化艺术。

2004.5.22　应日本株式会社共同通讯社和财团法人日中友好会馆的邀请，由四川省文物局主办的"苏醒的三星堆和金沙——四川古代文明展"在日本秋田市正式开展。

2004.6.28～7.7　世界遗产委员会第28届会议在苏州召开。这是中国政府第一次承办联合国教科文组织世界遗产委员会最高级别的国际会议。大会主席由中国教育部副部长、中国联合国教科文组织全国委员会主任章新胜担任。会议内容主要包括：讨论和审议世界各国新申报的世界遗产项目；世界遗产基金的使用情况以及有关世界遗产保护管理中的问题，这是国际遗产领域迄今在中国举办的规模最大、时间最长、影响最广的会议。

2004.11.1　世界文化遗产亚洲学术研讨会在京召开。国内外专家、学者就亚洲文化遗产的保护和发展战略、遗产地的管理和经营、相关的设计艺术与数字化技术在文化遗产保护和管理领域的应用等问题进行了深入的探讨。

2004.12.26　周秦汉唐文明国际学术研讨会在上海举行。研讨会对西周青铜器、秦兵马俑、汉唐壁画、法门寺地宫文物等相关考古研究的新成果进行交流。同时，《周秦汉唐文明大展》也在本月29日起向公众开放。展示宝鸡杨家村出土窖藏西周晚期青铜器：十件青铜鼎从大到小依次一字排开，每个鼎的腹内都布满了铭文。这些铭文为考古界填补了西周历史考证空白。法门寺地宫文物展区布置成地宫形态，稀世之珍在那昏暗的环境中显得尤为神秘，珠光宝气，金光灿烂。

2005.3.22　单霁翔获2005年规划事业"杰出人物奖"。国家文物局局长单霁翔在美国旧金山市接受美国规划协会颁发的该奖项。单霁翔以其多年来在城市规划建设特别是保护文化遗产方面做出的不懈努力，成为首位荣获这项大奖的非美国公民。

2005.3.29　华人美术家环球绘画和平之旅日前正式启动。由中国美术家协会等机构组织的旨在"保护人类共同文化遗产，促进国际社会和平发展"的世界著名华人美术家环球绘画和平之旅活动由五站组成，由著名华人美术家分别组成代表团前往柬埔寨吴哥、俄罗斯彼得堡、印度泰姬陵、波兰奥斯威辛、法国诺曼底进行绘画创作。

2005.4.28　《中国青瓷》特展在瑞士日内瓦开幕。为传播中华民族的优秀文化，增进中欧文化艺术的交流，经过5年的酝酿、筹备，由浙江省博物馆主办、保尔基金会支助的《中国青瓷》特展，在瑞士日内瓦远东艺术博物馆隆重举办。

2005.6　中国地方文化遗产项目启动。该项目由美国阿肯色州立大学(UALR)发起，宗旨是支持和帮助中国地方文化遗产的保护与发扬。该项目落地成都。主要是通过运作有指导性的项目，支持四川省、成都市对地方文化遗产的维修、保护和宣传工作。

2005.6.13～16　世界记忆工程国际咨询委员会第7次会议在云南丽江召开。

2005.6.21　世界文化遗产基金会在纽约公布了2006年世界百大濒临危险的文化遗址，中国有六处遗址被列入其中。

2005.7 外国新闻媒体驻华30名记者集体赴陕西考察采访。记者团先后到宝鸡、延安、榆林采访。陕西省及有关地市政府的主要领导同志分别接受了记者的采访，就如何加强打击文物犯罪、防止盗掘文物，如何开展文物保护利用等问题回答了记者的提问。

2005.7 欧盟亚洲城乡合作计划工作室日前在孔子故里山东省曲阜市挂牌。此举标志着该合作计划的曲阜项目正式启动。根据项目计划，欧盟将拨款75万欧元，与曲阜就历史文化遗产保护、旅游经济振兴等方面进行为期三年的合作。

2005.8 中国重庆大足石刻国际学术研讨会暨大足石刻首次科学考察六十周年纪念会在渝举行。

2005.8.5～9 周原考古与西周文化国际学术研讨会在西安召开。

2005.8.26～28 故宫博物院80华诞暨国际清史学术研讨会召开。研讨会由故宫博物院和国家清史编纂委员会共同主办。文化部部长、国家清史纂修领导小组组长孙家正，文化部副部长、故宫博物院院长郑欣淼，国家清史编纂委员会主任戴逸，和来自世界各地的清史研究专家、学者等160余人参加了开幕式。

国家清史编纂委员会成立于2003年，负责备受社会和学界关注的“清史编纂工程”的实施。作为规模宏大的新世纪标志性文化工程，该项目集中了全国各单位的有关专家学者，计划在10年时间内编纂一部高水平的《清史》。

研讨会上，各位专家就清史研究的多个专题进行分组讨论和大会发言，并于27日参观了故宫博物院在新竣工的武英殿中举办的“盛世文治——清宫典籍文化展”。

2005.9.16“中法文化年总结新闻发布会”在人民大会堂举行，历时两年、覆盖两国全境、先后举办700余场活动、被誉为“中欧文化交流史上的创举”的中法文化年即将在金秋的北京落下帷幕。“中法文化年”不仅加深了两国人民的相互了解，而且对维护世界文化多样性做出了积极贡献，是深厚凝重的东方中华文化与浪漫迷人的西方法兰西文化在世纪之初一次的热烈握手。

2005.10.10 紫禁城建筑艺术国际学术研讨会召开。

2005.10.10《清明上河图》及宋代风俗国际学术研讨会召开。

2005.10.10 中国古陶瓷国际学术研讨会召开。

2005.10.10 中日共建故宫文化遗产数字化应用研究所第二个五年合作项目签约。我国第一部基于高精细虚拟现实技术的关于故宫的大型计算机作品《天子的宫殿》正式推出。

2005.10.17～21 国际古迹遗址理事会15届大会在西安召开。本次会议发表了关于文化遗产及环境保护的《西安宣言》；举行了国际科学研讨会，研讨会的主题为“背景环境中的古迹遗址——城镇风貌和自然景观变化下的文化遗产保护”。

2005.10.23 联合国教科文组织亚太地区文化遗产奖评委会“评委会创新大奖”。

2005年该奖给予两个项目：建筑师郎红阳主持设计的故宫博物院午门展厅和清华大学李晓东教授主持设计的云南丽江玉湖完小。

2005.10.24 教育部副部长章新胜当选为联合国教科文组织执行局主席。中国作为该组织的创始国，首次在联合国教科文组织三大机构中取得最高职位。

2005.10.25～27 龙山时代与早期国家国际学术研讨会在山东日照举行。会议讨论了海岱龙山文化社会的主要特征，认为古国“都”、“邑”、“聚”的三级结构，礼器的生产与王室经济的出现，原始文字的出现等，是中国古代文明若干因素的萌芽，海岱龙山文化社会是初级的文明社会。

2005.11.7～11 国际博物馆影像学术研讨会暨国际博物馆影像联展。此次研讨会暨联展有来自英国、美国和国内博物馆界的专家和同行出席会议并在与会期间就“博物馆数字化与数字化影像技术的应用”、“数字化技术在古陶瓷修复中的应用”等十几个问题展开深入研讨。影像工作应用范围日益广泛。故宫博物院、敦煌研究院以及首都博物馆、上海博物馆等单位的影像工作走在全国前列。由国家文物局主持的全国馆藏文物调查工程，极大地推动了试点单位文物影像信息采集、加工和利用的工作的发展。

国家文物局副局长张柏指出：在信息技术快速发展的今天，依照博物馆“保护收藏”和“陈列展示”文物及藏品的特性，建设基于影像的博物馆信息系统，是博物馆信息系统区别于其他信息系统的主要特征。影像技术不仅是博物馆展示的辅助和虚拟展示的主体，更是文物和藏品保护工作的重要手段。

2005.11.9 国家主席胡锦涛同英国女王伊丽莎白二世在伦敦皇家艺术学院出席“盛世华章”故宫文物展开幕式。此次展览精选了清代康熙、雍正、乾隆时期的艺术珍品，有书画、玉器、青铜器、瓷器、漆器、织绣、家具、西洋仪器等约400件珍品，其中许多是首次在中国境外展出。这次文物展将于明年4月结束。

2005.11.15～17 法门寺、正仓院与中日文化交流国际学术讨论会在西安举行。日本正仓院收藏的器物在形态上、装饰纹样上都与中国唐代长安文化、法门寺文化有着千丝万缕的联系，开展法门寺和正仓院器物的对比研究是中日文化交流史上的盛事，将有力地促进中日两国间的学术交流和文化互动。

2005.11.21～22 首届许慎文化国际研讨会在河南漯河召开。来自美国、加拿大、乌克兰、利比里亚、马来西亚、香港、台湾等国家和地区及北京大学、中国人民大学、北京师范大学等国内著名高校的知名专家学者280多人参加了本次研讨会。会议期间，举行了许慎铜像揭幕仪式，“许慎杯”全国书法作品展等一系列活动，共提交论文80多篇。据悉，漯河市将以挖掘汉字文化为主题，以省级文物保护单位许慎墓的保护开发为着力点，以汉字文化国际交流为手段，把许慎文化打造成知名品牌，努力把漯河建成全国许慎文化研究中心、“许学”文献资料中心和汉字文化圣地旅游中心。许慎是我国东汉时期著名的文字学家、经学家，诞生在河南省漯河市召陵区许庄村。他耗费毕生心血编著的《说文解字》是我国乃至世界最早的一部字典。

2005.12 南京市与意大利卢卡市就古城墙保护展开合作。

2005.12.5～16 法国文物保护专家贝纳德先生来访。受太原市文物局的邀请，贝纳德先生在太原进行了为期12天的考察、讲学与交流。

2005.12.11 中外众多文化界专家在浙江宁波发起倡议：让“海上丝绸之路”跻身世界文化遗产之列。

2005.12.21 中国文物代表团出访肯尼亚、坦桑尼亚、莫桑比克三国。

第四章　文化遗产机构与宣传

这些年来，我们进行了大量的文化遗产研究，但是学者的力量还是很单薄的。做好文化遗产的保护，最终要靠全体公民的共同参与，这样，宣传文化遗产知识的平台便应运而生，各类媒体也给予了热情的关注。

自1978年10月中国联合国教科文组织全国委员会成立之后，我国陆续成立了国家文物局文物保护司世界遗产处、中国文物学会世界遗产研究委员会、中国古迹遗址保护协会（ICOMOS/CHINA）等机构，它们致力于文化遗产保护的宣传，至今已卓有成效。北京大学、复旦大学、中山大学和同济大学等高校还分别成立了世界遗产研究中心，具体情况在下文皆有详尽介绍。

近些年来我国的媒体中涌现出各种高水平的电视节目与网站，提供了学者学术交流和向爱好者普及新知识的多个平台，大型电视纪录片《故宫》、《鉴宝》、《探索·发现》栏目，中国文物信息网（www.ccrnews.com.cn）、中国历史文化遗产保护网（www.wenbao.net）是其中的佼佼者。

文化遗产机构　04.040150

中国联合国教科文组织全国委员会

（北京市西单北大街大木仓胡同35号）

1978年10月，中国联合国教科文组织全国委员会成立，于1979年2月19日正式运作，挂靠在教育部，负责代表中国政府归口协调我国与联合国教科文组织合作。

教科文组织全国委员会现由28家委员单位组成，包括政府、非政府、研究机构等单位。该会主任由教育部副部长兼任，外交部、科技部、文化部、中国科学院、中国社会科学院等5部门主管副部长或副院长为副主任。教科文全委会的基本职能和主要职责是协调和协助中央和地方政府各部门和各机构参与教科文组织各业务领域的国际活动。

教科文组织全国委员会的常设工作机构为秘书处，设在教育部。在全委会主任领导下，秘书处在全委会职责范围内开展日常工作。秘书处由秘书长和副秘书长负责。

中国常驻联合国教科文组织代表张学忠大使，于2004年12月2日在巴黎向联合国教科文组织递交了，由中华人民共和国主席胡锦涛亲自签署的《保护非物质文化遗产公约》批准书。

国家文物局文物保护司世界遗产处

（北京市朝阳门北大街10号）

国家文物局文物保护司世界遗产处成立于2002年，编制3人，其中处级领导1名。

该处主要职责是：

1．负责中国世界文化遗产的管理工作，协助有关部门做好历史文化名城和历史文化街区、村镇、风景名胜区的管理工作。

2．负责中国世界文化遗产项目的申报、遴选、指导、审核、监督、管理，起草有关规章。

3．负责列入世界文化遗产名录项目的监测和报告工作。

4．协助有关部门制订历史文化名城和历史文化街区、村镇保护的有关法规、规章。

5．负责历史文化名城和历史文化街区、村镇保护规划的审核。

6．负责国家级风景名胜区和城市总体规划的审核工作。

7．参与历史文化名城专项保护资金项目的审核。

8．负责首都规划建设委员会等单位的联络工作。

9．承担中国国际古迹遗址理事会（ICOMOS/China）秘书处的日常工作。

文物出版社（www.wenwu.com）

文物出版社作为中国唯一出版文物、考古类图书的国家级专业出版社，创建于1957年1月。该社以抢救、保护中国文化遗产为己任，以展示中国传统文化内涵和艺术魅力为宗旨。

文物出版社的出版物种类主要有：国内外博物馆和其他收藏单位重要藏品的文物图录，考古报告、出土文献资料和有关文物考古的研究论著、译著，与文物考古相关的工具书、参考书、教材和普及性读物，近现代、当代名人的墨迹、手稿、纪念性图集，古代书画、碑帖精印本和复制品、仿制品，珍本书籍的影印本，以及上述内容的音像制品。

1994年，文物出版社经中宣部、国家新闻出版署评选，被表彰为全国30家优秀出版社之一。

该社1987～1990年将濒于失传的《乾隆版大藏经》重新印刷。该书共7240卷，是中国现存最大的版刻图书，被称为现代出版史上的壮举。

中国文物学会世界遗产研究委员会

（北京市东城区雍和宫大街戏楼胡同1号中国文物学会）

中国文物学会世界遗产研究委员会是隶属于中国文物学会，专门进行国家文物保护区，国家遗产和世界遗产的调查、鉴定、评价、利用、研究与保护的二级研究机构。

该委员会的组成成员以中国文物学会、中国风景园林学会的专家队伍为基础。

2002年9月9日，遗产研究委员会与新疆大学组建的新疆非物质文化研究中心、《中国文物报》，共同发起新疆辖区共计行程9700公里的非物质文化遗产的实地调研与考察，为新疆非物质文化遗产的研究与保护打下了良好的基础。

中国古迹遗址保护协会（ICOMOS/CHINA）

国际古迹遗址理事会中国国家委员会成立于1993年。中国古迹遗址保护协会是由从事文化遗产保护与研究的专家学者和管理工作者自愿组成的全国性、群众性、非营利性的学术团体，具有独立社团法人资格。

该协会积极参与世界文化遗产的申报和监测工作，对布达拉宫历史建筑群、高句丽王城、王陵和贵族墓葬等17处遗产地申报世界文化遗产项目的文物本体保护、环境整治以及编写申报文本、接待国际专家考察等多方面的申报工作给予技术指导。这些申报项目均被成功列入《世界遗产名录》。

本协会挂靠于国家文物局，协会的业务主管单位是中华人民共和国文化部。

中国民俗摄影协会

（北京市海淀区文慧园14号楼312号）

中国民俗摄影协会是文化部主管，民政部注册的具有独立法人资格的国家一级社会团体，成立于1993年12月。

协会拥有26000余名会员，是中国一支重要的、优秀的文化遗产的记录力量。协会以“抢救性记录中国文化遗产行动”为中心，为广大会员提供文化遗产的记录、保护理念和手段的培训，致力于中国境内的文化遗产，特别是无形文化遗产的普查、记录工作。

1998年至2004年，协会主办了国际民俗摄影：“人类贡献奖”年赛，这是世界上第一个以民俗文化为主

题的摄影比赛，保存了涉及世界150多个国家的的文化图片库。

中国科学院传统工艺与文物科技研究中心

（北京市东城区朝内大街137号）

中科院传统工艺与文物科技研究中心主任、研究员苏荣誉。主要研究领域是：技术史、金属史、冶金考古学、考古科学、文物保护科学技术、艺术史、技术社会经济史。曾荣获国家文物局文物科技二等奖、中国科学院自然科学史研究所优秀学者奖等。主要著作有《中国上古金属技术》、《中国科技典籍研究》等专著七部。

中国科学院传统工艺与文物科技研究中心，是国家知识创新工程推进过程中，中国科学院在科学发展观指导下，本着面向国家需求、面向学术前沿的精神而创建的跨学科、跨研究的、开放性的学术平台。

中心致力于文化遗产的科学技术研究与保护，包括文化遗产的调查技术、考古科学技术研究、考古科学技术史、保存现状与保护技术及其评估，以及文化遗产管理（战略、政策、法规与标准）。不仅关注物质文化遗产（可移动与不可移动），还关注非物质文化遗产中的传统工艺。

中心致力于文化遗产科学建设与人才培养，建设不同的文化遗产数据库，推动文化遗产数字化进程。

中国民族影视艺术发展促进会

中国民族影视艺术发展促进会系中华人民共和国民政部批准成立的全国性一级法人社团机构，是以少数民族专业影视艺术工作者和关心、支持从事少数民族文化艺术事业人士为主体的专业性社团组织，其主要业务范围有学术研讨、业务培训、刊物编辑、国际文化合作、影视节目制作、电视节目评奖与交流。促进会特别注重在促进少数民族地区影视艺术的发展，积极开展与世界其他民族之间的文化交流活动的同时，推动民族传统文化的保护与继承。

促进会在全国（包括民族地区）有四十多个会员单位，全国民族地区电视台领导任本会副会长、副秘书长。

中国社会科学院考古研究所

（北京市王府井大街27号）

中国社会科学院考古研究所，是在北平研究院史学研究所和中央研究院历史语言研究所一部分的基础上发展起来的。1950年5月开始筹建，同年8月1日正式成立。当时属中国科学院领导，是中国科学院建院初期成立的第一批研究所之一。1977年中国社会科学院成立后，考古研究所成为中国社会科学院所属研究机构。

目前有各类在职人员143人。考古研究所的研究人员中，担任中国社会科学院研究生院考古学系博士生导师11人，硕士生导师51人，1978年以来培养的硕士研究生42人，博士研究生16人。现任书记：齐肇业，所长：刘庆柱。

考古研究所单独进行或与其他单位共同进行的一系列重点发掘项目，受到海内外学术界的广泛关注。例如：史前时期的小南海洞穴遗址、下川遗址、裴李岗遗址、北首岭遗址、半坡遗址、庙底沟遗址、柳湾遗址、屈家岭遗址、青龙泉遗址、兴隆洼遗址、王因遗址、西朱封遗址、三里河遗址、北阳平遗址、顶狮山遗址等；对探索中国文明起源和夏文化问题有重要意义的陶寺遗址、二里头遗址、东下冯遗址等；商周时期的偃师商城、安阳殷墟、丰镐遗址、周原遗址、琉璃河遗址、洛阳东周城遗址和铜绿山遗址、大甸子遗址、前掌大墓地等；汉唐及其以后时期的汉长安城遗址、汉魏洛阳城遗址、曹魏北朝邺城遗址、隋大兴城唐长安城遗址、隋唐洛阳城遗址、隋唐扬州城遗址、渤海上京龙泉府遗址、北庭高昌回鹘佛寺遗址、辽中京遗址、金中都遗址、元大都遗址，以及汉杜陵陵园遗址、满城汉墓、马王堆汉墓、大葆台汉墓、广州南越王墓和南越王宫城遗址、磁县北朝大墓、明定陵和龙泉窑遗址、南宋官窑遗址、灵武窑遗址、福建建窑

遗址等。

考古研究所的许多编写工作，被列为国家社会科学研究重点项目。其中，被列为“六五”期间国家项目的有《新中国的考古发现和研究》、《青海柳湾》、《偃师二里头》、《定陵》等发掘报告，以及《小屯南地甲骨》、《殷周金文集成》等；被列为“七五”期间国家重点项目的有《大甸子》、《西汉南越王墓》、《北庭高昌回鹘佛寺遗址》等发掘报告，以及《殷周金文集成》；被列为“八五”期间国家重点项目的有《偃师二里头遗址》等；被列为“九五”期间国家重点项目的发掘报告有《中国考古学》，这是考古研究所“九五”期间投入较多研究人员编写的重要的综合性项目。另外，还有几十项编写工作，被列为国家社会科学基金项目和中国社会科学院重点项目。此外，考古研究所许多研究人员承担了国家重点项目《中国大百科全书》和《当代中国丛书》的考古卷的编写工作，还参加编绘《中华人民共和国国家历史地图集》原始社会部分的图稿。

考古研究所多年来编辑出版了上百种考古学专刊，其中包括重要遗址和墓葬的发掘报告，综合性考古著作和论文集，甲骨、金文和汉简资料集录等，大部分是所内研究人员编著的。考古研究所主办的出版物有四种：《考古》（月刊）、《考古学报》（季刊）、《考古学集刊》（年刊）和《考古学参考资料》（不定期）。中国考古学会主办的《中国考古学年鉴》，由设在考古研究所的学会秘书处负责编辑。

北京大学世界遗产研究中心

（北京市海淀区海淀路8号北京大学静园一院）

北京大学世界遗产研究中心是隶属于北京大学，专门进行国家风景区，国家遗产和世界遗产的调查，鉴定、评价、利用、保护与规划的一级研究机构。

遗产研究中心的成员以北京大学的优秀师资队伍为基础组成，学科齐全，专业水准高。专业涉及风景、地理、建筑、规划、园林、考古、植物、生态、历史、文学、遥感、地质、水文、气候、美学等10多个学科领域。其中代表性研究成果是《泰山风景名胜区资源综合考察评价及其保护利用研究》，获得了1988年建设部科技进步一等奖。以其综合性科学考察成果为基础，遗产研究中心编制了《泰山风景区总体规划》。在此基础上，在建设部领导下，遗产研究中心与泰山管委会等有关部门合作，共同编制了世界遗产申报书，使得泰山成功地被批准为中国首例世界文化与自然双重遗产。出版有集体编写的《中国泰山》。

遗产研究中心成立六年来，完成了《浙江诸暨五泄省级风景名胜区资源综合考察、评价、研究及其总体规划》（1998～1999年，现为国家级风景名胜区），《雁荡山国家风景名胜区资源综合考察、评价、研究与总体规划修编》（1998～1999年）等多个项目。同时，遗产研究中心还承担着相关的教学任务。

复旦大学文化遗产研究中心

复旦大学文化遗产研究中心是隶属于复旦大学，专门从事文化遗产研究的学术机构，于2000年开始运作。

遗产研究中心依托复旦大学文物与博物馆学系长期积累的专业基础，同时整合校内、校外各种力量，从多学科的角度开展学术工作。承担和完成的国家或省部级课题，包括：《当代中国文化遗产保护和利用：现状、问题及政策思考》、《国家文化遗产保护中长期科学技术战略研究》、《民间文物的流通和管理研究》、《明清景德镇瓷业发展与区域社会》等。与国外合作的项目有：《中国古村落文化遗产研究》、《18世纪中日瓷器交流与互动研究》等。

遗产研究中心专任研究员近三年共出版专著20种，译著2部，发表学术论文百余篇。创办了《文化遗产研究集刊》，已由上海古籍出版社出版3辑。这是中国国内第一本以“文化遗产”为名的刊物。该刊问世后受到广泛关注，一些论文如《文物学、考古学与文化遗产保护》、《韩国文化遗产法制建设的历史考察》、《试论文物建筑与旅游资源的关系》等有很高的引用率。

遗产研究中心积极与国内外学术界开展交流活动，与文博行业进行互动。其中与日本方面合作成立了

“中日合作书法和文物研究中心”，内设有“中国古村落文化遗产研究小组”。已出版论文集2种。

同济大学国家历史文化名城研究中心

（上海四平路1239号同济大学建筑与城市规划学院）

同济大学国家历史文化名城研究中心是1996年建设部指定设立的，是进行中国历史文化名城、历史文化遗产保护、研究、对外交流、宣传教育的全国性学术机构，并向社会提供技术和技术咨询。

该中心的任务和宗旨是：组织开展历史文化名城保护与建设的综合性研究；推进国内外各相关研究机构和组织之间的学术、信息、文化交流与整合；举办学术会议和全国性的讲座、培训与展览宣传；根据国家管理部门的需要，组织专项调查研究和综合性政策研究；承接国家课题研究项目；推动中国历史文化名城之间的保护实践经验的交流与合作；编辑出版专业书籍与论文著作；培养博士生、硕士生和进修生。

专业涉及城市规划、建筑、风景园林、旅游、历史、民俗、文博等学科领域。1980年，阮仪三教授等为平遥古城制定保护规划，促使其在1997年成为世界文化遗产，后陆续完成了苏州、扬州、绍兴、安阳、潮州等几十个历史文化名城（镇）和历史街区的保护规划。

该中心出版了《历史文化名城保护理论与规划》、《护城综录》、《历史城市保护学导论》等学术著作及相关学术论文。

中央美术学院非物质文化遗产研究中心

（北京市朝阳区花家地南街8号）

中央美术学院非物质文化遗产研究中心是隶属于中央美术学院，专门进行国家非物质文化遗产中民族、民间艺术类遗产的普查、研究、鉴定、评价、社区保护与项目策划、教育传承普及、专业管理人才及师资培训，民间艺术品开发的开放型信息实践平台和专业研究机构。于2002年5月，经教育部备案正式成立。

遗产研究中心专业涉及民族民间美术研究，民居建设艺术研究，民间传统手工艺研究，非物质文化遗产与美术教育研究，视觉文化符号研究，无形文化社区保护与发展研究，文化遗产规划管理等。

2002年10月，遗产研究中心策划并承办了由教育部、文化部、联合国教科文组织驻京代表处支持，中央美术学院主办的“中国高等院校首届非物质文化遗产教育教学研讨会”。会后，支持并协助国内多所高校成立了非物质文化遗产相关学科。2002年，遗产研究中心正式承接中国民间剪纸向联合国教科文组织申报《人类口头和非物质遗产代表作名录》后续申报工作，完成申报文本、申报录像文件、天才传承人确定及图文资料调查整理工作，并进行了民间剪纸原生态传承保护模式试点实施，教育传承普及项目实施以及“中国民间剪纸天才传承者的生活和艺术”大型展览筹备、“中国非物质文化遗产·民间剪纸国际学术研讨会”的筹备。

遗产研究中心在中央美术学院支持下，已经将非物质文化遗产与民间美术作为全院选修课程，并系统制定了五年科研规划。

西北师范大学世界遗产研究中心

（兰州市安宁东路805号）

西北师范大学世界遗产研究中心是隶属于西北师范大学的研究机构，专门从事西部地区尤其是西北地区的风景名胜区、国家遗产和世界遗产的调查、评价、利用、保护与规划，于2002年5月成立。

该中心的成员以西北师范大学的骨干师资队伍为基础，专业涉及历史、文学、美学、文化、考古、地理、建筑、生物、地质、气候、管理等学科领域。于2002年开始参与了天水麦积山申报世界自然文化遗产的咨询与论证工作；2003～2004年主持《天水麦积山石窟室内环境监测研究》。2003年受甘肃省文物局委托，完成甘肃省申报世界遗产规划的咨询论证工作，并完成《丝绸之路列入申报世界遗产预备清单》、《天水麦积山列入申报世界自然文化遗产预备清单》文本的翻译工作。

中心的研究人员围绕世界遗产撰写和发表论文十余篇，其中《世界遗产的管理体系》在“第二届中国科学家、教育家、企业家论坛”管理科学优秀学术论文征集获文物管理学术论文一等奖；《甘肃省申报世界遗产战略初探》被选编入《中国改革可持续性发展文献》。

乐山师范学院世界遗产研究所

（四川省乐山市市中区斑竹湾118号）

乐山师范学院世界遗产研究所挂靠在乐山师范学院旅游学院，是专门从事世界遗产保护、管理研究的专业机构，于2003年3月成立。

遗产研究所以乐山师范学院各学科的学术带头人为基础组成，并吸纳了当地政府的文物、建设、宗教、文化、环保等部门长期从事世界遗产管理和研究的人员，及乐山大佛管理委员会和峨眉山管理委员会遗产保护方面的人员参与，宗旨是：贯彻我国政府对世界遗产“保护第一，合理利用”的方针。

遗产研究所主要任务是进行世界遗产基础理论研究，对中国世界遗产的保护、管理、开发利用及遗产旅游可持续发展策略等进行研究，为遗产地政府部门提供重要的决策依据。编辑出版《世界遗产研究丛书》；收藏有关世界遗产研究的图书资料，建立世界遗产研究信息资料库，编辑出版《世界遗产研究》期刊。

遗产研究所成立以来，参加了峨眉山建设“中国第一山”的论证，出版研究专辑一册；立项资助了五个遗产研究课题，出版了乐山世界遗产研究专著一本；建立了研究所的网站；收集了中国29处世界遗产的研究资料，建立了中国世界遗产研究的信息资料库；多次邀请国内遗产保护专家做了学术报告会。

敦煌研究院

（甘肃省敦煌市莫高窟）

敦煌研究院是敦煌学研究的科研单位，也是保护敦煌石窟（莫高窟、榆林窟、西千佛洞）和其他文物的文博单位；是爱国主义教育基地，也是旅游接待单位。

敦煌研究院的前身是成立于1944年的敦煌艺术研究所，新中国建立后于1950年成立敦煌文物研究所。1984年，在敦煌文物研究所的基础上扩建为敦煌研究院。敦煌研究院由院党委、院务委员会、院学术委员会分别主管院内的党务、院务、科研工作。学术委员会兼办科研处的工作。专业部门有石窟保护研究所、美术研究所、考古研究所、文献研究所、石窟文物保护陈列中心、资料中心、编辑部、摄录部、接待部等。另外，在兰州设有分院。

该院下设：

敦煌研究院保护研究所，现所长由王旭东博士担任。

敦煌研究院文献研究所

敦煌研究院编辑部，该部20多年来组织编辑出版了《1983年全国敦煌学讨论会文集》（4卷）、《1987年国际敦煌石窟讨论会文集》（2卷）、《1990年敦煌学国际研讨会文集》（4卷）、《1994年敦煌学国际学术讨论会文集》（4卷）、《2000年敦煌学国际学术讨论会文集》（4卷）、《敦煌研究文集》（5卷）、《敦煌石窟艺术》（30卷）等。其中不少获省级、国家级出版奖。

敦煌研究院资料中心

敦煌研究院学术委员会

敦煌研究院办公室

新疆非物质文化研究中心

新疆非物质文化研究中心是由新疆大学和新疆宝亨集团联合成立的，专门从事新疆非物质文化遗产搜集、保护、抢救、整理、传承、建档与开发利用的研究机构。2003年3月正式成立。

中心成员主要由新疆资深的历史学、考古学、民俗学、地方史学专家和学者组成，代表着新疆本专业的最高水准，专业涉及人文历史、地理、民俗、民乐、地方史、生态、经济等近十个学科领域。

2003 年 11 月，研究中心组织专家赴乌拉泊古城考察古轮台城文化遗址。12 月，研究中心领导及专家一行四人赴昌吉州考察当地文管局举办的民间文物展览和昌吉个人民间文物博物馆。

南京大学文化与自然遗产研究所

南京大学文化与自然遗产研究所（以下简称“遗产研究所”）是隶属南京大学，专门进行物质文化遗产和非物质文化遗产及文化与自然双遗产的调查、评价、鉴定、利用、保护、研究的专业机构。贺云翱为首任所长。

遗产研究所的宗旨是：紧密结合社会及学术发展要求，开展文化遗产与自然遗产保护和研究，以及人才培养。吸纳国内外文化与自然遗产研究的理论和方法，依托南京大学的综合学术优势，坚持科研合作和出成果、出人才、出效益的工作方向，为弘扬中华文明和推进中国世界遗产事业发展做出贡献。其主要科研课题方向包括遗产基本理论及文化遗产科学、文化与自然遗产事业发展对策、中外遗产比较、遗产价值鉴定、遗产考古和历史、遗产管理与法制、遗产展示与陈列、遗产保护与利用、遗产规划、遗产事业与现代化、历史文化名城、博物馆以及古代陶瓷、古代玉器、古代宗教遗产研究等。

中山大学中国非物质文化遗产研究中心

中山大学中国非物质文化遗产研究中心现由三个研究方向组成：传统戏曲、口传文艺与民俗、非物质遗产保护对策。

2002 年 12 月，经过整合，由古代戏曲研究所、民俗研究中心和文体学研究中心组成的“中山大学古代戏曲与人类口头和非物质遗产研究所”正式挂牌，并向教育部申报重点研究基地。2003 年 6 月向广东省教育厅申报重点研究基地，同年 12 月获得批准。

文化遗产宣传 04.040250

《每年六月第二个星期六为我国“文化遗产日”》 北京日报 2006 年 2 月 9 日第 2 版

《北京全面盘点非物质文化遗产》 光明日报 2006 年 2 月 8 日

《文化部公示第一批国家非物质文化遗产名录推荐项目》 《中国文物报》2006 年 1 月 6 日 1 版

《中国文化遗产环境：冲击与机遇并存》 新华网陕西频道 2005 年 10 月 17 日

《让文化遗产回归公众》 无锡日报

《用现代科学技术保护文物遗产原貌 世界遗产不宜“重现辉煌”》 科技日报

《中国文化遗产》杂志

《文物天地》杂志

《中华遗产》杂志

《收藏》杂志

《中国文物报》 全国唯一的集文物、博物馆、考古、收藏、鉴赏为一体的大型综合性行业报纸。

中国文物信息网（www.ccrnews.com.cn）

中国历史文化遗产保护网（www.wenbao.net）

大型电视纪录片《故宫》于 2005 年 10 月 10 日起在中央电视台播出。

《鉴宝》栏目，中央电视台第二套节目的一个集收藏与鉴赏的专业化栏目。

《探索·发现》栏目，中央电视台第一套节目采用讲故事的方式把历史、地理、自然科学等内容解说给观众，利用所有可能的电视手段进行表现，其中不少有关文化遗产的介绍。

《人类的共同遗产》大型电视系列片，是北京电视台于1994年2月通过我国政府的有关部门向联合国教科文组织正式申请的国际间合作项目。

《中国博物馆》102集大型电视文化专题片，该片获得"第17届中国电视金鹰奖长篇纪录片优秀奖"、"中国政府奖"，已被国家有关部门确定为国家领导人出访馈赠礼品，具有极高的收藏价值，全世界公开发行。

第五章　中国文化遗产纪录片解说词

中国文化遗产纪录片风生水起，中央电视台、北京电视台有一批主推文化遗产的电视栏目，知名的就有《国宝档案》、《鉴宝》讲述可移动文物；有《走遍中国》、《搜寻天下》寻访中华之最与不可移动文物；《大家》历数中国风云人物；《印象》挽留旧时文化记忆；还有《中华医药》、《书画天地》、《美食经》一系列中国文化遗产各分支栏目对中国文化遗产津津乐道、娓娓道来；有着国际援助的《教科文在行动》、《探索与发现》更是注重品质，高屋建瓴，纪录片的格调与品质都非常出色。

本章从文化遗产几个方面选录了一些纪录片，有中央电视台大型文献纪录片《故宫》的开场白；文献片《隋唐山水画》解说词；《世界遗产在中国》之《承德避暑山庄》；《中华民族的摇篮》尽管只是节选但仍能体现它的磅礴；《福文化》（已成片）的文学本是纪录片的另一种观摩；《天工开物》唯《陶器伊始》；《神奇的天门山》，福门为您打开。文化遗产纪录片重拾山河岁月，再现文化传承。

一　肇建紫禁城　04.050150

（节　选）

是谁创造了历史？又是谁在历史中创造了伟大的文明？

公元1403年1月23日，中国农历癸未年的元旦（古时正月初一称元旦）。这一天，生活在这块土地上的人们，依然延续着自古以来的传统，度过他们一年中最重要的节日——农历元旦。这一年，人们收到的类似今天的贺年卡上，不再有建文的年号了。建文帝4年的统治，在一场史称“靖难之变”的战争后，成为了往事。

公元1403年的大年初一，明朝第三个皇帝朱棣，正式启用永乐作为自己的年号。这一年为永乐元年。年号的更替，随之带来的将是这个王朝的更多变化。

紫禁城太和门与金水桥

永乐元年，明朝的首都在今天中国南京。这座六朝古都自东汉时代起就被认为有王者之气。明太祖朱元璋将都城定在这里，并集中国两千年宫殿建筑之精华，建造了皇家宫殿。今天这座宫殿仅留下了这些遗址，但仍不失当年的气魄。

而此时的北京城在大明的版图上，还是朝廷的一个布政司，叫做北平。这里人烟稀少。朱棣11岁时被封为燕王，他和他的旧部们熟悉这里，对这个地方充满着感情。

永乐元年的农历正月十三这一天，朱棣按祖制祭祀完天地回到皇宫。当君臣们相聚一堂时，一个叫李至刚的礼部尚书，提出了一个建议。他说，我以为北平这个地方，是皇上承运龙兴之地。应该遵循太祖高皇帝，另设一个都城的制度，把北平立为京都。永乐皇帝，当即非常高兴地答应了下来。在这之后的几个小时里，将北平升为北京，成为王朝第二个京都的一道圣旨昭告了天下。

这个消息很快传遍了全国，而一座伟大宫殿将由此诞生。

就在朱棣谋划迁都北京刚刚开始的时候，他最亲密的一个人去世了。这就是徐皇后，他们的婚事是朱元璋亲自给说合的。怎样安葬这个结发妻子呢？陵墓理应建在南京，但是朱棣却悄悄派一个大臣和一个风水先生前往北京寻找吉壤建陵。两年后，在昌平以北20多里的地方，被朱棣降旨圈为陵区禁地。

这就是今天的明十三陵。借徐皇后之死而建陵，大臣们都意识到这是皇上向他们释放的一个迁都信号。

在公元1420年，这座宫殿终于建成了。它是在元大都皇宫旧址上诞生的。那个元大都曾十分著名的延春阁被景山所取代，而整个宫殿建筑群由北往南延伸坐落在整个北京的中心地带，成为这个王朝新的神圣之地。

公元1421年，在宫殿刚刚建成之后，百姓迎来了那一年的农历元旦。这一天，朱棣在新落成的宫殿里，举行了规模宏大的朝贺仪式。他登上了高敞壮阔的奉天殿，接受大臣们的跪拜。朱棣和大臣们都为这座辉煌无比的宫殿所振奋与鼓舞。

转眼间十多年过去了，正统元年也就是1436年，明英宗朱祁镇即位。这位实际年龄只有7岁的孩子十分崇拜他的曾祖父朱棣，他一登上皇位就做了一件他的父亲和祖父都没有做成的事情——重修紫禁城。

一年半之后，拖延了十几年的重建工程完成了。

一切尘埃落定。紫禁城又完好如初，一道圣旨又昭告了天下。

北京紫禁城，最终成为中国明清两代统治天下的最高政治中心；一座世界建筑艺术史上独一无二的经典之作，从此傲然于世；成为我们人类历史上迄今能看到的最大的宫殿建筑群；最终成为我们全人类共同的历史文化遗产。

然而紫禁城在重新建好后，又将面对数百年中的一次又一次灾难和重建，它的故事或许才刚刚开始。

二　隋唐山水画　04.050250

（节　选）

《江行初雪图》，是山川画史上辉煌的杰作之一，积在树上的残雪让人感觉到江南的河流上，人们捕鱼的场景，长达四米的风景画中，所描绘的是在严寒中的人们，这幅《江行初雪图》是10世纪五代十国的作品。

在欧洲，风景画侍卫从17世纪才开始，中国与之相比，早在700年前就出现了风景画。中国独特的山水画，是怎样发展的呢？

随着光线的变化，能够看到大自然的千姿百态。在古代对人们而言，大自然是神灵居住的地方，中国画描绘的自然是神灵的住所，《洛神赋图》被认做是故宫博物馆最古老的画。浮在水面上，乘在鲤鱼背上的是居住河里的女神。大自然的描绘，是以这般神灵的形态为背景的。

《江行初雪图》

《洛神赋图》，大约1500年前制作。以一段历史传说为题材而完成。一名贵族在河边遇到了美丽的少女，陷入了对少女的爱恋中，少女就是河里的女神。神人之恋，终于，两人分别的日子到了。

在《洛神赋图》的山和树中，那种与现实差距甚远的神态，描绘出与神的世界共存的自然时代。

反映自然的绘画急速发展，这是在西安建都的帝国。隋唐时期，这是遗留在西安郊外的懿德太子墓。由于唐代中期，懿德太子致力于反对贼党最终被赐死。在坟墓里，为了抚慰这一骗局，作了一幅宏大的壁画，这时描绘了以楼阁为背景的自然，隋唐的宫殿里许多画家争鸣，画技得以发展。

展子虔的《游春图》，被认为是山水画里的经典。隋唐时期，原本充满神秘色彩的大自然变得与人接近，在人们赞美田园生活的同时，画家们开始做山水画，那种境界的绘画是以神的形态为中心，以自然为背景，但是在这幅画中，人们的身影只是作为一种点缀，自然景色却被集中地表现出来。山景的远近淋漓尽致地体现在画中，这幅画被誉为开拓山水起源地的作品。

展子虔《游春图》

《江帆阁楼图》，这幅后来成为仿效作品的画，看似寺院的建筑物，以墨汁勾边，铜青等矿物颜料着色。这种运用华丽色彩的山水画，被称为青绿山水画。隋唐时期的青绿山水画，不久就成为了中国绘画中的大流派。

唐朝在8世纪中期开始衰退，第六代皇帝玄宗在位的时期，满足于繁荣盛世，沉溺在享乐中，在他玩之处，发生了颠覆王朝的大规模叛乱，也就是安史之乱，都城长安落入了叛军手里。

事件在山水画中也被描绘出来。明皇帝蜀图。明皇，也就是唐玄宗，逃亡到了蜀国的情景。蜀国位于现在四川境内险峻的山中，贵州在山中的姿态在这幅画里描绘了出来。伴随着明皇的同行人员只是少数的官员和宫女。蜀县境内山路的险峻，难于登天，这里连年战乱。唐之后的五代十国时期，贵族走向没落，这是商和平民的时代，这时期追求自我入山作画，在野画家出现了。

三　承德避暑山庄　04.050350

中国现存最大的皇家园林，承德避暑山庄，是清王朝的夏季行宫。它是由众多的宫殿以及其他处理政务、举行仪式的建筑构成的一个庞大的建筑群。建筑风格各异的庙宇和皇家园林同周围的湖泊、牧场和森林巧妙地融为一体。避暑山庄不仅具有极高的美学研究价值，而且还保留着中国封建社会发展末期的罕见的历史遗迹。

承德避暑山庄，又称“热河行宫”，坐落于中国北部河北省承德市中心以北的狭长谷地上，占地面积584公顷。避暑山庄始建于清康熙四十二年，营建历时近90年。这期间清王朝国力兴盛，能工巧匠云集于此。康熙五十年康熙帝亲自在山庄午门上题写了“避暑山庄”的门额。

避暑山庄，西山东湖，山峦起伏，苍松翠柏，水草丰茂，山庄宫墙，随山势起伏而筑，气势宏伟，长达10公里。园内建筑古朴典雅，如楼台廊庑、桥亭轩榭、寺观塔碣、形式多种多样。各种建筑，借助自然景物，山色湖光，极富田园情趣，有康熙和乾隆分别命名的七十二景。和以四字、三字各题的“三十六景”画龙点睛。正像康熙皇帝所誉“自有山川开北极，天然风景胜西湖。”

避暑山庄主要分为宫殿区和苑景区两部分。宫殿区位于山庄南部，由正宫、松鹤斋、万壑松风和东宫四组建筑组成。宫殿全为青砖素瓦，加上四面为参天古松环绕，与北京故宫外观的庄严豪华恰成鲜明对照。正宫是清代皇帝在山庄时，处理政务、休息和举行重大典礼的地方。松鹤斋寓意“松鹤延年”，供太后居住，建于乾隆年间；万壑松风是清帝批阅奏章和读书处，是宫殿区与湖区的过渡建筑，造型与颐和园的谐趣园类似；东宫在宫殿区最东面，原为清帝举行庆宴大典的场所，后毁于战火。

避暑山庄的主要建筑有“澹泊敬诚”、“烟波致爽”、“四知书屋”、“云山胜地”等宫殿。

“澹泊敬诚”殿。“澹泊”二字来自于《易经》：“不烦不扰，澹泊不失”，诸葛亮在其《戒子书》中又说，“非澹泊无以明志，非宁静无以致远”。康熙皇帝题“澹泊敬诚”这四个字，含蓄地表达了他“居安思危，崇尚节俭”的思想。这个殿是避暑山庄的主殿，是清代皇帝在山庄居住时处理朝政和举行盛大庆典的地方。整个大殿用珍贵的楠木建造，因此又叫“楠木殿”。每当阴雨连绵之时，楠木散发着缕缕清香，沁人心脾。大殿外观古朴淡雅，不饰彩绘，殿内大理石铺地，正中地坪上设皇帝的宝座。宝座周围设有宝象、 端、仙鹤、香亭、如意等，精雕细刻，造型十分优美。宝座的后面有一个紫檀木屏风，上面刻有163个人物，形态逼真，栩栩如生，为“农家耕织长乐图”，以表示皇帝临朝时刻不忘百姓。

“烟波致爽”殿。是正宫后寝部分的主殿，也是清帝在山庄的寝宫。康熙称这里“地既高敞，气亦清朗”，“四周秀岭，十里平湖，致有爽气”，故名烟波致爽。并列为避暑山庄康熙三十六景之首。

“四知书屋”。原名依清旷，是清帝上朝、退朝途中，停留休息，更换朝服的地方，也是清帝作为一种破格待遇，接见亲信大臣和少数民族王公首领的场所。所谓四知，是知柔、知刚、知显、知藏，这是封建统治权术的概括和总结，乾隆曾在此处接见过六世班禅和土尔扈特蒙古首领渥巴锡。

苑景区又分湖泊区、平原区和山岳区。宫殿区以北为湖泊区。湖区集南方园林之秀和北方园林之雄，将江南园林的景观移植到塞外。区内湖泊总称“塞湖”，总面积57公顷。洲堤28公顷。塞湖有九湖十岛，将湖面分割成大小不同的区域，层次分明，洲岛错落，碧波荡漾，富有江南鱼米之乡的特色。东北角有清泉，即著名的热河泉。在湖面上分布有月色江声、如意洲、青莲岛、金山、戒德堂、清舒山馆、文园狮子林等8个大小不同、形状各异的洲岛，彼此之间以桥、堤相连。

平原区位于湖泊区以东，占地53公顷。原来绿草如茵，麋鹿成群，一派“风吹草低见牛羊”的牧区景色。著名的万树园，为当年的赛马场，乾隆皇帝常在这里召见各少数民族政教首领，举行野宴。平原区的西部和北部是山岳区，面积422公顷，占避暑山庄总面积的五分之四。山峦峻峭，自南而北绵延起伏，山内幽谷溪流，峰回路转，在四个高峰上建有“锤峰落照”、“四面云山”、“南山积雪”、“北枕双峰”四亭，在此居高临下，纵目远眺，宏伟壮丽的外八庙历历在目。

避暑山庄周围12座建筑风格各异的寺庙，是当时清政府为了团结蒙古、新疆、西藏等地区的少数民族，利用宗教作为笼络手段而修建的。其中的8座由清政府直接管理，故被称为“外八庙”。庙宇按照建筑风格分为藏式寺庙、汉式寺庙和汉藏结合式寺庙三种。这些寺庙融和了汉、藏等民族建筑艺术的精华，气势宏伟，极具皇家风范。

避暑山庄不同于其他的皇家园林，它继承和发展了中国古典园林“以人为之美入自然，符合自然而又超越自然”的传统造园思想，按照地形地貌特征进行选址和总体设计，完全借助于自然地势，因山就水，顺其自然，同时融南北造园艺术的精华于一身。它是中国园林史上一个辉煌的里程碑，是中国古典园林艺术的杰作，享有“中国地理形貌之缩影”和“中国古典园林之最高范例”的盛誉。1994年列入《世界文化遗产》名录。

四　中华民族的摇篮　04.050450

（节　选）

壶口瀑布

不朽的文物在时间的迷雾中窥伺21世纪，这件色彩鲜明的陶器，源自有记录以来黄河流域的第一个文化，大约距离今天7000年。

这件陶器由中国的北方制成。

这个没上釉彩的白色壶，大概是用来暖酒的。

这件精品上，绘画了一只鸟，一条鱼和一个石斧。

彩陶时代之后就是青铜时代，这个以神兽做造型的铜杯在黄河流域出土，它整个外壳都刻满了装饰。

这些文物使在黄河流域工作的考古学家大为振奋，探索队相信会有更精美的文物，他们继续向下游进发。

黄河盆地之所以被称为中国文化的摇篮是有道理的，在权力核心未移向北京和东南之前，多个王朝都选择定都在黄河流域，中国的历史源远流长，早期的黄河文化是世界四大古文明之一，对后世有极其深远的影响，很多传统至今依然得以保存。

我们说黄河孕育出了中国文化的第一批幼苗，丝毫没有夸张。

黄河这一段继续向东伸展，越过平原，一直流向山西，黄河在这里已经与它的两条支流汇合，之后，黄河就将黄土高原从中截为两半。这个奇特的景象是黄土高原的一部分，黄土是独一无二柔软而黄色的泥土，经过多年被无休止的风由北部沙漠吹向这里，再由于侵蚀与偶尔出现的猛烈暴雨，塑造出这一奇异地势。

黄土高原是全球最大的高原，它是一片令人神往的地方，四月中旬，桃花在黄土高原中心地带陕西省的黄陵盛放，轩辕黄帝的陵墓，就在附近，他被称为黄帝，是中国历史上第一位充满传奇的帝王，在统治期间，他引入改革，为我们带来钱币、医药、算术和音乐……

在4月，当气候变暖的时候，当地人会去祭祖，他们不只祭拜自己的祖先，更会祭拜创立中国的帝王，而黄帝就是其中最神圣的一位。到黄帝陵祭拜的人来自五湖四海，不但有国内人士，还有来自世界各地的包括欧洲、美洲和澳洲的代表。

黄帝陵的石碑，记录了皇帝的丰功伟绩，这座陵墓其实只是黄帝的衣冠冢，黄帝的遗体并没有埋葬在这里。但是，这并没有妨碍到人们到这里祭拜的热情。毕竟，这里可以遥寄我们对先人的思念。

五　陶器伊始　04.050550

（节　选）

物自天生，工由人开。

大约一万年前，人类创造了一种新的物质——陶。从此，世上就有了关于陶的种种故事。

生活的保证，财富的创造，都离不开具体的物质保障，人们把材料作为人类进步的标志，甚至用它来划分时代。石器时代，青铜器时代，铁器时代，陶的出现，被称为人类进入了新石器时代。

在远古，先民们发现一些被水浸湿的黏土经火烧之后，改变了颜色而变得十分坚硬，基本不透水。他们就开始尝试着用黏土加水和成泥，再塑成各种形状烧制。陶器的制作，就这样开始了。

当时的人们，按照自己的想象烧制出各种样式的陶器来满足生活的需要。取水用的背瓶，用绳子穿过瓶空，就可以背在身上。瓶尖便于用手扶住瓶以保持平衡。陶罐可以存放食物，陶鬲用三个中空的足来保持平衡，同时又能充分用来盛水。陶甗相当于用来蒸饭的锅，底部装满水，中间放一个篦，上面就可以放任何需要蒸制的食物。

这是人们观察描绘出的鸟兽，它出现于4600年前，那时人们把对于生灵的信奉和崇拜，对美的想象和追求也充分的纪录在陶器上。

陶器在中国史前社会的5000年中，一直是我们先民日常生活的主要用品。

早期的陶器大多是红陶，其次是灰陶和黑陶。这种原始陶色的形成，是陶土中黑色金属的作用。但陶土的成分，金属的显色性，怎么能在新石器时期就为我们的先民所知所用呢？

早期烧制出来的陶器，红颜色居多，然后还有灰陶、黑陶。为什么出现这种情况呢？因为陶土中含有氧化铁这些物质。当氧气充足的情况下，烧制出来的陶中有氧化铁，所以显示红色。但是当氧气不充足时，烧制出来的氧化铁显示灰黑色，也就形成灰陶和黑陶。

这件陶器距今约8500年，外观粗糙，质地松脆，表面颜色不均匀。这是早期没有陶窑时烧制出的陶器，代表当时人们对于获得的认识和控制力。后来经过相当长的时间，人们在烧制陶器的过程中发现，温度越高，烧制的陶器成色越好。可以说，陶的颜色随着人们的制陶技术的变化而变化。

新石器时代晚期，制陶技术达到了当时的最高水平，出现了黑陶。黑陶的材料，同红陶和灰陶的相比并没有什么不同。它的颜色是烟熏渗碳形成的。渗碳是在陶器基本制成时，封住陶窑的烟孔，同时在窑内淋水。正在燃烧的炭窑突然被降温，就会因为燃烧不完全而产生大量的夹杂着炭黑的烟气。炭黑在封闭的陶窑里渗透到陶土中，这样烧成的陶器就变得乌黑发亮。

烟气中的炭黑，就像空气中的灰尘一样微小。它本身具有加强功能。我们的汽车、自行车轮胎，就是在橡胶中添加炭黑形成的。文房四宝中的墨，也靠炭黑加工制成。

古代陶工为什么要在陶器即将制成时在窑内淋水呢？也许当时只是为了让烧好的陶器早点降温以便尽快取出使用。没想到淋出了炭黑，更巧合的是，他们烧制的像蛋壳一样薄的陶器，炭黑不止成就了陶器的颜色，还发挥了它增强的特性，使薄薄的陶器更加结实了。

在今天，仿制黑陶已不是什么难事，但是，使用这种自古使用的轮制法制陶时，尽管有着电动带动的高速转轮，有各式各样的小工具帮忙，陶工们也有娴熟的技术，却仍然很难使胎体像蛋壳一样薄。

那么，在距今5000年前，人们用怎样的方法制出薄如蛋壳的陶器呢？这么薄的陶器，当时又是用来干什么的呢？

也许我们得不出准确的答案，但是就在一次次的猜测和论证中，有了陶的历史，有了陶的故事。

陶作为早先原始的材料，它的形成，显示了大自然与人类的真正默契。

一些岩石被爆裂风化，形成了碎石、黏土。而这些尼阿图经过人们的加工烧制，在某种意义上重新被岩石化。

从这个意义上说，他的故事似乎还应该很长很长……

印纹硬陶带柄罐（西周）

六　神奇的天门山　04.050650

天门山主景图

天门山景区位于福州永泰境内，距离福州市区约56公里，因山中有一巨石屹立，状如天门而得名。

山顶天门山峡谷生态旅游景区占地6平方公里，近海最高海拔828米。天门山巍峨秀丽、景点众多、类型各异。主要景观有天门、天门洞、天门窗、天生桥、地下河，乃自然界天公造物之奇。林海中幽奇的鸳鸯林、迎客松、千年藤、百年樟、酸枣王、刺桫椤、红豆杉，那色彩斑斓的灌木林，清澈见底的山涧流水，诱人前往；更有成群的天然弥猴、羚羊、穿山甲等国家一二级重点保护珍稀动物，它们天择物竞、生态自然。颇有古韵的千年园坪、古代染窑、红军洞、天门寺遗址历千百年风雨，古朴犹存，具有很高的欣赏价值和考古价值。

景区内最为称奇的是天然形成的天门窗、天生桥、天生一个天门洞。天门窗在观音洞内，分为日天窗和月天窗，据说其神奇之处在于太阳只会照射入日天窗，而月天窗每逢八月十五却有月光射入。在地下河岩壁上有万年石乳形成的“观音”、“弥勒佛”，出神入化，栩栩如生。110米高的葫芦瀑布常年流水不断，瀑布第一葫口与第二葫口间落差超过30米，真是鬼斧神工、神秘莫测。

天门山古石牌坊

继晚古生代海浸以后，中生代开始，福建东部逐渐由海洋转为陆地。尤其是晚侏罗纪至早白垩纪，大量的岩浆喷出地表，形成大面积分布的火山岩。

钟乳石集万千年的力量在成长。静夜里皎洁的月光透过月洞照在石门。

曙光初照，现出天门伟岸的剪影。天门的断层与节理、山体的褶皱和造型。

明代遗迹天门寺里。天门佛、天门香火、天门诗签、人立天门的逆光照、祈福求仙的仪式中。

天门山仙篆

轰鸣声传来，层叠的飞瀑，一处处翡翠色清澈见底的龙潭、深渊，大峡谷中蜿蜒的栈道、沿途潺潺的溪滩；小桥流水、游鱼欢快、古树盘根、老藤垂悬、多样性的生物、怡然的游人。好一幅高士听瀑的画面。

天门山以大峡谷为特征。垂直分布有多处瀑布群，丰富的蚀余地貌，侏罗纪时代的活化石刺桫椤丛林，古老的山寨，制靛的染窑。古时修筑的水渠斗门、林泉高陂养护着空中梯田，高山草甸和点缀山间的梅林。

地下河，源头来自藤山的古德湖和藤山七斗，双溪合流，千年碧水，河上一座山，山下一条河，阳刚以山势地拔，阴柔如水势洞涌。万年石钟乳，由碳配钙亿万年浸蚀堆积，成就象形石壁，“观音佛”在左，“弥勒佛”在右，何以如此神肖？千山钟灵秀。地下河上天生桥，晴天洞中行，雨天桥上走。不一样的感觉，不一样的情趣。

风雨处眺望天柱峰，峰回路转；夕阳里观望宋代古墓，墓室俨然。

视线越出大峡谷，远眺林泉高陂，遍植梅李。

古时天门山是我国蓝靛生产的发达地区。明·宋应星《天工开物》记载：“闽人种山皆茶蓝，山中结箬

南朝石刻

天门山古民居

篓，输入舟航。”《永泰县志》载：蓝靛有两种，叶如蓼者，为蓼蓝；叶如槐者，为槐蓝。又载：“张定远倡设织局于县垣，不数年，机声轧轧遍邑里。福布逐驰名省郡间。”明代王世懋《闽部疏》称：“福州西南，蓝甲天下。”朝隆《福州府志》载：“永福县（今永泰县）居万山之中，引水种蓝，其利倍于田。”上海叶梦珠在《闽世篇》中记载：“福靛难致”。透过天门山今存的染窑遗址我们依稀看见当年福布满天下的盛况。

天门山古民居

岩画是史前人类文化的代表作品，它组成人类文化遗产中最有普遍意义的部分。天门山岩画仙篆，宋代的欧阳修、蔡襄考证过，但至今尚无人可以破译。

渐行渐远，古渠堰遗迹和染窑、岩画遗迹，一一在我们眼前模糊。

第五篇　港澳台地区文化遗产与保护

香港龙鼓滩新石器时代陶器、石器

香港竹篙湾明代转口港遗址瓦当滴水

香港竹篙湾明代转口港遗址“程氏自制”款青花瓷盘残件

香港小榄唐代陶瓷窑址圆形窑炉遗迹

澳门东望洋灯塔及圣母雪地殿圣堂

澳门玫瑰堂内景

澳门圣保禄学院遗迹——大三巴牌坊

澳门玫瑰堂旧貌

台北十三行文化人面陶罐

台北十三行文化铜刀柄

台湾北叶文化人兽形玉玦

台北十三行文化铜币

港澳台地区文化遗产与保护（序）

国际古迹遗址理事会副主席　郭　旃

近年来，香港、澳门、台湾地区的文化遗产保护事业呈现出日益繁荣之势。2005年，“澳门历史城区”申报世界文化遗产成功，在国际社会引起广泛轰动。即使在资深的国际文化遗产专家心目中，过去对澳门的印象也只是“赌博和犯罪”之地。然而，经过几年的努力，在南非德班第29届世界遗产委员会会议上一致通过澳门申报世界遗产成功的那一时刻，来自各国的代表们由衷的、热烈的祝贺，向全世界宣示了澳门独有的丰富文化蕴涵和杰出的遗产保护成就。

实际上，“澳门历史城区”世界文化遗产的内涵，绝不仅仅限于所申报的八个广场及街道空间、二十二处（组）建筑物和遗址。它浓缩着海上贸易交流最重要的连结点和中转站的澳门的物质与非物质文化，印记着中国乃至世界几百年历史的地域和时代特征，体现着东西方文化的交流、融合，也展示了中华文化的博大和包容，从而拥有了为世人所瞩目的深厚历史积淀和全球突出的普遍价值。

不可忽视的是，澳门的成功还源自澳门特区政府对文化遗产的高度关注和具有国际水准的遗产保护与展示工作。对“大三巴牌坊”、“郑家老屋”等历史建筑的维修，处处体现着真实性、完整性、可识别性的科学准则，高度认真的敬业精神和精细、高超的传统施工技艺；各项遗产和博物馆的展示独具匠心，为国内外同行所称道。澳门有着珍惜、尊重和保护历史文化遗产的传统。回归祖国以后，澳门的文化遗产事业更是如火如荼，呈现空前繁荣的局面。各项宣传、保护、发掘展示澳门文化底蕴和历史遗产的活动或交替，或同时，开展得有声有色，令人目不暇接。特别令人感动的，还有澳门公众对文化遗产事业的挚爱和参与。中小学生、老幼妇孺、社会贤达、智士仁人，教士僧侣、各行各业人士，都表现出令人赞羡的对文化遗产的了解、理解和热情。“爱护文物，传承文化”的概念，深入渗透到社会的各个阶层、各个角落，融入人们的生活中。申报世界遗产成功的2005年7月15日，成千上万澳门同胞向全球发送报喜明信片的热烈场面，至今使人不能忘怀。

年轻的澳门特区政府及其社会文化司和下属的澳门文化局，在文化遗产保护和展示利用方面，彰显出卓越的领导能力，杰出的文明素质，科学、前瞻的理念和勤勉周细的组织与服务，令人钦敬。

澳门的申报成功当然牵动了香港同胞的心。不无惋惜的是，在近现代商业大潮和城市化急剧发展的前提下，香港曾经拥有的许多独具价值的历史建筑物、纪念物已不复存在。然而，我们在本篇的文章中可以了解到，在香港特区的地上、地下和水下，仍然留有丰富的文化遗存。这其中，有与内地考古遗存紧密相关的地下遗址、中西交通史水下遗存、传统的岭南民居和中西合璧的近现代建筑，还有以天坛大佛和志莲净苑及其仿唐花园为代表的继承、恢复和发扬中华传统建筑艺术、造园艺术和宗教文化的新的骄人的成就。至今保存的传统中式建筑中具有中国岭南文化特点的祠堂就有400余座。

香港未来的遗产保护事业不仅限于古代建筑，在特殊的历史以及当今不断发展的遗产理念的基础上，作为金融商贸中心和中国近现代工业、航运基地之一的香港，工业文化遗产、20世纪遗产，都会有文章可做。而在非物质文化遗产领域，电影业、服装业、食品文化，也都众彩纷呈。有人说天下“食在香港”，不无道理。1997年回归祖国之际，曾有一些港人因心存疑惑而移居国外，近几年却又纷纷回归，这证明了“一国两制”的正确、诚信和成就，证明了伟大祖国的欣欣向荣；另一方面，也显示出中华文化的凝聚力。有不少香港人都慨称“香港是最适合中国人居住的地方之一”，从中不难看出文化的吸引力。

香港的《古物及古迹条例》是1971年公布1976年开始实施的。1998年，香港特区政府发布了《环境影响评估条例》，涉及文物保护工作。这一《条例》是东南亚环境法例的先驱。特区行政长官在《1997年施政报告》中宣布，政府将检讨现行的文物保存政策及有关法例，以便更有效地保护历史建筑物和考古遗址。这一总结、研究和改进的工作正在进行中。可以预期，香港的文化遗产保护事业将会随着香港社会的持久繁荣而迎来更全面、更深入的发展。

台湾岛内也在酝酿着申报世界遗产的热情，展开着一系列积极活动。申报世界遗产，正在成为台湾社会一系列文化遗产保护活动中的一个热点。几十年的海峡阻隔，隔不断两岸血脉相通的文化渊源和民族亲情，也隔不断关于文化遗产理念与实践的交流和沟通。

在台湾，文物被称作“文化资产”。台湾最新的《文化资产保护法》颁布于2005年2月5日，其关于“文化资产”的定义也是“指具有历史、文化、艺术、科学等价值，并经指定或登录”的文化遗产。该“法”将文化资产分为七大类，吸收了当今国际社会已通行的“文化景观”概念，也涵盖了物质与非物质文化遗产的各个方面。

台湾同行自述，“由于海岛型的特殊地理位置及历史发展过程，台湾文化具有丰富多元的性质，以及高温多湿、台风及地震频繁的地理特性”。据学者考证，台湾的历史文化中包含着南岛文化，以及来自东方、北方文化的影响。但是，自秦汉以来，古夷洲台湾与中国大陆的交往已频见于史传。隋唐时期对台湾的踏勘，宋代对台湾的管辖，程朱理学的兴盛及其以澎湖岛为中转站向台湾传输孔子文化，至明代郑成功从荷兰占领者手中收复台湾，台湾文化完全融入了中华文明。台湾丰富的物质与非物质文化遗产所蕴含与显现的文化特质是无可辩驳的历史证据。随着国民党政权溃退台湾，北京故宫部分珍宝迁移台湾，人们更加明白，中华文明的传统在台湾绝不仅仅限于蜚声海内外的台北故宫珍宝俏色玉雕“翡翠白菜”和“红烧肉”，而是海峡两岸同祖同宗、同根同源、休戚与共、血浓于水的亲情和文化认同。

台湾目前被认定的12处“世界遗产潜力点”是台湾文化界的初步筛选。还有热心人曾策划将大陆闽南同胞移居台湾过程中在澎湖岛的中转聚落申报为世界遗产。作为中华海洋文化的一个特色，海峡两岸民众共同敬仰的妈祖文化及其相关的崇奉、设施和习俗、传统，将来也会成为世界遗产领域另一个为世人所瞩目的项目。

尽管沧海茫茫，但大陆同胞对台湾同胞的文化事业始终情同于己，无论是前述关于澎湖岛的申报世界遗产愿望，还是台湾学界正在议论的申报“卑南遗址公园”为世界文化遗产的构想，大陆同胞都乐观其成。在祖国共同文化的基础上，中华民族必然会共同担起民族复兴的历史使命。

海峡两岸人民共同痴迷的“南音”是世界非物质文化遗产宝库中潜在的成员之一。我们知道，台湾所拥有的其他非物质文化遗产瑰宝也不在少数，有待发掘、推广和弘扬。

应当说，台湾同行的文化遗产保护理念和实际工作已经具有相当高的专业水准和宽厚的基础及功力。特别值得瞩目的是他们与世界潮流的接轨，对实验室、研究室、信息资料等基础科学工作的重视与配置，以及对“文化资产保存技术及保存者”的关注、保护和延续。台湾文化遗产研究者为全面保护中华文明和多元文化交融的重要物证与非物质文化，制定了详尽可行的中长程计划，也结合外界的形势，开展了形式多样的公众活动，包括呼应国际古迹遗址日和博物馆日展开的活动。与大陆和港、澳一样，台湾的同行也投入很大的精力应用于“凝聚全民共识”和培养人才，以之作为全面保护和延续中华文明历史遗存及优秀传统的基础和保障。

统观港、澳、台历史文化遗产保护、研究与开发利用的全貌，我们有理由充满信心和热望。不管还有多少暗礁和险阻，中华民族复兴的宏伟大业正在稳步走向史无前例的辉煌。

近五百年来，香港、澳门和台湾地区因不同来源的移民和殖民者，形成了独特的文化和政治制度。因此，三地的文化遗产与保护，起源不同、观念不同、重点不同、政策不同、措施不同、效果不同，就连表述的语言风格和遣词用句都不相同。为了能够较为清晰、准确地介绍三地文化遗产与保护的基本情况，以下三篇甄选资料时依循三个标准：第一，以联合国教科文组织通过《保护世界文化和自然遗产公约》的1972年为选取资料的时间起点；第二，以《保护世界文化和自然遗产公约》第一至第五条为编辑资料的分类标准；第三，以互联网公开发布的政府及文化机构文本为主要资料来源。

第一章　香港文化遗产与保护

（香港）刘　茂

香港由深圳河以南的丘陵地带、九龙半岛、香港岛以及大屿山等235个大小岛屿组成，总面积1104平方公里。香港有近700万人口，有世界上最优良的深水港、最繁忙的货柜港、最佳机场、最长的公路兼铁路吊桥。香港还是世界上第十一大贸易体系、第六大外汇市场、第十二大银行中心、亚洲第二大股票市场，是3200多个跨国企业亚洲区总部所在地。2004年，香港生产总值12908亿港元，人均生产总值为187547港元。

香港的传播媒介也非常发达。注册刊物831份，其中中文日报21份、英文日报13份。电视节目频道190条。广播电台三家，设13个中英文台，每周广播节目逾2000小时。2004～2005年度，香港政府开支总额为2652.59亿港元，其中教育占21%、房屋7%、卫生12%、社会福利13%、保安10%，基础建设11%。政府累积的财政储备结余为2872.96亿港元。

香港文化遗产

香港的文化遗产分为古迹（俗称法定古迹）和古物两大类。

一、法定古迹

现有法定古迹80处，其中历史建筑59处、海防炮台3处、领航灯塔3处、石刻9处，以及考古遗址5处。

历史建筑中殖民地时期西式建筑29处，包括政府机构楼宇11处，社会服务机构楼宇7处，学校7处，宗教场所2处以及民用建筑2处；传统中式建筑30处，包括庙宇8处，祠堂7处，围村围墙、更楼或门楼4处，书屋或书院3处，村落或民宅5处，砖塔1座，衙门1处以及火车站1处。

考古遗址包括砖室汉墓、税关遗址、城门遗迹、青花瓷窑址和由天然石块砌成的圆环各一处。下面简略介绍几处有代表性的法定古迹。

礼宾府 05.0101010150

位于维多利亚海峡南岸山前坡地，原为两座建筑物，于1851年兴建，历时四年竣工，具有英乔治亚时代风格，是原港英总督的办公室和官邸。1942年，日本占领军加建了一座高塔楼，把两座建筑物连接起来，并在屋顶上加盖日式瓦片，用作司令部。1997年改称礼宾府，由中华人民共和国香港特别行政区作招待政府宾客之用。2005年用作香港特别行政区行政长官办公室兼官邸。

铜锣湾天后庙 05.0101010250

大约18世纪初由戴氏家族所建。相传有戴氏族人在铜锣湾岸边割草时拾得一具神像，便为其立祠供奉。此后上香渔民渐多，遂筹募经费兴建天后庙。戴氏为广东客家人，原在九龙湾一带居住，至今该庙仍由戴氏家族管理。

李郑屋汉墓 05.0101010350

1955年在李郑屋修建公共屋村时被发现，香港大学中文系师生参与发掘。墓葬平面为“十”字形，有4个墓室，均为砖砌，部分砖块刻有花纹及文字“大吉番禺”。随葬陶器和青铜器58件。墓葬年代为东汉时期。

考古清理结束后，墓葬得以就地保留，1957年向公众开放，1988年被宣布为法定古迹，2005年开始修建新的保护设施。

九龙寨城南门遗址 05.0101010450

1847年，清朝政府为加强海防修建九龙寨城。城墙用花岗石条构筑，有六座瞭望台和四道城门，南门为正门。日军占领香港期间，拆城墙石料扩建启德机场。1987年港英政府决定清拆寨城。清拆期间考古勘查发现寨城东门和南门的墙基和石板通道，并发现刻“南门”和“九龙寨城”等字的两块石额。南门遗迹就地保留在九龙寨城公园内。

二、古　物

1. 历史建筑 05.0101020150

已获评定等级的历史建筑物有443处。

2. 考古遗址

已发现考古遗址236处，年代从旧石器时代至清代。

2.1 旧石器时代遗址 05.010102020150

黄地峒遗址位于新界东部海岸山丘地带，于2003年发现，2004年和2005年两次发掘，发现面积约40000平方米的石器制造场，出土石制品约6000件(有少量采集品)。遗址旧石器时代层位的年代初步定为距今三万多年。

黄地峒石制品特点：

(1) 中型石器多，已测量的100件石器中，中型石器占76%，大型15%，小型9%。

(2) 打片主要用锤击法，偶尔用砸击法。

(3) 石器多以片状毛坯做成，已测量100件石器中，石片石器占68%，块状毛坯做的石器32%。

(4) 石器种类多，有刮削器、锛形器、尖刃器、雕刻器、手斧和手镐等。其中，刮削器最多，锛形器次之，尖状器很少。

(5) 修理石器主要用锤击法，也用砸击法，两面加工多于单面加工。

(6) 石器修理多简单粗糙，近缘修疤较多。

中国东南沿海和海岛已发现的旧石器时代石器大致可分两组：一组小型石器多；另一组大型石器多，且用砾石或石块作毛坯，砍砸器较多。黄地峒石制品自成体系，特征与上述两组明显不同，可独立为第三组。

2.2 新石器时代和青铜时代遗址 05.010102020250

香港的新石器时代和青铜时代遗址大多分布在海湾沙滩、岬角及其周围的低矮山岗上，文化遗物主要是陶器和石器。这类遗址已经发现了100多处，遗址的年代跨度为距今6000～2500年。

新石器时代早期遗址未发现，中期的遗址也只有十多个，仅发现一些陶器碎片和少量石器。陶器以拍印绳纹的夹砂陶为主，大多是炊煮用的釜和盛储用的罐和盘。有少量的彩绘泥质陶器，多为盘和豆。石器有磨制的小型石锛、刀、镞，有用砾石打制的亚腰型网坠和三角形尖状器，还有未经加工的砾石石锤、杵和砧。墓葬部分人骨有火烧痕迹。

新石器时代晚期和青铜时代遗址比较多，几乎遍布每一个海湾。1997～1998年考古普查，在新界西部后海湾沿海一线就发现了十多个属于这个时期的遗址。有些遗址面积超过了10000平方米。近年较大的考古发掘项目有：1989～1990年龙鼓滩遗址的发掘、1992～1993年涌浪遗址的发掘、1993年沙螺湾遗址的发掘、1997年东湾仔遗址的发掘和下白泥遗址的试掘、1999年蚝涌遗址的发掘和上白泥遗址的试掘，以及2002～2003年沙下遗址的发掘。这些项目的发掘总面积近万平方米，发现了干栏式建筑、炉灶、墓葬、祭祀坑、夯土房基、陶窑、石器制作加工场等考古遗迹，以及种类繁多的石制工具和陶制工具器具、打磨抛光的玉石礼器和装饰品。此外，还有数量不多的铜制工具和武器，并且发现了一个青铜冶炼遗址，出土青铜斧石范、陶坩埚和铜渣。人骨研究表明这一时期的人种为蒙古人南亚种，食物多来自海洋。

2.3 唐代陶瓷窑址 05.010102020350

唐代窑址考古始于20世纪30年代，至今发现窑炉遗迹的地点有近60处。最具代表性的赤鱲角深湾村窑址经过七次考古调查及发掘，发现13座窑炉和20000多片青瓷。窑炉结构为平焰式圆窑，窑具为不规则形陶质软支垫。青瓷器有碗、碟、罐和洗，胎釉质地较粗，火候较低。另有少量浙江越窑和湖南长沙窑器物。

以平焰式圆窑为特征的香港唐代窑址，曾被解释为烧制石灰的“灰窑”。经过1997年小榄窑址的发掘及之后的综合研究，这些窑炉被重新认识为烧制陶瓷器的“瓷窑”。

2.4 宋代遗址 05.010102020450

宋代是香港历史的一个重要转变时期。据历史文献记载及当代史学家研究，两宋时期，香港是有名的产盐区，也是交通枢纽及军事要地，并有大量北方移民进入，建立起农业村落。近年香港新发现了一批宋代考古遗存，较为重要的有屯门青砖围、后海湾鹤洲岭、九龙湾大磡村、西贡沙下等地点的居住遗址，罗湖圆岭仔的墓地，以及鳌磡石和大磡村的外销瓷转口港遗址。重要器物有大磡村遗址的两片南宋官窑瓷片以及蚝涌遗址的黑釉金彩书“寿山福海”碗。

香港宋代遗存既补充和验证了文献记载，也提出了研究香港宋代历史的新课题。比如，香港的居民构成、经济面貌、社会组织、丧葬习俗，香港转口港的发展，香港在中国陶瓷外销活动中的作用，香港建筑的类型、风格及源流，以及南宋皇室流徙香港的史迹等等。

2.5 明代转口港遗址 05.010102020550

明代转口港遗址位于大屿山东北竹篙湾，面积约一万平方米。竹篙湾遗址的明代遗迹包括一处阶梯式平台和两期石墙基房屋。平台残存面积约80平方米，分两层，依河岸坡势用黏土铺垫并用石墙加固。早期房屋铺设红色板瓦，晚期房屋铺设黄色板瓦和筒瓦，并有饰联珠纹和菊花纹的圆形瓦当和花叶形滴水。遗址出土景德镇民窑青花瓷万余片，主要为碗、碟类餐具，饰动物、山水和花草等数十种图案。青花瓷的年代约在15～16世纪，少量器物或可早至14世纪。遗址现已被迪斯尼主题公园覆盖。

2.6 出土文物　05.010102020650

香港特区政府民政事务局下属香港古物古迹办事处保存约80万件（片）出土文物。

香港文化遗产保护

一、总体规划　05.01020150

规划署从2002年开始制订题为《香港2030：规划远景与策略》的长远发展规划大纲，希望能够“订下一个长远的土地用途、运输及环境规划策略，作为香港日后发展和策略性基础建设的指引，并通过规划发展，协助实现政府的其他政策目标”。规划大纲《初议报告书》把保育自然景观与保护文化遗产“为香港的城市面貌增添美感”列入远景与规划目标。

二、地方法律法规　05.01020250

1．现行法规

1.1 《古物及古迹条例》

1.2 《环境影响评估条例》

2．《古物及古迹条例》文化遗产分类

2.1 “古代遗物”(relic) 指 (a) 1800年前人为制作、塑造、绘画、雕刻、题写或以其他方式创造、制造、生产或修改的可移动物体，而不论是否已于1799年后予以修改、增补或修复；及 (b) 化石的遗存或压痕。

2.2 “古物”(antiquity) 指 (a) 古代遗物；及 (b) 1800年前人为建立、辟设或建造的地方、建筑物、地点或构筑物的遗迹或遗存，而不论是否已于1799年后予以修改、增补或修复。

2.3 “古迹”(monument) 指根据第3条宣布为古迹、历史建筑物、考古或古生物地点或构筑物的地方、建筑物、地点或构筑物。

3．古迹指定

政府主管当局如认为任何地方、建筑物、地点或构筑物因具有历史、考古或古生物学意义而符合公众利益，可于咨询委员会，并获行政长官批准后，藉宪报公告宣布该处为古迹、历史建筑物或考古或古生物地点或构筑物。

4．考古遗址保护原则

应尽量避免发展项目侵入重要考古地点，必须在没有合理疑点下，证明发展项目所带来的社会经济利益确实远较考古地点的文化价值重要，才会考虑抢救古物进行挖掘，以搜集最多的文物资料。

5．历史建筑评定准则及分级

5.1 评定准则

第一，1870年前落成，现时仍大致保持原貌的建筑物；1870年后落成，具有历史价值和建筑特色的建筑物，也可纳入受保护之列。第二，具特别历史价值，用以进行重要的公民或社会活动的建筑物。第三，与历史大事或名人有关。第四，具优秀建筑特色，特别是凸显某段时期的建筑特色，以及具有创新科技、特别建筑材料及美学价值。第五，具集体或地标价值，位处市区或乡郊的著名或重要的建筑物。

5.2 分级

第一级：具特别重要价值而必须尽可能予以保存的建筑物。第二级：具特别价值而须有选择性地予以保存的建筑物。第三级：具若干价值，但还未足以获考虑列为古迹的建筑物。

三、行政措施

1. 机构设置 05.0102030150

古物古迹办事处

负责执行古物事务监督的行政工作，并为古物咨询委员会提供秘书和行政服务。古物古迹办事处下设考古、历史建筑和教育宣传三个专业组，有16名专业人员。办事处主要工作包括：鉴定、记录及研究历史建筑，组织统筹考古遗址的勘定及发掘，收藏整理古迹古物的文字纪录及照片，安排古迹的保护及维修，评估基建工程对古迹文物的影响，保护受工程影响的古迹古物，安排历史建筑活化再利用，举办本地文物展览、讲座、导赏团、考古工作坊活动等七类。

2. 卫奕信勋爵文物信托 05.0102030250

1992年成立，宗旨是通过筹办活动和资助社区组织或个人推行与文物有关的计划，以保护香港的文物。

信托支持下列活动和计划：

(a) 鉴别、修复及翻修遗迹、古物及古迹，以及香港其他具历史、考古学及古生物学价值的物体、遗址或结构物；

(b) 在古物、古迹以及历史和考古遗址或结构物所在之处提供设施，以协助公众人士进入及欣赏该等遗址或结构物；

(c) 为具历史价值的地点、传统仪式及其他方面的香港文物，作视听及文字记录；

(d) 出版与信托宗旨有关的书报、期刊及制作与信托宗旨有关的记录带、记录碟及其他物品；

(e) 举行与信托宗旨有关的展览及会议；

(f) 举办可促使公众人士对香港文物更关注及更感兴趣的教育活动；

(g) 举办可发扬信托宗旨的其他活动。

至今信托资助各类文化遗产保护活动和计划79项，其中62项已经完成。

3. 活化与再利用

3.1 香港文物探知馆 05.010203030150

原为威菲路军营S61及S62座，建于1910年。1967年改为文娱康乐用途。1983年至1998年改为香港历史博物馆。2005年再次装修，成为文物探知馆。文物探知馆自2005年10月起已对外开放，主要设施包括专题展览厅、演讲厅、教育活动室及参考图书馆等。

3.2 中区警署建筑群 05.010203030250

由中区警署、前中央裁判司署及域多利监狱三组建筑群组成，富有维多利亚及爱德华时代建筑特色，1995年指定为法定古迹。2003年政府计划将中区警署建筑群发展为古迹旅游项目，2004年为项目招标。民间环保组织要求发展项目缓行。2005年旅游事务署与地区议会、专业团体和环保组织举行中区警署开放日，就中区警署建筑群保存和利用问题向公众咨询，收到近一千份公众意见。

3.3 维多利亚港 05.010203030350

维多利亚港水深港阔，一百多年来，一直是中西海上交通的天然良港，也是香港经济繁荣和社会发展的心脏地带。历史上维港两岸有过多次填海造地。从19世纪40年代至20世纪60年代，维港遍布货运码头、客运码头、大型仓库、货仓、船舶建造修理厂、海军和商用船坞。之后，随着葵涌货柜码头的兴起，维港的码头设施逐渐被淘汰，代之以越来越多、越来越高的房屋建筑和越来越密集的道路网。维港土地的需求越来越大，价值越来越高。1996年香港政府颁布《保护海港条例》，以求依靠法律保护维港。

套用世界文化遗产评审标准的语言，今天的维港及其两岸是“人类天才的杰作”和“土地利用的杰出例证”。若维多利亚港登录为世界遗产，就可以得到更好的保护。

4．文物保护政策检讨 05.0102030450

民政局2004年发表文物保护政策咨询文件，就历史建筑保护的宏观政策进行公众咨询。咨询期间收到公众意见及提议500多项。民政局计划2006年上半年进行第二轮公众咨询。

5．修复历史建筑物 05.0102030550

香港有六座历史建筑物先后获联合国教科文组织亚太地区文化遗产保护奖：2000年中区犹太教堂和滘西洲洪圣庙同获重要项目奖；2001年大埔敬罗家塾获优秀奖；2003年坚道天主教主教座堂获荣誉奖；2005年盐田仔圣若瑟小堂和大口环东华义庄同获优秀奖。

联合国教科文组织亚太地区文化遗产保护奖于2000年设立。奖项申报条件为具有五十年以上历史的建筑物、申报前十年之内做过维修、维修后能够延续过去的历史及社会地位。

四、专业研究

1．香港中文大学中国考古艺术研究中心 05.0102040150

1978年郑德坤教授创立。现有研究人员5人，其中主任、考古研究助理和研究助理各1人，初级研究助理2人。

1987年增设田野考古实验室及考古队。至今在香港及海外四十多处地点做过考古调查，并发掘香港大屿山东湾、白芒、扒头鼓、南丫岛大湾、澳门黑沙、越南长睛及 Xom Ren 等遗址。

研究中心亦从事研究、教学、出版及展览等工作，举办过三次国际学术会议，不定期邀请外地学者作演讲，出版刊物25种。

2．香港中文大学人类学系 05.0102040250

成立于1980年，注重研究华南、香港、台湾、东亚和东南亚地区伴随高速经济发展而产生的族群、宗教和国家认同等问题。探讨文化接触、族群冲突以及文化认同等跟香港和当代整个社会密切相关的问题。

人类学教学始于1973年。自1977年起提供副修课程。1980年开始提供本科生主修及副修课程。1987年开办硕士课程，1992年设立博士课程。人类学的文学硕士修读课程于1998年设立，中国社会人类学研究的文学硕士修读课程则于2000年建立。

研究课题包括文化认同、都市社区、妇女与性别认同的建构、中国民间宗教、中国少数民族、亚洲饮食文化，文化与旅游，以及华南地区的史前文化。

人类学系有主任1人，教授1人，副教授5人，助理教授1人，兼职讲师1人。

3．香港考古学会 05.0102040350

成立于1967年，目的是要汇集当时社会上对香港考古有兴趣的人士，组织考古发掘，保存考古遗产，协助历史博物馆增添藏品以及出版考古刊物。

香港小团体或个人的考古活动始于20世纪20年代。到30年代，已经发现史前遗址100多处，并在第一、二、三届远东史前史学家会议公布了香港考古的研究成果。

考古学会及其成员的主要考古工作有：1955年李郑屋汉墓的发掘、1960年大屿山万角咀的发掘、上世纪70年代南丫岛深湾的五次发掘、1990～1991年间赤鱲角岛多个遗址的发掘、屯门烂角咀的发掘，以及1994年西贡滘西洲的发掘。不定期出版《香港考古学会会刊》。

考古学会现有成员约二百人，大都为业余考古爱好者，分为普通会员、学生会员、永久会员和名誉顾

问。经费来自会员年费以及政府和私人机构的资助。

4．中港考古研究室 05.0102040450

民间机构，成立于1996年，宗旨是训练本地人员，进行考古调查和发掘，整理研究香港地下文化遗存，使市民能够更好地认识和欣赏本地历史文化遗产，更好地保护和利用本地历史文化遗产。

研究室现有研究员2人，历年来有9名大学毕业生以及30多名本地技工参加过研究室的田野和研究工作。

研究室至今已完成40多个香港境内考古调查、发掘、资料整理、专题研究和文化遗产影响评估项目。发现了22个新的考古遗址，编写了44份考古调查、发掘工作报告，重新整理了十多个考古遗址的出土文物，设计并制作了香港文物资料库和香港考古网站。

五、教育宣传 05.01020550

香港文物奖

香港文物奖由古物咨询委员会和古物古迹办事处联合设立，以鼓励社会各界人士及团体在文物保存、推广和教育方面的贡献和成就。2004举办第二届，十一个项目得奖，包括东华义庄复修工程、香港医学博物馆、鲤鱼门社区文物推广、关心文物建筑、建筑文物保护课程、元朗古迹导赏员培训、正规及延续课程中的文物教育、透过参观古迹学习英语及亚洲文化、汇知中学文物推广、以学生为本的全方位文物教育。

香港博物馆

香港现有各类博物馆约三十所，其中以收藏和展示本地文物为主要功能的有历史博物馆、文化博物馆、海防博物馆、文物探知馆、铁路博物馆、罗屋民俗馆、李郑屋汉墓博物馆、三栋屋博物馆、上窑民俗文物馆、海事博物馆、规划及基建展览馆、保良局历史博物馆、医学博物馆、历史档案馆、东华三院文物馆、赛马博物馆、惩教博物馆、警队博物馆和电影资料馆等等。

一、 香港艺术馆 05.01030150

香港博物美术馆于1962年成立，1975年分拆为香港艺术馆和香港博物馆。1991年香港艺术馆迁到现址。艺术馆保存中国文物和香港艺术品，现有藏品154000多件，包括中国书画、古代文物珍品、历史绘画及本地艺术家的代表作品。藏品精选部分于长期展览厅展出，并经常举办本地及世界各地文化艺术品的专题大型展览。艺术馆还提供各种配合展览而进行的教育及推广活动。

艺术馆主要藏品：

(1) 中国古代文物类藏品4000件（组）。有中国陶瓷、广东陶瓷、中国外销陶瓷、东南亚陶瓷、服饰、织绣、青铜器、玉石雕刻、漆器、珐琅器、玻璃、竹雕、木刻、象牙、犀角、鼻烟壶及家具等。

(2) 中国书画作品4000多帧。主要为广东书画及近代中国绘画。

(3) 历史绘画1100多件。包括商人遮打爵士和何东爵士捐赠的18、19世纪珠江三角洲及中国沿岸商埠的绘画，塞耶及罗氏的藏画，以及描绘民生、风俗、地方风貌的画作。

(4) 虚白斋藏中国书画，为书画鉴藏家刘作筹先生1989年捐赠的一批中国书画。赠品的年代由北朝至现代，有明清时期各主要流派的作品。

（5） 罗桂祥茶具及印章藏品，为罗桂祥博士捐赠的两批600多件中国陶瓷茶具和有关器皿，以及600多方印章。赠品年代由西周至现代，有宋代五大名窑、龙泉窑、磁州窑和景德镇的制品，明代至现代的宜兴陶器，还有少量欧洲和日本的茶壶。

（6） 香港艺术家代表作品3000余帧，包括水墨画、书法、陶瓷、雕塑、版画、多媒体作品等。

二、 香港历史博物馆　05.01030250

1975年由香港博物美术馆分拆而成，初期名为香港博物馆。1998年迁至现址并易名为香港历史博物馆。新馆楼面面积17500平方米，由香港政府拨款港币三亿九千万兴建。历史博物馆还有三间分馆，为香港海防博物馆、李郑屋汉墓博物馆和罗屋民俗馆。

历史博物馆藏品数量逾90000件，分六类：

（1） 自然历史藏品，包括2800件香港岩石和矿物标本、750件香港贝壳及1600余件动物标本。

（2） 四批考古文物，包括麦兆良神父在广东海丰采集的文物、芬戴礼神父在南丫岛发掘的文物、李郑屋汉墓陪葬品以及1976年以前香港考古学会发掘的文物。

（3） 农具、家具、农村及渔民日用器具、捕鱼装备、渔船模型等2300件，服饰5500多件，木偶戏用品及乐器850多件，婚嫁及祭祀用品、各类传统行业用具及文献1500多件，年代从晚清至1970年。

（4） 本地史藏品总数超过65000件。

（5） 19000余件历史文献。

（6） 4000余件邮品，近8000件钱币及钞票，还有工业产品、商业用品、家具、孙中山先生本人及其家族的文物，以及前港英政府各部门器物。

三、 茶具文物馆　05.01030350

茶具文物馆建筑原名“司令总部大楼”，建于1846年，为本港现存历史最悠久的西式建筑。1978年前一直是港英三军司令的官邸。1984年改建为茶具文物馆。1995年茶具文物馆增建罗桂祥茶艺馆。

茶具文物馆的主要工作是保存、展出与研究茶具文物及有关的茶艺文化。基本陶瓷茶具藏品由罗桂祥捐赠，包括宋代五大名窑、龙泉窑、磁州窑及景德镇的制品，有青白釉、釉里红、祭红釉、青花及宜兴紫砂陶等种类。该馆常设展览为“中国茗趣”与“罗桂祥基金捐赠中国陶瓷、印章精选”，并定期举办陶艺示范、茶艺活动及讲座。

四、文化博物馆　05.01030450

文化博物馆成立于2000年，主要工作是保存、研究、展示和诠释香港本地的文化遗产，有新界文物馆、粤剧文物馆等6个长期展览，至今举办专题展览61个。藏品有书法、雕刻、铸造、陶瓷、绘图、蚀刻、手织绘画、摄影、印刷、雕塑、素描、木版印刷等十三类，精选藏品有2332件，出版各类书籍刊物49种。

第二章　澳门文化遗产与保护

（香港）刘　茂

2005年，澳门历史城区成为世界遗产。对于澳门文化遗产保护史上这一具有划时代意义的事件，澳门特区政府文化局特制了一份资料夹，在引言部分宣布："澳门历史城区成为世界遗产，为澳门提供了一个契机，一个亮点。它将使澳门市民开始留意、认识、关心自己土地上的文化遗产，了解到澳门这个城市的魅力所在，认识到自身独特的文化价值。"

澳门文化遗产

一、历史城区

澳门半岛原来是个孤悬海中的小岛，西江的泥砂堆积把它与大陆连在一起，成为半岛，面积只有两个多平方公里。19世纪末开始填海造地，到2004年，澳门半岛的面积达到8.7平方公里。

1557年以葡萄牙人为主的外国人开始定居澳门半岛，相继建起各式各样的住宅及炮台、教堂等建筑。17世纪澳门的城市建设已经有一定的规模，并以一列城墙保护。这座城被称之为"天主圣名之城"。

澳门历史城区以散布在澳门半岛旧城区内的建筑群为重点，建筑群之间有广场和街道相连，包括妈阁庙前地、亚婆井前地、岗顶前地、议事亭前地、大堂前地、板樟堂前地、耶稣会纪念广场、白鸽巢前地等多个广场空间，以及20多处历史建筑，包括妈阁庙、港务局大楼、郑家大屋、圣老楞佐教堂、圣若瑟修院及圣堂、岗顶剧院、何东图书馆、圣奥斯定教堂、民政总署大楼、三街会馆（关帝庙）、仁慈堂大楼、大堂（主教座堂）、卢家大屋、玫瑰堂、大三巴牌坊、哪咤庙、旧城墙遗址、大炮台、圣安多尼教堂、东方基金会会址、基督教坟场、东望洋炮台（含东望洋灯塔及圣母雪地殿圣堂）等。

在澳门历史城区内诞生了中国第一所西式大学——圣保禄学院，中国第一所西式医院——白马行医院，中国第一所以西方金属制版和印刷拉丁文字的印刷厂——圣保禄学院附属印刷所，以及中国第一份外文报纸——A Abelha da China（《蜜蜂华报》）。

下面依据各个建筑或建筑群的大致年代序列和功能类别，简单介绍历史城区的主要特点。

1．妈阁庙　　05.0201010150

妈阁庙包括"神山第一"殿、正觉禅林、弘仁殿、观音阁等建筑物。早期称娘妈庙、天妃庙或海觉寺；后定名为妈祖阁，华人俗称妈阁庙。

大部分学者认为妈阁庙创建于葡萄牙人定居澳门前。"神山第一"殿供奉天后，创建于1605年，1629年及1828年两度重修。弘仁殿供奉天后，相传建于1488年，殿门及殿内石龛为1828年重修所建。观音阁与正觉禅林从《澳门记略》可见1751年前已有雏型。观音阁于1828年重修，形成今貌。正觉禅林重修于1828年，今供奉天后。妈阁庙有许多摩崖石刻，"洋船石"和"海觉石"，是澳门著名的两大奇石。

2．古教堂

2.1　圣安多尼教堂（花王堂）　　05.020101020150

创建于1558～1560年间。初为茅草覆盖的简陋小教堂，曾经历多次毁坏及重建。1874年9月22日发生

大火，损毁严重，澳门人以“天灾节”纪念此事。葡人婚礼多在此举行，华人因此称之为“花王堂”。

2.2 大堂（主教座堂） 05.020101020250

于1622年以三合土建造，1844～1850年由澳门土生建筑师设计重建，1937年再度重建。历届澳门总督上任时，均到大堂把令牌放到圣母的圣像旁，以象征权力的神圣。

2.3 圣老楞佐教堂 05.020101020350

创建于16世纪中叶。最初是一座木制的小教堂，1618年重修后规模扩大，装饰华丽。1844年再次改建，形成今天的规模。

3. 圣保禄学院遗迹——大三巴牌坊 05.0201010350

圣保禄学院于1594年成立，是中国境内第一所西式大学，设文法学部、人文学部、伦理神学部等。培养的传教士到日本、中国、越南、泰国、柬埔寨等地传教。圣保禄学院附属圣保禄教堂于1602年开始修建，1637至1640年间完工。1835年大火烧毁了圣保禄学院及其附属的教堂。大三巴牌坊是圣保禄教堂正面前壁的遗址，“三巴” 为“圣保禄” 的方言语音转写。1837至1854年教堂遗址后部被用作教士的墓地。1990至1996年圣保禄教堂遗址进行考古、修复及再利用工程，成为遗址博物馆。

4. 葡萄牙民居——亚婆井前地民居 05.0201010450

这一带是葡人在澳门最早的聚居点之一。有民居式和公寓式两种建筑。民居式顺山势而建，较为低矮，白色外墙，绿色百叶窗，红瓦坡屋顶。公寓式为两层或三层楼房，外墙涂黄色，平屋顶。

5. 军事防卫建筑

5.1 旧城墙遗址 05.020101050150

澳门最早的城墙可追溯到1569年。此后历经多次拆毁。1632年澳门北部城墙及炮台又建成。澳门城除西部内港外，北部、东部及南部均建有城墙，并于诸要塞处建置炮台。旧城墙遗址是当时城墙的一部分。

5.2 大炮台 05.020101050250

始建于1617年，至1626年建成，名为圣保禄炮台，澳门居民多称为“大炮台”。炮台内备有水池及军需库，足以应付长达两年的包围。1623～1740年间，这里是城防司令和澳门总督的住所。1965年原营房位置改建成气象台，1966年开放为游览区。1996年改建为澳门博物馆，1998年落成启用。

5.3 东望洋炮台 05.020101050350

东望洋炮台修筑于1622年，1637年扩大增修，翌年完工，有哨房、火药库、楼塔等。1976年，葡国军队撤出澳门，炮台辟为旅游点。炮台内的圣母雪地殿圣堂约建于1622年。1996年圣堂进行内部保护和修复工程，发现运用中国绘画技法的圣经故事壁画遗迹。

6. 公共建筑

6.1 仁慈堂大楼 05.020101060150

于1569年由澳门首任主教贾尼路创立，负责慈善救济的工作。仁慈堂开办了中国第一间西式医院白马行医院，并设育婴堂、麻疯院、老人院、孤儿院等机构。仁慈堂大楼修建于18世纪中叶，至1905年形成今天的面貌，具新古典主义建筑风格。

6.2 民政总署大楼 05.020101060250

建于1784年，目前规模是1874年重修时形成。建筑为三进深：一楼第一进深中间为门厅，两侧为展览或公共空间，内墙自墙脚到腰部均贴上蓝白色之葡国瓷砖，二楼相应位置则是会议室及图书馆；第二进深主要为行政区，亦为两层高建筑，但楼高稍低于前面建筑；最后一进深则布置一小巧别致的后花园，三道空间由一带有梯级之拱洞连接。白色墙身、墨绿色门窗，由花岗石线脚划分的立面，给人一种庄重平和的感觉。

6.3 岗顶剧院 05.020101060350

建于1860年，是中国第一所西式剧院。建筑设计为新古典希腊复兴风格，一楼有前厅、圆形观众席和舞台，两侧是长廊有楼梯直达二楼月牙形观众席。剧院正立面为罗马圆拱式门廊。剧院侧面有九个罗马圆

拱式落地大窗。建筑整体以绿色粉刷，衬托墨绿色门窗及红色屋顶配以黄色为主调的周围环境。

6.4 港务局大楼 05.020101060450

由意大利人设计，1874 年建成。当时为警察的营地，现为港务局办公大楼。建筑物一面靠山，三面有带伊斯兰式尖拱券的回廊。建筑整体粉刷成黄色，并以白色花纹衬托，与粗糙的花岗石墙基在色彩及质感上均形成强烈的对比。

7. 华人民居

7.1 郑家大屋 05.020101070150

中国近代著名思想家郑观应的故居，由其父亲郑文瑞修建，大约于1881 年落成。郑家大屋建筑范围约为4000 平方米，是一院落式大宅。中式建筑手法主要表现于屋顶、梁架结构、建筑材料、檐口、墙体之彩绘及泥塑浅浮雕、内院中多样的窗户，以及主入口自檐口往内凹的处理手法，还有趟拢门等；西方或外国的影响见于一些室内天花的处理、门楣窗楣的式样、檐口线，以及外墙之抹灰等。

7.2 卢家大屋 05.020101070250

澳门著名商人卢华绍（卢九）家族的旧居，大约于1889 年落成。卢家为广东新会人，大约于1857 年移居澳门。据族谱记载，卢九“少年怙恃，生计殊窘。弱冠后，始至澳门，业钱银找换。稍有蓄积，设宝行钱号。既而以善营商业，雄财一方。”澳门有一条卢九街即为纪念卢华绍而命名。卢家大屋反映了澳门特有的中西建筑风格合璧的民居特点。

二、澳门的其他文化遗产

1. 建筑物与地点 05.0201020150

现时澳门被列为受保护的文化遗产共有128 处，分为纪念物、具建筑艺术价值之建筑物、受保护之建筑群和受保护之地点等四类。

1.1　纪念物：具有历史价值的建筑物，如教堂、寺庙、炮台等共52 处。

1.2　具建筑艺术价值之建筑物：其建筑物在城市发展过程中具有代表性，如港务局大楼、邮电局大楼、陆军俱乐部等共44 处。

1.3　受保护之建筑群：代表澳门历史文化的都市综合区，如新马路两旁的建筑物，议事亭前地及周围的建筑物等共11 处。

1.4　受保护之地点：特别有价值的风景带包括绿化区及树丛，如白鸽巢公园、东望洋山、西望洋山等共21 个。

2. 路环黑沙遗址 05.0201020250

1973、1977、1985 和1995 年间进行了四次考古发掘，是澳门唯一经过考古发掘的史前遗址。据碳十四测年和器物比较研究结果，下文化层的年代约距今6000 年，上文化层的年代约距今5500～4500 年，均属于新石器时代中期。

澳门文化遗产保护

一、总体规划　05.02020150

澳门特区政府行政长官何厚铧在2006年施政报告中，把文化遗产保护列入施政重点。据施政报告，澳门特区政府将“积极发挥中西文化并存的独特性，力求将澳门的世遗品牌、饮食休闲、国际盛事等的特色有机融会，并与优质博彩业互相和应，把澳门建设为文化娱乐之都，彰显澳门旅游的与别不同，拓宽客源市场，吸引更多消费力较高的旅客。”施政报告并申明：“申请世遗的成功，对保护我们这一片珍贵的物质遗产和精神遗产，产生了很大的推动和监督作用。我们要从整体人文环境而非孤立的个别实物出发，促进保护文化遗产的风气。与此相联系，推广历史文物的收藏、流通、捐赠和鉴赏，让更多私人珍藏大开市民的眼界。”

二、地方法律法规　05.02020250

1．立法历程

1953年澳门总督史柏泰任命了一个委员会，以“确定现有的建筑文物”。这是澳门官方第一次以书面形式关注建筑物的保护。

1960年总督马济时任命了一个工作组，“研究和提出适当的措施以保护和重视历史和艺术文物”。历史建筑物限于个别的楼宇、教堂、宫殿和炮台。

1976年政府公布第一份文物保护法令，建立直属澳督的维护澳门都市风景及文化财产委员会。该委员会对文物保护的对象作出定义和分类，公布了89处受保护建筑物、建筑群及地段的名单。

1984年政府颁布新的文物保护法令(第56/84/M号)，设立保护建筑、景色及文化财产委员会。新法令对澳门的文物作出更全面的定义和分类，同时对每一类文物保护方法也有比较详细的规定。

1992年政府颁布法令(第83/92/M号)，新增文物类别“具建筑艺术价值建筑物”，并公布了新的文物清单和文物地图。

2．现行法例法规

2.1　法令第56/84/M号《建筑、景色及文化财产的保护》。

2.2　法令第83/92/M号。

2.3　法令第33/81/M号《在路环岛设定一面积为177460平方公尺之全部保护区》。

2.4　法令第30/84/M号《扩大由9月19日第33/81/M号法令规定之保护区面积》。

3．《建筑、景色及文化财产的保护》文化遗产分类

根据法令第56/84/M号和第83/92/M号，澳门文化遗产被分为有形的和无形的文化财产。

3.1　有形文化财产

纪念物：在考古、历史、人种学、艺术或科学观点具有特别价值的纪念性建筑物、雕刻品或绘画、铭刻品、数据、数据组合或结构；

组合体：在建筑、都市化、美化、历史或社会文化观点具有特别价值，且因其建筑、及其统一、以及与风景相配，或因其属同种类之建筑物与空间的组合体；

地方：人与大自然的共同创作，而按其美感或在考古学、历史学、人类学或人种学方面具有特别价值者；代表人的创造，又或大自然或技术的发展之表现或证明，而具有文化意义的不动产，包括在不动产内或曾从不动产内搬移、埋藏或沉于水中，或在考古学、历史学、人种学、科学、技术及文献方面有意义的

地方被发现者；

过去及现在的且具有艺术、考古、人种学、历史、科学、技术及文献价值的画、雕刻品、绘图、织造品、考古学物种、常用的工具或物品；

宝贵的手抄本、罕有的书籍及其他印刷品（尤其是古籍），具有特别价值的文件及刊物，包括摄影及电影的物种、声音及其他记录；

过去及现在的、且对史前学、考古学、历史学、人种学、文学、艺术及科学而言，被视为有价值的、而属宗教或世俗性质的所有其他财产；

具建筑艺术价值建筑物：系指其独特之建筑艺术风格能代表本地区发展史上某一重要时期之不动产。

3.2　无形文化财产

凡属文化传统而无形者，均被视为无形文化财产，但为了维护及发表，无形文化财产应成为图解及视听记录的对象。

三、行政措施

05.02020350

1．机构设置

文化局

由1982年的文化学会扩充重组而成。文化局的职能包括：制订指令以维护、保存及复原当地文化、历史及建筑文物；促进有利于认识澳门文化财产的研究；促进及鼓励著书，支持出版事业；管理图书馆和档案馆，推广阅读及研究；促进、鼓励及支持文化艺术活动、艺术节、研讨会及其他文化性质的会议；促进音乐、舞蹈及戏剧教学；确保澳门博物馆的运作。

文化局属下文化财产厅专责文化遗产保护工作，包括清点、复原、修缮及重新启用可移动和不可移动的文化财产，就保护城市景观提出意见以及制订修缮已受损文物的计划。

2．学术研究奖学金

文化局学术研究奖学金，鼓励学术研究及专题调查，尤其是以汉语或葡萄牙语发表的学术研究成果。奖学金于每年三至四月接受申请。

3．出版《文化杂志》

《文化杂志》创刊已十八年，是澳门历史文化研究的大型学术季刊，中文版和外文版分别独立组稿，以适应中、葡、英等不同语言读者的需要。

4．土生文物征集

土生葡人是指在澳门土生土长的葡籍人士，特别是葡萄牙人与亚洲人的混血后代。土生文物有助研究及了解土生葡人的生活习惯及对澳门的贡献与影响。民政总署于2003年1月起征集土生葡人在澳生活的家具、饰物、服饰、唱片、杂志、剪报、相片、证书和文字数据等文物。所有征集物收藏于龙环葡韵住宅式博物馆，供公众参观。

四、教育推广

05.0202050

1．放眼国际，让文化遗产走向世界

1.1　2001年举办“近代亚洲建筑网络研讨会”，与亚洲各国就文物建筑及其保护维修进行了深入的探讨。

1.2　2002年召开“城市文化遗产的保护——澳门视野”国际学术研讨会，为澳门的文物保护工作带来了新视野、新思维。

1.3　与葡萄牙政府建筑遗产局就保护、维修和改善具有历史、艺术、景观及社会价值的建筑遗产签署合作协议。

1.4 自2002年开始，出席一年一度的世界遗产大会，派员参加联合国在曼谷定期举办的亚太地区文物保护会议。

2. 与艺术结合，提升文物保护意义

2.1 艺术家积极推动并参与以澳门历史及文物建筑为主题的多个大型展览，如“镜海瑰宝——澳门历史风物书画、摄影、海报展”，以及“中华瑰宝——申报世界遗产艺术作品展”。

2.3 澳门国际音乐节及澳门艺术节把文物建筑搬到现代艺术舞台上，获得了国际社会和本地居民的好评及赞许。

3. 向青少年推广，持续推动文物保护

3.1 “文物大使培训计划”在青年学生中培训了一批又一批热心宣传推广文保意识的“文物大使”，带领各界人士穿行在文物建筑群之间，培育市民对本澳文物价值的认同及自豪感。

3.2 “澳门文物建筑展——全澳中学巡回Show”走进全澳30多所中学，利用大型展板、讲座、游戏等手法，对澳门的文化遗产做了立体多面、深入细致的介绍。

3.3 “文物新编”故事创作比赛和“文物掠影”摄影比赛，引起本澳学生对文物的兴趣；“文物小记者”夏令营培训出一批熟悉澳门文化遗产、兼备采访能力的文物小记者；“澳门申报世界遗产——校际墙报设计比赛”在全澳中学展开。

4. 引导全民关注，文物保护深入人心

4.1 先后推出了大型的“全澳文化遗产推广计划”及“文物保护年”活动，面向全澳市民及教师、学生，深入社区、校园。

4.2 “澳门文物之旅”路线设计比赛则面向全澳市民，组构出许多别具风貌的文物路线。“澳门文物之旅”路线已成为澳门旅游的一个新品牌。

澳门博物馆

澳门有十多个博物馆，多数规模较小，但都能从一个独特的角度记录澳门400多年历史、各种宗教信仰和传统民风习俗的点点滴滴。这些博物馆包括澳门博物馆、海事博物馆、葡萄酒博物馆、大赛车博物馆、龙环葡韵住宅式博物馆、澳门仁慈堂博物馆、翡翠玉器艺术博物馆、林则徐纪念馆、土地暨自然博物馆、澳门艺术博物馆、天主教艺术博物馆与墓室、圣物宝库、消防博物馆及国父纪念馆等。

一、澳门艺术博物馆 05.02030150

总面积10192平方米，展览面积近4000平方米，是澳门规模最大的文物艺术类博物馆。馆藏主要来自前贾梅士博物院及历年的征集与购藏，包括澳门黑沙考古出土的陶器及石器、明清广东书画、广东名家篆刻、石湾陶瓷、澳门及邻近地区出现的十九世纪西洋绘画（历史绘画）、澳门现代艺术、海报设计、摄影作品等珍贵文物及艺术品。该馆经常举办展览讲座、电影周、艺术及考古课程等活动。

二、龙环葡韵住宅式博物馆 05.02030250

澳门八景之一。“龙环”是凼仔的旧称，“葡韵”指葡萄牙建筑风格。整个景点包括海边马路的五幢葡式

住宅、嘉模教堂、前嘉模图书馆和两个小公园。

海边马路的五幢葡式住宅于1912年落成，曾是离岛高级官员的官邸，亦是一些土生葡人家庭住宅。1992年被评为具有建筑价值的建筑群。现被改建为博物馆，于1999年开始正式对外开放，由西到东分别建成“土生葡人之家”、“海岛之家”及“葡萄牙地区之家”展览馆以及迎宾馆。

三、澳门博物馆

05.02030350

博物馆建筑有两个部分：展览大楼和行政大楼。展览大楼由大炮台改建而成，共分三层，一、二层在炮台地面之下，第三层在炮台上。大炮台为四边形，每角皆建碉堡。外墙用砂石、石灰、贝壳和蚝壳碎片等混合而成的“蚝灰泥”夯造，非常坚固。行政大楼位于炮台外，通过一条贯穿外墙，设有电动扶梯的隧道与展览大楼相连。

澳门博物馆藏品有路环黑沙遗址文物、民俗礼仪文物、火柴业和爆竹业文物、外销瓷器标本、广东和近代中国书画等。出版物有《澳门博物馆》杂志、馆藏文物研究专著及地方历史文物研究等二十多种。

第三章　台湾文化遗产与保护

（香港）刘　茂

台湾地区包括台湾本岛、澎湖群岛、绿岛、兰屿和钓鱼台，以及位于福建省外海的金门、马祖等近百个岛屿，总面积36006平方公里。台湾岛多高山森林，有大小河川152条，水力资源丰富。面积达35580平方公里，可耕地占四分之一。海岸线长1240公里，但天然良港不多。

台湾从15000年前的旧石器时代晚期就有人类居住，历经新石器时代、铁器时代，有很多文化特征不同的史前族群生活繁衍。汉人早在唐末已进入澎湖开拓，南明、清代移民渐多，遂成为主要居民。明代末期荷兰、西班牙相继占领台湾，其后日本人又统治五十年。来源不同的各种文化，经过冲突、融合，再冲突、再融合的漫长历史过程，今日的台湾已经发展成为具有25个市县、2265万人口、人均产值13156美元(2003年)、有77所公私立大学、65个学术研究机构的中等发达地区。

台湾文化资产

一、世界遗产潜力点

1．史前文化地点——卑南遗址与都兰山　05.0301010150

卑南遗址是台湾地区规模最大的新石器时代遗址，也是台湾考古学史上最早抢救发掘、揭露面积最大的古代聚落遗址。发现了距今5300年至2300年前的住屋、储藏室和面积超过30万平方米的石板棺墓葬群。现已发现卑南文化遗址上百处。卑南文化与太平洋南岛民族的文化有关。

卑南遗址背靠都兰山。都兰山海拔1191米，由海底火山爆发的火山岩组成，以产蓝宝石著名。

卑南遗址现保存在卑南文化公园内。

2．原住民文化地点

2.1 兰屿聚落与自然景观　05.030101020150

兰屿原名红头屿，原住民为雅美族。雅美人聚落有半地下房屋、工作房及船屋等建筑。17世纪的中、西方航海日志和航海图中都有关于兰屿的记录。

兰屿是台湾与菲律宾之间海底喷发的火山岛，岛上山岭陡峭。海岸岩石因受海水侵蚀形成峭壁与海蚀洞穴。东岸与北岸有宽阔的珊瑚礁。珊瑚礁生物丰富，其中珊瑚礁鱼405种、无脊椎动物石珊瑚45种、水螅珊瑚3种、软珊瑚11种、鱼珊瑚3种、节肢动物54种以及软件动物363种。

兰屿植被是台湾最接近热带雨林的植被，有海滨植群、草原、灌丛及森林等四种植物群，稀有植物121种，包括蕨类13种、裸子植物1种、被子植物107种。

2.2 太鲁阁公园　05.030101020250

坐落于花莲、台中、南投三县，面积约92000公顷。区内大理岩为台湾最古老的岩石，石灰岩峡谷为世界最大的大理岩峡谷，深度超过1000米。山峰林立，由海拔50米直上3742米，超过3000米的山峰有27座。还有许多瀑布、小峡谷、石灰质岩洞、温泉。植被包括平地阔叶林、山地针阔叶混生林、高山草原以及近乎苔原的南湖圈谷。南立雾溪流域右岸河阶地发现七处史前遗址。太鲁阁一带的原住民主要是东赛德克群。东赛德克群人的苎麻纺织、木器、藤编等手工艺居台湾原住民族之冠。纹面与猎头是当地原始习俗。

2.3 栖兰山桧木林 05.030101020350

分布于宜兰县、新竹县、桃园县及台北县四县，总面积约45000公顷。蕴藏着原始巨型扁柏林，是世界上唯一位于亚热带地区的桧木林。林区还伴生红豆杉、台湾杉、峦大杉、台湾粗榧等珍稀裸子植物，皆为北极第三纪孑遗植物，是残存的“活化石树”，也是地球生物在冰河时期大迁徙的证据。林区内有台湾黑熊及台湾野山羊、山羌等大型蹄科动物。

栖兰山原住民为泰雅族。泰雅族是台湾地区人口第二多的原住民族群。

3．汉人发展地点

3.1 金门岛与烈屿 05.030101030150

金门旧名浯洲，又名仙洲，还被称为浯江、浯岛、浯海、苍浯。明洪武二十年有军队驻守。因内捍漳厦、外制台澎，有固若金汤、雄镇海门之势，故有“金门城”之名。

金门居民有多种历史来源，包括晋人避祸屯垦、唐朝陈渊牧马垦荒、宋代泉州世家开发、元朝筑场晒盐、明清屯守海疆，以及邻近地区渔农商贾渡海谋生。

金门建筑多为传统闽南式，宗祠规模较一般民宅高大。清末民初外出经商的侨民多建中西合璧式洋楼。金门自古为兵家必争之地，岛上防御工事甚多。

3.2 澎湖玄武岩自然保留区 05.030101030250

玄武岩地质年代约为1320万至1180万年前，有的质硬、灰黑，含肉眼不易看见的矿物结晶，有的黄色或绿色，含橄榄石和辉石。岩柱呈倾斜状、放射状、倒卧状，造型奇特，是岩浆从岩石裂隙中涌出、倾泻、凝固的写照。

澎湖古称“西瀛”、“澎海”、“平湖”。元世祖于澎湖设置巡检司。明天启二年荷兰人攻取澎湖，修筑炮台。天启四年将荷兰人驱逐到台湾。甲午战争澎湖被割让给日本，1945年光复。

区内有禽鸟天堂，计各类禽鸟10目19科52种。“石沪”是澎湖渔业文化特色，有574口，大小不同，造型各异。

4．殖民时期发展地点

4.1 淡水红毛城及其周遭历史建筑群 05.030101040150

西班牙于1629年占领淡水(原沪尾)，在淡水河口构筑圣多明哥城。1641年荷兰人打败西班牙人，接收了圣多明哥城，次年重建城堡。当地人称荷兰人为“红毛人”，圣多明哥城为“红毛城”。红毛城内层用红砖，外层以大石头堆栈，门窗极小，可承受炮火攻击。

从淡水捷运站至沪尾炮台有16处古迹。沿海是海关、洋行、码头、机场；山坡上有红毛城、沪尾炮台、英国领事馆、总税务司官邸、马偕故居、日式宿舍群；最后面则是牛津理学堂、淡水女学校和妇学堂。

4.2 金瓜石聚落 05.030101040250

金矿遗址，面积70多平方公里。1890年修筑铁路时在金瓜石附近河砂中发现黄金踪迹。其后清廷设置砂金署。1895年日本设“砂金署”。1896年日本人在海拔560.5米处开凿第一坑。1900年设立第一炼制厂。初期仅产黄金，后来也生产铜。金年产量27794两，铜产量1875吨。1978年开始大规模露天开采。1987年矿场关闭。

矿场遗址有露天矿场、采金坑道、长仁缆车道、无极索道、斜坡索道、滷洞炼金厂、礼乐炼铜厂；旧街巷建筑物有太子宾馆、日式房舍建筑群、旧商店街；还有黄金神社、劝济堂等庙宇神社。

4.3 阿里山森林铁路 05.030101040350

为开发桧木而铺设，横跨嘉义市、嘉义县及南投县三县，由海拔30米爬升至2274米，全长71.9公里。1906年由日本人兴建，1912年嘉义至二万平正式通车，1914年延伸至阿里山沼平。沿途经过72个隧道、114座桥梁，设25个车站。还有扇形齿轮直立式汽缸蒸汽火车头、独立山螺旋登山路段和之字形登山铁道等独特的设计。

原住民邹族聚居在阿里山山麓一带，人口甚少，以农业及狩猎为生，主要分布在嘉义县阿里山乡，有来

吉、里佳、乐野、新美、茶山和山美等八个村落。

4.4　台铁旧山线　05.030101040450

于1908年完工，是台湾最大坡度、最大弯道、最长花梁钢桥、最长隧道群的铁路工程，横跨苗栗县与台中县，全长约15.9公里。沿线每一条隧道、每一座铁桥和每一个车站，都记载着学习西方科技的历史，其中鱼藤坪桥被喻为“铁道工艺的极品”。1935年新竹、台中州大地震，火车停驶三年。1998年旧山线停开。

二、古迹、历史建筑和聚落

1. 古迹　05.0301020150

共有612处，分成六级：第一级24处，第二级50处，第三级222处。

2. 历史建筑、聚落及其他历史遗迹　05.0301020250

共有542处，其中建筑物类428处，传统聚落类9处，古市街类21处，其他历史遗迹84处。

三、遗　址

台湾考古发现的史前遗址已有1000多处，代表了14个史前文化，时间跨越了至少15000年。

1. 旧石器时代遗址　05.0301030150

长滨文化是台湾最古老的史前文化，年代大约在5000多年前到15000年前之间，或可早到50000年前。当时人们以狩猎与采食为生，使用石片石器和砍伐器和骨器。代表性遗址有八仙洞、小马海蚀洞、鹅銮鼻第二及龙坑。

2. 新石器时代前期遗址　05.0301030250

大坌坑文化为台湾最早的新石器时代文化，年代约距今6000～5000年，是从大陆东南沿海移入的新文化，又称“粗绳纹陶文化”。遗址大多出现在海滨、河口或湖滨。代表性遗址有大坌坑、凤鼻头、八甲、长光及果叶。

牛骂头文化、牛稠子文化为东部绳纹陶文化，年代为4500～3500年前，又称“细绳纹陶文化”。分布在各沿海地区，晚期向内陆移动。生活形态以谷类农业为主，仍有狩猎及渔捞。代表性遗址有万里加投、牛骂头、牛稠子、凤鼻头、垦丁、富山及锁港。

圆山文化为台北盆地的史前文化，年代距今4500～2000年，是来自大陆东南沿海的另一种文化。当时人们以农业及渔猎为生，已懂得栽种稻米。典型器物为有肩石斧、有段石锛、大型磨制石铲及双口圈足罐。代表性遗址有圆山、芝山岩、土地公山及狗蹄山。

3. 新石器时代后期　05.0301030350

3500～1500年前，遗址数量急增，分布广泛，且文化的来源与发展方向并不相同。这个时期有定居的聚落，有农耕及畜牧，制作石器的技术越来越进步，也开始有纺织、编织等工艺。

大湖文化，分布于大湖台地和台南台地。遗址为贝冢堆积，有大量骨、角、贝器，陶器以红、黑两色为主。代表性遗址有大湖、凤鼻头及乌山头。

营埔文化，陶器以灰黑色陶罐及陶钵为主，表面常有丰富的纹饰，以羽状纹、凹弦纹、刺点纹、圆圈纹等为基本图案，依各种排列组合组构成不同的样式。代表性遗址有营埔、大坪顶、洞角、大马璘及水蛙堀。

凤鼻头文化，陶器以棕褐色为主，陶质较硬。陶器有纹饰的比例很高，大多是以拍印的方式形成羽状纹、刺点纹，也有席纹及篮纹。彩陶则以红彩绘成几何形花纹。代表性遗址有凤鼻头、桃子园及鹅銮鼻第二。

卑南文化，遗物种类繁多，除了石柱、石板棺、石梯、石臼等大型遗物，还有各式陶器、石器及玉器，精致的玉器或陶罐通常作为陪葬品。卑南文化的农业及狩猎相当发达，已有某种程度的社会阶级和社会组

织。代表性遗址有卑南、富山、加路兰、老番社、三和、扫叭及公埔。

麒麟文化，最大的特色是“巨石”，包括单石、岩棺、石壁、石轮等，因此又称“巨石文化”。这些巨石可能和祭祀活动有关。可能与中南半岛的巨石文化有渊源关系。代表性遗址有都兰、泰源、麻竹岭、麒麟、白守莲、白桑安、忠勇及胆曼。

花冈山文化，又称“大坑文化”。不少陶器表面涂有红彩，大型的陶制瓮棺是花冈山文化在东海岸地区迥异于其他文化的主要特色。代表性遗址有花冈山、岭顶、大坑及盐寮。

4．铁器时代 05.0301030450

1500 年前，制作铁器的技术传入台湾。这一时期的文化可能是原住民与平埔族早期所留存的文化。

静浦文化，年代为 2000～1500 年前。除铁器之外，也出现铜饰、金饰及玛瑙、琉璃等来自海外的装饰品。石器不多，陶容器趋向大型化，质地较粗厚。由于陶器的器型、种类和传统阿美族陶器十分类似，因此又称“阿美文化”。代表性遗址有白桑安遗址、静浦、水琏及富南。

蔦松文化，陶器以无纹饰的橙红色陶占多数，还有许多陶环及陶支脚，最特别的是小陶罐及陶制的鸟头形器。西拉雅族可能是蔦松文化的主人。代表性遗址有蔦松、覆顶金、西寮及看西。

十三行文化，早期年代距今约 2000～1000 年，晚期距今 1000 年以内。陶器质地坚硬，外表有几何形纹饰，工具以铁制作，有自行炼铁的技术。房屋为木造干栏式建筑，以种稻为生，仍有狩猎、捕鱼、采贝。流行侧身屈肢葬。出土唐宋古钱及金饰、玻璃手环等。十三行文化与凯达格兰族有密切关系。代表性遗址有十三行、西新庄子、社子、小基隆、大竹围、流流及普洛湾。

四、传统艺术 05.03010450

民间音乐分为原住民音乐和汉族音乐。经过整理记录的原住民音乐包括布农族、阿美族、邹族、泰雅族、鲁凯族、卑南族、排湾族、赛夏族、平埔族和达悟族的音乐。汉族音乐分为南管音乐、北管音乐、客家音乐、民歌、说唱、七字歌、太平歌、十三音、潮调音乐和道教仪式音乐十类。

五、民俗及有关文物 05.03010550

台湾大学人类学系暨研究所标本陈列室收藏台湾各地区原住民的传统器物和衣饰，如家屋栋梁、木柱、雕像、佩刀、木盘、碗、烟斗、珠衣、皮帽、刺绣、祭壶及狩猎工具等。

台湾史前文化馆收藏民族学标本近 4000 件，其中最重要的是 200 余件卑南族南王部落女灵媒高月英生前使用过法器及用具。有大小法袋或巫术袋，还有布料、铜铃、小刀、小陶珠、琉璃珠、铁锅、葫芦容器及工具组等。

台湾博物馆收藏日本占领时期的原住民文物和台湾省立博物馆时期(约自 1900 至 1930 年间)的购藏品。

六、古　物 05.03010650

古物的管理由各公私立博物馆负责，目前完成登记建档的约三分之一。十五个公立博物馆、文化与研究机构和地方文化局收藏古物 874196 件。

台湾历史语言研究所收藏古物约 14 万件文物，主要内容包括：

(1)在大陆发掘的考古遗物 10000 余件，其中河南安阳殷墟遗址出土遗物约占百分之七十，另外还有河南浚县辛村、辉县琉璃阁、汲县山彪镇，山东济南城子崖、日照两城镇，甘肃敦煌佛爷庙、武威喇嘛湾及民勤三角城等遗址出土遗物。

(2)原摩梯耶父子收藏欧洲旧石器 7000 余件。

(3)傅斯年先生购于北平的商周青铜器一批。

(4)居延汉简13000余件。

(5)中国民族学文物约1000余件。

台湾故宫博物馆藏品于下文博物馆条目中介绍。

台湾文化资产保护

一、纳入总体规划　05.03020150

2002年，台湾将文化创意产业列入六年(2002～2007年)总体规划的十大重点投资计划之中。文化创意产业在台湾的定义是“源自创意与文化积累，透过智慧财产的形成与运用，具有创造财富与就业机会潜力，并促进整体生活环境提升的行业”。文化资产被认为是文化创意产业的重要资源。

为使文化资产保护适应社会总体规划的需要，由2001年至2003年，台湾“行政院文化建设委员会”邀集学者专家，会同有关机关及地方政府，对“文化资产保存法”进行了反复讨论及修改，于2005年公布了新的“文化资产保存法”。“保存及活用文化资产，充实国民精神生活，发扬多元文化”成为“文化资产保存法”的第一条，突出体现了保存与利用并举的原则。

二、行政措施　05.03020250

1. 机构设置

1.1　“文化建设委员会”

于1981年成立，其主要职责为制定、统筹及推动文化建设基本方针与重要措施，审议与推行有关施政计划与方案，培育人才；促进文化交流与合作，保存文化资产，传播文艺文化，营造社区文化生活，策划重要文化活动，以及收集、整理及研究文化建设资料。

“文建会”是古迹、历史建筑、聚落、遗址、文化景观、传统艺术、民俗及有关文物以及古物的主管机关，设主任委员、副主任委员、主任秘书和参事。最高决策部门是由“行政院”相关部会局负责人和学者专家、文化界人士组成的委员会。有三个业务处，文化资产保存工作由第一处负责。

“文建会”有十个隶属机构，包括文化资产保存研究中心筹备处、传统艺术中心、台湾文学馆筹备处、台湾博物馆、台中图书馆、台湾交响乐团、台湾美术馆、台湾工艺研究所、台湾历史博物馆筹备处以及“文化建设基金管理委员会”。

1.2 县市文化局

二十五个市县政府均设置文化局，文化局下设文化资产地方行政机构。

1.2.1 市文化局

台北市文化局第二科专责文化资产，下设文化资产指定股、文化资产规划股和文化资产工程股。

1.2.2 县文化局

花莲县文化局文化资产课掌管历史建筑、古迹、世界遗产、文献、古物、民俗艺术之保存、维护、传习及地方文史工作推广等事项。

2. 考古遗址保护

“教育部”负责核发“古物采掘执照”。1992年至2003年，向研究机构、大学或博物馆核发执照376个，进行考古研究或建设开发项目的遗址发掘，资助台东县卑南遗址和南投县曲冰遗址的抢救发掘和研究，并为卑南遗址建立台湾史前文化博物馆。

“文建会”协调解决受建设工程影响的遗址保护问题。具体事例如台北县十三行遗址的保存和抢救、核能四厂预定地遗址的调查和评估、武陵农场武陵宾馆兴建工程的文化遗址监测、宜兰县礁溪乡淇武兰遗址的紧急抢救、台南县麻豆港水崛头遗址的调查发掘，以及补助台东县政府办理旧香兰遗址抢救发掘计划等。

地方政府文化单位，如台北市、台北县、台中县、南投县、台南县、高雄县、台东县和宜兰县等，都进行所辖地区的遗址调查、评估、清理维护和教育宣传等工作。

3. 历史建筑和聚落的研究、修复及再利用

2001至2005年调查研究规划三十个，设计监造、修复与再利用地点十二处。

4. 民间艺术保存传习

“文建会”为保存文化资产、解决民间技艺保存与人才培育问题，于1995至2003年推广民间艺术保存传习计划，完成106个项目。其中保存类56个，传习类35个，调查类15个。内容包括剧本、曲谱、艺人生命历程、技艺特色、各剧种代表剧目录影、工艺传习录像等。这些数据已陆续输入传统艺术中心图书馆数据库，并出版了专著、精选剧目影碟等。

5. 世界遗产潜力点评选

2002年“文建会”评选台湾世界遗产潜力点，分别为跨县市的地点和分属不同部门的地点组织各个相关单位都参与的行动编组和工作会议，定期开会协商。2003年“文建会”举办“认识台湾之美——台湾世界遗产潜力点”征文与多媒体比赛，以十二个世界遗产潜力点为主题，将台湾之美借由文字及影像纪录下来。

6. 建立社区文化资产守护网络

由于把古迹、历史建筑与考古遗址等文化资产当成经济负担的观念依然存在，由于受经济利益的诱惑，文化资产被拆除、破坏的现象时有发生，“文建会”于2005年推出社区文化资产守护网络计划，邀请专家学者组成智库，辅导地方政府和民间组织共同保护文化资产，配合活化再利用，以塑造城乡人文新风貌。

三、专业研究

1. 台湾“中央研究院”历史语言研究所 05.0302030150

设有历史、考古、人类学及文字学四个学术研究部门，文物陈列、台湾考古及傅斯年图书三个馆室，另有九个专题研究室及六个工作(实验)室。所务会议是最高决策机构。学术咨询委员聘所外学者组成，决议本所学术发展之政策与方向。

现有研究人员共54人，其中历史学门24人，考古学门12人，人类学门12人，文字学门6人。

出版集刊72本共201份，《古今论衡》半年刊7本，Asia Major6本，考古报告集36本，各种专刊137种，史料669册，以及其他各种论文集31种。

2. 台湾大学人类学系暨研究所 05.0302030250

目前有专职教师13人，兼职教师16人。包括教授12人，副教授6人，助理教授6人。专业分科有文化人类学、民族学、中国考古学、台湾考古学、社会学、博物馆学、体质人类学、宗教史、台湾南岛语言学等。

全系现有学士生137人、硕士生26人、博士生9人。基础课四大分科：考古学、文化人类学、体质人类学与语言学。专业课则以考古学和文化人类学为主。

出版期刊《考古人类学刊》，不定期专刊《考古人类学专刊》。

3. 传统艺术中心民族音乐研究所 05.0302030350

负责民间音乐资源的调查、研究、保存与推广工作。台湾地区各族群之音乐范畴为歌谣、说唱、戏曲、传统器乐、舞蹈音乐、仪式音乐及当代音乐等。研究所设民族音乐数据馆，结合尖端科技与因特网，提供电子化与自动化的专业服务。2003 年民族音乐研究所与民族音乐数据馆正式对外开放。

4．文化资产保存研究中心筹备处 05.0302030450

是以古迹与文物保存修护研究为主的专业机构，主要工作包括：古迹的调查、记录、建文档及保存研究；文物的调查、记录、建文档、鉴定、分级及保存研究；古迹、文物的保存维护科学研究；古迹、文物的修护研究；古迹、文物保存的人才培育、资料建档、咨询、出版及推广。1998 年颁布组织规程，开始筹备工作。

四、普及教育

1．文化服务替代役 05.030204015

“文建会”于2000年开办“社区营造替代役”，2001年扩展至文化资产的保存工作，2002年定名“文化服务替代役”，正式运作。

文化服务替代役培养役男对文化的认同意识，并在退役后仍能关怀或投入文化工作。役男首先接受五个星期的军事基础训练，随后接受第一阶段四个星期的文化服务专业训练，再于半年后接受第二阶段的教育。专业训练课程使役男能在极短时间内熟悉“社区总体营造”与“文化资产保存”的基本概念，由文化资产、社会科学、建筑与空间设计、民俗技艺、博物馆学、生态保育等各方学者专家教授。此外还安排实际操作课程，如社区报的制作、历史影像数据的纪录、公共议题讨论的带领技巧等等。

2．传统艺术网络课程 05.0302040250

由传统艺术中心网络数字学院开设，目的是让一般民众了解台湾传统艺术的历史源流与发展脉络，将传统艺术之美融入全民的日常生活之中。课程由传统艺术领域的学者专家指导设计，分为“传统戏曲”、“传统偶戏”以及“传统工艺”三大主题。授课形式有“网络课程”、“网络专家开讲”与“面授课程”三种。完成课程、达到标准可获政府及教育部门认可的证书。

台湾博物馆

台湾有四百多个博物馆，分属十八种不同主题，包括美术、现代当代艺术、历史、考古学、人类学、自然历史、科学科技、艺术工艺、工业、大学、纪念厅、宗教、剧场、文学、音乐等。下面简略介绍在文化遗产保护和研究方面较有代表性的三个博物馆。

一、台北故宫博物院 05.03030150

1．简史

1924 年溥仪迁出紫禁城，1925 年 10 月北京故宫博物院成立。1928 年公布《故宫博物院组织法》，院下分设古物、图书、文献三馆。

1931 年“九一八”事变，13491 箱文物南运上海，同时运出古物陈列所、颐和园和国子监的文物 6066 箱。1936 年再由上海运至南京。1937 年“七七”事变爆发，80 铁箱文物精品运往武汉至四川巴县。1939 年南京文物16000余箱由水陆两路撤离。水路经由长江运到汉口，最后运至四川乐山。陆路由火车载运北上，最后抵达四川峨眉。

1933年在南京成立中央博物院筹备处。1945年故宫将巴县、峨眉、乐山三地的文物集中到重庆，然后运抵南京。中央博物院筹备处的文物也全部运回南京，古物陈列所南迁的文物拨交中央博物院筹备处。

1948至1949年故宫和中央图书馆、中央研究院史语所、中央博物院筹备处挑选文物精品运往台湾。故宫运台文物共2972箱，中央博物院筹备处852箱。

文物精品迁台之后，收藏、陈列空间逐渐扩大。1968年由原来的古物、书画两组扩为器物、书画、图书文献三处。1970年在文献处之下增设图书馆。1984年台北故宫新建行政大楼启用。1987年台北故宫成为“行政院”部会级机关。1996年新建图书文献馆落成。

2．现状

宗旨为“整理、保管、展出原国立北平故宫博物院及国立中央博物院筹备处所藏之历代古文物及艺术品，并加强对古代中国文物艺术品之征集、研究、阐扬，以扩大社教功能”。组织架构为：院长一人，副院长二人，主任秘书一人，下设器物、书画、图书文献三处，展览、出版、登记三组，科技、秘书、总务、管制、人事、会计、政风七室及信息中心共十四个单位。

3．收藏

原故宫博物院部分，有器物46100件，书画5526件，图书文献545797册件；原中博部分，有器物11047件，书画477件，图书文献38件，共计608985件册。

2004年11月藏品总计18类655156件册：铜器5982件、瓷器25303件、玉器11763件、漆器708件、珐琅器2508件、雕刻374件、文具2389件、钱币6952件、绘画5256件、法书2956件、法帖1212件、丝绣278件、扇1650件、善本书籍176690册、清宫档案文献386727册件、满蒙藏文文献11501件、印拓7件，以及杂项12900件。

4．出版

除延续以往的部分出版计划之外，并陆续出版许多新的集刊、丛刊、专集、丛书、特展目录等。如将原《故宫简讯》改为《故宫文物月刊》，《故宫季刊》更名为《故宫学术季刊》。又如编辑《海外遗珍》，与台湾商务印书馆合作出版《景印文渊阁四库全书》，出版《故宫书画图录》、《故宫藏画大系》及《清代台湾文献丛编》等。

二、台湾博物馆

05.03030250

1．简史

成立于1908年，初期名为台湾总督府博物馆。1915年博物馆的新馆舍在台北新公园内落成启用。1949年更名台湾省立博物馆。1999年再更名为台湾博物馆至今。各年代名称虽异，却是台湾唯一度过战火、经历政治风浪、至今仍于原址开放营运的博物馆。

2．现状

仍延续创馆时的规模，目前设有人类学、地学、动物学、植物学及推广组等五个研究组，收藏研究以台湾本土的文化历史、生物物种及自然现象为主要方向，并将成果通过主题展示、教育活动、出版及各项合作计划等方式呈现与延伸。

3．收藏

物质文化类藏品涵盖民族学、考古学、体质人类学、民俗学、历史学等领域。以区域与族群区分，包括台湾汉民族、台湾原住民、东南亚、大洋洲地区各民族与北美印第安民族。

4．出版

定期出版的季刊、半年刊与年刊，以及配合各项展览与教育活动印制的宣传海报、导览折页、简介、特

展专书等，还有集结研究人员的成果所出版的自然史与博物馆领域专门书籍。

三、台湾史前文化博物馆

05.03030350

1．概况

专门从事台湾及环太平洋史前文化生态研究。筹建缘于卑南遗址的抢救发掘。1990年成立筹备处，2002年正式开馆。设研究典藏、展示教育、遗址公园、工务机电四组。

2．卑南遗址公园考古现场

主体为一长方形钢材棚架，长40米，宽25米，面积1000平方米。棚架内有18个5米见方的探坑。每一探坑被划分为4个2.5米见方的小区，以下再细分成25个50厘米见方的小单位。考古人员以十字镐、平铲、小锄头等为工具，以每5厘米为一个人工层位，逐层向下发掘，供游客参观。遗址主要现象是住房遗迹、砾石堆砌的石墙以及由板岩石板铺成的屋内地面。昔日的生活用具及装饰品，散见于文化层中。

3．藏品

藏品由六部分组成：

(1)台湾大学移交卑南文物，第一批166箱。

(2)台东社教馆移交台东县出土考古学标本共计1103件，分为石器、陶质、金属及玻璃以及生态四类。民族学标本总数为151件，分为织品、编器、木雕、陶器、饰品及竹木器等。

(3)高月英女士卑南族文物200多件。

(4)卢锡波采集芝山岩、圆山、大坌坑、关渡及西云岩等6处遗址考古标本6944件。

(5)郭德铃先生采集石器标本7271件，陶器5839件(片)，少量的骨角器和贝、兽骨与鱼骨与化石。

(6)澎湖海沟动物化石搜藏。

4．出版物

出版多种定期或不定期的期刊、专刊、专著、多媒体宣传品、特刊等。

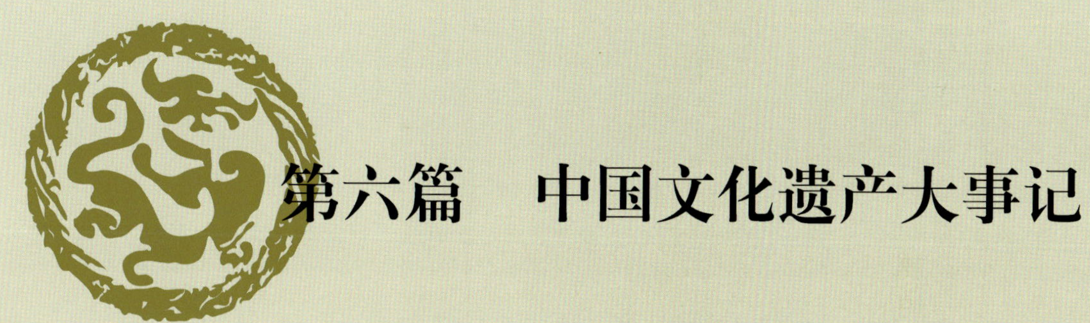

第六篇　中国文化遗产大事记

中国文化遗产大事记

1961 年 3 月 4 日	中华人民共和国国务院公布第一批全国重点文物保护单位名单（共 180 处）。其中，革命遗址及革命纪念建筑物（33 处），石窟寺（14 处），古建筑及历史纪念建筑物（77 处），石刻及其他（11 处），古遗址（26 处），古墓葬（19 处）。
1982 年 2 月 8 日	国务院公布第一批国家级历史文化名城，有北京等 24 座。
1982 年 2 月 24 日	中华人民共和国国务院公布第二批全国重点文物保护单位名单（共 62 处）。其中，革命遗址及革命纪念建筑物（10 处），石窟寺（5 处），古建筑及历史纪念建筑物（28 处），石刻及其他（2 处），古遗址（10 处），古墓葬（7 处）。
1982 年 11 月 19 日	《中华人民共和国文物保护法》由中华人民共和国第 5 届全国人民代表大会常务委员会第 25 次会议通过。
1985 年	北京大学侯仁之教授同三位全国政协委员联名提出《建议我国政府尽早参加[世界文化和自然遗产保护公约]》的提案，编号 663。这份提案很快就被政协通过并上报全国人民代表大会。
1985 年	文化部颁发了《关于保护和振兴昆剧的通知》。
1985 年	全国首届《格斯尔》学术讨论会在赤峰召开。
1985 年起	《中国国家书目》陆续出版。它是全面、系统地揭示与报道中国出版物的大型书目。由北京图书馆《中国国家书目》编委会主编。
1985 年起	《中国古籍善本书目》陆续出版。它是中国大型古籍目录。由中国古籍善本书目编辑委员会编，顾廷龙任主编，共 36 卷。
1985 年~2002 年 8 月	《中国京剧音配像精粹》文化工程录制，17 年中，40 个单位的 2 万人参与，共录京剧 355 部，评剧 22 部，北方鼓曲名家曲目 124 目。
1985 年 1 月	《中国地方志联合目录》由中国科学院北京天文台主编，中华书局印行。收录了中国 190 多个图书馆、博物馆、文史馆收藏的方志 8200 余种。它以朱士嘉所编的《中国地方志综录》（1935 年出版，1958 年增订）为基础编成。
1985 年 11 月 22 日	全国人大常委会批准中国加入《世界文化与自然遗产保护公约》。
1986 年起	《民国时期总书目》陆续出版。它是中国回溯性国家书目，北京图书馆编，田大畏任总编辑，书目文献出版社按学科分卷陆续出版。
1986 年	文化部成立振兴昆曲指导委员会，并拟订了保护和振兴昆曲的十年规划。
1986 年	“全国少数民族古籍整理出版规划会议”在沈阳举行。
1986 年	《中国古籍善本书目》出版，它是中国大型古籍目录。由中国古籍善本书目编辑委员会编，顾廷龙任主编，共 36 卷。
1986 年 3 月 5 日	国家文物鉴定委员会成立，这是中国国家文化行政管理部门设置的文物鉴定组织。
1986 年 7 月 12 日	文化部发布《纪念建筑、古建筑、石窟寺等修缮工程管理办法》。
1986 年 10 月	中国第一座新闻出版纪念馆——延安清凉山新闻出版革命纪念馆在延安清凉山建成开馆。
1986 年 12 月 8 日	国务院公布第二批国家级历史文化名城，有天津、上海等 38 座。
1987 年	文化部再次发出《关于对昆剧艺术采取特殊保护政策的通知》。
1987 年	《中国语言地图集》出版。
1987 年 9 月 5~8 日	中国科学院、中国历史博物馆、上海博物馆等在北京召开“祖国传统工艺保护开发实施方案工作会议”。

1987年9月10～16日　中国殷商文化国际学术研讨会在河南安阳召开，120多位学者出席会议，论文107篇。会议论文编为《殷墟博物苑苑刊》（1989年8月中国社会科学出版社出版）。

1987年12月7～11日　世界遗产委员会第11届会议批准长城、北京故宫、陕西秦始皇陵及兵马俑坑、甘肃敦煌莫高窟、北京周口店北京猿人遗址作为文化遗产，山东泰山作为文化与自然双重遗产列入《世界遗产名录》。

1987年12月17～25日　在北京举办了“全国昆剧抢救继承剧目汇报演出”，共演出折子戏33台、大戏2台。

1988年　中国文物学会成立，会址在北京。是中国文物界群众性的学术团体。前身为1984年成立的老年文物研究会。名誉会长陆定一、陈野萍，会长郑思远。

1988年1月13日　国务院公布第三批全国重点文物保护单位，共258处。

1989年2月27日　国家文物局颁发《建国后已故著名书画家作品限制出境鉴定标准》（1989年文物字第185号），保护了一大批近、现代著名书画家珍贵作品。

1989年10月20日　中华人民共和国国务院第42号令（1989），发布《中华人民共和国水下文物保护管理条例》。

1989年12月26日　《中华人民共和国城市规划法》由中华人民共和国第7届全国人民代表大会常务委员会第11次会议通过。

1990年起　中国开始建设“民族文化生态保护区”。

中国中医研究院到11个国家，两个地区的137家图书馆调查出27250部中医古籍，复制266种宋代至清代善本，以及抄本、古籍等（共复制174152页）。出版其中69种。

1990年　文化部成立振兴京剧指导委员会。

1990年12月7～12日　世界遗产委员会第14届会议批准黄山作为文化与自然双重遗产列入《世界遗产名录》。

1992年4月30日　国务院批准国家文物局发布施行《中华人民共和国文物保护法实施细则》。

1992年12月7～14日　世界遗产委员会第16届会议批准武陵源、九寨沟、黄龙国家级名胜区作为自然遗产列入《世界遗产名录》。

1994年1月4日　国务院公布第三批国家历史文化名城，有邯郸等37座。

1994年12月12～17日　世界遗产委员会第18届会议批准西藏布达拉宫、河北承德避暑山庄及周围寺庙、山东曲阜的孔庙、孔府及孔林、湖北武当山古建筑群作为文化遗产列入《世界遗产名录》。

1995年11月17～24日　“首届中国京剧艺术节”在天津举行，参加演出的剧目共计17台，其中有10台新戏为参评剧目。最终，《曹操与杨修》荣获唯一的金奖。

1996年7月5日　第8届全国人民代表大会常务委员会第20次会议通过《中华人民共和国拍卖法》。

1996年11月20日　国务院公布第四批全国重点文物保护单位共250处。

1996年12月2～7日　世界遗产委员会第20届会议批准江西庐山风景名胜区作为文化遗产列入《世界遗产名录》。批准四川峨眉山——乐山风景名胜区作为文化与自然双重遗产列入《世界遗产名录》。

1997年～2006年11月　中国工作队于1997年开始对吴哥古迹进行考察并选定修复周萨神庙。这是中国第一次参与这样重大的文物保护国际行动。2000年3月修复工程开始动工。预计2006年11月竣工。

1997年　中国与挪威政府正式签署协议，在贵州建立生态博物馆群。目前，中挪已经共同在贵州成功建立了梭嘎、镇山村、堂安和龙里四座生态博物馆。这四座博物馆分别用以保存苗族、布依族、侗族和在当地占人口少数的古老汉族的文化。生态博物馆作为一种新理念、新模式，与属于静态的特定建筑的传统博物馆相比，突出强调保护

	和保存文化遗产的真实性、完整性和原生性。
1997年3月30日	国务院颁布《关于加强和完善文物工作的通知》。
1997年4月	《中国少数民族语言音档》建立。
1997年5月20日	中华人民共和国国务院令第217号发布《传统工艺美术保护条例》。
1997年12月1～6日	世界遗产委员会第21届会议批准云南丽江古城、山西平遥古城、江苏苏州古典园林作为文化遗产列入《世界遗产名录》。
1998年	中日两国领导人就中国丝绸之路地域现存的古代文化遗产保护达成协议。日本政府向联合国教科文组织的"文化遗产保存日本信托基金"提供500万美元经费，用以库木吐喇千佛洞和龙门石窟的保护和修复。这一保护项目的第一期工程于2001年启动。2005年9月2日在北京签署这一保护项目的第二阶段合作协议。
1998年4月	文化部成立"民族民间文艺发展中心"，"中心"的主要任务是全面承担中国民族民间文艺的搜集、整理、保护、研究、开发工作；继续负责十部中国民族民间文艺集成志书编纂出版工作；开展多方位的民族民间文化艺术交流；利用文艺资源优势及现代科技手段，建立系统的中国民族民间文艺基础资源数据库，宣传保护中华民族丰富的文化传统。
1998年11月30日～12月5日	世界遗产委员会第22届会议批准北京颐和园、天坛作为文化遗产列入《世界遗产名录》。
1999年	中国社会科学院语言研究所出版《现代汉语方言大词典》，共41卷。
1999年11月29日～12月4日	世界遗产委员会第23届会议批准大足石刻作为文化遗产列入《世界遗产名录》，并批准武夷山作为文化与自然双重遗产列入《世界遗产名录》。
2000年起	中央财政设立了每年5000万元的国家重点珍贵文物征集经费，至今已在海内外征集了包括《研山铭》在内的百余件有较高价值、较大社会影响的珍贵文物。
2000年2月13日	文化部、国家民委印发《关于进一步加强少数民族文化工作的意见》。
2000年5月	云南省颁布了我国第一部专门保护民族民间文化的地方性法规——《民族民间传统文化保护条例》，对民族民间传统文化的保护范围、措施、经费、管理机构以及人才培养等方面进行了专门规定。
2000年12月27～30日	世界遗产委员会第24届会议批准四川青城山和都江堰、河南洛阳龙门石窟、清皇家陵寝：明显陵（湖北钟祥市）、清东陵（河北遵化市）、清西陵（河北易县）、十三陵（北京昌平）、明孝陵（江苏南京市）、安徽古村落：西递、宏村作为文化遗产列入《世界遗产名录》。
2000年11月	第9届全国人大教科文卫委员会会同文化部、国家文物局在昆明联合召开了"全国民族民间文化保护立法座谈会"，与会代表就民族民间传统文化立法的必要性和迫切性达成共识。
2001年	国务院总理温家宝在"全国市长研究班"上说：当今世界上许多著名城市在现代化建设中，都采取严格措施保护历史文化遗产，从而使城市现代化建设与历史文化遗产保护浑然一体交相辉映，保护好自然遗产和文化遗产，使之流传后世，永续利用……是城市领导者义不容辞的历史责任。
2001年5月	中国文物古迹保护准则研讨会在北京召开。
2001年5月18日	中国昆曲被联合国教科文组织列为首批"人类口头和非物质遗产代表作"。
2001年6月25日	国务院公布第五批全国重点文物保护单位共518处。
2001年8月1～3日	中国社会科学院古代文明研究中心举办的"中国古代文明的起源及早期发展国际学术研讨会"在北京隆重开幕。
2001年8月26～30日	国家文物局西藏文物工作座谈会在拉萨市召开。会议期间代表们分别与西藏自治区

	文物局签订了合作意向书。据初步统计，这次签订的意向书，共援助西藏自治区文物局资金和项目经费 401 万元，已经明确的文物保护项目 23 个。
2001 年 9 月 10～12 日	由河北省承德市文物园林局主办的全国重点文物保护单位（部分）第十一届业务研讨会在承德举行。
2001 年 9 月 15～25 日	由国家民委、文化部、国家广电总局、北京市政府主办的第二届全国少数民族文艺会演在北京隆重举行。
2001 年 9 月 19 日	“青州龙兴寺佛教造像展”在德国柏林老博物馆隆重开幕。
2001 年 9 月 25 日	国家文物局在京举行 1999～2001 年度“郑振铎王冶秋文物保护奖”颁奖仪式。“郑振铎王冶秋文物保护奖”是 1997 年由香港敏求学会钟华培先生等人捐资设立的，每年 10 万港币用于奖励为中国的文物、博物馆事业作出优异成绩的基层文博单位和文博工作者，特别是老少边穷地区的先进集体和个人。
2001 年 9 月 29～30 日	“时空飞越寻根旅——中国近代史发祥地广州”文物图片展览在香港文化中心展出。
2001 年 10 月 8 日	规模盛大的联合国教科文组织亚太地区文化遗产管理第五届年会在云南丽江开幕。会议以文化遗产管理与旅游业，遗产地管理者之间的合作模式为研讨主题。
2001 年 10 月 8 日	中国“世界遗产和少数民族服饰”图片展在乌拉圭首都蒙得维的亚市政府展览厅开幕。
2001 年 10 月 20～24 日	“唐墓壁画国际学术研讨会”在古城西安举行。此次会议分“唐墓壁画的历史文化价值”、“唐墓壁画艺术及在艺术史中的地位”和“墓葬壁画及彩绘科学保护”三个专题进行了热烈的研讨和交流。
2001 年 10 月 23～25 日	在广东深圳市联合召开了“中国防止非法贩运文化财产研讨会”。
2001 年 11 月	延安清凉山新华社旧址整修一新后正式对外开放。有关部门拨专款将旧址进行全面整修，并恢复原貌，还专门用三孔窑洞陈列了多达数百幅的新华社史料和照片，向观众全面展示新华社建社 70 年来所走过的艰苦历程和取得的辉煌成就。
2001 年 11 月	秦兵马俑博物馆首次成功地保护了八件整体彩绘秦俑，从而使原来一出土几分钟内就“颜色尽失”的秦兵马俑再次焕发出夺目的光彩。秦兵马俑保护中的重大科研课题——“秦俑彩绘保护技术研究”在西安通过了由国家文物局组织的成果鉴定。
2001 年 11 月 2 日	海峡两岸艺术文物市场探索研讨会在天津举行。
2001 年 11 月 15 日	国家文物局颁发“1949 年后已故著名书画家”和“1795 至 1949 年间著名书画家”作品限制出境鉴定标准的通知（国家文物局文物保发[2001]42 号），1989 年颁发的《对建国后已故著名书画家作品限制出境的鉴定标准》（1989 年文物字第 185 号），从 2001 年 12 月 1 日起废止。
2001 年 12 月 11～16 日	世界遗产委员会第 25 届会议批准山西大同云冈石窟作为文化遗产列入《世界遗产名录》。
2001 年 12 月 14 日	北京市文物局向北京市政府上报《“人文奥运”文物保护计划》。
2002 年	“中华再造善本工程”正式立项。它是国家重点文化工程，由财政部、文化部共同主持，国家图书馆具体承办。开始影印 1301 种古籍善本。目前全国仅图书馆系统即收藏古籍 2750 万册，其中善本 250 万册。而根据 1995 年出版的《中国古籍善本书目》统计，现存古籍善本中传世孤本有 45000 余种，准孤本（仅存两部）约 4100 种。这些善本古籍中，有许多亟需抢救。《中华再造善本》分为《唐宋编》、《金元编》、《明代编》、《清代编》、《少数民族文字文献编》，每编之下以经、史、子、集、从编次。选录范围包括中国内地和港澳台地区的文化典籍精髓。“再造善本”所收每一种书均撰写提要，简介作者生平、考证版本源流、评述其学术价值。
2002 年 1 月	北京故宫大修从武英殿修缮工程开工，到 2005 年 10 月故宫博物院 80 周年院庆，是

故宫大修一期工程的第一阶段。三年中，完成主要修缮工程17项，累计投资18612万元。

2002年1月26~21日　“首届中国昆明民间文物艺术精品展销会”在昆明翰荣轩文化艺术博物馆举行。参展内容有名家书画、官窑瓷器、全国古名窑精品、邮票、钱币、高档古旧玉器、珠宝、历代珍品杂器。

2002年3月22~23日　由中国社会科学院环境与发展研究中心主办、福特基金会资助的“文化遗产保护与经营”研讨会在北京举行。

2002年4月17日　《永乐大典》编纂600周年国际研讨会暨《永乐大典》仿真影印出版首发式在京举行。

2002年5月4日　北京大学考古系50周年暨宿白先生80寿辰庆祝活动在赛克勒考古与艺术博物馆隆重举行。

2002年6月26日　西藏三大重点文物保护维修工程——布达拉宫、罗布林卡、萨迦寺维修工程开工，国家总投资为3.3亿元人民币。

2002年7月　史诗《格萨（斯）尔》千年纪念大会在北京人民大会堂举办。

2002年7月18日　首批全国重点文物保护单位——萨迦寺全面维修工程开工。萨迦寺为西藏著名藏传佛教萨迦派创始人昆·衮却结波所建，是萨迦派的主寺。

2002年10月　国际博物馆协会亚太地区第7次大会暨博物馆与无形文化遗产国际学术讨论会在上海举办。

2002年10月28日　第9届全国人民代表大会常务委员会第30次会议通过《中华人民共和国文物保护法》。

2002年12月　中国艺术研究院在北京举办“人类口头和非物质遗产抢救与保护国际学术研讨会”，正式启动“中国人类口头和非物质遗产的认证、抢救、保护和研究工程”。该工程包含建立我国人类口头和非物质遗产规范的鉴定和评价体系、组织力量分阶段开展全国普查、建立和逐步完善“中国人类口头和非物质遗产等级认证体系”及编纂出版《中国人类口头和非物质遗产代表作图典》、《中国少数民族艺术遗产集成》等十多个大型子课题。

2003年1月　文化部、财政部联合国家民委、中国文联共同实施中国民族民间文化保护工程。两年来，该工程确定了40个国家级试点，包括区域性的综合试点6个、专业性试点34个。各省、区、市根据自己的实际情况，也确定了本地区的试点。该工程领导小组成立，组长为文化部副部长周和平。随后又成立了专家委员会。

2003年1月30日　历代帝王庙三期工程开工，该工程是《“人文奥运”文物保护计划》项目之一。

2003年2月10日　天安门城台修缮工程开工，该工程是《“人文奥运”文物保护计划》项目之一。

2003年3月14日　北京市文物局与北京市外宣办联合召开了历史文化保护区及南池子保护的中外记者说明会。副局长孔繁峙介绍了北京市近年来文物保护的工作进展和今年即将启动的《“人文奥运”文物保护计划》项目情况，市规划委员会副主任魏成林介绍了北京市历史文化名城保护规划的制定和相关问题。孔繁峙与联合国教科文组织北京代表处文化项目官员木卡拉先生进行了会谈，就北京的历史文化名城保护、文物保护工作和双方合作开展北京旧城区保护工作进一步交换了意见。

2003年4月1日　文化部第26号令发布《文物保护工程管理办法》。

2003年4月8日　全国重点文物保护单位北京孔庙进士题名碑保护工程开工。

2003年4月14日　全国重点文物保护单位明十三陵——康陵修缮工程开工，该项目是《“人文奥运”文物保护计划》工程之一。

2003年4月17日　北京市文物保护单位福建汀州会馆北馆修缮工程开工，该工程是《“人文奥运”文

物保护计划》项目之一。

2003年4月23日　北京市文物保护单位元大都城垣遗址修缮工程开工，该工程是《“人文奥运”文物保护计划》项目之一。

2003年5月18日　国务院第377号令颁布《中华人民共和国文物保护实施条例》。

2003年5月22日　北京市政府第八次常务会议审议通过《北京市长城保护管理办法》，并于2003年8月1日起实施。

2003年6月　日喀则地区文物局组织制订了全国重点文物保护单位“大唐天竺使出铭”保护方案，对反映历史上中央政府有效治理西藏的历史文物和革命文物进行了调查，并将调查报告编辑出版。

2003年6月9日　全国重点文物保护单位妙应寺白塔一进院地面修缮工程开工，该项目是《“人文奥运”文物保护计划》工程之一。

2003年6月19日　《文物拍卖管理暂行规定》经国家文物局第二十一次局长办公会议审议通过，并于7月14日发布实施。

2003年6月27日　天安门城台文物保护工程总结大会召开，天安门城台文物保护工程是《“人文奥运”文物保护计划》工程项目，工程从2月8日开工，4月23日竣工，历时75天，市政府投资200余万元。此次修缮解决了多年存在的城台渗漏、管线老化等问题，地面按历史原状进行了修复，整体环境得到改善，确保了结构和使用的安全。

2003年7月2～3日　第27届世界遗产大会7月2日一致决定，将中国云南省西北部的“三江并流”自然景观列入联合国教科文组织的《世界遗产名录》。3日，世界遗产委员会对中国关于将十三陵和明孝陵扩展列入名录的“明清皇家陵寝”的申报进行评估，并通过大会审议投票，决定将北京昌平的明十三陵和南京的明孝陵作为“明清皇家陵寝”的扩展项目，列入世界文化遗产。

2003年7月　国家文物局印发了《近现代文物征集参考范围》和《近现代一级文物藏品定级标准（试行）》，供参照执行。

2003年7月27日　于谦祠整治、抢修工程开工，此次抢修工程遵守不改变原状的原则，以整治院内环境和抢修破损严重的建筑为主。该工程是“人文奥运”文物保护计划项目之一。

2003年7月29日　《北京市长城保护管理办法》专家座谈会在北京召开。

2003年8月15日　元大都城垣遗址维护工程全部完成。

2003年9月12日　先农坛、佑圣寺、观音寺修缮工程开工，该项目是“人文奥运”文物保护计划工程之一。

2003年9月23日　法国卢浮宫修复专家娜塔丽·宾卡斯夫人一行三人来北京修复徐悲鸿油画《愚公移山》、《蜜月》、《抚猫人像》及《叔梁纥》四幅作品。

2003年9月26日　国家文物局专家组一行对西夏陵3号陵的加固保护工程在实地进行了检查验收，这标志着西夏陵的文物保护工作暂时告一段落。通过这次发掘，考古工作者对西夏陵神秘的构筑形制有了初步认识。

2003年10月18日　“首届江苏省文物节暨南京博物院70周年庆典活动”在南京博物院隆重开幕。文物节期间，江苏省举行形式多样、生动新颖的一系列文物保护宣传展示活动。南京博物院推出了“江苏省文化遗产保护成果展”、“江苏省民间收藏精品展”等十大精品文物展览和系列专家专题讲座。

2003年10月25～27日　国家文物局和公安部三局在陕西省西安市召开“全国文物安全工作会议”。这次会议是新世纪以来第一次国家文物局和公安部联合召开的会议，也是新《文物保护法》颁布以来的第一次全国文物安全工作会议。

2003年10月27～30日　文化部“中国民间文化保护工程试点工作会议”在贵州召开，并公布第一批十个国

	家级试点项目。
2003年11月	文化部与全国人大教科文卫委员会在国内外立法调研的基础上，2003年11月形成了《中华人民共和国民族民间传统文化保护法》草案。为借鉴《保护非物质文化遗产公约》的基本精神，法律草案名称已改为《中华人民共和国非物质文化遗产保护法》。
2003年11月	秦始皇陵考古遥感与地球物理技术成果验收会在北京召开。
2003年11月	中国艺术研究院主办的非物质文化遗产保护国际学术研讨会在北京举行。
2003年11月	“第一届沙漠古都统万城学术研讨会”在靖边召开。
2003年11月15日~12月15日	《撩开古西夏王国的神秘面纱——西夏文物精品展》在首都博物馆（北京孔庙）展出，这是西夏文物首次在京大规模、较全面地展示。展览集中了宁夏、内蒙两个自治区自建国以来考古发掘的西夏文物精品145件套，其中包括素有“东方金字塔”美誉的西夏王陵出土的鎏金铜牛等国宝级文物和国家一级文物51件套，旨在从西夏文字、金属铸造工艺、陶瓷器、佛教艺术、建筑石雕艺术等五个方面，全面、真实地揭示西夏文化的独特魅力。
2003年11月~12月	中国京剧院大型京剧《图兰朵公主》在长安大戏院正式登场。
2003年11月27日	由建设部和国家文物局联合审定的我国第一批中国历史文化名镇（村）日前公布，授牌仪式11月27日在京举行，建设部副部长仇保兴、国家文物局局长单霁翔等为获此殊荣的名镇、名村授牌。山西省灵石县静升镇等10个镇和北京市门头沟区斋堂镇爨底下村等12个村获得历史文化名镇（村）称号。
2003年11月29日	联合国教科文组织为广州市广裕祠颁发亚太地区文化遗产保护奖。8月，广州市从化广裕祠获得联合国教科文组织亚太地区文化遗产保护奖杰出项目奖第一名，这是中国第一次获得联合国亚太地区文化遗产保护大奖。
2003年12月	“中国少数民族艺术遗产保护及当代艺术发展国际学术研讨会”在北京举行。由中国艺术研究院主办。
2003年12月2日	全国重点文物保护单位太庙牺牲所抢险修缮工程开工，该工程是“人文奥运”文物保护计划工程之一。
2003年12月2日	周口店北京人遗址保护与研究专家研讨会在北京召开，国家文物局、北京市文物局、房山区区委、区政府有关领导及北京大学、中科院等21位专家学者参加了此次研讨会。会议讨论了周口店遗址抢险加固方案、周口店物探情况、周口店田园洞主要科研成果、周口店遗址规划、周口店博物馆展陈等问题。
2003年12月7日	中国少数民族艺术遗产保护与当代艺术发展国际学术研讨会在北京召开。
2003年12月10日	北京市级文物保护单位怀柔区黄花城段长城抢险修缮工程开工，该工程是“人文奥运”文物保护计划抢险项目之一。
2003年12月11日	北京市人民政府下发关于公布北京市第七批市级文物保护单位名单的通知。北京市第七批市级文物保护单位共计30项，包括古遗址1处（皇城墙遗址），古建筑23处（僧王府、北顶娘娘庙等），近现代重要史迹及代表性建筑6处（原麦加利银行、协和医院住宅群等）。
2003年12月25日	文化部、国家文物局在京召开表彰大会，对北京市昌平区、天津市蓟县等全国31个获得“文物工作先进县”的县（市、区）进行表彰并颁发奖牌。
2004年起	《中国传统工艺全集》陆续出版。
2004年2月	国家文物局发布《关于公布文物保护工程勘察设计、施工单位资质的通知》。
2004年3月	由中国文物报社主办的《中国文化遗产》杂志创刊。
2004年3月16日	黄花城长城修缮工程正式开工。这是《北京市长城保护管理办法》公布后的第一个

	较大规模的修缮项目。修缮以抢险加固为主，确保长城的结构安全，对砖拱坍塌、开裂进行加固补救，尽可能多的保存长城的遗存，不做修复见新。全部工程分三期实施，工程总投资1200余万元。
2004年4月	北京民俗博物馆“老北京商业民俗”被列入由市政府推动实施的“中国民间文化保护工程”第二批29个试点之一。
2004年4月	中国民族民间文化保护工程云南大理试点工作交流会召开，并公布第二批30个国家级试点项目。
2004年4月6日	中国联合国教科文组织全国委员会、建设部、国家文物局在人民大会堂湖北厅为云南“三江并流”、山西云冈石窟、北京明十三陵和南京明孝陵举行世界遗产证书颁发仪式。
2004年4月10日～11日	全国政协历史文化名城视察团一行24人视察了历史文化名城陕西韩城。视察了党家村、古城明清一条街、文庙、城隍庙、司马迁祠墓等文物古迹。
2004年5月	文化部、国家文物局印发了《关于公共文化设施向未成年人等社会群体免费开放的通知》。
2004年5月	全国重点文物保护单位甘肃天水伏羲庙维修工程启动。
2004年5月26日	全国重点文物保护单位智化寺转轮藏保护工程开工。该项目为“人文奥运文物保护计划”工程之一。
2004年5月31日	中国标准化研究院组织的《文物藏品代码与条码》标准研讨会在京召开。
2004年6月	河北省第七届燕赵群星奖揭晓。正定县东杨庄常山战鼓经过进一步的改编、加工和提高，荣获本届燕赵群星奖第一名，并将被推荐参加全国群星奖角逐。另外，正定县传统古老剧目元杂剧《墙头马上》被列入河北省首批民族民间文化保护工程试点。
2004年6月9日	故宫午门区修缮工程开工。修缮面积1968平方米。
2004年6月18日	随着2件石刻残块与西安碑林昭陵六骏中的两骏——什伐赤和青骓的成功拼接，3件昭陵六骏残块终于入藏西安碑林博物馆。这3件石刻残块是考古工作者在对昭陵祭坛（北司马门遗址）进行发掘时发现的。
2004年6月28日	国家主席胡锦涛在致联合国教科文组织第28届世界遗产委员会会议的贺辞中指出：“加强世界遗产保护已成为国际社会刻不容缓的任务。这是历史赋予我们的崇高责任，也是实现人类文明延续和可持续发展的必然要求。”
2004年6月28日～7月3日	“丝绸之路古遗址保护——第二届石窟遗址保护国际学术讨论会”在甘肃敦煌召开，来自十多个国家和地区的200余名文物保护专家和学者就丝绸之路古遗址保护进行了专题研讨。
2004年6月28日～7月7日	第28届世界遗产委员会会议在苏州举办，彰显了中国在重要国际事务中的地位和贡献。
2004年	中国艺术研究院陆续出版《昆曲艺术大典》、《清代地方戏珍本丛刊》和《中国少数民族戏剧》，并编制《中国戏曲剧种音像资料库》。
2004年7月12日	海峡两岸“科技与文物”学术研讨会在北京科技大学开幕。
2004年8月	经全国人大常委会批准，我国正式加入了联合国教科文组织《保护非物质文化遗产公约》。
2004年8月6～7日	中国古迹遗址保护协会大会在北京召开。来自考古、建筑、规划、历史、人类学和文物保护等领域的科研机构和文化遗产保护管理机构的100多位会员参加了本次大会。
2004年8月8日	龙门石窟研究院建院50周年庆暨2004年龙门石窟国际学术研讨会在龙门东山会议中心举行，来自日本、美国、德国、意大利等国家和地区的35位专家及90位国内

	专家学者出席会议并就石窟的研究及保护进行了专题研讨。
2004年9月	敦煌研究院的研究人员在敦煌壁画中首次发现了十轮经变画，在敦煌召开的“2004年石窟研究国际学术会议”上，这一重要石窟研究成果被公布。此次发现填补了敦煌壁画中无地藏信仰的空白，并丰富了敦煌学研究内容。
2004年9月24~26日	第一次全国文物保护科技工作会议在北京召开。
2004年10月18~26日	何鸿燊博士抢救圆明园国宝全国巡展在京举行。
2004年10月28日	由国家文物局批准立项并提供工程经费的敦煌莫高窟北区加固工程正式开工，这是历史上首次对莫高窟北区进行工程加固。
2004年11月16~18日	中国艺术研究院在北京举行了“非物质文化遗产保护国际学术研讨会”。
2004年11月~12月	“西泠印社百年华诞特展”在福建博物院隆重举行。
2004年12月16日	在大同召开“云冈石窟防水保护工程窟檐设计研讨会”。
2004年12月20日	“天津博物馆落成暨纪念天津建城600周年展览”开幕。
2004年12月26日	“周秦汉唐文明国际学术研讨会”召开。
2004年12月	国家“十五”重点项目、三卷本大型图录《全国重点文物保护单位》（第一批至第五批）由文物出版社出版。
2005年	国家设立专项资金，实施“国家昆曲艺术抢救、保护和扶持工程”。
2005年	由文化部长孙家正亲自撰写歌词的中国文化遗产主题歌《寻找与守望》由文物出版社出版，全国热销。
2005年	文化部发布《关于开展非物质文化遗产普查工作的通知》。
2005年	河北正定西扬庄常山战鼓荣获了河北省首届“大型鼓舞比赛”鼓王奖。
2005年1月	青海“都兰吐蕃、吐谷浑文化保护中心”工程竣工，通过验收。这是近几年青海省继省博物馆、青海柳湾彩陶博物馆及一些地方博物馆、文物保护中心后的又一项重要文物保护基础工程建设项目，标志着青海省文博事业的发展又上了一个新台阶。
2005年1月	经过文物保护人员半年时间的加固和维修，在2003年地震中受损的甘肃民乐县圆通寺塔和姚寨砖塔2处文物遗址日前得到修复。
2005年1月8日	山西博物院举行了预展仪式。山西博物院是山西省有史以来投资最多、规模最大、现代化程度较高的大型文化设施，是山西最大的文物收藏、保护、研究和展示中心。
2005年1月13日	备受海内外华人关注的黄帝陵轩辕庙区标志性建筑——祭祀大殿工程于此日正式通过竣工验收，标志着黄帝陵二期整修工程已基本结束。
2005年1月20日	“吉林市著名民间剪纸家、民间绘画家创作展”，在吉林市博物馆开幕。共征集联合国教科文组织命名的“民间工艺美术家”陈国章、马淑琴，“全国十大金剪刀”之一的民间剪纸家张春颖，全国民间绘画大展金奖得主陈淑江等人的民间剪纸、民间绘画艺术作品500多幅，精选作品260多幅。
2005年3月	中国民间文化协会在全国启动了“中国民间文化杰出传承人调查、认定和命名”项目。拟用两年时间，在全国各地开展各民族民间文化杰出传承人的调查，再由中国民协组织专家委员会对各省推荐的民间文化传人中具有杰出才能、技艺和成就的民间文学讲述人、民间艺术传承人、民间工艺美术师的候选人进行评定和命名。该项目将首批评定和公布100名中国民间文化杰出传承人。
2005年3月22日	国家文物局局长单霁翔在美国旧金山市接受美国规划协会颁发的2005年规划事业“杰出人物奖”。单霁翔以其多年来在城市规划建设特别是保护文化遗产方面做出的不懈努力，成为首位荣获这项大奖的非美国公民。
2005年3月26日	国务院办公厅印发《关于加强我国非物质文化遗产保护工作的意见》，就进一步加强中国非物质文化遗产保护工作的目标、方针、原则和措施作出了明确指示。 同

	时，为了发挥政府的主导作用，建立协调有效的保护工作领导机制，国务院决定：由文化部牵头，建立由发展改革委员会、教育部、国家民族事务委员会、财政部、建设部、旅游局、宗教局、文物局组成的中国非物质文化遗产保护工作部际联席会议制度，统一协调非物质文化遗产保护工作。
2005年3月29日	由中国美术家协会等机构组织的旨在"保护人类共同文化遗产，促进国际社会和平发展"的世界著名华人美术家环球绘画和平之旅日前正式启动。该活动由五站组成，由著名华人美术家分别组成代表团前往柬埔寨吴哥、俄罗斯彼得堡、印度泰姬陵、波兰奥斯威辛、法国诺曼底进行绘画创作。
2005年3月29日	陕西省文物局集中3天时间在汉中市召开了全省田野文物保护工作会议，会议全面总结回顾了去年全省田野文物保护工作的情况，安排部署了今年的相关工作。
2005年4月	安徽省黄山市歙县有关部门投资1.5亿元巨资，将散落在各地、正遭受风霜雪雨侵袭的徽派古建筑构件集中起来，通过科学拼合重建形成徽商大宅院。已建成正门五凤楼、东西侧门的双寿承恩坊和东南邹鲁坊等，其气势恢弘的主体建筑桂花厅的木质结构已形成，可望于2006年年底对外开放。
2005年4月5日	国家文物局公布书画作品限制出境标准。
2005年4月7日	北京孔庙及国子监古建筑群修缮工程开工。投资2000万元。此次孔庙修缮的重点是彩画的修复和碑亭的结构加固，目的是改变孔庙现存文物建筑破损状态、消防设施不全、安防设备落后的现状。而国子监则重点拆除后院后来修建的房屋，为以后复建做准备。
2005年4月25日	新疆麦盖提县荣获刀郎木卡姆之乡、刀郎农民画之乡和刀郎麦西莱甫之乡称号。"刀郎文化"起源于公元10世纪，一直流传至今。在这一博大文化中，以刀郎木卡姆、刀郎农民画和刀郎麦西莱甫最为著名。
2005年5月	平遥古城南城门外表墙体坍塌部分得到修复。
2005年5月10日	青海省同仁县的全国重点文物保护单位——隆务寺维修工程举行开工典礼。
2005年5月12日	文化部和国家发展改革委员会、教育部、国家民委、财政部、建设部、旅游局、宗教局、文物局在北京举行非物质文化遗产保护工作部际联席会议第一次工作会议。
2005年5月19～20日	由中山大学中国非物质文化遗产研究中心主办的"非物质文化遗产研究专家论坛"在北京广州大厦举行。
2005年5月20日	《中国民族民间文化保护工程普查工作手册》首发式在中国艺术研究院举行。《手册》第一次结合现代科学技术制定了较为标准规范的分类代码，集中了中国艺术研究院、中国社会科学院、中国科学院等几十家研究单位及大学百余位专家学者的智慧和成果，第一次在联合国教科文组织5项分类的基础上将我国非物质文化遗产划分为16大类，涉及学科、门类之宽前所未有，成为迄今为止第一部比较全面、准确、标准和规范的非物质文化遗产普查工作的工具书。
2005年5月21日	北京天坛祈年殿修缮工程开工。
2005年6月	财政部开始设立每年2.5亿元的大遗址保护专项资金。
2005年6月	世界文化遗产基金会在纽约公布了2006年世界百大濒临危险的文化遗址，中国有六处遗址榜上有名。其中，河北怀来的鸡鸣驿第二次进入濒危遗址名单。中国六处入选的濒危遗址分别为：河北怀来鸡鸣驿、浙江省东阳卢宅、山西省碛口镇村落、甘肃秦城天水的古楼群建筑、云南团山历史村以及分布在四川和西藏地区的石林。
2005年6月	南水北调中线工程文物保护点已初步确定：南水北调中线总干渠工程涉及文物点550处，丹江口大坝加高一期工程涉及文物点110处。南水北调工程的文物和非物质文化遗产保护量远远超过三峡工程，是新中国成立以来的特大文物保护工程。

2005年6月	“中国地方文化遗产项目”由美国阿肯色州立大学（UALR）全球项目发起，宗旨是支持和帮助中国地方文化遗产的保护与发扬。该项目落地成都。主要是通过运作有指导性的项目，支持四川省、成都市对地方文化遗产的维修、保护和宣传工作。
2005年6月11日	“全国非物质文化遗产保护工作会议”在北京举行，国务委员陈至立在会上强调：要高度重视非物质文化遗产保护工作，围绕非物质文化遗产代表作名录体系建设，加快建立有中国特色的非物质文化遗产保护制度。
2005年6月13～16日	世界记忆工程国际咨询委员会第七次会议在云南丽江召开。来自世界各地的16位委员和26位观察员与会，共同商讨对世界记忆遗产的保护，并审批通过一批新的《世界记忆名录》项目。其中包括我国申报的清朝康熙至光绪年间200余幅“清朝金榜”。
2005年6月18日	由中国国家博物馆、中国民间文艺家协会等共同发起的抢救民间家书项目，到目前已经收集家书8000余封，经过整理，部分家书今日上午在北京展出，人们通过一封封饱含深情的家书，看到了一幅别样的历史画卷。
2005年6月19日	拉萨罗布林卡维修后重新开放。据罗布林卡管理处处长马宜刚介绍，西藏三大重点文物维修工程之一的拉萨罗布林卡维修工程今年的施工作业覆盖了各个开放的园林景点。
2005年7月	欧盟亚洲城乡合作计划工作室日前在孔子故里山东省曲阜市挂牌，此举标志着该合作计划的曲阜项目正式启动。根据项目计划，欧盟将拨款75万欧元，与曲阜就历史文化遗产保护、旅游经济振兴等方面进行为期3年的合作。
2005年7月	文化部下发《关于申报第一批国家级非物质文化遗产代表作的通知》。各地严格按照规定程序和标准，组织专家逐级评选。经过各方面努力，全国31个省、区、市及相关部门已经提交申报国家非物质文化遗产名录项目1315项。文化部组织专家在评审基础上，年内确定了501个推荐项目。
2005年7月5～8日	在“中国非物质文化遗产保护·苏州论坛”拉开帷幕，来自全国各地的300余位代表聚集苏州，共商中国非物质文化遗产保护、民族民间文化传承大计。苏州是世界第一批“人类口头和非物质文化遗产代表作”昆曲的发祥地，也是中国“民族民间文化保护工程”的综合性试点城市。
2005年7月7日	国家文物局第12次局长办公会议研究决定，采用金沙“四鸟绕日”金饰图案作为“中国文化遗产标志”。
2005年7月15日	“澳门历史城区”在第29届世界遗产委员会会议上获得通过，正式列入“世界遗产名录”。成为我国成功列入《世界遗产名录》的第三十一处世界遗产。
2005年7月20日	西北民族大学西北民族非物质文化遗产保护研究中心在兰州正式揭牌。
2005年7月22日	“兼容并蓄——澳门历史城区”艺术展在澳门塔石艺文馆开幕。
2005年7月26日	云冈石窟学术研讨会召开。
2005年7月30日	云冈石窟防水工程的首个设计方案通过专家组评审，位于山西大同西郊武州山的云冈石窟，始建于北魏文成帝和平年间，以规模宏大、历史悠久、气势雄伟、雕刻艺术精湛闻名于世，与甘肃敦煌莫高石窟、河南洛阳龙门石窟并成为我国三大石窟群。
2005年8月	中国重庆大足石刻国际学术研讨会暨大足石刻首次科学考察六十周年纪念会在渝举行。大足石篆山石刻，其长廊保护石刻工程已经投入使用，让常年暴露在外的石窟有了遮风避雨的保护。
2005年8月	国家文物局考古专家组组长黄景略，中国社会科学院考古研究所研究员徐光冀、安家瑶，中国建筑科学研究院研究员陈同滨在国家文物局文物保护司有关人员的陪同

	下，考察了西安周边部分古都城大遗址的保护情况。
2005年8月	内蒙古自治区政府决定从今年起，将每年的9月6日设立为“内蒙古草原文化遗产保护日”。这一决定使内蒙古成为全国第一个设立文化遗产保护日的省区。
2005年8月1日	世界文化遗产布达拉宫的重要组成部分布达拉宫广场，改扩建开放。
2005年8月2日	中国百名工艺美术大师云聚北戴河，参加由中国工艺美术协会、共青团中央网络影视中心拍摄的“百名国粹大师技艺资料片”的开拍仪式。
2005年8月5日	河南省民间文化遗产抢救工程首批重点项目之一朱仙镇木版年画的普查工作已宣告结束，先后排查登记散落于民间的年画明、清古版108种、220余块。根据中国民间文化遗产抢救工程工作委员会的部署，河南省于2003年成立了朱仙镇木版年画普查与编纂工作组织机构。
2005年8月5～9日	“周原考古与西周文化国际学术研讨会”在西安召开。
2005年8月11日	吉林省文学艺术界联合会、吉林省民间文艺家协会举行了民间文化杰出传承人调查认定命名工作会。经重新调查认定，赵明则、关云德和侯俊英三人分别被命名为吉林省民间文化“海东青驯养”、“乌拉神鼓蒙制”和“松花江河灯制作”的杰出传承人。
2005年8月13～14日	由文化部社图司主办、厦门市文化局承办的“申报国家级非物质文化遗产代表作名录华南片工作会议”在厦门召开。
2005年8月24日	中国民间文艺家协会在北京人民大会堂举行会议，展示中国民间文化遗产抢救工程的重大成果《中国木版年画全集·杨家埠卷》及其他首批成果；正式启动中国民间文化杰出传承人调查认证和命名的项目。
2005年8月22～26日	中国古筝艺术第五次艺术交流会在古城扬州召开。自1986年全国首届古筝学术交流会在扬州召开以来，扬州已成功举办了四届学术交流会。本次“扬州论筝”期间，将进行学术论文交流、曲目演奏交流、古筝精品展示等多项活动。
2005年8月26～28日	故宫博物院80华诞暨国际清史学术研讨会召开。
2005年8月26～30日	国家文物局西藏文物工作座谈会在拉萨市召开。
2005年8月28日	第三届中国长春民间艺术博览会开幕，民博会汇集了中国各地十四大类、上千个品种的民间艺术精品。将对中国一些濒危艺术遗产的抢救和保护起到积极的作用。
2005年9月	萨迦寺主要建筑物维修、新建文物库等维修工程目前已按期完成了计划中的文物本体维修；附属文物建筑及周边环境整治；壁画加固保护和基础设施完善等4类工程。这是西藏古建筑保护维修史上投资最多、规模最大的文物维修工程。
2005年9月14日	唐大明宫含元殿遗址保护工程竣工仪式在西安市大明宫含元殿遗址广场举行。大明宫是唐代长安城的皇宫。
2005年9月～10月	首届华夏民俗文化节在北京高碑店地区华夏民俗文化园举行。
2005年9月19日	全国重点文物保护单位马蹄寺石窟群马蹄北寺石窟岩体加固工程开工典礼在马蹄寺“三十三天”石窟举行。
2005年9月19～21日	大型土遗址保护专家研讨会在西安召开。
2005年9月22日	“国际博物馆协会与文化遗产保护”学术研讨会在京召开。大会由中国博物馆学会、国际博物馆协会中国国家委员会主办，全国农业展览馆、中国农业博物馆承办。
2005年9月24日	“南通博物苑一百年暨中国博物馆事业发展百年庆典”活动在江苏南通举行。
2005年9月25日	“人类的记忆——云南民族古籍文化遗产展”，在云南昆明民族博物馆展出。
2005年10月	国家投入大量资金对青海隆务寺等藏传佛教寺院进行了大规模维修，维修工程也已完成大部分。
2005年10月10～12日	故宫博物院建院80周年，北京城落成585周年、中国紫禁城学会成立10周年。古

	书画研究中心正式启动；古陶瓷研究中心挂牌成立。
2005年10月10日	紫禁城建筑艺术国际学术研讨会、清明上河图及宋代风俗国际学术研讨会、中国古陶瓷国际学术研讨会三个国际性学术会议同时召开。
2005年10月17～21日	“国际古迹遗址理事会15届大会”在西安召开。大会通过了全面保护文化遗产及其环境的《西安宣言》，再一次在人类文化遗产保护的历史上留下了中国的印记。通过世界遗产保护工作，中国在全世界正发挥着文化遗产大国的积极影响和建设性作用。
2005年10月19日	国家文物局正在编制“十一五”期间的文化遗产保护规划，法规体系建设、文物资源调查、大遗址保护、合理利用文化遗产、加强人才培训等将成为未来五年工作的重点。特别是要完善文化遗产保护法规体系建设。单项法规是《文物保护法》的外延或执行细则，是对具体的文化遗产最直接的法律支持，因此在“十一五”期间要加强这一方面法规的研究制定工作，如《长城保护条例》、《博物馆管理条例》、《历史文化名城保护条例》等。
2005年10月22日	国家文物局在洛阳举行“龙门石窟流失海外文物回归新闻发布会”，宣布将利用国家财政专门设立的“国家重点珍贵文物征集专项经费”从海外征集回国的七件龙门石窟流失佛教造像送还龙门石窟。
2005年11月7～11日	中国文物保护技术协会第四次年会在荆州召开。大会的主题是：“以科学发展观促进文物科技发展”。
2005年11月10日	河南省委、省政府决定将每年11月的最后一个双休日定为“河南文化遗产日”。
2005年11月12～15日	全国博物馆工作座谈会在湖南长沙召开。会议期间，与会代表围绕单霁翔的讲话和《博物馆管理办法》（草案）、《文物档案管理办法》（草案），进行了讨论和交流。
2005年11月17日	第二届江苏省文物节在南京博物院开幕。此次文物节的主题是：“文化遗产保护与公众服务”。开幕式后，《江苏国宝展》、《江苏绝技展》、《海外中国文物回流展》、《传统与现代——意大利建筑遗产保护与复原展》同时对外开放。
2005年11月25日	联合国教科文组织在巴黎宣布了第三批“人类口头和非物质遗产代表作”，中国申报的“中国新疆维吾尔木卡姆艺术”和中国、蒙古国联合申报的“蒙古族长调民歌”荣列榜中。
2005年11月26日	为庆祝龙门石窟列入《世界遗产名录》五周年，河南省在龙门石窟礼佛台隆重举行首届“河南文化遗产日”开幕式，郑州、安阳、三门峡、开封、商丘同时举行以“我爱河南文化遗产”为主题的启动仪式。
2005年11月28日	澳门历史城区，高句丽王城、王陵及贵族墓葬，沈阳故宫，辽宁清永陵、福陵、昭陵等世界文化遗产的证书颁发仪式在北京举行。
2005年12月	福建省人民政府批准公布了第一批省级非物质文化遗产代表作名录，霞浦畲族小说歌、漳州木版年画、泉州南音、浦南古傩、福建歌仔戏（厦门歌仔戏、漳州芗剧）、福州评话、建瓯挑幡、闽西客家春耕习俗、闽东畲族婚俗、湄州妈祖信仰习俗、厦门中秋拼饼、云霄开漳圣王巡安民俗等101个民族民间艺术项目将因列入名单而得到重点保护。
2005年12月5日	历经100余年风雨的清恭亲王府邸开始进行全面维修。
2005年12月6～8日	2004～2005年度全国考古工作汇报会在长沙召开，国家文物局局长单霁翔在开幕式上作“关于大型古代城市遗址整体保护的思考”专题报告，对目前大型古代城市遗址的保护提出了八点建议。
2005年12月7日	由湖北省文物局南水北调办公室组织的文物考古队，开始对遇真宫文物保护工程实施发掘。

2005年12月9～11日　同济大学国家历史文化名城研究中心、中国民俗学会等主办的"2005中国城市遗产保护论坛"活动，一百多名国内外专家围绕"城市遗产的永续利用"这一主题展开了研讨。

2005年12月11日　中外众多文化界专家在浙江宁波发起倡议：为让"海上丝绸之路"跻身世界文化遗产之列，中国九个省市以"丝绸之路"名义，联合申报世界文化遗产。申报以广州、泉州、宁波等中国"海上丝绸之路"核心港口为主体，并以与"海上丝绸之路"相关城市结成同盟，以轮流执行的形式设立中国"海上丝绸之路"论坛。同时，中国"海上丝绸之路"学术委员会宣布成立。从本届的研讨会起，每年组织出版中国"海上丝绸之路"丛书，披露各类研究成果。

2005年12月12日　中华民间藏品鉴定委员会在全国政协礼堂宣告成立。

2005年12月18～19日　"2005年全国文物局长会议"在成都召开。国家文物局局长单霁翔总结了当前中国文物保护工作中存在的五个不足，确定了"十一五"期间的主要工作任务。编制保护规划成为文物保护重点。

2005年12月18日　中国文化遗产保护标志永久纪念雕塑揭幕仪式在四川省成都市金沙举行。文化部副部长郑欣淼、成都市长葛洪林等为纪念雕塑揭幕。

2005年12月19日　首都博物馆新馆举行开幕仪式。新馆分为地上五层，地下2层，总建筑面积达6.38万平方米。目前，新馆展陈由基本陈列、馆藏精品展览和临时展览三部分组成。

2005年12月22日　国务院颁发42号文件，即《关于加强文化遗产保护的通知》。确立每年六月的第二个星期六为我国"文化遗产日"。

2005年12月22日　全国政协文史和学习委员会、中国联合国教科文组织全国委员会、建设部、国家文物局和人民政协报社联合举办的"中国保护世界遗产走过20年"纪念座谈会上，与会者深情回顾了这一历史。侯仁之、阳含熙、郑孝燮和罗哲文等四位老政协委员获政协会徽纪念牌，他们长期致力于世界遗产保护的功绩得到了高度评价。20年来，在政府、专家和广大民众的不懈努力下，中国世界遗产保护取得了巨大成就。

2005年12月22日　影印本文津阁《四库全书》问世，由商务印书馆、国家图书馆联袂合作的国家重点出版工程——影印本文津阁《四库全书》正式亮相。商务版文津阁《四库全书》，使用最新的数字印刷技术，并设计了全新的按需出版方式。目前，他们出版的主要有2种版本，即500册一套的"十二合一"本和1500套一册的"四合一"本。

2005年12月26日　河北省唐县北放水先商古村落文化遗址，日前被国家发改委列入南水北调中线干线工程河北段控制性文物保护项目，并可获资金支持121万元人民币。

2005年12月30日　新疆上报的《丝绸之路（新疆段）重点文物抢救保护工程方案》已经国务院批准，今后5年国家将投入4.2亿元资金，对新疆7大遗址保护区的21处全国重点文物保护区进行重点抢救维修。

2005年12月31日　文化部发布通告，公示了我国第一批国家非物质文化遗产名录推荐项目名单，共501项。

附　录

联合国教科文组织　07.0150

一、联合国教科文组织的宗旨和职责

教科文组织的全称

联合国教育、科学及文化组织（United Nations Educational，Scientific and Cultural Organization——UNESCO），属联合国专门机构。1945年11月在英国伦敦会议上通过了教科文组织的组织法，1946年11月4日正式生效，当时已有20个国家交存了接受书。同年12月成为联合国专门机构。目前有成员189个国家和地区（截止2004年）。总部设在巴黎。

教科文组织宗旨

通过教育、科学及文化来促进各国之间的合作，以增进对正义、法治及联合国宪章所确认的世界人民不分种族、性别、语言、宗教均享有人权与自由的普遍尊重，对世界和平与安全作出贡献。

教科文组织五大职能

1．前瞻性研究：明天的世界需要什么样的教育、科学、文化和传播。

2．知识的发展、传播与交流：主要依靠研究、培训和教学。

3．制订准则：起草和通过国际文件和法律建议。

4．知识和技术：以“技术合作”的形式提供给会员国制订发展政策和发展计划。

5．专门化信息的交流。

二、联合国教科文组织的组织机构及运作

组织机构由三个部分组成：

1．大会：由全体会员国组成，是教科文组织的最高权力机构。一般每两年召开一次。教科文组织的计划与预算，按一国一票的原则，由大会投票通过。

2．执行局：由58个会员国的代表组成，是一个行政机构，为召开大会作准备，并负责大会决议的有效实施。一般每年开会两次。

3．秘书处：是教科文组织的执行机构，全体工作人员在当选后，在任期六年的总干事的领导下，实施会员国大会通过的计划。

基本情况：

1．秘书处由1514名国际公务员、专业人员和一般事物人员组成，近645人在本组织位于世界各地的73个总部外办事处任职。

2．189个会员国已成立全国委员会，由教育、科学和文化等各界代表组成。

3．588个非政府组织与教科文组织保持“正式”关系，约1200个非政府组织与本组织开展不定期的合作。

4．5700所联系学校帮助年轻人树立宽容和加强国际了解的思想。这是一个国际间项目（ASP net），1953年由联合国教科文组织创办。其宗旨是动员全世界各学校加强教育在促进和平文化、忍让和国家间理解中的作用。

5．6670个教科文组织俱乐部、协会和中心在基层宣传教科文组织的理想和行动。主要出版物有《教科文组织信使》（月刊），中、英、法、西、阿、俄等27种文本；《教育展望》（季刊），中、英、法、阿、西、俄文；《科学与社会的影响》（季刊），英、法、西、俄、阿文；《自然与资源》（季刊），英、法、西文；《国际社会科学杂志》（季刊），中英、法、阿、西、俄文；《版权公报》（季刊），中、英、法、西、俄文；《博

物馆》(季刊)，中、英、法、西文。

6．173个会员国在巴黎设有驻本组织的常驻代表团。中国是联合国教科文组织创始国之一。1971年恢复合法地位。1972年恢复在该组织的活动。1979年2月，中国联合国教科文组织全国委员会正式成立。1997年11月4日，中国继续当选为执行局委员。中国自1972年10月恢复在该组织的活动，首次出席大会即当选为执行局委员，此后中国一直连任这一职务。

联合国教科文组织世界遗产委员会 07.0250

1972年11月16日，联合国教科文组织大会第17届会议在巴黎通过了《保护世界文化和自然遗产公约》。根据该公约，设立了世界遗产委员会(World Heritage Committee)和世界遗产基金(World Heritage Fund)。世界遗产委员会的宗旨在于促进各国和各国人民之间的合作，为合理保护和恢复全人类共同的遗产做出积极的贡献。

联合国教科文组织世界遗产委员会是政府间组织，负责《保护世界文化和自然遗产公约》的实施。委员会每年召开一次会议，主要决定哪些遗产可以列入《世界遗产名录》，对已列入名录的世界遗产的保护工作进行监督指导。委员会成员每届任期六年，每两年改选其中的三分之一。委员会内由七名成员构成世界遗产委员会主席团，主席团每年举行两次会议，筹备委员会的工作。

世界遗产委员会承担4项主要任务：

1．在挑选录入《世界遗产名录》的文化和自然遗产地时，负责对世界遗产的定义进行解释。在完成这项任务时，该委员会得到国际古迹遗址理事会(ICOMOS)和国际自然资源保护联盟(IUCN)的帮助；这两个组织仔细审查各缔约国对世界遗产的提名，并针对每一项提名写出评估报告。国际文物保护与修复研究中心(ICCROM)也对该委员会提出建议(例如文化遗产方面的培训和文物保护技术的建议)。

2．审查世界遗产保护状况报告。当遗产得不到恰当的处理和保护时，该委员会让缔约国采取特别性保护措施。

3．经过与有关缔约国协商，该委员会作出决定把濒危遗产列入《濒危世界遗产名录》。

4．管理世界遗产基金。对为保护遗产而申请援助的国家给予技术和财力援助。

世界遗产委员会还设立了“世界遗产基金”，规定资金来源包括：“缔约国义务捐款和自愿捐款”；“其他国家、联合国教科文组织、联合国系统其他组织、其他政府间组织、公共或私立机构或个人的捐款、赠款或遗赠”；“基本款项所得利息”；“募捐的资金和为本基金组织的活动所得收入”；“基金条例所认可的其他资金”。“对基金的捐款不得带有政治条件”，缔约国每两年定期向世界遗产基金纳款等。

联合国教科文组织还专门设置了世界遗产中心，又称为“公约执行秘书处”。该中心协助缔约国具体执行《保护世界文化和自然遗产公约》，对世界遗产委员会提出建议，执行世界遗产委员会的决定。

中国于1985年加入《保护世界文化和自然遗产公约》，成为缔约方。1999年10月29日，中国当选为世界自然与文化遗产委员会成员。

2003年10月，在《公约》缔约国第14届大会上，章新胜代表中国当选为世界遗产委员会主席。第28届世界遗产大会于2004年6月28日在中国江苏省的苏州市召开，此次大会的口号是“保护世界遗产，促进共同发展”。章新胜又担任第28届世界遗产大会主席。

截至到2005年7月，全世界共有812处文化和自然遗产被列入《世界遗产名录》。迄今中国已有31处文化遗址和自然景观列入《世界遗产名录》，其中文化遗产22项，自然遗产4项，文化和自然双重遗产4项，文化景观1项，另有4项被列为世界人类口头和非物质遗产。

保护世界文化和自然遗产公约　07.0350

（联合国教育、科学及文化组织大会第十七届
会议于1972年11月16日在巴黎通过）

联合国教育、科学及文化组织大会于1972年10月17日至11月21日在巴黎举行的第十七届会议。

注意到文化遗产和自然遗产越来越受到破坏的威胁，一方面因年久腐变所致，同时变化中的社会和经济条件使情况恶化，造成更加难以对付的损害或破坏现象。

考虑到任何文化或自然遗产的坏变或丢失都有使全世界遗产枯竭的有害影响。

考虑到国家一级保护这类遗产的工作往往不很完善，原因在于这项工作需要大量手段而列为保护对象的财产的所在国却不具备充足的经济、科学和技术力量。

回顾本组织《组织法》规定，本组织将通过保存和维护世界遗产和建议有关国家订立必要的国际公约来维护、增进和传播知识。

考虑到现有关于文化和自然财产的国际公约、建议和决议表明，保护不论属于哪国人民的这类罕见且无法替代的财产，对全世界人民都很重要。

考虑到部分文化或自然遗产具有突出的重要性，因而需作为全人类世界遗产的一部分加以保护。

考虑到鉴于威胁这类遗产的新危险的规模和严重性，整个国际社会有责任通过提供集体性援助来参与保护具有突出的普遍价值的文化和自然遗产；这种援助尽管不能代替有关国家采取的行动，但将成为它的有效补充。

考虑到为此有必要通过采用公约形式的新规定，以便为集体保护具有突出的普遍价值的文化和自然遗产建立一个根据现代科学方法制定的永久性的有效制度。

在大会第十六届会议上，曾决定应就此问题制订一项国际公约。

于1972年11月16日通过本公约。

一、文化和自然遗产的定义

第一条　在本公约中，以下各项为“文化遗产”：

文物：从历史、艺术或科学角度看具有突出的普遍价值的建筑物、碑雕和碑画、具有考古性质成分或结构、铭文、窟洞以及联合体；

建筑群：从历史、艺术或科学角度看，在建筑式样、分布均匀或与环境景色结合方面，具有突出的普遍价值的单立或连接的建筑群；

遗址：从历史、审美、人种学或人类学角度看具有突出的普遍价值的人类工程或自然与人联合工程以及考古地址等地方。

第二条　在本公约中，以下各项为“自然遗产”：

从审美或科学角度看具有突出的普遍价值的由物质和生物结构或这类结构群组成的自然面貌；

从科学或保护角度看具有突出的普遍价值的地质和自然地理结构以及明确划为受威胁的动物和植物生境区；

从科学、保护或自然美角度看具有突出的普遍价值的天然名胜或明确划分的自然区域。

第三条　本公约缔约国均可自行确定和划分上面第一条和第二条中提及的、本国领土内的文化和自然财产。

二、文化和自然遗产的国家保护和国际保护

第四条 本公约缔约国均承认，保证第一条和第二条中提及的、本国领土内的文化和自然遗产的确定、保护、保存、展出和遗传后代，主要是有关国家的责任。

该国将为此目的竭尽全力，最大限度地利用本国资源，必要时利用所能获得的国际援助和合作，特别是财政、艺术、科学及技术方面的援助和合作。

第五条 为保证、保护、保存和展出本国领土内的文化和自然遗产采取积极有效的措施，本公约各缔约国应视本国具体情况尽力做到以下几点：

1. 通过一项旨在使文化和自然遗产在社会生活中起一定作用并把遗产保护工作纳入全面规划计划的总政策；
2. 如本国内尚未建立负责文化和自然遗产的保护、保存和展出的机构，则建立一个或几个此类机构，配备适当的工作人员和为履行其职能所需的手段；
3. 发展科学和技术研究，并制订出能够抵抗威胁本国文化或自然遗产的危险的实际方法；
4. 采取为确定、保护、保存、展出和恢复这类遗产所需的适当的法律、科学、技术、行政和财政措施；
5. 促进建立或发展有关保护、保存和展出文化和自然遗产的国家或地区培训中心，并鼓励这方面的科学研究。

第六条

1. 本公约缔约国，在充分尊重第一条和第二条中提及的文化和自然遗产的所在国的主权，并不使国家立法规定的财产权受到损害的同时，承认这类遗产是世界遗产的一部分，因此，整个国际社会有责任合作予以保护。
2. 缔约国根据本公约的规定，应有关国家的要求，帮助该国确定、保护、保存和展出第十一条第二和四段中提及的文化和自然遗产。
3. 本公约各缔约国不得故意采取任何可能直接或间接损害本公约其他缔约国领土内的、第一条和第二条中提及的文化和自然遗产的措施。

第七条 在本公约中，世界文化和自然遗产的国际保护应被理解为建立一个旨在支持本公约缔约国保存和确定这类遗产的努力的国际合作和援助系统。

三、保护世界文化和自然遗产政府间委员会

第八条

1. 在联合国教育、科学及文化组织内，现建立一个保护具有突出的普遍价值的文化和自然遗产政府间委员会，称为“世界遗产委员会”。委员会由联合国教育、科学及文化组织大会常会期间召集的本公约缔约国大会选出的15个缔约国组成。委员会成员国的数目将在至少40个缔约国实施本公约之后的大会常会之日起增至21个。
2. 委员会委员的选举须保证均衡地代表世界的不同地区和不同文化。
3. 国际文物保护与修复研究中心（罗马中心）的一名代表、国际古迹遗址理事会的一名代表以及国际自然及自然资源保护联盟的一名代表可以咨询者身份出席委员会的会议，此外，应联合国教育、科学及文化组织大会常会期间举行大会的本公约缔约国提出的要求，其他具有类似目标的政府间或非政府组织的代表亦可以咨询者身份出席委员会的会议。

第九条

1. 世界遗产委员会成员国的任期自当选之应届大会常会结束时起至应届大会后第三次常会闭幕时止。
2. 但是，第一次选举时指定的委员中，有三分之一的委员的任期应于当选之应届大会后第一次常会闭幕

时截止；同时指定的委员中，另有三分之一的委员的任期应于当选之应届大会后第二次常会闭幕时截止。这些委员由联合国教育、科学及文化组织大会主席的第一次选举后抽签决定。

3．委员会成员国应选派在文化或自然遗产方面有资历的人员担任代表。

第十条

1．世界遗产委员会应通过其议事规则。

2．委员会可随时邀请公共或私立组织或个人参加其会议，以就具体问题进行磋商。

3．委员会可设立它认为为履行其职能所需的咨询机构。

第十一条

1．本公约各缔约国应尽力向世界遗产委员会递交一份关于本国领土内适于列入本条第二段所述《世界遗产目录》的、组成文化和自然遗产的财产的清单。这份清单不应当看作是齐全的，它应包括有关财产的所在地及其意义的文献资料。

2．根据缔约国按照第一段规定递交的清单，委员会应制订、更新和出版一份《世界遗产目录》，其中所列的均为本公约第一条和第二条确定的文化遗产和自然遗产的组成部分，也是委员会按照自己制订的标准认为是具有突出的普遍价值的财产。一份最新目录应至少每两年分发一次。

3．把一项财产列入《世界遗产目录》需征得有关国家同意。当几个国家对某一领土的主权或管辖权均提出要求时，将该领土内的一项财产列入《目录》，不得损害争端各方的权利。

4．委员会应在必要时制订、更新和出版一份《处于危险的世界遗产目录》，其中所列财产均为载于《世界遗产目录》之中、需要采取重大活动加以保护并为根据本公约要求给予援助的财产。《处于危险的世界遗产目录》应载有这类活动的费用概算，并只可包括文化和自然遗产中受到下述严惩的特殊危险威胁的财产，这些危险是：蜕变加剧、大规模公共或私人工程、城市或旅游业迅速发展计划造成的消失威胁；土地的使用变动或易主造成的破坏；未知原因造成的重大变化；随意摈弃；武装冲突的爆发或威胁；灾害和灾变；严重火灾、地震、山崩；火山爆发；水位变动；洪水和海啸等。委员会在紧急需要时可随时在《处于危险的世界遗产目录》中增列新的条目并立即予以发表。

5．委员会应确定属于文化或自然遗产的财产可被列入本条第二和四段中提及的目录所依据的标准。

6．委员会在拒绝一项要求列入本文第二和四段中提及的目录之一的申请之前，应与有关文化或自然财产所在缔约国磋商。

7．委员会经与有关国家商定，应协调和鼓励为拟订本条第二和四段中提及的目录所需进行的研究。

第十二条 未被列入第十一条第二和四段提及的两个目录的属于文化或自然遗产的财产，决非意味着在列入这些目录的目的之外的其他领域不具有突出的普遍价值。

第十三条

1．世界遗产委员会应接收并研究本公约缔约国就已经列入或可能适于列入第十一条第二和四段中提及的目录的本国领土内成为文化或自然遗产的财产要求国际援助而递交的申请。这种申请的目的可能是保证这类财产得到保护、保存、展出或恢复。

2．本条第一条中提及的国际援助申请还可能涉及鉴定哪些财产属于第一和二条所确定的文化或自然遗产，当初步调查表明此项调查值得进行下去。

3．委员会应就对这些申请所需采取的行动作出决定，必要时应确定其援助的性质和程度，并授权以它的名义与有关政府作出必要的安排。

4．委员会应制订其活动的优先顺序并在进行这项工作时考虑到需予保护的财产对世界文化和自然遗产各具的重要性、对最能代表一种自然环境或世界各国人民的才华和历史的财产给予国际援助的必要性、所需开展工作的迫切性、拥有受到威胁的财产的国家现有的资源、特别是这些国家利用本国资源保护这类财产的能力大小。

5．委员会应制订、更新和发表已给予国际援助的财产目录。

6.委员会应就本公约第十五条下设立的基金的资金使用问题作出决定。委员会应设法增加这类资金，并为此目的采取一切有益的措施。

7.委员会应与拥有与本公约目标相似的目标的国际和国家级政府组织和非政府组织使用。委员会为实施其计划和项目，可约请这类组织，特别是国际文物保护与修复研究中心（罗马中心）、国际古迹遗址理事会和国际自然及自然资源保护联盟并可约请公共和私立机构及个人。

8.委员会的决定应经出席及参加表决的委员的三分之二多数通过。委员会委员的多数构成法定人数。

第十四条

1.世界遗产委员会应由联合国教育、科学及文化组织总干事任命组成的一个秘书处协助工作。

2.联合国教育、科学及文化组织总干事应尽可能充分利用国际文物保护与修复研究中心（罗马中心）、国际古迹遗址理事会和国际自然及自然资源保护联盟在各自职权范围内提供的服务，以为委员会准备文件资料，制订委员会会议议程，并负责执行委员会的决定。

四、保护世界文化和自然遗产基金

第十五条

1.现设立一项保护具有突出的普遍价值的世界文化和自然遗产基金，称为“世界遗产基金”。

2.根据联合国教育、科学及文化组织《财务条例》的规定，此项基金应构成一项信托基金。

3.基金的资金来源应包括：

(1)本公约缔约国义务捐款和自愿捐款；

(2)下列方面可能提供的捐款、赠款或遗赠：

1)其他国家；

2)下列方面可能提供的捐款、赠款或遗赠：

①其他国家；

②联合国教育、科学及文化组织、联合国系统的其他组织（特别是联合国开发计划署）或其他政府间组织；

③公共或私立机构或个人；

3)基金款项所得利息；

4)募捐的资金和为本基金组织的活动的所得收入；

5)世界遗产委员会拟订的基金条例所认可的所有其他资金。

4.对基金的捐款和向委员会提供的其他形式的援助只能用于委员会限定的目的。委员会可接受仅用于某个计划或项目的捐款，但以委员会业已决定实施该计划或项目为条件。对基金的捐款不得带有政治条件。

第十六条

1.在不影响任何自愿补充捐款的情况下，本公约缔约国每两年定期向世界遗产基金纳款，本公约缔约国大会应在联合国教育、科学及文化组织大会届会期间开会确定适用于所有缔约国的一个统一的纳款额百分比，缔约国大会关于此问题的决定，需由未作本条第二段中所述声明的、出席及参加表决的缔约国的多数通过。本公约缔约国的义务纳款在任何情况下都不得超过对联合国教育、科学及文化组织正常预算纳款的百分之一。

2.然而，本公约第三十一条或第三十二条中提及的国家均可在交存批准书、接受书或加入书时声明不受本条第一段规定的约束。

3.已作本条第二段中所述声明的本公约缔约国可随时通过通知联合国教育、科学及文化组织总干事收回所作声明。然而，收回声明之举在紧接的一届本公约缔约国大会之日以前不得影响该国的义务纳款。

4.为使委员会得以有效地规划其活动，已作本条第二段中所述声明的本公约缔约国应至少每两年定期纳

款，纳款不得少于它们如受本条第一段规定约束所须交纳的款额。

5．凡拖延交付当年和前一日历年的义务纳款或自愿捐款的本公约缔约国不能当选为世界遗产委员会成员，但此项规定不适用于第一次选举。属于上述情况但已当选委员会成员的缔约国的任期应在本公约第八条第一段规定的选举之时截止。

第十七条 本公约缔约国应考虑或鼓励设立旨在为保护本公约第一和二条中所确定的文化和自然遗产募捐的国家、公共及私立基金会或协会。

第十八条 本公约缔约国应对在联合国教育、科学及文化组织赞助下为世界遗产基金所组织的国际募款运动给予援助。它们应为第十五条第三段中提及的机构为此目的所进行的募款活动提供便利。

五、国际援助的条件和安排

第十九条 凡本公约缔约国均可要求对本国领土内组成具有突出的普遍价值的文化或自然遗产之财产给予国际援助。它在递交申请时还应按照第二十一条规定所拥有的有助于委员会作出决定的文件资料。

第二十条 除第十三条第二段、第二十二条(3)分段和第二十三条所述情况外，本公约规定提供的国际援助仅限于世界遗产委员会业已决定或可能决定列入第十一条第二和四段中所述目录的文化和自然遗产的财产。

第二十一条

1．世界遗产委员会应制订对向它提交的国际援助申请的审议程序，并应确定申请应包括的内容，即打算开展的活动、必要的工程、工程的预计费用和紧急程度以及申请国的资源不能满足所有开支的原因所在。这类申请须尽可能附有专家报告。

2．对因遭受灾难或自然灾害而提出的申请，由于可能需要开展紧急工作，委员会应立即给予优先审议，委员会应掌握一笔应急储备金。

3．委员会在作出决定之前，应进行它认为必要的研究和磋商。

第二十二条 世界遗产委员会提供的援助可采取下述形式：

1．研究在保护、保存、展出和恢复本公约第十一条第二和四段所确定的文化和自然遗产方面所产生的艺术、科学和技术性问题；

2．提供专家、技术人员和熟练工人，以保证正确地进行已批准的工作；

3．在各级培训文化和自然遗产的鉴定、保护、保存、展出和恢复方面的工作人员和专家；

4．提供有关国家不具备或无法获得的设备；

5．提供可长期偿还的低息或无息贷款；

6．在例外和特殊情况下提供无偿补助金。

第二十三条 世界遗产委员会还可向培训文化和自然遗产的鉴定、保护、保存、展出和恢复方面的各级工作人员和专家的国家或地区中心提供国际援助。

第二十四条 在提供大规模的国际援助之前，应先进行周密的科学、经济和技术研究。这些研究应考虑采用保护、保存、展出和恢复自然和文化遗产方面最先进的技术，并应与本公约的目标相一致。这些研究还应探讨合理利用有关国家现有资源的手段。

第二十五条 原则上，国际社会只担负必要工程的部分费用。除非本国资源不许可，受益于国际援助的国家承担的费用应构成用于各项计划或项目的奖金的主要份额。

第二十六条 世界遗产委员会和受援国应在他们签订的协定中确定享有根据本公约规定提供的国际援助的计划或项目的实施条件。应由接受这类国际援助的国家负责按照协定制订的条件对如此卫护的财产继续加以保护、保存和展出。

六、教育计划

第二十七条

1．本公约缔约国应通过一切适当手段，特别是教育和宣传计划，努力增强本国人民对本公约第一和二条中确定的文化和自然遗产的赞赏和尊重。

2．缔约国应使公众广泛了解对这类遗产造成威胁的危险和根据本公约进行的活动。

第二十八条 接受根据本公约提供的国际援助的缔约国应采取适当措施，使人们了解接受援助的财产的重要性和国际援助所发挥的作用。

七、报告

第二十九条

1．本公约缔约国在按照联合国教育、科学及文化组织大会确定的日期和方式向该组织大会递交的报告中，应提供有关它们为实行本公约所通过的法律和行政规定和采取的其他行动的情况，并详述在这方面获得的经验。

2．应提请世界遗产委员会注意这些报告。

3．委员会应在联合国教育、科学及文化组织大会的每届常会上递交一份关于其活动的报告。

八、最后条款

第三十条 本公约以阿拉伯文、英文、法文、俄文和西班牙文拟订，五种文本同一标准。

第三十一条

1．本公约应由联合国教育、科学及文化组织会员国根据各自的宪法程序予以批准或接受。

2．批准书或接受书应交存联合国教育、科学及文化组织总干事。

第三十二条

1．所有非联合国教育、科学及文化组织会员的国家，经该组织大会邀请均可加入本公约。

2．向联合国教育、科学及文化组织总干事交存一份加入书后，加入方才有效。

第三十三条 本公约须在第二十份批准书、接受书或加入书交存之日的三个月之后生效，但这仅涉及在该日或之前交存各自批准书、接受书或加入书的国家。就任何其他国家而言，本公约应在这些国家交存其批准书、接受书或加入书的三个月之后生效。

第三十四条 下述规定须应用于拥有联邦制或非单一立宪制的本公约缔约国：

1．关于在联邦或中央立法机构的法律管辖下实施的本公约规定，联邦或中央政府的义务应与非联邦国家的缔约国的义务相同；

2．关于在无须按照联邦立宪制采取立法措施的联邦各个国家、地区、省或州法律管辖下实施的本公约规定，联邦政府应将这些规定连同其关于予以通过的建议一并通告各个国家、地区、省或州的主管当局。

第三十五条

1．本公约缔约国均可通告废除本公约。

2．废约通告应以一份书面文件交存联合国教育、科学及文化组织的总干事。

3．公约的废除应在接到废约通告书一年后生效，废约在生效日之前不得影响退约国承担的财政义务。

第三十六条 联合国教育、科学及文化组织总干事应将第三十和三十二条规定交存的所有批准书、接受书或加入书和第三十五条规定的废约等事通告本组织会员国、第三十二条中提及的非本组织会员的国家

以及联合国。

第三十七条

1. 本公约可由联合国教育、科学及文化组织的大会修订。但任何修订只对将成为修订的公约缔约国具有约束力。

2. 如大会通过一项全部或部分修订本公约的新公约，除非新公约另有规定，本公约应从新的修订公约生效之日起停止批准、接受或加入。

第三十八条 按照《联合国宪章》第一百零二条，本公约须应联合国教育、科学及文化组织总干事的要求在联合国秘书处登记。

1972 年 11 月 23 日订于巴黎，两个正式文本均有大会第十七届会议主席和联合国教育、科学及文化组织总干事的签字，由联合国教育、科学及文化组织存档，并将验明无误之副本发送第三十一条和第三十二条述之所有国家以及联合国。

前文系联合国教育、科学及文化组织大会在巴黎举行的，于 1972 年 11 月 21 日宣布闭幕的第十七届会议通过的《公约》正式文本。

1972 年 11 月 23 日签字，以昭信守。

世界遗产的识别和申报程序 07.0450

根据联合国教科文组织文件，世界遗产的识别和申报须遵循 9 大步骤：

1. 一个国家通过签署《保护世界文化和自然遗产公约》和保证保护该国的文化和自然遗产而成为缔约国。

2. 任何缔约国要把本土如上具有突出普遍价值的文化和自然遗产列出一个预备名单。

3. 然后从预备名单中筛选要列入《世界遗产名录》的遗产。

4. 把填写好的提名表格寄给联合国教科文组织世界遗产中心。

5. 联合国教科文组织世界遗产中心检查提名是否安全，并送交国际自然与自然资源保护联盟（IUCN）和／或国际古迹遗址理事会（ICOMOS）评审。

6. 专家到现场评估遗产的保护和管理情况。按照文化与自然遗产的标准，国际自然与自然资源保护联盟（IUCN）和／或国际古迹遗址理事会（ICOMOS）对上交的提名进行评审。

7. 国际自然与自然资源保护联盟（IUCN）和／或国际古迹遗址理事会（ICOMOS）做出评估报告。

8. 世界遗产委员会主席团的 7 名成员审查提名评估报告，并向委员会做出推荐。

9. 由 21 名成员组成的世界遗产委员会最终做出录入、推迟录入或淘汰的决定。

世界遗产名录　07.0550

（一）亚洲、大洋洲

中国（31 项）（略）

阿富汗（2 项）
2 项文化遗产。
贾姆的尖塔和考古遗址（c，2002 年）
巴米扬山谷的文化景观和考古遗址（c，2003 年）

亚美尼亚（3 项）
3 项文化遗产。
哈格帕特修道院与萨那欣修道院（c，1996 年，2000 年）
埃奇米阿津教堂与兹瓦尔特诺茨考古遗址（c，2000 年）
格加尔德修道院与上阿扎特山谷（c，2000 年）

澳大利亚（16 项）
1 项文化遗产，11 项自然遗产，4 项双重遗产。
卡卡杜国家公园（nc，1981 年，1987 年，1992 年）
大堡礁（n，1981 年）
威兰德拉湖区（nc，1981 年）
塔斯马尼亚荒原（nc，1982 年，1989 年）
豪勋爵群岛（n，1982 年）
澳大利亚东部雨林保护区（n，1986 年，1994 年）
乌卢鲁—卡塔楚塔国家公园（nc，1987 年，1994 年）
昆士兰的热带雨林（n，1988 年）
西澳大利亚的沙克湾（n，1991 年）
弗雷泽岛（n，1992 年）
澳大利亚哺乳动物化石遗址（n，1994 年）
赫德岛和麦克唐纳群岛（n，1997 年）
麦夸里岛（n，1997 年）
大蓝山地区（n，2000 年）
波奴鲁鲁国家公园（n，2003 年）
皇家展览馆和卡尔顿园林（c，2004 年）

阿塞拜疆（1 项）
1 项文化遗产。
巴库古城及城内的希尔凡王宫和少女塔（c，2000 年）

巴林（1 项）
1 项文化遗产。
巴林贸易港考古遗址（c，2005 年）

孟加拉国（3 项）

2 项文化遗产，1 项自然遗产。

巴凯尔哈德的古清真寺之城（c,1985 年）
巴哈尔布尔的佛教寺院遗迹（c,1985 年）
孙德尔本斯（n,1997 年）

柬埔寨（1 项）

1 项文化遗产。

吴哥古迹（c,1992 年）

塞浦路斯（3 项）

3 项文化遗产。

帕福斯（c,1980 年）
特罗多斯地区的彩绘教堂（c,1985 年，2001 年）
乔伊鲁科蒂亚（c,1998 年）

朝鲜（1 项）

1 项文化遗产。

高句丽墓葬群（c,2004 年）

格鲁吉亚（3 项）

3 项文化遗产。

姆茨赫塔古城（c,1994 年）
巴格拉特大教堂和格拉特修道院（c,1994 年）
上斯瓦涅季（c,1996 年）

印度（26 项）

21 项文化遗产，5 项自然遗产。

阿旃陀石窟（c,1983 年）
埃洛拉石窟（c,1983 年）
阿格拉古堡（c,1983 年）
泰姬陵（c,1983 年）
戈纳勒格的太阳神庙（c,1984 年）
默哈伯利布勒姆古迹群（c,1984 年）
加济兰加国家公园（n,1985 年）
马纳斯野生生物保护区（n,1985 年）
凯奥拉德奥国家公园（n,1985 年）
果阿的教堂和修道院（c,1986 年）
克久拉霍古迹群（c,1986 年）
亨比古迹群（c,1986 年）
法塔赫布尔西格里（c,1986 年）
帕塔达卡尔古迹群（c,1987 年）
埃勒凡塔石窟（c,1987 年）
朱罗王朝现存的神庙（c,1987 年，2004 年）：坦贾武尔的布里哈迪斯瓦拉神庙（1987 年）—康凯康达秋里斯瓦拉姆神庙、达拉苏拉姆的艾拉瓦德斯瓦拉神庙（2004 年）
孙德尔本斯国家公园（n,1987 年）
楠达德维山国家公园和花谷国家公园（n,1988 年，2005 年）：楠达德维山国

家公园（1988 年）—花谷国家公园（2005 年）
桑吉的佛教古迹（c，1989 年）
德里的胡马雍陵（c，1993 年）
德里的顾特卜塔及其周围建筑（c，1993 年）
印度的山地铁路（c，1999 年，2005 年）：大吉岭喜马拉雅铁路（1999 年）—尼尔吉里山铁路（2005 年）
菩提伽耶的摩诃菩提寺（c，2002 年）
比莫贝卡特岩洞（c，2003 年）
尚庞—巴瓦加德考古公园（c，2004 年）
贾特拉帕蒂·希瓦吉终点站（c，2004 年）

印度尼西亚（7 项）
3 项文化遗产，4 项自然遗产。

婆罗浮屠寺庙群（c，1991 年）
乌戎库隆国家公园（n，1991 年）
科莫多国家公园（n，1991 年）
巴兰班南寺庙群（c，1991 年）
桑吉兰早期人类遗址（c，1996 年）
洛伦茨国家公园（n，1999 年）
苏门答腊热带雨林（n，2004 年）

伊朗（7 项）
7 项文化遗产。

乔加赞比尔（c，1979 年）
波斯波利斯（c，1979 年）
伊斯法罕的伊玛目广场（c，1979 年）
塔赫特苏莱曼（c，2003 年）
帕萨尔加德（c，2004 年）
巴姆古城和文化景观（c，2004 年）
苏丹尼耶（c，2005 年）

伊拉克（2 项）
2 项文化遗产。

哈特拉（c，1985 年）
亚述古城（c，2003 年）

以色列（5 项）
5 项文化遗产。

马萨达（c，2001 年）
阿卡古城（c，2001 年）
特拉维夫白城（c，2003 年）
米吉多、夏琐和贝尔谢巴的圣经古迹（c，2005 年）
香料之路——内盖夫沙漠中的城市（c，2005 年）

日本（13 项）
10 项文化遗产，3 项自然遗产。

法隆寺地区的佛教建筑（c，1993 年）

姬路城（c,1993 年）
屋久岛（n,1993 年）
白神山地（n,1993 年）
古京都的历史遗迹（京都、宇治和大津）（c,1994 年）
白川乡和五箇山的历史村落（c,1995 年）
广岛和平纪念碑（原子弹爆炸圆顶屋）（c,1996 年）
严岛神社（c,1996 年）
古奈良的历史遗迹（c,1998 年）
日光的神社与寺庙（c,1999 年）
琉球王国的王城遗址及相关遗迹（c,2000 年）
纪伊山地的圣地和朝圣路线（c,2004 年）
知床半岛（n,2005 年）

耶路撒冷（1 项）
1 项文化遗产。

耶路撒冷古城及其城墙（c,1981 年）

注：（由约旦申报）

约旦（3 项）
3 项文化遗产。

佩特拉（c,1985 年）
库塞尔阿姆拉（c,1985 年）
乌姆赖萨斯（c,2004 年）

哈萨克斯坦（2 项）
2 项文化遗产。

霍贾・艾哈迈德・亚萨维的陵墓（c,2003 年）
泰姆格里考古景观的岩刻（c,2004 年）

老挝（2 项）
2 项文化遗产。

琅勃拉邦古城（c,1995 年）
占巴塞文化景观区（c,2001 年）

黎巴嫩（5 项）
5 项文化遗产。

安杰尔（c,1984 年）
巴勒贝克（c,1984 年）
比布鲁斯（c,1984 年）
提尔（c,1984 年）
圣谷和神杉林（c,1998 年）

马来西亚（2 项）
2 项自然遗产。

基纳巴卢公园（n,2000 年）
穆鲁山国家公园（n,2000 年）

蒙古（2 项）
1 项文化遗产，1 项自然遗产（其中 1 项与俄罗斯共有）。

乌布苏盆地（n，2003 年）（与俄罗斯共有）
鄂尔浑峡谷文化景观（c，2004 年）

尼泊尔（4 项）

2 项文化遗产，2 项自然遗产。

萨加玛塔国家公园（n，1979 年）
加德满都谷地（c，1979 年）
皇家奇特旺国家公园（n，1984 年）
佛祖诞生地蓝毗尼（c，1997 年）

新西兰（3 项）

2 项自然遗产，1 项双重遗产。

汤加里罗国家公园（nc，1990 年，1993 年）
新西兰西南部的蒂瓦希普纳穆（n，1990 年）
新西兰的次南极群岛（n，1998 年）

阿曼（4 项）

3 项文化遗产，1 项自然遗产。

拜赫莱要塞（c，1987 年）
巴特、胡特姆和艾因的考古遗址（c，1988 年）
阿拉伯大羚羊保护区（n，1994 年）
乳香之路（c，2000 年）

巴基斯坦（6 项）

6 项文化遗产。

摩亨佐达罗的考古遗迹（c，1980 年）
塔克西拉（c，1980 年）
塔赫特巴希的佛教遗迹和邻近的萨尔巴赫洛古城遗址（c，1980 年）
特达的历史遗迹（c，1981 年）
拉合尔的古堡和夏利马尔花园（c，1981 年）
罗赫达斯古堡（c，1997 年）

菲律宾（5 项）

3 项文化遗产，2 项自然遗产。

图巴塔哈群礁海洋公园（n，1993 年）
菲律宾的巴洛克教堂（c，1993 年）
菲律宾科迪勒拉山的水稻梯田（c，1995 年）
维甘古城（c，1999 年）
普林塞萨港地下河国家公园（n，1999 年）

韩国（7 项）

7 项文化遗产。

石窟庵与佛国寺（c，1995 年）
海印寺及八万大藏经藏经处（c，1995 年）
宗庙（c，1995 年）
昌德宫建筑群（c，1997 年）
水原华城（c，1997 年）
庆州历史区（c，2000 年）

高敞、和顺和江华的古墓遗址（c,2000 年）

所罗门群岛（1 项）

1 项自然遗产。

东伦内尔岛（n,1998 年）

斯里兰卡（7 项）

6 项文化遗产，1 项自然遗产。

阿努拉德普勒圣城（c,1982 年）
波隆纳鲁沃古城（c,1982 年）
锡吉里耶古城（c,1982 年）
辛哈拉贾森林保护区（n,1988 年）
康提圣城（c,1988 年）
加勒古城及其城堡（c,1988 年）
丹布勒金寺（c,1991 年）

叙利亚（4 项）

4 项文化遗产。

大马士革古城（c,1979 年）
布斯拉古城（c,1980 年）
巴尔米拉遗址（c,1980 年）
阿勒颇古城（c,1986 年）

泰国（5 项）

3 项文化遗产，2 项自然遗产。

素可泰古城和邻近古城镇（c,1991 年）
大城古城和邻近古城镇（c,1991 年）
通艾—会卡肯野生生物保护区（n,1991 年）
班清考古遗址（c,1992 年）
栋巴耶延山—考爱山森林保护区（n,2005 年）

土耳其（9 项）

7 项文化遗产，2 项双重遗产。

伊斯坦布尔历史区（c,1985 年）
格雷梅国家公园和卡帕多西亚石窟遗址（nc,1985 年）
迪夫里伊的大清真寺和医院（c,1985 年）
哈图沙什（c,1986 年）
内姆鲁特达格（c,1987 年）
桑索斯—莱顿（c,1988 年）
赫拉波利斯—帕穆克卡莱（nc,1988 年）
萨夫兰博卢城（c,1994 年）
特洛伊考古遗址（c,1998 年）

土库曼斯坦（2 项）

2 项文化遗产。

梅尔夫国家历史文化公园（c,1999 年）
库尼亚—乌尔根奇（c,2005 年）

乌兹别克斯坦（4 项）

4 项文化遗产。

伊钱卡拉（c,1990 年）
布哈拉历史中心（c,1993 年）
沙赫里萨布兹历史中心（c,2000 年）
撒马尔罕—文化交汇之地（c,2001 年）

越南（5 项）
3 项文化遗产，2 项自然遗产。

顺化历史建筑群（c,1993 年）
下龙湾（n,1994 年，2000 年）
会安古城（c,1999 年）
美山圣地（c,1999 年）
丰芽—格邦国家公园（n,2003 年）

也门（3 项）
3 项文化遗产。

希巴姆古城（c,1982 年）
萨那古城（c,1986 年）
宰比德古城（c,1993 年）

（二）欧洲

阿尔巴尼亚（2 项）
2 项文化遗产。

布特林特（c,1992 年，1999 年）
吉诺卡斯特古城（c,2005 年）

安道尔（1 项）
1 项文化遗产。

马德留—佩拉菲塔—克拉罗尔谷（c,2004 年）

奥地利（8 项）
8 项文化遗产（其中 1 项与匈牙利共有）。

萨尔茨堡城历史中心（c,1996 年）
申布伦宫殿和花园（c,1996 年）
萨尔茨卡默古特的哈尔施塔特—达赫施泰因文化景观（c,1997 年）
塞默灵铁路（c,1998 年）
格拉茨城历史中心（c,1999 年）
瓦豪文化景观（c,2000 年）
维也纳历史中心（c,2001 年）
费尔特湖／新锡德尔湖文化景观（c,2001 年）（与匈牙利共有）

白俄罗斯（4 项）
3 项文化遗产，1 项自然遗产（其中 1 项与波兰共有，1 项与爱沙尼亚、芬兰、拉脱维亚、立陶宛、挪威、摩尔多瓦、俄罗斯、瑞典、乌克兰共有）。

别洛韦日自然保护区／比亚沃韦扎森林（n,1979 年，1992 年）：波兰的比亚沃韦扎森林（1979 年）—白俄罗斯的别洛韦日自然保护区（1992 年）（与波兰共有）

米尔城堡建筑群（c，2000年）
斯特鲁维地质测量地点（c，2005年）（与爱沙尼亚、芬兰、拉脱维亚、立陶宛、挪威、摩尔多瓦、俄罗斯、瑞典、乌克兰共有）
涅斯维日的拉济维乌家族城堡建筑群（c，2005年）

比利时（9项）
9项文化遗产（其中1项与法国共有）。
佛兰德地区的贝居安女修会建筑（c，1998年）
拉卢维耶尔和勒勒的中央运河上的四座水力升降机及其周边设施（埃诺）（c，1998年）
布鲁塞尔大广场（c，1998年）
比利时和法国的钟楼（c，1999年，2005年）：比利时佛兰德地区和瓦隆地区的钟楼（共30处）（1999年）—法国北部的钟楼（共23处）、比利时让布卢的钟楼（2005年）（与法国共有）
建筑师维克多·奥尔塔设计的主要城市建筑（布鲁塞尔）（c，2000年）
斯皮耶纳的新石器时代燧石矿（蒙斯）（c，2000年）
图尔奈的圣母大教堂（c，2000年）
布鲁日历史中心（c，2000年）
普朗坦—莫雷图斯印刷博物馆（c，2005年）

波黑（1项）
1项文化遗产。
莫斯塔尔古城的古桥地区（c，2005年）

保加利亚（9项）
7项文化遗产，2项自然遗产。
博亚纳教堂（c，1979年）
马达拉骑士浮雕（c，1979年）
卡赞勒克的色雷斯古墓（c，1979年）
伊万诺沃的岩洞教堂（c，1979年）
里拉修道院（c，1983年）
内塞伯尔古城（c，1983年）
斯雷伯尔纳自然保护区（n，1983年）
皮林国家公园（n，1983年）
斯韦什塔里的色雷斯古墓（c，1985年）

克罗地亚（6项）
5项文化遗产，1项自然遗产。
杜布罗夫尼克古城（c，1979年，1994年）
斯普利特古建筑群和戴克里先宫（c，1979年）
普利特维采湖群国家公园（n，1979年，2000年）
波雷奇历史中心的尤弗拉西安教堂宗教建筑群（c，1997年）
特罗吉尔古城（c，1997年）
希贝尼克的圣詹姆斯大教堂（c，2000年）

捷克（12项）
12项文化遗产。
布拉格历史中心（c，1992年）

捷克克鲁姆洛夫历史中心（c，1992 年）
泰尔奇历史中心（c，1992 年）
泽莱纳霍拉的内波穆克圣约翰朝圣教堂（c，1994 年）
库特纳霍拉：历史城区及圣巴巴拉教堂和塞德莱茨的圣母大教堂（c，1995 年）
莱德尼采—瓦尔季采文化景观（c，1996 年）
克罗梅日什的花园和城堡（c，1998 年）
霍拉索维采历史村落保护区（c，1998 年）
利托米什尔城堡（c，1999 年）
奥洛莫乌茨的三位一体圣柱（c，2000 年）
布尔诺的图根哈特别墅（c，2001 年）
特热比奇的犹太社区和圣普罗科皮乌斯大教堂（c，2003 年）

丹麦（4 项）

3 项文化遗产，1 项自然遗产。

耶灵墓地、古北欧石刻和教堂（c，1994 年）
罗斯基勒大教堂（c，1995 年）
克伦堡宫（c，2000 年）
伊卢利萨特冰湾（n，2004 年）（位于属地格陵兰）

爱沙尼亚（2 项）

2 项文化遗产（其中 1 项与白俄罗斯、芬兰、拉脱维亚、立陶宛、挪威、摩尔多瓦、俄罗斯、瑞典、乌克兰共有）。

塔林古城历史中心（c，1997 年）
斯特鲁维地质测量地点（c，2005 年）（与白俄罗斯、芬兰、拉脱维亚、立陶宛、挪威、摩尔多瓦、俄罗斯、瑞典、乌克兰共有）

芬兰（6 项）

6 项文化遗产（其中 1 项与白俄罗斯、爱沙尼亚、拉脱维亚、立陶宛、挪威、摩尔多瓦、俄罗斯、瑞典、乌克兰共有）。

劳马古城（c，1991 年）
芬兰堡（c，1991 年）
佩泰耶韦西古教堂（c，1994 年）
韦尔拉磨木纸板厂（c，1996 年）
萨马拉赫登迈基的青铜时代墓地（c，1999 年）
斯特鲁维地质测量地点（c，2005 年）（与白俄罗斯、爱沙尼亚、拉脱维亚、立陶宛、挪威、摩尔多瓦、俄罗斯、瑞典、乌克兰共有）

法国（30 项）

28 项文化遗产，1 项自然遗产，1 项双重遗产（其中 1 项与西班牙共有，1 项与比利时共有）。

圣米歇尔山及其海湾（c，1979 年）
沙特尔大教堂（c，1979 年）
凡尔赛的宫殿和园林（c，1979 年）
韦兹莱的教堂和山丘（c，1979 年）
韦泽尔峡谷的岩洞群（c，1979 年）

枫丹白露的宫殿和园林（c，1981 年）
亚眠大教堂（c，1981 年）
奥朗日的古罗马剧院和凯旋门（c，1981 年）
阿尔勒的古罗马建筑和罗马式建筑（c，1981 年）
丰特奈的西多会修道院（c，1981 年）
阿尔克—塞南的皇家盐场（c，1982 年）
南锡的斯坦尼斯拉斯广场、卡里耶尔广场和阿利扬斯广场（c，1983 年）
加尔唐普河畔圣萨万的教堂（c，1983 年）
科西嘉的吉罗拉塔湾、波尔托湾、斯康多拉自然保护区和皮亚纳卡兰切斯（n，1983 年）
加尔桥（古罗马水槽）（c，1985 年）
斯特拉斯堡—大岛（c，1988 年）
巴黎的塞纳河畔（c，1991 年）
兰斯的圣母大教堂、圣雷米修道院和塔乌宫（c，1991 年）
布尔日大教堂（c，1992 年）
阿维尼翁历史中心（c，1995 年）
南运河（c，1996 年）
卡尔卡松设防城（c，1997 年）
比利牛斯山脉—珀杜山（nc，1997 年，1999 年）（与西班牙共有）
法国境内的通往圣地亚哥—德孔波斯特拉之路（c，1998 年）
里昂的历史古迹（c，1998 年）
圣艾米伦区（c，1999 年）
比利时和法国的钟楼（c，1999 年，2005 年）：比利时佛兰德地区和瓦隆地区的钟楼（共 30 处）（1999 年）—法国北部的钟楼（共 23 处）、比利时让布卢的钟楼（2005 年）（与比利时共有）
叙利到沙洛讷间的卢瓦尔河流域（c，2000 年）
普罗万中世纪集镇（c，2001 年）
奥古斯特 · 佩雷重建的勒阿弗尔城（c，2005 年）

德国（31 项）

30 项文化遗产，1 项自然遗产（其中 1 项与英国共有，1 项与波兰共有）。

亚琛大教堂（c，1978 年）
施派尔大教堂（c，1981 年）
维尔茨堡宫及宫廷花园和广场（c，1981 年）
维斯教堂（c，1983 年）
布吕尔的奥古斯图斯堡城堡和法尔肯卢斯特（c，1984 年）
希尔德斯海姆的圣玛丽亚大教堂和圣米夏埃尔教堂（c，1985 年）
特里尔的古罗马建筑、圣彼得大教堂和圣母教堂（c，1986 年）
汉萨同盟城市吕贝克（c，1987 年）
罗马帝国的边界（c，1987 年，2005 年）：英国的哈德良长城（1987 年）—德国境内的罗马帝国边境遗址（2005 年）（与英国共有）
波茨坦(无忧宫)和柏林的宫殿和公园（c，1990 年，1992 年，1999 年）
洛尔施的修道院和教堂（c，1991 年）

拉默尔斯贝格矿和戈斯拉尔古城（c，1992 年）
毛尔布龙修道院建筑群（c，1993 年）
班贝格城（c，1993 年）
奎德林堡的牧师会教堂、城堡和古城（c，1994 年）
弗尔克林根钢铁厂（c，1994 年）
梅塞尔坑化石遗址（n，1995 年）
科隆大教堂（c，1996 年）
魏玛和德绍的包豪斯遗址（c，1996 年）
艾斯莱本和维滕贝格的马丁·路德纪念地（c，1996 年）
古典魏玛（c，1998 年）
柏林的博物馆岛（c，1999 年）
瓦尔特城堡（c，1999 年）
德绍—沃利茨园林王国（c，2000 年）
修道院之岛赖谢瑙岛（c，2000 年）
埃森的关税同盟煤矿工业区（c，2001 年）
莱茵河中上游流域（c，2002 年）
施特拉尔松历史中心和维斯马历史中心（c，2002 年）
不来梅的市政厅和罗兰像（c，2004 年）
马斯科夫公园／马扎科夫斯基公园（c，2004 年）（与波兰共有）
德累斯顿易北河谷（c，2004 年）
上日耳曼—瑞特 古罗马城墙（c，2005 年）
福尔梅基尔斯培老城与岩泉（c，2005 年）

希腊（16 项）

14 项文化遗产，2 项双重遗产。

巴赛的阿波罗·伊壁鸠鲁神庙（c，1986 年）
德尔斐考古遗址（c，1987 年）
雅典卫城（c，1987 年）
圣山（nc，1988 年）
迈泰奥拉（nc，1988 年）
塞萨洛尼基的古基督教和拜占庭建筑（c，1988 年）
埃皮达鲁斯考古遗址（c，1988 年）
罗得中世纪古城（c，1988 年）
米斯特拉斯（c，1989 年）
奥林匹亚考古遗址（c，1989 年）
提洛岛（c，1990 年）
达夫尼修道院、俄西俄斯罗卡斯修道院和希俄斯的新修道院（c，1990 年）
萨摩斯岛的毕达哥利翁和赫拉神殿（c，1992 年）
韦尔吉纳考古遗址（c，1996 年）
迈锡尼考古遗址和梯林斯考古遗址（c，1999 年）
帕特莫斯岛的科拉历史中心及圣约翰修道院和天启洞穴（c，1999 年）

梵蒂冈（2 项）

2 项文化遗产（其中 1 项与意大利共有）。

罗马历史中心、罗马城中享有治外法权的梵蒂冈管辖建筑和圣保罗教堂（墙外）（c,1980年，1990年）：意大利的罗马历史中心（1980年）—梵蒂冈管辖的罗马城中享有治外法权的建筑和圣保罗教堂（墙外）（1990年）（与意大利共有）

梵蒂冈城（c,1984年）

匈牙利（8项）

7项文化遗产，1项自然遗产（其中1项与斯洛伐克共有，1项与奥地利共有）。

布达佩斯，包括多瑙河岸、布达城堡地区和安德拉希大街（c,1987年，2002年）：布达佩斯，多瑙河岸和布达城堡地区（1987年）—安德拉希大街和地铁（2002年）

霍洛克古村落及其周围地区（c,1987年）

奥格泰莱克喀斯特岩洞和斯洛伐克的喀斯特地貌（n,1995年，2000年）（与斯洛伐克共有）

蓬农豪尔毛的千年本笃会修道院及其自然环境（c,1996年）

霍尔托巴吉国家公园—匈牙利大平原（c,1999年）

佩奇的早期基督教墓地（c,2000年）

费尔特湖/新锡德尔湖文化景观（c,2001年）（与奥地利共有）

托卡伊葡萄酒产地历史文化景观（c,2002年）

冰岛（1项）

1项文化遗产。

辛格韦德利国家公园（c,2004年）

爱尔兰（2项）

2项文化遗产。

博因河河曲考古遗址（c,1993年）

斯凯利格迈克尔岛（c,1996年）

意大利（40项）

39项文化遗产，1项自然遗产（其中1项与梵蒂冈共有）。

瓦尔卡莫尼卡岩画（c,1979年）

圣玛丽亚感恩教堂和多明我会修道院以及列奥纳多·达·芬奇的《最后的晚餐》（c,1980年）

罗马历史中心、罗马城中享有治外法权的梵蒂冈管辖建筑和圣保罗教堂（墙外）（c,1980年，1990年）：意大利的罗马历史中心（1980年）—梵蒂冈管辖的罗马城中享有治外法权的建筑和圣保罗教堂（墙外）（1990年）（与梵蒂冈共有）

佛罗伦萨历史中心（c,1982年）

比萨大教堂广场（c,1987年）

威尼斯及其潟湖（c,1987年）

圣吉米尼亚诺历史中心（c,1990年）

马泰拉的岩洞民居（c,1993年）

维琴察城和威尼托地区的帕拉第奥风格别墅（c,1994年，1996年）

阿达的克雷斯皮（c,1995年）

文艺复兴城市费拉拉及其波河三角洲（c,1995年，1999年）

那不勒斯历史中心（c，1995年）
锡耶纳历史中心（c，1995年）
蒙特堡（c，1996年）
拉韦纳的早期基督教建筑（c，1996年）
皮恩扎城历史中心（c，1996年）
阿尔贝罗贝洛的楚利建筑（c，1996年）
卡塞塔的18世纪皇宫以及园林、万维泰利水道和圣莱乌乔建筑群（c，1997年）
阿格里真托考古区（c，1997年）
庞贝考古区、赫库兰尼姆考古区和托雷安农齐亚塔考古区（c，1997年）
帕多瓦植物园（c，1997年）
摩德纳的大教堂、市民塔和大广场（c，1997年）
阿马尔菲海岸景观（c，1997年）
韦内雷港、五村镇和群岛（c，1997年）
萨伏依皇家建筑（c，1997年）
巴鲁米尼的苏努拉西石头建筑（c，1997年）
卡萨尔的罗马别墅（c，1997年）
阿奎莱亚的考古区和主教教堂（c，1998年）
奇伦托和迪亚诺河谷国家公园及帕埃斯图姆考古遗址和韦利亚考古遗址以及切尔托萨—迪帕杜拉（c，1998年）
乌尔比诺历史中心（c，1998年）
蒂沃利的阿德里亚纳别墅（c，1999年）
阿西西的圣方济各教堂和其他方济各会建筑（c，2000年）
维罗纳城（c，2000年）
伊奥利亚群岛（n，2000年）
蒂沃利的伊斯特别墅（c，2001年）
东南西西里诺托谷地的晚期巴洛克风格城镇（c，2002年）
皮埃蒙特和伦巴第的圣山（c，2003年）
切尔维特里和塔尔奎尼亚的伊特鲁里亚墓地（c，2004年）
瓦尔迪奥西亚（c，2004年）
锡拉库萨和潘塔立克石墓群（c，2005年）

拉脱维亚（2项）

2项文化遗产（其中1项与白俄罗斯、爱沙尼亚、芬兰、立陶宛、挪威、摩尔多瓦、俄罗斯、瑞典、乌克兰共有）。

里加历史中心（c，1997年）
斯特鲁维地质测量地点（c，2005年）（与白俄罗斯、爱沙尼亚、芬兰、立陶宛、挪威、摩尔多瓦、俄罗斯、瑞典、乌克兰共有）

立陶宛（4项）

4项文化遗产（其中1项与俄罗斯共有，1项与白俄罗斯、爱沙尼亚、芬兰、拉脱维亚、挪威、摩尔多瓦、俄罗斯、瑞典、乌克兰共有）。

维尔纽斯历史中心（c，1994年）
库尔斯沙嘴（c，2000年）（与俄罗斯共有）

柯纳维考古遗址（c,2004 年）
斯特鲁维地质测量地点（c,2005 年）（与白俄罗斯、爱沙尼亚、芬兰、拉脱维亚、挪威、摩尔多瓦、俄罗斯、瑞典、乌克兰共有）

卢森堡（1 项）

1 项文化遗产。

卢森堡城的老城区和防御工事（c,1994 年）

马耳他（3 项）

3 项文化遗产。

瓦莱塔城（c,1980 年）
哈尔萨夫列尼地宫（c,1980 年）
马耳他的巨石庙（c,1980 年，1992 年）：杰刚梯亚神庙（2 座）（1980 年）—马耳他岛的五座神庙（1992 年）

荷兰（7 项）

7 项文化遗产。

斯霍克兰及周围地区（c,1995 年）
阿姆斯特丹的防线（c,1996 年）
威廉斯塔德历史区、内城和港口（c,1997 年）（位于属地荷属安的列斯）
金德代克—埃尔斯豪特的风车群（c,1997 年）
沃达蒸汽泵站（c,1998 年）
比姆斯特尔圩田（c,1999 年）
里特维尔德设计的施罗德住宅（c,2000 年）

挪威（7 项）

6 项文化遗产，1 项自然遗产（其中 1 项与白俄罗斯、爱沙尼亚、芬兰、拉脱维亚、立陶宛、摩尔多瓦、俄罗斯、瑞典、乌克兰共有）。

布吕根（c,1979 年）
乌尔内斯木板教堂（c,1979 年）
勒罗斯（c,1980 年）
阿尔塔岩画（c,1985 年）
维加群岛（c,2004 年）
斯特鲁维地质测量地点（c,2005 年）（与白俄罗斯、爱沙尼亚、芬兰、拉脱维亚、立陶宛、摩尔多瓦、俄罗斯、瑞典、乌克兰共有）
西挪威峡湾（n,2005 年）

波兰（12 项）

11 项文化遗产，1 项自然遗产（其中 1 项与白俄罗斯共有，1 项与德国共有）。

克拉科夫历史中心（c,1978 年）
维利奇卡盐矿（c,1978 年）
奥斯威辛集中营（c,1979 年）
别洛韦日自然保护区／比亚沃韦扎森林（n,1979 年，1992 年）：波兰的比亚沃韦扎森林（1979 年）—白俄罗斯的别洛韦日自然保护区（1992 年）（与白俄罗斯共有）
华沙历史中心（c,1980 年）
扎莫希奇古城（c,1992 年）

马尔堡的条顿骑士团堡　玛丽安堡（c,1997年）
托伦中世纪古城（c,1997年）
卡尔瓦里亚—泽布日多夫斯卡：风格独特的建筑和园林景观群与朝圣公园（c,1999年）
亚沃尔和希维德尼察的和平教堂（c,2001年）
小波兰南部的木结构教堂（c,2003年）
马斯科夫公园／马扎科夫斯基公园（c,2004年）（与德国共有）

葡萄牙（13项）

12项文化遗产，1项自然遗产。

英雄港中心区（c,1983年）（位于自治区亚速尔）
托马尔的基督教女修道院（c,1983年）
巴塔利亚修道院（c,1983年）
里斯本的圣哲罗姆派修道院和贝伦塔（c,1983年）
埃武拉历史中心（c,1986年）
阿尔科巴萨修道院（c,1989年）
辛特拉文化景观（c,1995年）
波尔图历史中心（c,1996年）
科阿山谷的史前岩画遗址（c,1998年）
马德拉的月桂森林（n,1999年）（位于自治区马德拉）
上杜罗葡萄酒产区（c,2001年）
吉马朗伊什历史中心（c,2001年）
皮库岛葡萄园文化景观（c,2004年）（位于自治区亚速尔）

摩尔多瓦（1项）

1项文化遗产（与白俄罗斯、爱沙尼亚、芬兰、拉脱维亚、立陶宛、挪威、俄罗斯、瑞典、乌克兰共有）。

斯特鲁维地质测量地点（c,2005年）（与白俄罗斯、爱沙尼亚、芬兰、拉脱维亚、立陶宛、挪威、俄罗斯、瑞典、乌克兰共有）

罗马尼亚（7项）

6项文化遗产，1项自然遗产。

多瑙河三角洲（n,1991年）
摩尔达维亚教堂（c,1993年）
霍雷祖修道院（c,1993年）
特兰西瓦尼亚的村落及其设防教堂（c,1993年，1999年）
奥勒什蒂耶山的达契亚人城堡（c,1999年）
锡吉什瓦拉历史中心（c,1999年）
马拉穆列什的木结构教堂（c,1999年）

俄罗斯（23项）

15项文化遗产，8项自然遗产（其中1项与立陶宛共有，1项与蒙古共有，1项与白俄罗斯、爱沙尼亚、芬兰、拉脱维亚、立陶宛、挪威、摩尔多瓦、瑞典、乌克兰共有）。

圣彼得堡历史中心及相关建筑群（c,1990年）
基日岛的教堂（c,1990年）
莫斯科的克里姆林宫和红场（c,1990年）

索洛韦茨基群岛的文化历史建筑群（c，1992 年）
诺夫哥罗德和周边地区的历史古迹（c，1992 年）
弗拉基米尔和苏兹达尔的白色建筑群（c，1992 年）
谢尔吉耶夫镇的三位一体修道院建筑群（c，1993 年）
科罗缅斯克的耶稣升天教堂（c，1994 年）
科米原始森林（n，1995 年）
贝加尔湖（n，1996 年）
堪察加火山群（n，1996 年，2001 年）
阿尔泰“金山”（n，1998 年）
西高加索山（n，1999 年）
库尔斯沙嘴（c，2000 年）（与立陶宛共有）
喀山城堡历史建筑群（c，2000 年）
费拉蓬特修道院建筑群（c，2000 年）
中锡霍特山脉（n，2001 年）
杰尔宾特的古城和城堡建筑（c，2003 年）
乌布苏盆地（n，2003 年）（与蒙古共有）
新圣母修道院建筑群（c，2004 年）
弗兰格尔岛自然保护区（n，2004 年）
雅罗斯拉夫尔城历史中心（c，2005 年）
斯特鲁维地质测量地点（c，2005 年）（与白俄罗斯、爱沙尼亚、芬兰、拉脱维亚、立陶宛、挪威、摩尔多瓦、瑞典、乌克兰共有）

塞尔维亚和黑山（5 项）
4 项文化遗产，1 项自然遗产。

科托尔的自然与文化历史区（c，1979 年）（位于黑山共和国）
斯塔里拉斯和索波察尼（c，1979 年）（位于塞尔维亚共和国）
杜米托尔国家公园（n，1980 年）（位于黑山共和国）
斯图代尼察修道院（c，1986 年）（位于塞尔维亚共和国）
代查尼修道院（c，2004 年）（位于科索沃和梅托希亚自治省）

斯洛伐克（5 项）
4 项文化遗产，1 项自然遗产（其中 1 项与匈牙利共有）。

班斯卡—什佳夫尼察（c，1993 年）
斯皮什堡及其相关文化建筑群（c，1993 年）
弗尔科利内茨（c，1993 年）
奥格泰莱克喀斯特岩洞和斯洛伐克的喀斯特地貌（n，1995 年，2000 年）（与匈牙利共有）
巴尔代约夫城保护区（c，2000 年）

斯洛文尼亚（1 项）
1 项自然遗产。

什科茨扬溶洞（n，1986 年）

西班牙（38 项）
34 项文化遗产，2 项自然遗产，2 项双重遗产（其中 1 项与法国共有）。

格拉纳达的阿兰布拉、赫内拉利费和阿尔贝辛（c，1984 年，1994 年）

布尔戈斯大教堂（c，1984年）
科尔多瓦历史中心（c，1984年，1994年）
马德里省的埃斯科里亚尔修道院（c，1984年）
安东尼·高迪的建筑作品（c，1984年，2005年）
阿尔塔米拉洞窟（c，1985年）
奥维耶多和阿斯图里亚斯王国的建筑群（c，1985年，1998年）
阿维拉古城及其城外教堂（c，1985年）
塞哥维亚古城及其水道（c，1985年）
圣地亚哥—德孔波斯特拉古城（c，1985年）
加拉霍艾国家公园（n，1986年）（位于加那利群岛）
托莱多古城（c，1986年）
阿拉贡的穆德哈尔式建筑（c，1986年，2001年）
卡塞雷斯古城（c，1986年）
塞维利亚的大教堂、城堡和西印度群岛档案馆（c，1987年）
萨拉曼卡古城（c，1988年）
波夫莱特修道院（c，1991年）
梅里达的考古遗址群（c，1993年）
通往圣地亚哥—德孔波斯特拉之路（c，1993年）
瓜达卢佩的圣玛利亚皇家修道院（c，1993年）
多尼亚纳国家公园（n，1994年）
昆卡古城（c，1996年）
巴伦西亚的丝绸交易厅（c，1996年）
拉斯梅德拉斯（c，1997年）
比利牛斯山脉—珀杜山（nc，1997年，1999年）（与法国共有）
尤索和素索的圣米兰修道院（c，1997年）
巴塞罗那的加泰罗尼亚音乐宫和神圣和平医院（c，1997年）
伊比利亚半岛上地中海盆地的岩画（c，1998年）
埃纳雷斯堡的大学和历史区（c，1998年）
伊维萨岛的生物多样性和文化（nc，1999年）
拉拉古纳的圣克里斯托瓦尔（c，1999年）（位于加那利群岛）
塔拉戈纳的考古遗址群（c，2000年）
阿塔普埃尔卡的考古遗址（c，2000年）
博伊谷地的加泰罗尼亚罗马式教堂（c，2000年）
埃尔切的椰枣种植园（c，2000年）
卢戈的古罗马城墙（c，2000年）
阿兰胡埃斯文化景观（c，2001年）
乌韦达和巴埃萨的文艺复兴建筑群（c，2003年）

瑞典（14项）

12项文化遗产，1项自然遗产，1项双重遗产（其中1项与白俄罗斯、爱沙尼亚、芬兰、拉脱维亚、立陶宛、挪威、摩尔多瓦、俄罗斯、乌克兰共有）。

德罗特宁霍尔姆皇家领地（c，1991年）
比尔卡和霍高尔登（c，1993年）

恩厄尔斯贝里铁工厂（c，1993 年）
塔努姆石刻（c，1994 年）
斯库格墓地（c，1994 年）
汉萨同盟城市维斯比（c，1995 年）
吕勒奥的加默尔斯塔德教堂村（c，1996 年）
拉普人居住区（nc，1996 年）
卡尔斯克鲁纳军港（c，1998 年）
厄兰岛南部的农业景观（c，2000 年）
高海岸（n，2000 年）
法伦的大铜山矿区（c，2001 年）
瓦尔贝里广播电台（c，2004 年）
斯特鲁维地质测量地点（c，2005 年）（与白俄罗斯、爱沙尼亚、芬兰、拉脱维亚、立陶宛、挪威、摩尔多瓦、俄罗斯、乌克兰共有）

瑞士（6 项）

4 项文化遗产，2 项自然遗产。

米施泰尔的圣约翰本笃会女修道院（c，1983 年）
圣加仑女修道院（c，1983 年）
伯尔尼古城（c，1983 年）
贝林佐纳的三座城堡、防御墙和集镇要塞（c，2000 年）
少女峰—阿莱奇峰—比奇峰（n，2001 年）
圣乔治山（n，2003 年）

马其顿（1 项）

1 项双重遗产。

奥赫里德地区的文化历史遗迹和自然环境（nc，1979 年，1980 年）

乌克兰（3 项）

3 项文化遗产（其中 1 项与白俄罗斯、爱沙尼亚、芬兰、拉脱维亚、立陶宛、挪威、摩尔多瓦、俄罗斯、瑞典共有）。

基辅的圣索菲亚大教堂及相关宗教建筑和基辅洞窟修道院（c，1990 年）
利沃夫历史中心（c，1998 年）
斯特鲁维地质测量地点（c，2005 年）（与白俄罗斯、爱沙尼亚、芬兰、拉脱维亚、立陶宛、挪威、摩尔多瓦、俄罗斯、瑞典共有）

英国（26 项）

21 项文化遗产，4 项自然遗产，1 项双重遗产（其中 1 项与德国共有）。

圭内斯的爱德华一世时期城堡和城墙（c，1986 年）（位于威尔士）
达勒姆的城堡和大教堂（c，1986 年）（位于英格兰）
“巨人之路”及其海岸（n，1986 年）（位于北爱尔兰）
铁桥峡谷（c，1986 年）（位于英格兰）
圣基尔达（nc，1986 年，2004 年，2005 年）（位于苏格兰）
巨石阵、埃夫伯里和相关遗址（c，1986 年）（位于英格兰）
斯塔德利皇家公园，包括方廷斯修道院遗址（c，1986 年）（位于英格兰）
布莱尼姆宫（c，1987 年）（位于英格兰）
巴斯城（c，1987 年）（位于英格兰）

罗马帝国的边界（c，1987年，2005年）：英国的哈德良长城（1987年）（位于英格兰）—德国境内的罗马帝国边境遗址（2005年）（与德国共有）
威斯敏斯特宫、威斯敏斯特教堂和圣玛格丽特教堂（c，1987年）（位于英格兰）
坎特伯雷大教堂、圣奥古斯丁修道院和圣马丁教堂（c，1988年）（位于英格兰）
亨德森岛（n，1988年）（位于属地皮特凯恩群岛）
伦敦塔（c，1988年）（位于英格兰）
戈夫岛和伊纳克塞瑟布尔岛（n，1995年，2004年）（位于属地圣赫勒拿）
爱丁堡的老城和新城（c，1995年）（位于苏格兰）
格林尼治（c，1997年）（位于英格兰）
奥克尼的新石器时代遗址（c，1999年）（位于苏格兰）
布莱纳文工业景观（c，2000年）（位于威尔士）
圣乔治古城及相关要塞（c，2000年）（位于属地百慕大）
德文特河流域工厂群（c，2001年）（位于英格兰）
多塞特和东德文海岸（n，2001年）（位于英格兰）
新拉纳克（c，2001年）（位于苏格兰）
索尔泰尔（c，2001年）（位于英格兰）
皇家植物园（邱园）（c，2003年）（位于英格兰）
海上商业城市利物浦（c，2004年）（位于英格兰）

（三）美洲

阿根廷（8项）
4项文化遗产，4项自然遗产（其中1项与巴西共有）。
冰川国家公园（n，1981年）
瓜拉尼人居住区的耶稣会传教所（c，1983年，1984年）：巴西的圣米格尔达斯米索斯遗址（1983年）—阿根廷的圣伊格纳西奥米尼、圣安娜、洛雷托和圣玛丽亚拉马约尔（1984年）（与巴西共有）
伊瓜苏国家公园（n，1984年）
平图拉斯河“手洞”（c，1999年）
瓦尔德斯半岛（n，1999年）
伊斯奇瓜拉斯托／塔兰帕亚天然公园（n，2000年）
科尔多瓦的耶稣会街区和庄园（c，2000年）
乌马瓦卡谷（c，2003年）
伯利兹（1项）
1项自然遗产。
伯利兹堡礁保护区（n，1996年）
玻利维亚（6项）
5项文化遗产，1项自然遗产。
波托西城（c，1987年）
奇基托斯的耶稣会传教所（c，1990年）

苏克雷古城（c，1991 年）
萨迈帕塔堡（c，1998 年）
诺埃尔—肯普夫—梅卡多国家公园（n，2000 年）
蒂亚瓦纳科：蒂亚瓦纳科文化的精神和政治中心（c，2000 年）

巴西（17 项）
10 项文化遗产，7 项自然遗产（其中 1 项与阿根廷共有）。

欧鲁普雷图古城（c，1980 年）
奥林达城历史中心（c，1982 年）
瓜拉尼人居住区的耶稣会传教所（c，1983 年，1984 年）：巴西的圣米格尔达斯米索斯遗址（1983 年）—阿根廷的圣伊格纳西奥米尼、圣安娜、洛雷托和圣玛丽亚拉马约尔（1984 年）（与阿根廷共有）
萨尔瓦多历史中心（c，1985 年）
孔戈尼亚斯的仁慈耶稣圣殿（c，1985 年）
伊瓜苏国家公园（n，1986 年）
巴西利亚（c，1987 年）
卡皮瓦拉山国家公园（c，1991 年）
圣路易斯历史中心（c，1997 年）
东南沿岸森林保护区（n，1999 年）
大西洋沿岸森林保护区（n，1999 年）
迪亚曼蒂纳城历史中心（c，1999 年）
中亚马孙保护区（n，2000 年，2003 年）
潘塔纳尔保护区（n，2000 年）
巴西的大西洋群岛：费尔南多—迪诺罗尼亚岛和罗卡斯环礁保护区（n，2001 年）
塞拉多保护区：韦阿代鲁斯高原国家公园和埃马斯国家公园（n，2001 年）
戈亚斯城历史中心（c，2001 年）

加拿大（13 项）
5 项文化遗产，8 项自然遗产（其中 2 项与美国共有）。

梅多斯湾国家历史公园（c，1978 年）
纳汉尼国家公园（n，1978 年）
恐龙省立公园（n，1979 年）
克卢恩／兰格尔—圣伊莱亚斯／冰川湾／塔琴希尼—阿尔塞克（n，1979 年，1992 年，1994 年）（与美国共有）
野牛跳崖处（c，1981 年）
斯冈瓜伊（安东尼岛）（c，1981 年）
伍德布法罗国家公园（n，1983 年）
加拿大落基山脉公园（n，1984 年，1990 年）
魁北克古城区（c，1985 年）
格罗莫讷国家公园（n，1987 年）
卢嫩堡古城（c，1995 年）
沃特顿冰川国际和平公园（n，1995 年）（与美国共有）
米加沙国家公园（n，1999 年）

智利（4 项）
4 项文化遗产。

拉帕努伊国家公园（c，1995 年）
奇洛埃教堂（c，2000 年）
港口城市瓦尔帕莱索的古城区（c，2003 年）
亨伯斯通和圣劳拉硝石采石场（c，2005 年）

哥伦比亚（5 项）
4 项文化遗产，1 项自然遗产。

卡塔赫纳的港口、要塞和古迹群（c，1984 年）
洛斯卡蒂奥斯国家公园（n，1994 年）
圣克鲁斯—德蒙波斯历史中心（c，1995 年）
铁拉登特罗国家考古公园（c，1995 年）
圣阿古斯丁考古公园（c，1995 年）

哥斯达黎加（3 项）
3 项自然遗产（其中 1 项与巴拿马共有）。

塔拉曼卡山脉—友谊保护区／友谊国家公园（n，1983 年，1990 年）：哥斯达黎加的塔拉曼卡山脉—友谊保护区（1983 年）—巴拿马的友谊国家公园（1990 年）（与巴拿马共有）
科科岛国家公园（n，1997 年，2002 年）
瓜纳卡斯特保护区（n，1999 年，2004 年）

古巴（8 项）
6 项文化遗产，2 项自然遗产。

哈瓦那古城及其防御工事（c，1982 年）
特立尼达和洛斯因赫尼奥斯谷（c，1988 年）
圣地亚哥的圣佩德罗德拉罗卡城堡（c，1997 年）
格拉玛台地国家公园（n，1999 年）
比尼亚莱斯谷（c，1999 年）
古巴东南部最早的咖啡种植园考古景观（c，2000 年）
亚历杭德罗—德洪堡国家公园（n，2001 年）
西恩富戈斯城历史中心（c，2005 年）

多米尼克（1 项）
1 项自然遗产。

三峰山国家公园（n，1997 年）

多米尼加（1 项）
1 项文化遗产。

殖民城市圣多明各（c，1990 年）

厄瓜多尔（4 项）
2 项文化遗产，2 项自然遗产。

基多城（c，1978 年）
加拉帕戈斯群岛（n，1978 年，2001 年）
桑盖国家公园（n，1983 年）
昆卡历史中心（c，1999 年）

萨尔瓦多（1 项）
1 项文化遗产。
霍亚德塞伦考古遗址（c，1993 年）
危地马拉（3 项）
2 项文化遗产，1 项双重遗产。
旧危地马拉（c，1979 年）
蒂卡尔国家公园（nc，1979 年）
基里瓜考古公园和遗址（c，1981 年）
海地（1 项）
1 项文化遗产。
国家历史公园——城堡、桑苏西和拉米尔斯（c，1982 年）
洪都拉斯（2 项）
1 项文化遗产，1 项自然遗产。
科潘的玛雅遗址（c，1980 年）
普拉塔诺河生物圈促护区（n，1982 年）
墨西哥（25 项）
22 项文化遗产，3 项自然遗产。
墨西哥城历史中心和霍奇米尔科（c，1987 年）
瓦哈卡历史中心和阿尔万山考古遗址（c，1987 年）
普埃布拉历史中心（c，1987 年）
帕伦克的古城和国家公园（c，1987 年）
特奥蒂瓦坎古城（c，1987 年）
锡安卡安（n，1987 年）
瓜纳华托古城和周围银矿（c，1988 年）
奇琴伊察古城（c，1988 年）
莫雷利亚历史中心（c，1991 年）
埃尔塔欣古城（c，1992 年）
萨卡特卡斯历史中心（c，1993 年）
圣弗朗西斯科山岩画（c，1993 年）
埃尔比斯卡伊诺鲸鱼保护区（n，1993 年）
波波卡特佩特尔火山山坡上的 16 世纪初期修道院（c，1994 年）
克雷塔罗历史古迹区（c，1996 年）
乌斯马尔古城（c，1996 年）
瓜达拉哈拉的济贫院（c，1997 年）
大卡萨斯的帕基梅考古区（c，1998 年）
特拉科塔尔潘历史古迹区（c，1998 年）
霍奇卡尔科考古遗址区（c，1999 年）
坎佩切设防城（c，1999 年）
坎佩切州的卡拉克穆尔古玛雅城市（c，2002 年）
克雷塔罗州谢拉戈达的方济各会传教所（c，2003 年）
路易斯·巴拉干的故居和工作室（c，2004 年）
加利福尼亚湾的群岛和保护区（n，2005 年）

尼加拉瓜（1 项）
1 项文化遗产。
莱昂古城遗址（c，2000 年）
巴拿马（5 项）
2 项文化遗产，3 项自然遗产。（其中 1 项与哥斯达黎加共有）
巴拿马加勒比海沿岸的防御工事：波托韦约—圣洛伦索（c，1980 年）
达连国家公园（n，1981 年）
塔拉曼卡山脉—友谊保护区／友谊国家公园（n，1983 年，1990 年）：哥斯达黎加的塔拉曼卡山脉—友谊保护区（1983 年）—巴拿马的友谊国家公园（1990 年）（与哥斯达黎加共有）
巴拿马城考古遗址和巴拿马城古城区（c，1997 年，2003 年）：巴拿马城古城区及玻利瓦尔沙龙（1997 年）—巴拿马城考古遗址（2003 年）
科伊瓦国家公园及其海洋特别保护区（n，2005 年）
巴拉圭（1 项）
1 项文化遗产。
桑蒂西莫—特立尼达和塔瓦兰格的耶稣会传教所（c，1993 年）
秘鲁（10 项）
6 项文化遗产，2 项自然遗产，2 项双重遗产。
库斯科城（c，1983 年）
马丘比丘历史保护区（nc，1983 年）
查文考古遗址（c，1985 年）
瓦斯卡兰国家公园（n，1985 年）
昌昌考古区（c，1986 年）
马努国家公园（n，1987 年）
利马历史中心（c，1988 年，1991 年）
阿比塞奥河国家公园（nc，1990 年，1992 年）
纳斯卡和胡马纳大草原的巨画（c，1994 年）
阿雷基帕城历史中心（c，2000 年）
圣基茨和尼维斯（1 项）
1 项文化遗产。
布里姆斯通山城堡国家公园（c，1999 年）
圣卢西亚（1 项）
1 项自然遗产。
皮通山保护区（n，2004 年）
苏里南（2 项）
1 项文化遗产，1 项自然遗产。
中苏里南自然保护区（n，2000 年）
帕拉马里博内城（c，2002 年）
美国（20 项）
8 项文化遗产，12 项自然遗产（其中 2 项与加拿大共有）。
弗德台地国家公园（c，1978 年）
黄石国家公园（n，1978 年）

大沼泽地国家公园（n，1979年）
大峡谷国家公园（n，1979年）
独立厅（c，1979年）
克卢恩／兰格尔—圣伊莱亚斯／冰川湾／塔琴希尼—阿尔塞克（n，1979年，1992年，1994年）（与加拿大共有）
红杉树国家公园（n，1980年）
猛犸象洞穴国家公园（n，1981年）
奥林匹克国家公园（n，1981年）
卡霍基亚遗址（c，1982年）
大雾山国家公园（n，1983年）
圣胡安的堡垒和历史遗址（c，1983年）（位于属地波多黎各）
自由女神像（c，1984年）
约塞米蒂国家公园（n，1984年）
查科文化国家历史公园（c，1987年）
夏威夷火山国家公园（n，1987年）
夏洛茨维尔的蒙蒂塞洛和弗吉尼亚大学（c，1987年）
陶斯镇（c，1992年）
卡尔斯巴德洞窟国家公园（n，1995年）
沃特顿冰川国际和平公园（n，1995年）（与加拿大共有）

乌拉圭（1项）
1项文化遗产。
科洛尼亚·德尔萨克拉门托城的古城区（c，1995年）

委内瑞拉（3项）
2项文化遗产，1项自然遗产。
科罗及其港口（c，1993年）
卡奈马国家公园（n，1994年）
加拉加斯的大学城（c，2000年）

（四）非洲

阿尔及利亚（7项）
6项文化遗产，1项双重遗产。
贝尼哈迈德城堡（c，1980年）
贾米拉（c，1982年）
姆扎卜山谷（c，1982年）
阿杰尔高原（nc，1982年）
蒂姆加德（c，1982年）
提帕萨（c，1982年）
阿尔及尔城堡（c，1992年）

贝宁（1项）
1项文化遗产。
阿波美王宫（c，1985年）

博茨瓦纳（1 项）
1 项文化遗产。
措迪洛山（c，2001 年）
喀麦隆（1 项）
1 项自然遗产。
贾河动物保护区（n，1987 年）
中非（1 项）
1 项自然遗产。
马诺沃—贡达圣弗洛里斯国家公园（n，1988 年）
科特迪瓦（3 项）
3 项自然遗产（其中 1 项与几内亚共有）。
宁巴山自然保护区（n，1981 年，1982 年）：几内亚境内（1981 年）—科特迪瓦境内（1982 年）（与几内亚共有）
塔伊国家公园（n，1982 年）
科莫埃国家公园（n，1983 年）
刚果民主共和国（5 项）
5 项自然遗产。
维龙加国家公园（n，1979 年）
加兰巴国家公园（n，1980 年）
卡胡齐—比埃加国家公园（n，1980 年）
萨隆加国家公园（n，1984 年）
獾伽狓野生生物保护区（n，1996 年）
埃及（7 项）
6 项文化遗产，1 项自然遗产。
阿布米奈（c，1979 年）
底比斯古城及其墓地（c，1979 年）
伊斯兰城市开罗（c，1979 年）
孟菲斯及其墓地——从吉萨到代赫舒尔的金字塔区（c，1979 年）
从阿布·辛拜勒到菲莱的努比亚遗址（c，1979 年）
圣凯瑟琳地区（c，2002 年）
鲸谷（n，2005 年）
埃塞俄比亚（7 项）
6 项文化遗产，1 项自然遗产。
拉利贝拉的岩洞教堂（c，1978 年）
瑟门国家公园（n，1978 年）
贡德尔地区的法西尔盖比（c，1979 年）
阿克苏姆（c，1980 年）
阿瓦什河谷地（c，1980 年）
奥莫河谷地（c，1980 年）
蒂亚（c，1980 年）
冈比亚（1 项）
1 项文化遗产。

詹姆斯岛和相关遗址（c，2003 年）

加纳（2 项）

2 项文化遗产。

沃尔特地区、大阿克拉地区、中部地区和西部地区的要塞和城堡（c，1979 年）

阿散蒂传统建筑（c，1980 年）

几内亚（1 项）

1 项自然遗产（与科特迪瓦共有）。

宁巴山自然保护区（n，1981 年，1982 年）：几内亚境内（1981 年）—科特迪瓦境内（1982 年）（与科特迪瓦共有）

肯尼亚（3 项）

1 项文化遗产，2 项自然遗产。

图尔卡纳湖国家公园群（n，1997 年，2001 年）

肯尼亚山国家公园（n，1997 年）

拉穆古城（c，2001 年）

利比亚（5 项）

5 项文化遗产。

昔兰尼考古遗址（c，1982 年）

大莱普提斯考古遗址（c，1982 年）

塞卜拉泰考古遗址（c，1982 年）

塔德拉尔特阿卡库斯岩画遗址（c，1985 年）

古达米斯古城（c，1986 年）

马达加斯加（2 项）

1 项文化遗产，1 项自然遗产。

贝马拉哈的钦吉自然保护区（n，1990 年）

马拉维（1 项）

1 项自然遗产。

马拉维湖国家公园（n，1984 年）

马里（4 项）

3 项文化遗产，1 项双重遗产。

杰内古城（c，1988 年）

廷巴克图（c，1988 年）

邦贾加拉陡崖（多贡族地区）（nc，1989 年）

阿斯基亚王陵（c，2004 年）

毛里塔尼亚（2 项）

1 项文化遗产，1 项自然遗产。

阿尔金海滩国家公园（n，1989 年）

瓦丹古城、欣盖提古城、提希特古城和瓦拉塔古城（c，1996 年）

摩洛哥（8 项）

8 项文化遗产。

非斯的麦地那老城区（c，1981 年）

马拉喀什的麦地那老城区（c，1985 年）

阿伊特本哈杜筑垒村（c，1987 年）

梅克内斯古城（c，1996 年）
沃吕比利斯考古遗址（c，1997 年）
得土安的麦地那老城区（c，1997 年）
索维拉的麦地那老城区（c，2001 年）
马扎甘葡萄牙城（杰迪代）（c，2004 年）

莫桑比克（1 项）

1 项文化遗产。

莫桑比克岛（c，1991 年）

尼日尔（2 项）

2 项自然遗产。

阿伊尔—泰内雷自然保护区（n，1991 年）
W 国家公园（n，1996 年）

尼日利亚（2 项）

2 项文化遗产。

苏库尔文化景观（c，1999 年）
奥孙—奥绍博神树林（c，2005 年）

塞内加尔（4 项）

2 项文化遗产，2 项自然遗产。

戈雷岛（c，1978 年）
朱季国家鸟类保护区（n，1981 年）
尼奥科洛科巴国家公园（n，1981 年）
圣路易岛（c，2000 年）

塞舌尔（2 项）

2 项自然遗产。

阿尔达布拉环礁（n，1982 年）
玛依谷地自然保护区（n，1983 年）

南非（7 项）

3 项文化遗产，3 项自然遗产，1 项双重遗产。

斯泰克方丹、斯瓦特克朗、克罗姆德拉伊和周围地区的古人类化石遗址（c，1999 年，2005 年）
大圣卢西亚湿地公园（n，1999 年）
罗本岛（c，1999 年）
德拉肯斯山脉公园（nc，2000 年）
马蓬古布韦文化景观（c，2003 年）
开普植物保护区（n，2004 年）
弗里德堡陨石坑（n，2005 年）

苏丹（1 项）

1 项文化遗产。

拜尔凯尔山和纳帕塔地区的遗址（c，2003 年）

多哥（1 项）

1 项文化遗产。

库塔马库，巴塔马里巴人居住区（c，2004 年）

突尼斯（8 项）
7 项文化遗产，1 项自然遗产。

杰姆的圆形竞技场（c,1979 年）
突尼斯的麦地那老城区（c,1979 年）
迦太基遗址（c,1979 年）
艾什凯勒国家公园（n,1980 年）
凯尔夸内布匿城及其墓地（c,1985 年，1986 年）
凯鲁万（c,1988 年）
苏塞的麦地那老城区（c,1988 年）
杜加（c,1997 年）

乌干达（3 项）
1 项文化遗产，2 项自然遗产。

布温迪国家公园（n,1994 年）
鲁文佐里山国家公园（n,1994 年）
卡苏比的布干达王陵（c,2001 年）

坦桑尼亚（6 项）
2 项文化遗产，4 项自然遗产。

恩戈罗恩戈罗自然保护区（n,1979 年）
基卢瓦基西瓦尼遗址和松戈姆纳拉遗址（c,1981 年）
塞伦盖蒂国家公园（n,1981 年）
塞卢斯自然保护区（n,1982 年）
乞力马扎罗山国家公园（n,1987 年）
桑给巴尔石头城（c,2000 年）

赞比亚（1 项）
1 项自然遗产（与津巴布韦共有）。

莫西奥图尼亚瀑布／维多利亚瀑布（n,1989 年）（与津巴布韦共有）

津巴布韦（5 项）
3 项文化遗产，2 项自然遗产（其中 1 项与赞比亚共有）。

马纳普尔斯国家公园、萨皮自然保护区和切沃雷自然保护区（n,1984 年）
大津巴布韦国家保护区（c,1986 年）
卡米遗址国家保护区（c,1986 年）
莫西奥图尼亚瀑布／维多利亚瀑布（n,1989 年）（与赞比亚共有）
马托博山（c,2003 年）

说明：

（1）C 代表文化遗产；N 代表自然遗产；NC 代表自然与文化双重遗产
（2）数字代表该遗产入选世界遗产的年代。
（3）列表按照国家英文名称依英文字母表顺序排列。
（4）本列表收录截止日期为 2005 年 12 月 31 日。

全国重点文物保护单位保护规划编制审批办法

07.0650

国家文物局
(2005年7月21日)

第一条 为加强文物保护单位保护规划编制和审批的管理，根据《中华人民共和国文物保护法》、《中华人民共和国城市规划法》、《中华人民共和国文物保护法实施条例》及其他相关法律法规，制定本办法。

第二条 本办法的适用范围为全国重点文物保护单位保护规划的编制和审批。

第三条 文物保护单位保护规划是实施文物保护单位保护工作的法律依据，是各级人民政府指导、管理文物保护单位保护工作的基本手段。

第四条 编制文物保护单位保护规划，必须坚持“保护为主、抢救第一、合理利用、加强管理”的文物工作方针，正确处理文物保护与经济建设的关系，文物保护与合理利用的关系，促进文物保护事业的可持续发展，使文物保护单位及其环境得到有效保护。

第五条 文物保护单位保护规划应当纳入所在地的国民经济和社会发展规划、城乡建设发展规划，应当与相关的生态保护、环境治理、土地利用等各类专门性规划相衔接。

第六条 全国重点文物保护单位保护规划应当在省级文物行政部门指导下，由所在地的县级以上人民政府组织编制。

跨省、自治区、直辖市的全国重点文物保护单位保护规划，由国家文物局指定或协调有关省、自治区、直辖市组织编制；跨地、市、县的全国重点文物保护单位保护规划，由省级文物行政部门指定或协调有关政府机构组织编制。

第七条 承担编制文物保护单位保护规划的单位，必须具有国家文物局认定的相应资质。

第八条 国家鼓励文物保护规划理论和技术的研究、创新与运用，提倡多学科结合，提高文物保护单位保护规划的编制水平。

第九条 编制文物保护单位保护规划应当满足下列基本原则和要求：

（一）尽可能减少对文物本体的干预，保存文物本体的真实性，注重文物环境的保护和改善，保护文物本体及其环境的完整性；

（二）做好前期调研和评估工作，充分考虑文物本体的组成要素及其环境的历史格局，提高保护措施的科学性、前瞻性和可操作性；

（三）坚持科学、适度、持续、合理地利用，统筹协调文物保护与地方经济发展的关系。

第十条 编制文物保护单位保护规划应当对文物保护单位的历史沿革、现存状况、保护和管理状况、考古工作状况以及研究的历史和成果等进行深入的调查分析，对文物所在地的自然与生态环境、社会和经济发展状况等进行普遍的了解，取得准确的、充分的基础资料。

编制组织单位应配合提供编制文物保护规划所需要的基础资料。

第十一条 文物保护单位保护规划可根据文物保护单位的规模和复杂程度分为总体规划和专项规划。

规模特大、情况复杂的文物保护单位应首先进行可行性研究并编制总体保护规划纲要。

第十二条 文物保护单位保护规划一般应当包括下列主要内容：

（一）评估文物保护单位的价值、重要性及其环境影响、社会与人文影响；

（二）评估文物本体及其环境的保存、保护、管理和利用现状，分析主要破坏因素；

（三）明确规划原则、性质、目标、重点和保护对象等；

（四）划分保护范围与建设控制地带，提出管理规定；

（五）制定保护措施，包括保护工程和保护技术要求；

（六）制定相关的环境治理和生态保护措施；

（七）提出其他相关领域规划的要求；

（八）划定功能分区，限定利用功能；

（九）制定开放计划，核定游客容量控制指标，确定展示项目、路线组织和必要的服务设施；

（十）说明规划范围内拟建项目的必要性，编制选址策划，提出建筑功能设定、规模测算和建筑设计的规划要求；

（十一）提出管理建议，确定日常养护和监测内容，考虑社区参与计划；

（十二）编制规划分期、实施重点与投资估算，提出实施保障。

第十三条　文物保护单位保护规划中保护目标、保护范围及建设控制地带的划分与管理规定、文物本体的主要保护措施、利用功能限定和游客容量控制指标等内容，应当作为保护规划的强制性内容。

第十四条　保护规划的期限一般为20年。

规划期内可根据要求分为近期、中期、远期。近期规划一般不超过5年，应优先解决文物保护单位存在的主要问题，安排亟待实施的保护项目。

第十五条　保护规划成果一般由规划文本、规划图纸、规划说明和基础材料汇编组成。

总体保护规划纲要包括文字说明和必要的示意性图纸。

第十六条　文物保护单位保护规划编制深度应满足保护的有效性和实施的可操作性。《全国重点文物保护单位保护规划编制要求》作为本办法附件与本办法一同发布并施行。

第十七条　全国重点文物保护单位保护规划编制完成后，应当由规划编制组织单位报省级文物行政部门会同建设规划等部门组织评审，并由省级人民政府批准公布。省级人民政府在批准公布全国重点文物保护单位保护规划前，应征得国家文物局同意。

第十八条　对全国重点文物保护单位保护规划的内容进行调整或修改，应当按照原报批程序进行。

第十九条　省级和市、县级文物保护单位保护规划的编制审批办法，由省级文物行政部门参照本办法另行制订。

第二十条　本办法由国家文物局负责解释。

第二十一条　本办法自公布之日起施行。

国家级非物质文化遗产代表作申报评定暂行办法

07.0750

（2005年3月26日国务院办公厅　国办〔2005〕18号公布）

第一条　为加强非物质文化遗产保护工作，规范国家级非物质文化遗产代表作的申报和评定工作，根据中华人民共和国宪法第二十二条“国家保护名胜古迹、珍贵文物和其他重要历史文化遗产”及相关法律、法规，制定本办法。

第二条　非物质文化遗产指各族人民世代相承的、与群众生活密切相关的各种传统文化表现形式（如民俗活动、表演艺术、传统知识和技能，以及与之相关的器具、实物、手工制品等）和文化空间。

第三条　非物质文化遗产可分为两类：（1）传统的文化表现形式，如民俗活动、表演艺术、传统知识和技能等；（2）文化空间，即定期举行传统文化活动或集中展现传统文化表现形式的场所，兼具空间性和时间性。

非物质文化遗产的范围包括：

（一）口头传统，包括作为文化载体的语言；

（二）传统表演艺术；

（三）民俗活动、礼仪、节庆；

（四）有关自然界和宇宙的民间传统知识和实践；

（五）传统手工艺技能；

（六）与上述表现形式相关的文化空间。

第四条　建立国家级非物质文化遗产代表作名录的目的是：

（一）推动我国非物质文化遗产的抢救、保护与传承；

（二）加强中华民族的文化自觉和文化认同，提高对中华文化整体性和历史连续性的认识；

（三）尊重和彰显有关社区、群体及个人对中华文化的贡献，展示中国人文传统的丰富性；

（四）鼓励公民、企事业单位、文化教育科研机构、其他社会组织积极参与非物质文化遗产的保护工作；

（五）履行《保护非物质文化遗产公约》，增进国际社会对中国非物质文化遗产的认识，促进国际间的文化交流与合作，为人类文化的多样性及其可持续发展做出中华民族应有的贡献。

第五条　国家级非物质文化遗产代表作的申报评定工作由非物质文化遗产保护工作部际联席会议（以下简称部际联席会议）办公室具体实施。部际联席会议办公室要与各有关部门、单位和社会组织相互配合、协调工作。

第六条　国家级非物质文化遗产代表作的申报项目，应是具有杰出价值的民间传统文化表现形式或文化空间；或在非物质文化遗产中具有典型意义；或在历史、艺术、民族学、民俗学、社会学、人类学、语言学及文学等方面具有重要价值。

具体评审标准如下：

（一）具有展现中华民族文化创造力的杰出价值；

（二）扎根于相关社区的文化传统，世代相传，具有鲜明的地方特色；

（三）具有促进中华民族文化认同、增强社会凝聚力、增进民族团结和社会稳定的作用，是文化交流的重要纽带；

（四）出色地运用传统工艺和技能，体现出高超的水平；

（五）具有见证中华民族活的文化传统的独特价值；

（六）对维系中华民族的文化传承具有重要意义，同时因社会变革或缺乏保护措施而面临消失的危险。

第七条　申报项目须提出切实可行的十年保护计划，并承诺采取相应的具体措施，进行切实保护。这些措施主要包括：

（一）建档：通过搜集、记录、分类、编目等方式，为申报项目建立完整的档案；

（二）保存：用文字、录音、录像、数字化多媒体等手段，对保护对象进行真实、全面、系统的记录，并积极搜集有关实物资料，选定有关机构妥善保存并合理利用；

（三）传承：通过社会教育和学校教育等途径，使该项非物质文化遗产的传承后继有人，能够继续作为活的文化传统在相关社区尤其是青少年当中得到继承和发扬；

（四）传播：利用节日活动、展览、观摩、培训、专业性研讨等形式，通过大众传媒和互联网的宣传，加深公众对该项遗产的了解和认识，促进社会共享；

（五）保护：采取切实可行的具体措施，以保证该项非物质文化遗产及其智力成果得到保存、传承和发展，保护该项遗产的传承人（团体）对其世代相传的文化表现形式和文化空间所享有的权益，尤其要防止对非物质文化遗产的误解、歪曲或滥用。

第八条　公民、企事业单位、社会组织等，可向所在行政区域文化行政部门提出非物质文化遗产代表作项目的申请，由受理的文化行政部门逐级上报。申报主体为非申报项目传承人（团体）的，申报主体应获得申报项目传承人（团体）的授权。

第九条　省级文化行政部门对本行政区域内的非物质文化遗产代表作申报项目进行汇总、筛选，经同级人民政府核定后，向部际联席会议办公室提出申报。中央直属单位可直接向部际联席会议办公室提出申报。

第十条　申报者须提交以下资料：

（一）申请报告：对申报项目名称、申报者、申报目的和意义进行简要说明；

（二）项目申报书：对申报项目的历史、现状、价值和濒危状况等进行说明；

（三）保护计划：对未来十年的保护目标、措施、步骤和管理机制等进行说明；

（四）其他有助于说明申报项目的必要材料。

第十一条　传承于不同地区并为不同社区、群体所共享的同类项目，可联合申报；联合申报的各方须提交同意联合申报的协议书。

第十二条　部际联席会议办公室根据本办法第十条的规定，对申报材料进行审核，并将合格的申报材料提交评审委员会。

第十三条　评审委员会由国家文化行政部门有关负责同志和相关领域的专家组成，承担国家级非物质文化遗产代表作的评审和专业咨询。评审委员会每届任期四年。评审委员会设主任一名、副主任若干名，主任由国家文化行政部门有关负责同志担任。

第十四条　评审工作应坚持科学、民主、公正的原则。

第十五条　评审委员会根据本办法第六条、第七条的规定进行评审，提出国家级非物质文化遗产代表作推荐项目，提交部际联席会议办公室。

第十六条　部际联席会议办公室通过媒体对国家级非物质文化遗产代表作推荐项目进行社会公示，公示期30天。

第十七条　部际联席会议办公室根据评审委员会的评审意见和公示结果，拟订入选国家级非物质文化遗产代表作名录名单，经部际联席会议审核同意后，上报国务院批准、公布。

第十八条　国务院每两年批准并公布一次国家级非物质文化遗产代表作名录。

第十九条　对列入国家级非物质文化遗产代表作名录的项目，各级政府要给予相应支持。同时，申报主体必须履行其保护计划中的各项承诺，按年度向部际联席会议办公室提交实施情况报告。

第二十条　部际联席会议办公室组织专家对列入国家级非物质文化遗产代表作名录的项目进行评估、检查和监督，对未履行保护承诺、出现问题的，视不同程度给予警告、严重警告直至除名处理。

第二十一条　本《暂行办法》由部际联席会议办公室负责解释。

第二十二条　本《暂行办法》自发布之日起施行。

中国历史文化名镇（村）评选办法

07.0850

（2003年10月8日中华人民共和国建设部、国家文物局　建村[2003]199号公布）

一、评选目的

为更好地保护、继承和发扬我国优秀建筑历史文化遗产，弘扬民族传统和地方特色，建设部和国家文物局决定，在各省、自治区、直辖市核定公布的历史文化村镇的基础上，评选中国历史文化名镇和中国历史文化名村。

二、评选的基本条件与评价标准

（一）历史价值与风貌特色

历史文化名镇（村）应当具备下列条件之一：

在一定历史时期内对推动全国或某一地区的社会经济发展起过重要作用，具有全国或地区范围的影响；或系当地水陆交通中心，成为闻名遐迩的客流、货流、物流集散地；在一定历史时期内建设过重大工程，并对保障当地人民生命财产安全、保护和改善生态环境有过显著效益且延续至今；在革命历史上发生过重大事件，或曾为革命政权机关驻地而闻名于世；历史上发生过抗击外来侵略或经历过改变战局的重大战役，以及曾为著名战役军事指挥机关驻地；能体现我国传统的选址和规划布局经典理论，或反映经典营造法式和精湛的建造技艺；或能集中反映某一地区特色和风情，民族特色传统建造技术。

建筑遗产、文物古迹和传统文化比较集中，能较完整地反映某一历史时期的传统风貌、地方特色和民族风情，具有较高的历史、文化、艺术和科学价值，现存有清代以前建造或在中国革命历史中有重大影响的成片历史传统建筑群、纪念物、遗址等，基本风貌保持完好。

（二）原状保存程度

镇（村）内历史传统建筑群、建筑物及其建筑细部乃至周边环境基本上原貌保存完好；或因年代久远，原建筑群、建筑物及其周边环境虽曾倒塌破坏，但已按原貌整修恢复；或原建筑群及其周边环境虽部分倒塌破坏，但“骨架”尚存，部分建筑细部亦保存完好，依据保存实物的结构、构造和样式可以整体修复原貌。

（三）现状具有一定规模

凡符合上述（一）、（二）项条件，镇的总现存历史传统建筑的建筑面积须在5000平方米以上，村的现存历史传统建筑的建筑面积须在2500平方米以上。

（四）已编制了科学合理的村镇总体规划；设置了有效的管理机构，配备了专业人员，有专门的保护资金。

三、评选办法

（一）申报及评选程序

评选中国历史文化名镇（村）应在省（自治区、直辖市）人民政府公布的历史文化名镇（村）的基础上进行，由省级建设行政主管部门会同文物行政部门组织专家进行审查，符合条件的报建设部和国家文物局。建设部会同国家文物局将组成专家委员会，根据评价标准对各地上报的材料进行评议，从中评选出符合条件的镇（村），通过实地考察后，对认定的镇（村）提出评议意见，报建设部和国家文物局组成的部际联席

会议审定。

（二）上报材料要求

1. 中国历史文化名镇（村）申报表。

2. 申请报告。报告除概述申报镇（村）的地理位置、环境条件、村镇规模、水陆交通以及社会经济和建设等状况外，应着重说明其历史传统建筑群及其环境的历史年代、原貌保存情况、现状规模、空间分布以及价值特色等情况。

3. 经省级建设行政主管部门批准的保护规划，包括规划文本及位置图、现状图、规划图（比例尺1/500至1/2000，视保护区面积大小及保护规划深度的具体需要确定）。

4. 保护措施。包括对原貌保存、古建筑的修缮、环境整治等方面所制定的规章制度及具体办法。

5. 能反映传统建筑群风貌的照片集、VCD或多媒体光盘、电子幻灯片（Powerpoint）等。

电子幻灯片（Powerpoint）包括以下内容：

（1）概况及历史沿革。

（2）历史文化特色。

（3）能反映镇（村）古建筑群历史风貌照片（不少于10张，要注明照片的名称）。

（4）保护规划及保护措施。

四、称号的公布与撤消

（一）称号的公布

中国历史文化名镇（村）的评选与公布工作，以不定期的方式进行。建设部和国家文物局以部际联席会议形式对专家委员会的评议意见进行审定后，以建设部、国家文物局的名义进行公布。

（二）称号的撤消

中国历史文化名镇（村）实行动态管理。省级建设行政主管部门负责本省（自治区、直辖市）已获中国历史文化名镇（村）称号的村镇保护规划的实施情况进行监督，对违反保护规划进行建设的行为要及时查处。建设部会同国家文物局将不定期组织专家对已经取得中国历史文化名镇（村）称号的镇（村）进行检查。对于已经不具备条件者，将取消中国历史文化名镇（村）称号。

申报项目代码：04

国家级非物质文化遗产代表作
申报书范本

07.0950

申报项目类别：民间音乐

申报省、自治区、直辖市：重庆市

中华人民共和国文化部印制
二〇〇五年六月二十八日

注意事项及填表说明

一、注意事项

（一）封面及表格中“申报项目代码”按以下标准填写

数字代码：

民间文学（口头文学02），民间美术（03），民间音乐（04），

民间舞蹈（05），戏曲（06），曲艺（07），民间杂技（08），民间手工技艺（09），生产商贸习俗（10），消费习俗（11），人生礼俗（12），岁时节令（13），民间信仰（14），民间知识（15），传统体育竞技（16），与上述文化表现形式相关的文化空间（17）。

（二）此申报书可在全国文化资源共享工程网站（www.ndcnc.gov.cn）“社文处长专栏”下载，表格各项栏目可根据内容自由扩展版面。

（三）凡在各项栏目中没有纳入的其他重要内容，可在“备注”一栏中说明。

（四）表格一律用电脑填写，准确无误，不得弄虚作假。凡填写内容不实、有虚假成分者，一经发现，取消其申报资格。

二、填表说明

（一）第二项“项目说明”的“基本内容”栏目中，包括：

1、项目基本情况；

2、具体表现形态；

3、子项目说明；

（二）第四项“项目管理”的“已采取的保护措施”栏目中，应包括已经采取的法律法规、政策以及其他各种保障措施。

（三）在第五项“保护计划”的“保护内容”栏目中，保护计划应包括确认、建档、保存、保护、传承、传播、研究等内容。具体可参见《国家级非物质文化遗产代表作申报评定暂行办法》。

一、基本信息

<table>
<tr><td>属　地</td><td>重庆</td><td>项目名称</td><td>接龙吹打乐</td></tr>
<tr><td>申报者</td><td>(略)</td><td>负责人</td><td>(略)</td></tr>
<tr><td>通讯地址</td><td>(略)</td><td>邮　编</td><td>(略)</td></tr>
<tr><td>电　话</td><td>(略)</td><td>传　真</td><td>(略)</td></tr>
<tr><td>电子信箱</td><td colspan="3">(略)</td></tr>
<tr><td>所在区域及其地理环境</td><td colspan="3">重庆市巴南区接龙镇，系重庆市巴南区东南部的一个山区镇，因原接龙区公所及接龙乡驻地接龙场而得名。
接龙场距巴南区政府所在地61公里。东和东南界南川市，南接綦江县，西邻巴南区跳石镇，西北连巴南区南彭镇，北与巴南区姜家、天星寺二镇接壤，系綦（江县）、南（川市）、巴（南区）三市（县、区）交界地。该地地跨北纬29°8′～29°7′，东经106°15′～107°。全镇辖17个村3个居委会，面积188.15平方公里。人口6.2万人，均系汉族。
接龙镇是川东南褶皱向南延伸部分，境内属深丘地带，四周多山，境内东面界石滩镇的龙头山（亦称双寨子）海拔1050米，属巴南区第三高峰，紧邻的石滩镇内的方斗山海拔1133米，属最高峰。年平均气温摄氏17度，年降水量1130毫米。无霜期300天左右。林地约占全镇面积的24.4%。接龙镇主要矿产有煤、铁、石灰石，其铁矿极为丰富，矿源长达12公里。水利资源好，五步河流流径辖区长约35公里，另有丫溪河等小溪河无数。
由于山高谷深，重峦叠嶂，至1958年前，镇内仅有一条连通川黔的石板大路作为交通要道。五步河河床平均宽约55米，水深2米，但境内河段为其中上游，曲折蜿蜒、滩多水急，无法行船。因此，交通闭塞，来往不便，如是便构成了民俗民间文化生长和传承的特殊地理环境。</td></tr>
</table>

二、项目说明

类 别	民间音乐	代 码	04
分布区域	重庆市巴南区接龙镇及其周边地区		
历史渊源	接龙吹打乐是巴渝吹打乐的缩影。巴渝吹打乐的历史悠久，经历了原始时代至汉初的生产、战斗中鼓舞唱和的孕育期，汉代至明代由鼓舞伴奏到鼓吹乐曲的转型期，明代至民国的乐器齐备、乐曲丰富的成熟期，以及新中国成立至现在的兴衰更迭的曲折发展期。 作为重庆近郊的接龙吹打乐，其发生、发展的历史理应与巴渝吹打乐的历史同步，但因为没有足够的文献或其他依据，不能轻率地妄下断语，因此，对接龙吹打乐的历史渊源，就只能从当地古墓中发现的明代末年几件吹打乐器判定其发生、发展的历史。 接龙吹打乐的发生、发展，经历了明代末年的产生、形成期，清中至民国的成熟、兴盛期，建国初至“文化大革命”的新生、转折期，“文化大革命”期间的冷落、沉寂期，修纂集成的抢救、复苏期，以及实施“民保工程”的弘扬、振兴期。接龙吹打乐自进入抢救、复苏时期以来，有了新的发展。1991年12月，市里正式命名接龙地区为“民间吹打乐之乡”。 1999年11月，市里又将接龙吹打乐确定为“巴渝民间十大艺术”之一。新千年以后，他们又正在为争创接龙吹打乐国家级品牌而努力奋斗。		
基本内容	接龙吹打乐的种类繁多，曲目丰富。据普查统计，该吹打乐包括三大类别七大品种。三大类别是：吹打乐，锣鼓乐，吹打唱；七大品种是：丫溪调，下河调，昆词，青山调，教仪调，将军锣鼓，伴舞锣鼓。这七个品种中，丫溪调和下河调，既有吹打乐，又有锣鼓乐；教仪调，既有吹打唱，又有锣鼓乐；青山调，全为吹打乐；将军锣鼓和伴舞锣鼓，全为锣鼓乐；昆词，则全为吹打唱。 这七大品种中，丫溪调源于接龙境内丫溪河流域，为地道的本土器乐曲；下河调，系在丫溪调的基础上，吸收五布河下游、与接龙一衣带水的姜家、木洞地区的吹打乐曲的某些特质融合而成，具有明显的本土与外来乐曲相结合的特点；昆词，源于江苏昆山地区的戏曲昆山腔，经入川为官的江西籍人氏吴棠引入，而后传入接龙，青山调，则是石达开兵败万盛，败兵留驻青山，将其军乐之一的吹打乐曲流传青山一带，而后传入接龙，此二者明显属外来吹打乐曲；教仪调和伴舞锣鼓，虽巴渝不少地区都有此乐种，但接龙地区的这两个乐种的乐曲，与其他地区颇有差异，具有接龙地域特色，很难分清它们属本土乐曲，还是属外来乐曲；将军锣鼓，其曲牌名称多与三国相关，乐曲风格属武曲性质，艺人口碑言其起源于周瑜赤壁破曹战事，据此看来属外来乐曲，但无可靠的依据说明其历史沿革，因此，对其来源尚需进一步研究。 接龙吹打乐的曲目，据普查统计，共有983首。其中：丫溪调有吹打乐曲152首，锣鼓乐曲193首；下河调有吹打乐曲125首，锣鼓乐曲165首；教仪调有吹打唱乐曲103首，锣鼓乐曲35首；青山调有吹打乐曲108首；将军锣鼓有锣鼓乐曲21首；伴舞锣鼓有锣鼓乐曲18首；昆词有吹打唱乐曲63首。合计有吹打乐曲385首，锣鼓乐曲432首，吹打唱乐曲166首。 接龙吹打乐这些众多的乐种和曲目，在长时期的流传中，由于乐班传承不同和地域差异，形成了5个流派：以接龙镇的中山、关塘、自力、马路诸村为中心的东部甘国正下河调色彩片；以荷花、春龙村为中心的东南部杨吉昌丫溪调色彩片；以太平、新湾为中心的中南部犹泽民丫溪调、教仪调色彩片；以桥边、桂兴、碑垭村为中心的西部李明炳昆词色彩片；以塘边村为主的中部唐佑伦青山调色彩片。		

相关器具 制品及作品等

接龙民间吹打乐的乐器分为：吹奏类、打击类、拉弹类3大类别。

1.吹奏类。主要是唢呐。唢呐有5种不同规格：（1）特高音唢呐，亦称小唢呐、叽呐子唢呐、幺子唢呐，此种唢呐长不过21厘米，音极高；（2）高音唢呐，有小三排、大三排之分，小三排比大三排音略高；（3）中音唢呐，有小二排、大二排之分，小二排比大二排音略高；（4）低音唢呐，亦称头台、莽台唢呐；（5）超低音唢呐，俗称大唢呐，长1米，喇叭口半径0.8米，其最低音是谱表下加一间的F音，音域为1个8度。其次是竹笛，分横笛和竖笛；还有叶笛，分木叶笛和草叶笛；花笛，莽号等。

2.打击类。主要是鼓，有堂鼓、大堂鼓、小堂鼓、二鼓、饼子鼓、板鼓、盆鼓。其次是锣，有川锣、蛮锣、京锣、包锣、当锣、花鼓锣、小锣、马锣、二星。还有钹，包括大钹、小钹、铰子、铙钹、镲。梆，包括木鱼、竹节鼓、木梆、竹梆。此外，还有碰铃、磬等。

3.拉弹类。有二胡、中胡、大胡、板胡、京胡等，个别乐班也用扬琴

在接龙吹打乐的这些乐器中，最主要的是唢呐和鼓。

1.王文君乐班谱系

（1）班首王文君

王文君，男，1929年生，2003年6月病故，接龙镇新槐村农民。王文君多才多艺，不仅有一手好书法，山歌、民间故事、吹打乐能手，且又是石工、养蜂、土纸加工生产“土专家”。他生活面宽，早年就迷恋上了民间吹打乐，对接龙民间吹打乐的各个乐种无师自通，仅仅用“参师”的形式便获得了吹打乐各乐种行家的认可。几十年的磨砺，形成了自己的演奏风格。由于新槐村为原接龙区双新乡，所以他的这种风格被双新人骄傲地称为“双新调”。

王文君主要参师于谢世高学丫溪调和向紫钦学青山调，都只学了几天时间，便把谢和向的曲牌曲目学得差不多了，经一段时间的实践后，其技艺还超过了谢世高。至于下河调等则未专门学习，然而每个乐种的乐手们均佩服他是个“师傅”。王文君还是接龙吹打乐中制作唢呐的最好师傅。他制的唢呐不但外型美观，定音也很准。他于上世纪80年代初就研制出了第一支倍低音唢呐，其喇叭口直径24厘米。倍低音唢呐的制作成功和应用，增强了接龙民间吹打乐的音乐表现力，从而为接龙民间吹打乐获得了在巴渝吹打乐中的地位。从1984年开始，他一直为发展弘扬接龙民间吹打乐而努力。1991年4月，1000名会员的接龙民间吹打乐协会成立，他被推选为协会副主席，为争取市文化局命名“吹打乐之乡”，为建立接龙民间吹打乐团，为参加数十次的县（区）、市演出，为参加《西部之乐》、《海棠风情》的摄录，他从不顾及年迈体衰，次次都一丝不苟，精心应对记者采访，生怕有损于接龙吹打的名声。

因他的技艺精湛和突出贡献，1992年重庆市文化局将他命名为“重庆市民间吹打乐手，《中国民族民间器乐曲集成·重庆市卷》将全市最具影响的9名民间吹打乐手列传入卷，其中就有王文君。2003年6月，王文君去世前，接龙镇党委书记徐万德、副书记李光清等镇领导多次看望，刚去世，《重庆晚报》等媒体单位均以“民间艺术家王文君走了”的醒目标题予以报道并表示哀悼。

传承谱系（1）

（2）传承谱系

代别	姓名	性别	出生年月	文化程度	传承方式	学艺时间	居住地址
第一代	陈香斋	男	不详	不详	师传	不详	巴南区接龙镇
第二代	陈尧阶	男	不详	不详	师传	不详	接龙镇新槐村
第三代	陈国兵	男	不详	不详	师传	不详	接龙镇新槐村
	谢福先	男	不详	不详	师传	不详	接龙镇新槐村
第四代	蒲炳臣	男	不详	不详	师传	不详	接龙镇新槐村
	蒲君臣	男	不详	不详	师传	不详	接龙镇新槐村
第五代	谢世高	男	1894年	不详	师传	不详	接龙镇新槐村
	向紫钦	男	1906年	不详	师传	不详	万盛区金桥乡
第六代	王文君	男	1929年	小学	师传	1946年	巴南区接龙镇
第七代	王元德	男	1941年	初中	师传	1968年	巴南区接龙镇
	张光福	男	1954年	初中	师传	1968年	巴南区接龙镇
	郭同利	男	1964年	初中	师传	1978年	巴南区接龙镇
	石荣基	男	1970年	初中	师传	1982年	巴南区接龙镇
	刘祥全	男	1966年	初中	师传	1997年	巴南区接龙镇
	刘祥伦	男	1970年	初中	师传	1982年	巴南区接龙镇
	孙世友	男	1960年	初中	师传	1978年	巴南区接龙镇
	周 武	男	1953年	初中	师传	1964年	巴南区接龙镇
第八代	郭同波	男	1982年	初中	师传	1996年	巴南区接龙镇

2.李明炳乐班谱系（略）

3.江维林乐班谱系（略）

4.唐佑伦乐班谱系（略）

5.王文超乐班谱系（略）

三、项目论证

基本特征	接龙吹打乐自明末形成以来，至今已有400多年的历史。经过400多年的发展，形成了如下一些基本特征：（1）伴随民俗活动产生和发展而形成的对民间习俗的依存性特征；（2）在长期参加婚丧和其他礼俗活动中，形成了根据活动进行的不同阶段的内容演奏比较固定的成套乐曲，因而形成了参与礼俗活动的程序性特征；（3）既有源于对古代巴渝歌舞的继承，也有对民歌、时令小调等的广泛吸收，又有从戏曲、曲艺乐曲中引进，还有从外地民间吹打乐中直接纳入，因而具有曲目形成的多源性特征；（4）既有本土乐曲，又有外来乐曲，长期并存，各自发展，因而形成了本土和外来乐曲的共存性特征；（5）不仅类别繁多，品种齐全，而且拥有近千首曲目的曲种、曲目的丰富性特征；（6）昆词在全国仅有昆曲发源地江苏尚存有名为“昆曲堂名”和接龙及其邻近的两个乡镇有所遗存，而将军锣鼓更为稀少，因而形成昆词和将军锣鼓乐曲的稀有性特征；（7）由石达开败兵留驻万盛青山，而后又由青山调高手向紫钦逃荒将其传入接龙，因而形成青山调构成和传入的传奇性特征；（8）接龙吹打乐曲对生产、生活中的客观事物，采用拟声、状形、达意、传情、描事等手法，而构成相应的多种乐曲，因而具有乐曲构成的摹拟性特征；（9）接龙吹打乐在演奏时以唢呐为主、以鼓指挥，因而构成唢呐主奏、以鼓振节的导乐性特征；（10）接龙吹打乐的调式和板式不像某些乐曲那么繁复、华丽，而显出一种特有的简约美和质朴美，从而构成调式、板式的简朴性特征。
主要价值	具有上述特征的接龙镇吹打乐，在整个巴渝吹打乐中占有重要地位，是巴渝吹打乐的缩影。它是巴渝地区的优秀民间音乐文化，是古老巴渝歌舞的遗存。发掘、抢救、保护接龙吹打乐，其价值主要有两点： （一）学术价值。在中国音乐史中，常见的有陕北吹打、鲁南吹打、河北吹打、苏南吹打等，而重庆的巴渝吹打却不见经传。作为巴渝吹打乐缩影的接龙吹打乐的发掘、抢救和保护，将带动和促进整个巴渝吹打的弘扬。它的丰富内容和基本特征，及其传承历史，在中华其他吹打乐中实属罕见。发掘、抢救和保护接龙吹打乐，不仅对丰富和完善中国音乐史，乃至对世界音乐史的丰富和完善，都将产生一定的推动作用。 （二）实用价值。发掘、抢救、保护接龙吹打乐，对巴渝地区乃至全国的精神文明建设，丰富人民群众的文化生活，提高人民群众的素质，促进人们全面发展，构建社会主义和谐社会，都将产生重要的促进作用。
濒危状况	接龙吹打乐虽然在巴南区委、区政府和接龙镇党委、政府的大力扶持下，作了许多发掘、抢救、继承、弘扬工作，活动开展良好，但仍然存在着不少难以解决的问题： （一）吹打乐赖以生存、发展的社会基础发生了变革。一些传统民俗日益淡化，特别是殡葬制度的改革，丧事从简，提倡注入新的文化内涵，吹打乐的主要活动阵地逐渐缩小，过去那种动辄十几个乐班甚至几十个乐班的演奏场面不复再现。婚娶新事新办，寿诞从易从简，传统节日逐步由现代节日代替，吹打乐在广大乡村中的展示平台日益减少。 （二）一些颇有造诣的吹打乐手因年事已高逐步退出舞台，有的相继谢世，有些绝技难以得到传承，而年轻的吹打乐手中在技艺上能独树一帜，在乐手中享有威望的很少。 （三）随着科学技术的进步和市场经济的发展，人们文化生活日益丰富，审美需求提高，对吹打乐的兴趣愈来愈淡漠。一些吹打乐手外出打工，参加演奏活动也愈来愈少。吹打乐的发展举步维艰，濒危状况难以改变。

四、项目管理

<table>
<tr><td rowspan="4">管理组织</td><td>组织名称</td><td>（略）</td><td>负 责 人</td><td>（略）</td></tr>
<tr><td>通讯地址</td><td>（略）</td><td>邮 编</td><td>（略）</td></tr>
<tr><td>电　话</td><td>（略）</td><td>传 真</td><td>（略）</td></tr>
<tr><td>电子信箱</td><td colspan="3">（略）</td></tr>
<tr><td>资金投入情况</td><td colspan="4">2004年，区府划拔专款13万元，镇里向社会筹集资金7万元，用于普查、保护吹打乐。区府又以转移支付方式，拔款160万元（含征地费）修建了以吹打乐为中心内容的接龙民间艺术广场。区府决定：从2004年起，连续3年每年拔专款13万元（还可适当增加），扶持、保护接龙吹打乐。</td></tr>
<tr><td>已采取的保护措施</td><td colspan="4">（一）2003年6月，巴南区委、区府召开了“保护巴南民间艺术，打造巴南特色文化品牌”会议。以此为题印发文件下发全区各镇街等单位，明确提出接龙吹打乐是巴南区特色文化之重点，要全力进行保护、弘扬。
（二）2004年3月，巴南区第十一届第二次人代会和政协第十一届二次委员会，均把保护接龙吹打乐作为工作报告的内容之一。
（三）2004年3月30日，区委书记姚代云主持召开了打造接龙吹打乐品牌的专项工作会议会后印发了工作纪要，对保护、弘扬接龙吹打乐的奋斗目标、工作原则、资金投入等作了部署。</td></tr>
</table>

五、保护计划

<table>
<tr><td>保护内容</td><td colspan="3">为保护接龙吹打乐，制定十年保护计划。此计划由接龙镇党委、政府负责组织实施，巴南区非物质文化遗产保护领导小组和文体局负责管理、督导，重庆市非物质文化遗产保护领导小组和文化、广电局负责检查、督促。保护计划要点如下：
（一）静态保护
1、进一步全面深入细致地开展普查工作，彻底摸清接龙吹打乐发生、发展的历史沿革，以及乐班、乐手、乐器、乐曲及价值等全部状况。
2、将普查所获资料进行归类、整理、存档。
3、进一步深入开展理论研究工作，不仅抓好接龙吹打乐的基础理论研究，而且抓好接龙吹打乐中丫溪调、下河调、昆词、青山调、教仪调、将军锣鼓7大品类的音乐本体研究，并把这些研究成果编纂成文本予以出版。
（二）动态保护
1、建立塘边、柴坝、碑垭、荷花、自力、关塘五个吹打乐种六个吹打文化生态保护村；并对十六个乐班五十名乐手实行重点保护。
2、发展接龙女子民间吹打乐，建立各100人的接龙农民和女子业余吹打乐团。
3、在全镇所有中小学开展接龙吹打乐普及教学，不断培养新的吹打乐手，从根本上解决新形势下接龙吹打乐的传承难题。
4、创办以接龙吹打乐为主要内容的“接龙民间艺术职教班”，从人才、从演奏水平等多方面提高接龙吹打乐的艺术档次。
5、建立以吹打乐器加工，吹打文艺演出等为内容的文化发展公司，加速接龙吹打文化产业化发展。并且全力组织农民吹打乐手与群众婚俗、丧俗等民俗事象相结合，以增添活动机会与场所，广泛开辟吹打乐演出市场。
6、建立接龙两年一度的接龙民间艺术节，检阅和促进吹打的传承、发展。</td></tr>
<tr><td rowspan="4">五年计划（1）</td><td>时 间</td><td>保护措施</td><td>预期目标</td></tr>
<tr><td>2006</td><td>全面普查；编写中小学吹打乐教材；建立接龙民间吹打乐职教班，在接龙中心小学开展吹打乐试点教学，建立塘边等6个吹打文化生态保护村；设立吹打乐器加工厂。</td><td rowspan="3">（1）完善普查资料整理为主的静态保护基础工作；
（2）全面普及开展学校吹打乐普及教学；
（3）以吹打文化生态村，农民、女子业余吹打乐团的建立，加大接龙吹打原生态保护力度。</td></tr>
<tr><td>2007</td><td>整理普查资料；各学校试行吹打教学；发展农民女子吹打乐手。</td></tr>
<tr><td>2008</td><td>建立各100人的农民、女子业余民间吹打乐团；全面普及学校吹打乐。</td></tr>
<tr><td rowspan="2">五年计划（2）</td><td>2009</td><td rowspan="2">学校吹打教学走上制度化、规范化，组织专业人员对接龙民间吹打乐进行深入研究，以吹打职教班毕业生为基础，建立接龙民间艺术团，筹建接龙民间吹打发展公司。</td><td rowspan="2">（1）撰写出版《接龙民间吹打乐》第二卷；
（2）学校吹打学生普及率60%；
（3）产业发展起步。</td></tr>
<tr><td>2010</td></tr>
</table>

保障措施	（一）建立有专家指导的，以镇党委书记为组长的接龙民间吹打乐保护领导小组（现已建立）。 （二）设立以镇分管领导为负责人的接龙民间吹打乐普查工作队（现已建并开始工作）。 （三）设立以镇分管镇长为组长，教办主任为副组长，各学校校长为成员的接龙镇吹打教学工作组（该组现已成立），并设立中小学吹打教材编写组（现已成立11人编写组，编写好了教材大纲）。 （四）把接龙镇政府机关建成为“吹打特色文化机关”，镇机关现已有60%的人员能进行吹打，30%的成员参与保护和管理，10%的人员参与理论研究。 （五）把接龙民间吹打乐的保护纳入镇、村、学校等单位（部门）的干部考核，并实行责任追究制。 （六）实行招商引资，发展接龙吹打文化产业。 （七）镇政府每年筹集30万元以上的保护经费。
建立机制	在实施五年保护计划中，要重点建立五大保护机制，提高干部、群众的保护意识，逐步健全动态的持续发展的保护体系。这五大机制是： （一）以文化战略上“定向”、发展蓝图中“定位”、工作决策时“定项”、领导班子内“定人”、干部职责上“定责”、资金投入上“定额”为主要内容的领导制度建设机制。 （二）现有乐手、新生乐手、专家学者步调一致，互动互补的人才队伍建设机制。 （三）原汁原味的原生态保护与不断提高技艺，发展创新，协调发展的动态持续保护机制。 （四）品牌效应与日常吹打相结合，以打造品牌带动一般的吹打活动开展机制。 （五）发展吹打乐艺术与开发吹打乐产业相结合，而以产业实体为依托，以发展吹打艺术为目的的艺术市场营运机制。
依据说明及其经费预算	（略）
备注	（略）

六、省级专家论证意见

（略）

专家论证组组长（签字）

二〇〇五年　　月　　日

省级论证专家名单

姓名	性别	年龄	单位	职称	专业	签字

注：参与论证的专家人数不少于 5 人。

七、省级文化行政主管部门审批意见

（略）

签章：

二〇〇五年　月　日

索 引

青少年阅读索引

使用说明：

本索引中的大类名称按汉语拼音排序；

从索引第一列找到需要的大类后，再从第2列中找出需要的题名，最后按照第3列的编码找到其在本书的位置。如：查找“帛画”中的“马王堆帛画”其编码为“02.0202050250”即可在第二篇第二章可移动文物中第五部分的第二条看到全文；

编码每两位为一层， 01－06分别代表第一至第六篇，这两位是第一层编码；编码圆点之后两位代表该篇中的最前面部分，一般是章，这两位是第二层编码；后面的部分，每两位分别代表后续的从第三层至最后一层，编码的最后两位50代表2005年。

分类索引

使用说明：

本索引中的分类号按《中国图书馆分类法》（第四版）类号由D至R排序；

从索引第一列找到需要的分类号后，再从第2列中找出分类号对应的类名，再从第3列中找出需要的题名，最后按照第4列的编码找到其在本书的位置。如：查找分类号“G23”，其类名为“出版”中的“中华书局”其编码为“02.0203020550”即可在第二篇第二章中华老字号中第二部分的第五条看到全文；

编码每两位为一层，前两位00代表篇前部分，01－06分别代表第一至第六篇，07代表附录，这两位是第一层编码；编码圆点之后两位代表该篇中的最前面部分，一般是章，这两位是第二层编码；后面的部分，每两位分别代表后续的从第三层至最后一层，编码的最后两位50代表2005年。

索引 中国文化遗产年鉴

关键词索引

使用说明：

本索引中的关键词按汉语拼音排序；

从索引第一列找到需要的关键词后，再从第2列中找出需要的题名，最后按照第3列的编码找到其在本书的位置。如：查找“帛画”中的“马王堆帛画”其编码为“02.0202050250”即可在第二篇第二章第二节第五部分的第二条中看到全文；

编码每两位为一层，前两位00代表篇前部分，01－06分别代表第一至第六篇，07代表附录，这些都是第一层编码；编码圆点之后两位代表该篇中的最前面部分，一般是章，这两位是第二层编码；后面的部分，每两位分别代表后续的从第三层至最后一层，编码最后的50代表2005年。

后 记

2005年，对中国文化遗产事业是重要的一年。在这一年，中国文化遗产标志揭晓；国家非物质文化遗产普查和保护工作取得阶段性成果；第15届国际古迹遗址理事会大会在西安召开。而对中国文化遗产事业发展更具深刻和制度性影响的是，在2005年，国务院相继出台了《国务院办公厅关于加强我国非物质文化遗产保护工作的意见》和《国务院关于加强文化遗产保护的通知》。2005年，保护和弘扬中国文化遗产已普及为全民意识、国家行动。《中国文化遗产年鉴2006》是对过去一年中我国文化遗产事业发展状况和重要活动的比较全面的纪录。

中华文明是世界古代文明中唯一没有中断、连续5000多年发展至今的文明。尽管有历史原因的惨重破坏，但我们今天能看到的文化遗产仍让世人震撼。我们祖先海纳百川的胸怀、敢于创新的探索、持续发展的坚韧、顺应自然的传承，常常使今人感佩不已。随着我国文化遗产事业的发展和进步，编辑出版能够充分展示我国多元化和各类文化遗产全貌、及时准确地反映我国政府和社会各界在继承和保护文化遗产方面所做的大量工作、取得重大成绩的《中国文化遗产年鉴》，就显得十分必要。对于从事文化遗产事业的专业工作者和一切关心、支持文化遗产保护工作的人士来说，更加感到这是一份应尽的责任。

在国家文物局的支持和指导下，由本书编辑委员会组织编纂的《中国文化遗产年鉴2006》，在我国首个“文化遗产日”到来之际终于出版，这是我们为“文化遗产日”献上的一份礼物。广州英豪文化传播有限责任公司和文物出版社的通力合作，保证了本《年鉴》的及时出版。广州英豪文化传播有限公司为《年鉴》的出版提供了资金支持，并积极促进、参与了《年鉴》的编辑出版工作，体现了一家民营企业对我国文化遗产事业的强烈责任感，也反映了我国民间力量参与文化遗产宣传工作存在很大的潜力。

《中国文化遗产年鉴2006》是截止到2005年，我国文化遗产事业发展情况的一个总结和资料汇集，我们还希望本《年鉴》更具有遗产保护及宣传的意义，更加实用，内容更为丰满，更具可读性。

在《中国文化遗产年鉴2006》出版发行之际，我们特别感谢文化部孙家正部长、国家文物局单霁翔局长在百忙之中为《年鉴》作序；感谢彭常新、宋新潮、柴晓明、关强、郭旃、刘魁立、杜晓帆、沈荣及文化部、国家文物局、教育部、国家民委、财政部、建设部、国家旅游局、国家宗教局的领导给予的支持和帮助；感谢各地从事文化遗产保护工作基层的同志，为《年鉴》提供了大量的文字和图片资料；还要特别感谢香港考古学者刘茂女士及所有热爱中国文化遗产事业并为《年鉴》提供资料的港、澳、台的热心朋友。由于两岸四地许多专业人士对中国

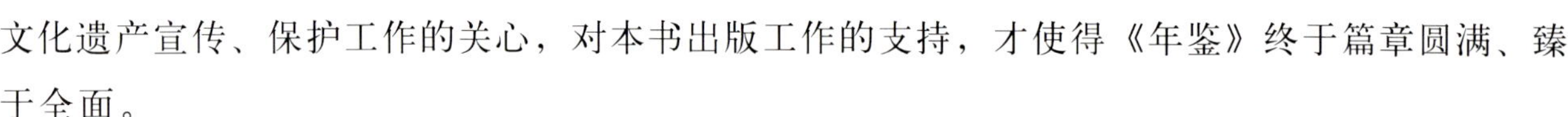

文化遗产宣传、保护工作的关心，对本书出版工作的支持，才使得《年鉴》终于篇章圆满、臻于全面。

参加本书组稿和资料编排工作的主要有：宋井冈、潘岩铭、耿健、晏滔；还有杨彤文、曹致远、梁建华、郑富英、蒲雪红、高伟、梁婕、刘志果、王超、邢志强、孙靖、沈彤。在此一并致以谢意。

编　者